Karl-Josef Kuschel
Jesus in der deutschsprachigen Gegenwartsliteratur

ÖKUMENISCHE THEOLOGIE

Herausgegeben von
Eberhard Jüngel, Walter Kasper, Hans Küng, Jürgen Moltmann

Band 1

Karl-Josef Kuschel

JESUS

in der deutschsprachigen Gegenwartsliteratur

Mit einem Vorwort von Walter Jens

Benziger Verlag
Gütersloher Verlagshaus Gerd Mohn

2. Auflage 1978, 3. Tausend

Hergestellt im Graphischen Betrieb Benziger, Einsiedeln

ISBN 3 545 24057 6 (Benziger)
ISBN 3-579-04479-6 (Gütersloher Verlagshaus)

"ÖKUMENISCHE THEOLOGIE"

Geleitwort zu einer Reihe

"Die Zeit ist reif geworden für eine systematische Bereinigung der theologischen Differenzen zwischen den christlichen Kirchen. Mit der überraschenden ökumenischen Begegnung der verschiedenen christlichen *Kirchen* in den letzten Jahren hat die ökumenische Begegnung der verschiedenen christlichen *Theologien* nicht Schritt gehalten. Und doch werden die christlichen Kirchen einander bestenfalls auf Rufweite näherkommen, wenn nicht die theologischen Blöcke und manchmal auch Sandbänke, die zwischen ihnen liegen, ausgeräumt oder überhaupt neue Wege der Begegnung gefunden werden, die – oft nach Abwerfen unnötigen theologischen Ballastes – einen Austausch ihrer Gaben möglich machen. Zu dieser *systematischen* theologischen Begegnung der christlichen Theologien wollen die 'Ökumenischen Forschungen' einen Beitrag liefern." So schrieben 1967, noch unter dem Eindruck der epochalen konziliaren Wende in katholischer Kirche und Christenheit, die Begründer der "Ökumenischen Forschungen", Hans Küng und Joseph Ratzinger.

Im vergangenen Jahrzehnt hat sich die Situation erneut gründlich verändert. Nachdem schon damals die alte Kontroverse um Schrift und Tradition durch die exegetisch-historische Forschung wie durch den praktischen Vollzug der Theologie weithin überholt war, ging man in der katholischen wie der evangelischen Theologie mit großer Energie die Hauptthemen und Hauptschwierigkeiten einer ökumenischen Verständigung an: die Fragen um Gnade und Rechtfertigung, um Kirche und Kirchenverfassung, um die Sakramente. Diese drei klassischen Problemfelder werden heute intensiv bearbeitet, auch wenn besonders im Bereich der Sakramentenlehre – im Hinblick vor allem auf Eucharistie und Amt – noch vieles zu tun ist und eine synthetische Darstellung aussteht. Gewiß lassen sich in allen drei Forschungsfeldern zahlreiche Fragen nach der katholischen wie der protestantischen Seite hin formulieren. Aber immer weniger handelt es sich dabei um eigentlich kirchentrennende Fragen; gehen die theologischen Fronten doch nur allzu oft quer durch alle Kirchen.

Dies alles macht sichtbar: Die Fortschritte der theoretischen Diskussion machen praktische Entscheidungen von seiten der Kirchen – Kirchenleitungen! – immer dringlicher, wie dies nicht nur in Fragen von Eucharistie und Amtsvollmacht, sondern auch von päpstlichem Primat und Unfehlbarkeit zunehmend deutlich wird. Heute, ein Jahrzehnt später, wird man eher umgekehrt formulieren müssen: "Die Zeit ist reif geworden für eine *praktische* Bereinigung der theologisch aufgearbeiteten Differenzen zwischen den christlichen Kirchen. Mit der überraschenden ökumenischen Begegnung der verschiedenen christlichen *Theologien* in den letzten Jahren hat die ökumenische Begegnung der verschiedenen christlichen *Kirchen* und ihrer Leitungen nicht Schritt gehalten."

Gemeinsames Denken fordert gemeinsames Handeln. Aber gerade das gemeinsame Handeln fordert noch mehr gemeinsames Denken: eine *"ökumenische Theologie"* in einem umfassenderen Sinn! Und diese unsere neue Reihe "Ökumenische Theologie", die mit je zwei katholischen und evangelischen Herausgebern und einem katholischen wie evangelischen Verlag die bisherigen "Ökumenischen Forschungen" ablöst, will der neuen Lage Rechnung tragen. Sie will in einem viel weiteren Sinn für eine *Theologie in ökumenischem Geist* Forum sein, das heißt für eine ökumenische Theologie, die zugleich ad intra, nach innen, und ad extra, nach außen, gerichtet ist:

Nach innen: Nach wie vor bedarf es der Bemühung um die noch verbliebenen klassischen Kontroversfragen der Reformationszeit, aber auch des ostwestlichen Schismas; vielleicht daß sich dabei die deutsche Theologie auch noch vermehrt der ihr ferner stehenden Fragen sowohl der östlichen Orthodoxie wie der Freikirchen zuzuwenden vermag.

Nach außen: Die "Ökumene" in weitem Sinn ist die ganze "bewohnte Erde": die Weltökumene mit all ihren verschiedenen Regionen und Religionen, Ideologien und Wissenschaften. Hier überall sehen sich christliche Kirchen und Theologien vor gemeinsame Fragen gestellt, die sie überzeugend nur gemeinsam zu beantworten vermögen.

Eine christliche Theologie also ist heute gefordert, die – gerade weil sie sich zentralen theologischen Fragen widmet – offen ist für die ganze Welt, die konkreten Fragen, Nöte und Hoffnungen des heutigen Menschen. So soll langsam eine neue ökumenische Theologie wirklich werden, der man die konfessionelle Vergangenheit noch ruhig anmerken darf, die aber – der gemeinsamen christlichen Sache verpflichtet – auf eine ökumenische Zukunft ausgerichtet ist, indem sie die anderen konfessionellen Positionen in der Gegenwart selbstverständlich mit einbezieht.

Als Paradigma einer solchen Theologie und erster Band unserer Reihe sei hier die Arbeit von Karl-Josef Kuschel vorgestellt, die Arbeit eines katholischen Theologen, der sich in kritischer Offenheit auf die Probleme der heutigen Literatur und Geistigkeit eingelassen hat, um gerade so das zentral Christliche neu zum Leuchten zu bringen: "Jesus in der deutschsprachigen Gegenwartsliteratur".

Tübingen, im Juni 1978

Eberhard Jüngel *Walter Kasper*

Hans Küng *Jürgen Moltmann*

INHALT

Ich glaube an Christus, und ich glaube, daß achthundert Millionen Christen auf dieser Erde das Antlitz dieser Erde verändern könnten.

Heinrich Böll

ZUM GELEIT

Wie Wintergewitter ein rollender Hall.
Zerschossen die Lehmwand von Bethlehems Stall.

Es liegt Maria erschlagen vorm Tor,
Ihr blutig Haar an die Steine fror.

Drei Landser ziehen vermummt vorbei.
Nicht brennt ihr Ohr von des Kindes Schrei.

Im Beutel den letzten Sonnblumenkern,
Sie suchen den Weg und sehn keinen Stern.

Aurum, thus, myrrham offerunt . . .
Um kahles Gehöft streicht Krähe und Hund.

. . . quia natus est nobis Dominus.
Auf fahlem Gerippe glänzt Öl und Ruß.

Vor Stalingrad verweht die Chaussee.
Sie führt in die Totenkammer aus Schnee.

Ein Gedicht von Peter Huchel: sieben gereimte Verspaare, in denen ein Schriftsteller den Versuch unternimmt, die biblische Legende mit der Wirklichkeit unserer Zeit, die Erzählungen der Evangelisten Mattäus und Lukas mit der Realität von Massenmord, Elend und Krieg zu konfrontieren.
Alles ist anders, heißt die Devise dieses Gedichts, *alles ins Gegenteil verkehrt.* Hier, in der ersten Strophe genannt, *Bethlehems Stall* und dort, in der letzten Strophe beschworen, *Stalingrad:* In der Tat, eine schroffere Antithese läßt sich nicht denken. Vierzehn Verse lang wird ein leuchtendes Bild mit seiner fratzenhaften Verzerrung verglichen und, in genauer Ent-Sprechung, ein märchenhafter Archetypus der schauerlichen Konkretion, dem Hohn des Hier und Heute gegenübergestellt: Der Stall ist zerschossen, der Friede des Heiligen Abends hat sich in eine Kriegsnacht verkehrt – das Wintergewitter mit seinen Donnern und Blitzen wird nicht, wie in alttestamentarischer Zeit, durch natürliche oder göttliche Zeichen bewirkt (Jahwe auf einer Wolke am Himmel!); der rollende Hall ist den Kanonen und Stalinorgeln zu verdanken. Wo man anbetete, wird geschossen; wo Leben, Wärme und Freundlichkeit war, regiert jetzt der Tod. Maria, die im Lichtkreis des Stalls stand, liegt, tot und mit blutigem Haar, draußen vorm Tor: statt des Heiligenscheins mit einer Krone aus Eis und Steinen bedeckt. Keine lebenschenkende Frau, sondern ein gefrorener Leichnam. Von Joseph ist nicht die Rede: verschollen, vergessen. Die drei Könige haben sich in Landser verwandelt – in Soldaten, die den Schrei des Kindes nicht hören: Was kümmert sie der Säugling, sie haben

auf ihrem sternlosen Weg genug mit sich selber zu tun – zurückgeworfen auf kreatürliche Not, wie sie sind, mit ihrem *letzten Sonnblumenkern.*

Aber nicht nur die Menschen, auch die Tiere und die Gehöfte sind verwandelt – die Natur und ihre Gaben! Statt Weihrauch, Gold und Myrrhen – ein Drittel Sonnblumenkern; statt des freundlichen Stalls, mit seinem Licht und der Anmut der Szenerie – das *kahle Gehöft;* statt Ochs, Esel und Kuh – Krähe und Hund, verlorenes Getier, das herumstreicht.

Je weiter das Gedicht sich entfaltet, desto schreiender werden die Gegensätze, desto unmittelbarer die Konfrontation: Während das Gewitter, zu Beginn der Beschreibung, die Dissonanz zwischen Damals und Jetzt noch verschleiert, sieht sich in der fünften und sechsten Strophe das Vulgata-Zitat übergangslos mit Gegenbildern konfrontiert: Gold und Krähe, Christus, der Herr, und das fahle Gerippe, die Geburt des Heilands und das Gespenst zerstörter Kanonen und Panzer! (Wie bezeichnend, daß die einzig "positive" Vokabel, die das Gedicht auf der Stalingrad-Seite enthält, das Verb *glänzen,* sich auf Öl und Ruß bezieht: Panzerschmiere statt der Salbe, der Dreck des Kriegsgeräts statt des leuchtenden Golds!) Von Bethlehem nach Stalingrad, aus der Wärme des bergenden Stalls in die Totenkammer aus Schnee: Richtung und Ziel des Gedichts sind eindeutig. Drüben das Licht in der Wüste, die Sterne und die Pfade im biblischen Land und hüben die Dunkelheit, der lichtlose Himmel ("und sehn keinen Stern") und die verwehten Chausseen.

Eine Summe von Negationen: der zerschossene Stall, die tote Maria mit ihrem blutigen, zu Eis erstarrten Haar, die vorbeiziehenden Landser ("*nicht* brennt ihr Ohr"), das preisgegebene Kind, die Krähe und das Gerippe, das Öl und der Ruß. Verneinung über Verneinung – aber im Ton der Anklage und des Gerichts-Spruchs: Nicht die biblische Botschaft, sondern deren Verkehrung, nicht die Geburts-Legende, sondern ihre Zurücknahme wird denunziert – die Verwechslung von Leben und Tod, von Frieden und Krieg. Zugleich aber – und darauf kommt's an – appelliert Peter Huchel, indirekt und verweisend, an den Leser, die Geschichte zuendezudenken: Ist, gilt es zu fragen, der Gegensatz zwischen Bethlehem und Stalingrad wirklich so eklatant, wie das Gedicht es uns – scheinbar! – weismachen möchte? Will es nicht, in Brecht'scher Manier, gegen den Strich gelesen sein, um auf diese Weise am Ende zu lehren, daß die Gegenüberstellung von Bethlehem-Stall und Stalingrad-Totenkammer, dem freundlichen Damals und dem schrecklichen Heute, keineswegs so eindeutig ist, wie sie auf den ersten Blick erscheint?

Auch in Bethlehem war Nacht – und zwar eine Nacht, die schon auf die andere Finsternis, das Dunkel von Golgota, vorauswies: Krippe und Kreuz gehören zusammen. Das fromme Dürer- oder Rembrandt-Märchen trügt. Der Stall, dies machen die Berichte deutlich, hatte nichts von einer Genre-Szenerie, nichts von sogenannter Heimeligkeit und altdeutscher Stube. Ein Mann und eine Frau ("vertrautes Weib" heißt "Verlobte": keine Rede von langer Gemeinschaft) fanden den Platz, der für die *outcasts* bestimmt war – im Stall, mit einer Futterraufe (und keiner "Krippe" im Sinne eines Requisits der Frömmigkeits-Industrie), einem zur At-

zung der Kreatur bestimmten Holzkorb. ("Raufe" statt "Krippe"; "Balken" statt "Kreuz"; "Becher" statt "Kelch"; "Messer" statt "Schwert": Es ist an der Zeit, dies lehrt die Literatur, den biblischen Symbolen ihre Konkretheit, den Gebrauchswert, wiederzugeben.)
Aber die Dialektik – nicht Antithese! – von "Bethlehem" und "Stalingrad", "Stall" und "Totenkammer" bezieht sich nicht nur auf Jesu Geburtsort (und, ihm entsprechend, das Golgota an der Wolga) – sie gewinnt ihre eigentliche Pointe erst durch den herodianischen Kindermord: Wie viele lagen, auch damals schon, *erschlagen vorm Tor;* wie viele zogen, unbekümmert um den Schrei der Kinder, vorbei – auch Bethlehem, dies macht das Gedicht, wenn man's zuende denkt, deutlich, war eine Totenkammer – in welchem Ausmaß, das hat Breughel gezeigt, als er die nüchterne Beschreibung des Mattäusevangeliums in die Wirklichkeit seiner Tage übertrug: "Als Herodes merkte, daß die Sterndeuter ihn hintergangen hatten, wurde er zornig und ließ in Bethlehem und der ganzen Umgebung alle Knaben bis zum Alter von zwei Jahren ermorden ... So ging das Wort in Erfüllung, das der Prophet Jeremia gesagt hat: Sie hörten eine Stimme in Rama. Sie hörten Klagen, überall, Jammern und Geschrei. Rachel weinte um ihre Kinder und ließ sich nicht trösten: tot waren sie. Und das ins Niederländische transponiert!
Präsentierung der Vergangenheit mit dem Blick auf die Gegenwart, Vertiefung der Gegenwart (im Sinne des Schattengebens) vor dem Horizont der nach- und weiterwirkenden Vergangenheit: Die Zielsetzung des Huchel'schen Gedichts steht exemplarisch für die Intention jener Literatur, die christlich genannt werden kann, weil es ihr, in welcher Form immer, um die Verdeutlichung von Jesu Sache geht. Kein biblizistisches Starren auf das "Einmal und für alle Zeiten" also, keine Vergangenheitsbeschwörung und keine Evokation des Mysteriums Jesu (will heißen: seiner Menschlichkeit und Göttlichkeit zugleich) in der Sprache Kanaans, aber auch kein plumpes Modernisieren, kein "Einholen" in die Gegenwart im Sinne von: "Schaut her, wie ganz und gar heutig das ist."
Christlicher Literatur unserer Tage (wie Karl-Josef Kuschel sie auf den folgenden Seiten bestimmt) geht es um das Wechselspiel von Einst und Jetzt; sie oktroyiert weder die Gegenwart der Vergangenheit noch zwingt sie das, was war, dem, was ist, auf; sie stellt Bezüge dar und weist das Raum und Zeit Transzendierende des jesuanischen Entwurfs nach, seine Verweisungskraft und sein Mit-Bedeuten; die Fähigkeit, das Hier und Heute zu konturieren – so wie Ernst Bloch es, unter dem Stichwort "Falsche und echte Aktualisierung" im *Prinzip Hoffnung* am Beispiel des klassischen Dramas und seinem "überholenden, das Temporäre übergreifenden Anliegen" aufgezeigt hat: "Die guten Stücke kehren aufgeführt wieder, doch nie als dieselben. Für jedes neue Geschlecht muß darum auch neu inszeniert werden, und das mehrmals. Der Wechsel der Darbietung wird besonders scharf, wenn eine andere Klasse im Parkett Platz zu nehmen beginnt. Aber bleibt die Bühne dann auch nicht unverändert, folglich plunderhaft, so ist sie ebenso keine Garderobe, an deren Haken immer neue Kleider aufgehängt werden können. Soll heißen: die Men-

schen und Schauplätze eines alten Stücks können nicht gänzlich und radikal 'modernisiert' werden. Auf jeden Fall bleibt das Kostüm der Zeit, worin das gegebene Stück spielt." Das heißt, mutatis mutandis, für die christliche Literatur: Es kommt, mit dem Blick auf Jesus von Nazaret, der für den Gläubigen zugleich der Christus ist, darauf an, Nähe *und* Ferne, das Vertraute *und* das ganz Andere, das scheinbar Heutige *und* das Abweisend-Fremde ins Blickfeld zu rücken. Während die Theologie sich nur allzu häufig auf parate Formeln zurückzieht – zum millionsten Mal die Zwei-Naturenlehre oder das Dogma der Präexistenz Christi in Gott –, sucht Literatur, den Theologen provozierend, die Sache selbst ins Blickfeld zu rücken: das Kind im Stall und den Mann am Galgen, den Leidens-Menschen, dessen Leben im Zeichen eines Schlächter-Mords begann – wie viele Unschuldige mußten, um seinetwillen, elendig sterben –, den Wundertäter, der andere unglücklich machte (nach seiner Erweckung, so die Version André Gides, fürchtete Lazarus den Tod doppelt und dreifach; jetzt nämlich wußte er, wie entsetzlich es ist, sterben zu müssen), den Ängstlichen unter den Starken – alles bei Nacht getan, in Heimlichkeit – immer aus den Städten in die Einsamkeit der Felder geflohen! –, den "Jesus da unten" (und nicht den "Christus da oben"), dessen Bild die Poesie aus den Beschreibungen der nachösterlichen Gemeinde rekonstruiert: wohl wissend, daß sie die Provokation der Theologie in gleicher Weise zu beantworten hat wie die Theologie die Herausforderung der Literatur. Unmöglich ist es, anno 1978, für einen Schriftsteller so zu tun, als hätte es nie eine Entmythologisierung gegeben, unmöglich, schlicht draufloszuerzählen und, mit Hilfe von historiographischer Darbietung und psychologischer Kunst, eine vita Jesu, von Bethlehem bis Golgota, nachzuzeichnen. Viele im letzten Jahrhundert noch gangbare Wege wurden den Schriftstellern durch die neutestamentliche Exegese für immer versperrt. Das Debakel der Zeffirelli-Moritat (das Leben Jesu in Bildern) macht deutlich, daß einer lächerlich wird, der nicht nur hinter Bultmann und Barth, sondern hinter Albert Schweitzer, ja, David Friedrich Strauß zurückbleibt, weil er das Glaubenszeugnis der Gemeinde, den Deutungsversuch aus österlicher Perspektive, mit gelehrter Annalistik verwechselt. Aber auch die Theologie hat zu lernen: Mag ihr die Dominanz des (entweder in annäherndem Zugriff oder mit Hilfe der metaphorischen Evokation zu beschreibenden) Jesus über den (nur begrifflich und zitatweise darstellbaren) Christus suspekt erscheinen – das ist ihre Pflicht; hier muß *sie* es sein, die Dialektik einklagt –; mag ihr der antijohanneische Grundzug der christlichen Poesie unserer Zeit, diese Polemik gegen die Trennung in Schlechte und Verdammte auf der einen und Reine und Feine auf der anderen Seite (hüben die Juden, drüben die Christen), vertreten durch ihren in die väterliche Glorie eingegangenen Herrn: den von Anfang an Erhöhten, der mit dem sich abplackenden Bruder der Mühseligen und Beladenen wenig gemein hat ... mag ihr, der theologischen Zunft, die Christologie von unten her (Aszendenz, nicht Transzendenz: Eingang in die Herrlichkeit und kein Ausgang aus göttlicher Macht, der den Erniedrigten gefeit und sicher sein läßt) einseitig, ja, ein bißchen dilettantisch erscheinen (mit Nizäa und Chalkedon im Rücken lesen sich die Evangelien nahezu objektiv: wenig von personaler Betroffenheit!): Dies alles ändert nichts daran, daß es zu allererst die Literaten waren, die, durch ihr Bilder-Denken und das Pochen auf ein Höchstmaß von Konkretion, dem Begriff Jesus Christus neue Anschaulichkeit gaben – Anschaulichkeit, indem sie, aus verfremdender Sicht, Jesus von Nazaret gleichsam mit den Augen jener ersten Christen zu beschreiben versuchten, die, glaubend und wissend zugleich, nach ihm zurückfragten (wie er, der Auferstandene, denn nun eigentlich gewesen sei) und ineins damit, als Augenzeugen von Stalingrad oder Auschwitz, die Erfahrung der Zeitgenossen besitzen.

Jesu Sache und was aus ihr wurde, Bethlehem von Stalingrad und Golgota von Treblinka aus ins Blickfeld gerückt – das ist das Generalthema einer sich christlich verstehenden (genauer, wie Kuschel formuliert: *jesuphorischen)* Literatur. Dostojewskis Gleichnis vom Gekreuzigten und vom Großinquisitor ist, so zeigt sich, noch nicht zuende erzählt: Der Widerspruch zwischen dem Einen, mit dessen Auftreten sich die Welt von Grund auf veränderte und den vielen (und zumal den Christen, den glaubensstarken Politikern und den Sachwaltern der Kirche voran), die darauf pochen, daß die Welt, von keinem Nazarener gestört, das bleiben müsse, wofür die Usurpatoren, Platzhalter und Stellvertreter sie erklären – dieser Widerspruch zwischen Jesus und den Großen Priestern, den Mächtigen und Schriftauslegern von heute, die sich auf ihn berufen, um ihre Herrschaft zu legitimieren, hat für die zeitgenössische Literatur den Charakter einer Grund-Antinomie. Hier Hans Schnier, der wahrhaft fromme Clown mit seinem keuschen Liebesverhältnis und dort der Clan einer von kirchlicher Macht geschützten Elite; hüben, ein Narr und tumber Tor, der Bruder des armen Papstes Johannes und drüben, immer oben, immer auf der Höhe der Zeit, die rheinischen Pharisäer; auf der einen Seite, von Rolf Hochhuth beschrieben, der Märtyrer Riccardo, der seinem Herrn im Konzentrationslager nachstirbt, und auf der anderen, über Aktienpakete, Ordensverleihungen und diplomatische Aktionen meditierend, der Nachfahr des Kardinal-Großinquisitors auf dem Stuhl Petri: Das Bekenntnis zu Jesus ist für die moderne Literatur gleichbedeutend mit einer Absage an jene Erblasser Christi, deren Devise frei nach T.S.Eliot lautet: “Haltet fest! Haltet fest! Wir müssen darauf bestehen, daß die Welt das ist, wofür wir sie halten!”

Freilich wird die Attacke gegen die unfrommen Frommen bisweilen mit solcher Energie geritten, daß die Fahne dessen, auf den sich der Angreifer beruft, gelegentlich außer Sichtweite zu geraten scheint . . . aber es *scheint* eben nur so: Die Art und Weise, in der Christi Funktionäre aus der Perspektive der Schelme und Schnapspriester, der barmherzigen Sünder und franziskanischen Kirchen-Verächter als Herren der Welt vorgeführt werden, verweist, indirekt und eben darum eindringlich, auf das Gegenbild Jesu.

Kein en-face-Angang, heißt die Devise, keine Porträtierung (wie er aussah: Warum nicht dick genau so gut wie ätherisch, hager und müde? Warum nicht cholerisch so gut wie sanft?); keine indezente Direkt-Ansprache: Anders als die Theologen, die in diesem Punkt zuallererst in die Schule der Literatur gehen sollten, hüten sich die Poeten vor jener Benennung, die Familiarität und Vertraulichkeit vortäuscht und das Wechselspiel von Bekanntheit und Fremde (Jesus: der Nächste. Jesus: der Fernste) wegeskamotiert. Wie viel sagt die Theologie, in scheinbar zeitloser Rede, über Gott und den Menschensohn aus (was Gott "mit uns vorhat", was Jesus "von uns in dieser Stunde erwartet", was beide "wollen" und "planen", "sind" und "bedenken") – und wie menschlich-allzumenschlich gerät dabei nur allzuoft das entworfene Bild: Des Schulterklopfens ist kein Ende, wenn Jesus sich als alter ego des Herrn Pfarrers erweist. (Oder als Begriffs-Äquivalent von Systematikern, in deren Operationen die erste trinitarische Person am Ende zum *summus theologus* wird.)

Wie bescheiden, indirekt, behutsam und annäherungsweise demgegenüber die Literatur: Das Wichtigste in Nebensätzen, Zeichen und verschlüsselten Verweisen versteckt – das Zentrum von der Peripherie aus (wo sich konkret arbeiten läßt) ins Blickfeld gerückt, die Mitte vom Rand her beleuchtet, Sein aus der Funktion, Tat aus der Wirkung abgeleitet. Und immer Abstand gehalten: lieber den Soldaten unter dem Kreuz als den Gemarterten, lieber Judas als Jesus, lieber, um der Vergegenwärtigung von Jesu Sache willen, das nahe Fremde (der Nazarener unter den christlich Meinenden unserer Tage) als das vertraute Ferne gezeigt: Jesus, ein Mann, mit dem sich auskommen läßt – leicht einzugemeinden und nützlich zur Beförderung des status quo.

Der Jesus der Literaten: das ist gewiß nicht der *ganze,* wohl aber der *andere,* der verkannte und vergessene Jesus – eine Figur, die mit Hilfe jenes der modernen Literatur eigenen Pathos der Präzision Anschaulichkeit gewinnt (Anschaulichkeit in der Möglichkeits-Form, nicht im Sinne des "so und nicht anders"), in dem sich der *sermo humilis* (Lessing spricht von der "Sprache des Herzens") mit der Beredsamkeit des hohen Stils, der zwischen Bild und Begriff vermittelnden Diktion eines Paul Celan oder einer Nelly Sachs verbindet.

Mit einer anderen Sprache und einer anderen poetischen Einstellung (statt das Objekt Jesus zu beschreiben, erfindet die Literatur objektive Korrelate, Naturvorgänge, Alltag, Szenerien, Gedanken in seinem Bannkreis, um Ihn als Subjekt des Geschehens durchscheinen zu lassen) . . . mit erweiterter, zwischen Hoch und Niedrig vermittelnder Sprache und auf dem Wege indirekter Annäherung den anderen Jesus präsent gemacht zu haben (*präsent* im wörtlichen Sinn): Dies ist nicht zuletzt das Verdienst der zeitgenössischen Literatur.

Nachzulesen auf den folgenden Seiten.

Walter Jens

EINLEITUNG

I. Zielbestimmung

Wer sich auf einem Grenzgebiet ansiedelt, läuft Gefahr, von beiden Seiten unter Beschuß zu geraten. Dieses Risikos ist sich diese Arbeit – auf dem Grenzgebiet zwischen Theologie und Literaturwissenschaft angesiedelt – voll bewußt. Man ist gewarnt: "Der Dialog zwischen Theologie und Literaturwissenschaft ist von Mißverständnissen und Abwehrreaktionen auf beiden Seiten gekennzeichnet."[1] Dennoch: "Die Grenze ist der einzig fruchtbare Ort der Erkenntnis", schrieb Paul Tillich. "An vielen Grenzen stehen, heißt in vielerlei Formen die Bewegtheit, Ungesichertheit und innere Begrenztheit der Existenz zu erfahren und zu dem Ruhenden, Sicheren und Erfüllten, das auch zu ihr gehört, nicht gelangen zu können. Das gilt vom Leben wie vom Denken und gibt den hier angedeuteten Erfahrungen und Ideen etwas Fragmentarisches, Tastendes, Ungesichertes."[2] Grenzsituationen also fordern das Denken heraus, das nicht abgeschlossen sein will und ermutigen es, weiterzuschreiten. Wir möchten hier einen Versuch "auf der Grenze" – gewarnt und ermutigt zugleich – wagen!

1. Was will diese Arbeit?

Zwei Ziele hat sich diese Arbeit gesteckt: Sie will zum einen das *Jesusbild* in der zeitgenössischen deutschen Dichtung möglichst *repräsentativ darstellen,* ohne in ihrem Rahmen bei der erdrückenden Fülle des Materials inhaltliche Vollständigkeit erreichen zu können. Zum andern will sie – über die reine Darstellungsebene hinaus – auf der Basis dieses Textmaterials Kriterien entwickeln und zur Diskussion stellen, mit denen im Rahmen der gegenwärtigen Diskussion um das Verhältnis von Theologie und Literatur[3] eine *Neubestimmung* des so viel diskutierten und heftig umstrittenen Begriffs *einer christlichen Literatur* vorgenommen werden kann. Sie will die Frage zu klären versuchen, ob der Begriff der "christlichen Literatur" – neu verstanden – ein im Rahmen dieser Diskussion des Verhältnisses von Theologie und Literatur tauglicher und adäquater Begriff sein kann.

Diese Arbeit will den Nachweis erbringen, daß eine Kriteriologie christlicher Literatur sowohl auf der Basis des zu analysierenden Textmaterials, als auch von der Diskussion Literatur-Theologie her und nicht zuletzt auch von einem theologischen Neuansatz aus möglich ist. Hintergrund für diesen theologischen Neuansatz bildet die gegenwärtige theologische Diskussion, die vor allem im katholischen Raum um den Begriff des "spezifisch Christlichen" und um das Programm einer "Christologie von unten" geführt wird.[4]

Beide Ziele dieser Arbeit stehen in einem engen *Begründungszusammenhang:* Die Person Jesus von Nazaret wurde bewußt für diesen Problemkomplex ausgewählt, weil ohne sie eine Kriteriologie christlicher Literatur nicht möglich ist. Eine Kriteriologie christlicher Literatur aber ist notwendig, weil ohne sie das Textmaterial in seiner theologischen Relevanz nicht voll ausgeschöpft wäre. Jesus Christus, seine Person und seine Sache sind entscheidend für das spezifisch christliche Reden in Theologie und Literatur.

2. Was heißt "christliche Literatur"?

In dieser Arbeit soll also eine These durchgeprobt werden: Christliche Literatur heute ist – präzis definiert – möglich! Diese These ist bewußt provokativ formuliert. Sie richtet sich gegen solche, die immer schon wußten, was christliche Literatur ist und gegen solche, die von christlicher Literatur nichts mehr wissen wollen. Das wird zu diskutieren sein. Gleich zu Anfang deshalb die inhaltliche Bestimmung unserer These, die hier im Sinne einer *Arbeitshypothese* aufgestellt wird. Was ist hier mit dem Begriff christlicher Literatur gemeint, was heißt hier christlich?

Niemand wird leugnen: christlich hat mit Christus zu tun, ist von ihm allein her eindeutig bestimmt. Nur wer sich auf Christus berufen kann, ist Christ, nur was sich von ihm her bestimmt, ist christlich. Wer ist dieser Christus? Dieser Christus ist kein übergeschichtlicher Mythos, sondern eine reale geschichtliche Person: Jesus von Nazaret. Und wenn wir von Jesus Christus reden, meint dies umfassend diesen Jesus von Nazaret mit allem, wofür er steht: seine Botschaft und sein Verhalten, seine Taten und sein Geschick, meint diesen Jesus von Nazaret als den Maßgebenden für das Verständnis Gottes und das Verhältnis zu den Mitmenschen, meint also diesen Jesus von Nazaret mit seiner Person und seiner Sache. Und die Sache, für die dieser Jesus eingetreten ist, für die er eingestanden, ist die Sache Gottes und die Sache des Menschen.[5] Deshalb gilt: Wenn – theologisch so bestimmt – christlich alles genannt werden kann, "was in Theorie und Praxis einen ausdrücklichen positiven Bezug zu Jesus Christus hat", wenn Christentum dort ist, "wo die Erinnerung an Jesus Christus in Theorie und Praxis aktiviert wird"[6], dann kann folglich, wenn wir hier wie dort "die Begriffe beim Wort nehmen", christliche Literatur nur als eine Literatur bestimmt werden, in der – direkt oder indirekt – Person und Sache Jesu Christi von ausschlaggebender, entscheidender, maßgebender Bedeutung zum Verständnis des Textes sind. Diese ausschlaggebende Rolle kann literarisch in vielfacher Weise zum Ausdruck gebracht werden: Jesus muß als Person nicht "Gegenstand" der Handlung sein, er muß als Person gar nicht vorkommen, er muß nicht der "positive Held" sein. Aber er muß direkt oder indirekt, offen oder verborgen, real oder transfigural, personhaft oder zeichenhaft maßgebend für das Verständnis des Textes sein, ausschlaggebend für das, worauf es dem Text entscheidend ankommt.

Von diesem Ansatz aus machen wir uns auf die Suche nach dem Christusbild in der modernen Literatur. Wir fragen nach Techniken, wie das, was Jesus Christus bedeutet, das, wofür er steht, mit literarischen Mitteln dargestellt wird, und wir fragen nach der literarischen und theologischen Adäquatheit dieser Darstellung. Wir fragen nach Themen und Motiven, Bildern und Figuren, und wir fragen nach der Funktion dieses durch die Literatur vermittelten Jesus Christus für Kirche, Theologie und Gesellschaft. Unser Interesse? Es ist literaturwissenschaftlich und theologisch zugleich. Es wird gelenkt von der Erwartung, in literarischen, also genuin nicht theologischen Texten, für Person und Sache Jesu neue Sprach- und Vorstellungsebenen erschließen zu können, in der Sprache der Literatur eine "nicht religiöse Interpretation" (Bonhoeffer) zu finden, in Profanität und Säkularität zu entdecken, was uns an diesem Jesus "unbedingt angeht" (Tillich). Die Funktion der Literatur? "Literatur hat die Fähigkeit, uns umzukehren", schreibt die Literaturwissenschaftlerin und Theologin Dorothee Sölle, "die Richtung, in der der Theologe das eingelöste Versprechen suchte, war falsch; er wollte nur die Wiederholung des schon Gewußten auf einer Ebene, die dann 'die ästhetische' genannt wird, obwohl in ihr nichts Neues wahrgenommen werden kann; er meinte aus seiner Tradition heraus zu wissen, wo Gott, Gnade, Sünde oder Tod seien und was diese Worte bedeuten. Literatur gibt ihm anstelle dieses Gewußten, das zu einem religiös versteinerten geworden ist, die weltliche Interpretation, die er braucht."[7]

3. Literatur und Theologie als gegenseitige kritische Herausforderung

Literatur als weltliche Interpretation theologischer Nomenklatur: eine neue Haltung theologischer Literaturkritik wird hier vorausgesetzt. Moderne Literatur ist heute für jeden Theologen unentbehrlich geworden. Die Zeit ist vorbei, wo theologische Literaturkritik noch bedenkenlos gegen "gewisse Vertreter der Gegenwartsliteratur"[8] zu polemisieren vermochte und sich über moderne Literatur und moderne Schriftsteller erhaben wußte: "Manche Schriftsteller gefallen sich in der Schilderung von unerquicklichen Situationen und lieben es, abgeschmackte Themata darzustellen. Die Literatur der Gegenwart verbleibt zu einem großen Teil auf der Ebene der Diskussion, ihre Form ist die Formlosigkeit und ihr Inhalt die Inhaltslosigkeit. Die Gefühle des Ekels und der Angst, des Hasses und der Verzweiflung drängen sich vor; Hoffnung und Geduld, Güte und Liebe werden in einer Literatur der Desillusionierung selten erwähnt. Mit Vorliebe gestaltet sie die Sinnlosigkeit einer absurden Existenz, um den verblüfften Leser in völliger Ratlosigkeit stehen zu lassen."[9] So Walter Nigg noch 1966 in einem Essay "Vom Wesen christlicher Dichtung"!

Die Zeit ist vorbei, wo theologische Literaturkritik den Lesern stattdessen eine "Wallfahrt" zum "Heiligtum der Dichtung", zur "ewigen Poesie" empfehlen und die Literatur einer Annette von Droste-Hülshoff, eines Jeremias Gotthelf oder eines Nikolai Gogol gegen moderne Literatur ausspielen konnte. Die Zeit ist vorbei, wo Leser einer solchen christlichen Literatur dargestellt werden konnten als "sehnsüchtig und verlangend, erwartungsvoll und mit brennenden Fragen auf den Lippen", wo Dichter noch als "Boten" gepriesen werden konnten, "denen eine Sendung aufgetragen ist", als "Gefäße der Gottheit", die das "Lob der Schöpfung" singen, "von Gott dazu bestimmt", das "Zeugnis des Ewigen abzulegen" und Dichtungen noch verstanden werden konnten als "Glanz der ewigen Schönheit".[10]

Aber auch zwei gängigen aktuellen *Mißverständnissen* im Verhältnis von Theologie und Literatur muß hier vorgebeugt werden. Literatur wird hier auch nicht – wie das unter Theologen, die die Faszination moderner Literatur entdeckt haben, beliebt ist – als eine Art Steinbruch benutzt, wo in Form von "Beispielgeschichten" und "Anschlußstoffen" die christliche Botschaft je nach pädagogisch-didaktischer Lage vorteilhaft ins Spiel gebracht werden kann, als Aufhänger gleichsam, um theologische Fragen zu illustrieren. Ein so bestimmtes Interesse an theologischer Relevanz moderner Literatur verengt sich selbst und wird nur noch die Literatur ausfiltern können, die angeblich "christliche Themen"[11] behandelt: "Die damit zumindest naheliegende Instrumentalisierung der Literatur zur 'ancilla theologiae' dürfte ein Grund dafür sein, daß die bisherige theologische Auseinandersetzung mit der Literatur recht unbefriedigend geblieben ist, wenn sie nicht gar zur pragmatischen Inhaltsangabe theologisch interessanter und homiletisch aktualisierbarer Texte verarmte."[12]

Und ein zweites, das damit zusammenhängt: Literatur wird auch da für theologische Zwecke dienstbar gemacht, "instrumentalisiert", wo man ihr mit dem Schema Frage–Antwort beizukommen versucht, sie benutzt als eine Art Erzähleinstieg, von dem aus dann theologisch weitererzählt werden müsse.[13] Ein fatales Bild, eine allzu bequeme arbeitsteilige Methode: Literatur liefert die Fragen, Theologie die Antworten, Literatur fängt an zu erzählen, Theologie liefert den Schluß. Ein subtiles Quiz, "das allerdings dadurch den Beobachter etwas mißtrauisch werden läßt, daß er angesichts der sich so schnell anbietenden Antworten die selbstquälerische Intensität des Fragens nicht ganz versteht."[14]

Keine Vereinnahmung, *keine Instrumentalisierung* von Literatur zu theologischen Zwecken ist hier also das Ziel. Literatur und Theologie sollen vielmehr in ihrer Eigenständigkeit und Autonomie gefaßt und dennoch aufeinander bezogen bleiben! Eine gegenseitige Herausforderung dort, wo man sich vielfach überschneidet: in der Darstellung der Wirklichkeit des Menschen und seiner Welt. Um es hier gleich zu Anfang auch thesenartig herauszuheben: Theologie wird hier besonders herausgefordert sein, weil sie sich im Medium der Sprache zu artikulieren hat, ihre Nomenklatur in Sprache wieder aufschlüsseln muß. *Literatur* kann hier ein *kritisches Korrektiv* sein. Kritisches Korrektiv gegenüber einer theologischen Sprache, die die Wirklichkeit des Menschen oft durch hohle, abgegriffene, Unantastbarkeit und Unveränderlichkeit beanspruchende Formeln verstellte, statt sie zu erhellen; die die Wirklichkeit und die ihr innewohnenden Machtverhältnisse und Herrschaftsstrukturen im Jargon vom Geheimnis des Ewigen und der Tiefe des Seins oft nur verschleierte und die statt auf Fragen einzugehen, sich in Frage stellen zu lassen, die Antworten schon immer parat hatte.

Literatur als kritisches Korrektiv, verstanden im Sinn von *Günter Eich*. "Wenn es um Antworten geht, ist die Macht freigebig", schrieb er und fährt fort an die Adresse der Verwalter der gelenkten Sprache, der Machthaber und Meinungsmacher gerade auch in Theologie und Religion: "Am heftigsten ist bei uns die Reaktion, wenn es einer wagt, der abscheulichsten Sprachlenkung zu widersprechen, der religiösen. Gott zu sagen, wo der Teufel gemeint ist, ist fast eine selbstverständliche Übung geworden. Das so von aller Wahrheit entleerte Wort bleibt als Dekoration brauchbar und macht die Fassade gefällig. Schiebt aber jemand die Papierblumen ein wenig beiseite und entdeckt dahinter das zum Abfall Geworfene, das Gute, das Wahre, das Schöne, Glaube, Hoffnung und Liebe, geschunden und im Schmutz, entdeckt er das und fragt, was da vor sich gehe, so ist er destruktiv, ein Nihilist und wühlt im Unrat. Wenn man das Wort Nihilismus durchaus verwenden will, so trifft es das Verfahren der Macht, die leere Worthülse für die Wahrheit auszugeben. Von Gott kann man nicht sprechen, wenn man nicht weiß, was Sprache ist. Tut man es dennoch, so zerstört man seinen Namen und erniedrigt ihn zur Propagandaformel."[15]

Aber auch umgekehrt: Literatur wird hier ebenso besonders herausgefordert sein, weil sie gezwungen bleibt, die Frage nach dem Menschen, die Frage nach dem Zustand der Welt, wie sie ist, die Frage nach dem Woher und Wohin, dem Wozu und Warum, die Frage also nach dem Ganzen von Mensch und Welt in Raum und Zeit, in den vielfältigen Dimensionen der Wirklichkeit offen zu halten. *Theologie* kann hier ihrerseits ein *kritisches Korrektiv* sein: "Eine Kunst, die die Endlichkeit so überspielt, daß sie die Opfer einer Kultur nicht mehr zum Thema macht, ist theologisch kaum von Interesse. (. . .) Kritisch abzugrenzen braucht sich Theologie nur von jeder Art Kunst, die das, was uns unbedingt angeht, und damit die Totalität des Menschen (sei sie auch verspielt) leugnet. Die tödliche Gefahr für beide, Theologie wie Kunst, ist die Banalität."[16]

Literatur und Theologie: sie stehen in einem Verhältnis von Eichscher "Beunruhigung"; auf dem Weg zu ihrer Sprache Blinden vergleichbar, die ihre Wirklichkeit er-tasten, er-spüren, er-greifen müssen, immer wieder neu, immer wieder im Prozeß der Neuschöpfung und Neuinterpretation, sich übersteigend auf die immer wieder neu zu gewinnende Wirklichkeit hin. Theologie und Literatur, in der Schöpfung der Sprache verbunden, einer "niegehörten und unhörbaren"[17] Sprache, sich der Vorläufigkeit, Unvollkommenheit, Unzulänglichkeit alles Sprechens bewußt: es kommt darauf an, "daß alles Geschriebene sich der Theologie nähert."[18] Theologie und Literatur, Bundesgenossen im Kampf für eine Sprache, die sich dem Einverständnis der Mächtigen entzieht, die der gelenkten, verkauften und abgerichteten Sprache mit Mißtrauen begegnet und sich der perfekt funktionierenden Gesellschaft verweigert.

Wir werden uns an Günter Eich zu erinnern haben, wenn wir von Jesus von Nazaret reden werden. Wie ein Präludium dazu ein Text, mit dem Eich seine Rede anläßlich der Verleihung des Georg-Büchner-Preises 1959 beschloß: "Ich schließe alle ein, die sich nicht einordnen lassen, die Einzelgänger und Außenseiter, die Ketzer in Politik und Religion, die Unzufriedenen, die Unweisen, die Kämpfer auf verlorenem Posten, die Narren, die Untüchtigen, die glücklosen Träumer, die Schwärmer, die Störenfriede, alle, die das Elend der Welt nicht vergessen können, wenn sie glücklich sind."[19]

II. WANDEL THEOLOGISCHER LITERATURKRITIK

1. Die Situation vor 1945

Theologische Literaturkritik begann erst in unserem Jahrhundert, systematisch die literarische Jesusdarstellung zu entdecken. Den Anfang machte dabei eine Arbeit, die Maßstäbe für theologische Literaturkritik überhaupt setzen sollte, freilich nicht für ihre Zeit, wohl aber für die unsrige. Es ist die berühmt gewordene "Geschichte der Leben-Jesu-Forschung" von *Albert Schweitzer* aus dem Jahre 1906 (2. Auflage 1913), der wir eine erste Sichtung auch der literarischen, vor allem romanhaften Jesusdarstellungen verdanken. Scharf und unerbittlich, wie er die frühe (liberale) historisch-exegetische Leben-Jesu-Forschung ihres Anspruchs beraubte, ein geschichtlich zuverlässiges Bild des Lebens Jesu aus den neutestamentlichen Quellen erheben zu können, geht Schweitzer auch mit den romanhaften Leben-Jesu-Darstellungen ins Gericht. Ob Karl Friedrich Bahrdt, Verfasser des ersten Leben-Jesu-Romans (1782) oder Karl Heinrich Venturini mit seinem "klassischen Jesusroman" (1800/02)[1], ob Ernest Renans "Leben Jesu" (1863) als "Werk der Weltliteratur" oder Gustav Frenssens "Hilligenlei": für sie alle gilt das Verdikt: Produkte der "Pseudogeschichtsschreibung".[2] Dabei kann auch Albert Schweitzer nicht ohne Ironie vermerken, daß ausgerechnet diese Jesusromane die historisch-kritische Leben-Jesu-Forschung erst richtig in Gang gebracht haben: "Es ist ein merkwürdiges Phänomen in der Geschichte der Leben-Jesu-Forschung, daß eine gewisse Halbwissenschaft die entscheidenden Probleme erfaßt und zu lösen versucht, ehe die gemessen einherschreitende Zunfttheologie an jenem Punkte angekommen ist. So waren es die romanhaften Leben-Jesu Bahrdts und Venturinis an der Wende des 18. und 19. Jahrhunderts, die zuerst eine konsequent natürliche Darstellung der evangelischen Wundergeschichten versuchten. Mehr noch, sie sind die ersten, welche sich nicht mit der einfachen Aufzählung der Perikopen begnügen, sondern den inneren treibenden Zusammenhang der Ereignisse und Erlebnisse Jesu begreifen wollen. Da sie einen solchen bei den Evangelisten nicht finden, tun sie ihn hinzu."[3]

Für Albert Schweitzer wiederholen sich Aufbau, Struktur und Tendenz aller Jesusromane in vielfachen Variationen: "Ihre Tendenz ist, aus Jesus einen Vertreter einer höchsten (. . .) Geheimlehre zu machen. (. . .) Er ist ihr Werkzeug. Diese dirigieren sein Auftreten. Sie inszenieren seine Wunder, wie auch seine Verurteilung und Kreuzigung. Ehe er völlig tot ist, lassen sie ihn vom Kreuze abnehmen und rufen ihn in der Verborgenheit wieder ins Leben zurück, worauf er, bis zu seinem wirklichen Sterben, mit den Jüngern noch einige Zeit als ein Auferstandener verkehrt."[4] Phantasie also statt Historie, Dichtung statt Wahrheit, Fiktion statt Realität! Mit dem Scharfblick eines unbestechlichen Historikers und Literaturkritikers "entlarvt" Schweitzer gerade etwa die religiöse Ideologie des "Leben

Jesu" von Ernest Renans: "Es gibt kaum ein Werk, das so von Geschmacklosigkeiten – und der grauenhaftesten Art – wimmelt, wie Renans Leben-Jesu. Es ist 'christliche Kunst' im schlechtesten Sinne des Wortes, Wachsfigurenkunst. Den sanften Jesus, die schönen Marien und die minniglichen Galiläerinnen, die das Gefolge des 'charmanten Tischlers' bilden, hat er miteinander aus den Schaufenstern der christlichen Kunsthandlungen der Place St.Sulpice gestohlen."[5] Dennoch: Gefeiert und bekämpft wie kaum ein Werk vor ihm, erlebt Renans Buch vier Auflagen in drei Monaten und hatte ein Jahr nach seinem Erscheinen schon die zwölfte Auflage erreicht. In der Wirkung nur David Friedrich Strauss' "Leben Jesu" (1835/36) vergleichbar, prägte dieses Buch das Jesusbild von Generationen: man malte wie Renan (F.v.Uhde), man dichtete wie Renan (L.Tolstoi, E.Ludwig), man theologisierte wie Renan (A.Ritschl).[6]
Sicher, Albert Schweitzer konnte im Rahmen seiner Untersuchung nicht alle literarischen Jesusdarstellungen analysieren, zumal, wenn sie nicht direkt greifbar waren (wie Dostojewskis "Idiot") oder nicht in Romanform vorlagen (wie etwa Hanns von Gumppenbergs Drama "Der Messias" von 1891). Aber er hatte *kritische Maßstäbe* gesetzt, die auf lange Sicht bedeutsam werden sollten, und zwar in doppelter Hinsicht:
1. Sachlich-kritische Geschichtsforschung bleibt Voraussetzung, um all die Versuche zum Scheitern zu bringen, die bezüglich des Lebens Jesu Phantasie für Historie, Fiktion für Realität ausgeben.
2. Alle historisierenden und psychologisierenden Anstrengungen, Jesus von Nazaret in unsere Zeit hinüberzuholen, sind skeptisch zu betrachten: "Jesus von Nazaret läßt sich nicht modernisieren. Als historische Erscheinung bleibt er in seine Zeit gebannt. Er antwortet nicht auf die Frage: Sage doch, wie heißest du in unserer Zeit, in unserer Sprache?"[7]
Dies war im Jahre 1906, als Albert Schweitzer der Leben-Jesu-Forschung bescheinigte, eine "einzigartig große Wahrhaftigkeitstat"[8] begangen zu haben. Und er hatte recht, wenn er feststellte, daß "die romanische Kultur und Literatur" noch nicht ahne, was dies für die "kommende Religiösität" bedeutete. Diese war nämlich vom "Wirken dieser Geister kaum oder gar nicht berührt."[9] In der Tat: Jahre später hatte die theologische Literaturkritik Albert Schweitzer vergessen. Zwischen 1915 und 1939 waren vier umfangreiche Arbeiten zum Thema "Jesusbild in der Dichtung" erschienen, von denen drei Albert Schweitzer nicht einmal erwähnen und eine ihn nur am Rande registriert.[10]
Zwar gingen diese Arbeiten von *Pfennigsdorf, Kober, Spiero* und *Pfannmüller* insofern über Schweitzer hinaus, als sie neben der romanhaften Leben-Jesu-Darstellung nun auch das ganze Spektrum literarischer Jesus-Rezeptionen in Lyrik, Dramatik und Epik ausbreiteten. Aber ihr *Interesse* war ein *anderes,* infolgedessen auch der Maßstab ihrer Kritik. Nicht mehr die historische Kritik, die ja auch immer für Schweitzer Ideologiekritik bedeutete, nicht mehr die theologische Kritik an bürgerlich-christlichen Jesus-Adaptionen standen jetzt im Vordergrund, son-

dern die Christusdichtung als "religiöse Dichtung", als "Entwicklungsgeschichte der deutschen Seele", als "Einführung in das deutsche Geistesleben": ein Ineinander also von Religion und Kultur, Seele und Nation, Deutschtum und Christentum. "Christentum und Deutschtum gehören zusammen", schrieb Emil Pfennigsdorf. "Ein Deutschtum, gereinigt und geklärt durch den Geist Christi, und ein Christentum, erfaßt mit der Innigkeit, Kraft und Tiefe des deutschen Geistes – das muß das Ziel unserer Geschichte bleiben."[11]

Zweifellos ist das hier angesammelte Textmaterial beeindruckend: Es spiegelt die Tatsache wider, daß Jesus Christus durch die Jahrhunderte hindurch in Philosophie, Literatur und Kunst eine Breitenwirkung erzielte, die ihresgleichen sucht. Besonders die Arbeit von G.Pfannmüller ist hier zu nennen. Die *Ideologie* aber *aus Deutschtum und Christentum* zugleich ist penetrant. Zur Romantik etwa schreibt diese Art theologischer Literaturbetrachtung: "Der deutsche Geist hatte Form und Gehalt der Antike ausgemessen, jetzt kehrte er in die Welt des Deutschen Christen zurück. Begriffe, wie die der Kreuzbruderschaft oder der Bauhütte gewannen erneute Bedeutung, über der schwarzrotgoldenen Fahne, dem Sehnsuchtspanier der um die Burg der Minnesänger und Luthers gescharten Jugend, ragte das Kreuz. Mit dem Kreuz aber gab sich diese Deutschheit zugleich jenem im deutschen und nur im deutschen Wesen mächtigen universalen Zuge hin, der das alte Reich getragen hatte und als dessen große Erben Herder, Goethe und Schiller vor der Jugend standen." So Heinrich Spiero, 1926![12]

Arndt, Körner, Schenkendorf, Rückert, Dichter der Befreiungskriege, verkörpern für diese Kritiker den Geist "echten, männlichen Christentums", Peter Rosegger und Gustav Frenssen haben uns "bedeutende Christusromane" "geschenkt". Felix Timmermans hat eine Christuslegende im "germanischen Geist" verfaßt, Rudolf Hans Bartsch ein Buch der "Andacht" und Max Jungnickel "zeichnet in gemütstiefer, doch etwas sentimentaler Art den Heiland als Dorfschulmeister", die Jesusdarstellungen von Scharrelmann, von Molo, Hille und vielen anderen werden behandelt.[13] Die Hausliteratur des katholischen und protestantischen Bürgertums passiert Revue: Winkelliteratur im kulturellen Abseits, die aktuelle religiöse Bedürfnisse nach Unterhaltungs- und Erbauungslektüre befriedigte, wie Dutzendware von einem Insider-Publikum konsumiert wurde und – in Vergessenheit geriet. Naturalismus (Hauptmann, Sudermann) und Expressionismus (Zech, Heynike, Werfel) tauchen nur – einseitig ausgewählt – am Rande auf, Dostojewskis Name wird kaum einmal genannt, Büchner und Heine verschwiegen. Von Goethe, dem "dezidierten Nichtchristen"[14] wählt man einseitig Texte aus seiner Frühzeit aus, um ihn zum Christen zu machen, von Schiller zitiert man "christliche" Texte, in denen von Jesus Christus nicht einmal die Rede ist. Rilkes "Stundenbuch" wird religiös ausgebeutet, sein "Brief des jungen Arbeiters" – betont kritisch gegenüber der Christusfigur – beiseite gelassen.[15]

Die *Erwartungshaltung* dieser theologischen Literaturkritik? Literatur wird als *Selbstbestätigung* verstanden, als Illustrierung religiös festgeschriebener Inhalte.

Wo diese Inhalte nicht bestätigt wurden, konnte unter Umständen auch massiv eingegriffen werden: Deutschtum und Christentum, Thron und Altar arbeiteten dann Hand in Hand. Im Januar 1836 war Karl Gutzkow, ein Dichter des Jungen Deutschland, einen Monat ins Gefängnis gesperrt worden für seinen Roman "Wally, die Zweiflerin" (1835), der gerade auch wegen der Darstellung des Jesusbildes ungeheures Aufsehen machte und den Zensurbehörden Preussens und des Deutschen Bundes willkommenen Anlaß bot, gleich allen Autoren des Jungen Deutschland (also auch Heine, Laube, Börne, Wienbarg, Mundt) die Verbreitung ihrer Schriften zu verbieten. Man hatte Gutzkow wegen "verächtlicher Darstellung des Glaubens der christlichen Religionsgemeinschaften" verurteilt.[16]
Auch die Prozesse gegen Baudelaire und Flaubert, in unserem Jahrhundert gegen Sternheims "Ulrike" (Leipzig 1918/19), Carl Einsteins Jesus-Drama "Die schlimme Botschaft" (Berlin 1921), gegen Arthur Schnitzlers "Reigen" (Berlin 1922), Jean Genets "Notre-Dame-des-Fleurs" (Hamburg 1962), ebenso die Zensuren gegen Wedekinds "Frühlings Erwachen", den "Ulysses" von James Joyce, "Lady Chatterley" von David H. Lawrence bis hin zum Prozeß gegen Günter Grass sind unvergessen und haben die Beziehungen zwischen Literatur und Religion bis heute aufs schwerste belastet.[17] Diese Richtung theologischer Literaturkritik setzt sich bis in die *unmittelbare Nachkriegszeit* hinein fort. Hier liegen etwa zwei Beispiele katholischer Literaturkritik[18] vor mit eben der Tendenz, literarische Jesusbilder vom Christusdogma der Kirche her zu beurteilen und wenn nötig zu verurteilen. Jesusdarstellungen sind für diese Kritiker um so besser, je mehr sie dem Christusdogma kirchlicher Lehre entsprechen. Geschieht dies in besonderen Fällen einmal nicht, so muß – ähnlich wie in der Theologie – das kirchliche Lehramt eingreifen: 1945 wurde der Christusroman des griechischen Dichters Nikos Kazantzakis "Die letzte Versuchung" unter Beifall dieser katholischen Literaturkritik wegen Blasphemie auf den "Index der verbotenen Bücher" gesetzt. Überhaupt ist man – gerade im katholischen Raum – mit der Kategorie "Blasphemie" zur Beurteilung literarischer Jesusdarstellungen schnell bei der Hand. So heißt es etwa in einem Beitrag der katholischen Herder-Korrespondenz zum Jesusbild im modernen Roman aus dem Jahre 1952/53: "Der Versuch, die Evangelien romanhaft auszuschmücken, muß fast immer zu grotesken, für den Christen blasphemischen Gebilden führen".[19]
Literatur als Sakrileg, Blasphemie, frevelhafte Grenzüberschreitung, wenn es um Jesus Christus geht? Es lohnt sich, hier etwas genauer hinzusehen, um die dahinter liegenden, tiefverwurzelten Denkstrukturen aufzudecken. Die Vorstellung von einer beinahe sakralen Unberührbarkeit lehrhafter theologischer Überlieferung bestimmt eine solche Haltung, ein sich Klammern an Sätze und Formeln dogmatischer Christologie aus Angst vor Abwertung, Profanisierung und Entsakralisierung, die dem christlichen Verständnis von theologischer Überlieferung genuin fremd ist. Als ob je Christen aus Berührungsangst ihre heiligen Texte, Bilder und Formeln für unantastbar zu halten hätten; als ob die Geschichte Jesu von Nazaret nicht immer wieder zum Weitererzählen herausforderte; als ob nicht Nachfolge Christi

als vielfache Entsprechung, fern aller Reproduktion von Formeln, ein Verhältnis zur Figur Jesu Christi forderte, das hinsichtlich der literarischen Darstellung Rückwärtsgewandtheit und Vorwärtsgewandtheit, Treue und Phantasie, historische Genauigkeit und symbolische Signifikanz zugleich ermöglichte. "Verwaltung der Bibel ist Vergewaltigung der Bibel", schreibt der evangelische Theologe Hans Jürgen Schultz. "Die schmalspurige Geschichte ihrer amtlichen Auslegungen und Auswirkungen läßt sich unschwer beschreiben. Daneben aber verläuft eine Geschichte von Auslegungen und Auswirkungen, die sich der Erfassung und der Verfassung entziehen. Der Geist der Bibel weht, wo er will. Oft erscheint er im Gegensatz zu denen, die sich für die Anwälte der authentischen Exegese halten. Das Korrelat der Bibel ist nicht eine Sekte, nicht eine Konfession, nicht die Kirche und ebensowenig die Synagoge – sondern die Menschheit."[20]
In der Tat: Wo ein dogmatisches Christusbild verwaltet wird, wo der Geist literarischer Jesusdarstellung nicht wehen darf, wo er will, dort wird *Literatur zur Funktion der Katechese* – unsere katholischen Beispiele zeigen es. So heißt es dort: "Versucht man von diesen in den Jesus-Romanen immer wiederkehrenden Mängeln abzusehen und die positiven Möglichkeiten der Darstellung aufzufinden, so können diese für den Christen im wesentlichen nur in einer der geschichtlichen Wirklichkeit entsprechenden Zeichnung der Umwelt Jesu bestehen. Indem sie die Erlösergestalt in die geschichtliche Welt hineinstellen, vermögen sie etwas aufzuholen, was die christliche Katechese bis heute zuweilen vergessen hat, nämlich, daß Jesus Christus in eine ganz bestimmte, die jüdische Welt hineingeboren worden ist, die ihn als Mensch geformt hat und der er als Mensch verbunden blieb."[21]
Das ist Instrumentalisierung der Literatur! Die Chance wird verspielt, Literatur gerade in der Jesusdarstellung als Herausforderung an Theologie und kirchliche Verkündigung zu begreifen. Statt sich von Autoren, die an der Peripherie deutscher Literatur ein Schattendasein führen, gängige Glaubensmuster bestätigen zu lassen, statt sich unliebsame literarische Jesusbilder ex cathedra vom Leibe zu halten, hätte gerade eine differenzierte Analyse von Texten führender deutscher Literaten (in diesem Jahrhundert vor allem der Expressionisten) die Theologie offener machen können für die Glaubensprobleme der Menschen dieser Zeit. Literatur hätte ein Seismograph sein können, mit dessen Hilfe Theologie und Kirche die geheimen religiösen Erschütterungen und Bewegungen der Menschen hätte erspüren können. Wie aufschlußreich gerade eine Analyse des expressionistischen Textmaterials theologisch gewesen wäre und heute noch ist, zeigen Beispiele aus einem Beitrag des Germanisten *W. Rothe,* "Der Mensch vor Gott: Expressionismus und Theologie".[22] Nicht nur für die Gottesfrage, wo Rothe eine sprachlich-metaphorische Wechselbeziehung zwischen expressionistischen Gottesbildern und dem Gottesbild der "Dialektischen Theologie" dieser Zeit (vor allem Karl Barths "Römerbrief" von 1919/1922 liefert interessantes Sprachmaterial) herausarbeitet, sondern auch für die Darstellung der verschiedenen Jesus-Bilder ist der Expressionismus eine wahre Fundgrube, die bis heute noch nicht genügend ausgewertet wurde.[23]

2. Die Situation nach 1945

Die Situation theologischer Literaturkritik zum Jesusbild nach 1945 ist deutlich durch zwei Abschnitte markiert: die unmittelbare Nachkriegszeit und die Zeit etwa vom Ende der sechziger Jahre an. Zunächst: Was liegt an Sekundärliteratur zum Jesusbild überhaupt nach 1945 vor? Wir finden hier Aufsätze von nicht großem Umfang[24], Kapitel in Büchern mit übergreifender Thematik[25], kleinere Monographien[26], Artikel in Lexika[27] und eine größere Monographie zu vier ausgewählten Dichtern[28].

Diese Beiträge sind zwar alle nach 1945 veröffentlicht – und müssen deshalb hier Erwähnung finden –, sie behandeln damit aber nicht einfach auch die Dichtung nach 1945. Es sind Arbeiten darunter, die mit ihren Literaturbeispielen die Grenze 1945 nicht überschreiten (C.H. Ratschow, E. Frenzel, E. Eppelsheimer) oder nur knapp in die unmittelbare Nachkriegszeit hineinreichen (Humbel, Grenzmann, Schirmbeck, Urner, Zähringer) und insofern für unsere Themenstellung nur bedingt von Interesse sind. Mit Humbel, Grenzmann, Urner, Zähringer liegen Beispiele vor, die die Tendenz theologischer Literaturkritik vor 1945 fortsetzen, ohne allerdings wieder einer Deutschtumsideologie zu verfallen. Doch das theologische Selbstbestätigungsinteresse gegenüber der Literatur bleibt bestehen.

Der *Umschlag* erfolgt erst (hinsichtlich der Jesusdarstellung) Ende der sechziger, Anfang der siebziger Jahre im Zuge einer allgemeinen Neuorientierung im Verhältnis von Theologie und Literatur. Mit den Beiträgen von *Paul Konrad Kurz, Kurt Marti, Henning Schroer, Manfred Züfle, Hans Küng, Heinrich Fries* kommt die moderne Literatur zur Sprache, die das Jesusbild nach 1945 eigentlich entscheidend geprägt hat. Auffallend ist, daß es sich bei allen sechs Autoren um Theologen handelt, die – anders als die theologische Literaturkritik vor 1945 – am "Jesus der Literaten" ein theologisch-kritisches Interesse haben. Literatur wird nicht länger als theologische Selbstbestätigung verstanden, sondern als kritische Herausforderung an eine allzu dogmatisch verengte Theologie, als "heilsame Provokation" eines Theologieverständnisses, das sich selbst immer wieder in Frage zu stellen bereit ist, das Impulse von außen aufnehmen, aus dem binnen-theologischen Raum ausbrechen und in ein Gespräch eintreten will: "Sind die Literaten nicht oft wacher, hellhöriger, feinspüriger als die Theologen?" schreibt Hans Küng. "Dichtung erschließt Bereiche der Sprache und der Bilder, die das Jesus-Geschehen neu übersetzen, transponieren, verstehen lassen. Sie eröffnet neue Möglichkeiten, um unsere menschlichen Erfahrungen mit der Botschaft von diesem Jesus Christus zu konfrontieren und zu vermitteln. Sie ermöglicht den 'fremden Blick', um das, was nicht fremd, befremdlich und das, was gewöhnlich ist, unerklärlich zu finden."[29]

Von diesem so bestimmten theologischen Interesse an Literatur erklärt es sich, warum hier literarische Texte in die Interpretation von Person und Sache Jesu Christi einbezogen werden können, die keineswegs ein kirchlich-dogmatisches Jesusbild präsentieren, die sogar von Autoren stammen können, die nicht Christen sind oder es ausdrücklich ablehnen, als solche bezeichnet zu werden. So stehen hier Texte von Celan und Huchel, Hesse und Domin, Grass und Herburger, Dürrenmatt und Frisch, Hemingway und Miller, Andermann und Borchert im Brennpunkt des Interesses. Ja sogar Filme, wie der Jesusfilm von Pasolini oder Musikstücke der Pop-, Underground- und Beatszene werden mit einbezogen. "Mensch gesucht, z.B. Jesus" – ein Buchtitel, aber auch die programmatische Beschreibung eines Grundzugs moderner literarischer Jesus-Rezeption nach 1945. Literatur und Theologie gemeinsam auf der Suche nach dem Menschen! Der Mensch Jesus von Nazaret steht hier im Vordergrund, kritisch gewendet gegen den Christus von Kirche, Dogma und Kult, der Bruder, der Revolutionär ... "Jesus gehört allen, die mit ihm zu tun haben wollen"![30]

Wir dürfen freilich nicht übersehen, bei aller Anerkennung des Bemühens von Theologen, sich mit modernen Jesus-Texten der Literatur auseinanderzusetzen: hier werden dem Leser nur Ausschnitte aus der Gesamtproblematik literarischer Jesusdarstellung geboten. Die Autoren haben in ihrem Rahmen kein Interesse, ein repräsentatives literarisches Jesusbild zu zeichnen. Jesustexte haben für sie mehr Beispielcharakter. Das Interesse dieser Arbeit ist es, dieses Problem etwas grundsätzlicher zu reflektieren.

Neben den genannten Arbeiten direkt zum Jesusbild gibt es noch einen anderen Typus Literatur, der hier von Interesse ist: Anthologien, Textsammlungen, Materialsammlungen verschiedener Autoren und Themen. Diese beziehen sich entweder direkt auf die Darstellung Jesu oder behandeln die Jesus-Problematik als eine unter anderen. Auf Jesus direkt bezieht sich die von *Anton Grabner-Haider* herausgegebene Sammlung von Texten junger Schriftsteller, die durchgängig mit dem Stilmittel der Verfremdung meist biblische Texte für die Gegenwart aufzuschlüsseln versuchen.[31] Diese Verfremdungsexperimente sind primär kritisch-konstruktiv gegen einen "Bedeutungsverfall der biblischen Sprache" gerichtet, wie er sich allzu leicht in kirchlicher Verkündigung einstellt. Die Variationsmöglichkeiten in Form und Stil sind dabei besonders groß: Prosatext, szenische Beschreibung, Hörspielform, konkrete Poesie, visuelle Texte, Dialogformen! Jesus mehr direkt oder mehr indirekt, mehr biblisch oder mehr chiffriert, mehr paraphrasierend oder mehr kontrastierend: an Experimenten ist kein Mangel. Die literarische Qualität vieler dieser Beiträge allerdings läßt zu wünschen übrig. Die Methode ist oft allzu durchsichtig, der Austausch von biblischem und zeitgeschichtlichem Lebenskontext oft allzu plump. Dem Denkanstoß, der durch den verfremdeten Blick gegeben werden soll, wird so oft die Kraft genommen. Allerdings verstehen sich diese Texte auch nicht als "Perfektionsmodelle", sondern als "Impulse für die eigene schöpferische Sprachpotenz". Sie rufen den Leser zur Nachahmung auf, zum Selber-Probieren. Sie sind handlungsorientiert, praxisbezogen. Sie sind Reflex der Praxis und wollen auf Praxis zurückwirken: in kirchliche Verkündigung, Religionsunterricht und Erwachsenenbildung.

Ganz aus dem *Bereich der Religionspädagogik oder Homiletik* kommen auch solche Textsammlungen, in denen die Jesus-Problematik nur eine unter anderen ist.[32] Sie verstehen sich als Arbeitshilfe für den Religionsunterricht und können nur von daher verstanden werden. Da ihnen nicht immer ein ausreichender literaturwissenschaftlicher oder theologischer Kommentar beigegeben ist, hat der Leser oft Mühe, sich zu orientieren, zumal viele Autoren einem breiteren Publikum unbekannt sind und die abgedruckten Texte meist aus ihrem Kontext gerissen wurden.[33] Trotzdem stellen auch sie wertvolle Quellensammlungen zur literarischen Jesusrezeption dar.

Direkt auf das Jesusbild in der Literatur sind auch solche Texte bezogen, die zu einem christologisch relevanten Thema zusammengestellt wurden. Besonders für die Weihnachtszeit werden möglichst moderne religiöse Texte gebraucht, die dann in wohlfeilen, aber leider meist schlecht edierten Ausgaben rechtzeitig auf dem Markt zu haben sind.[34] Zweifellos geht von diesen religionspädagogisch-homiletisch motivierten Arbeiten ein *liberalisierender Impuls* für das Jesusverständnis gerade auch im Bereich der Theologie aus. Man darf ja nicht übersehen, daß solche Sammlungen oft aus der Not der Verkündigungssituation heraus geboren wurden. Religionspädagogik und Homiletik mußten einspringen, weil die Dogmatik, indem sie "hohe Christologie" betrieb, sie oft genug im Stich ließ. So darf es nicht verwundern, wenn diese von der Religionspädagogik und Homiletik für ihre Bedürfnisse ausgewählten Texte keinen Christus des Dogmas verkünden, sondern einen mit den Problemen heutiger Menschen vermittelten Menschen Jesus von Nazaret.

Zwei Anthologien verdienen in diesem Zusammenhang besondere Aufmerksamkeit: *Johannes Hoffmann-Herreros'* "Spur der Zukunft" und vor allem *Kurt Martis* "Stimmen vor Tag".[35] Beide Sammlungen enthalten eine Fülle interessanter Texte zum Jesusbild. Obwohl auch bei diesen Herausgebern – was die editorische Sorgfalt angeht – viel zu wünschen übrigbleibt (das gilt vor allem für Hoffmann-Herreros), zeugen die hier zusammengestellten Texte in Qualität und Aktualität von der Kennerschaft ihrer Editoren. Beiden kommt zweifellos zugute, daß sie nicht "nur Theologen" sind. Hoffmann-Herreros ist Literaturwissenschaftler und Kurt Marti ist als Pfarrer einer der führenden Schriftsteller der Schweiz, der auch über diesen Raum hinaus sich als Verfasser moderner, experimenteller Lyrik einen Namen gemacht hat. Beide Anthologien haben den Vorteil, daß sie sich weigern, das Religiöse auf den Bereich des Christlichen oder gar Kirchlichen zu reduzieren.

Während Hoffmann-Herreros sich dabei stärker gängigen religiösen Modeströmungen anpaßt und allzuleicht Popkultur und neue Religiosität zu identifizieren vermag, zeichnet sich die Ausgabe von Marti nicht nur durch die Repräsentanz eines breiten theologischen, sondern auch literaturhistorischen Spektrums aus. Texte des Symbolismus und Expressionismus bis hin zur hermetischen und experimentellen Lyrik nach 1945 werden "ausgegraben" und in ihrer theologischen Relevanz ins Bewußtsein gehoben. Der formale und thematische Zusammenhang moderner Lyrik in diesem Jahrhundert erscheint anhand zahlreicher Textbeispiele überzeugend belegt. Auch der theologische Ansatz zur Auswahl der Texte vermag bei Kurt Marti zu überzeugen: "Wenn diese Anthologie einen Sinn haben soll, dann vor allem als Versuch, im Gedicht formulierte Redeweisen und Verhaltensweisen mit zu berücksichtigen, die in religiösen oder christlichen Gedichtsammlungen meist ausgeklammert bleiben, aus dem Leben eines Menschen aber weder ausgeklammert werden können noch ausgeklammert werden sollen. Mit anderen Worten: der Rückzug in die fromme Innerlichkeit, der in den christlichen Anthologien deutscher Sprache noch und noch angetreten wird, sollte hier, wenn auch nur andeutungsweise und zeichenhaft, vermieden werden. Das Evangelium ruft den ganzen Menschen und zerlegt ihn nicht in Gemüt und Leib, in homo religiosus und homo politicus. Freilich: eine Tradition des politischen oder sozialen evangelischen resp. christlichen Gedichts scheint es heute in der deutschen Literatur nicht mehr zu geben. Darum ist es zwar zu beklagen, aber nicht verwunderlich, wenn es in politischen und sozialen, vor allem auch in Fragen von Frieden und Krieg die am wenigsten als Christen anzusprechenden Autoren sind, die oft am christlichsten sich äußern und das sagen, was die Christen leider verschweigen. Solche Stimmen rufen uns Christen aus den Ghettos schicksalsgläubiger und machtdevot gewordener Innerlichkeit heraus."[36]

Immer wichtiger wird für die moderne theologische Literaturkritik nach 1945 auch die literarästhetische Reflexion auf *Techniken literarischer Jesusdarstellungen.* Zunehmend werden hier die ästhetischen und theologischen Grenzen in ausdrücklicher Anlehnung an die "kritische Evangelienbetrachtung"[37] reflektiert, die der herkömmlichen Erzähltechnik eines historisierenden oder psychologisierenden Romans bezüglich der Jesusdarstellung gesetzt sind. Ausgehend vor allem von der Analyse von Dostojewskis "Der Idiot" (1868) – dem klassischen Vorbild aller indirekten Jesusdarstellungen – erkannte man: "Das Thema sprengt einfach die Möglichkeiten des landläufigen Romans".[38] Theologisch wie literarisch wird nun wichtig zu analysieren, wie Schriftsteller *neue Darstellungstechniken* erproben. Am auffälligsten etwa bei Dorothy Sayers, der englischen Schriftstellerin, die in ihrem Hörspiel "The Man Born to Be King" (Zum König geboren, 1950) bei der Darstellung der Jesusfigur die indirekte Methode der *Spiegelung* ebenso anwandte, wie der schwedische Nobelpreisträger Pär Lagerkvist in seinem Roman "Barabbas" (1950). Der Kritiker Kurt Marti schreibt dazu: "Die literarische Methode der Spiegelung ist in allen diesen Fällen Ausdruck theologischer Einsicht und gleichzeitig ein Versuch, diese Einsicht in die Unmöglichkeit einer auch nur partiellen Leben-Jesu-Darstellung zu hintergehen, um eine anschaulichere, sinnlichere, so auch unmittelbarere Vermittlung der Gestalt Jesu zu betreiben."[39]

Diese *indirekten Jesusdarstellungen* stehen nun im Zentrum des Interesses theologischer Literaturkritik nach 1945, zumal auch der Strom direkter Jesusdarstellungen in der Literatur nach einem erneuten Anschwellen in der unmittelbaren Nachkriegszeit im Laufe der fünfziger Jahre allmählich versiegt. Techniken und Formen literarischer Jesusdarstellung werden immer feiner und differenzierter: "Oft

sagt man das Wichtige besser so, indem man es ausklammert", sagt Friedrich Dürrenmatt und sprach damit aus, was viele Autoren gerade auch bezüglich der Jesusfigur längst praktizierten.
Größte Bedeutung kommt für diesen Zusammenhang dem Buch von *Erich Auerbach* "Mimesis. Dargestellte Wirklichkeit in der abendländischen Literatur" aus dem Jahre 1946 zu, der die *figurale Interpretationsmethode* für die Literaturwissenschaft wiederentdeckte, eine Methode, die die Kirchenväter (vor allem Tertullian, Hieronymus, Augustin) zur Exegese des Alten Testaments im Horizont des Neuen Testaments angewandt hatten.[40] Zugrunde lag dieser Exegese das heilsgeschichtliche Schema von Verheißung und Erfüllung: was im Alten Testament geschieht, ist figura oder typus, d.h. Hinweis, Vorausdeutung auf das, was sich im Neuen Testament erfüllt. Auerbach meint dazu: "Diese Art der Deutung bringt, wie man leicht einsieht, ein ganz neues und fremdes Element in die antike Geschichtsbetrachtung. Wenn zum Beispiel ein Vorgang wie das Opfer Isaacs interpretiert wird als Präfiguration des Opfers Christi, so daß also in dem ersteren das letztere gleichsam abgekündigt und versprochen wird, und das letztere das erstere 'erfüllt' – figuram implere ist der Ausdruck dafür –, so wird ein Zusammenhang zwischen zwei Ereignissen hergestellt, die weder zeitlich noch kausal verbunden sind – ein Zusammenhang, der auf vernünftige Weise in dem horizontalen Ablauf, wenn man dies Wort für eine zeitliche Ausdehnung gestattet, gar nicht herzustellen ist. Herzustellen ist er lediglich, indem man beide Ereignisse vertikal mit der göttlichen Vorsehung verbindet, die allein auf diese Art Geschichte planen und allein den Schlüssel zu ihrem Verständnis liefern kann."[41]
Dieser Ansatz Auerbachs wurde nach 1945 für die Christus-Interpretation in außerbiblischen Texten fruchtbar gemacht und zwar zunächst in der angelsächsischen Literaturkritik. "Christ in modern dress is rarely convincing, though he has his incognitos in all times. The best attempts to present him on the modern scene are the most indirect", schrieb der amerikanische Exeget, Literaturwissenschaftler und Dichter Amos Niven Wilder schon 1958.[42] Die verschiedenen Christus-Figuren werden hier herausgearbeitet und unterschieden: Christus als "disguised biblical Christ", "mythological archetype", "symbol", "allegory".[43] Wichtig dabei ist: Die indirekten literarischen Jesusdeutungen fühlen sich dem Christusdogma kirchlicher Orthodoxie in keiner Weise verpflichtet: "The Christ figure is not Jesus the man nor Christ the Christian redeemer; the novelist bears no direct responsibility to the church nor to his Christian heritage to present a figure sympathetic to the Christian dogma; the critic who attempts to interpret the figure in terms of faith and doctrine does so at his own risk."[44]
Gerade weil diese Art der Literaturkritik in Amerika breiteste Anwendung gefunden hat, kann es nicht verwundern, wenn eine der umfassendsten, bisher erschienenen Monographien zur indirekten Jesusdarstellung von einem Amerikaner stammt. 1972 veröffentlichte der in Princeton lehrende amerikanische Germanist *Theodore Ziolkowski* sein Buch unter dem Titel "Fictional Transfigurations of

Jesus".[45] Das Buch verarbeitet eine Fülle vor allem englischer und deutscher Literatur zur Jesusdeutung, beschränkt sich aber vor allem auf die Gattung des Romans. Für unser Thema mit Schwerpunkt auf der deutschsprachigen Literatur sind vor allem Ziolkowskis Interpretationen von Gerhard Hauptmann, Hermann Hesse, Thomas Mann, Günter Grass und Günter Herburger von Interesse.

"Fictional transfiguration" heißt für Ziolkowski: "It is a fictional narrative in which the characters and the action, irrespective of meaning or theme, are prefigured to a noticeable extent by figures and events popularly associated with the life of Jesus as it is known from the Gospels."[46] Als Literaturwissenschaftler ist Ziolkowski allein an der transfiguralen Jesusdarstellung als einer literarischen Form, als eines formalen Strukturelements literarischer Wirklichkeitsdarstellung interessiert. Die theologische oder genauer christologische Interpretationsebene bleibt in seinem Rahmen unberücksichtigt, was die Interpretation von vorneherein verengt: "It cannot be stressed enough that the parallels are essentially formal, not ideological. The modern hero whose life is prefigured by the life of Jesus may occasionally be a good or even Christlike man; but, as we shall see, he may also be an obsessed paranoid, a Nietzschean élitist, an atheistic Party functionary, or a scheming opportunist."[47] Ziolkowski wendet sich mit Recht dagegen, in der Literatur immer nach "'christological' themes" zu suchen. Dennoch aber darf die Frage nach der Funktion der Jesusdarstellung (sei sie dem biblischen Christusbild auch noch so konträr) im Werk eines bestimmten Autors nicht ausgeklammert werden, die Frage also, was die literarische Verarbeitung der Jesusfigur für ihn und sein Werk bedeutet.

Ziolkowski arbeitet *fünf Modelle literarischer Jesustransfiguration* heraus:

1. Das Modell des "christian socialist" in Anlehnung an Jesus als den "ersten Sozialisten", wie ihn der Naturalist Arno Holz nannte.[48] Wer also von den hier analysierten literarischen Figuren für Sozialreformen kämpft, tut dies nach der Devise: Tun, was Jesus an meiner Stelle getan hätte. Es ist interessant zu bemerken, daß – wie Ziolkowski ausführt – der Impuls, eine fiktive Transfiguration Jesu zu schreiben, zuerst von den christlichen Sozialisten her kam: "The writers, moved to what Schweitzer called 'hate' by the sterility of the conventional church – particularly its unwillingness to accept liberal ideas and its resistance to social reform – set out to depict this clash between 'Christendom' and 'Christianity' by portraying the life of a Jesus-like hero in conflict with the Church of his day."[49]

2. Das Modell der "christomaniacs", der Christusbesessenen. Menschen werden hier zu Jesus-Transfigurationen, die sich selbst für Jesus halten, wie in Nikos Kazantzakis' "Griechische Passion" oder in Gerhard Hauptmanns "Narr in Christo Emanuel Quint".

3. Das Modell des "mythic Jesus", wobei Ziolkowski drei Typen mythischer Interpretation herausstellt und sie drei Romanen zuordnet: Hermann Hesses "Demian", Carlo Cocciolis "Manuel le Mexicain" und William Faulkners "A Fable": "One

view regards Jesus as a culture-hero parallel to the other great mythic figures of mankind. A second theory considers him as the syncretic product of elements appropriated from a variety of pre-Christian or pagan cults. A third view, finally, sees him as the spontaneous personification of the religious longing of the early christian community."[50]

4. Das Modell des "comrade Jesus", des Genossen Jesus, der, wie Jesus mit der Kirche, mit der Kommunistischen Partei in Konflikt gerät, wie in John Steinbecks "Grapes of wrath" oder Ignazio Silones "Pane e Vino".

5. Das Modell der "fifth gospels", einer Darstellungstechnik, die Ziolkowski besonders bei den ganz modernen literarischen Jesustransfigurationen, wie etwa Günter Grass' "Katz und Maus", Gore Vidals "Messiah", John Barths "Giles Goat-Boy", aber auch in Pier Paolo Pasolinis Mattäus-Verfilmung oder in Musicals wie "Jesus Christ Superstar" oder "Godspell" zu finden glaubt. "Fifth gospel" heißt für Ziolkowski: "But they are all 'fifth', or supernumerary, gospels to the extent that the neutral point of view locates them palpably outside the framework of any ethical system conventionally associated with the four Gospels of the New Testament. (I am using the term, obviously, in a sense wholly unlike that of Renan, who set out to write a serious fifth Gospel – that is, a modern retelling of the Gospel – in his *Life of Jesus.)*"[51]

Im Aufweis der fünf Modelle literarischer Jesustransfiguration zeigt sich bei Ziolkowski deutlich ein Argumentationsgefälle! Es soll nachgewiesen werden: die Tendenz literarischer Jesusrezeption (endend beim Modell der "Fifth Gospels") geht in Richtung auf eine immer größer werdende Entfremdung von Schriftstellern zur Figur Jesu Christi. Die Literatur ist in immer größere, ironisch-parodierende Distanz gerückt: nicht mehr Bewunderung, Respekt, Anerkennung dieser Person gegenüber, wie es die Generation eines Steinbeck und Silone, eines Kazantzakis und Faulkner aufbrachten, sondern Distanz, Absage, Verhältnislosigkeit, "playful detachment" und "moral neutralism", wie es die Generation eines Grass, Vidal und Barth, aber auch eines Andrew Lloyd Webber und Tim Rice, eines Michael Tebelak und Stephen Schwartz und nicht zuletzt eines Pasolini kennzeichnet.

An dieser Stelle enthüllt sich die *Schwäche* des methodischen Ansatzes von Ziolkowski. Wer die Frage nach der theologischen Bedeutung Jesu völlig ausklammert, wer nicht nach den Motiven fragt, warum so viele Dichter und Schriftsteller, Stückeschreiber und Regisseure, Texter und Komponisten von dieser Figur fasziniert sind, warum sie ihn – figural verfremdet – in ihre Arbeit "eingebaut" haben, welche theologische Funktion diese Rezeption haben kann, muß an der Oberfläche, d.h. im Formalen, Strukturellen, Kategorialen steckenbleiben, und kann der Komplexität des Sachverhaltes nicht gerecht werden. Um nur ein Beispiel zu nehmen, das unmittelbar in die Augen springt: Man kann sehr darüber streiten, ob Pasolinis Mattäus-Verfilmung oder die Musicals "Jesus Christ Superstar" und "Godspell" eine Entfremdung und moralische Distanz ihrer Autoren zur Person Jesu Christi offenbaren. Andere haben es anders gesehen![52] Die These Ziolkowskis

erweist sich so als zu pauschale Behauptung, für die er den Beleg, vor allem auch aufgrund seiner zu schmalen Textbasis, schuldig bleiben muß.
In anderer Weise hat für den deutschen Sprachraum *Dorothee Sölle* in ihrer 1973 veröffentlichten Habilitationsschrift "Realisation. Studien zum Verhältnis von Theologie und Dichtung nach der Aufklärung" den Ansatz von Erich Auerbach fruchtbar gemacht.[53] Auerbachs Arbeit ist für Dorothee Sölle gerade unter theologisch-christologischem Interesse in zweifacher Hinsicht wichtig:
1. Es ist Auerbachs Verdienst, neu ins Bewußtsein gehoben zu haben, daß die christlich-jüdische Tradition von Anfang an die klassische Trennung der Stile allmählich unterhöhlt[54] hat. Daß von nun an auch das Häßliche und Gewöhnliche, das Alltägliche und Banale in die literarische Darstellung hineingenommen werden konnte, ist nach Auerbach eine Konsequenz der Geschichte Jesu Christi. Auerbachs Deutung dieser Geschichte für die Literatur hat in ihrer christologischen Relevanz bis heute nichts eingebüßt: "Der eigentliche Mittelpunkt der christlichen Lehre, Inkarnation und Passion, war (. . .) mit dem Stiltrennungsprinzip ganz unvereinbar. Christus war nicht als ein Held und König, sondern als ein Mensch niedrigster sozialer Stufe erschienen; seine ersten Schüler waren Fischer und Handwerker, er bewegte sich zwischen der alltäglichen Umwelt des kleinen Volkes in Palästina, sprach mit Zöllnern und Dirnen, mit Armen und Kranken und Kindern; und jede seiner Handlungen und Worte war nichtsdestoweniger von höchster und tiefster Würde, bedeutender als alles, was je sonst geschah; der Stil, in dem es erzählt wurde, besaß gar keine oder doch nur eine sehr geringe Redekultur im antiken Sinne, es war 'sermo piscatorius', und trotzdem überaus ergreifend und wirksamer als das höchste rhetorisch-tragische Kunstwerk; und das Ergreifendste an jenen Erzählungen war die Passion. Daß der König der Könige wie ein gemeiner Verbrecher verhöhnt, bespien, gepeitscht und ans Kreuz geschlagen wurde – diese Erzählung vernichtet, sobald sie das Bewußtsein der Menschen beherrschte, die Ästhetik der Stiltrennung vollkommen; sie erzeugt einen neuen hohen Stil, der das Alltägliche keineswegs verschmäht, und der das sinnlich Realistische, ja das Häßliche, Unwürdige, körperlich Niedrige in sich aufnimmt; oder, wenn man es lieber umgekehrt ausdrücken will, es entsteht ein neuer 'sermo humilis', niederer Stil, wie er eigentlich nur für die Komödie und Satire anwendbar wäre, der aber nun weit über seinen ursprünglichen Bereich ins Tiefste und Höchste, ins Erhabene und Ewige übergreift."[55]
2. Die figurale Deutungsmethode kann von der Deutung biblischer auf andere Texte übertragen werden. "Es entwickelt sich aus der Deutung des Alten Testaments – als einer vorwissenschaftlichen Methode der exegetischen Theologie – die Möglichkeit postfigurativer Gestaltung – als einer Methode der Dichtung."[56] Dieser Ansatz bedeutet für die literarische Jesusdarstellung eine ungeheure Befreiung: Der Christ ist nicht an einen heiligen Text gebunden, sondern kann die Geschichte Jesu Christi weitererzählen. "Postfigurative Gestaltung gehört in diesen Rahmen der nicht zu Ende erzählten Geschichte des noch ausstehenden Heils."[57]

Zwar gibt es nach Dorothee Sölle im Christentum eine dogmatische Tendenz, "deren Tabuscheu sich auf den Buchstaben heftete und die im Dogma ihren entscheidenden, weil abgesichert-unberührbaren Ausdruck fand; die biblische Literatur aber, die in der Aufhebung der antiken Stiltrennungsregel Tragik und Tiefe in niedrig-alltäglichen Ebenen darstellbar machte, hat immer wieder, ihrem jüdischen Ursprung gemäß, Traditionen der weitererzählenden Auslegung hervorgerufen."[58]
Von diesem Ansatz aus geht es Dorothee Sölle darum, in Anlehnung an das Programm einer "weltlichen Interpretation" von Dietrich Bonhoeffer (und einer "Theologie der Kultur" von Paul Tillich) die Funktion religiöser Sprache in nichtreligiösen literarischen Texten zu untersuchen.[54]
Was heißt *"weltliche Interpretation"?* Dorothee Sölle schreibt dazu: "Mit 'weltlicher Interpretation' des Glaubens ist nicht gemeint, daß religiöse Aussagen restlos übersetzbar seien in nicht-religiöse Sprache oder daß die heutige Theologie unter den religiösen Chiffren nur psychologische und gesellschaftliche Sachverhalte verschleiert ausgesprochen finde, die sich ohne Verlust auch in anderer Sprache ausdrücken ließen. Wohl aber wird in der weltlichen Interpretation konsequent für alle religiösen Begriffe eine welthafte Vermittlung gesucht."[60] Die Hauptthese der Arbeit wird von diesem Ansatz aus entwickelt: "Die Funktion religiöser Sprache in der Literatur besteht darin, weltlich zu realisieren, was die überlieferte religiöse Sprache verschlüsselt aussprach. Realisation ist die weltliche Konkretion dessen, was in der Sprache der Religion 'gegeben' oder versprochen ist."[61]
Es muß betont werden, daß es Dorothee Sölle in ihrer Arbeit primär nicht um das Jesusbild in der Literatur geht. Dennoch ist für den Zusammenhang dieser Arbeit nicht nur der methodische Ansatz der Verhältnisbestimmung von Theologie und Literatur von Bedeutung, sondern auch die inhaltliche Interpretation von Texten, bei denen die Jesusgestalt auffälligerweise immer im Vordergrund steht. So sind besonders die Deutungen von Georg Büchners "Woyzeck", William Faulkners "A Fable", Ramón José Senders "Requiem für einen spanischen Landmann", Thomas Manns "Joseph und seine Brüder", aber auch von Texten Karl Mickels, dem in der DDR lebenden Lyriker, oder Alexander Solschenizyns "Ein Tag im Leben des Iwan Denissowitsch" gerade unter christologischem Interesse von Bedeutung.
Wir fassen zusammen und stellen noch einmal kurz den Wandel theologischer Literaturkritik hinsichtlich der literarischen Jesusdarstellung heraus:
1. Eine die theologische Literaturkritik vor allem vor 1945 beherrschende Haltung der dogmatischen Beurteilung von Literatur ist – neuere Arbeiten zeigen es – obsolet geworden. Dennoch muß – wie Beispiele aus der religionspädagogisch orientierten Literatur zeigen – bis in die unmittelbare Gegenwart hinein vor einer Instrumentalisierung von Literatur für theologische Zwecke gewarnt werden.
2. Die theologische Literaturkritik vor 1945 konnte nur die Literatur theologisch anerkennen, die überkommene theologische Inhalte kommentierend und illustrierend bestätigte. Die Folge war, daß nur solche Literatur die Bestätigung lieferte,

die literarisch kaum von Bedeutung war. Diese Entwicklung trug zu einer völligen Entfremdung von Theologie und moderner Literatur bei. Die moderne theologische Literaturkritik dagegen (von Amerika herkommend, aber auch in Deutschland langsam dominierend) hat den Anschluß an die wissenschaftlichen Standards der literaturtheoretischen Diskussion gewonnen.

3. Der Schwerpunkt in der Forschungsliteratur hat sich von der direkten auf die Analyse der indirekten Jesusdarstellung verlagert. Nicht mehr die Frage, welches Jesusbild hinter einem Text stehe und wie es mit dem neutestamentlichen Zeugnis oder dem kirchlichen Dogma übereinstimme, ist entscheidend. Entscheidend ist vielmehr die Frage: Welche Mittel, Formen, Techniken, Stile gibt es, um das, was Jesus von Nazaret bedeutet, "verspricht", in den säkularen Sprachkontext hinein zu übersetzen? Oder umgekehrt: Wie ist die christliche Sache (z.B. in Form von Sprach- und Bildmaterial) in Literatur präsent, welche Funktion kommt ihr zum Verständnis des Textes zu, welche Konsequenzen hat dies für die Übersetzungsarbeit der christlichen Botschaft?

4. Es darf nicht übersehen werden, daß sich die Beiträge der Forschungsliteratur zum Jesusbild bisher immer nur mit Einzelaspekten der Gesamtproblematik befaßt haben. Man hat Themen herausgearbeitet und an einzelnen Literaturbeispielen demonstriert, man hat Methoden diskutiert und an einzelnen Literaturbeispielen durchgeprobt. Eine Arbeit, die methodisch wie inhaltlich, theologisch wie literaturwissenschaftlich ein zusammenhängendes, repräsentatives Bild Jesu in der deutschsprachigen Gegenwartsliteratur böte, fehlt bisher. Diese Arbeit möchte dazu einen Beitrag leisten.

1. TEIL

FORMEN TRADITIONELLER CHRISTLICHER LITERATUR

I. Die literarisch-gesellschaftliche Lage nach 1945: Übergänge in der Lyrik

Das Datum 1945 wurde nicht zufällig gewählt, sondern ist für diese Untersuchung sachlich begründet. Dabei brauchen wir uns nicht auf die in der Literaturgeschichtsschreibung umstrittene Frage einzulassen, ob und inwieweit das Jahr 1945 überhaupt als eine Zäsur deutscher Literatur adäquat verstanden werden kann. Es genügt hier zu sehen, daß *1945 Einschnitt und Kontinuität zugleich* für die deutsche Literatur bedeutet. Zwar "mit dem Jahre Null war es nichts" – wie Hans Mayer schrieb – es gab keinen "Kahlschlag" im Sinne Wolfgang Weyrauchs, keinen voraussetzungslosen Neubeginn ohne Traditionen und Abhängigkeiten, Modelle und Vorbilder, als der Krieg zu Ende war. Es gab "Rückgriffe auf den Expressionismus oder das, was man darunter verstand. Die Amerikaner, Hemingway vor allem, wirkten stilbildend; es gab schwarze Romantik und Rückkehr zum Novellentyp des deutschen 19. Jahrhunderts. Vor allem jedoch gab es die Nachfolge Franz Kafkas."[1]

Aber es gilt auch: 1945 war "Ausgangspunkt einer neuen Schriftstellergeneration: 'junger' Schriftsteller, wie sie durchweg hießen, ganz gleich ob zwischen zwanzig- und dreißigjährig: wie Walter Jens (geb. 1923), Ilse Aichinger, Wolfgang Borchert, Friedrich Dürrenmatt (geb. 1921), Paul Celan und Wolfdietrich Schnurre (geb. 1920), Heinrich Böll (geb. 1917), oder älter: wie Alfred Andersch und Arno Schmidt (geb. 1914), Max Frisch (geb. 1911), Günter Eich (geb. 1907), Wolfgang Koeppen (geb. 1906) und Hans Erich Nossak (geb. 1901). Sie alle haben in ihren Werken, die unmittelbar nach dem Zweiten Weltkrieg entstanden – bei den meisten von ihnen sind es ihre Erstlingswerke –, wenn nicht immer Stil und Form, so doch Stoff, Themen und Motive miteinander gemeinsam."[2]

1. Erschreckende Kontinuität

Kontinuität, erschreckende Kontinuität beinahe, vor allem im Bereich *religiöser Literatur* nach 1945. Dies zu sehen ist für unsere Fragestellung wichtig, ermöglicht es uns doch die Chance einer reizvollen Kontrastierung dieser religiösen, traditionellen christlichen Literatur mit der gleichzeitig entstehenden modernen "jungen" Literatur nach 1945. Wie reagierten Schriftsteller religiöser oder nicht religiöser Provenienz auf die Wirklichkeit, in der sie sich unmittelbar nach dem Zweiten Weltkrieg wiederfanden, als alles hinter ihnen lag: das Dritte Reich, der Krieg, die Judenpogrome, die Kapitulation, die innere oder äußere Emigration? Eine komplexe Frage, auf die eine Antwort hier nur zur Horizontbeschreibung unserer spezifischen Fragestellung nach dem Jesusbild in Umrissen versucht werden kann.

"Die ersten schriftstellerischen Versuche unserer Generation nach 1945 hat man als Trümmerliteratur bezeichnet, man hat sie damit abzutun versucht. Wir haben uns gegen diese Bezeichnung nicht gewehrt, weil sie zu recht bestand: tatsächlich, die Menschen, von denen wir schrieben, lebten in Trümmern, sie kamen aus dem Krieg, Männer und Frauen in gleichem Maße verletzt, auch Kinder. Und sie waren scharfäugig: sie sahen. Sie lebten keineswegs in völligem Frieden, ihre Umgebung, ihr Befinden, nichts an ihnen und um sie herum war idyllisch, und wir als Schreibende fühlten uns ihnen so nahe, daß wir uns mit ihnen identifizierten. (. . .) Wir schrieben also vom Krieg, von der Heimkehr und von dem, was wir im Krieg gesehen hatten und bei der Heimkehr vorfanden: von Trümmern; das ergab drei Schlagwörter, die der jungen Literatur angehängt wurden: Kriegs-, Heimkehrer- und Trümmerliteratur."[3] So Heinrich Böll in seinem "Bekenntnis zur Trümmerliteratur", 1952, schon in der Rückschau geschrieben, aber paradigmatisch die Lage all derjenigen beschreibend, die das Grauen des Krieges als unmittelbar Betroffene erlebt hatten und heimgekehrt, es zu fassen versuchten. Ob Borchert oder Böll, Richter oder Andersch: sie machten keinen Frieden mit ihrer Umwelt und was sie zuhause vorfanden, war nicht idyllisch. Und die Christen? Waren auch sie "scharfäugig"?
Es fällt auf: Die Vertreter einer traditionellen christlichen Literatur kamen nicht aus dem Krieg wie die "Jungen", sie kamen auch nicht aus dem Exil wie Heinrich und Thomas Mann, Hermann Broch, Alfred Döblin, Anna Seghers oder Bertold Brecht. Einige kamen aus ihrer erzwungenen "inneren Emigration" zum ersten Male wieder an die Öffentlichkeit, ungebrochen trotz aller Unterdrückung: Ernst Wiechert, der als aktiver Widerstandskämpfer einige Monate im KZ Buchenwald gesessen hatte und nachher nur noch unter Gestapoaufsicht leben konnte, Elisabeth Langgässer und Reinhold Schneider, die Schreibverbot bekommen hatten. Andere dagegen konnten während des gesamten Dritten Reiches veröffentlichen: Bernt von Heiseler, Hans Carossa, Rudolf Alexander Schröder, Gertrud von Le Fort und sorgten schon rein publizistisch für Kontinuität. Doch ob Schreibverbot oder Schreibmöglichkeit, alle Schriftsteller christlicher Provenienz machten nach 1945 da weiter, wo sie 1933 oder später aufgehört hatten. "Verblüffende Kontinuierlichkeiten" – formuliert Heinrich Vormweg – gerade im Bereich dieser Literatur.[4] Ein oder zwei Generationen älter als die "Jungen" hatten sie den Krieg meist nur als indirekt Betroffene miterlebt, und die Glaubensperspektive, aus der heraus sie die Wirklichkeit der Nachkriegszeit zu deuten versuchten, unterschied sich fundamental von jener Generation, die aus dem Kriege heimkam.
Ja, der Einfluß dieser älteren Generation auf das geistig-literarische Leben nach 1945 war so stark, daß *Hans-Werner Richter,* der zusammen mit Alfred Andersch 1946 die literarische Zeitschrift "Der Ruf" gegründet hatte, in einem Artikel dieses Blattes einen Generationenunterschied besonderer Art feststellen konnte: "In Deutschland redet eine Generation und in Deutschland schweigt eine Generation".[5] Und Hans-Werner Richter wußte, warum die junge Generation schweigt: weil sie das Vergangene nicht bruchlos "mit professoraler Selbstverständlichkeit"

mit dem bisher gültigen abendländischen Welt- und Menschenbild vermitteln konnte, weil sie nicht "gleichsam in eine Wolke von bußfertigem Weihrauch gehüllt, in die beruhigenden Schatten der Vergangenheit" fliehen konnte: "Der moralische, geistige und sittliche Trümmerhaufen, den ihr eine wahrhaft 'verlorene' Generation zurückgelassen hat, wächst ins Unermeßliche und erscheint größer als jener real sichtbare. Vor dem rauchgeschwärzten Bild dieser abendländischen Ruinenlandschaft, in der der Mensch taumelnd und gelöst aus allen überkommenen Bindungen irrt, verblassen alle Wertmaßstäbe der Vergangenheit. Jede Anknüpfungsmöglichkeit nach hinten, jeder Versuch, dort wieder zu beginnen, wo 1933 eine ältere Generation ihre kontinuierliche Entwicklungslaufbahn verließ, um vor einem irrationalen Abenteuer zu kapitulieren, wirkt angesichts dieses Bildes wie eine Paradoxie."[6]

Es mußte der jüngeren Generation in der Tat wie eine Paradoxie vorkommen: Während sich noch die meisten deutschen Schriftsteller im Exil befanden, erschienen die ersten Gedichtbände nach 1945: *Werner Bergengruens* "Dies Irae" (1945) und *Rudolf Hagelstanges* "Venezianisches Credo" (1946). Charakteristisch für diese Lyrik ist: "Es sind Verse der Selbstbesinnung, Verse der Auseinandersetzung mit der politischen Macht, Verse des Gewissens und des Gerichts, Verse, nicht nur formal der Tradition angehörig, sondern formuliert von abendländischem, christlichem, klassizistischem Bewußtsein des Menschen."[7] Scharfäugig die Wirklichkeit sichtend? Nein, Bergengruen und Hagelstange sind hier symptomatisch! Ein Blick auch auf andere unmittelbar nach 1945 veröffentlichte Gedichtbände christlicher Provenienz zeigt, wie wenig diese Literatur zur Aufarbeitung der geistigen, politischen, gesellschaftlichen Erschütterungen von Faschismus und Weltkrieg beitrug, wie unfähig sie war, diese hier und heute radikal veränderte Wirklichkeit auch literarisch in neuer, veränderter, wirklichkeitsbezogener Form zur Sprache zu bringen.[8] "Bußfertiger Weihrauch" – das meiste dieser Literatur.

So finden wir eine Lyrik, die weitgehend auf Traditionelles zurückgreift, auf den Bereich der Innerlichkeit, der sicher scheinenden Gläubigkeit. *Rudolf Alexander Schröder* veröffentlicht 1949 seine "Geistlichen Gedichte", Lyrik aus den Jahren 1917 bis 1948, und ein Kritiker schreibt dazu (unfreiwillig ironisch): "Es ist erstaunlich, wie wenig sich der wesentliche Ausdruck und Kern seiner Lyrik verändert hat. Immer tönt der tiefe und feste Orgelpunkt der Gläubigkeit unter allen sauberen, ernsten, strenggefügten Melodien. (. . .) Jedes kleine kunstvolle Gehäuse ist mit dem echten, nährenden Honig der Frömmigkeit gefüllt. Die Verse aus der leidvollen Zeit sind wohl dunkler, tiefer, reicher an schmerzlicher Erfahrung, die wie ein grauer Schauer durch die Zeilen zittert, aber die innere Harmonie, das sichere Gleichgewicht seiner christlichen Haltung wird nur gestärkt, nicht gestört."[9]

Ja, es ist erstaunlich, wie wenig sich geändert hatte. Erstaunlich, wie selbstverständlich *Gertrud von Le Fort* in ihren "Gedichten" aus dem gleichen Jahr, 1949, den Krieg in apokalyptischer Bildersprache beschwören konnte, Hölderlin verpflichtet: "Man hat die Engel ermordet! Die Krippe des Heilands ist leer, und wo der

Friedensgesang der Himmlischen webte, da jagen die Geschwader der wildernden Hölle."[10] Erstaunlich, wie gut das klassizistische Versmaß noch immer funktionierte: Der Vorspruch zu Bergengruens "Dies Irae" ist "Faust II" entnommen: "Wendet zur Klarheit / Euch, liebende Flammen! / Die sich verdammen / Heile die Wahrheit." Und die letzten Verse des Aufrufs "An die Völker der Erde" lauten: "Völker der Welt, der Ruf des Gerichts gilt uns allen. / Alle verklagt das gemeinsam Verratne, gemeinsam Entweihte. / Völker, vernehmt mit uns allen das göttliche: Metanoeite!"[11]

Was Heinrich Vormweg hier bezüglich des rheinischen Dichters Emil Barth schrieb, kennzeichnet die Gesamtsituation dieser Literatur: "Die bereits 1946 unter dem Titel 'Lemuria' als Buch erschienenen 'Aufzeichnungen und Meditationen' des rheinischen Dichters Emil Barth ('Das Lorbeerufer', 1943; 'Xantener Hymnen', 1948) aus den Jahren 1943 bis 1945 illustrieren drastisch das Verhältnis von Ideal und Wirklichkeit, wie es sich dem 'geistigen Deutschland' jener Jahre darstellte. Sein Signum ist eine Innerlichkeit, zu deren Kennzeichen weiterhin die politische Neutralität, das Sich-Heraushalten aus den niederen alltäglichen Umtrieben, die Versenkung ins vermeintlich Wesentliche zählen."[12] "De profundis", Titel einer 1946 von Gunter Groll herausgegebenen Anthologie "Deutscher Lyrik in dieser Zeit", zeichnet den Charakter dieser ganzen Lyrik präzis.

Nein, diese Lyriker ahnten nicht, was in der Generation vorging, die aus dem Kriege heimkam, der Generation von *Borchert* und *Böll, Eich* und *Schnurre, Richter* und *Andersch.* Und man versteht die Bitterkeit, mit der Th. W. Adorno das Erscheinen von Bergengruens zweitem Nachkriegsgedichtband unter dem Titel "Heile Welt" (1950) kommentiert, wenn er schreibt: "Bergengruens letzter Gedichtband 'Die heile Welt' schließt mit dem Bekenntnis: 'Was aus Schmerzen kam, war Vorübergang. Und mein Ohr vernahm nichts als Lobgesang'. Es ist also ein Gefühl dankbarer Zustimmung zum Dasein. (...) Der Band von Bergengruen ist nur ein paar Jahre jünger als die Zeit, da man Juden, die man nicht gründlich genug vergast hatte, lebend ins Feuer warf, wo sie das Bewußtsein wiederfanden und schrien. Der Dichter, dem man bestimmt keinen billigen Optimismus nachsagen könnte, und der philosophisch bestimmte Pädagoge (O. F. Bollnow), der ihn auswertet, vernahmen nichts als Lobgesang."[13] Nein, diese Lyriker spürten nicht, was in der Generation der Heimkehrer zur Sprache drängte. *Wolfgang Borchert* braucht keine Hymnen, keine wohlgeformten Verse. Warum? "Wir selbst sind zuviel Dissonanz", lautet seine Antwort. "Wir brauchen keine Dichter mit guter Grammatik. Zu guter Grammatik fehlt uns die Geduld. Wir brauchen die mit dem heißen, heiser geschluchzten Gefühl. Die zu Baum Baum und zu Weib Weib sagen und ja sagen und nein sagen: laut und deutlich und dreifach und ohne Konjunktiv."[14] Und Hölderlin? Er war für diese Generation längst diskreditiert: „Horch hinein in den Tumult deiner Abgründe. Erschrickst du? Hörst du den Chaoschoral aus Mozartmelodien und Herms Niel-Kantaten? Hörst du Hölderlin noch? Kennst du ihn wieder, blutberauscht, kostümiert und Arm in Arm mit Baldur von Schirach?"[15]

Nach Auschwitz ein Gedicht zu schreiben, sei barbarisch, hatte *Th. W. Adorno* gesagt, ein oft zitierter, in der Folgezeit zu Recht widerlegter, später von ihm selber auch zurückgenommener Satz.[16] Aber diese Lyrik leistete zur Auseinandersetzung mit dieser These nichts. Und die "Fünf Schwierigkeiten beim Schreiben der Wahrheit", die *Brecht* unter der faschistischen Diktatur hatte, die Brechtsche Analyse der Wahrheitsfindung und Wahrheitsdurchsetzung, waren hier unbekannt. In der Tat: Diese Lyrik machte weiter, als hätte es Nationalsozialismus und Krieg nicht gegeben. Mit konventionellen Formen: Sonette von Wolf von Niebelschütz, Rudolf Hagelstange, Hans Egon Holthusen schon unmittelbar nach Kriegsende[17]; in konventionellen, symbolistischen Sprachmustern: Deutung des Faschismus und des Krieges in apokalyptischen Bildern von Jüngstem Gericht und Auferstehung in den Gedichten der Gertrud von Le Fort, Bergengruens "Dies Irae", Hans Carossas "Abendländischer Elegie" (1946), Sprachmustern also, vor denen schon Brecht gewarnt hatte: "Natürlich muß die Wahrheit im Kampf mit der Unwahrheit geschrieben werden, und sie darf nicht etwas Allgemeines, Hohes, Vieldeutiges sein. Von dieser allgemeinen, hohen, vieldeutigen Art ist ja gerade die Unwahrheit."[18] Und in die Deutung des Krieges und des Hitlerschen Faschismus mit Hilfe von Apokalypse und dualistischer Kosmologie empfahl Brecht damals schon, "etwas Licht" hineinzubringen. Schon damals sprach Brecht sich gegen solche Faschismus-Deutungen aus wie: "denn dieses ist die wahre Heimat des Bösen in dieser Zeit, die Filiale der Hölle, der Aufenthalt des Antichrist". Solche Darstellungen – so Brecht – "zeigen nur wenige Glieder der Ursachenreihe und stellen bestimmte bewegende Kräfte als unbeherrschbare Kräfte hin. Solche Darstellungen enthalten viel Dunkel, das die Kräfte verbirgt, welche die Katastrophen bereiten."[19]

Max Frisch ist rechtzugeben, der bereits 1946 die Nachkriegsprodukte christlicher Literatur von Ernst Wiechert etwa ("daß beispielsweise Wiechert ein halbes Jahr lang in Buchenwalde (sic!) war, erhöht nur unsere Erwartungen ihnen gegenüber, unseren Anspruch auf Antwort, wessen Geistes dieser tapfere Widerstand war"[20]) oder Werner Bergengruen durchschaut hatte, indem er Wiechert vorwarf, er stelle sich in seinem Bericht "Ein Totenwald" angesichts der Judenvernichtung "nicht einmal eine klare und nüchterne Frage; unverwandelt, wie er ist, was schon aus der Melodie und der Metaphorik seiner Sprache hervorgeht, begnügt er sich mit Klagen einer gefährlich verschwommenen Art"[21]; und der in Bergengruens Gedicht "An die Völker" in "Dies Irae" nur sehen konnte, wie "die deutsche Schuld auf eine religiöse Weise" aufgelöst wird "in die allmenschliche Schuld."[22] Max Frisch macht unmißverständlich deutlich, was er von dieser christlichen Literatur nach dem Krieg erwartet hätte: "Gerade wir Außenstehenden, die sich bewußt bleiben, daß sie die Not nicht unmittelbar erlitten haben, sondern nur aus der Ahnung der jahrelang Gefährdeten, hätten eigentlich erwartet, daß uns ein vollkommen veränderter Ton begegne, ein Ton der tiefen Ernüchterung, ohne Hymnik, ohne die verfängliche Ehrfürchtigkeit vor allem Unklaren, die sich auch überall dort, wo

man die Dinge durchaus beim Namen nennen kann, im Ahnungshaften begnügt und berauscht; ein Ton ohne Weihrauch, ein Ton ohne die einlullende Wehmütigkeit, die nicht einmal Trauer, sondern nur Selbstgenuß der Trauer ist; ein Ton ohne die Ausflucht in den Nebel, die Ausflucht ins Gemüthafte."[23]
Dies also war die Reaktion einer religiösen, christlichen Literatur auf die veränderte Wirklichkeit nach dem Faschismus und dem Zweiten Weltkrieg, nach Auschwitz und Stalingrad, und dies festzustellen heißt nicht die subjektive Ehrlichkeit der Autoren in Frage zu stellen, sondern heißt die Diskrepanz zu konstatieren, die zwischen dieser Literatur und der Wirklichkeit der Nachkriegssituation sich auftat. Keine umfassende individuelle und gesellschaftliche Auseinandersetzung mit den Ursachen von Faschismus und Krieg wie Brecht und Frisch sie forderten, keine kühle Analyse politisch-gesellschaftlicher Zusammenhänge, sondern Wendung nach Innen; keine präzise sprachliche, literaturtheoretische Aufarbeitung und Gestaltung der veränderten Wirklichkeit, sondern Rückgriff auf Metaphysisches, Apokalyptisches; keine Perspektiven für die Gestaltung einer gesellschaftlichen, geistig-politischen Zukunft, sondern Streben nach Rückblick, Vermächtnis, Testament. Kurz "Neoromantik, mit Surrogaten des Expressionismus versetzt, Legendenton, Bildersprache und eine Metaphorik, die kompliziert und reizstark das Hintergründige zu evozieren suchte, Weltinnenraum und immanente Transzendenz, Rauschwert, Melancholie und Apokalypse, Mythos und Ausdruckswelt – der Verdacht, dies alles, mit Eifer in der frühen Nachkriegszeit umworben, übrigens auch in Erzählungen und Romanen, stehe zuletzt ein für eine unbewußte, oft höchst kunstvolle Kostümierung einer elementaren Sprachlosigkeit, erscheint nur allzu begründet.'[24]

2. Grundzüge des Christusbildes

Und *Jesus?* Welches Bild wird in dieser Lyrik von ihm gezeichnet? Welche Funktion hat er für diese Lyriker in dieser Zeit? Zunächst fällt auf, wie häufig auch hier endzeitliche, apokalyptische Bilder gebraucht werden. Was sich bei Gertrud von Le Fort andeutete, setzt sich auch bei anderen Autoren fort. Apokalypse, das heißt: endzeitliches Gericht, das heißt Zorn und Rache Gottes, und das heißt Buße, Reue und Umkehr des Menschen. Da ist Gott in der Rolle des Strafenden und Christus in der des *Weltenrichters. Reinhold Schneider* veröffentlicht unmittelbar nach Kriegsende 1946 zwei schmale Sonett-Bändchen, deren Titel schon programmatisch in die hier angegebene Richtung weisen: "Apokalypse" und "Die letzten Tage".[25] "Apokalypse" enthält sogar im ersten Teil in sieben Sonetten die gedichtförmige Umschreibung von Versen aus der "Geheimen Offenbarung":

> "Die Heilige wird gebären vor des Drachen
> Entsetzensvollen Häuptern, seiner Kronen
> Verruchter Macht. Am Tage der Dämonen
> Will Gott gewaltig werden in den Schwachen.

Das Tier der Erde sperrt die sieben Rachen,
Ein blutig Scheusal wird das Meer bewohnen;
Machtbrünstige Tiere horsten auf den Thronen,
Und Tiere sind's, die ihren Thron bewachen.

Doch wird der Drache nicht das Kind verschlingen:
Der schutzlos kam, wird schreckensvoll erscheinen
Mit ehernem Stabe, auf dem weißen Pferde.

Der Tiere Hörner und des Drachen Schwingen
Sind nicht so furchtbar wie der Zorn der Einen,
Der seinem Rechte unterwirft die Erde."[26]

Christus also erscheint hier in der Rolle des zornigen Weltenrichters, der die Herrschaft seines Reiches aufrichten wird und die Macht des Tieres gebrochen hat. In einem anderen Sonett aus "Apokalypse" wird das Kreuz Christi zum Zeichen endzeitlicher Erlösung:

"Du kommst, mein Gott. Im Fiebertraume nennt
Die Erde Dich. Die Kreuze alle weisen
Entflammt zum Kreuz empor, das Du verheißen,
Dem Tag zum Zeichen, der kein Ende kennt."[27]

Apokalyptisches Sprachmaterial auch in den Sonetten von *Rudolf Hagelstange,* wo vom Sturz des Erzengels Michael geredet (auch bei R. A. Schröder) und der Tod mit dem Bild von den apokalyptischen Reitern beschworen wird:

"Denn was geschieht, ist maßlos. Und Entsetzen
wölbt wie Gewitter über jedem Nacken.
Es jagt der Tod mit flammenden Schabracken
durch Tag und Nacht, und seine Hufe fetzen,
was Werk und Leben heißt, zu tausend Stücken."[28]

Parallel zu dieser Lyrik stehen bei den gleichen Autoren Gedichte, in denen mehr auf die Person Jesu Christi ganz unmittelbar abgehoben wird. Die Differenz von Anspruch und Wirklichkeit hinsichtlich der Botschaft Jesu bringt im Stile einer Selbstanklage *Werner Bergengruens* Gedicht "Die Bergpredigt" zum Ausdruck:

"Wir lachten der Sanften, sie dünkten uns Narren,
wir waren nicht zum Frieden bereit,
wir machten in Eisen das Herz uns erstarren
und hatten keine Barmherzigkeit."[29]

Und in Bergengruens Gedicht "Christus in der Schöpfung" geht es nach einer strophenartigen Verarbeitung der Wundertaten Jesu letztlich um die Frage der Erlösung:

"Selig, selig, die da glauben,
selig, denn sie werden sehen.
Einst wird sich das Kreuz belauben
und die Schöpfung auferstehn."[30]

Eines der menschlich beeindruckendsten Gedichte dieser Zeit ist "Qui resurrexit" aus den "Moabiter Sonetten" von *Albrecht Haushofer,* 1946 posthum veröffentlicht, da Haushofer, Professor für politische Geographie und Geopolitik, als Mitbeteiligter am Aufstand des 20. Juli noch in den letzten Kriegstagen hingerichtet worden war. Die Sonette schrieb er während der Haftzeit:

"In tausend Bildern hab ich ihn gesehn.
Als Weltenrichter, zornig und erhaben,
als Dorngekrönten, als Madonnenknaben, –
doch keines wollte ganz in mir bestehn.

Jetzt fühl ich, daß nur eines gültig ist:
wie sich dem Meister Mathis Er gezeigt –
doch nicht der Fahle, der zum Tod sich neigt –
der Lichtumflossne: dieser ist der Christ.

Nicht Menschenkunst allein hat so gemalt.
Dem Grabesdunkel schwerelos entschwebend,
das Haupt mit goldnem Leuchten rings umwebend.

Von allen Farben geisterhaft umstrahlt,
noch immer Wesen, dennoch grenzenlos,
fährt Gottes Sohn empor zu Gottes Schoß."[31]

Der endzeitliche Weltenrichter, der Herr, der Gottessohn, der Erlöser, der Wundertäter, der Auferstandene: all dies sind Züge, die das Christusbild dieser christlichen Literatur beherrschen. Topoi einer orthodoxen, *hochdogmatischen Christologie* herrschen vor, das Christusbild ist oft fromm und erbaulich ins Legendenhafte ausgemalt. Auch hier: Rückgriffe auf vertrautes Bild- und Sprachmaterial, Rückgriffe auf traditionelle Gedichtformen. Nein, ein scharfäugiger Blick auf die Wirklichkeit der Nachkriegszeit wird hier nicht geworfen, und das Grauen des Krieges, das Verbrechen des Faschismus wird hier in metaphorischer Verschlüsselung eher pathetisch "verdunkelt" als in seinen historischen und politischen Voraussetzungen, Bedingungen und Konsequenzen aufgehellt. Die literarästhetisch-politische Argumentation Rudolf Hagelstanges vermag da nicht zu überzeugen, wenn er die von vielen Dichtern der Nachkriegszeit angewandte Sonett-Form mit den Worten verteidigt, Sonette seien "geradezu zu einer Modeform des Widerstandes" geworden in den letzten Jahren des Krieges, des Widerstandes "gegen den Ungeist".[32] Klingt dies nicht allzu sehr nach Selbstrechtfertigung durch einen dialektischen Kunstgriff, der das Ausweichen vor der Realität zu einer Form des Widerstandes macht und das Nicht-Durchschauen von Bedingungen und Ursachen zu einer Form der Verweigerung? Es läßt sich nicht bestreiten: Während die "Jungen" von Eich bis Schnurre den "Kahlschlag" auch in der Lyrik erprobten, um so die Wirklichkeit von Kriegs- und Nachkriegszeit nicht literarisch zu verschlüsseln, sondern präzise zu fassen (Eichs "Latrine" etwa oder "Inventur"[33]), kam diese Wirklichkeit in den lyrischen Produkten christlicher Provenienz nur sehr indirekt zur Sprache.

3. Im Vergleich: ungleichzeitiges Bewußtsein

Welch ein Abgrund trennt die Gedichte, wenn Rudolf Hagelstange den Tod durch den Krieg metaphorisch beschwört und Günter Eich ihn präzise beschreibt, welch ein Unterschied zwischen dem "Venezianischen Credo" und dem "Lazarett"!

> "Nächtlich erwacht
> seh ich am Nachbarbett
> gebleckte Gebiß
> klappernd Skelett"[34]

Welch ein Unterschied, wenn Reinhold Schneider von Überlebenden des Krieges redet oder Wolfgang Weyrauch![35] Ungleichzeitiges Bewußtsein ist kennzeichnend für diese christliche Literatur in dieser Zeit. Während Rudolf Alexander Schröder 1952 im ersten Band seiner gesammelten Werke ("Gedichte") neben seinen "Geistlichen Gedichten" noch ein Osterspiel und "Gedichte zum Kirchenjahr" veröffentlichen konnte, erschien ein Jahr später bereits der erste, für die deutsche Lyrik epochale Gedichtband von *Ingeborg Bachmann* "Die gestundete Zeit" mit dem Gedicht "Botschaft":

> "Aus der leichenwarmen Vorhalle des Himmels tritt die Sonne.
> Es sind dort nicht die Unsterblichen,
> sondern die Gefallenen, vernehmen wir.
>
> Und Glanz kehrt sich nicht an Verwesung. Unsere Gottheit,
> die Geschichte, hat uns ein Grab bestellt,
> aus dem es keine Auferstehung gibt."[36]

Das religiöser, christlicher Tradition entstammende Vokabular ist in diesem Text noch vorhanden, nur in knappen Strichen angedeutet: Himmel – Unsterblichkeit – Gottheit – Auferstehung. Doch dieses vertraute christliche Sprachmaterial wird in radikaler Umdeutung neu zusammengesetzt. Umkehrung findet statt: Im Himmel sind nicht die Unsterblichen, sondern die Toten; "leichenwarm" ist das Epitheton für die "Vorhalle des Himmels". Der Gott, von dem hier die Rede ist, die Geschichte, kennt keine Auferstehung. Dies alles nicht einfach als Behauptung, sondern als etwas, was man weitergibt. Eine Distanz zu dem, was hier gesagt wird, durch ein "vernehmen wir". Die Sprache ist knapp, präzis, Aussagesätze dominieren, keine überflüssige Metaphorik.

Der *Umschlag* ist deutlich. Was ist geschehen? Die junge Generation schwieg nicht länger, sie begann sich durchzusetzen nach 1945. Vorkämpfer einer neuen deutschen Literatur nach 1945 wurde die Zeitschrift, die von Hans Werner Richter und Alfred Andersch herausgegeben wurde: "Der Ruf". Als beide Herausgeber aus politischen Gründen bereits 1947 die Zeitschrift verlassen mußten, waren sie es, die im gleichen Jahr die einflußreichste deutsche literarische Vereinigung nach 1945 initiierten, die *Gruppe 47*.[37] Von hier gingen die stärksten Impulse zur Erneuerung der deutschen Literatur aus, eine Gruppe, die "keine -ismen und Programme vertritt, sondern die Individualitäten frei gewähren läßt. (Grass und Ilse

Aichinger, Schnurre, Böll und Hildesheimer, Celan, Bachmann, Enzensberger debütierten hier.)"[38] Auch in der *Lyrik* waren Wandlungen eingetreten: Kahlschlag-Gedichte im Stile Günter Eichs bleiben Episode. "Die Fronten begannen sich langsam zu klären; der Neorealismus verschwand so schnell wie er kam, auch Weyrauch sagte dem 'Kahlschlag' valet. Man sah wieder auf Stil und Verwandlung, Manier und akkurate Imagination: die Manen Kafkas wurden beschworen, und allmählich fand man dann doch den eigenen Ton."[39] 1952 war die deutliche Zäsur in der modernen Lyrik nach 1945: "Mohn und Gedächtnis" von Paul Celan erschien in diesem Jahr, Ingeborg Bachmanns "Die gestundete Zeit" ein Jahr darauf, Eichs "Botschaften des Regens" 1955, 1956 die "Kassiber" von Wolfdietrich Schnurre und der zweite Lyrikband der Bachmann "Anrufung des Großen Bären".

Auswirkungen hatte diese veränderte literarische Situation auch auf *theologische Fragen.* Keine "heile Welt" ist in dieser Lyrik mehr zu erwarten, sondern eine kritische bis skeptisch-ablehnende Auseinandersetzung mit Fragen der Theologie, mit der Tradition des Christentums, mit der Funktion von Kirche in der Gesellschaft. Man lese nur Eichs "Mittag um zwei" oder Gedichte von Schnurre: "Dezember" und "Tröstung"[40] oder Ingeborg Bachmanns "Botschaft". Was *Hans-Werner Richter* im genannten Artikel schrieb, ist repräsentativ auch für andere Schriftsteller dieser Zeit: "Der Mensch, gestern noch der Herr der Schöpfung, ist dem Menschen fragwürdig geworden. Seine Existenz ist zutiefst bedroht. Sein Bild, errichtet durch die Arbeit der Jahrhunderte, sinkt zu dem Transparent herab, das von Schlagworten gekennzeichnet ist. Das Bild selbst zerfällt, zerfällt vor dem grauenvollen Erlebnis dieser Zeit, das von der Inquisition bis zum Fronterlebnis, vom Konzentrationslager bis zum Galgen reicht. Über diesen immer noch andauernden Zerfall eines wohlgeordneten menschlichen Bildes können auch die schönsten Professorenreden nicht hinwegtäuschen."[41]

Deutlicher läßt sich die Ungleichzeitigkeit von christlicher und moderner Literatur nicht demonstrieren als im direkten Vergleich je eines Gedichtes von Reinhold Schneider und Peter Huchel, die beide das gleiche "Thema" behandeln: "An einen Priester, dessen Kirche völlig zerstört wurde" und "Bericht des Pfarrers vom Untergang seiner Gemeinde".

Reinhold Schneider, "An einen Priester, dessen Kirche völlig zerstört wurde":

'Du bist der Tempel, seit der Tempel schwand,
Du bist das Licht, seit uns kein Licht mehr scheint,
Du bist der Ort, der die Gemeinde eint,
Der Beter Turm im türmelosen Land.

Du bist des Reiches kühner Widerstand,
Tief in der Welt, das diese Welt nicht meint,
Mit allem Jammer, der auf Erden weint,
Hüllt sich der König selbst in Dein Gewand.

So fließen Deine Spuren in die Seinen,
Du bist der Aufgang, der nicht sinken kann,
Der Zeit erwählt zu strahlendem Beginn.

Erbebe nicht mehr vor dem Ungemeinen
Und blicke fromm die letzten Greuel an:
Gott leidet mit, Du schwindest zu ihm hin."[42]

Peter Huchel, "Bericht des Pfarrers vom Untergang seiner Gemeinde":

"Da Christus brennend sank vom Kreuz – o Todesgrauen!
Es schrien die erzenen Trompeten
Der Engel, fliegend im Feuersturm.
Ziegel wie rote Blätter wehten.
Und heulend riß im wankenden Turm
Und Quadern schleudernd das Gemäuer,
Als berste des Erdballs Eisenkern.
O Stadt in Feuer!
O heller Mittag, in Schreie eingeschlossen –
Wie glimmendes Heu stob Haar der Frauen.
Und wo sie im Tiefflug auf Fliehende schossen,
Nackt und blutig lag die Erde, der Leib des Herrn.

Nicht war es der Hölle Sturz:
Knochen und Schädel wie gesteinigt
In großer Wut, die Staub noch schmolz
Und mit dem erschrockenen Licht vereinigt
Brach Christi Haupt vom Holz.
Es schwenkten dröhnend die Geschwader.
Durch roten Himmel flogen sie ab,
Als schnitten sie des Mittags Ader.
Ich sah es schwelen, fressen, brennen –
Und aufgewühlt war noch das Grab.
Hier war kein Gesetz! Mein Tag war zu kurz,
Um Gott zu erkennen.

Hier war kein Gesetz. Denn wieder warf die Nacht
Aus kalten Himmeln feurige Schlacke.
Und Wind und Qualm. Und Dörfer wie Meiler angefacht.
Und Volk und Vieh auf enger Schneise.
Und morgens die Toten der Typhusbaracke,
Die ich begrub, von Grauen erfaßt –
Hier war kein Gesetz. Es schrieb das Leid
Mit aschiger Schrift: Wer kann bestehen?
Denn nahe war die Zeit.

O öde Stadt, wie war es spät,
Es gingen die Kinder, die Greise
Auf staubigen Füßen durch mein Gebet.
Die löchrigen Straßen sah ich sie gehn.
Und wenn sie schwankten unter der Last
Und stürzten mit gefrorener Träne,
Nie kam im Nebel der langen Winterchausseen
Ein Simon von Kyrene."[43]

Welch ein Unterschied schon rein formal: bei Schneider die gebundene Sonettform, Geschlossenheit, ein Ganzes, Vollkommenes suggerierend; bei Huchel die ungebundene Versform, freirhythmisch, ungereimt, eher Gebrochenheit, Zerrissenheit,

Fragmentarisches andeutend. Bei Schneider geht die Zerstörung der Kirche zeitlich voraus und ist gleichsam in der Rückschau Objekt lyrischer Deutung; bei Huchel ist die Zerstörung Gegenstand des Gedichtes selber, der gleichzeitig zu deuten versucht wird. Bei Schneider die hymnische Preisung des Priesters (Tempel, Licht, Ort, Turm, Widerstand) mit beinahe christologisch besetzter Metaphorik, der Priester also wiederum Objekt lyrischer Anrede; bei Huchel berichtet der Priester selber, er ist Mitbetroffener: die glorifizierende Distanz ist aufgehoben, der Priester selber ist von "Grauen erfaßt", von Leid gedrückt. Bei Schneider wird der Leidende mit Christus identifiziert (Hüllt sich der König selbst in Dein Gewand); bei Huchel der Leidende allein gelassen. Bei Schneider der fromme Trost (Du bist der Aufgang, der nicht sinken kann), die theologische Gewissheit bei klarer Zielbestimmung (Gott leidet mit, Du schwindest zu ihm hin); bei Huchel der Ungetröstete, der Verlassene, der Pfarrer ohne theologische Gewißheit (Hier war kein Gesetz. Mein Tag war zu kurz, um Gott zu erkennen). Bei Schneider also die feste Bastion des Glaubens, die alle Stürme nicht erschüttern kann, der fromm-abgeklärte Blick auch auf das Grauen (Blicke fromm die letzten Greuel an); bei Huchel dagegen die Erschütterung gerade des so sicher Gewußten, ein Blick, der das Grauen nicht auf einen frommen Nenner zu bringen vermag, ratlos, überfordert, ja verzweifelt.

Besonders aufschlußreich ist die Anwendung apokalyptischen Sprach- und Bildmaterials im Gedicht von Peter Huchel. Gerade hier ist der Unterschied zu den apokalyptischen Beschwörungen religiöser Literatur aus der Nachkriegszeit überdeutlich. Ein "Bericht" liegt hier vor: Ausgangspunkt sind genaue Beobachtungen ("Ich sah . . ."), konkrete Details der Wirklichkeit (die Ziegel, der Turm, das Gemäuer, der Tiefflug der Geschwader, die Toten, die Typhusbaracke), grausige Szenerie eines Krieges, der auch die Kirche nicht verschont. Bei Schneider gibt nur der Titel den Kontext an. Im Gedicht selber ist vom Krieg nicht die Rede; der Text erscheint in seiner Allgemeinheit fast austauschbar. Bei Huchel dagegen werden Kriegsgeschehen und Tod Christi interpretatorisch ineinandergeschoben und provoziert. Auch Christus wird als Mitbetroffener in das Geschehen mit einbezogen. Bei Schneider dagegen herrscht abgeklärte Distanz (der König selbst), die fromme Inbezugsetzung (so fließen Deine Spuren in die Seinen): Christus bleibt außerhalb! Bei Huchel: Im Moment, da mit der Kirche auch das Kreuz Christi verbrennt, werden Bilder wach, Assoziationen geweckt an die Todesstunde des Gekreuzigten, als er schon einmal "vom Holz" brach, apokalyptische Bilder, die auch damals diese Todesstunde als den Untergang des alten Äon deuteten. Apokalyptische Bilder, gewiß. Doch die Wandlung ist nicht zu übersehen. Dieser "zweite Untergang" Christi ist bei Huchel kein Sieg mehr über die Hölle (Nicht war es der Hölle Sturz); das apokalyptische Deutungsschema hat seine heuristische Kraft eingebüßt, es ist als wertlos durchschaut, in Form eines distanzierten Zitats von Huchel noch einmal angewandt und zugleich aufgehoben.

Doch gerade in dieser Kontrastspannung von Vergangenheit und Gegenwart, vom Untergang Christi damals und heute liegt die besondere Bedeutung des lyrischen

Verfahrens von Peter Huchel. Nur wer verstanden hat, warum die vergangenen Deutungsschemata nicht mehr funktionieren, kann ermessen, in welchem Zustand sich die Gegenwart befindet. Klar ist: Dieser Untergang ist für den Pfarrer bei Huchel – im Gegensatz zu Schneiders Deutung – nicht mehr "gesetzmäßig" zu interpretieren als Handeln oder Mitleiden Gottes. Das dreimalige "Hier ist kein Gesetz" bei Huchel ist Eingeständnis der Hilflosigkeit genauso wie der Sprachlosigkeit. Und noch einmal wird – ganz am Schluß – nur im Kontrast zur Vergangenheit bei Huchel deutlich, was in der Gegenwart passiert ist: Christus kam auf seinem Kreuzweg noch ein Simon von Kyrene zu Hilfe. Selbst dies ist den Menschen, Opfer dieses Krieges, auf ihrem "Kreuzweg" versagt: "Nie kam im Nebel der langen Winterchausseen/Ein Simon von Kyrene."

Inhaltlich wie sprachlich also könnte der Kontrast nicht größer sein. Beide, Huchel wie Schneider, gehen aus von traditionellem Sprachmaterial, vertrauten Bildern, gewohnten Vorstellungen. Doch während Schneider ihnen verhaftet bleibt, bekommen sie bei Huchel – und das ist charakteristisch für die moderne deutsche Lyrik überhaupt – eine veränderte Deutung, werden sie verfremdet durch Einbeziehung in einen anderen Kontext. Charakteristisch auch für die moderne Lyrik bei Huchel: die Sprache ist von äußerster Dichte und Präzision, kein Wort zuviel: (O Stadt in Feuer) Tendenz zu starker Verknappung und Raffung, Tendenz zu Abbreviaturen und Auslassungen (Streichung des Artikels: "Wie glimmendes Heu stob Haar der Frauen"; Streichung des verbum finitum: "Und Volk und Vieh auf enger Schneise"; vor allem Aufgabe des vergleichenden "wie"; "Nackt und blutig lag die Erde, der Leib des Herrn.")[44]

Kommt ins Gedicht von Peter Huchel nicht ganz anders "Wirklichkeit" hinein als in das Gedicht von Reinhold Schneider? Die Wirklichkeit in ihrer ganzen Komplexität: Einbeziehung konkreter Realitätsdetails, präziser Bilder, Kontrastspannung von Einst und Jetzt? Ja, ist nicht das Gedicht von Peter Huchel, gerade weil es in der Darstellung der Christusfigur auf jeden vorschnellen Trost, jede fromme Beruhigung verzichtet angesichts des Grauens in der Welt, als Literatur nicht echter, wahrer, tiefer, ja nicht auch christlich überzeugender? Wird hier vom Leiden und vom Kreuz Christi – aus menschlicher Sicht – nicht überzeugender geredet, authentischer, betroffner als da, wo eine Identifizierung mit Christus rasch wie eine tröstende Versicherung klingt? Und ist ein Priester, der die Toten der Typhusbaracke begräbt, und der kein Gesetz zu sehen vermag in all dem, was um ihn herum passiert, nicht glaubwürdiger als der, der als der "Beter Turm" hymnisch gepriesen wird? Nein, Peter Huchel war hier "scharfäugiger": Auch ein Priester ist unter den Bedingungen des Krieges kein letzter Schonraum, kein unerschütterter "Tempel", kein "Turm", auch ein Priester ist hier eher "Dunkel" als "Licht", Zerrissenheit als Einheit, Gebrochenheit als "kühner Widerstand".

So läßt sich hier der Übergang von einer traditionellen zu einer modernen, das Christliche in veränderter, wirklichkeitsbezogenerer Sprache zum Ausdruck bringenden christlichen Literatur anschaulich verdeutlichen. Wir wollen uns jetzt einer anderen Form literarischer Aneignung des Christlichen zuwenden, die ebenfalls in der Nachkriegszeit eine wichtige Rolle gespielt hat: dem Jesusroman. Wir fragen auch hier nach der Art der Darstellung der Jesusfigur, nach dem Jesusbild, nach literarischen Techniken der Darstellung, nach der Funktion dieser Literatur in Kirche und Gesellschaft. Wir fragen, worin die Leistung dieser Literatur besteht und worin ihre Schwäche. Wir wollen auch hier diese traditionelle Form christlicher Literatur kontrastieren mit der parallel entstehenden modernen Literatur.

II. Der traditionelle Jesusroman

Christliche Literatur ist nicht die Erfindung des 20. Jahrhunderts. *Christliche Literatur,* das heißt Literatur, entscheidend geprägt, beeinflußt, bestimmt durch Jesus Christus finden wir *in allen Jahrhunderten* unserer Zeitrechnung, bei Evangelisten und Schriftstellern, Sängern und Poeten, Kirchenvätern und Theologen. Wir finden sie in den frühen lateinischen Hymnen des Gregor von Nazianz und des Ambrosius von Mailand, beim altniedersächsischen Heliand-Dichter und in den Sequenzen des Notker Labeo von St. Gallen. Wir finden sie in den mittelalterlichen Oster- und Passionsspielen, Weltgerichts- und Fronleichnamsspielen ebenso wie bei Scholastikern und Mystikern, in den Gedichten des Abälard wie in den geistlichen Volks- und Kirchenliedern von Martin Luther und Paul Gerhard. Wir finden sie im Sonnengesang des Franz von Assisi und in den Lauden des Jacopone da Todi, bei Bernhard von Clairvaux wie bei Friedrich von Spee. Wir finden sie im Aufgang der klassischen deutschen Literatur in Klopstocks "Messias", in Hölderlins großen Elegien und Gesängen und Jean Pauls "Siebenkäs"-Roman: "Rede des toten Christus vom Weltgebäude herab, daß kein Gott sei". Wir finden sie in der Romantik in den "Hymnen an die Nacht" von Novalis, in den Gedichten von Brentano, Eichendorff und der Droste. Goethe plante ein Christus-Epos mit seinem Stück "Der ewige Jude" aus dem Jahre 1774, das ebenso Fragment blieb wie Richard Wagners dramatischer und zur Komposition bestimmter Entwurf "Jesus von Nazaret" aus dem Revolutionsjahr 1848 und Friedrich Hebbels Drama "Christus", 1863 in seinem letzten Lebensjahr entworfen.

Spiegelt diese Literatur die engagierte Auseinandersetzung der Dichter und Literaten, der Künstler und Theologen mit der Bedeutung Jesu Christi oder mit bestimmten Begebenheiten oder Ereignissen seines Lebens wider, so tritt im 19. Jahrhundert im Zuge der wissenschaftlichen Erforschung des Lebens Jesu ein neuer Typ christlicher Literatur auf den Plan: die *romanhafte Leben-Jesu-Darstellung,* begonnen – wie wir hörten – bei Karl Friedrich Bahrdt (1782) und Karl Heinrich Venturini (1800 / 02), weitergeführt von Ernest Renan und den Epigonen im 20. Jahrhundert. Produkte dieser Form christlicher Literatur beeinflussen das Jesusbild in unserem Jahrhundert in Deutschland noch bis unmittelbar nach 1945.

1. Zwei Höhepunkte in diesem Jahrhundert

Überblickt man die Zeit von der Jahrhundertwende bis heute, so zeichnen sich deutlich zwei Höhepunkte der traditionellen romanhaften Jesusdarstellung ab: zwischen den beiden Weltkriegen und im Nachkriegsjahrzehnt von 1945–55. Bevorzugte literarische Technik des traditionellen Jesusromans ist die direkte Darstellung. Gemeint ist damit zunächst formalliterartechnisch eine Darstellung, bei der die Person Jesus von Nazaret als Subjekt einer romanhaft-fiktiven, den räumlichen und zeitlichen Kontext des historischen Jesus (Galiläa etwa oder Jerusalem) rekonstruierenden Handlung (Leben Jesu) auftritt. Gemeint ist damit inhaltlich-theologisch dann eine Darstellung, bei der das Christusbild sich – bei aller Tendenz, den Menschen Jesus von Nazaret zu zeichnen – bestimmten dogmatischen Vorbildern anlehnt, d.h. weitgehend von einer traditionell-dogmatischen Christologie (vor allem der johanneischen) geprägt ist.

Erster Höhepunkt ist die Zeit zwischen den beiden Weltkriegen in Deutschland. In der Nachfolge Ernest Renans erscheinen in rascher Folge die Leben-Jesu-Romane von *Johannes Lepsius* (1917, "Leben Jesu") und *Giovanni Papini* (1921 "Storia di Cristo"; deutsch: 1924, "Lebensgeschichte Christi"), von dem wegen modernistischer Ansichten von seinem Breslauer Lehrstuhl vertriebenen katholischen schlesischen Theologen *Josef Wittig* (1925, "Leben Jesu in Palästina, Schlesien und anderswo"), von *Walter von Molo* (1927, "Legende vom Herrn") und von dem jüdischen Konvertiten *Emil Ludwig* (1928, "Der Menschensohn"). Nicht zu vergessen ebenfalls den zum Katholizismus konvertierten Protestanten *Edzard Schaper,* der mit 27 Jahren 1936 sein "Leben Jesu" geschrieben hatte.[1]

Der Zweite Weltkrieg war nur eine vorübergehende Zäsur; ein *zweiter Höhepunkt* bahnt sich in den vierziger und fünfziger Jahren an. Giovanni Papinis "Storia di Cristo" wird 1951, zwanzig Jahr später, neu in Deutschland herausgebracht. Seine Auflagen gehen in die Hunderttausende, und er prägt damit das Jesusbild ganzer Generationen vor allem religiös interessierter Katholiken.[2] Die Jesusromane der Amerikaner *Lloyd C. Douglas* und *Robert Graves,* auch des jüdischen Amerikaners *Schalom Ash* werden ins Deutsche übersetzt.[3] Die schon 1880 bzw. 1895/96 erschienenen Jesusromane des Amerikaners *Lewis Wallace "Ben Hur"* und des Polen *Henryk Sienkiewicz* "Quo vadis?" erreichen nicht zuletzt dank ihrer mehrmaligen Verfilmung ("Ben Hur" dreimal, zuletzt 1959 in den USA; "Quo vadis?" viermal, zuletzt 1951 in den USA[4]) und ihrer Übersetzung in bis zu 30 Sprachen in der Nachkriegszeit ungeheure Popularität.

So wie in den USA der berühmte Jesusroman von *Charles Monroe Sheldon* "In His Steps. What would Jesus do?" (1897) Platz 5 der "ewigen Bestsellerliste" mit über 8 Millionen verkauften Exemplaren einnimmt (Platz 2 sogar der "Fiktion"-Bestseller-Liste)[5], so ist auch in Deutschland Jesusliteratur, traditionell aufgemacht, ein Bestsellergeschäft nach 1945. Auch hier: In einer Phase allgemeiner religiöser und gesellschaftlicher Restauration findet fromme, erbauliche, erhebende religiöse Romanliteratur – ähnlich wie in der Lyrik – ihr dankbares Publikum. 1956 bringt der Fischer-Verlag Edzard Schapers "Leben Jesu", "nach zwanzig Jahren" mit "Widerruf und Bekenntnis" des Autors versehen, als Taschenbuch ebenfalls neu heraus.[6] Neu erschien in Deutschland der Jesusroman des Juden *Max Brod* (bekannt auch als Nachlaßverwalter Franz Kafkas) unter dem Titel "Der Meister" (1952) und der Pilatusroman von *Gerhard Menzel* "Kehr wieder, Morgenröte" (1952), womit nur die wichtigsten genannt sind.[7]

Waren alle diese literarischen Jesusdarstellungen beim deutschen Nachkriegspublikum erfolgreich, so übertraf ein Buch sie noch alle: der Jesusroman des Polen *Jan Dobraczyński,* 1952 in Polen unter dem Titel "Listy Nikodema" erschienen.[8] 1954 erschien dieser Roman auch in Deutschland unter dem Titel: "Gib mir deine Sorgen. Die Briefe des Nikodemus". Er erschien in einer Zeit, da die Auseinandersetzung mit der Jesusfigur in der modernen deutschen Literatur schon auf einer ganz anderen literarischen und theologischen Ebene geführt wurde; die ersten Gedichtbände von Paul Celan und Ingeborg Bachmann waren 1954 bereits erschienen, auch die ersten Lyrikbände von Nelly Sachs "In den Wohnungen des Todes" (1946) und "Sternverdunkelung" (1949); die ersten Stücke von Frisch und Dürrenmatt waren veröffentlicht: "Nun singen sie wieder" (1945), "Die chinesische Mauer" (1946) und "Es steht geschrieben" (1947); die ersten Hörspiele von Günter Eich waren gesendet: "Träume" (1951), "Die Mädchen aus Viterbo" (1953) und die ersten Romane lagen vor: 1946 "Das Siebte Kreuz" von Anna Seghers, "Die Kirschen der Freiheit" 1952 von Alfred Andersch, Bölls "Und sagte kein einziges Wort" (1953), 1951–1954 die Romane von Wolfgang Koeppen "Tauben im Gras", "Das Treibhaus", "Tod in Rom", um hier nur einige markante Beispiele zu nennen, die wir später zu untersuchen haben. Das Buch dieses Polen, der in der Stalin-Ära nur unter schwierigsten politischen und persönlichen Umständen schreiben konnte und noch heute als der gegenwärtig einzige populäre katholische Schriftsteller mit stark eingeschränkten Möglichkeiten arbeitet, erreichte in Deutschland bis 1968 nicht weniger als 16 Auflagen und wurde sogar in jüngster Zeit wieder neu herausgebracht.

2. Jan Dobraczyńskis "Gib mir deine Sorgen" als Paradigma

Mit Dobraczyńskis Jesusroman war 1954 noch einmal ein populärer Höhepunkt dieses literarischen Genre erreicht – aber auch sein Ende. Nach Dobraczyński wagte sich kein namhafter Schriftsteller mehr direkt an den Jesusstoff. Die Zeit der konventionellen, traditionellen Jesusliteratur ist damit endgültig vorbei. Mit *Dobraczyński als Modellfall* sollen hier die Gründe analysiert werden.
Schon Dobraczyński selbst vertritt nicht mehr rein den Typus der direkten Darstellung der Jesusfigur, wie wir ihn noch bei Papini oder Ludwig, von Molo oder Schaper finden. Schon bei Dobraczyński zeigt sich eine Tendenz zur indirekten Darstellung, die sich in der Folge immer stärker durchsetzen wird. Schon Dobraczyński weist erste Spuren eines literaturtheoretischen Reflexionsprozesses auf hinsichtlich der Darstellungstechnik der Jesusfigur: Er präsentiert eine erzähltechnische Mischform aus direkter und indirekter Darstellung.
Die *Fabel* von "Gib mir deine Sorgen" ist einfach: Der schon aus dem Neuen Testament (Johannes-Evangelium) bekannte jüdische Schriftgelehrte Nikodemus schreibt 24 Briefe an seinen Lehrer Justus, der im Roman nur als Adressat fungiert

und nicht näher beschrieben wird, über seine Begegnung mit Jesus von Nazaret. Innerer Antrieb des Nikodemus, sich mit Jesus und seiner Botschaft auseinanderzusetzen und sich darüber in Form von Briefen Rechenschaft zu geben, ist die Todeskrankheit seiner Frau Ruth, die ihrer Krankheit schließlich erliegt. Nach langen inneren Kämpfen, nach langer Auseinandersetzung vor allem mit der Theodizee-Frage, nach mehrmaligen Begegnungen mit Jesus selbst, der ihm das Wort "Gib mir deine Sorgen" anbietet, nach Reisen an die Stätten von Jesu Wirken, vor allem aber nach Erleben von Jesu Leiden und Sterben am Kreuz, ergreift Nikodemus dieses Wort Jesu endlich als befreiende Botschaft für sich selbst: der Gekreuzigte vermag dem, dessen Leben voll von Verzweiflung und Sinnlosigkeit schien, einen neuen Sinn seiner Existenz zu erschließen. Nikodemus nimmt den Tod seiner Frau als sein Kreuz auf sich und erkennt sich im Lichte der Auferweckung des Gekreuzigten als neugeborener Mensch. Das Ende wird für den Zweifelnden zu einem Bekenntnis: "Herr, dachte ich kniend, ich zweifle nicht mehr. Ich weiß, daß du der Gottessohn und selbst Gott bist. Nur Gott konnte auferstehen und in den Himmel auffahren. Aber nachdem du deine Göttlichkeit geoffenbart hast – bist du von uns gegangen."[9]
Auffällig ist die *Erzählperspektive* dieses Briefromans. Dobraczyński schafft sich mit der fiktiven Figur des Nikodemus einen Ich-Erzähler (hinter dem er sich verbergen kann), der das historische Material des Jesusstoffes arrrangiert und gestaltet, wie er es braucht. Die Erzählperspektive gibt dem Autor die Möglichkeit der Distanz zur Jesusfigur, ermöglicht ihm Spiegelungen und Reflektierungen der Jesusfigur in den von ihr betroffenen Personen. Durch diesen erzähltechnischen Kunstgriff löst Dobraczyński den allwissenden Erzählertyp der Leben-Jesu-Romane ab, die aus ihrer olympischen Position heraus ihr Quellenmaterial ausbreiteten, mal diese, mal jene Quelle bevorzugten und sich in Chronologie und Psychologie der dargestellten Personen glänzend auszukennen schienen. Die hier ganz anders angesetzte Erzählperspektive leistet ein dreifaches:

1. Obwohl der Erzähler Jesus selbst als Person direkt auftreten läßt, beansprucht er *nicht mehr, der Allwissende* zu sein. Der Erzähler ist bescheiden geworden, hält sich zurück und nähert sich Jesus gleichsam nur indirekt aus der Perspektive seiner fiktiven Erzählerfigur. Dieses Ineinander von direkter und indirekter Darstellung ist bereits das Ergebnis eines theologischen und ästhetischen Reflexionsprozesses in der Darstellung der Jesusfigur nach 1945; dieser Jesus ist nicht mehr mit konventionellen erzähltechnischen Mitteln darstellbar. Eine fiktionale Biographie zu schreiben ist unmöglich geworden, ein allwissender Erzähler, der vorgibt, sich in Psychologie und Chronologie besser auszukennen als die Evangelien, entlarvt sich selbst. Eine christliche Literatur, die dieser Grundeinsicht nicht gerecht wird, ist heute obsolet geworden.
2. Die so angesetzte Erzählperspektive enthebt Dobraczyński der Mühe, eine äußere *Chronologie,* eine Idee der Entwicklung des Lebens Jesu rekonstruieren zu müssen. Er trägt damit auch der wissenschaftlichen Einsicht in die Erforschung der

neutestamentlichen Quellen Rechnung, die eine solche Chronologie (vom Weg aus Galiläa nach Jerusalem abgesehen) nicht aufzuweisen haben. Dobraczyński kann sich dadurch den Stoff auswählen, wie er ihn für seine Problematik braucht. Statt einer äußeren Chronologie hält gleichsam eine innere Chronologie die doppelte Spannung des Romans aufrecht: die langsame, Schritt für Schritt erfolgende Entschlüsselung des Messiasgeheimnisses Jesu und der langsame Prozeß der Bekehrung des Nikodemus zur Botschaft des Gekreuzigten.
3. Mit dieser Erzählperspektive ist Dobraczyński auch der Mühe enthoben, eine *Psychologie* des Lebens Jesu entwickeln zu müssen. Auch dies ist von den Ergebnissen der liberalen Leben-Jesu-Forschung her nicht möglich. Statt im Stile der Papini und Schaper die geheimsten Gedanken und Motivationen Jesu aufspüren zu wollen, kann er Jesus von außen distanziert schildern: Nicht, was Jesus denkt, sondern wie er sich verhält, nicht wie er sich psychologisch entwickelt, sondern wie er reagiert, was er tut und verkündet, wird beschrieben, vor allem, was er für die Menschen bedeutet. Damit sind ästhetische Grundeinsichten formuliert, die jede christliche Literatur heute zu beachten hat.
Die *Erzählinhalte* erweisen sich bei Dobraczyński – wie bei allen traditionellen Jesusromanen – als kunstvolle *Geschichten- und Zitatmontage* aus den vier Evangelien. Je nach Tendenz des Autors können Teile daraus weggelassen oder hinzugefügt werden. Emil Ludwig zum Beispiel verzichtet auf die Kindheitsgeschichten und läßt auch die Auferstehungsberichte weg, Dobraczyński ergänzt den Evangelien-Stoff noch durch apokryphes Material. D.h., in – gemessen an den Ergebnissen der historischen Quellenkritik – historischer Naivität werden nicht nur die synoptischen Evangelien, sondern auch und gerade das Johannes-Evangelium als authentische, historisch zuverlässige Quellen benutzt, aus denen ein Jesusroman im Stil eines *historischen Romans* geformt und zusammengesetzt wird. Es ist bemerkenswert, daß die Definition eines historischen Romans auf alle Jesusromane zutrifft: Der Jesusroman als historischer Roman behandelt "geschichtliche Ereignisse und Personen, in einer Sonderform kulturgeschichtliche Hintergründe einer erfundenen Handlung, in freikünstlerischer Prosagestaltung" und gibt "je nach Art des gewählten Stoffes und der Darstellungsweise einen individuellen Lebenslauf oder ein allgemeines Geschichtsbild, das jedoch infolge dichterischer Freiheiten nicht immer das wissenschaftlich anerkannte, sondern auch ein intuitiv erfühltes oder nach ästhetischen Gesichtspunkten umgestaltetes sein kann."[10]
Die meisten unserer Autoren haben deshalb interessanterweise neben einem Jesusroman auch noch andere zahlreiche historische Romane, Biographien oder Dramen geschrieben. Deren Sujets erweisen sich so als beinahe austauschbar! Die Frage, die sich aufdrängt, ist ernstzunehmen: Kann Jesus von Nazaret auf die gleiche Ebene gestellt werden wie andere historische Figuren, kann seine Geschichte erzählt werden wie die von Dante und Augustin (Papini), Napoleon, Bismarck und Wilhelm II., Roosevelt und Stalin, Michelangelo und Goethe (Ludwig), wie die von Schiller und Kleist, Luther und Friedrich dem Großen (Walter von Molo), wie die

des Propheten Jeremias und der Elisabeth von Thüringen (Dobraczyński)?[11] Wir müssen später näher darauf eingehen.

Die Evangelienberichte also bilden die Vorlage, die vom Romanautor ausgemalt wird. Die künstlerische Freiheit des Autors bezieht sich auf Komposition und erzähltechnische Verknüpfung der Handlungsfäden. Widersprüche der Quellen werden entweder verschwiegen oder harmonisiert; ein Vergleich der verschiedenen Romanversionen hinsichtlich der letzten Worte, die Jesus am Kreuz spricht, mag dies eindrucksvoll illustrieren. Bekanntlich divergiert hier der neutestamentliche Befund besonders stark: Die Evangelisten präsentieren entsprechend ihres theologischen Interesses ihre je eigene Version. Das "Mein Gott, mein Gott, warum hast du mich verlassen" mit darauffolgendem Todesschrei findet sich bei Mattäus und Markus[12]; Lukas schon schwächt entschieden ab: "Vater, in deine Hände empfehle ich meinen Geist"[13] und bei Johannes ist der grausame, drastische Todesschrei des Gekreuzigten vollends verschwunden: "Es ist vollbracht."[14]

Der Schriftsteller befindet sich angesichts dieses widersprüchlichen, interessebedingten Befundes zweifellos in einem *Dilemma,* welcher Version er den Vorzug geben soll. Die "Lösungen": Dobraczyński entscheidet sich für Lukas mit ein wenig psychologischer Bearbeitung: " ... Vater ... In deine ... Hände!"[15]; Emil Ludwig für die mattäische und markinische Version, wörtlich.[16] Giovanni Papini aber will alle drei nicht missen: Auf den Verzweiflungsschrei Jesu folgt kurze Zeit später das "Es ist vollbracht", um dann im lukanischen "Vater in deine Hände gebe ich meinen Geist zurück" zu enden.[17] Ernest Renan aber – die interessanteste Version – hatte sich einfach herausgehalten. In seinem "Leben Jesu" lesen wir: "Plötzlich stieß er einen schrecklichen Schrei aus, aus welchem die einen den Ruf: 'Vater ich befehle meinen Geist in deine Hände!' heraushörten, während Andere, welche auf die Erfüllung der Prophezeiungen mehr Gewicht legten, ihn rufen ließen: 'Es ist vollbracht!'."[18]

Testfall auf Erzähltechnik und theologische Absicht sind in allen Jesusromanen die *Wundergeschichten.* Psychologie kommt hier, angesichts des Einbruchs eines "Übernatürlichen", an ihre Grenzen. Deshalb werden in der traditionellen Jesusliteratur die Wunder als historische Tatsachen akzeptiert, "natürlich gedeutet"[19] (E. Ludwig) oder psychologisierend ausgelegt. Die psychologische Deutung bezieht sich dabei auf die Ausgestaltung der Wunder zu realistisch gezeichneten und psychologisch plausibel gemachten Erzählstücken, nicht auf das Faktum als solches. An der Darstellung der *Jungfrauengeburt* läßt sich dies beispielhaft demonstrieren! Dobraczyński läßt Maria erzählen: "Ich war unter den Kindern, die dem Dienste des Allerhöchsten geweiht sind. Ich war erst wenige Jahre alt, als man mich dorthin gab. Ich war das erste Kind meiner Eltern und kam zur Welt, als sie schon jede Hoffnung auf Nachkommenschaft aufgegeben hatten. Sie wollten dem Herrn für seine Güte ihre Dankbarkeit erweisen und gaben mich in den Tempel."[20]

Von dieser Vorgeschichte Marias wird im Neuen Testament kein Wort erwähnt. Quelle für dieses Erzählgut ist das apokryphe Protevangelium des Jakobus, Kapitel 10.[21] Die Verkündigungsszene bei Dobraczyński[22] erweist sich von daher, Satz für Satz entschlüsselt, als psychologisch kunstvoll zusammengesetzte *Mischung verschiedenster Quellen:* "Ich hatte eben Wasser geholt, um den Bottich zu füllen, und stand gerade beim Webstuhl, um zu weben" (=Protev. Jak. 11,1). "An diesem Morgen ging mir die Arbeit wie noch nie von der Hand" (=Erzählerpsychologie). "Plötzlich fühlte ich, daß jemand neben mir in der Stube war. Furcht überfiel mich. Ich schrie auf und hob den Kopf. Ich sah ihn vor mir stehen" (=Protev. Jak. 11,4). "Er stand da, einem mächtigen Tautropfen ähnlich, in dem ein Strahl von Sonnenlicht gefangen blieb, eine leuchtende Gestalt in der Umrahmung regenbogenfarbener Flügel. (...) Dann hörte ich seine Stimme" (=Lk 1,28 und Erzählerpsychologie). "Er sagte: 'Sei gegrüßt, Gnadenvolle, Gebenedeite!' " (=Lk 1,28 f.). Dieses Testverfahren ließe sich beliebig ausdehnen und ist auf andere Jesusromane jederzeit übertragbar.

Wenn allerdings weder das Neue Testament noch die Apokryphen eine überzeugende "Lösung" anbieten, muß der Jesusroman-Autor seine eigene erfinden. Den durch die überraschende Schwangerschaft Marias entstehenden Konflikt mit Josef löst Dobraczyński deshalb auf seine Weise. Maria zittert der Enthüllung ihres Geheimnisses entgegen. Josef aber, ganz der zärtliche, verstehende, selbstlose Ehemann, weiß schon Bescheid und – weiß zu schweigen: kein Skandal, keine Vorwürfe, keine Drohung mit Entlassung. Bei Mattäus war immerhin noch ein Engel nötig, um Josef vor falschen Konsequenzen zu bewahren.[23]

In der *Darstellung der Jesusfigur* folgt Dobraczyński – wie alle Jesusromane – dem gleichen Muster, sieht man von Emil Ludwig, dem es mehr um das "Prophetische" des Menschen Jesus geht, einmal ab. Doch ob Papini oder Walter von Molo, Edzard Schaper oder Jan Dobraczyński: überall erscheint Jesus primär als der von Gott gesandte Messias und Gottessohn. Sosehr es diesen Romanen – in der Tradition liberaler Theologie – auch um die Darstellung des Menschen Jesus geht, überall erweisen sich Muster einer "hohen Christologie", die die Gottheit Jesu stärker herausstellt als sein Menschsein, als letztlich prägend. Nicht Bergpredigt und nicht sein theologisch-politischer Konflikt steht bei diesem Jesus im Vordergrund, sondern die Wundergeschichten. Jesus ist vor allem der (präexistente) Gottessohn, der vom Vater ausgeht, auf dieser Erde verweilt und zum Vater zurückkehrt. Jesus ist der große Wundermann, der sanfte und barmherzige Menschenfreund, der – bei Dobraczyński ganz im Stil von Renans "galiläischem Frühling" – "berauschende Tage in Galiläa"[24] verbracht hat, der sich aber von Anfang an als der Gottessohn versteht und sich mit dem Vater eins weiß.[25]

Was der evangelische Neutestamentler Ernst Käsemann zur Charakterisierung des *Johannes-Evangeliums* schreibt, trifft auch für unsere Jesusromane weitgehend zu: "Die Synoptiker, Paulus und noch der Hebräerbrief haben sich um einen Ausgleich zwischen Kreuz und Erhöhung bemüht und haben es auf verschiedene Weise getan. Johannes ist im Bereich des uns Erkennbaren der erste Christ, welcher Jesu Erdenleben nur als Folie des durch die Menschenwelt schreitenden Gottessohnes benutzt und als Raum des Einbruchs himmlischer Herrlichkeit beschreibt. Jesus ist der Menschensohn insofern, als in ihm der Gottessohn uns irdisch naht. (. . .) Der Menschensohn ist eben nicht ein Mensch unter anderen und auch nicht die Repräsentation des Gottesvolkes oder der idealen Menschheit, sondern Gott in die menschliche Sphäre hinabsteigend und dort epiphan werdend. 18 Jahrhunderte sind durch dieses Bild des johanneischen Christus fasziniert worden und haben mit ihrem Glauben dem Prolog und dem Thomasbekenntnis Recht gegeben. Die Kirche aller Zeiten nimmt den Satz auf: 'Wir sahen seine Herrlichkeit' und akzeptiert darum das Evangelium, das diesen Satz veranschaulicht."[26]

Auch Jan Dobraczyński ist vom johanneischen Christus fasziniert. Spezifisch johanneisches Erzählgut, spezifisch johanneische Topoi drücken seinem Christusbild den Stempel auf: die Hochzeit zu Kana, die gesamte Nikodemusgeschichte ("Wiedergeborenwerden"), die Auferweckung des Lazarus, Jesus als Brot des Lebens, als lebendiges Wasser, die Einheit von Jesus und dem Vater ("Ich und der Vater sind eins!"): "Ich bin der Anfang (. . .) Ihr habt aber diesen Anfang abgelehnt (. . .) und deshalb werdet ihr erst dann, wenn ihr mich erhöht habt, zur Einsicht kommen, daß ich der bin, der ist, und daß meine Worte die Worte des Vaters sind. Denn ich tue immer, was er will. Er aber wird mich nie allein lassen."[27]

Kunstvoll, in langsamen Steigerungen führt Dobraczyński den Leser auf das Messiasgeheimnis Jesu hin: von der Nikodemus-Frage "Wer ist er eigentlich?"[28] über das Messiasbekenntnis des Petrus vor Cäsarea Philippi[29], bis hin zu Selbstaussagen Jesu ganz im Stile johanneischer Christologie ("Ich aber kenne ihn, denn ich komme von ihm"[30]), endlich bis zum Bekenntnis des Nikodemus selbst.[31]

Gegenüber dem Neuen Testament haben die Jesusromane zweifellos einen *Vorteil.* Durch neue Szenenarrangements, durch Raffung oder Streckung ganzer Passagen, durch Einführung neuer Personen und neuer Verbindungen zwischen den Ereignissen wird der oft dürre Stoff dem Leser zur leichteren Lektüre aufbereitet, er wird lesbarer und verliert die zum Teil störende Eintönigkeit des neutestamentlichen Erzählduktus. Erzähltes wird aufgelöst in Dialog, Berichtetes in Kommunikation, Hymnisches in colloquial style, womit schon die Grenze des ästhetisch Zumutbaren erreicht ist. Dobraczyński z. B. unternimmt es, den großen marianischen Hymnus, das Magnificat, in Gesprächston umzuschreiben: "Ich kann nur mich freuen und ihm lobsingen, daß er groß ist, barmherzig und gut, daß er Demütige erhöht und Arme heimsucht." (. . .) " 'Ich weiß nur eines', sie sprach selbstbewußt und zugleich wie beschämt, daß es sich auf sie bezog, 'daß einst – man hat es prophezeit – alle von mir sagen werden: 'Gebenedeit und voll der Gnade des Herrn.' Aber vorher werden sieben Schwerter mein Herz durchbohren, und das Schlechte wird wie der Schaum sich obenan drängen.' "[32]

Der *Konflikt* um Jesus von Nazaret ist bei Dobraczyński – wie überhaupt in der konventionellen Jesusliteratur – im wesentlichen ein theologischer. Die politische Dimension ist weitgehend ausgeblendet. Die größte Zumutung dieses unpolitischen Jesus ist deshalb konsequenterweise sein Ansinnen (wiederum von

Johannes her bestimmt), sich als Speise selbst den Menschen darzubringen.[33] Jesus stirbt, verurteilt zum Tod am Kreuz, als Gotteslästerer.

3. Bedeutung und Leistung

Muß man bei all dem, was hier über die technischen sprachlichen Mittel der Darstellung zu sagen war, noch besonders erklären, warum diese Art christlicher Literatur so populär wurde? So populär, daß sie beinahe selbst das Neue Testament verdrängen konnte? Stimmt es denn nicht, daß sie in der Tat einfach besser ist als die Evangelien? Viele unserer Autoren verstehen sich so: als Treuhänder der evangelischen Botschaft, als fünfte Evangelisten.[34] Sie sind es doch, die die christliche Botschaft wieder lebendig machen, lesbar, verständlich. Sie machen Widersprüche und Ungereimtheiten, Unausgeglichenheit und Variabilität des neutestamentlichen Erzählgutes aus einer Perspektive durchsichtig: der psychologischen. Sie machen das, was unklar ist, klar, was anstößig genießbar, was verwirrend transparent. Sie berichten dem Leser von Ereignissen, als seien sie dabei gewesen. Sie sind es, die Jesus literarisch von den Toten erwecken und ihn mit Historienmalerei und Psychologie in unsere Zeit hineinholen, damit wir hier und heute wieder neu von ihm betroffen werden.
Keine Frage: Nicht die Wissenschaft, erst recht nicht die Dogmatik, nicht exegetische Philologie, erst recht nicht gelehrte Systematik übten eine suggestive Kraft auf Phantasie und Verstand Millionen gläubiger Menschen aus, sondern diese Literaten. Sie geben den Menschen einen *Jesus aus Fleisch und Blut* zurück, einen Jesus, den die Philologie in seine Bestandteile zerlegte und den die Dogmatik zu einem Skelett theologischer Glaubenssätze abmagern ließ. Sie wollen ihren Jesus befreien: von der Wissenschaft ebenso wie vom Dogma, von den Skeptikern genauso wie von den Anbetern, von erstarrter Wissenschaftlichkeit wie von erstarrter Kirchlichkeit. Denn: "Nicht nur seine Feinde haben ihn stehengelassen und zugrunde gerichtet", schrieb Giovanni Papini. "Schon als er noch am Leben war, haben ihn die, die seine Schüler waren, nur halb verstanden und am Ende verlassen. Und viele, die in seiner Kirche geboren worden sind, tun das Gegenteil von dem, was er geboten hat; sie haben mehr Freude an seinen gemalten Bildern als an seinem lebendigen Beispiel. Und wenn sie Knie und Lippen mit irgendeiner äußerlichen Übung ermüdet haben, dann meinen sie mit ihm im reinen zu sein; sie meinen, dann getan zu haben, was er will, was er fast immer verzweifelt umsonst will, wie seine Heiligen seit tausendneunhundert Jahren."[35] Was diese Literaten wollen, ist somit klar: sie wollen den wirklichen, lebendigen Jesus, wie er war, das Beispiel, die Herausforderung zum Handeln!
Diese Autoren sind von einer großen Ernsthaftigkeit und Glaubwürdigkeit in der Darstellung der Figur Jesu Christi, der man auch als heutiger Leser seinen Respekt nicht versagen kann. Und oft stehen hinter einem Jesusroman das ganz persönliche

Leben und Schicksal eines der Autoren und nicht künstlerische Ambitionen. So liest man etwa den Roman von Dobraczyński noch einmal mit anderen Augen, wenn man weiß, daß sich hinter der Romanfigur Ruth, der Frau des Nikodemus, Dobraczyńskis eigene kleine Tochter Ruth verbirgt, die den gleichen Tod starb wie die Figur im Roman. Von daher war Dobraczyński bewegt, sich mit der Frage nach Leid und Tod, Trauer und Verzweiflung, mit Kreuz und Auferweckung und dem "Gib mir deine Sorgen" auseinanderzusetzen.[36]
Die Jesusroman-Autoren geben den Menschen ein Jesusbild, mit dem sie sich identifizieren können, den Wundertäter und Menschenfreund, den Verkünder von Liebe und Vergebung, das Opfer von Haß und Gewalt, den Gottessohn und Erlöser: Mensch genug, um einer von uns zu sein, Gott genug, um seine Überlegenheit erkennen zu lassen. Und es kann nicht bestritten werden: Sie können sich rühmen, mehr zur Verbreitung und Vertiefung der christlichen Botschaft getan zu haben als historische Wissenschaft und dogmatische Theologie, denn sie wurden gelesen! Sie haben die ideale Mischung christlicher Literatur erreicht: eine Mischung aus Glaube und Plausibilität, Nähe und Distanz, Phantasie und Verstand, Unterhaltung und Reflexion, Geschichte und Predigt, Anruf und Aufruf. Es läßt sich nicht leugnen, sie wollen nicht besser sein als das Neue Testament selbst, verkünden sie doch keine andere Botschaft, aber sie sind handlicher, lebendiger, brauchbarer. In spanischen Krankenhäusern – so sagt der Autor selbst – liegt als einzige Lektüre auf den Tischen der Kranken nicht die Schrift, sondern sein Buch: "Gib mir deine Sorgen. Die Briefe des Nikodemus".

4. Kritische Einwände

Warum ist die Zeit des traditionellen Jesusromans vorbei? Ja, warum war der Roman Dobraczyńskis schon zum Zeitpunkt überlebt, als er 1954 in Deutschland erschien? Woher kommt es, daß diese Literatur – trotz ihrer Popularität – letztlich scheiterte und in Mittelmäßigkeit versank?
So populär diese fiktionalen Leben-Jesu waren, so kritisch sie gegen Wissenschaft und Dogma antraten, so sehr sie auch die Menschen zur Nachfolge anspornten, sie hatten einen entscheidenden Nachteil: sie "stimmten" nicht, theologisch und literarisch. Was heißt das?

a. Theologisch: Veränderte Wirklichkeit

1941 erhob Rudolf Bultmann seine programmatische Forderung nach *Entmythologisierung* des Neuen Testaments, die nicht nur eine wissenschaftliche Debatte großen Stiles auslöste, sondern auch Theologie und Kirche bis heute in Atem hält.[37] Spätestens von da ab war klar, daß auch die Jesusbilder der Jesusromane nach 1945 davon nicht unberührt bleiben können. Historisch-kritische Forschung und Entmythologisierung, aber auch andere Faktoren nach 1945 wie die *Säkularisierungsdebatte* im Gefolge von Friedrich Gogarten und Dietrich Bonhoeffer entzogen der Jesusroman-Literatur den theologischen Boden, auf dem sie bisher noch unerschüttert gestanden hatte.[38] Je länger, desto deutlicher erkannte man: Jesus ist anders als die konventionelle Jesus-Literatur ihn darstellt. Entscheidende hermeneutische Voraussetzungen zum Verständnis biblischer Texte haben sich verändert, verändert hat sich damit auch das herkömmliche Bild des Mannes aus Nazaret.

1. Wandlung der Forschung

Die traditionelle Jesusroman-Literatur nach 1945 war nur Ausläufer und letzter Höhepunkt dieses Genre gewesen. Wir hörten bereits: Mit Albert Schweitzers Kritik war die liberale Leben-Jesu-Forschung gescheitert. Das Paradoxe aber war eingetreten: Nachdem die wissenschaftliche Leben-Jesu-Forschung gescheitert war, erlebten die romanhaften Leben-Jesu erst ihren Höhepunkt, die Warnung Albert Schweitzers mißachtend. Nachdem die Wissenschaftler resigniert hatten, steigerten die Romanciers ihre Auflagen und zwar in deutlicher Frontstellung gegen die exegetisch-historische Forderung, der Giovanni Papini unterstellte, sie würde mit Hilfe ihrer Wissenschaft "Christus ein zweites Mal morden".[39] Die Literaten beanspruchten für sich, woran die Wissenschaftler scheiterten: eine historisch-psychologische Darstellung der Entwicklung des Lebens Christi, die Darstellung des wirklichen Lebens des Jesus von Nazaret mit Hilfe einer fiktionalen Biographie. Heinrich Heine schrieb schon vor 146 Jahren: "Seltsame Grille des Volkes! Es verlangt seine Geschichte aus der Hand des Dichters und nicht aus der Hand des Historikers"[40], und er hatte recht damit, unsere Jesusromane beweisen es.

Doch ist nicht gerade dieser Anspruch des Dichters fragwürdig geworden? Der Dichter als der bessere Historiker, der weiß, wie es wirklich gewesen ist? Ist dies nicht ein illegitimer Übergriff des Dichters auf das Feld des Historikers, wo Phantasie die Fakten, Fabulierkunst die Exaktheit ersetzt? Muß sich ein Dichter, der das Handwerk des Historikers zu betreiben versucht, nicht an den Kriterien messen und kritisieren lassen, die die Kriterien des Historikers sind? Geht damit der Anspruch der Dichtung als Dichtung nicht verloren? In der Tat: An solchen Kriterien gemessen sind unsere Jesusromane – wie Albert Schweitzer sagte – "Halbwissenschaft": *weder gute Literatur noch gute Historie.*

Konnte der Professor für semitische Sprachen Ernest Renan noch davon überzeugt sein (was schon vor Albert Schweitzer Friedrich Nietzsche entlarvte, als er Renan einen "Hanswurst in psychologicis"[41] nannte), in seinem historisch orientierten "Leben Jesu" Dichtung und Wahrheit zur Deckung gebracht zu haben, wie er es in einer langen Einleitung begründete, so trifft dies für die späteren Leben-Jesu-Romane auch nicht mehr ansatzweise zu. Ihre quellenkritischen Überlegungen

(wenn man von solchen überhaupt sprechen kann) sind nicht mehr mit den Ergebnissen der historisch-kritischen Exegese kongruent, sondern gegen sie geschrieben. Ungleichzeitiges Bewußtsein auch hier! Entscheidende *Ergebnisse der historisch-kritischen Exegese* wurden *nicht mehr rezipiert:* nämlich die Lösung des synoptischen Problems durch die Annahme der Zwei-Quellen-Theorie (von H. J. Holtzmann schon 1863 neben B. Weiß und K. H. Weizsäcker[42]) und der damit gesicherten historischen Priorität des Markus-Evangeliums vor dem Mattäus- und Lukasevangelium; die von Johannes Weiß 1892 gegen Albert Ritschl nachgewiesene Tatsache, daß das Reich Gottes eine zukünftig-endzeitliche Größe sei und nicht als in den sittlichen Personen angebrochen und verwirklicht gepredigt werden könne[43]; die von William Wrede 1901 herausgearbeitete Überzeugung, daß auch das Markus-Evangelium als das älteste nicht die Möglichkeit biete, einen kontinuierlichen Ablauf im Leben und in der inneren Entwicklung Jesu zu rekonstruieren, womit jeder Psychologie einer Leben-Jesu-Theologie der Boden entzogen wurde[44], um hier nur einige markante Stationen zu nennen.[45]
Nein, keiner der Jesusroman-Autoren nach 1945 war zur Kenntnis zu nehmen bereit, wie die *theologische Wirklichkeit* in der Darstellung der Jesus-Figur sich *verändert* hatte. Ihr Jesus war – in historischer, theologischer und literarischer Naivität – ein Phantasieprodukt. Im gleichen Jahr, 1921, als Giovanni Papini seine "Storia di Cristo" veröffentlichte und gegen die blutleere Wissenschaft zu Felde zog, veröffentlichte *Rudof Bultmann* sein grundlegendes Buch "Die Geschichte der synoptischen Tradition"[46], das (neben den Arbeiten von K. L. Schmidt und M. Dibelius, die schon 1919 erschienen waren[47]) der formgeschichtlichen Kritik des Evangelienstoffes endgültig zum Durchbruch verhalf. Damit konnte endlich nachgewiesen werden, daß die neutestamentlichen Texte aus einzelnen Überlieferungsstücken zusammengesetzt und für sich älter sind als der sie umspannende chronologische Rahmen, der nachträglich erst durch redaktionelle Arbeit der Evangelisten für sie – unter einem bestimmten theologischen Interesse – geschaffen wurde. Das bedeutet: Ein Leben Jesu historisierend oder psychologisierend zu schreiben, ist von der Quellenlage her unmöglich, die innere Persönlichkeit Jesu rekonstruieren zu wollen, aussichtslos geworden, ja, jede einzelne Perikope muß auf ihren "Sitz im Leben" überprüft, jeder Satz auf seinen möglichen historischen Wahrheitsgehalt abgeklopft werden. Der Anspruch der Jesusroman-Autoren war damit hinfällig geworden!
Ohne Rücksicht auf diese Bedenken aber konnten Jesusromane veröffentlicht werden: 1928 etwa der von Emil Ludwig. Für ihn sind wieder alle Evangelien "Urkunden" und die Widersprüche zwischen ihnen werden "logisch", "ordnet man sie psychologisch".[48] Und das heißt konkret: "Nicht die Lehre, die jeder kennt, sondern das Innenleben des Propheten zu zeichnen, war unser Vorsatz. Nicht seine spätere Wirkung interessiert uns hier, die andere gemacht haben, nur die Geschichte dieses Herzens. Die Entwicklung seines Selbstgefühls, die Absichten und Motive eines Führers, seine Anfechtungen, Träume und Enttäuschungen; der

Seelenkampf zwischen Mut und Demut, Verantwortung und Verzagtheit, Berufung und Menschenglück soll dargestellt, ein Prophet soll geschildert werden, der der ganzen Mitwelt überlegen und doch nicht gewachsen war. Dabei ist unsere Deutung nirgends apodiktisch, nur eine einfache, natürliche, nur eine, die unserer Zeit entspricht."[49]

2. Wandel des Christusbildes

Alle diese quellenkritischen Einsichten mußten Konsequenzen für das Christusbild haben. Und was H. Zahrnt bezüglich der Wandlung des Christusbildes im allgemeinen schreibt, gilt im besonderen auch für die Jesusromane: "Jahrhundertelang ist das Evangelium so erzählt worden, daß Jesus Christus als ein schemenhaftes Fabelwesen, halb Mensch, halb Gott, erschien, dessen Füße kaum noch den Erdboden berührten. Zwar sagte man von ihm 'wahrer Mensch' und 'wahrer Gott', und die Geschichte des Christusdogmas ist ein unablässiges Bemühen, diese Dialektik durchzuhalten und die beiden Naturen Christi ins rechte Verhältnis zueinander zu setzen, ohne daß eine der beiden dabei zu kurz kam. Das hat zu tiefsinnigen Spekulationen geführt, die sachlich durchaus begründet waren. Dennoch ist man aus dem Dilemma, sich aus Ungereimtheiten einen Reim zu machen, im Grunde nie herausgekommen. Wo immer man die Zweinaturenlehre streng durchzuhalten trachtete, endete man schließlich bei steilen Paradoxien oder überspitzten Künsteleien, wenn nicht gar in Absurditäten. Die Kirchengeschichte ist voll davon, keineswegs nur in ihren Niederungen, sondern gerade auch auf ihren Höhen."[50]
So groß die Mühe der traditionellen, konventionellen Jesusliteratur war, seine Person menschlich zu vergegenwärtigen: dieser *Jesus bleibt* dennoch seltsam *unnahbar.* "Steile Paradoxien", "überspitzte Künsteleien" auch hier: Jesus ist (bei Dobraczyński überdeutlich) der über die Erde wandelnde Gott-Mensch, der sich durch Auftreten und Verhalten (Wunder) in seinem göttlichen Anspruch legitimiert und mit den Menschen aus der Distanz des Himmlischen heraus kommuniziert. Theologisch stark stilisiert ist dieser Jesus bei aller Menschlichkeit eigenartig un-menschlich: er verändert sich nicht, bleibt in allem der Überlegene, der Unberührbare, selbst im Leid, das er ergeben trägt. Hat ein solches Christusbild nicht heute unter veränderten hermeneutischen Voraussetzungen seine herausfordernde Kraft eingebüßt?
Welcher moderne Zeitgenosse vermag denn heute noch so "naiv", so schlicht die Geschichte Jesu zu erzählen wie Jan Dobraczyński: die Geschichte von einem Gott-Menschen, dessen Geburt, von einem Engel angekündigt, sich unter wunderbaren Umständen vollzieht; der – von Johannes dem Täufer unter mirakulösen Begleitumständen getauft – in Galiläa herumzieht und ein Wunder nach dem anderen tut; der über den See wandelt und sich selber als Speise für die Menschen anbietet; der zum Tode wegen Gotteslästerung verurteilt ganz mit dem Willen seines Vaters einig am Kreuz stirbt. Warum kann die Geschichte des Jesus von

Nazaret in dieser *Aufhäufung von Mirakulösem* heute nicht mehr so erzählt werden?

Noch einmal Heinz Zahrnt: "Wenn wir von diesem 'Leben Jesu' hören, dann ist unser erster Eindruck: Das ist ein Gottesmann, der alles weiß und alles kann! Aber eben dies, was andere Generationen an ihm so angezogen hat, macht ihn für uns verdächtig und unglaubwürdig. Was in uns gegen ihn protestiert, ist gar nicht zuerst unser historisch-kritisches Bewußtsein, der Einwand: Das alles kann ja gar nicht so geschehen sein! Es ist ein viel tiefer wurzelndes existentielles Mißtrauen. Wenn dieser Christus zu uns spricht: 'Kommt her zu mir alle, die ihr mühselig und beladen seid!' – dann trauen wir uns nicht, weil wir *ihm* nicht trauen. Das macht, dieser Christus ist uns zu groß und zu wunderbar. Nachdem es für uns kein umfassendes, geschlossenes Weltbild mehr gibt, mit Himmel, Erde und Hölle, mit einem festen Oben und Unten und einer Aufteilung der Wirklichkeit in ein Diesseits und ein Jenseits, zwischen denen ein dauernder Verkehr hin und her stattfindet, wehrt sich in uns etwas dagegen, an ein so universales, objektives Offenbarungsdrama angeschlossen, darin eingeschlossen zu werden. Wir sehnen uns nicht nach Allmacht und Universalität, sondern nach Beistand und Solidarität. Wir wollen keinen Gottesmann, der schon im vorhinein alles weiß und kann, sondern einen wirklichen, konkreten Menschen, der auch gerade dann, wenn es ihm um Gott geht, ohne Netz und doppelten Boden arbeitet, das heißt ohne die Möglichkeit der 'Ausflucht' in ein stets zur Verfügung stehendes Jenseits oder des 'Rückzugs' auf die eigene angeborene göttliche Natur."[51]

Wandlung der Forschung und Wandlung des Jesusbildes: damit sind zwei ganz entscheidende theologische Faktoren genannt, die eine solche christliche Literatur fragwürdig erscheinen lassen. Für diese Art christlicher Literatur gilt: Spätestens nach 1945 rächte sich, daß man, ähnlich wie in Verkündigung, Predigt, Katechese, die Ergebnisse der historisch-kritischen Exegese und die neuzeitlichen hermeneutischen Verstehensbedingungen biblischer Texte ignoriert hatte. Hätte man sie studiert, die literarischen Produkte dieser Autoren sähen anders aus. Gilt hier nicht analog das, was *Friedrich Dürrenmatt* bezüglich des Theaters schrieb: "Hätte Shakespeare Mommsen gekannt, hätte er den Cäsar nicht geschrieben, weil ihm in diesem Augenblick notwendigerweise die Souveränität abhanden gekommen wäre, mit der er über seine Stoffe schrieb." Und: "Cäsar ist für uns kein reiner Stoff mehr, sondern ein Cäsar, den die Wissenschaft zum Objekt ihrer Forschung gemacht hat. Es ist nun einmal so, daß die Wissenschaft, indem sie sich, und immer heftiger, nicht nur auf die Natur, sondern auch auf den Geist und die Kunst stürzte, Geisteswissenschaft, Literaturwissenschaft, Philologie und wer weiß was alles wurde, Fakten schuf, die nicht mehr zu umgehen sind (denn es gibt keine bewußte Naivität, welche die Resultate der Wissenschaft umgehen könnte), dem Künstler aber dadurch die Stoffe entzog, indem sie selber das tat, was doch Aufgabe der Kunst gewesen wäre. (...) die Dichtung wäre eine Tautologie, eine Wiederholung mit untauglichen Mitteln, eine Illustration zu wissenschaftlichen

Erkenntnissen: gerade das, was die Wissenschaft in ihr sieht. Shakespeares 'Cäsar' war auf Grund Plutarchs möglich, der noch nicht ein Historiker in unserem Sinne, sondern ein Geschichtenerzähler war, ein Verfasser von Lebensbildern."[52]
Gilt nicht das gleiche analog auch für die literarische Aneignung der Jesusfigur? Auch für uns ist Jesus kein reiner Stoff mehr, sondern ein Jesus, der zum Objekt wissenschaftlicher Forschung gemacht wurde. Auch hier gilt: Das Jesusbild der Jesusromane war nur möglich auf Grund des NT, das keine Historie in unserem Sinne sein will, sondern "Lebensbilder" zeichnet, Geschichten erzählt. Und auch das ist wahr: Hätten unsere Jesusroman-Autoren von Wittig bis Dobraczyński, von Ludwig bis Schaper Bultmann gelesen oder Martin Dibelius, deren Jesusbücher 1923 und 1939 erschienen waren, hätten sie Albert Schweitzer gelesen oder David Friedrich Strauss, ihre Souveränität, mit der sie den Jesusstoff handhabten, wäre ihnen vielleicht abhanden gekommen. So aber sank diese Literatur ab in einen Bereich des Erbaulichen, Frommen, Mediokren. Ihre Produkte dienten frommer Selbstbestätigung in Kirche und Theologie, ihr Christus wurde in kirchlichem Milieu absorbiert und domestiziert. Er beunruhigte niemanden mehr. Ernest Renan gehörte noch zur "Weltliteratur", theologisch und literarisch, seine Epigonen im 20. Jahrhundert, nur wenige Jahrzehnte später, existierten bereits weithin im kulturellen Abseits, literarisch wie theologisch. Nur noch einmal gab es um einen Jesusroman Aufregung, nur noch einmal wurde es um einen Jesusbuch-Autor gefährlich, das aber war nur eine kulturelle Randerscheinung, so tragisch der Fall für den Betroffenen war: Das in beinahe kindlicher Frömmigkeit geschriebene, von starker Krippenfrömmigkeit beseelte, zum Teil in schlesischem Dialekt verfaßte, stark autobiographisch gefärbte Jesusbuch des katholischen schlesischen Theologen *Josef Wittig* wurde 1925 mit anderen Schriften des Autors wegen modernistischer Tendenzen – trotz Bitten des Autors nicht näher begründet – auf den "Index der verbotenen Bücher" gesetzt, der Autor als "Luther redivivus" erneut zur "Professio fidei Tridentina" und zum "Antimodernisteneid" gezwungen, dann, als er ablehnte, abgesetzt, exkommuniziert und seinen Verlegern verboten, die Schriften weiter zu verbreiten. Wittig heiratete und schlug sich in Neusorge (Schlesien) als Schriftsteller durch. Heimatvertrieben gelangte er 1946 nach Westfalen und starb 1949, nachdem ihn – ebenso unvermutet – die päpstliche Rekonziliation erreicht hatte.[53]

b. Literarisch: Von der Vernunft der Poesie

Von ihrem Selbstverständnis her wollen die Jesusromane die Geschichte Jesu Christi erzählen, wie sie gewesen ist. Sie wollen von dem wirklichen, lebendigen, greifbaren, vernehmbaren Jesus Christus berichten und nicht von dem oft erstarrten, leblosen Christus von Theologie, Dogma und Kult. Dobraczyńskis doppelter erzähltechnischer Kunstgriff eines fiktiven, gleichsam neutralen Erzählers und der eines Briefromans soll Distanz zum unmittelbar Geschehenen, Authentizität des

Berichteten suggerieren und von daher Glaubwürdigkeit des Erzählten verbürgen. Gerade die fiktive Nikodemusfigur soll ja diese Glaubwürdigkeit herstellen: ein Mann, der nicht von vorneherein zu den Anhängern Jesu gehört, vielmehr im Anfang skeptisch ist, kritisch, distanziert. Ein Mann, der nichts unbefragt hinnimmt, sondern selber nachprüft, was an diesem Jesus, seiner Botschaft und seinen Taten "dran" ist, der deshalb die Lebensstationen dieses Jesus nachgeht und sich ein eigenes Urteil zu verschaffen versucht. Keine Frage, in dieser Figur versucht Dobraczyński den modernen skeptischen Zeitgenossen des 20. Jahrhunderts zu spiegeln, der keineswegs von vorneherein überzeugter Christ ist, der sich diesem Jesus Christus zunächst aus kritischer Distanz nähert, der Gründe für seinen Glauben haben, überzeugt werden will.

1. Den Absprung nicht gewagt

Ist jedoch dieser skeptische Zeitgenosse des 20. Jahrhunderts durch eine solche literarische Jesusdarstellung zu überzeugen? Kann er sich wirklich in einer solchen Nikodemusfigur und dessen Problematik, der Problematik der Verknüpfung von Theodizeefrage und Kreuzestheologie, wiedererkennen? Oder dient diese Figur auch nur der frommen Selbstbestätigung des schon immer Gewußten, ohne daß die christliche Sache in letzter Konsequenz auf dem Spiel stünde?

Nein, eine solche Figur wie Nikodemus, eine so vermittelte Theodizeeproblematik erscheinen für die Zeit nach dem Zweiten Weltkrieg hermeneutisch als zu eng, zu individualistisch, zu wenig mit dem Heute vermittelt, als daß sie überzeugen könnten. Die Geschichte von Jesus Christus muß heute anders übersetzt werden. Sie erscheint nicht einfach mehr in der bloßen romanhaften Nacherzählung aus sich heraus plausibel. Sie ist *zu wenig dichterisch* gestaltet, als daß sie "wahr" sein könnte. Die einfache Rekonstruktion des geschichtlichen Kontextes der Jesusfigur, die schlichte, phantasiereich ausgemalte Reproduktion seiner Verkündigung und Wundertaten reicht heute – theologisch und literarisch gesehen – zur Erfassung der vielschichtigen individuellen und gesellschaftlichen Probleme der Menschen nicht mehr aus. Auch die Theodizeefrage stellt sich in der Nachkriegszeit angesichts von Auschwitz und Archipel Gulag, Hiroshima und Stalingrad in ganz anderer individueller und gesellschaftlicher Dringlichkeit, Komplexität und Radikalität.

Mit dieser hermeneutischen korrespondiert unmittelbar die *erzähltechnische Problematik.* Ist der allwissende Erzähler der Leben-Jesu-Romane, sind Chronologie und Psychologie heute unmöglich geworden, die Wirklichkeit Jesu Christi erzähltechnisch adäquat abzubilden, so ist es auch die monoperspektivische Erzählstruktur eines Dobraczyński.[54] Der Vorteil dieser Erzählstruktur (größere Wahrhaftigkeit in der Darstellung, im Verhältnis des Autors zur Wirklichkeit, größerer Realitätsbezug) gegenüber der "olympischen" wird erkauft durch eine perspektivische *Verengung des Blickfelds,* ohne daß daraus literarästhetische Konsequenzen für die

Darstellung der Figur Jesu Christi gezogen würden. Denn nicht, daß hier die Geschichte Jesu Christi aus der "Ich-Perspektive" erzählt wird, ist fragwürdig (kein Erzählvorgang kann sie ganz ausschalten!), sondern daß mit dieser "Ich-Perspektive" die Wirklichkeit Jesu Christi einzig auf den Sektor reduziert wird, den das Erzähler-Ich zuläßt. Doch dieser Jesus Christus ist anders, ist "größer" als Nikodemus ihn uns darstellt. Gerade daß der Erzähler diese Andersheit nicht mit in den Blick bekommt und im Stil erzähltechnischer Kontrastierung zu seinem eigenen Bild nicht ständig mitreflektiert, macht die Schwäche dieses Erzählstils aus. Statt die Wirklichkeit Jesu Christi literarisch zu erweitern, zu vertiefen (durch Einbeziehung des Heute, durch kontrastierende Vergleiche von Einst und Jetzt, durch ständige Brechung der Perspektive, durch das Angebot verschiedenster Bilder der einen Person) bleibt sie verengt auf ein bestimmtes – subjektiven Überzeugungen des Autors entsprechendes – Christusbild.
So sind diese Jesusromane nicht nur theologisch, sondern auch literarisch eine fragwürdige Sache. Erzählperspektive und Erzählinhalt entsprechen einander. Die einlinige Erzählweise bedingt ein einliniges Christusbild, die nichtproblematisierte, d.h. auf Voraussetzungen, Verfahren und Ziele des Erzählens nicht reflektierte Erzählstruktur, eine nicht problematisierte, mit dem Heute vermittelte Christusfigur. Hier hat ein Autor wie Dobraczyński die Geschichte Jesu Christi nicht literarisch durchgestaltet, sondern mit Hilfe von Psychologie und Phantasie nacherzählt. Hier hat sich ein Autor an ein dogmatisch vorgegebenes Christusbild gehalten und den Absprung nicht gewagt in das Reich der Dichtung, der vielfältigen fiktionalen Vergegenwärtigung der Jesusfigur. Hier hat ein Autor Literatur zur ancilla theologiae gemacht und seine poetische Vernunft von einem dogmatisch vorgegebenen Deutungssystem domestizieren lassen.
Die Paradoxie einer solchen Jesusliteratur: Sie, die glaubte, ihn mittels des direkten Zugriffs literarisch fassen zu können, verlor ihn in Wahrheit; sie die zeigen wollte, wie er wirklich war, merkte nicht, daß er durch die Art, wie sie ihn darstellte, immer unwirklicher wurde. Illustration einer vorgegebenen "Malvorlage" (der Rahmen ist fest, die Farben müssen nur noch eingetragen werden); Paraphrase, nicht literarische Gestaltung und Vergegenwärtigung; Reproduktion des Gewußten, nicht artistische Imagination ist das Wesen dieser Dichtung. Hier ist in der Tat – wie Dürrenmatt meinte – Dichtung eine Tautologie, eine Wiederholung mit untauglichen Mitteln, eine Illustration zu wissenschaftlichen Erkenntnissen. Doch liegt nicht die Chance der Dichtung darin, mit ihrer Fähigkeit zum Absprung vom Boden nackter Realität, mit ihrer Fähigkeit zur "Unwirklichkeit" also, das Wirkliche erst zu erschließen in dem, was es ist? Diese Literatur verstand nicht, daß die Wirklichkeit Jesu Christi nicht allein die mittels Historie und Psychologie rekonstruierte Wirklichkeit ist, sondern nur dann volle, echte, "wahre" Wirklichkeit, wenn die seine mit der unseren Wirklichkeit vermittelt ist. Diesen Vermittlungsprozeß zwischen dem Gestern und dem Heute, diesen Transformationsprozeß vom Einst zum Jetzt vermag nicht die Historie, dies vermag die Literatur zu leisten mit

Mitteln, die allein ihr zur Verfügung stehen: Wechselspiel zwischen dem Damals und dem Heute, aus Nähe und Distanz, Vertrautheit und Fremdheit, Möglichkeit und Wirklichkeit, Realem und Fiktionalem.
Hier also liegt der entscheidende Grund, warum diese christliche Literatur literarisch gesehen nicht "stimmt": Sie geht nicht weit genug, sie ist *zu wenig Dichtung, um "wahr" zu sein.* Zu wenig? Macht denn genaue historische Untersuchung eine dichterische Gestaltung nicht überflüssig?

2. Zum Verhältnis von Historie und Fiktion

Was leistet Fiktion im Prozeß der Wahrheitsfindung gerade auch hinsichtlich der Figur Jesu von Nazarets? Macht nicht die exakte historische Forschung, das wissenschaftlich präzis herausgearbeitete historische Jesusbild jede fiktionale Gestaltung von vorneherein unwahr? Was soll da noch Fiktion, wo man doch weiß, wer Jesus von Nazaret war? Wir haben also zu untersuchen, welche *Funktion der Fiktion* bei der Darstellung der Jesusfigur zukommt und welche *Formen der Fiktion* am geeignetsten sind, diese Figur literarisch adäquat darzustellen. Dazu einige grundsätzliche Bemerkungen.

1. Historie und Fiktion können nicht getrennt werden: Man täusche sich nicht: Historie und Fiktion stehen nicht einfach im Verhältnis von 'bruta facta' auf der einen und subjektiver Interpretation auf der anderen Seite. Wer glaubt, die Fakten der Geschichte neutral erarbeiten zu können, gerät unter Ideologieverdacht. Historie und Fiktion bilden vielmehr ein differenziertes Ineinander von Faktum und Deutung, Ereignis und Interpretation. Jede historische Quelle enthält schon in sich eine Deutung, jedes überlieferte Faktum ist mit einer Interpretation verwoben. Historisches enthält also schon immer ein Moment des Fiktiven. Gerade auch hinsichtlich der Problematik eines historischen Romans können Historie und Fiktion nicht einfach im Schema von Objektivität und Subjektivität, Wissenschaftlichkeit und Beliebigkeit, Wahrheit und Täuschung gegeneinander ausgespielt werden.

2. Fiktion kann Historie authentisch deuten: Fiktion darf nicht nur nicht einfach gegenüber der Historie abgewertet werden, sie muß vielmehr auch positiv als Möglichkeitsbedingung von Wahrheit und Authentizität im Prozeß literarischer Aneignung von Wirklichkeit verstanden werden. Geschichte wird erst durch Deutung, durch Verstehen belangreich, Historie durch Fiktion lebendig gestaltet. Fiktion kann mit ihren Mitteln die Wahrheit eines Sachverhaltes, Wesen und Tiefe einer Sache, eines Menschen, eines Ereignisses erschließen. Fiktion ist somit ein unverzichtbares Moment, eine unaufgebbare Dimension im Prozeß der Erschließung der Wahrheit von Wirklichkeit. Fiktion kann Realität "bis zur Kenntlichkeit" (E. Bloch) aufdecken. So läßt sich Fiktion nicht einfach auf ihren (angeblich) historischen Wahrheitskern reduzieren, soll die lebendige Wahrheit nicht selber verlorengehen. Ein Beispiel dazu, auf das Hans Küng aufmerksam gemacht hat: "Verkündigung,

Predigt, Katechese sind etwas anderes als Wissenschaft, als Theologie oder Historie. Wenn sie sich auch immer wieder die wissenschaftliche Überprüfung gefallen lassen müssen und eine solche nicht ungestraft vernachläßigen, so ist ihr Ziel und deshalb ihre Sprache eine andere. Wie eben ein Königsdrama Shakespeares ein anderes Ziel und deshalb eine andere literarische Form hat als eine historische Darstellung etwa Heinrichs V. Unsere Evangelien sind – selbstverständlich bei wesentlichen Unterschieden – einem Shakespearischen Drama näher als einer Chronik oder einer historischen Biographie. (...) Wäre es nicht lächerlich, Shakespeares Heinrich V. oder das Markus-Evangelium durch eine 'genauere' Paraphrase ersetzen zu wollen? (...) Es geht in den Evangelien wie bei Shakespeare nicht um eine historische, sondern um eine *'dramatische Geschichtsdarstellung'*, die über ihre eigenen Stilmittel verfügt und die wirksamer als abstrakte Ideen und Lehrsätze ihr Ziel zu erreichen vermag. In den Evangelien wie bei Shakespeare trotz aller Verschiedenheit ein komplexes, ineinander verschränktes Vielebenenspiel (in bezug auf Raum, Zeit, Zuhörerschicht) mit epischen, dramatischen und gar lyrischen Elementen, das eine Totalität plastisch vor Augen stellt."[55] Damit ist klargeworden: Geschichte als bloße Faktizität bleibt ohne Gleichnischarakter, ist also literarisch nicht von Bedeutung. Denn Literatur geht es nicht primär um das "Daß" eines Geschehens, sondern um das "Warum". Erst durch eine gewisse "Enthistorisierung", durch Typisierung, Analogisierung, Verallgemeinerung kann der Literatur eine gleichnishafte Wirkung des Faktischen gelingen.[56]
Das aber heißt: "Nicht die Wirklichkeitstreue, die Realität lediglich als das ausgibt, wofür sie sich selbst nur allzu gern hält, sondern die artistische Imagination rückt, an der Grenze von Wirklichkeit und Möglichkeit, von *faction* und *fiction,* jene Dimension in den Blick, die der Oberflächenbeschreibung entgeht und die sich auf die Formel bringen läßt: Kommendes im Heutigen, Prozessualität hinter dem *nunc stans,* Widersprüche im Verborgenen. Auf diese Weise kommt etwas ans Licht, was weder mit Hilfe der Philosophie noch mit Hilfe der Geschichtsschreibung zutage treten könnte."[57] Das heißt aber auch, wie Heinrich Böll es formulierte: "Dichtung ist nicht gleich Unwahrheit, Legende sowenig Lüge wie Mythos. Dichtung ist auch kein Gegensatz zu Geschichtswissenschaft, beide können einander ergänzen, indem sie sich von weit entfernten Standpunkten dem gleichen Gegenstand nähern."[58] Poesie hat ihre "eigene Sachlichkeit", ihre "eigene Vernunft" (H. Böll)[59]! Dies ist ein Grundzug im Verhältnis von Dichtung und Historie, wie ein kurzer historischer Überblick zeigt, der bei aller Übereinstimmung in der Methode auch tiefgreifende inhaltliche Wandlungen in der literarischen Geschichtsrezeption von der Klassik bis zur Gegenwart erkennen läßt.
Für *Goethe* und *Schiller* etwa war die historische Fragestellung für ihre Geschichtsdramen letztlich nicht relevant. Goethe interessierte die Frage, ob sein "Götz" oder sein "Egmont" ihren historischen Vorbildern entsprachen, nur in zweiter Linie, und Schiller nahm sich als Dichter die Freiheit, seine Jungfrau von Orléans auf dem Schlachtfeld und nicht – wie es historisch exakt gewesen wäre – auf dem

Scheiterhaufen von Rouen sterben zu lassen. Goethe und Schiller ging es bei der Auswahl ihrer historischen Stoffe primär um die Frage, was sich aus ihnen poetisch machen ließe zur Verkörperung einer überzeitlichen Idee. Historischer Stoff war Rohmaterial, das vom Dichter in mühseliger Arbeit geformt werden mußte. Ob Maria Stuart, Wilhelm Tell oder die Jungfrau von Orléans, "der Phantasie eine Freiheit über die Geschichte zu verschaffen", zugleich "von allem, was diese Brauchbarkeit hat, Besitz zu nehmen"[60], darum ging es, und wir sind Zeuge dieses poetischen Umwandlungsprozesses im Goethe-Schillerschen Briefwechsel. Um die "Idee", die ideelle Geschichte, das Überzeitliche, Übergeschichtliche, Allgemein-Menschliche ging es in diesem "poetischen Kampf mit dem historischen Stoff"[61], der so lange geführt werden muß, bis das "Historische überwunden"[62] und das Poetische, die tragische Idee, die künstlerische Wahrheit selber an den Tag kommt. Die kritische Frage nach der historischen Zuverläßigkeit wird als unzuläßige Einmischung der Geschichtswissenschaft in die autonomen Bereiche der Kunst zurückgewiesen. Die einzige Konzession: Diejenigen historischen Stoffe erweisen sich für den dramtischen Dichter am geeignetsten, die schon von der Geschichte her eine Disposition für die tragische Idee mitbringen. So ist Schiller immer auf der Suche nach einer "mittleren Gattung von Stoffen": "Überhaupt glaube ich, daß man wohl tun würde, immer nur die allgemeine Situation, die Zeit und die Personen aus der Geschichte zu nehmen und alles übrige poetisch frei zu erfinden, wodurch eine mittlere Gattung von Stoffen entstünde, welche die Vorteile des historischen Dramas mit dem erdichteten vereinigte."[63]

Auch *Lessing* hatte in seiner "Hamburgischen Dramaturgie 1767 zum Verhältnis Historie – Fiktion programmatisch formuliert: "Nun hat es Aristoteles längst entschieden, wie weit sich der tragische Dichter um die historische Wahrheit zu bekümmern habe; nicht weiter, als sie einer wohleingerichteten Fabel ähnlich ist, mit der er seine Absichten verbinden kann. Er braucht eine Geschichte nicht darum, weil sie geschehen ist, sondern darum, weil sie so geschehen ist, daß er sie schwerlich zu seinem gegenwärtigen Zwecke besser erdichten könnte. Findet er diese Schicklichkeit von ohngefähr an einem wahren Falle, so ist ihm der wahre Fall willkommen; aber die Geschichtbücher erst lange darum nachzuschlagen, lohnt der Mühe nicht. Und wie viele wissen denn, was geschehen ist? Wenn wir die Möglichkeit, daß etwas geschehen kann, nur daher abnehmen wollen, weil es geschehen ist: was hindert uns, eine gänzlich erdichtete Fabel für eine wirklich geschehene Historie zu halten, von der wir nie etwas gehört haben? Was ist das erste, was uns eine Historie glaubwürdig macht? Ist es nicht die innere Wahrscheinlichkeit? Und ist es nicht einerlei, ob diese Wahrscheinlichkeit von gar keinen Zeugnissen und Überlieferungen bestätiget wird, oder von solchen, die zu unserer Wissenschaft noch nie gelangt sind? (. . .) Die Absicht der Tragödie ist weit philosophischer, als die Absicht der Geschichte."[64]

Und 1843 schrieb Fr. *Hebbel* in seiner berühmten Schrift "Mein Wort über das Drama": "Die Geschichte ist für den Dichter ein Vehikel zur Verkörperung seiner

Anschauungen und Ideen, nicht aber ist umgekehrt der Dichter der Auferstehungsengel der Geschichte."[65] Dichtung ist also frei gegenüber der Geschichte. Geschichte ist Material zur anschaulichen Darstellung der übergeschichtlichen Idee.
132 Jahre später, 1975: In einem Nachwort zu seinem Stück "Sauspiel" formuliert *Martin Walser* in einer Erklärung zur "Entstehung des Stückes" und zum "Verhältnis zur Geschichte" fast wörtlich gegen Hebbel: "Die Stimmung der Jahre *nach* dem Bauernkrieg habe ich nach den Quellen zu treffen gesucht, die Stimmung also nach einer niedergeschlagenen Revolution. Ich habe die einzelnen Figuren nach historischen Vorlagen entwickelt." Freilich: Eine gewisse Freiheit in der Gestaltung des Stoffes unter einem bestimmten "philosophischen" oder politischen Interesse gestattet sich auch dieser moderne Autor, darin durchaus auf der Linie der Tradition: "In Details waren da Montagen, Zusammenlegungen usw. nötig." Doch ein *stärkeres Geschichtsbewußtsein* hat sich durchgesetzt: "Aber soweit es sich um historische Figuren handelt, habe ich doch versucht, den Umriß des Originals nicht zu verletzen. Wenn das doch geschehen sein sollte, dann, weil die aktuelle Problematik den Ausschlag gab. Aber ich hätte dieses Jahr 1526 und die Nürnberger Ereignisse von damals nicht benutzt, wenn sie mir nicht als solche interessant und lehrreich vorgekommen wären. Ich wollte sie nicht bloß als Vehikel benutzen, sondern auch als solche darstellen."[66] Eine Wende also um 180 Grad in der Einstellung der Literatur zur Geschichte! Was ist geschehen?
Die moderne, zeitgenössische Literatur ist kritisch gegenüber der Geschichte geworden. Das historische Bewußtsein des 20. Jahrhunderts steht allen Versuchen, Geschichte – wie in der Tradition von Goethe, Schiller, Hebbel – zum Vehikel des Überzeitlichen, Allgemein-Menschlichen zu machen, ablehnend gegenüber. Übergeschichtliche Geschichtskonstruktionen geraten unter Ideologieverdacht, weil sie der Geschichte, der Wirklichkeit ihre "Idee" aufzwingen wollen. Die *Wahrheitsfrage* selbst aber fordert vom Schriftsteller heute die schonungslose kritische Rezeption von geschichtlicher Wirklichkeit ohne alle idealistische Beschönigung, ohne geistesgeschichtliches Apriori: kritisch, vom Standpunkt der Gegenwart aus.
Historische Vorbilder drängen sich auf. *Georg Büchner* schrieb am 28. Juli 1835 an seine Familie anläßlich der Publikation seines "Danton", und der Gegensatz zum idealistischen Geschichtsbewußtsein ist überdeutlich: "Der dramatische Dichter ist in meinen Augen nichts als ein Geschichtschreiber, steht aber *über* letzterem dadurch, daß er uns die Geschichte zum zweiten Mal erschafft und uns gleich unmittelbar, statt eine trockene Erzählung zu geben, in das Leben einer Zeit hinein versetzt, uns statt Charakteristiken Charaktere und statt Beschreibungen Gestalten gibt. Seine höchste Aufgabe ist, der Geschichte, wie sie sich wirklich begeben, so nahe als möglich zu kommen. Sein Buch darf weder sittlicher noch unsittlicher sein als die Geschichte selbst; aber die Geschichte ist vom lieben Herrgott nicht zu einer Lektüre für junge Frauenzimmer geschaffen worden, und da ist es mir auch nicht übel zu nehmen, wenn mein Drama ebensowenig dazu geeignet

ist. Ich kann doch aus einem Danton und den Banditen der Revolution nicht Tugendhelden machen! (...) Der Dichter ist kein Lehrer der Moral, er erfindet und schafft Gestalten, er macht vergangene Zeiten wieder aufleben, und die Leute mögen dann daraus lernen, so gut wie aus dem Studium der Geschichte und der Beobachtung dessen, was im menschlichen Leben um sie herum vorgeht."

Um schonungslose Wahrheit, nicht um idealistische Beschönigung also ging es Büchner. Der Dichter hat die Wirklichkeit zu zeigen, wie sie ist, ohne sich durch bloße Faktizität versklaven zu lassen. Seine Geschichtsbetrachtung enthält ein kritisches, ein politisches Moment: "Wenn man mir übrigens noch sagen wollte, der Dichter müsse die Welt nicht zeigen wie sie ist, sondern wie sie sein solle, so antworte ich, daß ich es nicht besser machen will als der liebe Gott, der die Welt gewiß gemacht hat, wie sie sein soll. Was noch die sogenannten Idealdichter anbetrifft, so finde ich, daß sie fast nichts als Marionetten mit himmelblauen Nasen und affektiertem Pathos, aber nicht Menschen von Fleisch und Blut gegeben haben, deren Leid und Freude mich mitempfinden macht und deren Tun und Handeln mir Abscheu oder Bewunderung einflößt. Mit einem Wort, ich halte viel auf Goethe oder Shakespeare, aber sehr wenig auf Schiller."[67] Und auch *Heinrich Heine* ging es in der kritischen Rezeption der Geschichte um die politische Dimension. In seinem kleinen, aber programmatischen Aufsatz "Verschiedenartige Geschichtsauffassung" heißt es: "In Deutschland sind die Weltweisen der historischen Schule und die Poeten aus der Wolfgang Goetheschen Kunstperiode ganz eigentlich dieser Absicht zugetan, und letztere pflegen damit einen sentimentalen Indifferentismus gegen alle politischen Angelegenheiten des Vaterlandes allersüßlichst zu beschönigen."[68]

Hier ist der *Ansatzpunkt,* von dem moderne Literatur in ihrem Verhältnis zur Geschichte heute ausgeht: historisches Bewußtsein gegen übergeschichtliche Geschichtskonstruktionen, kritische, gegenwartsbezogene Rezeption von Geschichte gegen historisierenden Geschichtspositivismus, politisches Engagement gegen unpolitischen Indifferentismus, Veränderbarkeit der Wirklichkeit gegen ungeschichtlichen Fatalismus. Geschichte also kritisch rezipiert aus dem Blickwinkel gegenwärtiger Problematik, verdichtet oft zu "historischer Parabolik". Nicht das Überzeitliche wird gesucht, sondern das gegenwärtig Nötige. Schon vor 1945: Brechts "Leben des Galilei", Heinrich Manns Roman der Jugend und der Vollendung des französischen Königs Henri Quatre, vor allem auch Thomas Manns Goethe-Roman waren keine historischen Stücke im klassischen Sinn, sondern Werke einer "historisch travestierten Parabolik und Zeitgemäßheit."[69]

Nach 1945, nach Kafka und Hemingway, Joyce und Musil gibt es in der deutschen Literatur nicht mehr den Erzähler als "raunenden Beschwörer des Imperfekts" (Th. Mann). Und Walter Jens schrieb: "Der aristotelische Satz, daß die Literatur, mit der Geschichtsschreibung verglichen, philosophischer und bedeutender sei, weil sie, vom Allgemeinen redend, das Mögliche zur Darstellung bringe, während die Historiographie, beschränkt auf das Besondere, sich lediglich ans Wirkliche halte: auf die Beschreibung des 'so und nicht anders' bedacht und nicht auf die Interpretation des 'vielleicht und womöglich' . . . dieses Diktum gilt auch heute noch."[70]

Geschichte, das heißt jetzt Spiegelung der Gegenwart in historischem Gewand ohne alle Vergewaltigung, heißt kritisches Demonstrationsobjekt, verfügbar als Folie, als Tiefenstruktur gegenwärtiger Wirklichkeit. Geschichtsrezeption, das meint Durchschauen von Gesetzmäßigkeiten und Strukturen und damit die Veränderbarkeit von Wirklichkeit. Das heißt, kritisches Instrumentarium zur Aufdeckung von Herrschaftsstrukturen und Machtinteressen in der Gegenwart: *Hochhuths* Stück vom 'Stellvertreter", diesem in doppeltem Sinne "christlichen Trauerspiel"[71] ließ eine ganze "Heilsinstitution" erschüttern, weil er ihre Geschichte anders darstellte als offiziell genehm; *Dieter Forte* erregte einen Skandal, weil er es wagte, Luther und Thomas Münzer historisch kritisch gegeneinander zu stellen[72]; *Martin Walser* brachte ein "Sauspiel" in historischem Gewand vom Zusammenspiel von Kunst, Theologie, Politik und Ökonomie aus dem Nürnberg der Reformationszeit (1526/27) auf die Bühne, das in seiner Darstellung der Dürer, Sachs, Pirkheimer, Paracelsus, Melanchton mehr enthält als nur kulturhistorische Reminiszenzen[73]; Stücke um die *Bauernkriege* haben auf deutschen Bühnen gegenwärtig Hochkonjunktur, weil sie nicht länger bereit sind, "in aufständischen Bauern nichts anderes als meuternde Rotten" zu sehen, "die von der Obrigkeit schnell gezähmt und in die Schranken verwiesen wurden", wie der frühere Bundespräsident Gustav Heinemann formulierte[74]; *Walter Jens* brachte historische Lehrstücke heraus, indem er die Geschichte kritisch "gegen den Strich" schrieb: er löst die historisch zufällige Kausalität wieder auf und setzt die Fakten neu zusammen. Das "Vielleicht" und "Womöglich" neuer geschichtlicher Konstellationen und Konsequenzen wird durchgespielt. Sein Stück "Der tödliche Schlag" ist um die Figur des Troja-Helden Odysseus ein politisches Lehrstück von Macht und Machtverzicht, List und Intrige, Gewalt und Vernichtung, Moralität und Skrupulosigkeit, das kritisch-prognostische Kraft hat auch für die politisch-gesellschaftliche Analyse unserer Gegenwart und Zukunft; sein "Fall Judas" holt die verschüttete Geschichte des Anti-Helden Judas hervor und wendet sie gegen eine Theologie, die bei der Konstruktion ihrer "Heilsgeschichte" die Opfer der Unheilsgeschichte unterschlägt oder als "Sündenböcke" mit einkalkuliert.[75]

Eine *differenzierte Einstellung zur Geschichte* in der modernen deutschen Literatur läßt sich erkennen: man geht aus von einer geschichtlichen Vorlage, einer geschichtlichen Problemvorgabe. Dann aber einerseits die *freie Verfügung* über das geschichtliche Material, über Stoffe und Figuren (etwa bei Walter Jens[76]), der Absprung in das Reich fiktiver Möglichkeiten, die reine poetische Neuschöpfung mit Hilfe dichterischer Einbildungskraft, die Verdichtung des Materials zu literarischen Gleichnissen, Gegen-Entwürfen, Gegen-Modellen. Andererseits das Bemühen um *historische Treue* mit geringen Retouschen, feinen Stilisierungen (etwa in Walsers "Sauspiel") oder die *szenische Dokumentation* (wie in Stücken

von Peter Weiss "Die Ermittlung" oder Heinar Kipphardt "In der Sache J. Robert Oppenheimer"), wo keine Texte mehr "erfunden" werden, vorliegendes Textmaterial vielmehr mit Hilfe der Collagentechnik zusammengeschnitten wird.[77]
Durchgängiger Zug dieser Geschichtsrezeptionen: "Wenn ich geschichtliche Themen aufgreife, dann interessiert mich vor allem daran die Bezogenheit zur Gegenwart", schrieb Peter Weiss, exemplarisch für viele zeitgenössische Literaten. Das heißt konkret: keine Geschichtsmetaphysik mehr in dieser Literatur, vielmehr Aufzeigen von Möglichkeiten menschlichen Handelns und Verhaltens in Gegen-Modellen, Alternativ-Entwürfen, ermöglicht durch den Vergleich von Einst und Jetzt, durch ein Wechselspiel von Wirklichem und Möglichem. In der *Prosa* ist eine stärkere Problematisierung des Erzählens aus dem Bewußtsein der Nichtidentität von Historie und Fiktion erkennbar. Die Grenze des Erzählbaren wird mitreflektiert. Ein Leser ist gefordert, der selbständig urteilt, aktiv mitliest, ergänzend mitreflektiert ("Leserentwurf"). Der Dichter gibt Rechenschaft über den Prozeß literarischer Aneignung geschichtlicher Wirklichkeit ("Leseradressen"), kommentiert, stellt Bezüge und Vergleiche her. Im Bereich des *Dramas* verschwindet das historische Drama fast ganz. In der Brecht-Nachfolge (freilich auch in kritischer Abgrenzung gegen Brecht) setzt sich die Überzeugung durch, daß nur das *Modell in Parabelform* die Möglichkeit habe, die Wirklichkeit und ihre Veränderungen adäquat literarisch abzubilden (Dürrenmatt, Frisch, Walser, Weiss). Literatur bekommt so den Charakter eines Entwurfs: ein Entwurf, der zur Diskussion steht, ein Modell möglicher Wirklichkeit, das verändert werden kann, ein Experiment, an dem weitergearbeitet werden soll.
Arbeitstechnische Nachbemerkungen zu den Stücken – dies ein gutes Indiz dafür – werden zu konstitutiven Bestandteilen der Stücke selbst: der Dichter als Handwerker, Entwerfer, Modellierer, Experimentator. *Peter Weiss* veröffentlicht in seiner "Nachbemerkung" zu seinem Oratorium "Die Ermittlung" seine Quellen, aus denen er das Material bezog: zur "Ergänzung und Überprüfung" und sein "Hölderlin" ist zum Schluß mit einem Verzeichnis bibliographischen Materials versehen.[78]
Rolf Hochhuth gibt seinem "Stellvertreter" einen geschichtlichen Essay "Historische Streiflichter" bei, in dem er seinem Publikum Rechenschaft über Quellenlage und künstlerisches Verfahren gibt: "Die Wirklichkeit blieb stets respektiert, sie wurde aber entschlackt."[79] *Peter Härtling* verzichtet in seinem Hölderlin-Roman auf jede fiktive Vortäuschung von Objektivität: "Ich schreibe keine Biographie. Ich schreibe vielleicht eine Annäherung." So beginnt der Roman und er endet: "So kann es gewesen sein; hier kann es enden."[80] Trotz aller inhaltlichen Kritik an diesem Annäherungsversuch (H. Mayer: "Peter Härtling hat nicht die Geschichte eines Menschen erzählt, der das Werk Friedrich Hölderlins zu hinterlassen vermochte"[81]), vom erzähltechnischen Instrumentarium der Aneignung historischer Wirklichkeit her sind die Mittel legitim: Präsenz eines distanzierten, reflektierenden Erzähler-Ich; Oszillation von Chronistenhaltung und Erfindung; Charakter des

Entwurfs, des Experiments; utopischer Zug nach vorn: was in Hölderlins Leben noch uneingelöst blieb, ist eine Zukunft, die auch wir noch zu gewinnen haben. Peter Weiss formulierte es exemplarisch für viele so: "Wir haben die Gestalt des Hölderlin so angelegt / daß er sich drinn befindet und bewegt / als spiegle er nicht nur vergangne Tage/sondern als ob die gleichen Aufgaben er vor sich habe / wie sie sich manchen von den Heutigen stellen / welche nach Lösungen suchend drann zerschellen."[82]

Was also leistet die Fiktion im Vergleich zur Historie? *H. V. Geppert* hat dies in seiner Untersuchung des "anderen" historischen Romans (des Romans bei Fontane, Döblin, Heinrich Mann, Brecht, nicht des "üblichen" historischen Romans in der Nachfolge Walter Scotts) exemplarisch herausgearbeitet: "Gegenüber einer scheinbaren Sicherheit der Fakten, welche das historisch Rekonstruierte einfach als Geschehen ausgibt, betont er (der "andere" historische Roman) die Wirklichkeit des Möglichen als die Möglichkeit eines anderen, als des bekannten Wirklichen; gegenüber der Haltlosigkeit formaler Verstehensoperationen mit erfundenen Dingen verweist er auf die Verbindlichkeit einer zu suchenden historischen Faktizität. Wo Geschichten in disparate Einzelteile zu zerfallen drohen, kann der Roman die legitimen Konstitutionsmöglichkeiten historischer Zusammenhänge hervorkehren, auch wenn dies nur in der Form seiner eigenen Erzählbarkeit geschieht. Gegen die Verfestigung einer einzigen Geschichtskontinuität setzt er die Evidenz von deren erzählter Konstitution und umerzählend die diskontinuierliche Pluralität von Geschichten. So begründet er zugleich den Anspruch auf eine umfassendere Wirklichkeit historischer Kontinuitäten. Wo Geschichte in Sinnlosigkeit zu zerfallen und resignierend alle kommunikativ-aufklärerischen Bezüge zu verlieren droht, kann der Roman auf die Berechtigung und Notwendigkeit neuer Interessen und so auf Konstitutionsmöglichkeiten von 'Geschichte in Frageform' führen, in der dann tendenziell auch neue, legitime Handlungsorientierungen enthalten sind."[83]

3. Historie und Fiktion in moderner christlicher Literatur

Was hier zum Problem der Geschichte in der zeitgenössischen deutschen Literatur zu sagen war, gilt analog auch für die literarische Rezeption der geschichtlichen Figur Jesu von Nazarets. Auch hier ist nicht die historische Authentizität, sondern die literarische Qualität entscheidend. Dennoch sind hier zunächst zwei verschiedene Interessenlagen zu unterscheiden, die des Literaten und die des gläubigen Menschen: "Die Frage der historischen Authentizität ist *für Literaturwissenschaftler* relativ unwichtig. Er glaubt ja auch nicht für sein Leben und Sterben 'an' Heinrich den V. oder gar Heinrich VIII., an Julius Cäsar oder Wilhelm Tell; er will ihnen nicht 'nachfolgen'. Ob also Wilhelm Tell in Wirklichkeit (Schiller) oder nur als Wanderlegende (Frisch) existiert, ob Cäsars Ermordung von seinen Mördern gegen seinen Willen bewerkstelligt (Shakespeare) oder von Cäsar selber zum gloriosen Abgang provoziert und inszeniert wurde (Jens), ob die heilige Johanna nach Schil-

ler, Shaw oder Brecht zu verstehen ist, das kann dem Literaturwissenschaftler, dem es wesentlich um den Text und seine literarische Qualität und nur sekundär um die Sache des Textes geht, letztlich gleichgültig sein. (. . .) Aber *für den glaubenden Menschen* sieht das anders aus: Für den Menschen, der an Jesus glaubt und ihn zum konkreten Maßstab seines Verhaltens macht, ist es nicht gleichgültig, ob dieser Jesus eine geschichtliche Gestalt, eine Wanderlegende oder ein Mythos ist. Ob er als Hierarch, Ordensmann oder Sozialrevolutionär gewirkt hat. Ob sein Tod zu Recht erfolgte oder nicht. Vielleicht ist ihm auch nicht gleichgültig, ob Jesus wirklich von einer Jungfrau geboren wurde, ob er Wunder gegen die Naturgesetze getan, Taufe und Abendmahl eingesetzt, das Papsttum begründet hat und buchstäblich in den Himmel aufgefahren ist. Der glaubende Mensch – und auch der Literaturwissenschaftler, sofern er glaubt – ist primär nicht am Text und seiner literarischen Qualität, sondern an der Sache selbst, an der literarisch dargestellten Person, ihrem Schicksal und ihren Konsequenzen für ihn selbst und die Gesellschaft interessiert. Er möchte wissen, ob und inwiefern sein Glaube in einer Illusion oder in der geschichtlichen Wirklichkeit gründet. Wo immer ein Glaube auf einer Illusion beruht, da geht es nicht um Glaube, sondern um Aberglaube."[84]
Aus dieser für die literarische Gestaltung der Jesusfigur spezifischen Interessenlage ergibt sich die Problematik einer modernen christlichen Literatur. Moderne christliche Literatur, will sie ernsthafte *christliche* Literatur sein, muß ein Interesse haben, beide Pole, die qualitative literarische Gestaltung und den eindeutigen Rückbezug auf die historische Figur Jesu von Nazarets, zusammenzubringen. Wir haben hier also nach der *Qualität moderner christlicher Literatur* zu fragen. Diese Frage darf nicht ausgeklammert werden, wenn auch unsere Definition christlicher Literatur die Frage theologischer und literarischer Qualität zunächst außer Betracht lassen muß. Selbstverständlich kann auch solche Literatur christliche Literatur sein, deren theologisches Niveau niedrig und deren literarische Ansprüche gering sind. Der eindeutige Rückbezug eines literarischen Textes (selbst in Briefform oder Tagebuchform) qualifiziert einen Text als christliche Literatur, wenn er von Jesus von Nazaret entscheidend bestimmt ist.
Dennoch ist nicht jeder Text christlicher Literatur gleich gute oder gleich schlechte Literatur. Weder literarisch noch theologisch kann mit der Jesusfigur beliebig verfahren werden. Konkret: Eine Literatur, die – wie die traditionellen Jesusromane – die Jesusfigur zu direkt, zu massiv realistisch, zu wenig hermeneutisch reflektiert, darzustellen versucht, ist christliche Literatur, aber eben keine gute christliche Literatur. Sie wird in der Regel zu einem "'narrativen' Biblizismus".[85] Umgekehrt: Auch solche Literatur, die die Jesusfigur zu einer beliebig austauschbaren Größe verflüchtigt, wo der Rückbezug, der Verweis nicht eindeutig hergestellt ist, wird keine gute christliche Literatur sein, wenn sie ihre eindeutige Bestimmtheit als christliche Literatur nicht überhaupt verliert.

Noch einmal, um *Mißverständnisse* zu vermeiden: Diese hier skizzierten und im folgenden materialen Teil zu konkretisierenden Qualitätskriterien christlicher

Literatur sind "objektiver" theologischer und literarischer Natur. Sie sagen nichts über die existentielle Funktion christlicher Texte, sie wollen nicht moralisch werten. So kann ein schlichter Brief, theologisch wie literarisch ohne Ambitionen, aber entscheidend von Jesus Christus Zeugnis gebend, manchmal (im existentiellen, moralischen Sinn) "bessere" christliche Literatur sein als das theologisch reflektierteste und literarisch-sprachlich raffinierteste Gedicht über Jesus von Nazaret. In eindrucksvoller, manchmal ergreifender Weise dokumentiert dies eine von Helmut Gollwitzer herausgegebene Briefsammlung, die Abschiedsbriefe und Aufzeichnungen aus national-sozialistischen Gefängnissen und Lagern von Menschen verschiedenster politischer und religiöser Provenienz enthält.[86] Dennoch wird keiner ernsthaft behaupten wollen, solche Briefe seien anspruchsvolle christliche Literatur, welche Bedeutung sie auch für die Betroffenen damals wie heute haben mögen.

Für den Christen bedeutet diese Einsicht eine Befreiung: Jesus Christus kann in *jedem* Text bezeugt werden, unabhängig von seinem literarischen oder theologischen Niveau. *Jeder* Text, das einfache Gebet, das schlichte Lied, das kleine Gedicht, kann für einen Menschen eine entscheidende Bedeutung haben. So gesehen hängt die Qualität des Christlichen eines literarischen Textes nicht vom theologischen oder literarisch-sprachlichen Niveau allein ab. Umgekehrt aber gilt auch das folgende: Ein *literarischer* Text über Jesus Christus kann für den Literaten zum Verrat an der christlichen Sache werden, wenn er nicht ein Höchstmaß an theologischer und sprachlicher Anstrengung aufbringt, um diese Figur adäquat darzustellen.

Der These Heinrich Bölls ist hier zuzustimmen, der einmal gefragt hatte: Wird der Künstler, wenn er die Kunst verrät, wenn er weniger zurückgibt, als ihm gegeben ist, nicht Gott verraten?[87] Heinrich Böll wollte mit dieser Frage den Teufelskreis aufzeigen, in den traditionelle christliche Literatur weitgehend eingefangen war: je "christlicher" der Inhalt, desto schwächer die literarische Form, je besser die literarische Form, desto schwächer der christliche Inhalt. Unter Berücksichtigung der Tatsache aber, daß die Qualität des Christlichen eines literarischen Textes nicht allein vom theologischen oder literarischen Niveau abhängt, ist es dennoch legitim, nach Qualitätskriterien christlicher Literatur zu fragen. Und hier läßt sich nicht bestreiten, dass die Qualität des Christlichen eines literarischen Textes, größer werden kann, je höher die Qualität des Literarischen ist. Theologie und Ästhetik gehören in einem solchen Verständnis christlicher Literatur zusammen.

Moderne christliche Literatur muß, will sie qualitativ ernstgenommen werden, *beide Qualitätskriterien* erfüllen, die in dieser Verknüpfung angedeutet sind: theologische und literarische. Für die Theologie ist hier Literaturkritik ebenso unverzichtbar wie Theologiekritik für die Literatur. Beide Kriterien müssen gleichsam einen Wettstreit führen um die bessere, tiefere, vollkommenere literarische Jesusdarstellung. Nur die besten literarischen Texte sind gut genug darzustellen, was Jesus von Nazaret für Mensch und Welt bedeutet.

Damit ist unser Kriterium angegeben, mit dem wir die traditionelle Jesusliteratur der Kritik unterzogen und mit dem es weiter zu arbeiten gilt. Wie fruchtbar hier beide Kriterien angewandt werden konnten, ließ sich am Fall der Jesusroman-Literatur demonstrieren. Schon die bloße Literaranalyse zeigte, wie groß die Schwächen dieser Literatur waren und wie sehr auch die Qualität des Christlichen durch die schwache literarische Form an Substanz einbüßte. Dies macht deutlich, wie sehr die Qualität des Christlichen auch von der literarischen Form abhängt. Qualitativ schwache christliche Literatur steht in Gefahr, das Christliche eher zu verdunkeln als aufzuhellen. Das Christliche christlicher Literatur ist also keineswegs nur eine Sache des theologischen Inhalts, sondern ganz entscheidend auch der literarischen Form.

Die Problematik einer modernen christlichen Literatur besteht heute hinsichtlich der literarischen Rezeption der Jesusfigur im *Ausgleich von historischer Genauigkeit und ästhetisch künstlerischer Gleichnishaftigkeit.* Dieser Ausgleich kann in vielfältigen Versuchen und Modellen literarisch versucht werden. Die christliche Literatur steht dabei im gleichen Verstehensrahmen von Historie und Fiktion wie moderne Literatur überhaupt, da sie ja als "christliche" Literatur auf einen historischen "Gegenstand", eine historische Gestalt immer schon rückbezogen ist. Christliche Literatur steht heute somit vor den gleichen hermeneutischen, fiktionstheoretischen Problemen bei der literarischen Aneignung historischer Wirklichkeit wie moderne Literatur schlechthin und ist den gleichen Qualitätskriterien verpflichtet. Von daher ist klar, daß die Wirklichkeit Jesu Christi nicht mit den üblichen Mitteln des "üblichen" historischen Romans, des üblichen Jesusromans, adäquat beschrieben werden kann. Scheitert die adäquate literarische Aneignung historischer Wirklichkeit schon bei "gewöhnlichen" Figuren der Weltgeschichte, so bei einer Figur, die ganz Mensch war, zugleich aber in ihrer Person das Menschliche transzendierte, erst recht. Man vergleiche etwa Walter von Molos "Fridericus Rex" (historischer Roman über Friedrich den Großen) mit seiner "Legende vom Herrn", um zu sehen, wo hier der historische Roman an seine Grenzen kommt und – angewandt auf die Figur Jesu Christi – unerträgliche Ergebnisse zeitigt. Braucht es für die adäquate literarische Aneignung historischer Wirklichkeit bei "gewöhnlichen" Figuren der Weltgeschichte schon die Mittel des "anderen" historischen Romans, dann für die Darstellung einer Figur, die als Mensch nach den ursprünglichen Zeugnissen für Gott steht, erst recht. Ist doch mit dieser Figur eine gegenüber anderen Figuren der Weltgeschichte qualitativ andere Dimension erschlossen, die auch literarästhetisch nicht einfach nivelliert werden kann. Daß bei dieser Figur Gott und Mensch zugleich auf dem Spiele stehen, bedarf auch literarisch adäquater Ausdrucksformen. Doch der "andere" Jesusroman auf dem Niveau von Heinrich Manns "Jugend und Vollendung des Königs Henri Quatre" etwa ist noch ungeschrieben . . .

III. Die traditionelle christliche Literatur

Traditionelle Lyrik und der konventionelle Jesusroman waren nach 1945 zwei Formen literarischer Annäherung an die Jesusfigur. Beide standen in Kontinuität mit einer traditionellen christlichen Literatur, die nach 1945 rasch an ihr Ende kam, für beide war – im Vergleich – ungleichzeitiges Bewußtsein, theologisch wie literarisch, kennzeichnend. Noch eine dritte Form literarischer Annäherung liegt in der Zeit nach 1945 im Bereich deutscher Literatur vor, repräsentiert durch den Roman von Elisabeth Langgässer aus dem Jahr 1946 "Das unauslöschliche Siegel". Auch dieser Roman gehört in den Bereich traditioneller christlicher Literatur, aus dem der Jesusroman nur ein Ausschnitt war.
Auch für Elisabeth Langgässer gilt, was schon für Jan Dobraczyński galt: mit ihrem Roman ist noch einmal ein Höhepunkt, zugleich aber auch das Ende eines literarischen Genre erreicht, das zeitlich ungefähr mit den Daten 1910–12 (Erscheinen von Ch. Péguys "Mysterienspielen") und 1957/58 (Erscheinen von Reinhold Schneiders "Winter in Wien") eingeordnet ist und in Deutschland, Frankreich und England vor allem Autoren wie Gertrud von Le Fort (1923 "Hymnen an die Kirche"), Georges Bernanos (1926 "Sonne des Satans", 1936 "Tagebuch eines Landpfarrers"), Paul Claudel (1930 "Der seidene Schuh"), Thomas Stearns Eliot (1930 "Aschermittwoch"), Bruce Marshall (1931 "Das Wunder des Malachias"), Graham Greene (1940 "Die Kraft und die Herrlichkeit") und Stephan Andres (1943 "Wir sind Utopia") umfaßt, um hier nur einige der Hauptvertreter zu nennen.

1. Literarisch-gesellschaftlicher Horizont

Literartechnisch gesehen arbeitet die traditionelle christliche Literatur in der Darstellung der Jesusfigur mit der *indirekten Methode* der Annäherung, mit der Technik literarischer Verschlüsselung. Autoren dieser Literatur haben schon in einer Zeit, in der Jesusromane noch en vogue waren, Konsequenzen aus der Tatsache gezogen, daß die Wirklichkeit Jesu Christi sich jedem direkten literarischen Zugriff entzieht und nur indirekt dargestellt werden kann. Es darf also nach unserer Kritik des konventionellen Jesusromans nicht der Eindruck entstehen, nur die moderne Literatur nach 1945 kenne diese Technik literarischer Verschlüsselung, nur hier fänden sich indirekte Darstellungen der Jesusfigur. Keineswegs! Nicht nur die direkte, gerade auch die indirekte Jesusdarstellung steht in einer großen literarischen Tradition. Von Dostojewskis "Idiot" (1868/69) und den beiden frühesten englischsprachigen Versuchen "The True History of Joshua Davidson" (1872 anonym) und "A Singular Life" (1897 von Elizabeth Stuart Phelps) angefangen über Hans von Kahlenbergs sozialkritischen Roman "Der Fremde. Ein Gleichnis" (1901) und Gerhard Hauptmanns "Der Narr in Christo Emanuel Quint" (1905) bis hin zu

Ignazio Silones "Pane e vino" (1936) und William Faulkners "A Fable" (1954) liegen längst vor und unmittelbar nach 1945 beispielhafte fiktionale Transfigurationen der Jesusfigur vor, um hier nur einige Beispiele herauszugreifen.

Es darf weiterhin nicht der Eindruck entstehen, das literarästhetisch-theologische Problem der Jesusdarstellung sei im Bereich christlicher Literatur nicht reflektiert worden. Im Gegenteil: Gerade die klassischen Beispiele traditioneller christlicher Literatur kennen Formen indirekter Darstellung, die starke literarische Verschlüsselung. Ja, es ist geradezu auffällig, daß die Hauptautoren traditioneller christlicher Literatur in Frankreich, England und Deutschland den Jesusstoff gerade nicht literarisch aufgegriffen haben, sieht man von François Mauriacs "Vie de Jésus" (1936) einmal ab.

Es ist weiterhin auffällig, wie früh schon darstellungstechnische Probleme bei der literarischen Rezeption der Jesusfigur eine Rolle gespielt haben. Wie gerade Dichter, bei denen Ansätze zu einer direkten Darstellung sich finden, letztlich doch zur indirekten Darstellung übergegangen sind. Vom *frühen Goethe* wissen wir, daß er religiöse Figuren wie Ganymed oder Mahomet in Hymnen darstellen konnte, für die Christusfigur fehlt eine entsprechende Parallele. Stattdessen die indirekte Darstellung: Spiegelung der Christusfigur im "Brief des Pastors zu ... an den neuen Pastor zu ..." (1772). Das Epos "Vom Ewigen Juden und vom wiederkehrenden Christus" (1774), das – die Legenden vom jüdischen Schuster Ahasver und vom wiederkehrenden Christus verbindend – die Jesusfigur direkt in ihrer und in unserer Zeit kritisch gegen Kirche, Kult, Dogma und Moral lebendig machen wollte, blieb unvollendet.[1] Stattdessen indirekte Annäherung: Verschlüsselung der Christusfigur im Werther-Roman im gleichen Jahr 1774 durch zahlreiche Anspielungen, Hinweise, Parallelisierungen.[2]

Dostojewski, der "ein Buch über Jesus Christus"[3] schreiben wollte, wählte die indirekte Form: sein Fürst Myschkin in "Der Idiot" ist eine verschlüsselte Jesusfigur. (Was freilich Dostojewski nicht daran gehindert hat, in seinen "Gebrüdern Karamasow" (1879/80) im großartigen Kapitel "Der Großinquisitor" Jesus direkt auftreten zu lassen.)

Nicht anders *Gerhard Hauptmann:* Obwohl er schon Mitte der 80er Jahre – nach gründlichen neutestamentlichen Studien, vor allem der Werke von Strauss und Renan – ein historisches Jesus-Drama in Umrissen skizziert hatte, obwohl 1893 in "Hanneles Himmelfahrt" eine Christusfigur noch direkt auftrat, entschied er sich in der Folge für die indirekte Darstellung. "Der Apostel" (1905) und vor allem "Der Narr in Christo Emanuel Quint" (1910) sind das Ergebnis.

Doch nicht allein die Jesusfigur wird in traditioneller christlicher Literatur verschlüsselt dargestellt, sondern die Wirklichkeit der Nachkriegszeit überhaupt, wie etwa im "Unauslöschlichen Siegel". Elisabeth Langgässer in einem Vortrag 1949 zur Selbstdeutung: "Wo aber immer christliche Dichtung mit dem Anspruch einer gültigen Aussage ihres Weltbildes auftritt, tut sie es in der Gewißheit, zur Zeugenschaft für diese Welt aufgerufen zu sein. Ihre Aufgabe ist es, im Schnittpunkt des

Inter-esses zu stehen, in dem Schnittpunkt des Koordinatensystems, wo die eigentliche Entscheidung getroffen, wo der Kampf zwischen Gott und dem Widersacher in dem Herzen des Menschen, um den es geht, ausgetragen und wie von niederfahrenden Blitzen das verdeckte Schlachtfeld erhellt wird, das tiefer liegt als das Schlachtfeld der Gegenwartskatastrophen: tiefer als Stalingrad und Hiroshima, und auf das hingesehen beide nur verdunkelte Sinnbilder sind."[4]

Stalingrad und Hiroshima als Sinnbilder: Wie schon in der Lyrik, so hat auch im Roman der Elisabeth Langgässer christliche Literatur in der Nachkriegszeit ihre Sprache rasch wiedergefunden. Wo andere Schriftsteller nach der Katastrophe sprachlos waren und schwiegen, wie Hans-Werner Richter schrieb, oder verzweifelt schrieen, wie der Heimkehrer Beckmann in Wolfgang Borcherts "Draußen vor der Tür", wurde hier die Wirklichkeit sinnbildlich gedeutet mit Hilfe der Technik metaphorischer, magisch-mythischer Verschlüsselung. Doch diese christliche Literatur – vor allem in der Gestalt der Elisabeth Langgässer – paßte in eine geistige Grundströmung der Nachkriegszeit, die der Literaturwissenschaftler Erich Kahler 1945 so charakterisiert hatte: "Die Ereignisse der letzten Jahrzehnte haben unwiderruflich einen Notstand der menschlichen Psyche aufgedeckt, den das rationalistische Zeitalter nicht wahrhaben wollte: das Bedürfnis nach einem irrational unverrückbar geltenden Lebensgrunde ist im Menschen nicht zu tilgen."[5] Von daher versteht sich die Scheu dieser Literatur vor der direkten realistischen Formulierung des Menschen- oder Zeitbildes, der Versuch, das "Ganze" der Wirklichkeit zu deuten, indem man sich der Fixierung des "nackten Faktischen" entzog. "Nicht zufällig", schrieb Walter Jens im Rückblick auf diesen Abschnitt deutscher Literaturgeschichte "hatten die ersten Zeichen (deutscher Literatur nach 1945), Kasacks 'Stadt hinter dem Strom', Langgässers 'Unauslöschliches Siegel', Jüngers 'Heliopolis' und Andres' 'Utopia' etwas vom Spiegelglanz mythischer Fernen, der auch dem 'Faustus', dem 'Henri quatre', selbst dem realistisch-aktuelleren 'Lukullus' eignete. Man schöpfte Atem, besann sich auf Legende und Traum, suchte Chiffren zu entwerfen, deren Widerschein das Unausdeutbar-Gegenwärtige umgrenzte und weniger unheimlich machte."[6]

Von hierher also muß die "Erneuerung christlicher Dichtung"[7] nach 1945 gesehen werden: "Der Verweis aufs Irrationale äußerte sich als ständige Bewegung ins Metaphorische, die den schweren und zum Teil unbegriffenen Erfahrungen der Wirklichkeit am ehesten adäquat erschien. Die Berufung auf den Mythos, bei bürgerlichen Schriftstellern der dreißiger Jahre vorgeprägt, wurde besonders aktuell."[8] Verweis aufs Irrationale, Bewegung ins Metaphorische, Berufung auf den Mythos, das heißt im Fall der christlichen Literatur nicht nur Elisabeth Länggässers: Stalingrad und Hiroshima als Sinnbilder des Kampfes zwischen Gott und Satan deuten, Hitler als "Ur-Dämon des Bösen"[9] und den Krieg und die Katastrophe am Ende in metaphysischer Besinnung als Weltgericht. Eine zweifellos in sich stringente und überzeugend wirkende Konzeption christlicher Wirklichkeitsdeutung, die zu einem schönen Teil den Erfolg dieser Literatur in der Nachkriegszeit erklärt: "Die einheimisch-christliche Dichtung in Deutschland durfte sich wieder rühren – von Bergengruen und Gertrud von Le Fort bis zu Elisabeth Langgässer und Böll", schrieb der theologische Literaturkritiker Werner Ross zur Kennzeichnung der Nachkriegslage. „Die ausländische kam auf einer mächtigen Woge daher, als wären alle diese Werke gleichzeitig entstanden, und wirkte darum um so imponierender: der 'Seidene Schuh' und der 'Mord im Dom' wurden aufgeführt, der Schnapspriester und der Landpfarrer entrollten ihr metaphysisches Drama von Schuld und Gnade, und wo in dieser Zeit Literatur nicht geradezu christlich war, hatte sie doch einen religiösen, einen metaphysischen, einen existenziellen Anstrich, eine philosophische Problematik, die man als 'negative Theologie' deuten konnte."[10] Doch überzeugt diese christliche Literatur in der Darstellung der Wirklichkeit tatsächlich? Macht sie in der Wirklichkeit der Nachkriegsgesellschaft überzeugend deutlich, was Jesus Christus hier bedeutet? Wir müssen näher zusehen. Der Schnapspriester, Hauptfigur des Romans des Engländers Graham Greene "The Power and the Glory" von 1940 ("Die Kraft und die Herrlichkeit"), der Landpfarrer, Hauptfigur des Romans des Franzosen Georges Bernanos "Journal d'un Curé de Campagne" von 1935 ("Tagebuch eines Landpfarrers") und "Das unauslöschliche Siegel" der Elisabeth Langgässer mögen als Demonstrationsobjekte für eine kritische Analyse des theologischen und literarischen Selbstverständnisses dieser Literatur dienen. Diese repräsentative Auswahl fällt nicht schwer, sind doch alle drei Romane "klassische" Paradigmen ihres Genres. Besonders die Romane des Engländers und des Franzosen erreichten eine Popularität wie wenige Romane der Weltliteratur, nicht zuletzt dank (z. T. mehrmaliger) Verfilmungen und Dramatisierungen. Und auch Elisabeth Langgässers Roman war schon bei seinem Erscheinen ein literarisches Ereignis weit über den Bereich christlicher Literaturkritik hinaus und wurde von vielen damals in einem Atemzug genannt mit Büchern, die gleichzeitig "wesentlich" waren: Zuckmayers "Des Teufels General" und Kogons "Der SS-Staat" von 1946, Nossacks "Nekyia", Kassacks "Die Stadt hinter dem Strom" und Haeckers "Tag- und Nachtbücher" von 1947.[11]

2. Bernanos – Greene – Langgässer als Paradigmen

"Ich habe ein schönes, geliebtes Buch angefangen, das Ihnen wahrscheinlich gefallen wird. Ich habe beschlossen, das Tagebuch eines jungen Priesters zu schreiben, der eine Gemeinde übernimmt. Er macht sich das Leben sauer, reißt sich in Stücke, hat großartige Pläne, die natürlich scheitern werden, läßt sich mehr oder weniger von Dummköpfen, perversen Frauen und Lumpen zum besten halten, und wenn er alles verloren glaubt, war er gerade in dem Maß ein guter Diener Gottes, in dem er ein schlechter Diener zu sein wähnte. Seine Naivität überwindet alles, und er stirbt an einem ganz gewöhnlichen Krebs." schrieb *Georges Bernanos* über seinen "Landpfarrer" am 6. Januar 1935.[12]

Der *Inhalt* dieses Romans also ist rasch skizziert. Ort: die kleine flandrische Dorfgemeinde Ambricourt in der französischen Provinz. Die Situation in diesem Dorf, erzählt aus der Perspektive des jungen Pfarrers in Form seiner Tagebuchaufzeichnungen, ist gekennzeichnet durch Gewohnheit, Stumpfsinn, Leere, ja Verzweiflung: "Man wird vielleicht sagen, die Welt habe sich längst an die Stumpfsinnigkeit gewöhnt, die Stumpfsinnigkeit sei die wahre Lebensform des Menschen. Die Saat mag sich überall verbreitet haben und da und dort auf einem günstigen Boden aufgegangen sein. Ich frage mich aber, ob die Menschen diese ansteckende Krankheit, diesen Aussatz je erkannt haben: als eine Frühgeburt von Verzweiflung, eine scheußliche Form der Verzweiflung, Gärungserlebnis eines zersetzten Christentums."[13]

Stark stilisiert und typisiert die *Personen* dieses Romans: der Landarzt (Atheist), der todkranke Stadtarzt (Morphinist), ein entlaufener Priester (gescheitert, aber mit Zug zur höheren Literatur), der Pfarrer der Nachbargemeinde Torcy (nüchtern, praktisch, kraftvoll, ganz als Gegentypus zum Landpfarrer konstruiert), die Hausgehilfin (dreist, nachtragend), das Volk in der Gemeinde (an Gerüchten und Verleumdung interessiert). Bernanos selbst wollte, "daß dieses kleine Dorf in gedrängter Form unser Land widerspiegelt"[14] – Ambricourt also ein Paradigma der Wirklichkeit, die Konflikte hier von exemplarischer Bedeutung überhaupt.

Inmitten dieser dumpfen, drückenden, erbärmlichen Atmosphäre: der *Landpfarrer,* ein junger Mann, aus ärmlichen Verhältnissen stammend, lebensfremd, ungeschickt, gehemmt, von Selbstzweifeln an seiner Berufung gequält, von tödlicher Krankheit befallen, die ihn immer wieder zusammenbrechen läßt. Dieser Pfarrer hat etwas von einem modernen Sisyphos in diesem seinem absurd scheinenden Wechselspiel von Anstrengung und Mißerfolg, Kampf und Versagen, Hoffnung und Verzweiflung. Seine entscheidende Frage ist: "Es fällt mir schwer, zu glauben, daß mich Gott wirklich gebrauchen wird – bis zum letzten Rest –, daß er sich meiner bedienen wird wie der anderen."[15] Hier ist der Grund für seine ständige Versagungsangst als Priester: "Aber was bedeuten schon unsere Erfolgsaussichten, was bedeuten sie uns, die wir ein für allemal die furchterregende Anwesenheit des Göttlichen in jedem Augenblick unseres armen Lebens auf uns genommen haben?"[16]

Dennoch: Trotz aller eigenen Unzulänglichkeit in diesem "Abnutzungskrieg"[17], trotz aller Verachtung und Ablehnung durch seine Gemeinde gelingt es ihm in zwei entscheidenden Fällen durch eine Art psychologischer Hellsichtigkeit, die ihm eigen ist, die Menschen in ihrer inneren Not zu erkennen und sie durch diesen Prozeß der Bewußtmachung zur Selbsterkenntnis und damit zur Auflösung ihrer inneren Spannung zu führen. Im Fall der Gräfin, die in Verbitterung und Haß gegenüber Gott und den Menschen erstarrt ist, die, von ihrem Mann ständig betrogen, Gott dafür verantwortlich macht, daß der von ihr geliebte kleine Sohn so früh gestorben ist. Und im Fall der Chantal, der Tochter der Gräfin, die, von ihrer Mutter verabscheut, den Haß auf sich selbst und ihre Mitmenschen lenkt, die eifersüchtig

auf ihren Vater mit Selbstmordgedanken spielt, um sich an diesem rächen zu können.
Der Graf aber, dem die Art der Einmischung in seine Familie nicht paßt, betreibt hinter dem Rücken des Pfarrers bei den zuständigen Stellen dessen Ablösung. Noch bevor es dazu kommt, verläßt der Pfarrer, als Trinker verleumdet, von anonymen Briefen beschimpft die Gemeinde, um sich in der Stadt einer notwendigen Magenoperation zu unterziehen. In der Wohnung eines befreundeten, dispensierten Priesters stirbt er an Magenkrebs. Seine letzten Worte sind: "Was macht das schon aus? Alles ist Gnade."[18]
Auch der Roman von *Graham Greene* "Die Kraft und die Herrlichkeit" gehört zur Gattung der "Priesterromane", die zum festen Bestandteil traditioneller christlicher Literatur gehören.[19] Im Mexiko der dreißiger Jahre dieses Jahrhunderts wird nach einem kommunistischen Umsturz jede Religionsausübung durch die Regierung verboten. Die katholischen Priester werden liquidiert, sofern sie nicht ihrem Glauben abzuschwören bereit sind oder ein bürgerliches Leben durch Heirat zu führen beginnen, wie im Roman jener Padre José, der seine Haushälterin geheiratet hat: "Das war natürlich die allerbeste Lösung: sie (die verheirateten Priester) als lebende Zeugen für die Schwäche ihres Glaubens zu verwenden."[20]
In unbändigem Haß auf Kirche, Religion und Glaube verfolgt ein *Polizeileutnant* den einzig noch heimlich tätigen Priester im Land, den das Volk wegen seiner Trunksucht nur den "Schnapspriester", den "Whisky-Priester" nennt. Leutnant und Priester, Verfolger und Verfolgter, werden vom Autor kontrastierend parallelisiert. Beiden gemeinsam ist die Unbedingtheit ihres Auftrags, von dem sie leben. Menschlich aber könnten die Kontraste nicht schärfer sein: hier Macht, Disziplin, Härte, dort Ohnmacht, Willenlosigkeit, Schwachheit.
Der Steckbrief des Priesters wird gleichzeitig mit dem des amerikanischen Mörders *Calver* angeschlagen. Mehrere Male gelingt es dem "Whisky-Priester" zu entkommen. In abgelegenen Dörfern liest er heimlich die Messe, tauft Kinder, hört Beichte. Doch auch von den Bewohnern der Dörfer abgelehnt (seinetwegen werden schon Geiseln erschossen), flieht er rastlos durch das Land. Zweimal steht er sogar seinem schärfsten Verfolger, dem Leutnant, gegenüber: Auge in Auge – und dieser erkennt ihn nicht. Das erste Mal, weil in einem Dorf Maria, mit der er vor Jahren in völliger Depression und betrunkenem Zustand ein Kind gezeugt hatte, ihn rasch als ihren Mann ausgibt. Das zweite Mal, weil ein für die Polizei arbeitender Mestize ihn im Gefängnis (in das er wegen unerlaubten Alkoholbesitzes eingeliefert wurde) zwar erkennt, aber aus Furcht, unter diesen Umständen der ausgesetzten Belohnung verlustig zu gehen, nicht identifiziert. Nach seiner Freilassung kann sich der Priester im Nachbarland in Sicherheit bringen und hier in einer Gemeinde seine normale priesterliche Tätigkeit wieder aufnehmen. Der Mestize aber spürt ihn auf und gibt zu erkennen, der Verbrecher Calver läge hinter der Grenze schwer verwundet und verlange nach den Sterbesakramenten.
Obwohl der Priester weiß, daß ihm hier eine Falle gestellt ist, kehrt er zurück. Am

Sterbelager des Verbrechers wird er vom Leutnant verhaftet, in die Hauptstadt zurückgebracht und wegen Verrats zum Tode durch Erschießen verurteilt. Der Priester stirbt ohne Beichte und Absolution: seine Angst vor dem Tode betäubt er mit Schnaps: "Er verwirrrte sich, sein Geist war abwesend; das war nicht der gute Tod, um den man immer betete."[21] Der Priester stirbt nun doch den Tod eines Märtyrers, er, der niemals sich als Märtyrer würdig erachtete und der so gar nicht dem frommen Märtyrer-Bild kirchlicher Hagiographie entspricht. Sein Tod aber stärkt die Gemeinde der Glaubenden. In der Nacht nach seiner Hinrichtung taucht in der Hauptstadt ein neuer Priester auf.

Die Fabel des Romans "Das unauslöschliche Siegel" von *Elisabeth Langgässer* "herauszupräparieren" ist nicht ganz leicht, zumal der Begriff "Fabel" durch das Werk und besonders durch die theoretischen Schriften der Autorin selbst äußerst problematisiert wurde, eingebettet in einen theologischen und literarästhetischen Argumentationszusammenhang.[22] So bekennt Elisabeth Langgässer mit Emphase auf den Vorwurf des Fehlens einer Fabel in ihrem Werk, "daß mich das Gespinst ausgeklügelter Fabeln und Märchen langweilt und anödet als ein Atavismus, von dem ich mir heftig wünschen möchte, er sei vollkommen überflüssig. Denn, was der moderne Roman ausbreitet (und ich rede hier immer und in erster Linie von dem christlichen Roman), ist weniger eine kontinuierliche und spannende Handlung als das Bezugssystem aufeinander wirkender Kräfte; die Bühne aber, auf der sich diese Kräfte an den verschiedensten Punkten der Welt entladen und wirksam werden, ist die eines großen Amphitheaters, in welchem Gott und Satan einander entgegentreten. Wie sich das Individuum nun in dem Kampf zwischen Gott und Satan verhält, wie es in ihr Bezugssystem seinsmäßig und durchaus nicht kausal, sondern providentiell hineingerät, das bildet die sogenannte Fabel; wie diese Fabel sich in verschiedenen Zeiträumen wiederholt und an weit voneinander entfernten Orten aufleuchtet – das wiederum macht die Aufhebung dessen aus, was wir gewöhnlich mit diesem Namen bezeichnen. Denn die Fabel der Heilsgeschichte ist immer und überall die gleiche. Ihre Elemente heißen Sünde, Gnade und Erlösung, und wenn diese Elemente auch in jeder einzelnen menschlichen Seele andere Farben annehmen, so ist doch die Grundstruktur des Erlösungsvorgangs einfach und unveränderlich wie das Mysterium selbst; sie ist von der erhabenen Eintönigkeit des Ewigen, die das Gegenteil der Langeweile bedeutet – jener entsetzlichen Langeweile, die das Kriterium der Sünde ist."[23]

Damit sind die *Grundthemen* des Werkes von Elisabeth Langgässer, stellvertretend auch für Bernanos und Greene, angegeben! Verknüpfung von theologischer und literar-ästhetischer Reflexion über moderne Romankunst. Die Aufhebung der Fabel entspricht der theologischen Einsicht in die Mächtigkeit Gottes über Welt und Mensch, angesichts deren der Mensch sich nicht mehr entwickeln und entfalten, sondern erzählerisch nur noch in seiner jeweiligen Zuständigkeit im Kraftfeld zwischen Gott und Satan beschrieben werden kann. Dennoch lohnt sich zur Orientierung des Lesers eine knappe Umrißskizze der Handlung. Elisabeth Langgässer hat ihren Stoff in drei Bücher gegliedert mit mehrfach wechselnden Schauplätzen, mehrfach wechselnden Zeitebenen.[24]

Ein rheinhessisches Landstädtchen kurz vor Ausbruch des Ersten Weltkriegs ist Schauplatz des *ersten Buches*. Der Jude Lazarus Belfontaine hatte vor sieben Jahren die Taufe empfangen, jenes "unauslöschliche Siegel", das Thema des ganzen Buches ist. Er wartet am siebten Jahrestag seiner Taufe auf einen blinden Bettler, den er bei seiner Taufe getroffen hatte und der bisher jedes Jahr an diesem Tag gekommen war. Diesmal jedoch bleibt er aus. Lazarus Belfontaine hatte sich nicht aus religiösen Motiven taufen lassen. Religion, Kirche, Christentum steht er gleichgültig-skeptisch gegenüber. Es geschah damals um seiner frommkatholischen Frau willen. Auch nach der Taufe setzt er sein Leben in Gleichgültigkeit und Gedankenlosigkeit fort, ganz entsprechend dem geistigen Klima am Ort: "Und so war alles. Das ganze gesellige Leben in diesem vertrackten Städtchen glich den medusischen Bräuchen einer heidnischen Religion, der man, um sie zu retten, das Haupt der Göttin Vernunft auf die leeren Schultern gesetzt und am Halswirbel festgeschnallt hatte."[25]

In einer Stammtischrunde (die Autorin zeichnet die hier versammelten Honoratioren der Stadt satirisch-karikaturhaft) kreist das Gespräch um den frommen, aber vergeblich sich bemühenden Pfarrer des Ortes, Mathias, und um einen soeben tot aufgefundenen Landstreicher, in dem sich unschwer der vermißte blinde Bettler erkennen läßt. Langsam, aber zielstrebig gerät Lazarus Belfontaine, von Versuchungen und Gefährdungen seines Glaubens längst provoziert, in deutliche Entfremdung zu seinem Glauben. Höhepunkt hier das Gespräch Belfontaines mit dem Pfarrer, in dem er die "Testfrage" des Pfarrers "Glauben Sie an die Gottheit Christi?" entschieden negiert: "Natürlich – nicht. Wahrhaftig daran glaube ich nicht. Kein vernünftiger Mensch kann heute noch behaupten, er glaube an einen Gott im Fleisch wie Jupiter oder Apoll."[26]

Damit ist Belfontaine in den Einflußbereich des Satans geraten, ja der Pfarrer erkennt sogar in Belfontaine selbst den Satan. Entsetzt verbirgt er sein Gesicht in seinen Händen, "um dem Antlitz Luzifers auszuweichen".[27] Folgenschwer wird nun für Lazarus Belfontaine die Begegnung mit einem gewissen Monsieur Tricheur, dem Vertreter einer französischen Weinfirma, in dem Belfontaine gleichzeitig Grandpierre, seinen Lehrer aus der Zeit heiterer Jugendtage erkennt, die er in Frankreich zugebracht hat. Tricheur-Grandpierre ist die Inkarnation des Satans, des Ungläubigen, des nur auf den Tag gerichteten unbeschwerten Dahinlebens. Dieser Mann gewinnt volle Gewalt über Belfontaine; er ist es auch, der ihn zu einer Vergnügungsreise nach Frankreich überredet. Dort wird Belfontaine aber vom Ausbruch des Krieges überrascht und interniert. In seiner Heimat gilt Belfontaine seitdem als verschollen.

Im *zweiten Buch* schwenkt die Handlung über auf Senlis, ein kleines Städtchen in Frankreich (Ile de France) zur Zeit der deutschen Besetzung im Ersten Weltkrieg. Zwei deutsche Offiziere besteigen in Begleitung des Küsters den Turm der Kathe-

drale von Senlis. Die an kulturhistorischer Tradition reiche Gegend verleitet zu einem geschichtsphilosophisch-theologischen Gespräch über den Sinn der Weltgeschichte, das große "Welttheater": wer sind wir, die Menschen, welchen Platz nehmen wir ein, welche Rolle spielen wir, wer ist Gott, was ist das Böse? Wer hält die Fäden des großen Marionettentheaters "Welt" zusammen? " 'Ist es Gott oder Satan, ein Künstler, ein Pfuscher, der Zufall, die Moira oder der Zwang, in dem sie begonnen wurden? Ist das Welttheater schon vorgezeichnet – oder ändern wir seinen Ablauf durch Liebe oder Haß?' Der Alte wiegte den Kopf hin und her. 'Das Welttheater ändern wir nicht – und es geht uns auch gar nichts an', sagte er überraschend. 'Es spielt allein zwischen Gott und dem Satan, wir selber wählen nur unseren Standort, von dem aus wir mitspielen wollen. Insofern natürlich' – er lächelte schlau – 'brauchen beide uns für das Drama, mit dem sie zum Ziel gelangen: der Herrgott unsere Liebe, der Satan unseren Haß.' "[28]
Was ist der *Sinn der Geschichte?* Der Küster zitiert aus einem Brief Schellings an Montalembert, " 'daß in der Zeitlichkeit stets das Böse über das Gute den Sieg davonträgt und der Endsieg über das Böse Gott sozusagen persönlich durch einen Eingriff von oben muß vorbehalten bleiben. Daher gibt es keinen geschichtlichen Zeitraum, der nicht mit der Katastrophe, und zwar zwangsläufig, enden wird.' Dieser Satz: 'Der nicht mit der Katastrophe, und zwar zwangsläufig, enden wird', ist doppelt unterstrichen. 'Was bedeutet für uns diese Katastrophe? Ein Doppeltes, sagte ich Ihnen: den natürlichen Triumph des Bösen über das Gute und den übernatürlichen Triumph Gottes über das Böse durch einen in nichts begründeten Eingriff und freien Liebesakt Gottes gegenüber der Kreatur. Das ist meine ganze Philosophie; besser gesagt: meine ganze Geschichtsphilosophie.' "[29]
Im gleichen Ort lebt Suzette Bonmarché, Tochter des Posthalters und Pfandleihers. Suzette und die unglückliche Hortense de Chamant beginnen ein lesbisches Liebesverhältnis. Der Vater von Suzette, Herr Bonmarché, inszeniert einen teuflischen Betrugsversuch an Hortense, die aus Verzweiflung durch Selbstmord endet.
Nach dem Krieg, *drittes Buch,* kommt Lazarus Belfontaine, der die Internierung heil überstanden hat, nach Senlis und heiratet durch Vermittlung Tricheur-Grandpierres Suzette Bonmarché, die als triebhafte und moralisch haltlose Frau dargestellt wird. Belfontaine setzt sein bisheriges Leben fort: dem Weltlichen (und damit dem Einfluß des Satans) hingegeben, ganz dem Materiellen, auch sexuell Triebhaften zugeneigt. Doch Gespräche mit dem Küster François, der ihn an "das Mysterium an und für sich. Die Wiedergeburt. Die Taufe"[30] erinnert und Herrn de Chamant, dem Vater von Hortense, bereiten ihn seelisch auf das Ende vor. Die Gespräche kreisen um Natur und Übernatur, Taufe und Wiedergeburt, Vernunft und Glaube, Gnade und das Nichts: "Nichts gegen die Vernunft als ein Gut, das Gott geschaffen hat," sagt Herr de Chamant. "Aber wir müssen erst Narren werden, um sie wiederzufinden, Herr Belfontaine, und vor allem entäußern, was wir gewonnen haben . . . nicht zuletzt von uns selbst . . . "[31] Diese Gespräche sind Auftakt zu einem grandiosen Schlußteil des Buches. Während eines fürchterlichen

Gewitters wird Suzette von einem Matrosen, dem sie sich einer Perlenkette wegen hingegeben hatte, ermordet. Belfontaine wird Zeuge dieses Vorfalls und erkennt in dem fliehenden Mörder Tricheur-Grandpierre, den Teufel in Menschengestalt. Durch diese Erkenntnis zutiefst erschüttert, findet der mit dem unauslöschlichen Siegel Bezeichnete den Weg zu sich selber zurück. Die Wiedergeburt beginnt. Er erkennt sein bisheriges Leben, vor allem sein Zusammenleben mit Suzette als "die Täuschung an sich, die Verkehrung der Welt in Ferne und Magie"[32] und erlebt wie der wiedererweckte Lazarus der Bibel die Macht der Gnade Gottes: Neugeburt und Verwandlung. In knappen Strichen skizziert die Autorin den weiteren Lebensweg des Lazarus Belfontaine; er kehrt nach Deutschland zurück und wird im Krieg in ein Konzentrationslager gesperrt. Ihm gelingt die Flucht zu russischen Partisanen. Mit der Roten Armee kommt er nach Deutschland zurück, von den Menschen nur noch "Vater Lazarus" genannt. "Er wurde aus einem armen Häftling zu dem Armen schlechthin und endlich zu einem betenden Bettler, der mit der Mütze, den Rücken gebeugt und den schlohweißen, kurzgeschnittenen Bart zu gemurmelten Dankesworten bewegend, an den heiligen Straßen des Ostens stand, die allmählich – gefurcht von dem endlosen Treck der motorisierten Heere – in das Ursprungsland der Empörung führten: nach Preußen und Wittenberg... in das Herzland der deutschen Reformation..."[33]

3. Bedeutung und Leistung

a. Literarisch: Triumph des Indirekten

Die bloße Fabel also kann die theologische und literarische Bedeutung der drei Romane auch nicht annähernd sichtbar machen. Geht es doch wesentlich in diesen drei Romanen um die literarische Darstellung einer Wirklichkeit, die sich gerade aller mechanistisch-kausalen, raum-zeitlichen Erfassung entzieht. Diese Romane stoßen – trotz aller realistischen Erfassung von Mensch und Welt im Detail – gerade an die Grenzen eines kruden Realismus und durchstoßen zugleich die Oberfläche der sinnlich erfahrbaren Welt mit jener Technik des "réalisme mystique", wie sie vor allem von Autoren des Renouveau Catholique ausgebildet wurde.[34]

Das heißt: Was Elisabeth Langgässer mit dem Ende der Fabel stellvertretend theoretisch auf den Begriff brachte, gilt entsprechend für Bernanos und Graham Greene. Ende der Fabel heißt *Ende der Psychologie,* Ende der Kausalität. Konsequenzen werden hier gezogen aus den erkenntnis-theoretischen Veränderungen bei der Erfassung der Wirklichkeit: "Die Erkenntnisse der Quantentheorie fernerhin in ihrer Aufhebung der allgemeinen Gültigkeit des Kausalgesetzes und die Relativitätstheorie im Hinblick auf den Makrokosmos und seine definitive Begrenzung bringen ein neues Weltbild und ein Existenzbewußtsein hervor, das diesen präzisen naturwissenschaftlichen Erkenntnissen bereits vorausgeeilt ist und mit den Namen Husserl, Dilthey und anderen umrissen werden kann."[35]

Die *literarischen Folgen:* die Grenzen von Raum und Zeit zerfließen, Innen und Außen durchdringen sich zu einem beziehungsreichen Vielebenenspiel, so daß die Realität jenseits der Oberfläche sichtbar gemacht werden kann. Von daher erklären sich die *Mittel,* mit denen diese Realität evoziert werden kann: bei Elisabeth Langgässer am konsequentesten angewandt. Mystische Erlebnisse sind es, Ekstasen, Visionen, Träume, die hier die entscheidende erzähltechnische Rolle spielen; sie führen in das Reich des Unsichtbaren, Übernatürlichen, das unsere Wirklichkeit beherrscht, das Reich Gottes oder das des Teufels. Einmal in diesen Bereich vorgestoßen, können diese Mächte beschworen werden: Engel und Teufel, Fratzen, Gesichter, Chimären, Mythologisches und Märchenhaftes. Phantasmagorien einer Überwelt-Unterwelt, die Macht hat über die Welt der Sinne. Von daher wird auch begreiflich, warum die Figuren in diesen Romanen oft blitzartig, "unverdient" im Besitz einer Art psychologischen Hellsichtigkeit sind: der Landpfarrer, der die Gräfin und ihre Tochter "durchschaut", Lazarus Belfontaine, der sich in einem Augenblick seiner Zukunft erinnern kann. Für den, der die Welt mit "gläubigen" Augen anschaut, wird sie für den Moment transparent, durchlässig und kann so vom Dichter beschworen werden.

Und ein zweites: Die Welt in dieser christlichen Literatur ist – wie Elisabeth Langgässer sagt – ein "Kraftfeld" des Einflusses zweier antagonistischer Mächte, die um die Vorherrschaft ringen: *Gott und der Teufel.* Die Menschen in diesem "Welttheater", "Amphitheater", "Marionettenspiel" sind diesen Mächten ausgeliefert: der Kampf findet über ihren Köpfen statt. Für sie gilt das Entweder-Oder: Gnadenwahl Gottes oder Gnadenwahl des Satans. Ob Bernanos, Greene oder Langgässer: überall geht es um diese Auseinandersetzung zwischen Vernunft und Glaube, Natur und Übernatur, Verdammung und Erlösung, Sünde und Gnade, Satan und Gott. Ob Landpfarrer, Schnapspriester oder der Gotteslästerer Belfontaine: sie alle erfahen am Ende doch noch die Macht der Gnade, unverdient, als reines Geschenk, als vollkommenes Mysterium. Christliches Erlösungsdrama also, bis zum äußersten negativ gespiegelt, das Schema der Kontrastierung meisterhaft verwendet! Gerade weil sich die Wirklichkeit Gottes oder des Satans der direkten Darstellung entzieht, braucht sie das Indirekte, die Kontrastfolie: das Positive braucht das Negative, die Gnade die Sünde, Gott den Teufel. Das ist die Technik, mit der diese Romane arbeiten.

Wer wollte leugnen, daß hier ganz anders "Wirklichkeit", "Welt", "Leben" in die christliche Literatur hineinkommt, als in der traditionellen Jesusliteratur, ganz anders in Tiefen und Abgründe menschlicher Existenz geblickt wird als im Jesusroman konventioneller Couleur: zwischen Bernanos und Emil Ludwig, Graham Greene und Lloyd C. Douglas, Elisabeth Langgässer und Jan Dobraczyński klaffen literarisch und theologisch Abgründe. Keine Frage: Mit dieser Romankunst hat christliche Literatur die Höhe zeitgenössischer literarästhetischer Reflexion erreicht, die den Jesusromanen längst abhanden gekommen war. Reflexion über Romantechniken, Erzählperspektive, Raum- und Zeitverständnis, Reflexion also über literarische Formprobleme befreien diese christliche Literatur von ihrer Fixierung auf das Inhaltliche und fügen sie nahtlos ein in die Gemeinschaft zeitgenössischer Romanciers, die Elisabeth Langgässer selbst mit den Namen Kafka, Wolfe, Hemingway, Wilder, Broch umschreibt.[36]

b. Theologisch: Brücke zur Ökumene

Den literarästhetischen Reflexionen korrespondieren theologische, aus der literarästhetischen Praxis folgen theologische Konsequenzen, hinsichtlich eines christlichen *Zeitverständnisses,* worauf D. Sölle bei Elisabeth Langgässer hingewiesen hat: "Diese spezifisch modernen Züge begünstigen die Möglichkeit einer Dichtung, die eine nicht-religiöse Interpretation theologischer Zusammenhänge wie Sünde, Gnade und Erlösung darstellt, weil auch der christliche Glaube den Menschen nicht von der Fabel seines Lebenslaufes her begreift, nicht die Kontinuität seiner bürgerlichen Entwicklung für wichtig hält und nicht eindimensional chronologisch denkt. Das Verhältnis zur Zeit – d. h. das geschärfte Zeitbewußtsein, das Gefühl, an die Zeit und ihr Vergehen ausgeliefert zu sein, ist ein spezifisch christliches Element, wie überhaupt das Geschichtsbewußtsein dem einzelnen Augenblick die Würde des Kairos erst zuerteilt vom heilsgeschichtlichen Bewußtsein her."[37]
Konkret auch hinsichtlich eines christlichen *Glaubensverständnisses:* Glaube wird verstanden als Macht, die den Menschen in Besitz nimmt, unbedingt verpflichtet, einen Menschen, der ständig schwankt zwischen Unglauben und Aberglauben. Glaube ist in dieser christlichen Literatur keineswegs das schon immer Gewußte, das bequem Vorfindbare, im Gegenteil. Glaube wird hier gerade verstanden als das, was dem Menschen alle scheinbaren Sicherheiten der Vernunft zerschlägt, alle Sicherungsversuche scheitern läßt. Ist es von daher nicht einleuchtend, welcher Personenkreis in dieser Literatur paradigmatisch für christliches Glaubensverständnis ausgewählt wird: ein schwächlicher, unfähiger Landpfarrer, ein verkommener Schnapspriester, ein Skeptiker und Gotteslästerer? Wahrhaftig, keine Figuren bürgerlich-selbstzufriedener Christlichkeit, keine Vertreter einer ecclesia triumphans! Die Priester in unseren Beispielen sind keine "Pfarrer vom blühenden Weinberg" à la Felix Timmermans, keine humorvoll-schelmischen Gestalten wie bei Guareschis "Don Camillo" oder Marshalls "Wunder des Malachias", sind keine Priester mit einer Karriere vom Dorfkaplan zum Kirchenfürsten wie bei Robinsons "Der Kardinal". Nein, "Hymnen an die Kirche" werden hier nicht gesungen!
Fremd ist dieser Literatur alles Bigotte und Frömmelnde, alles Volltönende und Feierliche. Sie ist keine Traktätchenliteratur religiöser Propaganda, sie ist unbequem für die Herrschenden in Kirche und Gesellschaft! Glaube ist hier kein Besitz, sondern Macht, die den Menschen ergreift, Gnade kein ideologieverdächtiges Synonym für Passivität und Fatalität, sondern ein Kampfbegriff gegen christ-

liche Heilsarroganz und Selbsterlösungsversuche, ein Kampfbegriff im Sinne des reformatorischen sola gratia!

Damit ist ein Aspekt angesprochen, der wirkungsgeschichtlich nicht hoch genug eingeschätzt werden kann: der *ökumenische.* Denn, ist es bei einem solchen Verständnis von Glaube, Gnade, Erlösung, das in dieser christlichen Literatur demonstriert wird, nicht einleuchtend, wie sehr solche Literatur katholischer Autoren eine Brücke zur ökumenischen Verständigung sein kann und faktisch als solche gewirkt hat? Eine Geschichte der ökumenischen Verständigung wird an diesem Phänomen nicht vorbeigehen können. Hier liegt eine Synthese von Literatur und Theologie vor: auf der Grenze von Katholizismus und Protestantismus, von Konvertiten geschrieben (Greene und Langgässer – also schon biographisch prädestiniert!), im Spannungsfeld von Sünde und Gnade, Schuld und Erlösung, Gott und Satan. Welch *revolutionierende Wiederentdeckung* der reformatorischen *"iustificatio impii"* im katholischen Raum, längst bevor katholische Theologie das Problem der Rechtfertigung systematisch-ökumenisch aufzuarbeiten begann.[38] Welch revolutionierende Neubewertung der *Person Martin Luthers* in "katholischer" Literatur, längst bevor katholische Theologen vorsichtig sich an eine differenziertere Betrachtung heranwagten.[39] Jeden Tag habe er für Luther gebetet, gesteht der Pfarrer von Torcy dem Landpfarrer und fährt fort: "Weißt du, damals habe ich Luther begriffen. Auch er hatte Schwung." Und: "Übrigens heiße auch ich Martin, wie er."[40]

Welch auffällige *Parallele* auch zum theologischen (nach dem Zusammenbruch des Ersten Weltkriegs gegen den Liberalismus entwickelten) Programm einer *"Dialektischen Theologie"* des großen protestantischen Theologen Karl Barth, wenn Elisabeth Langgässer nach dem Zusammenbruch des Zweiten Weltkriegs das bürgerliche Christentum schonungslos analysiert: "Als dann in immer neu vorangetragenen Angriffen die bürgerliche Welt zusammenbrach, als der Grund, auf dem ihre Ethik gebaut war, sich spaltete und das Reich der Dämonen heraufstieg, zeigte sich erst, in welchem Umfang und in welcher Tiefe die christliche Wirklichkeit teilgenommen hatte an der Substanzentleerung der Wirklichkeit überhaupt: der Verflachung des gesamten Lebensgefühls, der Rationalisierung des Unsagbaren, der Verkrampfung des Emotionalen und der Schwächung des Glaubens. Bei theoretischem Festhalten an den Offenbarungscharakter der Heiligen Schrift machte das bürgerliche Zeitalter aus ihr eine ethische Gebrauchsanweisung für den Umgang von Mensch zu Mensch, aus der (wie man brave Gemüsebeete vom lästigen Unkraut befreit) bedenkenlos alles eliminiert wurde, was die eigentliche Sphäre des Glaubens berührte: das Wunder, die Gnadenwahl Gottes, die Urschuld Adams, die Tiefe des Sündenfalls und die Ohnmacht der menschlichen Natur."[41]

Welch eine ökumenische Wandlung also durch diese Literatur: der Katholik Bernanos lernt beim Reformator Martin Luther, der Protestant Bonhoeffer liest enthusiastisch die Romane des Katholiken aus Frankreich[42], Karl Barth und Elisabeth Langgässer in einer theologischen Front gegen seichtes, oberflächliches, verbürgerlichtes Christentum, alle gemeinsam auf der Linie von augustinisch-reformatorisch-jansenistischer Gnadenlehre, Pascalscher Vernunftkritik und Kierkegaardschem Paradox.[43] Hier also liegt die theologische Wurzel der ökumenischen Bedeutung dieser christlichen Literatur. Und wenn der französische Theologe Yves Congar mehr als dreißig Jahre nach Georges Bernanos und Graham Greene anläßlich des Erscheinens des Buches von Hans Küng "Die Kirche" (1968) von einer "sensationellen Rückkehr des Paulinismus ins katholische Denken"[44] spricht, so verdient Beachtung, daß diese christliche Literatur katholischer Provenienz hier bereits weit voraus war. So stellt der evangelische Theologe H. E. Bahr zu recht fest: "Die lebenschaffende Freisprechung des Gottlosen, das große göttliche Paradox der iustificatio impii ist, theologisch gesehen, der eigentliche Hintergrund dieser Dichtung. Die iustificatio impii birgt die Grundlehre der Reformation. Wenn gerade die bedeutenden katholischen Schriftsteller dieses urevangelische Bekenntnis in ihren Werken künstlerisch entfalten, wirft das ein Licht auf die tatsächliche Situation der Christenheit heute: Die offiziellen, 'oberirdischen' Frontlinien zwischen evangelischen und katholischen Christen entsprechen gar nicht mehr der inneren Lage der Glaubenden; die eigentlichen Gegensätze verlaufen quer durch die beiden Konfessionen."[45]

c. *Christologisch: Wege in die Nachfolge*

Und Jesus? Welche Rolle spielt er in diesen Romanen? Wir sind hier bei der Schlüsselfrage zum Verständnis der theologischen Position der Autoren angelangt. Denn jede Rede von Sünde und Gnade, Schöpfung und Erlösung hat ihre Wurzeln in einer ganz bestimmten Christologie. Zentral für diese Art christlicher Literatur ist eine eigentümliche *Verknüpfung von Inkarnationschristologie und Kreuzestheologie:* das "Drama der Fleischwerdung", wie es im "Landpfarrer" heißt[46] und die Annahme Gottes gerade des Schwachen, des Sünders in Liebe und Barmherzigkeit durch den Tod Jesu Christi am Kreuz. "Für diese Welt war Christus gestorben", heißt es bei Graham Greene, "eine Welt voll Verrat, Gewalt und Wollust."[47]
In diesen christologisch-dogmatischen Rahmen von Schöpfung, Inkarnation und Erlösung ist ein weiteres Motiv gestellt, das fast in Gefahr gerät, unterdrückt, verdrängt zu werden: das Motiv des *Christus der Armen,* des Christus der Bergpredigt, des Leidens und Sterbens. Hier muß also deutlich in den Romanen unterschieden werden: die Ebene christologisch-dogmatischer Reflexion und Argumentation (Annahme Gottes auch des Schwachen, des Sünders durch den Tod Jesu Christi) und die Ebene eines gleichsam personalen Bezugs zu Leben und Botschaft, Leiden und Sterben des Jesus von Nazaret. Hier ist ein deutliches Gefälle unter den Romanen spürbar; bei Bernanos sind beide Ebenen am deutlichsten ausgebildet, Graham Greene nimmt eher zurück, bei der Langgässer hat die Dogmatik das eindeutige Übergewicht. Beispiel: Auch bei Elisabeth Langgässer liest man – freilich in ihren Briefen – vom " 'Eckstein Christus', dem Erlöser der Menschheit, die sich

aus Gesunden und Kranken zusammensetzt, aus Gerechten und Ungerechten, vor allem aber aus Ungerechten: aus Huren, Ehebrechern, Pharisäern, Fallsüchtigen, Wasserköpfen, Idioten, Aussätzigen, und vielen, vielen anderen, die weder aus der Kraft des Blutes, noch durch die Befolgung gesellschaftlicher Anstandsregeln erlöst werden können, sondern einzig und allein durch Jenen, der 'ein Wurm und kein Mensch' genannt wurde, 'eine Torheit und ein Ärgernis' ".[48] Doch Texte wie die aus dem "Landpfarrer", Texte personalen Bezugs zur Gestalt Jesu von Nazaret sucht man in ihrem Roman vergeblich: "Ich fange an zu versuchen, einen jeden von uns im Evangelium an seinen wahren Platz zu stellen", heißt es dort. "Jawohl, das macht uns zweitausend Jahre jünger. Und was weiter? Für den lieben Gott ist die Zeit ein Nichts, sein Blick geht hindurch. Ich sage mir, daß lange vor unserer Geburt – um in menschlicher Sprache zu reden – unser Herr irgendwo in Bethlehem, in Nazareth, auf den Straßen von Galiläa oder dort in der Nähe uns begegnet ist. An einem jener Tage haben seine Augen auf uns geruht, und entsprechend dem Ort, der Stunde, den Umständen hat unsere Berufung ihre eigentümliche Art angenommen. Versteh mich recht! Ich biete dir das nicht als Theologie. Ich denke vielmehr, ich stelle mir vor oder ich träume, nenne es wie du willst."[49]

Literarische Vergegenwärtigung der Figur Jesu von Nazaret also statt theologisch-dogmatischer Konstruktion? "Ich stelle mir vor", "ich träume": ein eigentümlich "modernes" Element literarischer Jesusdarstellung kommt hier bei Bernanos hinein. Literatur als Möglichkeit von Wirklichkeit. Aber der dogmatische Rahmen ist stark und macht den Traum unmöglich: Elemente von Schöpfungstheologie, Geschichtstheologie, Soteriologie, Dämonologie und Mariologie durchdringen sich zu einem eigentümlich "christlichen" Weltbild. Dabei ist nicht zu übersehen: Die Figuren von Bernanos und Greene sind doch nicht deshalb so eindringlich, weil sie eine theologische Doktrin repräsentieren, sondern weil sie das wiederspiegeln, was Jesus von Nazaret verkörperte, weil in ihren Figuren sich Züge des Mannes aus Nazaret verbergen. Das eigentlich Herausfordernde dieser Romane ist nicht das "christliche Weltbild", das hinter allem steht, sondern die Tatsache, daß Figuren menschlichen Elends und menschlicher Schwäche in all ihrer Gebrochenheit, daß Figuren wie der Landpfarrer und der Schnapspriester, zu authentischen Interpreten der Botschaft Jesu werden.

Hier werden Wege in der Nachfolge Jesu gezeigt: der Landpfarrer, der im Leiden Christus ähnlicher werden will, der Schnapspriester, der das Schicksal des Gekreuzigten erleidet. Verfolgt um der Sache Gottes willen, verraten vom Mestizen als einem "Judas"[50] nimmt er seinen Tod gleichsam als Opfer, als Sühne freiwillig auf sich ("um Christi willen" folgt er dem Mestizen in die aufgestellte Falle) und stirbt den Tod eines Verbrechers, um Vergebung ringend, die Angst in Alkohol ertränkend. Landpfarrer und Schnapspriester: keine Glaubenshelden kirchlicher Märtyrertradition, Versager vielmehr, Schwächlinge, doch Figurationen, Deutungen, Spiegelungen von Person und Sache Jesu Christi. Triumph des Indirekten also: das Indirekte nicht nur stilistischer Kunstgriff, literartechnische Finesse, sondern in seiner Unverzichtbarkeit theologisch begründet, Form und Inhalt zur Deckung gebracht. "Muß man nicht darnach trachten, Gottes unendliche Barmherzigkeit dem Menschen gegenüber ins rechte Licht zu rücken, und darf man dabei nicht eine indirekte Beleuchtungsmethode anwenden?", meint Graham Greene in einer kleinen theoretischen Abhandlung zu seinem Werk. "Man fühlt sich versucht zu glauben, daß das Böse nur der Schatten ist, den das Gute in seiner Vollkommenheit wirft, und daß wir eines Tages sogar dahin gelangen werden, sogar diesen Schatten zu begreifen."[51]

Kein Zweifel: hier ist eine andere Tiefe in der Interpretation der Figur Jesu Christi erreicht als im traditionellen Jesusroman. Welch ein Unterschied zwischen dem Jesusbild, das vom Gottmenschen und Wundertäter und dem Jesusbild, das von den Figuren des Landpfarrers und Schnapspriesters geprägt wurde. Welch ein Unterschied literarisch und theologisch! Ist diese Jesusdeutung von Bernanos und Greene nicht einfach überzeugender, authentischer, "christlicher"? Statt historisierender und psychologisierender Wiederbelebung, literarische Vergegenwärtigung Jesu Christi in doppelter Brechung: Übertragung in einen disparaten Zeit- und Raumkontext und Verfremdung mit Hilfe bestimmter Interpretationsfiguren. Hier ist traditioneller christlicher Literatur eine Deutung Jesu Christi gelungen, an der künftige Deutungen sich literarisch und theologisch zu messen haben werden.

4. Kritische Einwände

a. Literarisch: Lösungen patentiert?

Sicher, theologische und literarische Qualität war dieser christlichen Literatur nicht abzusprechen, dennoch drängen sich Bedenken auf. Diese Romane – besonders bei Elisabeth Langgässer – bergen eine Gefahr in sich, der sie nur schwer entgehen können: die *Gefahr der Typisierung* von Handlungsschema und Personen. In einer zwischen Gut und Böse dualistisch gespaltenen, als Kraftfeld der Auseinandersetzung zwischen Gott und Satan verstandenen Welt, ist der Mensch reduziert auf die Funktion eines Rollenträgers, einer Marionette im großen Welttheater, eines Spielballs der Mächte. Ein Spielraum für Entscheidung, Entwicklung bleibt da nicht: deterministisch bleibt der Mensch auf seine Rolle verwiesen, die er nun einmal zu spielen hat. Der Landpfarrer ist im "Tagebuch" in seiner Gebrochenheit noch literarisch differenziert dargestellt, doch schon die Nebenfiguren sind nur noch Statisten mit der ihnen vom Autor zugewiesenen Funktion. Das Schema aber ist überall intakt: hier Böcke dort Schafe, hier Verdammte dort Erlöste, hier Gläubige dort Ungläubige, hier Gott dort der Satan. Schwarz-Weiß-Malerei feiert Triumphe, die Grauzonen, literarisch schwieriger abzubilden, fallen aus. Der Dichter selbst ist es, der die Konflikte schnürt, die Aufteilung besorgt, die Rollen verteilt, das Geschehen aus auktorialer Erzählperspektive abrollen läßt, und selbst die einge-

schränkte Perspektive des Tagebuchs, Realitätswert und Authentizität suggerierend, entlarvt sich schnell als fiktive Hilfskonstruktion.
Werner Ross hat recht: "Der christliche Roman hat einen Geburtsfehler: er muß nach dem Schema von Fall und Bekehrung, von Sünde und Sühne, von Schuld und Gnade aufgebaut sein. Sein Ausgang ist patentiert (. . .) Einig war man sich darin, daß die Welt im Argen liege. Auch die christliche Dichtung war entschieden schwarzseherisch: Grenzsituationen wie die des Schnapspriesters bei Graham Greene, knifflige theologische Konflikte wie das Persönlichkeitsopfer im 'Kranz der Engel' (G. v. Le Fort) oder im 'Herz aller Dinge' (G. Greene) waren allbeliebt. Die Sonne Satans schien kräftig nicht nur bei Bernanos, auch im 'Unauslöschlichen Siegel'. Aber während Sartres 'Geschlossene Gesellschaft' in einer ewig rotierenden Hölle saß, fiel in das christliche Dunkel Licht. Die christliche Dichtung war weiterhin 'positiv', wenn auch verhalten, mit der Vorsicht des gebrannten Kindes. Daß Wilder das erste Kapitel seines Romans 'Die Brücke von San Luis Rey' mit 'Vielleicht ein Zufall', das letzte mit 'Vielleicht eine Fügung' überschrieb, war symptomatisch für diese Reserve, oder sagen wir lieber: für dieses Ritardando der Hoffnung."[52] Und was schon der späte Reinhold Schneider in "Winter in Wien" gegen Claudel einwandte, gilt auch hier: "Es ist fatal, wenn ein Dichter so viel weiß wie Gott, wenn er sich auf das Geheimnis der Geschichte, auf das Mysterium der Fügung versteht."
Damit ist deutlich: Was sich mit Verzicht auf Psychologie als moderne literarische Errungenschaft feiern ließ, erweist sich im Nachhinein als theologisch und literarisch bedenklich. Dieser Verzicht auf Psychologie enthebt den Autor der Schaffung durchgängiger Plausibilität der Handlungsstruktur. Die hier (vor allem bei E. Langgässer) dargestellten Figuren "verhalten" sich bloß, ihre Handlungen werden nicht mehr nachprüfbar, kontrollierbar. Der Leser ist dem Autor "ausgeliefert". Warum der Landpfarrer "gut" und die Tochter der Gräfin "böse", warum Lazarus Belfontaine gerettet, Suzette Bonmarché aber verdammt wird, warum Tricheur-Grandpierre (nomen est omen!) von vorne bis hinten als der Teufel in Menschengestalt erscheint, muß der Leser dem Autor abnehmen und mit Hinweis auf die Gnadenwahl Gottes oder die Ungnadenwahl des Satans literarisch wie theologisch wenig überzeugend "schlucken."
Solche Interpretationsschemata, solche theologischen Denkmuster, mit denen man glaubt, hinter das Geheimnis der Wirklichkeit gekommen zu sein, decken die Wirklichkeit von Mensch und Welt in Wahrheit nicht auf, entschlüsseln nicht Zusammenhänge, Bezüge und Strukturen, machen die Welt nicht durchsichtiger, um zu erkennen, in welchem Zustand sie ist. Sie verdunkeln diese Wirklichkeit eher, verstellen den Zugang zum Verständnis dieser Welt. Muß man hier nicht konkret fragen, ob die im "Unauslöschlichen Siegel" gezeichneten Sinnbilder von Stalingrad und Hiroshima dem jungen Menschen, von dem *Hans-Werner Richter* gesprochen hatte, wirklich helfen zu verstehen, warum Stalingrad und Hiroshima möglich waren? Jenem jungen Menschen, "der zwischen beiden Kriegen aufgewachsen ist,

der durch ein Inferno der Not, des Hasses, der Leidenschaft, der Begeisterung und des Rausches schritt, der Jahre der Einsamkeit und der geistigen Einengung auf den Kasernenhöfen ertrug und der schließlich durch die Hölle des Krieges, durch den Todestaumel der Front und durch die seelische Abgeschiedenheit der Gefangenenlager ging."?[53]
Werden nicht durch theologische Auskünfte wie die vom "Schlachtfeld Mensch", auf dem sich Gott und Satan um die Herrschaft der Welt streiten, das "tiefer" liege als das "Schlachtfeld der Gegenwartskatastrophen", das Grauen von Stalingrad verharmlost, das Unfaßliche abgewertet, das Ungeheure beschwichtigt? Hat hier nicht *Th.W. Adorno* recht, wenn er – bezogen auf das Beispiel Auschwitz – in seiner "Negativen Dialektik" schreibt: "Gelähmt ist die Fähigkeit zur Metaphysik, weil, was geschah, dem spekulativen metaphysischen Gedanken die Basis seiner Vereinbarkeit mit der Erfahrung zerschlug."?[54]
Der Romancier *Hermann Broch* hat schon im Jahr 1949 in einer Rezension das "Unauslöschliche Siegel" schärfster Kritik unterzogen.[55] Bei aller Anerkennung des künstlerisch hohen Ranges, zentraler Punkt der Kritik ist: die Aufhebung des Individuellen. "Und weil das Individuelle darin aufgehoben ist, ist es paradigmatischer Ausdruck für die heutige Zeit und für ihre Geringschätzung des Einzelmenschen, der Einzelseele. Und weil es voll dieser Geringschätzung ist, zeigt es, wie wenig der moderne Mensch geneigt ist, für sein Eigensein als Einzelseele und individuelles Ich einzutreten, ja wie sehr er wünscht, sich als Einzelperson zu annihilieren, sich zum bloßen Befehlsempfänger zu degradieren, zu einer Marionette des Unkontrollierten und Unkontrollierbaren, gleichgültig ob ihn dieses triebhaft von innen oder gewaltmäßig von außen her beherrscht. Sowohl die eigene Persönlichkeit wie die des Nebenmenschen haben für ihn jegliches Interesse verloren. Diese seelische Gleichgültigkeit gegen sich und den andern bildet einen Hauptteil des psychologischen Untergrundes, auf dem die Faschismen errichtet worden sind und immer wieder errichtet werden können. (. . .) Von hier gesehen ist es – seiner Stimmung, wenn auch nicht seiner Gesinnung nach – ein faschistisches Buch."[56]
Christliche Literatur in einer Linie mit dem Faschismus? Die Konsequenzen von Schematisierung und Typisierung werden hier schlagartig deutlich. Der Vorwurf wirkt umso provozierender, als er in einem Jahr ausgesprochen wurde, das noch lebhaft unter dem Eindruck des Faschismus gestanden hat. Das Urteil wirkt umso beeindruckender, als Broch genau wußte, um wen es sich bei dieser Autorin handelte: nicht um eine, die mit dem Faschismus gemeinsame Sache gemacht hätte, sondern um eine überzeugte Antifaschistin, die als Halbjüdin 1936 Schreibverbot in Deutschland bekam. Das Urteil ist also kein politisches, sondern ein literarisches, doch mit deutlichen politischen Konsequenzen. Broch schränkt ein: "Gewiß, auch die Kunst spiegelt die Auslöschung des Individuums und infolgedessen auch seine Unterwerfung, aber indem sie bestrebt ist, das Individuelle im Allgemeingültigen aufzulösen und hierdurch zu seiner eigentlichen und wesenhaften Realität zu heben, gibt sie der Auslöschung einen geradezu mythischen Sinn, denn wer die

eigentliche Realität entdeckt, der entdeckt darin auch das eigene Heil, die Wiederauferstehung der Person und das persönliche Ich. Die in der modernen Welt allüberall vonstatten gehende menschliche Auslöschung ist – geradezu geheimerweise – von einem Heilsbedürfnis geleitet, welches (schier magisch) annimmt, daß zuvörderst eine völlige Vernichtung alles Bestehenden, alles Überkommenen (und damit Clichéhaften), ja eben sogar auch alles Ich-haften vollzogen werden müsse, damit das menschliche Ich wieder seine Auferstehung und Erlösung wird erfahren dürfen: der Erlösung hat die Selbstaufopferung vorauszugehen."[57] Und Broch grenzt die Langgässersche Sicht zugleich vom Faschismus Hitlerscher Provenienz ab, indem er ihren Standort markiert: "Hier separiert sich die Langgässersche Mystik von der landläufig faschistischen, für die – nach Hitlerscher Rezeptur – Vernichtung und Erlösung in eines zusammenfallen, es also auch keine andere Realität als die des platt Erfahrbaren gibt. Hier aber wird die Rückwendung zum Katholizismus vorgenommen, und als die große unbekannte Realität, die hinter allem Geschehen und allem Individuellen steht, wird der Glaube aufgenommen."[58] Ist nach all dem nicht spürbar, daß trotz der bemerkten psychologischen Hellsichtigkeit, die den Romanen die Tiefenschärfe verleiht, das Geschehen und die beteiligten Personen eigentümlich unwirklich bleiben, daß trotz des Realitätsgewinns ein deutlicher Realitätsverlust die Folge ist? Wirken denn nicht die Konflikte des Landpfarrers, seine Skrupel und Ängste konstruiert, die Schuldkomplexe des Schnapspriesters übertrieben gesteigert, das Schicksal des Lazarus Belfontaine fast ins Groteske verzerrt? Was Hermann Broch die "Schemenhaftigkeit der Langgässerschen Gestalten" genannt hat, trifft auch auf die anderen Figuren zu: "Sie sind durchweg aufs irdischeste geschildert, mit all ihren Behaarungen, mit ihrem Knochenbau, mit ihren Profilen, mit ihrem Schweiß und ihren Schweißporen, mit ihren Hautmickrigkeiten, und ebenso mit ihren fleischlichen Freß-, Trink- und Lusttrieben, doch höchst sonderbar, je genauer und detaillierter die Kontur wird, desto mehr steigert sich die Unwirklichkeit: Marionetten aus Fleisch und Blut sind die gespenstischesten, denn sie sind Leichen, die in ihrer Paarung selber Leichenschändung betreiben."[59]

b. Theologisch: Drohbotschaft statt Frohbotschaft?

Den literarischen entsprechen theologische Bedenken. Das heißt: Sind Konflikte und Personen literarisch schon wenig überzeugend, so sind sie es theologisch ebensowenig. Einige Beispiele: welch *überzogene Sakramentalisierung und Kultisierung des Christlichen* durch ein theologisch befrachtetes Priesterbild! In allen Romanen (besonders aber in "Die Kraft und die Herrlichkeit") sind Priester Schlüsselfiguren christlicher Existenz. Sie haben kraft ihrer Weihevollmacht die entscheidende Mittlerfunktion zwischen Gott und Mensch bis hin zu der (unausgesprochenen) Gleichung: ubi sacerdos ibi deus. "Durch ihn (den Priester) würden sie ihren Glauben empfangen," heißt es bei Graham Greene. "Aber durch ihn würden sie auch

Gott – in den Mund nehmen. Wenn er ging, war es, als würde Gott aufhören im Raum zwischen Meer und Bergen. War es nicht seine Pflicht, zu bleiben, selbst wenn sie ihn verachteten, selbst wenn sie seinethalben ermordet wurden?"[60] Die Frage drängt sich auf: Gerät ein solch verkulteter Sakramentalismus von der ursprünglichen Botschaft Jesu von Nazaret her heute nicht unter Ideologieverdacht? Ist der Gott, den das Neue Testament bezeugt, nicht größer, die christliche Botschaft nicht umfassender als der Raum von Priester, Kult und Kirche? Ist solch ein Priesterbild der Mittlerfunktion nicht in Gefahr, Christus selber zu verdrängen, Anmaßung und Selbstüberschätzung des Menschen Vorschub zu leisten und dies nach all den geschichtlichen Erfahrungen, die auch das Priesterbild erschüttert haben? "Hochhuths Stück war ein Signal des Umschwenkens", meint Werner Ross. "Man sieht auf der Bühne einen Papst, der zu jedem Paktieren bereit ist, wenn nur der rote Todfeind ferngehalten wird, der nach den Aktien des Vatikans zu greifen sich anschickt." Die Folge: "Der Klerus wird seitdem nicht mehr zum interessanten Schauplatz des Kampfes zwischen Gott und Welt, sondern zu einem Teil des Milieus, des Establishment, immer auf dem Weg zum nächsten Kompromiß, mitgefangen und mitgehangen, oft von besten Absichten getragen, aber hilflos gegenüber den Verstrickungen des Schicksals. Die Texte mehren sich, in denen ein Kaplan oder ein Pfarrer auftritt, um diese Hilflosigkeit dem Publikum vor Augen zu führen. Ein exemplarisches Beispiel findet sich in Dürrenmatts Stück 'Der Meteor'."[61]

Welch eine *Verengung auch des Sünde-Gnade Verständnisses!* Welch eine Atmosphäre der Angst in diesen Romanen: Angst vor der Sünde und der Verwerfung, Angst vor dem Versagen und der Verdammung, Angst vor dem Tod und der Hölle. In all diesen Romanen bildet sich das erbarmungslose, kalvinistisch-jansenistischer Tradition entstammende Schema ab: erwählt oder verworfen, gerettet oder verdammt, in den Händen Gottes oder in den Händen des Satans. Über allem Geschehen die drückende Atmosphäre eines nicht enden wollenden Schuldbewußtseins! Der Schnapspriester, der im Rausch ein Kind gezeugt hat, findet keine Ruhe vor Gott, obwohl er unendlich bereut: "Warum sollte jemand seine Gebete hören? Sünden sind die Enge, die sie nicht durchlassen."[62] Der Landpfarrer lebt in ständiger Versagungsangst, ein Unwürdiger zu sein. Schuldbewußtsein vor allem im Zusammenhang mit der Sexualität! Ob Landpfarrer, Schnapspriester oder Lazarus Belfontaine: überall wird Sexualität als das Widersacherische, Verführerische, Satanische denunziert, verbunden mit typischen frauen-feindlichen Affekten. Mit einem durchaus ernstzunehmenden, auch christlich interpretierbaren Ideal der Keuschheit hat dies hier nichts zu tun, werden hier doch oft sexuelle Konflikte der Figuren ins Theologische hineinprojiziert. Kein Zufall also, daß im "Unauslöschlichen Siegel" auf dem Höhepunkt des Geschehens Belfontaine Suzette als die Verführerin durchschaut, die sich mit dem Teufel eingelassen hat. Kein Zufall ebenso, daß der Landpfarrer in sein Tagebuch notiert: "Ich wußte nichts von der anscheinend unwiderstehlichen stillen Leidenschaft, von der großen Begeisterung des

ganzen weiblichen Geschlechts für das Böse, für die Beute – diese Zügellosigkeit, diese Natürlichkeit im Bösen, im Haß und allem Schandbaren ..."[63]
Der Befund muß aus heutiger theologischer Perspektive befremden. Ist das alles christlich? Hat ein Christ das alles zu akzeptieren? Nein, vielmehr bedarf das christliche Selbstverständnis dieser Literatur selber der Überprüfung. Was ist denn hier zu spüren von der befreienden, zukunftsverheißenden Botschaft des Mannes aus Nazaret? Ist diese Botschaft dazu angetan, den Menschen in Schuldkomplexe zu verstricken, ihm Sündenbewußtsein einzuhämmern, Angst vor der Hölle und der ewigen Verdammnis zu machen? Ist denn diese Botschaft nicht Frohbotschaft mehr als Drohbotschaft? Aufruf zur Umkehr und Vergebung, Chance des Neuanfangs, vorbehaltlos ohne alle Angst vor dem Versagen? Hat denn Jesus von Nazaret in seiner Verkündigung und seiner Praxis die Welt dualistisch aufgespalten in Gut und Böse, den Menschen zerrissen in Körper und Geist, die Welt ausgesetzt einem dunklen Determinismus von Gnadenwahl Gottes oder Ungnadenwahl des Satans?

c. *Christologisch: Abstraktion vom spezifisch Christlichen?*

Hier also liegt die entscheidende Schwäche dieser christlichen Literatur. Und darum geht es: die christliche Literatur auf ihr christliches Selbstverständnis zu überprüfen. *Maßstab* unserer theologischen Kritik ist das Evangelium Jesu Christi selber, wie es im Neuen Testament bezeugt ist. Fragen drängen sich von daher an dieses Selbstverständnis auf. Entspricht denn dies alles der Botschaft Jesu Christi: diese Rede vom großen Welttheater zwischen Gott und dem Satan, die ihren Kampf über den Köpfen der Menschen austragen, von der Marionette Mensch, der seinem Schicksal dunkel, unbegreiflich ausgeliefert ist, Spielball in diesem Drama oder in der Rolle des Zuschauers, der den Ausgang weder positiv noch negativ beeinflussen kann? Ist denn dies alles von ihm her zu rechtfertigen: dieser anthropologische Pessimismus und kosmologische Dualismus, diese doppelte Gnadenwahl, all die Angst- und Schuldkomplexe, diese Leibfeindlichkeit?
Diese Literatur braucht letztlich nur den Christus des Dogmas, reduziert auf das punctum mathematicum der Inkarnation, um ableiten zu können, daß Gott zwar nicht im natürlichen, wohl aber im übernatürlichen Bereich den Satan letztlich besiegen werde. Kein Zufall also, wenn Elisabeth Langgässer gegen den historischen Jesus polemisiert und bei aller berechtigten Kritik der liberalen Leben-Jesu-Forschung nicht deren Bedeutung erkennt: "Keine Frage: die Leben-Jesu-Forschung der liberalen Schule ist heute nur noch eine Reminiszenz, und eine Betrachtung der Person Christi mit den Mitteln von Emil Ludwig etwa oder dem aufklärerischen Geschwätz einer plump gehandhabten Psychoanalyse ist längst überholt. Aus dem Schutt und Wust einer gleicherweise bürgerlich romantisierenden, wie kritisch-analysierenden Sicht steigt in den unverkennbaren Zügen der Urkirche und mit erschütternder Klarheit das gelebte Dogma hervor. An der unter uns wirkenden Rea-

lität des sakramentalen Fortlebens Christi zerbrechen Raum und Zeit; an der nackten Realität und Substanz eines Mysteriengottes, wie ihn die Antike verstanden hatte, erweist sich die historische Zeit als vollkommen irrelevant."[64]
Die Frage läßt sich nicht abweisen: braucht diese christliche Literatur Jesus von Nazaret überhaupt noch, wo doch Gott und der Satan den Kampf um Mensch und Welt unter sich ausmachen? Christus, identifiziert mit "Gott", in der Rolle eines Mysteriengottes, wo die Konturen der Person verschwommen sind, die Schemen blasser werden und die Figur sich in einen überzeitlichen Mythos auflöst? Paradox genug: nicht Person und Sache Jesu Christi spielen in dieser christlichen Literatur die entscheidende Rolle, sondern der Dualismus von Gnade und Gericht, Erlösung und Verdammnis, Gott und Satan. Deutlich erkennbar das Gefälle zur immer stärkeren Abstraktion von der Figur Jesu Christi in unseren drei Romanen: bei Bernanos noch beides nebeneinander, der dogmatisch-christologische Rahmen (der inkarnierte Gottmensch) und der personale Bezug zur Figur des Mannes aus Nazaret, bei Greene wird der Lebens- und Leidensweg Jesu nur in Andeutungen evoziert, der Christus von Dogma und Kult aber überwiegt, bei Elisabeth Langgässer sind auch die Andeutungen verschwunden. Hat sich hier das dualistische Schema nicht verselbständigt, ist es nicht austauschbar geworden? Kann hier nicht eigentlich vom spezifisch christlichen Inhalt abstrahiert und das Schema auch anders inhaltlich gefüllt werden? So spielte etwa der Kampf zwischen Gott und Satan um die Herrschaft der Welt in der Gnosis eine große Rolle und ist gerade nicht spezifisch christlich. Dieses seit den Zeiten des Persers Zarathustra gängige mythologische Deutungsschema spielt schon im AT eine deutlich untergeordnete Rolle und ist auch bei Jesus von Nazaret – anders als in Qumran – nicht Zentrum seiner Botschaft.[65] H.E. Holthusen deutet in diese Richtung, wenn er zu Elisabeth Langgässer kritisch bemerkt: "Der Kosmos, als eine emanzipierte Schöpfung, nimmt dämonische Züge an, und die einerseits einem 'Naturbann', andererseits einem 'Geistbann' (F. Kemp) verfallene Seele bringt die beiden Hälften des Seins nicht mehr zusammen. Der Katholizismus der Dichterin spielt ins Gnostische hinüber, und die in vielen Konversionen vorhandene Affinität zur Häresie wird besonders deutlich."[66]
Hier liegt die eigentliche Problematik einer so verstandenen christlichen Literatur. Wir stehen vor der paradox anmutenden Tatsache, daß diese christliche Literatur primär nicht deshalb fragwürdig ist, weil sie nicht mehr zeitgemäß sei, sondern deshalb, weil sie zu wenig das spezifisch Christliche repräsentiert. Der Realitätsgewinn, die Tiefenschärfe dieser Literatur gegenüber einer Jesusroman-Literatur (Elisabeth Langgässer polemisiert zu Recht gegen Emil Ludwig!) durch literarische Verschlüsselungen des Christlichen in Figuren wie dem Landpfarrer und dem Schnapspriester wird erkauft mit einer zunehmenden Abstraktion vom spezifisch Christlichen in literarischer Struktur und theologischem Deutungsrahmen der Romane. Diese Figuren können für sich genommen literarisch überzeugen, erscheinen aber im theologischen Gesamtrahmen der Romane eher unwirklich und künstlich. Sie ver-

lieren damit entscheidend ihre Dichte, ihre paradigmatische Funktion in der Interpretation dessen, was Jesus von Nazaret für die Menschen von heute bedeutet. Schnapspriester und Landpfarrer sind so in diesem ihrem Rahmen heute nicht mehr geeignet, die Figur des Mannes aus Nazaret authentisch zu spiegeln, überzeugend zu interpretieren.
Traditionelle christliche Literatur scheint damit am Ende. Aber auch christliche Literatur schlechthin? Es gilt nun, nach einer neuen Art christlicher Literatur zu suchen: d.h. die moderne Literatur ist zu befragen nach Themen und Motiven, Figuren und Formen der Interpretation des Jesus von Nazaret.

2. TEIL

FORMEN NEUER ANNÄHERUNG

THEMENKREISE – FIGUREN – KNOTENPUNKTE

Traditionelle Lyrik, Jesusroman und traditionelle christliche Literatur – drei Formen literarischer Annäherung an die Figur Jesu von Nazarets, die sich theologisch wie literarisch als unbefriedigend erwiesen haben. Die Erkenntnis, daß diese – aufs Ganze gesehen – restaurative christliche Literatur nach 1945 bestimmten ideologischen Interessen dienstbar gemacht wurde, im Raum des Kirchlichen oft nur der frommen Selbstbestätigung diente, ebenso wie die Kritik ihres theologischen und literarischen Anspruchs vermögen verständlich zu machen, warum diese Art christlicher Literatur Mitte der fünfziger Jahre beinahe völlig aus der literarischen Öffentlichkeit verschwindet.

I. Übergänge: Von der traditionellen zur modernen christlichen Literatur

Doch das Verschwinden dieser christlichen Literatur bedeutet nun keineswegs das Verschwinden literarischer Auseinandersetzung mit der Figur Jesu Christi in der deutschen Literatur überhaupt. Von "Entchristlichung" der modernen Literatur kann nur reden, wer christliche Literatur mit den Produkten dieses bestimmten konventionellen literarischen Genre identifiziert. Das Gegenteil ist der Fall. Eine völlig andere Art der literarischen Rezeption der Jesusfigur greift parallel zu dieser restaurativen Literatur und oft in bewußter polemischer Zuspitzung gegen diese Platz. Wir wollen im folgenden diesen Prozeß des Übergangs verdeutlichen.

1. Übergänge in der Prosa: Pilatus als Spiegel-Figur

Um uns den Übergang klarzumachen, wählen wir zwei Prosastücke aus, die sich beide – aus ihrer je eigenen Perspektive – am Pilatus-Stoff versuchen. Es geht um *Friedrich Dürrenmatts* "Pilatus" (1952), mit dem er seinen Prosaband "Die Stadt" abschließt und um eine 'Novelle' von *Gertrud von Le Fort* "Die Frau des Pilatus" aus dem Jahr 1956.[1]

In beiden Texten ist Jesus als Person ganz zurückgenommen: das Bild seiner Persönlichkeit und seiner Umwelt wird nicht mehr historisierend oder psychologisierend ausgemalt, sondern durch verschiedene Spiegelungen in von ihm betroffenen Menschen indirekt zusammengesetzt. Zwar bleibt die historische Kulisse für die Handlung noch intakt: beide Autoren vertrauen noch auf die Kraft historischer Einkleidung ihrer Problematik. Aber der Unterschied in der Erzählstruktur beider Texte ist fundamental und signalisiert den Übergang zur Moderne überdeutlich; während Gertrud von Le Fort mit der Form einer "Novelle", also mit einer festen Fabel, arbeitet, hat Dürrenmatt die Fabel als Erzählgerüst seines Textes aufgegeben. Er präsentiert dafür eine exakte, detailliert ausgearbeitete Fallstudie von der Betroffenheit des römischen Statthalters Pontius Pilatus in der Begegnung mit dem angeklagten Jesus von Nazaret.

Die Figur des Pilatus (bei Le Fort die seiner Frau) erweist sich literarisch als doppelt ergiebig. Einmal, weil schon im *Neuen Testament* Pilatus als Spiegelfigur benutzt wird; der Heide Pontius Pilatus – von den Juden zum falschen Urteil über Jesus gezwungen – soll zur Beschämung der Juden indirekt die Unschuld Jesu bezeugen: "Ich finde keine Schuld an diesem Menschen." (Lk 23, 5) Stellvertretend auch für christliche Exegeten spricht der jüdische Jesusbuch-Autor Schalom Ben Chorin sogar von "pro-römischen Retuschen der Evangelium-Redaktion".[2] Zum anderen, weil das Pilatusbild der Überlieferung ganz extreme Persönlichkeitsmerkmale des römischen Statthalters aufweist: in den Evangelien der seltsame (nur von Mattäus berichtete) Traum der Frau des Pilatus, der diesen warnend darin bestätigen soll, Jesus freizusprechen und die berühmt gewordene Geste der Handwaschung. Diesem eher positiven, Pilatus stark von der Verantwortung entlastenden Bild der Evangelien aber steht das von Philo von Alexandrien und Flavius Josephus gegenüber: beide zeugen von der rücksichtslosen Grausamkeit und Brutalität des Statthalters.[3]

Bei solchen Unterschieden in der Bedeutung und in der Bewertung der Pilatusfigur ist es kein Wunder, daß nicht nur die christliche *apokryphe Literatur* (der Kirchenhistoriker Eusebius von Cäsarea berichtet von mehreren Schriftstellern, nach denen Pilatus durch Selbstmord geendet sein soll)[4], sondern auch die *profane Literatur* – freilich auf unterschiedlichem Niveau – sich mit der Pilatusfigur auseinandergesetzt hat: in unserer Zeit vom französischen Literaturnobelpreisträger Anatole France[5] und dem russischen Autor Michail Bulgakow[6] bis zur amerikanischen Rock-Oper “Jesus Christ Superstar”.[7] Der deutsche Schriftsteller *Gerhard Menzel* schrieb einen ganzen Pilatus-Roman,[8] und *Max Frisch* ließ die Pilatus-Figur in seiner “Chinesischen Mauer” auftreten im Gespräch mit Philipp II. von Spanien (dem Inquisitionskönig) über “Was ist Wahrheit”; einen Pilatus, der nicht loskommt von dem, den er unschuldig verurteilt hat, der sich aber für unschuldig hält, weil er die Wahrheit nicht kennt, weil er sich deshalb nicht entscheiden kann. Eine Figur, die zum Typus gemacht ist bei Max Frisch, zum Typus dessen, der als Skeptiker glaubt, sich aus der Verantwortung für das, was an Leid und Unrecht geschieht, stehlen zu können. Jesus von Nazaret aber, indirekt durch diese Pilatus-Figur evoziert, unschuldig leidendes Opfer, weil er für die Wahrheit eintrat, wird in Beziehung gesetzt zur Hauptfigur der “Chinesischen Mauer”, dem Stummen, Wang mit Namen, unschuldiges Opfer auch er, Opfer des brutalen Terrorregimes des chinesischen Kaisers, der die Wahrheit über sich und seine Herrschaft nicht ertragen kann.[9]

Gertrud von Le Fort knüpft in ihrer Novelle an das schon bei Mattäus berichtete Traumerlebnis der Frau des Pilatus an. Sie gestaltet diesen Hinweis zu einer ganzen Geschichte, die das Schicksal dieser Frau zum Inhalt hat. Erzähltechnisch schafft sich Gertrud von Le Fort eine *doppelte Distanz* zur Jesusgestalt, die Authentizität des Berichteten vortäuschen soll. Die Novelle hat die Form eines Briefes (1. Distanz), den die freigelassene Sklavin der Frau des Pilatus über deren Erlebnisse (2. Distanz) mit Jesus von Nazaret in Jerusalem und der Christengemeinde in Rom verfaßt hat. Authentizität des Berichteten soll auch da vorgetäuscht werden, wo bestimmte Gerüchte um das Schicksal des Pilatus im Brief als “Legenden” zurückgewiesen werden, die deutlich auf apokryphes Material zurückweisen.[10] Der Brief soll dem Leser das Gefühl geben, hier werde jetzt die Geschichte des Pilatus und seiner Frau von einer Augen- und Ohrenzeugin authentisch erzählt.

Claudia Procula, die Frau des Pilatus, kann ihren Mann trotz ihres warnenden

Traums nicht dazu bewegen, den angeklagten Jesus von Nazaret freizusprechen. Die Autorin Le Fort benutzt dabei den Traum als Mittel der Vorausdeutung (ein altes literarisches Motiv). Im Traum durcheilt Claudia die kommenden Jahrhunderte, und welche Zeiträume sie auch durchmißt, überall schlägt ihr als dumpfer, drohender Refrain entgegen: "crucifixus etiam pro nobis sub Pontio Pilato, passus et sepultus est".[11] Pilatus aber, innerlich unbetroffen, kommentiert den Tod Jesu: "Das Wohl des Imperiums fordert eben manchmal ungerechte Opfer."[12] Vom Blick des unschuldig verurteilten Jesus getroffen, beginnt ein langsamer Entfremdungsprozeß zwischen Claudia und ihrer bisher gewohnten Umwelt, vor allem zwischen ihr und ihrem Mann. Jahre der Entfremdung und des Schweigens folgen. Nach Rom zurückgekehrt, findet sie nach einer Phase religiöser Orientierungslosigkeit in aller Heimlichkeit zur Gemeinde der Christen. Sie schließt sich ihr an, um die Schuld ihres Mannes stellvertretend auf sich zu nehmen. Als sie aber auch dort nicht die Gerechtigkeit und Barmherzigkeit findet, die sie sucht (die Gemeinde ist nicht zu bewegen, den anklagenden Satz gegen ihren Mann zurückzunehmen), wendet sie sich von der Christengemeinde ab, von der sie annehmen muß, daß auch hier "Mars Ultor", der Gott der Rache und nicht Christus, der Barmherzige, herrscht. Später aber, zur Zeit der Christenverfolgung unter Nero, erkennt Claudia die Ernsthaftigkeit der Blutzeugen Christi an und besinnt sich, daß sie mit ihrem Urteil den Christen Unrecht getan habe: "Und ich habe diese Menschen verurteilt, genau so wie sie meinen Gemahl verurteilt haben und wie mein Gemahl einst den Herrn verurteilt hat! Genau so! Aber Christus hat sein Zeichen über ihnen aufgerichtet – er hat sie zu seinen Blutzeugen angenommen! Ja, wahrhaftig, Christus wird immer und überall besiegt, auch in mir ist er besiegt worden – sie hatten recht, mir die Taufe zu verweigern, o sie hatten recht!"[13]

Die Frau des römischen Statthalters stirbt dann bei der gleichen Verfolgung als christliche Märtyrerin vor den Augen ihres Mannes, der diese Maßnahmen im Auftrag des Kaisers durchführen muß. Die Erkenntnis, daß seine Frau wie der Mann aus Nazaret gestorben ist und also auch für ihn gestorben ist, bewahrt Pilatus vor dem Selbstmord.

Kein Zweifel: diese christliche Novelle ist aus einer Haltung des Frommen und Erbaulichen geschrieben. Die Geschichte vom Schicksal der Frau des Pilatus dient der andächtigen Erhebung im Stile christlicher Legendenliteratur. Ein größerer Triumph christlicher Wahrheit ist nicht denkbar: die Frau des Mannes, der Jesus zum Tode am Kreuz verurteilte, stirbt den christlichen Märtyrertod im Zeichen eben dieses Veruteilten. Das *Bild,* das diese Novelle von *Jesus Christus* zeichnet, entspricht den gewohnten Mustern konventioneller, orthodoxer Jesusliteratur. Von Jesus erfahren wir, er habe "viel Gutes getan, er sei ein großer Wundertäter und Krankenheiler".[14] Sein Blick ist es, der die Frau des Pilatus tief erschütterte, so daß sie nicht mehr von ihm loskommt; er drückt "Erbarmen" "mit der ganzen Welt"[15] aus und "das Ausströmen einer Liebe, die ihre bisherigen Grenzen gesprengt"[16] hat. Christus ist der Gegenspieler des Gottes Mars, des Rächergottes:

“Mars, der Rächer! O wie fest steht sein Haus – und ich war töricht genug zu glauben, daß es fallen werde! Aber es wird niemals fallen – auch die Nazarener werden es nicht stürzen – Cäsar wird immer über Christus siegen, wie er einst in Jerusalem über Christus gesiegt hat. (. . .) Immer wird man rufen: Auge um Auge, Zahn um Zahn! Und wenn Christus heute wiederkäme, (. . .), auch dann würde sich nichts ändern – man würde ihn abermals ans Kreuz schlagen, und alles würde bleiben, wie es ist.”[17]
Die Novelle ist fraglos von einer großen Ernsthaftigkeit in der Darstellung von Person und Botschaft Jesu Christi. Dennoch vermag sie weder theologisch, noch insbesondere literarisch zu überzeugen. Die Anwendung der indirekten Darstellungsmethode bleibt ohne wesentliche Folgen für ein differenziertes, mit der heutigen Wirklichkeit von Mensch und Welt vermitteltes Christusbild. Die theologischen Inhalte dieses Bildes erweisen sich als einseitig und hermeneutisch unvermittelt, der historische Hintergrund ist fromm ins Legendenhafte (trotz gegenteiliger Absicht der Autorin) ausgemalt. Ob gegen solch frommes Wunschdenken nicht doch – historisch wenigstens – der atheistische Skeptiker *Anatole France* recht hat, der seinen Pilatus im Rückblick von dreißig Jahren – alt und krank geworden, in Sizilien zurückgezogen lebend – auf die Frage, ob er sich noch an einen “jungen Galiläer” erinnere, “der umherzog und Wunder tat”, sich vergeblich besinnend und müde resignierend sagen läßt: “Jesus? Jesus aus Nazaret? – Nein, ich erinnere mich nicht mehr.”?[18]
Auch *Friedrich Dürrenmatt* geht in seinem Prosastück vom “Blick” des gefangenen Jesus aus. Aber hier wird keine Geschichte mehr erzählt, hier wird nichts mehr fromm und legendenhaft ausgemalt, sondern hier wird exakt beobachtet, genau analysiert, hier werden Prozesse und Vorgänge aufs genaueste registriert. Keine äußere Chronologie mehr, keine Fabel; äußere Ereignisse sind unwichtig und werden nur nebenbei erwähnt: die bekannten Stationen der Passion Jesu (Vorführung vor Pilatus, Herodes, Geißelung, Kreuzigung, Tod und Auferweckung). Dafür aber eine Art “innerer Chronologie” des Stückes, hineinverlegt in die Person des Pilatus, aus dessen Perspektive der Erzähler die Vorgänge beschreibt. Dieses Prosastück ist eine genaue Studie der Veränderung und Verwandlung des Pilatus angesichts des leidenden “Gottes” Jesus Christus, eine Studie des Verfalls einer Persönlichkeit, des Zerbröckelns eines Ich, der Auflösung einer Person bis hin zu dessen Tod.
Dieses Prosastück ist ein *Spiel der Augen und Blicke.* Blicke charakterisieren hier die Menschen, ihre Augen spiegeln ihr Wesen wieder. Aber Blicke sind auch mißdeutbar und geben deshalb Anlaß zu Mißtrauen, Bedrohung und Angst. Als Jesus den Saal des Pilatus betritt und dieser erkennt, daß er “Gott” vor sich habe, wagt Pilatus es nicht, Jesus “ein zweites Mal mit seinem Blick zu streifen, weil er sich fürchtete.”[19] In diesem Stück heißt Jesus nur “der Gott”, in bewußter Monotonie 86 mal auf wenigen Seiten. Pilatus senkt nun die Augen, weil er sich vom Blick des “Gottes” getroffen fühlt: “Sie waren nicht anders gewesen als Menschenaugen,

nicht mächtiger oder von solchem Licht, das er an griechischen Götterbildern bewunderte. Auch lag nicht die Verachtung in ihnen, welche die Götter gegen die Menschen hegen, wenn sie auf Erden wandeln, ganze Geschlechter zu vernichten, doch auch nicht jene Auflehnung, die er in den Augen der Verbrecher glimmen sah, wenn sie vor ihn gebracht wurden, bei Rebellen wider das Reich oder bei Narren, die lachend starben. Es lag eine bedingungslose Unterwerfung in diesen Augen, die aber eine heimtückische Verstellung sein mußte, weil dadurch die Grenze zwischen Gott und Mensch aufgehoben und so Gott Mensch und Mensch Gott geworden wäre. Er glaubte daher nicht an die Demut des Gottes, und dessen menschliche Gestalt war ihm eine List, die Menschheit zu versuchen."[20] Aber auch die einfache Bewegung des Augensenkens kann mißverstanden werden: "Ihn verwirrte die Angst, den entscheidenden Augenblick durch die Bewegung des Auges nach unten zu der ausgebreiteten Rolle hin verloren zu haben, weil darin für den Gott eine Mißachtung liegen konnte."[21] Stattdessen läßt Pilatus seinen Blick über die im Saal anwesende Menge schweifen, die ihrerseits unter seinem Herrscherblick zusammenzuckt und ihn zu deuten versucht. Dann überkommt Pilatus "eine übergroße Furcht"[22], "den Augen des Gottes ein zweites Mal zu begegnen."[23] Am meisten entsetzt es ihn jedoch, "daß der Gott es unterließ, ihn aufs neue anzuschauen; denn er fürchtete sich zwar vor seinem Blick, aber der Gedanke, der Gott mißachte ihn, war ihm unerträglich."[24] Jesus selbst hält die Augen "in sich gekehrt".[25]

Nachdem Pilatus Jesus zu Herodes geschickt hat, ist ihm klar: "Er glaubte nicht recht, daß Herodes den Gott behalten würde, denn er ahnte, daß es ihm allein bestimmt war, die Wahrheit zu wissen. (. . .) Der Abgrund zwischen Mensch und Gott war unendlich gewesen, und nun, wie der Gott diesen Abgrund überbrückt hatte, und Mensch geworden war, mußte er an Gott zugrunde gehen und an ihm zerschmettern, wie einer, den die Welle an eine Klippe schleudert."[26]

Nach der Rückkehr von Herodes übergibt Pilatus Jesus zur Geißelung. Der Anblick des Gottes danach ist furchtbar: "Er war nackt und die halberhobenen Hände waren vom Seil umschlungen, das schräg angespannt von ihrer Schwere am Pfahl herunterhing. (. . .) Der Schatten des Gottes jedoch wuchs aus dem Lichtkreis der Fackeln heraus mitten in sein Herz, so daß alles, was nun geschah, sich zwischen ihm und dem Gott abspielte; denn alle Dinge, die Legionäre und das Brennen der Fackeln, der Pfahl, der in den Himmel gereckt war, die strengen Quadern der Mauern, die harte Fläche des Bodens, das leise Atmen des Sklaven und die Feuermassen der Gestirne, waren nur da, weil Gott da war und er und nichts anderes, und waren da, weil es zwischen Gott und Mensch keine Verständigung gibt als der Tod, und keine Gnade als der Fluch, und keine Liebe als der Haß."[27]

Damit ist die Problematik des Pilatus auf die Spitze getrieben. Angesichts des leidenden "Gottes" haben sich die Perspektiven umgekehrt: Pilatus, der Mächtige, wird vor "Gott" zum Ohnmächtigen, er, vor dem die Menschen zittern, wird selbst von Angst und Furcht getrieben. Der Schatten des leidenden "Gottes" hat ihn erreicht; zwischen dem Richter und dem Opfer entsteht eine geheime Korrespondenz. Umkehrung auch hier: der, der die Leiden und Qualen angeordnet hat, wird selber in sie hineingezogen und muß als Mitbetroffener und Mitleidender seine Ohnmacht erkennen.

Letztlich geht es in der Auseinandersetzung zwischen Jesus und Pilatus um die *Frage nach Gott*. Ist Gott der Gott des Pilatus, der Gott der römischen Staatsreligion oder der Gott, der sich in Jesus Christus gezeigt hat? Eines ist klar: Pilatus sind in der Begegnung mit diesem "Gott" die bisher vertrauten Gottesbilder fragwürdig geworden. Von diesem Jesus geht eine Bedrohung aus. Hier steht keine Göttergestalt, wie sie die griechischen Standbilder repräsentieren, still und majestätisch[28], keine Göttergestalt, die sich nach ihrem Tod an ihr Kreuz "lehnt", "nackt und schön, laut lachend, um den zu zerreißen, der nun herantritt"[29], keine Göttergestalt, an der die Schmerzen abgleiten "wie an Marmor"![30] Nein, der "Gott" Jesus Christus ist anders: ein leidender und gemarterter, ein geschundener und am Kreuz verendender Gott. Ein Gott, an dem das Leid nicht abgleitet, sondern der durch das Leid hindurchgeht und gerade so – in paradoxer Umkehr – als der Ohnmächtige der Mächtige ist, als der Getötete der Sieger, als der Gekreuzigte der Auferweckte.

Pilatus muß erkennen: Hier ist in der Tat die Grenze zwischen Gott und Mensch aufgehoben und der Abgrund überwunden. Aber auch deshalb muß für Pilatus dieser Gott sterben, denn zwischen Gott und Mensch gibt es keine Verständigung als den Tod, keine Gnade als den Fluch, keine andere Liebe als den Haß.

Wahrhaftig, *kein Gottesbild der frommen Erbauung* wird hier geboten, kein Jesusbild andächtiger Verehrung. Jesus hier in provokativer Stereotypie 86 mal "Gott" genannt, womit die ganze Herausforderung und Zumutung spürbar wird, die von dieser Figur ausgeht. Hier steht das christliche Gottesverständnis in seiner ganzen Radikalität auf dem Spiel. Dazu passen auch die den Tod Jesu begleitenden Naturereignisse, die schon im Neuen Testament berichtet werden und die Dürrenmatt in seinen Text integrierte: "Die Sonne verfinsterte sich. Der Himmel wurde zu Stein, so daß die Menschen im Raume aufschreckten. Die Musikanten bewegten die Flöten von ihren bleichen Lippen und starrten mit großen, runden Augen nach den vergitterten Fenstern. Mitten im Himmel stand unbeweglich die tote Sonne ohne Licht in einer glanzlosen Fläche als ein riesenhafter Ball, der mit tiefen Löchern bedeckt war. Auch erfolgte ein Erdstoß, der alles übereinanderwarf, so daß sich die Menschen laut schreiend an die Erde preßten."[31] Aber welch ein Unterschied zur frommen Wundererzählung konventioneller Jesusliteratur. Mit großartiger Sprachkraft und geradezu expressionistischer Metaphorik werden hier im apokalyptischen Horizont die "Wunder" zu göttlichen Paradoxien, die den apokalyptischen Bruch dieser Botschaft und dieses Gottes mit der bisherigen Welt evozieren.

Die *Pilatusfigur* wird hier nicht mehr historisierend oder psychologisierend ausgemalt, seine Person nicht als historische Persönlichkeit geschildert, sein Schicksal

nicht in Form einer Geschichte erzählt. Die Pilatusfigur erscheint stark typisiert, geformt zu einer Art *"Testfigur"* in der Analyse der Reaktionen von Menschen, die von der Person des leidenden "Gottes" betroffen sind. Für Pilatus war die Auseinandersetzung mit Jesus ein Kampf auf Leben und Tod, ein Ringen um Sein oder Nichtsein. Deshalb mußte Jesus sterben. Als nach Ostern ein Bote ihm die Nachricht überbringt, das Grab Jesu sei leer, zögert er keinen Augenblick: Er "ritt sogleich dorthin und schaute lange in die Höhle. Sie war leer, und der schwere Stein, der sie bedeckt hatte, lag zerbrochen auf der Erde. Langsam wandte er sich. Ein Sklave aber stand hinter ihm, und der sah dann des Pilatus Gesicht: Unermeßlich war es wie eine Landschaft des Todes vor ihm ausgebreitet, fahl im frühen Lichte des Morgens, und wie sich die beiden Augen öffneten, waren sie kalt."[32]
Zweifellos geht es in diesem Prosastück Dürrenmatts, wie überhaupt in diesem frühen Prosaband "Die Stadt" mit seinen verschiedenen Formen der Auseinandersetzung mit der Gottesfrage ("Weihnacht", "Der Folterknecht", "Der Tunnel") nicht um die Darstellung einer christlichen Weltanschauung in einer christlich-calvinistischen Weltschau, nicht um die Selbstbestätigung christlicher Glaubenspositionen, sondern um eine Auseinandersetzung über die Erkenntnismöglichkeit Gottes in dieser Welt überhaupt. Auch muß man sehen, daß diese Pilatus-Figur Züge eines Menschen des 20. Jahrhunderts reflektiert, dem der Glaube an Gott in Gestalt des christlichen Paradoxes abhanden gekommen ist. *Joachim Bark* ist darin zuzustimmen: "Die Christlichkeit des Erzählers Dürrenmatt wird, wenn irgendwo, in einer philosophischen, wenn nicht theologischen Hermeneutik zu suchen sein. Sie ist nicht anzugehen mit der Frage nach einer abziehbaren Gottesvorstellung (oder nach einem christlichen Menschenbild), sondern mit der Frage nach der Möglichkeit einer Gottesvorstellung überhaupt und der Möglichkeit, eine Gottesvorstellung in einer Erzählung auszulegen."[33]
Doch kann man Dürrenmatts Prosastück theologisch und literarisch *nicht unbefragt* lassen. Dieses hier vom frühen Dürrenmatt gezeichnete Christusbild erscheint theologisch (monophysitisch) überzogen, denn schon nach dem Neuen Testament ist Jesus Christus nicht einfach "Gott". Christliche Tradition hat immer an Einheit und Unterschiedenheit von Gott und Jesus Christus festgehalten und dies in verschiedenen Sprachformen zum Ausdruck gebracht (Gottes-Sohn, wahrer Gott – wahrer Mensch usw.). Diese Christusdarstellung ist literarisch gesehen von einer merkwürdigen, unwirklichen Disparität: der literarische Vorgang ist der einer Rückprojektion einer später entstandenen dogmatischen Formel auf eine historische Figur, gleichsam eine *Historisierung des Dogmas.* Daß diese Verlebendigung einer dogmatisch abstrakten Erkenntnis in historischem Gewand literarisch wie theologisch scheitern mußte, ist bei diesem Versuch offensichtlich. Die hier durchaus literarisch angelegte Möglichkeit einer Kontrastierung von historischer Wirklichkeit und dogmatischer Abstraktion blieb ungenutzt, ja überhaupt bleibt die paradoxe Glaubensstruktur dieses hier dargestellten christlichen Gottes- und Christusverständnisses merkwürdig unangetastet. Ob der Zeitgenosse Dürrenmatts

sich in dieser Pilatus-Figur hinsichtlich der Gottesproblematik wiedererkennen kann, muß bezweifelt werden. Die Identifizierung mit dieser Pilatus-Figur jedenfalls fällt äußerst schwer, wird dessen Verhalten doch als selbstverschuldetes Versagen dargestellt, während die Wurzel der Glaubensproblematik (die Paradoxien; vor allem auch die Wunder im apokalyptischen Kontext und das leere Grab) unbefragt bleibt.

Gertrud von Le Fort und Friedrich Dürrenmatt: zwei Textbeispiele, die den Übergang von der konventionellen zur modernen christlichen Literatur markieren. Das Prosastück von Dürrenmatt ist gleichsam noch einmal Anwendung und Aufhebung konventioneller Jesusliteratur in einem. Die Charakteristika konventioneller Jesusliteratur sind hier noch einmal (im Zitat) präsent: historisch-kultureller Kontext des Lebens Jesu, historische Figuren aus seinem Lebenskreis (Pilatus, Herodes), Stationen seines Leidenswegs, Kreuz und Auferweckung, Jesus als "Gott"; sie sind aber in radikaler Umkehr neu gedeutet, in starker Verfremdung neu erschlossen: keine Geschichte mehr und keine Fabel, keine Chronologie und Psychologie, die Historie als Folie nicht als Selbstzweck; Pilatus ein moderner Jedermann, als Spielfigur einer Fallstudie; Jesus, gespiegelt in den Reaktionen Betroffener, gleichsam nur noch indirekt präsent, dem direkten Zugriff entzogen; seine Botschaft nicht als Funktion frommer Selbstbestätigung, sondern als Herausforderung für Mensch und Welt. Gott und Mensch zugleich stehen auf dem Spiel!

2. Übergänge im Hörspiel: Von Dorothy Sayers zu Günter Eich

Ein ähnlich interessanter Übergang von der konventionellen zur modernen christlichen Literatur findet sich nach 1945 im Hörspiel. 1947 und 1951 waren die beiden "Geburtsstunden" des deutschen Nachkriegshörspiels: Wolfgang Borcherts Stück "Draußen vor der Tür" und Günter Eichs "Träume" wurden urgesendet. In diese Zeit des Aufblühens des deutschen Hörspiels fallen auch die Hörspiele, die sich mit der Jesusfigur befassen: 1949 veröffentlichte die englische Schriftstellerin *Dorothy Sayers*, die besonders durch ihre Kriminalromane internationale Popularität erlangte, ein Hörspiel unter dem Titel "The Man Born to Be King"[34]; in den fünfziger Jahren folgten in Deutschland die Hörspiele von *Stefan Andres* "Der Reporter Gottes" und *Marie Luise Kaschnitz* "Der Zöllner Matthäus"[35], ferner die Hörspiele von *Heinrich Böll* "Mönch und Räuber" – sein erstes Hörspiel – und "Die Spurlosen"[36] und von *Günter Eich* "Festianus, Märtyrer".[37] Wir wollen versuchen, uns an den hier genannten Beispielen den Übergang klarzumachen.

Die *literartechnischen Möglichkeiten* des Hörspiels[38] scheinen wie geschaffen zu sein, die hier analysierte Problematik der konventionellen Jesusliteratur zu beheben, denn die Vielschichtigkeit der Wirklichkeit kann hier zweifellos adäquater wiedergegeben werden. Prinzip des Hörspiels ist ja nicht das chronologische Nebeneinander von Erzählabläufen, die klare Abfolge von Zeitmomenten und die saubere

Trennung verschiedener Raumbereiche. Die Faszination des Hörspiels liegt vielmehr darin, verschiedene Raum- und Zeitebenen simultan bewußt zu machen: Die Grenzen können zerfließen, Raum- und Zeitebenen werden nur noch assoziiert, heben sich auf und werden durchläßig. Innere und äußere Vorgänge werden nicht mehr unterscheidbar, Phantasie und Realität, Realwelt und Parabel, Traum und Wirklichkeit austauschbare Größen, wie dies Günter Eich in "Träume" (1950) oder "Die Andere und ich" (1951) oder Ingeborg Bachmann in "Zikaden" (1955) beispielhaft demonstrieren.

Die an Filmtechnik erinnernden Schnitt- und Montagetechniken, ferner Geräuschkulissen, Ein- und Rückblenden, Koppelung und Kontrastierung verschiedener Wirklichkeitsebenen erzeugen im Hörer ein Gefühl der *Vielschichtigkeit* und *Simultaneität.* Alles wird verfügbar. Die Ansprache an den Hörer wird im Hörspiel direkter und unmittelbarer, die Distanz zwischen Produzent und Rezipient leichter überbrückbar: Günter Eichs Hörspiel "Träume" endet mit der berühmt gewordenen Adresse an den Zuhörer: "Nein, schlaft nicht, während die Ordner der Welt geschäftig sind! Seid mißtrauisch gegen ihre Macht, die sie vorgeben für euch erwerben zu müssen! (. . .) Seid unbequem, seid Sand, nicht das Öl im Getriebe der Welt!"[39] Der Verzicht aufs Sichtbare stärkt also den Willen zur Kommunikation, das Medium – primär Vermittler von Informationen – kann so auch für das Hörspiel ein Gefühl der Wirklichkeitsbezogenheit und Realitätsnähe vermitteln, was durch das Aufgreifen mediengerechter Formen (Reportage, Feature etc.) im Hörspiel selbst noch unterstrichen wird. Medienspezifische Gesetzmäßigkeiten (kurze Sendezeit, breite Streuung) zwingen den Hörspielautor zu höchster Konzentration und Verknappung, zu kurzen, knappen Szenen, wenigen Personen, präzis gerafften Dialogen, zu Abkürzungen und Andeutungen: die Sprache wird dichter und genauer. Alle diese literartechnischen Möglichkeiten können der adäquaten literarischen Darstellung der Jesusfigur nur dienlich sein.

Dennoch ist hier vor *ästhetischer Idealisierung* zu *warnen.* Von den ästhetischen und werkimmanenten Kriterien der Hörspielform müssen die medieneigenen Gesetzmäßigkeiten unterschieden werden: das, was man mit H. Heißenbüttel das "Organisationsschema" des Rundfunkprogramms nennen kann. D. h.: Das Hörspiel hängt innerhalb eines Programmschemas vom "Placierungszwang" ab, hat seinen "Gebrauchswert", ist definiert durch das Bedürfnis nach Information und Unterhaltung durch das Medium. Deshalb gilt es zu sehen: "Das Hörspiel verkörperte also, von der Programmorganisation her, im Anfang so etwas wie den akustischen Theaterbesuch in häuslicher Atmosphäre. (. . .) Wichtiger war zuerst einmal, daß dem Hörspielhörer wie einem Theaterbesucher die Illusion eines Spiels teils unterhaltender, teils tragisch erschütternder, teils erbaulicher und teils auch informativbildender Art geboten werden sollte. Wenn der Hörspielentwicklung etwas abzulesen ist, das mediumeigene Gesetzlichkeiten reflektiert, so ist es zunächst nur die Verbindung, die sich von der grundsätzlichen Aufgabe der Information zum illusionären Spiel ziehen läßt. Im Gebrauchscharakter einer populären Hörspielform, die unmittelbar ins Feature übergeht und literarisch-ästhetische Kriterien nur als grob handwerkliche Regeln anerkennen kann, zeigt sich die erste legitime Form, die sich aus dem Medium entwickelt."[40]

Gegenläufige Tendenzen gegen das "Illusionshörspiel" zeichnen sich seit *Mitte der sechziger Jahre* ab:[41] Das Medium selbst wird jetzt in Frage gestellt, die Sprache ist hier nicht mehr Darstellungsobjekt, sondern Darstellungssubjekt. Eine Entwicklung vom Hörspiel zum medien- und sprachkritischen "Sprechspiel" vollzieht sich, nicht unbeeinflußt durch die Veränderung des radiophonen Mediums selbst (Einführung der Stereophonie.) Wieder ist es Günter Eich, der hier auch "für die veränderte Bewußtseinslage der sechziger Jahre bezeichnend"[42] ist. Sein vorletztes Hörspiel "Man bittet zu läuten" (1964) spiegelt die neue Einstellung der Hörspielautoren zum Medium Sprache wieder. Dieses Hörspiel erscheint als eine "Collage von Alltagsgerede", hier mit der kritischen Absicht präsentiert, "durch bestimmte Begriffsassoziationen und bestimmte zentrale Symbole" den "Ideenbrei nachfaschistischer Weltanschauung"[43] zu reproduzieren. Auch die sprachlichen Collagen von Wolfgang Hildesheimer ("Monolog", 1964) und von Peter Handke ("Hörspiel", 1968) sind hier zu nennen.

Die hier vorliegenden Hörspielbeispiele von Dorothy Sayers, Stefan Andres und Marie Luise Kaschnitz, die von Heinrich Böll und Günter Eich verkörpern hinsichtlich der *Hörspielform* durch ihr Festhalten an klar fixierten Zeiten und Räumen noch ganz den Typus des "Illusionsspiels", hinsichtlich der *Darstellung der Jesusfigur* aber gehören die ersten drei Beispiele weitgehend zur Tradition konventioneller Jesusliteratur, Heinrich Böll und Günter Eich dagegen müssen als Beispiele des Übergangs zur modernen Jesusliteratur in Hörspielform gesehen werden.

Gemeinsam ist den Hörspielen von Dorothy Sayers, Stefan Andres und Marie Luise Kaschnitz der Versuch, Jesus als Person *in seiner Zeit* wieder vernehmbar zu machen (Sayers, Andres) oder ihn als Person in seiner Zeit mittels anderer Figuren zu spiegeln (Kaschnitz).

Am weitesten geht dabei *Dorothy Sayers* in ihrem Versuch, dem Hörer Zeit und Umwelt Jesu wieder neu lebendig zu machen. Biblische Figuren werden wieder lebendig. Das Hörspiel ist im Grunde ein dramatisierter Jesusroman, wo die Mittel des Hörspiels nur zur akustischen Verlebendigung (Geräuschkulisse) und massenhaften Verbreitung des Stoffes benutzt werden. Hier findet in der Tat "Theaterbesuch in häuslicher Atmosphäre" statt. Ganz auf den Geschmack des Publikums abgestellt, ganz das perfekte "Illusionshörspiel", verdankt sich seine Popularität von daher.

Dabei will Dorothy Sayers keinen Jesus "ohne Saft und Kraft" darstellen und polemisiert in einer Äußerung über ihr Stück gegen die Frommen, die so "den Sohn Gottes abermals kreuzigen und an den Schandpfahl stellen".[44] Was sie will, macht sie unmißverständlich deutlich: "Gott wurde hingerichtet von einem Volk, dem wir in beängstigender Weise gleichen, in einer Gesellschaft, die der unsrigen nur allzu ähnlich ist, in dem schon ein wenig überreifen, aber großartigsten und kulti-

viertesten Staat, den die Welt je gesehen hat, in einer für ihr religiöses Genie bekannten Nation und unter einer für ihre Leistungsfähigkeit bekannten Regierung. Er wurde hingerichtet durch das Zusammenwirken einer korrupten Kirche, eines unentschlossenen Polititkers und eines wankelmütigen, durch berufsmäßige Agitatoren mißgeleiteten Proletariats. Seine Henker machten gemeine Witze über ihn, gaben ihm Schimpfnamen, peitschten ihn und hängten ihn an den Verbrechergalgen – eine Geschichte voll Blut, Schweiß und Dreck."[45]
Freilich kündigt dieses sozialrevolutionäre Pathos der Sayers mehr an, als das Stück zu halten vermag. Der Jesus dieses Stückes ist doch eher der "sanfte Jesus"[46] als der sozialrevolutionäre. Er stirbt hingegeben in den Willen seines Vaters und nicht mit dem Todesschrei des Gottverlassenen am "Verbrechergalgen".[47] In der Erzählung der Geschichte des Mannes aus Nazaret folgt Dorothy Sayers mal dem spezifisch mattäischen Aufriß (Anbetung der Könige, Flucht nach Ägypten, Taufe durch Johannes, Berufung von Simon und Andreas, Berufung der Zwölf bis hin zur Bergpredigt, dem Wandel auf dem See mit dem Zweifel des Petrus und dem Abendmahl mit der spezifisch mattäischen Formel von der "Vergebung der Sünden"), mal dem spezifisch johanneischen Aufriß (Berufung von Philippus und Nathanael, Hochzeit zu Kana, Jesus als guter Hirte, Einheit mit dem Vater, Auferweckung des Lazarus, Thomas-Bekenntnis "Mein Herr und mein Gott" und die nachösterliche Erscheinung am See Tiberias). Der Schluß ist nach Lukas: Jesus fährt in den Himmel auf.
Eine merkwürdige *Mischung* aus *hochdogmatischer* (Christus = Gott) und antibürgerlicher, *ideologiekritischer Christologie* liegt hier vor. Noch bevor sie die Evangelien in Hörspielform brachte, hatte Dorothy Sayers diese ihre christologische Grundthese in einer kleinen Schrift unter dem Titel "The greatest drama ever staged" (1938) ausgeführt. Und kein geringerer als der evangelische Theologe *Karl Barth* war von dieser Schrift so angetan, daß er sie persönlich, mit einem eigenen Vorwort versehen, ins Deutsche übertrug. Sie erschien – bedingt durch die Verzögerung des Krieges – erst 1959: "Das größte Drama aller Zeiten".[48] Natürlich war es kein Zufall, daß Karl Barth dieser christologischen Auffassung zustimmen konnte. Er hatte seine Freude an dieser Schrift gegen die "'Langweiligkeit' des Dogmas". Christus sei kein "Hausliebling für bleiche Geistliche oder fromme Damen", hatte die Sayers geschrieben, kein "harmloses Milchgesicht", sondern ein "gefährlicher Feuerbrand": "Der Mensch, den wir gehenkt haben, war der allmächtige Gott!".[49] Dies ist zweifellos eine Sprache, die der Römerbrief-Kommentator Barth verstand.
Für unsere Fragestellung ist festzuhalten: Trotz aller Selbstdeutungen der Sayers wird hier keine Geschichte "voll Blut und Schweiß und Dreck" erzählt (das Stück wurde von der BBC während des Krieges sehr erfolgreich ausgestrahlt und die Äußerung der Sayers klingt sehr nach der berühmten Churchillschen Durchhalteparole), sondern die des Gottessohnes Jesus Christus, der vom Himmel gekommen ist, auf Erden seine Botschaft verkündet, das Altarsakrament einsetzt und nach

seinem Tod entsprechend dem Willen seines Vaters in den Himmel zurückkehrt, um hier nur den Rahmen der Handlung zu benennen. Trotz erkennbarer Tendenz zu einer sprachlich realistischeren Zeichnung der auftretenden Personen (vor allem der Jünger), zum Teil bis in Alltagsjargon hienein[50]: dieses Stück steht doch ganz in der Tradition der konventionellen Jesusliteratur.

Marie Luise Kaschnitz ist in ihrem Hörspiel "Der Zöllner Matthäus" hinsichtlich der Auswahl von Stoff und Darstellungsmethode bedeutend zurückhaltender. Ihr Stück bringt nur einen Ausschnitt, gleichsam ein Paradigma, aus dem Leben Jesu von Nazarets: die Berufung des Zöllners Mattäus. Die Tendenz, die sich bei Dorothy Sayers schon abzeichnete, ist hier vollends sichtbar: dieses Hörspiel arbeitet nur noch mit der indirekten Spiegelmethode. Dabei setzt Marie Luise Kaschnitz in diesem ihrem sehr frühen Hörspiel die Stilmittel der Hörspieltechnik im Vergleich zu ihren späteren Hörspielen[51] noch sehr sparsam ein; ihr "Zöllner Matthäus" ist noch eine zeitlich und räumlich einlinig gebaute Abfolge von 11 Szenen, durchbrochen in ihrer "Eindimensionalität" nur zweimal durch den Einschub eines räumlich und zeitlich disparaten Hymnus.[52]

Um die bei den Synoptikern kurz berichtete Tatsache der Berufung des Zöllners Mattäus[53] baut Marie Luise Kaschnitz eine dramatische Rahmenhandlung. Mattäus, für einen damaligen Zöllner überdurchschnittlich gebildet – er interessiert sich für Bücher und selbst für Schriftstellerei – möchte aus der Enge seiner Zöllnerexistenz ausbrechen und das verwirklichen, was ihm schon als Kind geträumt hat: "Mit einem gehen, der reich ist und stark und schön. Der mich die Welt sehen läßt wie von einem hohen Berge, die Nähe und die Ferne, alles zugleich. Der zu mir sagt: Schreibe, Matthäus!".[54] Der Mann, auf den Mattäus seine Hoffnung setzt, ist der reiche Reeder Georgias.

Durch Begegnung mit verschiedenen Menschen, unter anderen auch den Jüngern Jesu, wird Mattäus aber auch mit der Person und der Botschaft des Jesus von Nazaret bekannt, von dem es heißt, er stamme aus dem "armseligen Bethlehem".[55] Dieser Jesus repräsentiert genau das Gegenteil von dem, was Mattäus sich erträumt: Jesus hat nicht den Blick "wie von einem hohen Berge", sondern die Perspektive von unten, die Perspektive der Armseligen und Verachteten, der Schwachen und Einfältigen.

Als die Hoffnungen, die Mattäus auf den reichen Reeder gesetzt hat, sich als trügerisch erweisen, wird er von Jesus, der ihm winkt, mit unwiderstehlicher Macht angezogen. In einem langen Monolog am Schluß des Stückes, nach langem inneren Ringen mit sich ("Ich passe nicht zu ihm. Ich bin kein Heiliger und nicht einmal ein frommer Mensch."[56]) erliegt Mattäus der Kraft, die von diesem Jesus ausgeht ("Ich will das nicht, hörst du, du, Herr. Ich will nicht, daß du mich so ansiehst wie einen Bruder oder wie einen verlorenen Sohn"[57]), nimmt er die Herausforderung an, die in der Konsequenz seiner Entscheidung für Jesus steckt ("Wahrscheinlich denkst du, daß ich mich davor fürchte, mit dir zu gehen, weil es heißt, daß du ans Kreuz geschlagen wirst. Und das ist auch wahr. Ich bin ziemlich wehleidig, und es macht mir nicht das geringste Vergnügen, zuzusehen, wie sie dir eine Krone aus Dornen auf den Kopf drücken."[58]); endlich folgt er ihm: "Herr, ich komme, warte auf mich!".[59]

Jesus von Nazaret tritt hier als Person nicht direkt in Erscheinung. Das aber, was er für die Menschen bedeutet, wird *auf vier Ebenen gespiegelt:* auf der Ebene von Jesu Gefolgsleuten; seiner Gegner; Jesus als Gegentypus zum reichen Georgias und Jesus gespiegelt in kurzen Szenen einer im Stück selbst von einer Schauspieltruppe improvisierten Theaterstückprobe (Spiel im Spiel).

Für seine *Gefolgsleute* (Jünger u.a.) ist Jesus der "Lumpenkönig" und das "Lammeslamm", der "Gottessohn" und der "Herr".[60] Er ist ihnen aber auch nicht ganz "geheuer" und ist ihnen "unheimlich", wenn er "wie ein Gespenst" "zu Fuß, über das Meer"[61] wandelt. Für sie – die Jünger – kommt Jesus "aus dem Paradies" und "da geht er auch hin".[62]

Für seine *Gegner,* den Arzt und den Lehrer, den Notar und den Steuerbevollmächtigten ist Jesus "wahrscheinlich nichts anderes als ein Epileptiker", ein "Schwätzer und Schwärmer" und ein "Landstreicher", für den Hauptmann ist er schlicht ein "Verrückter".[63] Seine Bewegung ist "eine Sekte, wie es hunderte gibt", ein "Haufen von armen Leuten, denen es schlecht geht und die von einem besseren Leben träumen".[64]

Jesus ist auch *Gegentypus zum reichen Reeder Georgias,* der so charakterisiert wird: "Wenn er den Schnupfen hat, kommt sein Leibarzt und kuriert ihn. Wenn ihm heute eine schöne Frau wegläuft, hat er morgen drei andere, die noch schöner sind. Wenn er bei einem Geschäft Geld verliert, gewinnt er es bei dem nächsten zehnfach wieder zurück."[65]

Und Jesus wird gespiegelt in den Szenen einer improvisierten *Schauspielprobe.* Ein reicher Mann tritt auf, der plötzlich Angst hat, daß die Menschen um ihn herum ihn nur wegen seines Geldes lieben, der fürchtet, daß er als Mensch genau so viel wert ist, wie er Geld hat und daß man ihn fallenlassen könnte, sollte er arm oder krank werden.[66]

Zweifellos bedeutet das Hörspiel der Marie Luise Kaschnitz einen *Fortschritt* gegenüber der direkten konventionellen Jesusliteratur: Spiegeltechnik, differenzierte Jesusbilder, starke, aufs Exemplarische konzentrierte Verknappung des Stoffes, realistischere Sprache, problematisierte Jesus-Nachfolge. Dennoch kann nicht verschwiegen werden, daß dieses Stück theologische und vor allem literarische *Schwächen* hat. Die Farben, mit denen hier das Jesusbild gemalt sind, sind allzu grell, die benutzten Schemata (Arm–Reich, Liebe–Haß, Gottessohn–Landstreicher u.a.) allzu grob, die Inhalte allzu moralisierend (der reiche Mann, der aber unglücklich ist), als daß hier die differenzierte und vielschichtige Wirklichkeit der Person und der Sache Jesu von Nazaret adäquat literarisch vermittelt wäre. Die psychologisierende Ausgestaltung der Mattäus-Geschichte ist aufs ganze gesehen hermeneutisch zu unergiebig, als daß dies hier vermittelte Jesusbild voll überzeugen könnte.

Ein Versuch, die medienspezifischen Mittel der Hörspieltechnik für die Darstel-

lung der Jesusfigur besser zu nutzen, ist *Stefan Andres'* "Der Reporter Gottes". Die Struktur des Stückes ist einfach: Die Tatsache der Wiederkehr eines Jesus Christus in Amerika wird zum "Aufhänger", die Einstellungen und Haltungen verschiedener Menschen zu Person und Sache Jesu Christi zu befragen. Gleichzeitig wird die Gelegenheit benutzt, den authentischen Jesus gegen den "Show Jesus" zur Sprache kommen zu lassen: "Wie tief muß doch die Sehnsucht nach einem Erlöser in diesen Menschen wurzeln! Aber wie leer auch müssen sie sein, um selbst solch einem Heilsscharlatan nachzulaufen! Und wie matt, erstorben und amtlich müssen doch die offiziellen Kirchen geworden sein, wenn selbst solch billige Mischung aus Filmstar, Hochstapler und Schwärmer es vermag, die Seelen so tief zu erregen."[67]
Das Hörspiel von Stefan Andres weiß sich die Mittel des Mediums Rundfunk zunutze zu machen. Durch Anwendung mediengerechter und dem Zuhörer vom Medium her vertrauter Formen soll im Zuhörer ein Gefühl der Aktualität, Realitätsnähe und Authentizität erzeugt werden: Figur eines "Reporters", Reportage, Anrede an die Zuhörer ("Meine lieben Zuhörer – ich bin in meinem Aufnahmewagen unterwegs . . . "[68]), Interviewform der Gespräche, "Sachinformationen" durch Einschub von Zitaten aus den Evangelien, vorgetragen von einem "Chronisten" etc. Um dem Hörer den Sprung aus dem Jahre 32 in das Jahr 1952 zu erleichtern, teilt der Hörspielautor die Jesusgeschichte in 10 Hörfolgen ein, die jeweils von einem aktuellen Problem ausgehen und in die die Jesusgeschichte eingeblendet wird. Diese aktuellen Problemkreise werden mit Schlagzeilen journalistisch im Stile der Boulevard- und Sensationspresse aufgemacht: "Christus im Examen", "Jesus unter Spießbürgern", "Die peinliche Situation", "Das schwierigste Gebet".
Der Reporter versteht sich als "Reporter Gottes", das heißt: "Ich berichte vom Himmel in ein irdisches Organ – in dieses Mikrophon hinein. Und da in meinem eigenen Herzen über Gott und sein Reich leider nur kümmerlich wenig Nachrichten einlaufen, bin ich immerzu unterwegs und frage bei den anderen an. Sehen Sie, ähnlich wie Diogenes, der in den Leuten den Menschen suchte, so suche ich im Menschen Nachrichten über Gott."[69]
Durch *Einblenden verschiedener Raum- und Zeitebenen* (Zeit Jesu, Liturgische Gesänge, römische Messliturgie, Musik aus dem 16. Jahrhundert) gelingt Stefan Andres ein Vielebenenspiel, das der Jesusgeschichte zu neuer Aktualität verhilft. Prinzip des Verfahrens ist die Einblendung der "authentischen" Jesusgeschichte (durch "Stimme Christi" oder "Menschensohn") in ein aktuell berichtetes Geschehen, die gleichsam in Kontrastspannung zu dem steht, was die Menschen hier und heute über Jesus denken, was die Kirchen aus ihm gemacht haben, wozu die Mächtigen ihn benützen. Raum und Zeit verschwimmen hier, Jesus und seine Botschaft können aus der Tiefenschicht der Geschichte an die Oberfläche der Gegenwart steigen: "Es ist uns in jedem Augenblicke der Geschichte möglich", meint der Reporter, "im Strom des Geschehens still zu verharren und die Augen zu schließen und bis auf jenen Grund zu sinken, von dem wir angerufen wurden.

Denn was einst geschah, geschieht, wenn wir das Zauberwort wissen, noch einmal; und es geschieht immer, sooft wir es wünschen."[70]

Denn das ist für Stefan Andres klar: die Botschaft des Mannes aus Nazaret hat von ihrer provokativen Kraft auch für heute nicht das geringste eingebüßt. Vergangenheit und Gegenwart sind nach den gleichen Gesetzen strukturiert. Der Jesus dieses Stückes kämpfte damals genauso gegen Vorurteile und Machtstrukturen, gegen Spießbürger und Pharisäer wie heute. Pharisäismus und Katholizismus werden hier in provokative Parallele gebracht und von Jesus gleichermaßen in Frage gestellt. Dieser Jesus hier ist nicht der Mann der Mächtigen und Einflußreichen, der Frommen und Selbstgerechten, sondern ein Mann "in schlechter Gesellschaft"[71], von dem ein Pharisäer mit Abscheu sagt: "Überhaupt ein höchst ansehnlicher und bemerkenswerter Chor von Danksagern, den sich Rabbi Jesus da geschaffen hat: besteht er nicht aus lauter Leuten mit höchst scheckigem oder gar schlechtem Leumund? Verkehrt er nicht ganz offen mit der Besatzungsmacht, mit Heiden, Huren, Zöllnern und allem möglichen unreinen Volk?"[72]

Durch eine *Mischform von direkter und indirekter Darstellung* der Jesusfigur erreicht Stefan Andres ein differenziertes Jesusbild. Die Bedeutung Jesu wird nicht so sehr durch Selbstaussagen einfach verkündet und festgestellt, sondern durch die Summation verschiedenster, auch kontroverser Meinungen über ihn langsam sich verdichtend herausgearbeitet. Sie bleibt vom Autor her offen, der dem Hörer kein fertiges Produkt liefern, sondern einen Prozeß der Selbstreflexion beim Zuhörer in Gang bringen will. Für den Blinden, den Jesus geheilt hat, ist er der große Wundertäter[73], für den Hauptmann von Kapharnaum sogar ein "Gott"[74], für die Pharisäer ein Unruhestifter, der "gotteslästerliche Behauptungen" aufstellt[75], für seine Verwandten ist er "entweder (. . .) aus der Art geschlagen oder ein Narr – ein Verrückter".[76] Eine Frau aus Jesu Gefolge drückt exemplarisch aus, was viele Menschen in diesem Stück denken: "Ich weiß nicht, wer er ist, aber ich glaube ihm jedes Wort."[77] So stirbt dieser Jesus hier auch nicht in frommer Hingebung in den Willen des Vaters, sondern schreiend, ohne die Gewißheit der Auferweckung. Die Auferstehungsberichte läßt Stefan Andres deshalb auch konsequent literarisch beiseite. Die Dimension Gottes, in die Jesus hineingestorben ist, wird literarisch nur ganz zart durch einen Schlußchor angedeutet: "Hagios o Theos! Hagios athanatos! Eleyson hymas!"[78]

Das *Kreuz* dieses Jesus aber wird zum *Symbol aller leidenden Menschen der Geschichte:* "Es ist nicht wahr, daß mich die Juden töteten", läßt Stefan Andres eine "Stimme vom Kreuz" sprechen, "es waren die Menschen. Was wundert sich denn noch die Menschheit über irgendeine Scheußlichkeit, nachdem diese geschah? Du magst an mich als Gottmenschen glauben oder nicht: das Kreuz, an dem ich hänge, das kannst du nicht leugnen. Es steht in allen Völkern, in allen Zeiten, längst ehe ich es bestieg. Und immer geschah und immer geschieht dasselbe: die Menschen kreuzigten und kreuzigen jene, die den Mut haben, die Tünche der Humanität abzukratzen und in einer folgenschweren Naivität von übermauerten Gräbern zu re-

den. Ich habe zweierlei gefordert: diese Welt nicht zu lieben, und ich habe gefordert: sie zu lieben bis zum letzten. Du verstehst? Alle jene, die vom sittlichen Fortschritt der Menschheit reden, sind entweder feige Phantasten oder – Lügner. Weißt du, daß in diesem Augenblick ungezählte Menschen ausgesuchte Qualen leiden, genau in derselben Zeit, da Millionen Menschen von Humanität reden und schreiben, derweil Flugzeuge den Globus den Ausmaßen nach zu einem Kleinstaat verengen, derweil die Ärzte schmerzlose Herzoperationen machen und die Arbeiter ihre Ansprüche mit Erfolg gegen die stärkste Macht der Welt – gegen das Gold – verteidigen. Siehst du – trotzdem gibt es die modernen staatlichen Leidensanstalten, wo ungezählte Menschen, bis unters Tier erniedrigt, dahinvegetieren, ohne Hoffnung, ohne Zukunft, ohne Ziel – angenagelt an den Baum der Schmerzen, ohne zu begreifen, warum!
Und bedenke, es gibt ja nicht nur die staatlichen Folterknechte. Denk an die Eheleute, wo der Mann die Frau oder die Frau den Mann in langen Jahren langsam abschlachtet, mit jenen Mitteln, gegen die kein noch so feines Menschengesetz einschreiten kann. Denk an die gepeinigten Kinder, an die Abhängigen und Hilflosen aller Art, an die Hungernden, Müden, Zukurzgekommenen, an die Enttäuschten, an die häßlichen Frauen, an die Stummgewordenen, an die Zweifler, die keinen Sinn mehr finden. Fast immer ist es der Mensch, der den Menschen dahinbrachte. Dann blicke fort und sprich von Humanität! Glaub mir, wenn du nicht mein Kreuz, wie du sagst, als Koordinatensystem anlegst, wirst du nie den gesuchten Punkt finden!"[79]

Stefan Andres Stück ist ein Versuch, Jesus aus den Zwängen von Kirche und Theologie, aus der Umarmung der Frommen und der Anbeter, aus der Domestizierung durch die Mächtigen und Einflußreichen zu den konkreten Menschen und ihren Problemen hin zu befreien, und seiner Botschaft in ihrer ganzen provokativen Kraft auch für heute wieder zu neuer Herausforderung zu verhelfen. Das ist ihm zweifellos zu einem schönen Teil gelungen, und gerade der zuletzt zitierte Text – eine neue Art der "Abschiedsrede" Jesu – wird niemanden gleichgültig lassen, dem es mit dem Gekreuzigten ernst ist.

Dennoch können wir uns auch hier die literarische *Wertung* nicht ersparen. Ein literarisch gelungenes Stück? Nein, was bei Dorothy Sayers schon anklang und bei Marie Luise Kaschnitz schon fragwürdig war, wirkt hier vollends überzogen: die sensationalistisch aufgemachte Jesus-Geschichte, die krampfhaft aktuellen Bezüge, die teilweise penetrant betonte Aktualität, die grellen, plakativen Farben in der Zeichnung von Freund und Feind, die allzu grob geratenen Schemata der Urteile, der oft allzu plump vollzogene Austausch von Historie und Aktualität, Vergangenheit und Gegenwart, Neuem Testament und zeitgeschichtlichem Kontext. Man kann sich des Eindrucks nicht erwehren: das fromme Jesus-Klischee konventioneller Jesusliteratur wird hier durch ein "progressives" abgelöst; das Klischee aber bleibt. Was so zu einem literarisch reizvollen Vielebenenspiel hätte werden können, zerrinnt zu einem historisch-aktuellen Bilderbogen.

Stefan Andres' Hörspiel ist ein Stück auf der Grenze. Im Übergang von der konventionellen zur modernen Jesusliteratur versucht es, Historie des Neuen Testaments und aktuelle Gegenwart bewußt zu vermitteln. Auch dieser Versuch war zum Scheitern verurteilt. Die Jesusfigur läßt sich weder direkt (Sayers) noch indirekt (Kaschnitz) noch in einer Mischform von beiden (Andres) *in seiner Zeit* so lebendig machen, daß theologisch wie literarisch die Gesamtwirklichkeit Jesu von Nazarets unverkürzt wiedergegeben werden könnte.
Mit Dorothy Sayers, M. L. Kaschnitz und Stefan Andres geht dieser Typ der literarischen Jesusdarstellung zuende. Was folgt sind Autoren, die an einer Verlebendigung und Illustrierung der neutestamentlichen Geschichten als Schriftsteller nicht mehr interessiert sind. Ausgangspunkt ist jetzt – in der literarischen Darstellung der Jesusfigur – die gegenwärtige Situation von Mensch und Gesellschaft, wie schon bei Stefan Andres, aber die Problematik des Mannes aus Nazaret wird nicht mehr illustrativ und historisierend in diese Wirklichkeit eingeschoben, sondern in den Lebenskontext des Menschen deutend eingebracht.
Einer der ersten, der sich nach 1945 mit dieser Problematik in Romanen, Erzählungen und auch Hörspielen auseinanderzusetzen begann, war *Heinrich Böll.* Der Übergang von der konventionellen zur modernen Jesusdarstellung ist hier ebenso vollzogen wie im Hörspiel von Günter Eich: "Festianus, Märtyrer". Die beiden hier interessierenden Hörspiele von Böll sind "Mönch und Räuber" und "Die Spurlosen".
Das Hörspiel *"Mönch und Räuber"* gehört überhaupt zu den ersten Werken, mit denen Heinrich Böll an die literarische Öffentlichkeit gelangte, und stammt aus dem gleichen Jahr 1953, in dem auch sein viel bekannterer Roman "Und sagte kein einziges Wort" veröffentlicht wurde. Aus der Rückschau erzählt hier der Mönch Eugen, Abt eines Klosters und wegen seiner Frömmigkeit von den Menschen wie ein Heiliger verehrt, die Geschichte einer Beziehung zwischen ihm und dem Sohn eines Räubers, Mulz genannt, die schon in die Kindheit beider zurückreicht. Der Vater des jungen Mulz, der Räuber Bunz, lebte im Dorf mit der bekannten Sünderin Agnes zusammen, die von der Gesellschaft, vor allem der Kirche, deshalb verachtet und ausgestoßen wurde. Später, als Eugen Mönch geworden ist, gelingt es ihm, den Räuber Bunz, den er nie verachtet hat, von seinem Wege abzubringen, indem er ihm Arbeit im Kloster verschafft ("Geh nicht mehr zu den Sünderinnen, sei kein Räuber mehr."[80]) und darüber hinaus auch die Sünderin Agnes zur Reue zu bewegen, so daß sie in ein Kloster geht ("Wie kannst du es wagen, vor den Blikken Gottes zu tun, was du nicht wagst vor den Blicken der Menschen zu tun?"[81]). Der Sohn des Räubers aber ist verschwunden.
Eugen lebt nun im Kloster als ein Abt, den die Menschen verehren. Eines Tages aber betet er zu Gott: "O Herr, zeige mir den Menschen auf dieser Erde, der mir am ähnlichsten ist."[82] Durch den Traum eines Bruders wird er auf das Dorf Beguna aufmerksam, und er beschließt, dorthin zu gehen, um diesen Menschen zu finden. Keiner der Leute aber, denen Eugen unterwegs begegnet, kann sich vorstellen, daß in Beguna ein Mensch leben könnte, der Eugen an Heiligkeit gleichkäme,

der Pfarrer nicht und auch der Bischof nicht. Denn: für den Bischof ist Beguna nichts als "ein häßliches, schmutziges Dorf, in dem Sittenlosigkeit und Trunksucht herrschen".[83] In einer Kneipe in Beguna findet Eugen den Menschen, den er sucht: es ist sein Jugendfreund Mulz, der Räuber. Er verbringt seine Zeit damit, den Leuten in der Wirtschaft Lieder vorzusingen, deren Hintergründigkeit niemand durchschaut. Von der Wirtin des Mulz erfährt Eugen, daß dieser "noch nie etwas Böses getan" habe und "fast so etwas wie ein Heiliger"[84] sei. Denn: "Der verschenkt doch alles an die Kinder: die Kinder habt ihr nicht gefragt, als ihr den Milutin (= Mulz) suchtet, nicht wahr? Jedes Kind hätte Euch sagen können, wo er wohnt. Manche halten ihn ja für ein bißchen dumm, weil er alles verschenkt und immer, wenn er Zeit hat, mit den Kindern spazierengeht. Aber ich glaube, was ich glaube: daß er ein halber Heiliger ist. Der Pfarrer hat's ja nicht gern, wenn er immer mit den Kindern zusammen ist, weil er so lange im Gefängnis gesessen hat."[85]
Als Eugen den Mulz mit in sein Kloster nehmen will, rotten sich vor dem Haus des Mulz die armen Leute zusammen und die Kinder. Eugen kehrt allein in sein Kloster zurück. Der Satz, mit dem das Stück ausklingt, ist Schlüssel zum Verständnis des ganzen: "Viele wohnen im Haß, welche glauben, in der Liebe zu wohnen, viele glauben, im Haß zu wohnen, welche in der Liebe wohnen."[86]
Zweifellos hat dieses erste Hörspiel von Heinrich Böll wegen seiner allzu starken Stilisierung der Personen und der fast ins Legendenhafte ausgemalten Handlung (z. B. die erbauliche Geschichte von der Bekehrung der Sünderin und des Räubers auf ein Wort hin) seine *literarischen Schwächen.* Dennoch lohnt es sich, hier näher hinzusehen, weil schon hier Themen anklingen, die Heinrich Bölls Werk auch in der Folgezeit durchziehen. Da ist nicht nur die bittere Satire auf die Arroganz der offiziellen kirchlichen Vertreter, auf ihre moralische Selbstgerechtigkeit, mit der sie über Sünder und Verworfene zu Gericht sitzen, nicht nur die sozialkritische Note, mit der hier die Aufteilung der Welt in Arm und Reich in Frage gestellt wird. *Die theologische Problematik* liegt vielmehr tiefer und gerade sie zieht sich – hier noch unzulänglich literarisch verarbeitet – durch das ganze Werk Bölls bis hin zu "Ansichten eines Clowns" (1963) und "Gruppenbild mit Dame" (1971). Diese Problematik ist ganz eng mit der *christologischen Problematik* verknüpft. Das Verhältnis zu Christus entscheidet hier über das Verhältnis zur Welt und zu den Menschen überhaupt. Von Christus her kehren sich die Beurteilungskriterien um, verschieben sich die Perspektiven der Welt: von ihm her wird klar, daß die Sünderin nicht moralisch verworfen und der Räuber nicht auf ewig ausgestoßen bleibt. Der Blick von Christus her durchdringt das unsichtbare Netz moralischer Vorurteile, in dem eine Gesellschaft selbstgerechter Christen bestimmte Gruppen oder Personen gefangen hält. Erst von Christus her löst sich die Paradoxie auf und stellt diejenigen bloß, die ihn so sicher in ihrem Besitz wußten: "Viele wohnen im Haß, welche glauben, in der Liebe zu wohnen, viele glauben, im Haß zu wohnen, welche in der Liebe wohnen."
Von Christus her gibt es aber auch keinen Kompromiß mit der Moral einer "christ-

lichen" Gesellschaft. In diesem Stück sind nur die Konsequenten "heilig": der Mönch und der Räuber, zwei Existenzen am Rande der bürgerlichen Gesellschaft. Was beide verbindet ist ihre Wahrhaftigkeit, ihre Liebe zur Wahrheit, ihre Brüderlichkeit zu den Armen und Kindern. Diese *Komplementarität der Christusnachfolge* wird von Böll durch die Tatsache unterstrichen, daß er beiden Figuren – zart bis ins Sprachliche hinein angedeutet – auffällige Züge eines Christusbildes gibt. Der Satz, mit dem der Mönch den Räuber zur Umkehr bringt, ist dem ähnlich, den Christus zu der Ehebrecherin gesprochen hat[87], und auch seine vorurteilsfreie Annahme der "öffentlichen Sünderin" als Person, als Mensch, kann sich auf die Praxis Jesu berufen. Auch der Räuber ist da Christus ähnlich, wo er von den Armen und den Kindern geliebt wird und so auf seine Weise zum "Heiligen" wird.

In dem Hörspiel *"Die Spurlosen"* (1957) wendet Böll eine ähnliche Technik der Darstellung der Jesusfigur an. Es geht hier um die Geschichte eines Priesters, der von einer Verbrecherbande entführt wird, um an ein Mitglied der Bande die Sterbesakramente zu spenden, der sich aber (zum Entsetzen der Öffentlichkeit und seiner kirchlichen Vorgesetzten) nach seiner Freilassung entschließt, die Bande durch Verweigerung der Aussage zu decken und dafür ins Gefängnis zu gehen. Er entschließt sich zu diesem folgenschweren Schritt, weil er – nachdem er die Frau, zu der er gerufen wurde, näher kennengelernt hat – die Gruppe nicht mehr unter dem Aspekt ihres Verbrechens allein sehen kann, sondern als Menschen mit bestimmten Sehnsüchten und Hoffnungen. Die Frau bittet ihn sogar, die Gruppe ins Ausland zu begleiten: "Ja. Wir könnten einen Priester brauchen. Zehn Familien, wissen Sie, fünfundzwanzig Kinder. Einen Priester braucht man. Dort, wo wir leben, ist eine Kirche, verlassen, verfallen. Manchmal nehme ich die Frauen und Kinder mit, wir singen, beten. Es gibt noch ein Stück von einer Statue dort: nur die Füße, mit Sandalen, sicher Franziskus, vielleicht ein anderer Mönch. Es ist schön dort: Meer und Sand, viel Strand, die Kinder schreiben ihre Schulaufgaben in den Sand und wenn die Flut kommt, löscht sie alles wieder aus (...) Es wäre schön, wenn Sie mitkämen. Sie würden Religionsunterricht am Strand geben, in den Sand schreiben: Ich glaube an Gott, den allmächtigen Vater, Schöpfer des Himmels und der Erde."[88]

Die Entführung des Priesters wurde in allen Massenmedien verbreitet. Was als schlichte Geste der Mitmenschlichkeit begann, bekommt eine *politische Dimension:* Der Verdacht setzt sich fest, der Priester könnte ein Komplice der Bande sein, die ihre Einbrüche immer geschickt tarnt, gewaltlos verübt und spurlos verschwindet. Auch andere Unschuldige werden verdächtigt, zur Bande zu gehören, angeheizt durch eine Kampagne in den Massenmedien. Auf den Priester aber konzentriert sich das Interesse: der Verdacht wird für die Öffentlichkeit zur Gewißheit, als er nach seiner Freilassung schweigt: "Ich sah sein Gesicht in allen Zeitungen, millionenfach ist er verdächtigt und verhöhnt worden, nur, weil er ging, als man nach ihm verlangte."[89] Unschuldig, aber verdächtigt und verhöhnt: hier klingen leise sprachlich schon angedeutet *Bezüge zum unschuldig leidenden, verhöhnten Christus*

an. Der Bezug zu Christus aber wird noch ausdrücklich hergestellt. Von seinen kirchlichen Vorgesetzten zur Rede gestellt, beruft sich der Priester auf Christus: "Auch Christus war ein Verbrecher".[90] Hier liegt die letzte Motivation verborgen, mit der der Priester – scheinbar wider alle Vernunft "staatsbürgerlicher Pflicht" – seine Entscheidung – gleichsam in extremis – rechtfertigen kann: es gibt Situationen, in denen man "auch an Räubern zum Verräter werden"[91] kann. Nur der Bezug zu Christus gibt dem Priester die Freiheit, sich wider alle "Vernunft" für die wirklichen Menschen zu entscheiden und deren Glück, vor allem das der Kinder, nicht aufs Spiel zu setzen. Der Priester nimmt im Verweis auf Jesus Christus eine innere Freiheit für sich in Anspruch, die weder mit juristischen noch mit moralischen Kategorien zu fassen ist. Selber verhöhnt und verdächtigt geht er den Weg ins Gefängnis. Vieles, was fast zwanzig Jahre später in Bölls "Die verlorene Ehre der Katharina Blum" wieder erneut aktuell wurde, ist hier bereits vorweggenommen.
Was wie die Parodie einer Volkskomödie beginnt, wird doppelbödig und bekommt theologische Tiefe: *Günter Eichs* Hörspiel "Festianus, Märtyrer" (1958). Und was Walter Jens in seinem Nachwort zu Eichs Hörspiel "Die Mädchen aus Viterbo" schrieb, gilt auch hier: "Günter Eich ist ein Meister der Tarnung; hinter kleinen Worten verbirgt sich tiefere Bedeutung, das Geplätscher des small talk täuscht über Untiefen hinweg; die Banalität versteckt das Numinose. Meistens beginnt alles scheinbar ganz harmlos-alltäglich."[92]

Auch hier: Die Requisiten des Volkslustspiels sind scheinbar ganz harmlos-alltäglich aufgebaut: Dialog im *Himmel* zwischen zwei seligen Märtyrern, Festianus ("Paulus erwähnt mich im Brief an die Römer", so – ironischerweise – seine "Visitenkarte"[93]) und Laurentius; Petrus – wie immer – der "Türhüter" des Himmels; der Teufel als Lustspielfigur; die Hölle als Konkurrenzunternehmen zum Himmel. Auf den ersten Blick burleske Szenen eines Stückes, in dem der selige Festianus seine ehemaligen Freunde und Verwandten gern wiedersehen möchte, dann – als er sie im Himmel nicht findet – der Hölle einen Besuch abstattet und sich entschließt, dort zu bleiben. Eine Satire auf allzu vermenschlichte christliche Jenseitsvorstellungen? Sicher auch. Aber ein zweiter Blick ist notwendig, um dieses Stück zu durchschauen.

Die scheinbar so harmlosen Szenen beginnen doppelbödig zu werden schon in dem Augenblick, in dem der Märtyrer Festianus im Gespräch mit dem Märtyrer Laurentius bekennt, daß er Angst bei seinem Tod gehabt habe, als er von "den Löwen im Circus Maximus zerrissen" wurde, was ja so gar nicht dem christlichen Märtyrer-Klischee entspricht und was auch Laurentius prompt für sich zurückweist. Die Doppelbödigkeit setzt sich fort, als sich die beiden gleich in der ersten Szene dreimal mit auffallender Betonung versichern, sie zweifelten "nicht an der Genauigkeit der Maße und Gewichte".[94] Gemeint sind damit die Beurteilungskriterien, nach denen Menschen für den Himmel oder für die Hölle bestimmt werden, gemeint ist damit die Frage nach der Gerechtigkeit der getroffenen Entscheidung.
Hier ist die *Kernfrage des Stückes* erreicht und seine theologische Tiefe erschlos-

sen. Dieses Stück ist die Geschichte eines Mannes, der – zur Seligkeit bestimmt, zum "Anschauen" – sich aber nicht damit abfinden kann, daß ihm seine Seligkeit auf Kosten der Verdammnis anderer Menschen zugesprochen wurde. Es ist die Geschichte eines Mannes, der Zweifel bekommt, weil er nicht vergessen kann und zum Mitleid fähig ist: Zweifel an der Ordnung einer Welt, in der die einen zum Glück, die anderen zum Leid bestimmt sind; Mitleid mit denen, die nicht das glückliche Schicksal hatten wie er. Es ist die Geschichte eines Mannes, der gegen die glatte Aufteilung der Welt in Himmel und Hölle, Gut und Böse, Seligkeit und Verdammnis aufbegehrt um der betroffenen Menschen willen; der nicht selig sein kann, wenn andere verdammt sind, nicht Versöhnung sehen kann, solange Entzweiung besteht.

Entzweiung ist gerade auch das Interesse der *Hölle*. "Wir haben kein Interesse daran, uns in Frage stellen zu lassen"[95], sagt Belial, der die Hölle regiert. Theologen wie Origenes oder Schleiermacher, die die "endliche Vergebung aller Sünden und schließlich die Bekehrung des Teufels selbst"[96] gelehrt haben, findet er begreiflicherweise "ganz unrealistisch"[97], während er mit Augustin und Irenäus oder dem 5. ökumenischen Konzil von Konstantinopel 553, das die Lehre des Origenes von der Apokatastasis (Wiederbringung aller) verurteilte, voll übereinstimmen kann. Überhaupt muß auch die Hölle mit der Zeit gehen: "Wir kämen sonst rettungslos ins Hintertreffen. Und der Gedanke, daß die Hölle eines Tages ganz auf die Erde verlegt würde, wäre ja nicht auszudenken, weder theologisch noch sonstwie."[98] Deshalb ist Dante und sein Bild vom Inferno längst überholt: "Wir begnügen uns nicht damit. Die Heeresdienstvorschriften, die Akten der Inquisition, die Dokumente aus Konzentrations- und Arbeitslagern haben uns ganz neue Impulse gegeben."[99] Festianus, der Märtyrer, protestiert in diesem Stück von Günter Eich gegen eine Theologie, die ihre Dämonologie als Schattenseite notwendig schon mit einkalkuliert, die Seligkeit nur mit Verdammung zusammendenken kann, deren Heilsgeschichte nur deshalb strahlt, weil sie sich vom Dunkel der Unheilsgeschichte um so besser abhebt. Festianus aber kann sich mit dieser dualistischen Aufteilung der Welt nicht zufriedengeben, er rebelliert gegen eine "Herrlichkeit, die keiner Liebe bedarf"[100], die "kein Leiden und kein Mitleiden"[101] kennt, er sperrt sich gegen die Argumentation des Laurentius, der ihm die "Grenzen der Barmherzigkeit und den gerechten Zorn"[102] plausibel machen will.

Festianus entschließt sich, das Schema, nach dem diese Welt aufgeteilt ist, zu durchbrechen, einen ersten Schritt zur Überwindung der Spaltung zu tun. Er entschließt sich, als zur Seligkeit Bestimmter freiwillig in der Hölle zu bleiben. Der Triumph des Teufels aber kommt zu früh; der Teufel ist einmal mehr (ein altes Märchenmotiv) der Genarrte.

> "Festianus: Ein Triumph, Belial. Die Zeichen werden sichtbar.
> Belial: Du schwärmst. Bei aller Sympathie: Vielleicht solltest du die höllische Seligkeit doch mit weniger Verzückung begrüßen.
> Festianus: Das Paradies ist nicht mehr endgültig.

Belial: Still! Auch bei uns werden keine Zweifel am Paradiese geduldet. Das verbietet die gegenseitige Abhängigkeit.
Festianus: Und wenn das Paradies nicht endgültig ist –
Belial: Halt ein!
Festianus: – so ist es auch die Hölle nicht.
Belial: Für dich endgültig, Festianus. Wir werden dafür sorgen, daß dir keine Zweifel mehr kommen.
Festianus: Du hast verspielt.
Belial: Laß alle Hoffnung fahren!
Festianus: Sie fährt Belial. Ein Boot, das uns alle aufnimmt. Auch dich."[103]

Das ist das Ende dieses Stückes. Was bleibt, ist die Hoffnung auf eine definitive, allumfassende, auch die Hölle mit einschließende Versöhnung. Hölle *und* Himmel müssen transzendiert werden auf eine noch nicht gewonnene Wirklichkeit hin. Und Jesus? Am Schluß des Stückes bekommt – das ist bemerkenswert für uns – die hier angedeutete zentrale These von Günter Eich von der Allversöhnung der Welt eine *christologische Deutung.* Unter dem Eindruck der Entscheidung des Festianus wird auch dem Petrus bewußt, welche Frage nun auf dem Spiel steht: "Torhüter, mit dem täglichen Anblick der Grenzen, mit dem Wissen um Dickicht, Schluchten und breite Wege. Gegangen ist ein anderer."[104] Und es wird dem Petrus auf einmal bewußt, wie überflüssig sein Posten ist: "Hast du noch nicht bemerkt, wie morsch das Tor ist", sagt er zu Laurentius. "Vom Schlüssel ist der Bart abgebrochen, er schließt nicht mehr. Und das alles hat keine Folgen: Die Seelen kommen, wenn es ihre Zeit ist, und sind herinnen ohne Tor und Schlüssel. Was also ist mein Amt?" Da bricht in ihm die Erkenntnis auf: "Ich hätte gehen müssen. Die Möglichkeit vertan, das große Erwarten nicht erfüllt. Mir war der Schlüssel gegeben, hinauszugehen und Seine Barmherzigkeit zu bezeugen."[105]
Laurentius: "Besinne dich Bruder! Sein Anschauen –"
Petrus: "Ohne Leiden und also ohne Mitleiden. Die Hölle einfach unsichtbar, eine Mondfinsternis. Und wenn ich nun sagte: Es ist nicht die Hölle, die wir nicht sehen, – Ihn sehen wir nicht."[106]
"Seine Barmherzigkeit", "Ihn sehen wir nicht": der letzte Grund, warum Himmel und Hölle auf eine allumfassende Versöhnung hin transzendiert werden können, liegt hier verborgen. Die Barmherzigkeit Jesu Christi ist es, der die Kraft zur Überwindung der Entzweiung der Welt zugetraut wird. Und wer die Fähigkeit zum Leiden oder Mitleiden verloren hat, ja wer die Hölle nicht sieht vor lauter seliger Anschauung: der übersieht "Ihn"!

Jesus von Nazaret taucht hier als Person gar nicht auf, die konventionelle Jesusliteratur liegt längst hinter uns. Aber er ist entscheidend präsent, bei Böll und hier bei Eich, vorsichtig nur angedeutet, gleichsam nur als Schatten. Er ist vorhanden, indem sein Raum ausgespart wird und er wird genannt, indem man mit zarter Geste auf ihn verweist. Günter Eich ist sicher nicht das, was man einen "christlichen Dichter" genannt hat, und Heinrich Böll hat sich immer gegen ein solches Prädikat gewehrt. Kein Zweifel aber: beide haben Stücke moderner christlicher Literatur geschrieben, die für die Folgezeit Maßstäbe setzen werden.

II. Themenkreise

Mit der Analyse von Prosa und Hörspiel sind wir schon weit in die Zeit nach 1945 vorgedrungen. Literarisch wie theologisch zeichnet sich eine Wende in der Darstellung der Jesusfigur ab, die deutlich machte: Während die traditionelle christliche Literatur in ihrer Darstellung theologisch wie literarisch nicht überzeugen konnte, kommt es in der deutschen Literatur nach 1945 – Huchel, Böll, Dürrenmatt und Eich zeigen es – zu einer ganz anderen Art literarischer Jesusdarstellung. Drei Charakteristika dieser neuen Rezeption schälten sich im Vergleich bei der Analyse heraus:

1. Stärkere *Problematisierung theologischer Grundpositionen,* Radikalisierung der Gottesfrage, vor allem bei Peter Huchel, Friedrich Dürrenmatt und Günter Eich.
2. Stärkere *Problematisierung des Jesus-Bildes:* Nicht mehr traditionelle dogmatisch-christologische Topoi (Weltenrichter, göttlicher Erlöser, Wundertäter, Erhöhter, Mysteriengott) werden zur Interpretation Jesu Christi verwandt, sondern christologische Motive vom leidenden, verfolgten, gekreuzigten Christus stehen hier im Vordergrund.
3. Stärkere *Problematisierung literarischer Darstellungstechnik:* In der Lyrik verschwindet der hymnisch-preisende Ton, in der Prosa die fabulierende Erzählform. Bericht, Fallstudie, Parabel sind die literarischen Formen, die adäquater die veränderte Wirklichkeit spiegeln. Die Darstellung der Jesusfigur (direkt oder indirekt) aus ihrer Zeit heraus tritt ganz zurück. Ausgangspunkt literarischer Transfiguration ist die gegenwärtige Wirklichkeit, die im Verweis auf Jesus Christus gedeutet wird. Jesus wird in der gegenwärtigen Wirklichkeit figural gedeutet, literarisch indirekt, verschlüsselt.

Wir wollen nun diese "andere" literarische Jesusrezeption in drei Interpretationsblöcken eingehend behandeln: mit Themenkreisen, Interpretationsfiguren und Knotenpunkten des Lebens Jesu.

1. Drittes Reich – Zweiter Weltkrieg

Ein Offizier und ein Soldat im Gespräch; ihre Truppe hat soeben in der Nähe eines Klosters 21 Geiseln erschossen. Der Offizier Herbert, brutal, kalt, zynisch, weiß sich zu rechtfertigen. Schöngeist und Mörder in einer Person will er durch das Gemetzel den "Geist" zwingen, sich zu zeigen, stilisiert er sich selber zum Hervorlocker des wirklichen Geistes, versteht er sich als Bote, als Peitsche, als Bringer des Lichtes; eine mephistophelische Anmaßung, die Gott durch das Böse zu zwingen versucht, seine Existenz und Macht zu offenbaren – ein Motiv, das wir in der Auschwitz-Szene von Rolf Hochhuths "Der Stellvertreter" wiederfinden werden. Der Soldat

Karl jedoch ist plötzlich nachdenklich geworden. Diese Erschießung der Geiseln, die vor ihrem Tod einen Gesang angestimmt hatten, hat ihn erschüttert, ihm seelische Wunden gerissen, die sich nicht mehr schließen wollen. Wie ein Dämon verfolgt ihn der Gesang dieser Toten . . . Und als der Offizier ihm den Befehl gibt, auch noch den Popen des Klosters, der die Geiseln schon hatte bestatten müssen, zu erschießen, hält es Karl nicht mehr länger: er flieht von seiner Truppe nach Hause. Das ist die Ausgangsszene eines der frühesten Stücke deutscher Literatur, das sich mit dem Zweiten Weltkrieg und seinen Folgen auseinanderzusetzen versucht und eines der frühesten Stücke des Autors selbst: "Nun singen sie wieder" von *Max Frisch* aus dem Jahr 1945.[1]

a. Schuld – Vergebung – Veränderung: Zwei Stücke von Max Frisch

Die Schuldfrage steht als eine der großen Fragen im Zentrum dieses Stückes des Schweizer Dramatikers, eine Frage, die im Nachkriegsdeutschland zu den umstrittensten gehörte, wobei nicht selten dieses Stück von Max Frisch selber Anlaß zu einer solchen Auseinandersetzung war.[2] Damit ist eine der drei Ebenen des Stückes angesprochen: die *politisch-moralische Ebene.* Das heißt: Der Autor sieht die moralische Frage nach Schuld und Verantwortung in diesem Stück eng verknüpft mit der politisch-gesellschaftlichen Frage nach den Ursachen der Schuld. Wir erinnern uns hier an die Kritik, die Frisch an den politisch unverbindlichen Schuldbekenntnissen christlicher Autoren wie Wiechert oder Bergengruen in dieser Zeit übte. "Nun singen sie wieder" ist, ebenso wie "Andorra", das zu behandeln sein wird, Frischs eigener Beitrag zur moralischen *und* politischen Aufarbeitung der Schuldfrage.

Schuldig geworden in diesem Stück ist der Soldat *Karl.* Er erkannte, daß er sich nicht – wie sein Vater, der Oberlehrer, ihn zu tun beschwor, als er nach Hause kommt – mit der "Ausflucht in den Gehorsam" von der Schuld an diesem Krieg befreien konnte: "Auch wenn man den Gehorsam zu seiner letzten Tugend macht, er befreit uns nicht von der Verantwortung."

Zu seiner Schuld bekennt sich zuletzt auch der *Oberlehrer*, der zuerst alle Mitverantwortung für den Krieg abgelehnt und die Kriegsgegner als "Satane" dämonisiert hatte. Dieser Lehrer ist ganz der Typus jenes unpolitisch-politischen Bürgers, der eine so verhängnisvolle Rolle im Dritten Reich gespielt hat. Dieser Typus sei ihm in den letzten Kriegswochen, "da wir als Soldaten an der Grenze waren und mit vielen Deutschen redeten, erschreckend oft begegnet", schreibt Max Frisch. "Das deutsche Gefühl der Unschuld, die deutsche Hybris, die sich als harmloses Staunen gibt, warum die Welt am deutschen Wesen nicht genesen will, die Ausflucht ins Unverbindlich-Gemüthafte, das alles sind Dinge, die wir, wenn wir lange genug reden, oft auch an jenen Deutschen gewahren müssen, die sich als die anständigen und schuldlosen betrachten."[3] Doch als im Bombenhagel die eigene Frau des Oberlehrers umkommt und sein Sohn Karl aus Verzweiflung im Selbstmord endet, bekennt auch der Lehrer sich zu seiner Schuld. Verhaftet, wird er als Verräter erschossen. Max Frisch: "Das Unverbindliche zwischen Innenleben und öffentlicher Wirklichkeit, das ist die Mitschuld des Oberlehrers, der zu häufige Mangel an bürgerlichem Mut, das, was die letzten zwölf Jahre in Deutschland überhaupt ermöglicht hat."[4]

Dämonisierung der Kriegsgegner erfolgt auch auf der *anderen Seite* dieses Stückes, die von sieben jungen Fliegern repräsentiert wird, die auf ihren Kriegseinsatz warten. Die Szene mit den jungen Soldaten wird als Kontrastszene zur deutschen Seite im ersten Teil eingeblendet. In der Diskussion prallen hier zwei konträre Auffassungen über den Sinn des Krieges aufeinander: Da ist der "Funker", der nur an die Gewalt glaubt, an das gnadenlose Ausrotten der Gegner, die er ebenfalls als "Satane" dämonisiert. Und da ist Eduard, der den ewigen Kreislauf der Geschichte von Gewalt und Gegengewalt, Rache und Vergeltung durchschaut hat, der erkannte, daß Bomben die Welt nicht besser machen: "Ich glaube nicht an die Gewalt, nie, auch wenn sie eines Tages in unseren Händen ist."[5]

Hier wird die *theologisch-christliche Ebene* des Stückes deutlich. Eduards Plädoyer für Gewaltlosigkeit nämlich ist in die Form einer "Illusion", einer Sehnsucht, einer Hoffnung gekleidet, die sich der Sache Jesu Christi verpflichtet weiß: "Ich glaube an die Illusion. Auch das, was nirgends vorkommt auf der Welt, auch das, was man mit Händen nicht greifen und mit Händen nicht zerstören kann, auch das, was nur als Wunsch vorkommt, als Sehnsucht, als Ziel über alles Vorhandene hinaus: auch das hat seine Macht über die Völker (. . .) Sein Reich komme! Nichts ist wirklicher als diese Illusion."[6]

Sein Reich komme als Sehnsucht, als Ziel – oder Gewalt, Rache, Vergeltung: das sind die Spannungspole dieses Stückes. Die zweite Alternative erscheint realistischer in diesem "Versuch eines Requiems", wo die Grauen des Krieges wiederum die Gottesfrage aufs äußerste problematisieren und das Reich Gottes wahrhaftig wie eine "Illusion" erscheinen muß. Herbert, der Offizier, formuliert eine der schärfsten Anklagen gegen den Gottesglauben: "Wo ist er denn, dieser Gott, den sie an alle Wände malen, Jahrhunderte lang, den sie im Munde führen? Ich höre ihn nicht (. . .) laß mich eine einzige Auferstehung sehen! Ich habe Hunderte erschossen, und ich habe keine gesehen."[7] Und auch das "Reich Gottes" bleibt nicht unbefragt in diesem Stück, sondern gerät – Eduard selbst drückt dies aus – unter historischem Blickwinkel ebenso ins Zwielicht. Was haben Menschen nicht alles für diese ihre Sehnsucht getan? "Jahrtausende haben gesungen, gelitten, gemordet für dieses Reich, das niemals kommt."[8]

Im *zweiten Teil* bekommt dieses Stück eine überraschende Wende. Die Toten beider Seiten finden sich hier in einer Art überwirklichem Zwischenreich wieder: die 21 Geiseln, Karl und der Oberlehrer, einige der sieben Flieger, die bei ihrem Einsatz den Tod gefunden haben, und der Pope, der nun alle bei einem Liebesmahl mit Brot und Wein versorgt. Ein geschickter dramaturgischer Kunstgriff: diese überirdische Wirklichkeit ist offen für die irdische; die Toten sehen und hören alles, was auf der Erde vor sich geht. Umgekehrt aber besteht diese "Durchlässigkeit" nicht. Die Gespräche der "Toten" kreisen nun um Fragen ihres vergangenen Lebens, um versäumte Möglichkeiten, verpaßte Chancen, um ihre Schuld und ihre Verantwortung. *Umkehr* findet statt, die dem Drama eine kontrastreiche Spannung verleiht: die Toten haben erkannt, wie sinnlos ihr Leben, wie sinnlos auch der Tod, den sie gestorben sind, gewesen ist, aber sie können dieses ihr Wissen nicht mehr an die Lebenden weitergeben. Die Unsichtbaren sind die Sehenden, die Sichtbaren die Blinden in diesem Stück. Eduard etwa – Überlebender des Krieges –, der sich im ersten Teil noch emphatisch zur Gewaltlosigkeit bekannt hatte, predigt nun am Grab seiner gefallenen Kameraden Rache und Vergeltung – und vergebens versucht ihn der tote Funker, sein damaliger Kontrahent, aus dem Zwischenreich heraus zu warnen. Oder der tote Hauptmann: In der Rückschau erkennt er, wie leer sein Leben eigentlich war, wie sehr alles Stolze und Ehrenvolle, nach dem er immer gestrebt hatte, ein Irrtum war – doch ohnmächtig muß er zusehen, wie seine Frau ihren Sohn wieder nach den gleichen falschen Idealen erzieht.

Entscheidend im zweiten Teil des Stückes ist vor allem die *Rolle des Popen.* Im ersten Teil als ein Meineidiger moralisch zweifelhaft dargestellt, predigt er nun die Botschaft von der Vergebung der Schuld, führt er nun ein Leben in stiller Aufopferung für die anderen, gewissermaßen zu einer "toten Christusgestalt verklärt, die den Opfern des Krieges bei ihrem endlosen Liebesmahl Brot und Wein reicht."[9] Dieser Pope ist es auch, der den letzten Satz des Stückes spricht: "Die Liebe ist schön . . . die Liebe vor allem. Sie allein weiß, daß sie umsonst ist, und sie allein verzweifelt nicht."[10] Der Pope hat damit im zweiten Teil die Rolle Eduards aus dem ersten Teil übernommen, wobei ein signifikanter Unterschied nicht übersehen werden darf: die Botschaft von Versöhnung und Liebe ist jetzt eine Botschaft aus dem Zwischenreich der Unwirklichkeit; sie wird nicht mehr, wie im ersten Teil, von einem Menschen auf der Erde gesprochen. Sie wird gleichsam von der Erde weggerückt und ist damit selber zu etwas Unwirklichem geworden. Aber: Sie erscheint dadurch keineswegs widerlegt, sie wird im Stück nicht zurückgenommen oder widerrufen und verliert somit nicht ihren programmatischen Charakter für die theologische Deutung der Gesamtintention des Stückes. Diese Botschaft ist ja – und hierin liegt das auch theologisch Bedeutsame – keine dem Stück aufgesetzte, unantastbare Prämisse, sondern eine durch die Wirklichkeit von Krieg und Nachkriegszeit hindurch vermittelte Botschaft. Sie ist keine triumphalistisch vorausgesetzte, sondern eine errungene, geprüfte Botschaft, deren Verheißung selbst durch das Äußerste an Sinnlosigkeitserfahrung nicht widerlegbar ist. Keine Botschaft also, die in naivem Optimismus verkündet, am Ende werde schon alles gut, sondern eine, die den Keim des Scheiterns stets in sich trägt. Denn der Schluß dieses Stückes läßt gerade offen, ob die Menschen auf Erden diese Botschaft auch vernehmen.

Von daher wird klarer, warum Max Frisch dieses Stück vorsichtig den "Versuch eines Requiems" genannt hat. *Requiem,* das ist die christliche Totenmesse, die gottesdienstliche Bitte an Gott den Herrn, die Toten in seine ewige Ruhe aufzunehmen. Doch der Versuch zur Aufnahme der Toten in die ewige Ruhe Gottes will einem Stück nicht gelingen, wo der Mensch nicht mehr in unmittelbarer Gottesgewißheit lebt. Das, was die Toten an Fragen hinterlassen, kann nicht zur ewigen Ruhe geschickt werden. Diese Toten bleiben die *ewige Unruhe,* die Anklage, das Unbewältigte: Nun singen sie wieder!

Was bleibt? Es bleibt zunächst der Zwang zur theologischen Bescheidenheit im Hinblick auf das Schicksal der Toten, aber auch der Glaube an eine Liebe, die nicht verzweifelt, wenn auch alles umsonst scheint. Diese Auskunft des Stückes ist zweifellos unbequem für alle die, die hier theologische Patentlösungen bereithalten. Sie ist genauso unbequem wie die Tatsache, daß Frisch den "Schurken" des Stückes, den Offizier Herbert, ungeschoren davonkommen läßt (seine Qualifizierung als Lichtbringer ist eine Anspielung auf Luzifer). Er bleibt von der Versöhnung ausgeschlossen, was für Frisch durchaus eine realistische Lösung ist: denn Luzifer "geht weiter; er hat noch andere Gewänder, noch andere Wappen, noch andere Muttersprachen. Darum scheidet Herbert aus dem Stück, ohne erledigt zu sein, was unbequem ist, unbefriedigend wie unser heutiger Friede . . ."[11]

Mit den beiden Ebenen, der politisch-moralischen und der theologisch-christlichen, ist implizit auch schon die dritte angesprochen, die *ästhetische Ebene,* auf der der Schriftsteller Frisch die Frage nach dem Verhältnis von Kunst (Literatur) und Wirklichkeit diskutiert, die Frage nach der Funktion der Literatur im Prozeß der Veränderbarkeit von Wirklichkeit. Die Rolle der Kunst wird ja schon im Stück selber problematisiert. Welch groteskes Mißverhältnis zwischen der Kunstbegeisterung einerseits und der nihilistischen Grundhaltung andererseits kennzeichnet etwa den brutalen Henker Herbert, der nach dem Mord an den Geiseln in Naturstimmung ein Frühlingsgedicht Mörikes zitieren oder sich für ein byzantinisches Fresko der Klosterkirche, Kreuz und Auferweckung darstellend, begeistern kann. Eine Diskrepanz zwischen Kunst und Leben spürt auch in der ersten "Fliegerszene" der Funker: Er findet die Mattäus-Passion von Johann Sebastian Bach, die im Radio gerade gespielt wird, unerträglich, weil er "das Schöne zum Kotzen"[12] findet und diese Kunst ihm eine Welt vorzugaukeln scheint, die es nicht gibt. In beiden Fällen: ist Kunst nur der schöne Schein, der die finstere Wirklichkeit täuschend überdeckt?

Immer wieder bis in seine späteren Arbeiten hinein hat sich Max Frischs Besinnung auf die Rolle der Kunst in der Gesellschaft an diesem in "Nun singen sie wieder" exemplarisch demonstrierten grotesken Mißverhältnis entzündet, das durchaus einer geschichtlichen Erfahrung entsprach: "Zu den entscheidenden Erfahrungen aber, die unsere Generation hat machen müssen", schrieb er, "gehört (. . .) die Tatsache, daß, um es mit einem namentlichen Beispiel anzudeuten, ein Mann wie Heydrich, der Mörder von Böhmen, ein hervorragender und empfindsamer Musiker gewesen ist, der sich mit Geist und echter Kennerschaft, sogar mit

Liebe hat unterhalten können über Bach, Händel, Mozart, Beethoven, Bruckner. Nennen wir es, was diese Menschenart auszeichnet, eine ästhetische Kultur. Ihr besonderes Kennzeichen ist die Unverbindlichkeit. Es ist eine Geistesart, die das Erhabenste denken und das Niederste nicht verhindern kann, eine Kultur, die sich säuberlich über die Forderungen des Tages erhebt."[13]

Schon früh begann Max Frisch gerade auch im Zusammenhang mit diesem Stück die Frage nach der – wie er später formulierte – "Abbildbarkeit der Wirklichkeit"[14] zu stellen. Er reflektiert die Frage: Ist ein Geschehen wie das des Krieges überhaupt literarisch adäquat abbildbar? Ist ein Schriftsteller hier nicht anmaßend, wenn er meint, den Gegenstand der Dichtung und die Dichtung selbst zusammenbringen zu können? Frisch bejaht diese Frage. Sein Lösungsversuch: Er wählt in "Nun singen sie wieder" – wie auch in anderen Stücken – die *modellhafte, parabelhafte Form des Spiels,* gerade weil nach seiner Überzeugung Kunst die Wirklichkeit nicht vortäuschen darf. Der Zuschauer darf die Tatsache, daß es sich bei der Handlung auf der Bühne nur um ein Modell von Wirklichkeit handelt, ein Spiel, nicht aus den Augen verlieren, um sich bei der Erkenntnis seiner eigenen Schuldhaftigkeit mit Berufung auf das Stück kein ästhetisches Alibi verschaffen zu können. Abbildbar ist also nach Frisch nicht die Wirklichkeit, sondern nur ein Modell von ihr, doch abbildbar ist auch, wie Frisch sagt, "die Wünschbarkeit einer anderen und nichtvorhandenen Welt."[15]

Die Wünschbarkeit einer anderen, nichtvorhandenen Welt: Sind hier nicht auch die theologisch-christliche und die politisch-moralische Ebene mit angesprochen? In der Tat: Literatur als die Kunst des Noch-Nicht ist hier auch vom Christlichen bestimmt (die Christusfigur ist angedeutet in der utopischen Figur des Popen und in der Hoffnung auf eine nicht enttäuschbare Liebe) und zielt – mit Hilfe einer Analyse gesellschaftlich-politischer Zusammenhänge der Schuldverstrickung von Menschen – auf die Veränderung der Welt, hier und heute, ohne alle falsche Illusion von Machbarkeit. Christliches und Künstlerisches sind hier verbunden im Kampf um die noch nicht gewonnene bessere Wirklichkeit von Mensch und Welt.

Um Schuld und Verrat im Kontext der Auseinandersetzung mit Faschismus und Krieg geht es auch in einem anderen Stück von Max Frisch, in dem wiederum Ästhetisches und Theologisches zu einem Ganzen verwoben sind. Auch dieses Stück hat die Form einer Parabel. Sein Inhalt war schon durch eine längere Prosafassung im ersten Tagebuch Frischs bekannt geworden, doch erst nach mehrmaligen Umarbeitungen konnte es 1961 auf der Bühne erscheinen: *"Andorra"*.[16]

Der theologische Kontext, in dem dieses Stück interpretiert werden kann, ist bereits im Tagebuch angedeutet. Unmittelbar im Anschluß an die Geschichte vom andorranischen Juden steht folgender Text:

"Du sollst dir kein Bildnis machen, heißt es, von Gott. Es dürfte auch in diesem Sinne gelten: Gott als das Lebendige in jedem Menschen, das, was nicht erfaßbar ist. Es ist eine Versündigung, die wir, so wie sie an uns begangen wird, fast ohne Unterlaß wieder begehen – Ausgenommen wenn wir lieben."[17]

Versündigt haben sich und schuldig geworden sind die Andorraner in diesem Modellstück wider den antisemitischen Wahn, in dem das Problem menschlicher Identitätsfindung in einer Gesellschaft, die jedem Menschen ein bestimmtes Bild von sich aufgezwungen hat, grundsätzlich zur Diskussion steht.[18] Die Andorraner halten (vor dem Hintergrund einer gespannten politischen Lage der Schwarzen "draußen" und der Weißen im Lande) den Lehrersohn Andri für ein vom Lehrer vor den Schwarzen gerettetes jüdisches Findelkind und zwingen diesem ihre Klischeevorstellungen von einem "typischen" Juden auf. In Wirklichkeit aber ist Andri der uneheliche Sohn des Lehrers, Andorraner also wie alle im Land, was der Lehrer aber aus Feigheit zu vertuschen suchte. Das Schlimme jedoch: Andri beginnt langsam, sich selber mit dem ihm aufgezwungenen Bild zu identifizieren und läßt auch dann nicht davon ab, als ihm die Wahrheit über seine Herkunft gesagt wird. Doch obwohl die Andorraner wissen (oder zumindest ahnen), daß dieser Andri kein Jude ist, wird er bei der nächsten "Judenschau" verhaftet und liquidiert. Die Andorraner sehen aus Angst tatenlos zu, der Vater, der alles nicht mehr verhindern konnte, nimmt den Strick, Barblin, Andris Geliebte, verliert den Verstand.

Der *Tod des Vaters:* ein typischer *Verrätertod?* In der Art, wie er stirbt, scheint der Tod des Judas präfiguriert. Gibt auch der Text selber Hinweise darauf, daß der Vater an seinem Sohn zu einem "Judas" geworden ist? In der Tat: diese biblisch präfigurierte Deutung wird vom Stück selber nahegelegt. Im entscheidenden Gespräch zwischen Andri und seinem Vater (6. Bild), das Andri endgültig über seine Herkunft aufklären soll, verrät der Vater den Sohn, indem er die Aufklärung hinausschiebt – und ein Hahn kräht dreimal in dieser Szene. Für Andri hat der Vater sich selbst verraten: "Ich habe dich verehrt, (. . .) weil ich glaubte, du bist nicht wie alle, du denkst nicht ihre Gedanken, du hast Mut."[19] Dreimal im ganzen verrät der Vater den Sohn, indem er ihm die schuldige Aufklärung verweigert (4., 6., 8. Bild), bis Andri schließlich durch den Pater die Wahrheit über seine Herkunft erfährt.

So geht dieser vermeintliche Jude seinen Passionsweg an den *"Pfahl"*, der als drohendes "Symbol" des Verhängnisses vom ersten bis zum letzten Bild immer wieder evoziert wird: verleumdet, verraten, verleugnet. Obwohl der Pfahl im Text als real auf der Bühne stehend ausdrücklich vermerkt ist, nahm Frisch ihn bei der Aufführung des Stückes von der Bühne, damit der Pfahl seinen Symbolcharakter nicht verliere.[20] Und alle, die diesen Andri an den Pfahl gebracht haben, sind zu Verrätern geworden. Max Frisch schreibt selber dazu: "Die Andorraner aber, sooft sie in den Spiegel blicken, sahen mit Entsetzen, daß sie selber Züge des Judas tragen, jeder von ihnen."[21]

Wenn diese Andorraner aber zu Judas-Figuren geworden sind, haben sie dann nicht auch *in dem "Juden" Andri Jesus Christus* selber *verraten?* Ist nicht der Pfahl, an den dieser von allen verratene "Jude" geheftet und an dem er zu Tode gebracht wurde, eine deutliche Anspielung auf den Kreuzespfahl, an den der von allen verratene Jude Jesus von Nazaret geheftet und an dem er zu Tode gebracht wurde? Dabei ist die Deutungstechnik Frischs hier sehr subtil. Der Kreuzigungspfahl wird auf der Bühne nur sprachlich-bildlich evoziert, die Hinrichtung nur mit Hilfe eines Schreis angedeutet. Das Hinrichtungsgeschehen selbst also wird ausgespart durch die Technik des objektiven Korrelats.[22] Auch die sich hinter der Figur des Andri verbergende Christusfigur wird nur blitzartig evoziert, auch hier die Technik des objektiven Korrelats angewandt, die aussparend zyklisch die Wirklichkeit Jesu Christi nur umschreibend, andeutend, verweisend sichtbar werden läßt: der Pfahl, das Korrelat des Kreuzes, der Schrei des Hingerichteten, das Korrelat des Schreis vom Kreuz.

Anders als in "Nun singen sie wieder" wird hier die Wirklichkeit Jesu Christi nicht durch Symbole (Brot und Wein, Tischgemeinschaft), Figuren (der Pope), Inhalte der Botschaft (Liebe, Vergebung, Gewaltlosigkeit) literarisch gedeutet, sondern von der Passionsgeschichte her (Verrat, Kreuz, Schrei). Und anders als in "Nun singen sie wieder" bleibt in diesem Stück am Ende nicht die Hoffnung, es bleiben die leeren Schuhe des unschuldig Hingerichteten, gegeneinandergestellt, beredtes Symbol für den Verschleppten, der geholt und getötet wurde: "Rührt seine Schuhe nicht an!"[23]

Vielleicht der einzige *"Trost"* dieses Stückes: Von allen beteiligten Andorranern, die am Ende fast jedes Bildes vor die Schranken eines anonym bleibenden Gerichts gerufen werden und sich selber zu rechtfertigen versuchen, erklärt sich allein der *Pater* schuldig, er allein: "Du sollst dir kein Bildnis machen von Gott, deinem Herrn, und nicht von den Menschen, die seine Geschöpfe sind. Auch ich bin schuldig geworden damals. Ich wollte ihm mit Liebe begegnen, als ich gesprochen habe mit ihm. Auch ich habe mir ein Bildnis gemacht von ihm, auch ich habe ihn gefesselt, auch ich habe ihn an den Pfahl gebracht."[24] Und der Pater spricht dies sein Schuldbekenntnis kniend vor dem Kreuz.

Josef Kopperschmidt, dem es in einem Aufsatz vor allem um die theologische Bedeutung des Bilderverbotes bei Frisch geht, in einer Gesellschaft, die den Menschen immer mehr der "tödlichen Macht des Bildes" unterworfen hat, schreibt zu Recht: "In diesem Schuldbekenntnis kommt auch ein Wort vor, das schon im Tagebuch-Entwurf steht und den Charakter dieser Schuld bzw. – in der Sprache des Tagebuchs – der 'Versündigung' aufdeckt, nämlich Mangel an 'Liebe'. Dieses der christlichen Tradition entliehene Wort nimmt den Schlüsselbegriff 'sich' bzw. 'den Anderen annehmen' auf, dessen dialektische Struktur darin besteht, daß – in Umakzentuierung des christlichen Liebesgebotes – die Selbstannahme als Voraussetzung der Annahme durch die Umwelt gilt: 'Wie sollen die Anderen Dich annehmen, wenn Du Dich selbst nicht annimmst?'. Das Identität verhindernde Bilderentwerfen, diagnostiziert als Mangel an und als Unfähigkeit zur Liebe im erläuterten Sinne der bedingungslosen Annahme seiner selbst bzw. des anderen, oder positiv: Liebe als Befreiung 'aus jeglichem Bildnis', ist ein entscheidender Hinweis auf die gesuchte bildersprengende Instanz, der im 'Stiller', Frischs berühmtesten Roman, noch etwas weiter verfolgt werden soll."[25] Gerade den Vertreter der christlichen Kirche trifft deshalb die beschwörende und verzweifelte Frage der schon um den Verstand gekommenen Barblin besonders: "Wo, Pater Benedikt, bist du gewesen, als sie unseren Bruder geholt haben, wie Schlachtvieh, wie Schlachtvieh, wo?"[26]

So endet das Stück mit einer der wohl eindruckvollsten *Symbolhandlungen,* die wieder an den Kreuzestod Christi gemahnt. Im ersten Bild hatte *Barblin* für ein bevorstehendes kirchliches Fest ihr Haus mit weißer Farbe neu gestrichen, von Pater Benedikt freundlich ermuntert, dessen einzige Sorge damals war, es möge kein Platzregen kommen, der die Farbe wieder abwaschen könnte. Doch schon in der ersten Szene wird von einem Soldaten eine Anspielung gemacht: "Wenn bloß kein Platzregen kommt über Nacht! Nämlich seine Kirche ist nicht so weiß wie sie tut, das hat sich herausgestellt, nämlich seine Kirche ist auch nur aus Erde gemacht, und die Erde ist rot, und wenn ein Platzregen kommt, das saut euch jedesmal die Tünche herab, als hätte man eine Sau drauf geschlachtet, eure schneeweiße Tünche von eurer schneeweißen Kirche."[27] Die Ahnung des Soldaten wird Wirklichkeit. Im letzten Akt beginnt die wahnsinnig gewordene Barblin den Platz, auf dem Andri "geschlachtet" wurde, mit weißer Farbe zu bestreichen, so als hätte jemand dort sein Blut vergossen. Nur noch Blut kann die verstörte Barblin sehen: "Blut, Blut, Blut, überall."[28]

Auch Max Frischs hier analysierte Stücke sind von den drei Charakteristika bestimmt, die wir für die Phase des Übergangs von der traditionellen zur modernen christlichen Literatur herausarbeiten konnten. Auch bei Frisch sind theologische Grundpositionen radikalisiert, das Jesusbild problematisiert und die literarische Darstellungstechnik der Jesusfigur äußerst verfeinert. Auch für andere deutsche Schriftsteller gelten diese Kriterien, wie wir sehen werden, wenn auch immer auf unterschiedlichem literarischen und theologischen Niveau.

War schon das Kriegsstück "Nun singen sie wieder" auch ein Stück der Verweigerung, das Stück eines Soldaten, der plötzlich nicht mehr mitmachen konnte, so wird das Thema der Verweigerung im Krieg – hinsichtlich der Deutung der Jesusfigur – noch einmal in zwei Stücken deutscher Literatur aufgegriffen: in Wolfgang Borcherts Erzählung "Jesus macht nicht mehr mit" und Heinrich Bölls Erzählung "Entfernung von der Truppe".

b. *Die Verweigerung: Zwei Erzählungen von Wolfgang Borchert und Heinrich Böll*

Es muß auffallen: Der gleiche Wolfgang Borchert, der in seinem 1947 herausgebrachten Heimkehrerstück "Draußen vor der Tür" noch Gott als alten Mann zugleich anschrie und dem Spott preisgab, schrieb eine kurze Erzählung mit dem Titel *"Jesus macht nicht mehr mit".*[29] Eine Episode aus dem Krieg: Ein Soldat, dem seine Kameraden den Spitznamen "Jesus" gegeben haben, hat die Aufgabe, sich zur Probe in ausgehobene Gräber zu legen, damit diese passend gemacht

werden können. Plötzlich aber verweigert dieser "Jesus" den Dienst: "Ich mache nicht mehr mit."[30] Er geht, und auch durch den wütenden Befehl des Unteroffiziers läßt er sich nicht aufhalten: "Warum heißt er eigentlich Jesus . . . Oh, das hat weiter keinen Grund. Der Alte nennt ihn immer so, weil er so sanft aussieht. Der Alte findet, er sieht so sanft aus. Seitdem heißt er Jesus. Ja, sagte der Unteroffizier und machte eine neue Sprengladung fertig für das nächste Grab, melden muß ich ihn, das muß ich, denn die Gräber müssen ja sein."[31]
Jesus von Nazaret ist hier indirekt angesprochen, verfremdet durch Übertragung seines Namens auf eine Person in einem völlig disparaten Raum- und Zeitkontext. Sicher geht es Borchert hier nicht um die Propagierung des Klischees vom "sanften Jesus". Im Gegenteil: Der ironische Unterton, den dieses Übertragungsverfahren erzeugt, ist unverkennbar; Name und Träger des Namens interpretieren sich gegenseitig in ironischer Brechung. Auf den Soldaten wird das Klischee vom "sanften Jesus" übertragen und Jesus durch eine solche Figur wiederum auf dieses Klischee festgelegt.[31a]
Aber ebenso gilt doch: "Jesus" steht in dieser Erzählung für mehr als nur das Klischee. Er steht vor allem für Verweigerung, für den Ausbruch aus diesem Wahnsinnskreislauf des Tötens und Begrabens. Der "sanfte Jesus": das ist hier eine Geste der Menschlichkeit, ein Zeichen gegen die Gewaltlogik, der das Ungeheuerliche bereits alltäglich geworden ist: "Und Gräber müssen doch gemacht werden. Einer muß doch rein, ob es paßt. Das hilft doch nichts."[32] Sicher, diese Geste der Verweigerung ist kein lauter Protest und keine politisch relevante Aktion. Sie ist ein Zeichen bloß. Doch wird nicht unter den Bedingungen des totalen Kriegs, der völligen Brutalisierung und Entmenschlichung, die Sanftheit der Sanften, die Verweigerung des Unbedeutenden zum Politikum ersten Ranges? Jesus macht nicht mehr mit: er hat mit diesem Krieg nichts mehr zu tun; ein einziger hat es gewagt, die mörderische Ordnung zu sprengen!
Diese Erzählung Borcherts ist theologisch und literarisch zweifellos von schlichter handwerklicher Kunst; das literarische Verfahren der Verfremdung und ironischen Brechung ist zur Annäherung an die Gestalt des Jesus von Nazaret vergleichsweise einfach, die theologische Dimension dieser Figur nur sehr unzureichend erschlossen. Bedeutend jedenfalls ist: daß die Tat des Soldaten von Jesus her interpretiert wird, macht diese Geste der Verweigerung zu einer stellvertretenden Zeichenhandlung. Was als "Spitzname" gedacht war, bekommt unter diesen Umständen symbolische Kraft. Und plötzlich erhält dieser namenlose Soldat, dieser Anonymus oder moderne Jedermann menschliche Kontur: der Name macht ihn unterscheidbar, unverwechselbar.
Es lohnt sich, hier zum Vergleich noch eine weitere Erzählung heranzuziehen, deren theologische Relevanz größer und deren literarische Kunst subtiler in der Annäherung an die Jesusfigur ist: *Heinrich Bölls "Entfernung von der Truppe"* aus dem Jahr 1963/64.[33] "Jesus macht nicht mehr mit" und "Entfernung von der Truppe" sind Titel, die beinahe austauschbar wären. Auch in Bölls Erzählung steht ein Akt

der Verweigerung im Zentrum, der Verweigerung eines Soldaten, der zeit seines Lebens alles getan hat, um "dienstuntauglich zu werden".[34] Den Akt der Verweigerung selbst erlebt dieser Soldat als "eine Art Wiedergeburt".[35] Im Arbeitsdienst hatte der ehemalige "Student der Philologie" mit der Schneide eines Spatens seinen Vorgesetzen in die Kniekehlen geschlagen ("von einer unsichtbaren himmlischen Vernunft getrieben"[36]) und war zur Strafe in die "fäkalischen Gefilde verdammt"[37] worden, um dort tagtäglich die Latrine des Lagers zu leeren (zur "Menschwerdung", wie der zynische Kommentar im Militärjargon lautete). Dort trifft er einen Mann namens Engelbert, genannt "Engel" ("im Lager eine mythische Gestalt"[38]), und hier erlebt er in Umkehrung des zynischen Kommentars seine wahre "Menschwerdung": "Sobald ich Engel gegenüberstand, wußte ich, daß nicht mein Wille, noch weniger so etwas Dummes wie Absicht, nicht der Fluch des Anführers – sondern eben jene unsichtbar waltende himmlische Vernunft mich zur Menschwerdung dorthin geschickt hatte."[39] Die ersten Worte dieses "Engel" an den Ich-Erzähler sind: "Du sollst meine Schwester heiraten." Dieser verläßt darauf die Truppe und begibt sich zu dieser Schwester, Hildegard Bechtold mit Namen. Über der Wohnungstür der Bechtolds ist ein Transparent angebracht: "Seht ihn! Wen? Den Bräutigam. Seht ihn! Wie? Als wie ein Lamm."[40] Es wird geheiratet, und der Erzähler kehrt nicht mehr zum Arbeitsdienst zurück. Verhaftung ist die Folge. Während des Krieges wird er wieder zu einer Tätigkeit verdammt, die "unter Altgedienten (. . .) gemeinhin als 'Scheißetragen' bekannt" ist.[41] "Moral" dieser Geschichte? Der individuelle Verweigerungsakt bekommt repräsentative Funktion: "Es wird dringend zur Entfernung von der Truppe geraten." Und: "Daß Menschwerdung dann beginnt, wenn einer sich von der jeweiligen Truppe entfernt, diese Erfahrung gebe ich hier unumwunden als Ratschlag an spätere Geschlechter."[42]

"Mit wem haben wir es eigentlich zu tun?" fragt Marcel Reich-Ranicki "bestürzt" in einer bitteren Kritik dieser Erzählung. "Mit einem pfiffigen Burschen, einem Schelm? Oder vielleicht – und zu dieser Vermutung gibt das Buch häufig Anlaß – mit einem Schwachsinnigen?"[43] Und Wilhelm Emrich moniert – etwas vornehmer– die Welt werde hier "zum Panoptikum von Stichwörtern und erstarrten 'Verhaltensmustern' . . . Nicht nur die negativen Figuren, die den 'Truppen' angehören (Militärs, SA-Männer, Pfarrer, Geschäftstüchtige usw.) verfallen einem derartigen Schrumpfungsprozeß, sondern auch die 'positiven' Helden, die mit dem Ich-Erzähler abseits zu stehen vorgeben, werden ihm unterworfen, erstarren zu abstrakten Verhaltensmustern: Der 'Engel' (Engelbert) wird – wörtlich – zum 'Heiligen' stilisiert, seine Schwester, die er dem Ich-Erzähler zuführt, mit blanker 'Unschuld' bekleidet (leitmotivisch), und seine Mutter, deren Programm lautet: 'Von der Truppe entfernt studieren', wird zur ewigen Urmutter, die immer das Richtige tut und die wahren Einsichten hat."[44]

Der Verweigerer: eine mißratene Kunstfigur also, nicht der Rede wert? Wir wollen versuchen, genau hinzusehen. Will man verstehen, warum eine Figur wie dieser

Verweigerer so konzipiert ist, muß man sie in ihrem theologisch-christologischen Verstehensrahmen interpretieren. Erst dann können wir fragen, ob diese Figur "gelungen" ist.

Anders als bei Borchert sind hier die Bezüge zur Figur Jesu zwar vorsichtiger gesetzt, dennoch aber deutlich markiert. Sich selber vermag der Ich-Erzähler mit keiner der gängigen Konfessionen zu identifizieren. Religionszugehörigkeit? "Könnte ich keine der Abkürzungen liefern." Und: "Mein Vater hat mir zwar immer wieder versichert, daß ich durch Taufe zum Christenvolk gehöre, aber ich habe nie an irgendeiner Art Religionsunterricht teilgenommen. Ich tappe immer noch – obwohl ich mich den Fünfzig nähere – im Dunkeln, gelte beim Finanzamt, da ich keine Kirchensteuer zahle, als Atheist. Gern würde ich Jude werden, um das peinliche 'vd' in dieser Rubrik loszuwerden, aber mein Vater meint, dann müßte ich bei seinem Tod, wenn er endlich das Geheimnis preisgibt, wieder aus der jüdischen Gemeinde austreten, und das könnte mir mißverständlich interpretiert werden. So bezeichne ich mich gern privat als 'kommender Christ', was mich in den unberechtigten Verdacht bringt, ich wäre Adventist. Ich bin, was die Konfession betrifft, ein unbeschriebenes Blatt, Anlaß zur Verzweiflung, den Atheisten ein Dorn im Auge, den Christen ein 'ungeklärter Fall', bekenntnisunfreudig, unreif, zu höflich meiner verstorbenen Mutter gegenüber; schließlich ist – wie mir ein Diener Gottes neulich sagte – 'Höflichkeit keine theologische Kategorie'. Schade, sonst wäre ich wohl ein sehr frommer Mann."[45]

Ein "kommender Christ" also oder "Jude-Christ"[46], wie er sich nennt, erfährt er in der Begegnung mit "Engel" das Erlebnis der "Menschwerdung", beruft er sich, bei dem, was er tut, auf eine unsichtbar himmlische Vernunft, wird er von Hildegard bei ihrer ersten Begegnung mit dem Liedvers empfangen: "Seht ihn! Wie? Als wie ein Lamm."[47] Läßt es sich übersehen, daß alle diese Begriffe christologischen Hintergrund haben? Ein "kommender Christ" also und deshalb nicht einzuordnen; die widersprüchlichen Reaktionen der Menschen auf ihn belegen dies. Er entzieht sich jeder Deutung, paßt in kein Bild, und genau dies ist es, was Böll nicht nur theologisch mit Berufung auf die "himmlische Vernunft", sondern auch erzähltechnisch anstrebt: "Nicht nur was mich, auch was alle anderen in diesem Erzählwerk auftretenden Personen betrifft, möchte ich es nicht als fertige Niederschrift anlegen, sondern wie eins jener Malhefte (. . .). Ich biete also nur ein paar Striche, ein paar Punkte, die der Leser als Malvorlage für die Ausschmückung des Rohbaus jener Gedächtniskapelle verwenden mag, als die dieses kleine Erzählwerk gedacht ist."[48]

Das heißt: "Böll beginnt seine Erzählwerke zu hermeneutisieren. Textkonstitution und -rezeption und durch sie transportierte 'Wahrheit' sollen als Prozeß vorgeführt werden, als etwas, das eben nicht fix und fertig oder gar tragisch schicksalhaft verhängt, sondern durch Eingreifen veränderbar ist. Dies gilt sogar für Personen, Charaktere, Figuren; sie liegen nicht fest, sind korrigierbar, fremd oder unbestimmt. Wie Adorno schon seit längerem behauptet hatte, daß heile Person und fixe Persönlichkeit in der Moderne – auch und gerade in der Kunst – ein idealistisches Predigtmärlein sei angesichts der totalen 'Verwaltetheit' unserer Gesellschaft, so ist auch im Böllschen Roman seit *Entfernung von der Truppe* fertiggeprägte Persönlichkeit etwas Unmögliches. Personen werden nun konstituiert, recherchiert, mühsam zusammengesetzt und bleiben unsicher und unklar."[49]

Entscheidend dabei ist: Aus der Perspektive dieses "Jude-Christs" wird die bürgerlich-christliche Welt satirisch verfremdet, im Spiegel dieses "Schelms" erscheint die Moral der deutschen Kriegs- und Nachkriegsgesellschaft, die Moral von Militärs und Pfarrern, Bürgern und Funktionären als bloße Fassade. Dialektischer Umschlag: Die Fäkalienwelt, in die der Ich-Erzähler geschickt wird zur "Menschwerdung", erweist sich als Ort wahrer Menschlichkeit gegen die Interessen der Herrschenden; die Welt bürgerlicher Anständigkeit und Sauberkeit entlarvt sich als die Welt von Unmoral und Unmenschlichkeit. Die Herrschenden dekuvrieren sich selbst: "Später wurde mir – ausgerechnet mir! – das Singen des Deutschlandliedes untersagt, nachdem der oberste Anführer, unser Lagerchef, mich einmal im Kartoffelkeller aufgesucht, auf meinen fehlenden Taufschein hin angebrüllt und unverhofft – ob auch unbegründet weiß ich bis heute nicht, die Sache blieb zweifelhaft – mit 'Judenlümmel' anbrüllte, was ich immer als eine Art Taufe oder Beschneidung empfunden habe. Seitdem durfte ich das Deutschlandlied nicht mehr singen, sang stattdessen: 'Ich weiß nicht, was soll es bedeuten!.'"[50] Und diese dialektische Kunst hat christologische Wurzeln.

Muß man von daher nicht fragen, ob man dieser Figur mit Begriffen wie "pathologisch"[51] oder "schwachsinnig" gerecht wird? Ob solche Kategorien nicht gerade den kritischen Impuls neutralisieren, der dieser Figur von ihrer ganzen Anlage her immanent ist? Sind das nicht die Kategorien der Herrschenden, deren "Vernunft" hier gerade kritisch befragt wird? Daran kann doch kein Zweifel bestehen, daß Böll seine Figuren immer wieder am Rand der Gesellschaft ansiedelt, als Außenseiter, Ausgestoßene, Fremde, Unangepaßte, als die "Geringsten" unter den Menschen, daß aber gerade hier (für Böll christologisch begründet) die wahre Menschlichkeit zu finden ist: das ist eine Provokation, die nicht übersehen werden darf. Diese Figuren sind der Maßstab, an dem diese Gesellschaft gemessen wird, sind Spiegel, in denen diese Gesellschaft ihren Zustand erkennen soll. Hier wird die Gesellschaft auf ihre Verantwortung verwiesen für die am Rande, die die Produkte dieser Gesellschaft sind. Hier wird die unbequeme These konkretisiert, daß Christlichkeit sich gerade an den Rändern bewährt, im Entfernen von der Truppe, im Aufgeben des Vertrauten . . . um des Menschen willen. Dies ist ein Grundzug des Werks von Böll, von den frühen Romanen angefangen über "Ansichten eines Clown" (1963), "Entfernung von der Truppe", "Ende einer Dienstfahrt" (1966) bis hin zu "Gruppenbild mit Dame" (1971) und der "Katharina Blum" (1974): "Böll würde jene sozialpsychologischen Erkenntnisse von der gesellschaftlichen Mitschuld an Kriminalität nicht so herauskehren, wenn er in der Mißachtung jener Erkenntnisse nicht etwas anderes vehement verletzt sähe: Humanität, oder sagen wir es mit Böll

altmodischer, archaischer: Liebe – jene Haltung, die den Jesus von Nazaret nicht mit den 'Gerechten', den gesellschaftlichen Spitzen, sondern mit den Unterprivilegierten, den Nicht-Bürgerlichen, den 'Zöllnern' und 'Ehebrechern' sich an einen Tisch setzen ließ."[52]
Dennoch: Auch wenn man sich den Hintergrund dieser Figur besser klargemacht hat, als dies am Anfang möglich war, es ginge zu weit, wollte man die Figur des Verweigerers in "Entfernung von der Truppe" eine gelungene Interpretationsfigur für das bezeichnen, was Jesus von Nazaret bedeutet. Zu stereotyp erscheint diese Person, zu wenig glaubhaft das Handlungsschema, zu dürftig die literarische Gestaltung von Umwelt und Mithandelnden, zu stark verwischt die "Grenzen zwischen Roman, Erzählung, Parodie, Satire, Predigt und bloß Nörgelei."[53]

c. Die Leidenden: Alfred Andersch, "Die Kirschen der Freiheit"

1952 veröffentlichte *Alfred Andersch* seinen autobiographischen Bericht *"Die Kirschen der Freiheit"* und beginnt damit eine Reihe von Veröffentlichungen, bei denen die Freiheitsproblematik im Vordergrund steht, wie in "Sansibar oder der letzte Grund" (1957) oder "Die Rote" (1960). Wichtig für unsere Fragestellung ist die erste Veröffentlichung von Alfred Andersch nach dem Krieg: "Die Kirschen der Freiheit".
Ausgangspunkt dieses Berichts ist die Desertion des Soldaten Andersch im Juli 1944 an der italienischen Front: diese Flucht verstanden als Akt der Freiheit, zu der der Mensch für Andersch als Person, als Individuum angesichts einer totalitären Macht berechtigt ist. Ein Rechenschaftsbericht geht diesem Akt voraus: die Schilderung des Prozesses innerer Befreiung, den Andersch in den Jahren des Dritten Reiches durchgemacht hat und als dessen Konsequenz diese Fluchttat angesehen werden muß.
Aufgewachsen in kleinbürgerlichen Verhältnissen, schloß sich der junge Alfred Andersch in München dem Kommunistischen Jugendverband an und wurde dessen Organisationsleiter für Südbayern. Lenins "Materialismus und Empiriokritizismus" hatte er gelesen und die "Weltanschauung" war damit klar: "Bewegung war auch bloß Materie, und es gab keinen Gott."[54] Kommunismus, das bedeutete für ihn damals "das absolut Neue und Andere" und das Wort "Revolution" hatte ihn in Bann geschlagen.[55] Dann kamen die Jahre der "Machtergreifung", die Kämpfe mit der SA, der Reichstagsbrand. Andersch wurde verhaftet und nach Dachau gebracht, freigelassen, später ein zweites Mal verhaftet, wieder freigelassen. In diesen Kämpfen, als die Kommunistische Partei sich statt in den Untergrund zu gehen, von der SA langsam zerschlagen ließ, wurde Andersch klar, daß sie, die Angehörigen dieser Partei, die diese Kämpfe durchzustehen hatten, "die Opfer einer deterministischen Philosophie geworden (waren), welche die Freiheit des Willens leugnete."[56] Diese Republik starb "letzten Endes daran, daß die Kommunistische Partei den Gedan-

ken der Willensfreiheit ablehnte, die Freiheit menschlichen Denkens, die Fähigkeit des Menschen zu wählen."[57]

Für Andersch begannen damit die Jahre der "Introversion"; der Raum, in den er sich nun zurückzieht, ist der Raum privater Innerlichkeit. Die Kunst begann er für sich zu entdecken: Rilke, die Musik, die Kunstgeschichte, auch Rankes Reformationsgeschichte. "Ich antwortete auf den totalen Staat mit der totalen Introversion."[58] Hier also liegen die inneren Wurzeln für den Akt der Freiheit, den der Soldat Andersch gegen Ende des Krieges vollzieht.

Wichtig ist nun, daß das Problem menschlicher Freiheit für Andersch mit der Frage nach dem Verhältnis von Gott und dem Nichts verknüpft ist. Zwar hatte schon der Häftling in Dachau gebetet, als er "angstvoll" auf der Pritsche lag. Doch eine eigentliche Auseinandersetzung mit der Gottesfrage folgt erst später. Der "Eid", den er dem Führer ja vor Gott geleistet hat, wird nun zum Problem. Aber: "Der Schwur setzt die Freiheit des Schwörenden voraus." Und ein Führer, der selber "Gott leugnete und alle religiösen Regungen verfolgen ließ", kann nicht "eidesfähig" sein.[59] Denn: "Sie mußten sich, wenn noch ein Funken Vernunft in ihnen lebte, sagen, Gott könne unmöglich daran interessiert sein, daß man der Kanalratte Gehorsam leistete, und unbedingten obendrein. Und wenn sie es mit dem Verstand nicht fassen konnten, so mußten sie es fühlen, daß die luziferische Ratte, die gegen Gott raste, die Heiligkeit des Eides schändete, indem sie ihn für sich in Anspruch nahm."[60]

Und das theologisch Bedeutsame passiert: Für den, der nach der Lenin-Lektüre noch die Nichtexistenz Gottes für erwiesen hielt, wird *Gott* nun *Garant seiner Freiheit, seiner Rechte als Mensch!* Zunächst: "Die Freiheit ist das Alleinsein mit Gott oder dem Nichts. Ich weiß nicht genau, ob es Gott gibt. Aber es scheint mir ziemlich absurd, anzunehmen, es gebe ihn nicht." Und dann: "Ich war unmittelbar zu Gott. Wie alle Menschen hatte ich das ewige Menschenrecht, gegen alles zu protestieren, was sich zwischen Gott und mich drängen wollte. Der Geist der alten protestantischen Revolutionäre, die meine Vorfahren waren, hat mich jederzeit erfüllt. Zwischen den Häusern von Vejano habe ich gebetet: Laß mich zu Dir in die Wildnis entkommen! Hilf mir! Laß mich allein sein mit Dir!"[61]

Welch eine Wandlung also: Im KZ noch betete der Häftling aus Angst; für den Deserteur ist das Gebet Ausdruck höchster Freiheit: im "Nu der Freiheit"[62] weiß er sich unmittelbar zu Gott.

Und ein zweites: Auf dem Höhepunkt des grausigen Gemetzels auf dem Schlachtfeld von Nettuno, auf dem Höhepunkt dieser "Symphonie der Unmenschlichkeit", klingt wieder ein Motiv auf, das schon zu Anfang des Buches angeschlagen wurde: das *Motiv des leidenden Gottes*. Ganz zart, ganz behutsam wird hier das Leiden der Menschen zum leidenden Christus in Bezug gesetzt. Doch die Bilder sind von hoher Ausdruckskraft: Der sterbende Vater, der in den Nächten vor Schmerz stöhnend "stets das alte Kirchenlied 'o Haupt voll Blut und Wunden'" gebetet oder die Melodie aus der Matthäus-Passion gesungen hatte " mit blechener Stimme, die gefärbt war von höchster Qual"[63]; der Genosse, der blutüberströmt damals in ihr Versammlungslokal getaumelt war und "Die SA!" geschrien hatte, sie alle werden zum Schluß noch einmal, angesichts der blutigen Schlacht, lebendig für den Berichtenden und in die Deutung des Ganzen mit hineingenommen: "Eine Epoche war zu Ende gegangen, als mein Vater auf der Straße der Geschichte zusammenbrach, als er sterbend das lutherische Passionslied sang. Die, die nach den alten deutschen Konservativen kamen, begannen etwas ganz Neues: sie dachten nicht mehr an das Antlitz eines Gottes, als sie die Häupter der Menschen mit Blut und Wunden krönten."[64]

Gott als Garant menschlicher Freiheit, die leidenden Menschen mit den Zügen des leidenden Christus: die Interpretation von Person und Sache Jesu in diesem "Bericht" überzeugt, theologisch und literarisch. Wie der sterbende Vater seinen Schmerz gleichsam nur im Zitat eines Passionsliedverses, im Rückgriff also auf Vertrautes, das Halt gibt, zur Sprache bringen kann, so ist die Deutung des Leidens der Menschen in dem Blut und den Wunden des leidenden Christus die einzige Deutung, mit der der Dichter hier seinen Protest zu artikulieren vermag: gegen eine politische Macht, die diesen Gott vergessen hat. Bedeutet hier der Rückgriff auf biblisches Sprachgut, biblisches Bildmaterial nicht ein Mehr an Sprache, einen Gewinn, der unverzichtbar scheint? Von Christus her leiden die Menschen auf dem Schlachtfeld von Nettuno stellvertretend für die vielen.

d. Die Stellvertretung: Ein "christliches Trauerspiel" von Rolf Hochhuth

Das Thema der Stellvertretung wird noch einmal ausdrücklich in der deutschen Literatur nach 1945 thematisiert: im bekannten Stück von Rolf Hochhuth "Der Stellvertreter". Ein Stück, das heftigste Kontroversen auslöste, als es 1963 zum ersten Mal in Berlin von Erwin Piscator auf die Bühne gebracht wurde. Literaten, Historiker und Theologen stritten sich, ob solch ein Stück überhaupt möglich sei. Um diese Kontroversen kann es hier nicht gehen. Nur ein kleines Detail aus der Wirkungsgeschichte sei angeführt. Es zeigt, wie sehr es bis in die höchsten Spitzen der katholischen Kirche umstritten war und ist. Es ist darüber hinaus charakteristisch für den nachkonziliaren Katholizismus: Kardinal Montini, der spätere Papst Paul VI., ergriff in einem Offenen Brief Partei für den umstrittenen Pius XII.; von Johannes XXIII. berichtet Hannah Arendt in einem 1966 veröffentlichten Aufsatz ("Der christliche Papst"), daß "man ihm in den Monaten vor seinem Tode Hochhuths 'Stellvertreter' zu lesen gab und ihn dann fragte, was man dagegen tun könne. Worauf er geantwortet haben soll: 'Dagegen tun? Was kann man gegen die Wahrheit tun?' "[65] Spricht hier nicht jener "arme Papst Johannes", von dem der Clown bei Böll auf der Straße singt, dieser "als Papst verkleidete Mensch", wie Marie Luise Kaschnitz ihn nannte?[66]

Die *Streitfrage* dieses Stückes ist klar: Inwieweit hätte Papst Pius XII. mit energischeren Protesten, mit entschiedeneren Widerstandsappellen an die Katholiken in

Deutschland der Hitlerschen Vernichtungspolitik gegenüber den Juden, die dem Papst bekannt war, Einhalt tun können? Hochhuths These: Der Papst hätte etwas erreicht, doch er hielt sich zurück und opferte die Juden diplomatischem Kalkül von der Machtbalance in Europa, Interessen der katholischen Kirche und des "christlichen Abendlands". Ein Papst, der doch der Stellvertreter Christi sein will auf Erden.

Wie immer man die Frage des politischen Erfolgs beurteilen mag, die auch unter Nicht-Theologen und Nicht-Katholiken umstritten ist[67]: Für uns ist hier nicht die Frage entscheidend, ob Hochhuth recht hat oder nicht, für uns ist entscheidend, wie Hochhuth seine These begründet. Wir haben zu untersuchen, von welchem moralisch-theologischen Ansatz aus Hochhuth seine Kritik entwickelt. *Positive Gegenfigur* zum Papst ist der Jesuitenpater *Riccardo Fontana,* der in der Nuntiatur zu Berlin während des Krieges die erfolglosen Bemühungen des SS-Obersturmbannführers Kurt Gerstein, eines heimlichen evangelischen Widerstandskämpfers, erlebt, den Vatikan mit Hinweis auf die begonnene "Endlösung der Judenfrage" zum Protest gegen Hitler zu bewegen. Riccardo macht die Sache Gersteins zu seiner eigenen und versucht nun von sich aus mit allen Mitteln, den Vatikan zu Protesten gegen die Judenvernichtung zu veranlassen.

Höhepunkt seiner Bemühungen ist eine Auseinandersetzung mit Pius XII. selber: Riccardo bittet, drängt, beschwört, doch der Papst ist aus machtpolitischen, wirtschaftlichen und finanziellen Überlegungen heraus nicht in der Lage, mehr als ein vages, unverbindliches Mahnschreiben zu veröffentlichen. Riccardo muß diese Zurückhaltung des Papstes als eine "Blankovollmacht" für Hitler ansehen, mit den Juden nach Belieben zu verfahren. Von der Aussichtslosigkeit seiner Bemühungen überzeugt, solidarisiert sich Riccardo mit den unschuldigen, der Vernichtung preisgegebenen Opfern des Faschismus, zu denen der Papst schweigt. Zum Entsetzen seiner Heiligkeit und dessen "Umgebung" heftet sich der Jesuitenpater den Judenstern an seine Soutane und begibt sich mit einem Deportationszug mit den Juden selber nach Auschwitz. Dort stiftet sein Erscheinen zunächst Verwirrung: Dieser "Irrtum" könnte peinliche politische Enthüllungen nach sich ziehen. Doch im Lager beginnt sich der "Doktor", zynischer Schlächter und Experimentator mit Menschenleben, für den Jesuitenpater zu interessieren. Sie kommen in ein Gespräch über theologische Fragen nach Gottes Existenz und der Theodizee, und Riccardo bekommt Gelegenheit, selber an den Vernichtungsöfen zu arbeiten. Später, beim Versuch, auf den Doktor zu schießen, wird er selber von der SS umgebracht.

Noch einmal, von welchem *moralisch-theologischen Standpunkt* aus wird hier gewertet? Doch offensichtlich – und das ist das Provozierende – von einem *genuin christlichen:* der Forderung nach unbedingter Nächstenliebe. Riccardo Fontana wird deshalb zur Gegenfigur des Papstes, weil er diese Forderung repräsentiert. Erst in der Konfrontation mit dieser Forderung wird die Figur des Papstes zwiespältig, vorher nicht. Erst von hierher kann die Plausibilität der Argumentation des Papstes unterlaufen werden: Der Stellvertreter Christi wird mit dem *Anspruch*

Christi konfrontiert. Und alle Versuche, hier mit machtpolitischem Kalkül zu argumentieren, brechen zusammen vor dem Wort von den Geringsten unter den Brüdern. Die provozierende These dieses Stückes lautet demnach: Die Kirche, das Papsttum hat in dieser Frage versagt, nicht weil es christlich, sondern weil es nicht radikal genug christlich handelte. Das Paradoxe: Der gleiche Papst, der sich selber als Stellvertreter Christi bezeichnet und dessen Leid in offiziellen Verlautbarungen gar mit dem Leiden Christi verglichen wird (Kardinal Tardini in einem dem Stück vorangestellten Zitat: "Pius XII. konnte mit den Aposteln sprechen: Ich bin mit Christus ans Kreuz geheftet . . . "), wird – mit dem Anspruch dessen konfrontiert, auf den er sich ständig beruft – zu einem modernen Pilatus, zu demselben Pilatus, der auch damals Jesus von Nazaret politischem Kalkül opferte und so mitschuldig wurde am Opfer des Unschuldigen.
Die *Parallele zu Pilatus* hat Hochhuth ausdrücklich am Ende des 4. Aktes, der Papstszene, gezogen. Nachdem sich Pius XII. mit der Tinte, mit der er sein vages Schreiben unterzeichnete, beschmutzt hatte, nachdem er also sein "Urteil" gesprochen hatte, wäscht er sich die Hände mit den Worten: "Wir sind – Gott weiß es – unschuldig am Blut, das da vergossen wird."[68] Gerhard Weiss: "Der 'Stellvertreter Christi' wird zum zweiten Pilatus, der sich die Hände wäscht und nichts weiter zu bieten hat, als beim Abtrocknen der Hände zu sagen: 'Wir wollen, die wir in Christi Namen hier versammelt sind, zum Abschluß beten'."[69] Und was heißt dies anderes als: In dem der Vernichtung preisgegebenen Volk der Juden hat – so die These des Stückes – der christliche Papst Jesus Christus selber verraten!
Und dann die *Gegenseite* in diesem "christlichen Trauerspiel" im doppelten Sinn des Wortes, die "Gegenkirche" sozusagen. Gewidmet ist das Stück zwei modernen christlichen Märtyrern, die für ihren Glauben Zeugnis ablegten, als offizielle Kreise schwiegen: Pater Maximilian Kolbe, Häftling Nr. 16 670 in Auschwitz, und Prälat Bernhard Lichtenberg, Dompropst zu St. Hedwig, Berlin. Seiner Kunstfigur Riccardo Fontana gibt Hochhuth ausdrücklich Züge des Prälaten aus Berlin: "Riccardo Fontanas Einsatz für die Verfolgten und sein Opfergang für die Kirche sind freie Übertragungen der Taten und Ziele des Berliner Dompropstes Bernhard Lichtenberg, der öffentlich für die Juden betete, zu Gefängnis verurteilt wurde und den Schergen Hitlers die Bitte vortrug, im Osten das Schicksal der Juden teilen zu dürfen."[70] Dieser Jesuitenpater ist es, der hier zum wahren, authentischen Stellvertreter Christi wird, als er merkte, daß der offizielle versagt hatte. "Ich vertrete hier die Kirche"[71] sagt er in Auschwitz, und er weiß, daß er hier einen Auftrag zu erfüllen hat. Der Weg nach Auschwitz ist ein Weg in die Nachfolge Christi.
Gegenüber dieser elementaren Grundeinsicht, hier die Sache Jesu zu vertreten, fällt auf, daß das *Gespräch* mit dem "Doktor" *über Fragen der Theodizee* merkwürdig *blaß* wirkt. Ja, Riccardo wird selber sogar ein wenig an Gott unsicher, als er unter dem Eindruck einer Woche an den Öfen erklärt: "Seit einer Woche . . . / verbrenne ich zehn Stunden lang täglich Tote. / Und mit jedem Menschen, den ich verbrenne, / verbrennt ein Stück von meinem Glauben, verbrennt Gott. / Leichen –

ein Fließband mit Leichen, / ein Äserweg ohne Ende, die Geschichte . . . / Wüßte ich, daß – ER zusieht –, / ich müßte . . . IHN hassen."[72] Und es ist auffällig, wie schwach die argumentative Position des Theologen gegenüber den harten Argumenten des "Doktors" ausfällt, der zynisch genug ist, mit seinen Verbrechen eine Art negativen Gottesbeweises führen zu wollen:

> "Riccardo: Warum – warum denn! Warum tun sie das?
> Doktor: Weil ich Antwort wollte – Antwort!
> Und so riskierte ich, was keiner noch
> riskiert hat, seit die Welt sich dreht . . .
> Ich tat den Schwur, den alten Herrn
> so maßlos, so völlig ohne Maß
> zu provozieren, daß er Antwort geben mußte.
> Sei es auch die negative, die allein,
> wie Stendhal meinte, ihn noch
> entschuldigen kann:
> daß er nicht existiert.
> (. . .)
> Finden Sie's denn tröstlicher, daß Gott persönlich
> den Menschen am Bratspieß der Geschichte dreht?
> Geschichte! *Die* Theodizee – wirklich?
> Geschichte: Staub und Altäre, Jammer und Notzucht.
> Und jeder Ruhm ein Spott auf seine Opfer.
> Wahrhaftig: Schöpfer, Schöpfung und Geschöpf
> *sind* widerlegt durch Auschwitz.
> (. . .)
> Wir sind die Dominikaner des technischen Zeitalters.
> (. . .)
> Erst Ihre Kirche hat gezeigt, daß man
> die Menschen verheizen kann wie Koks.
> Allein in Spanien habt ihr ohne Krematorien
> dreihundertfünfzigtausend Menschen eingeäschert,
> fast alle lebendig: *dazu* braucht man –
> den Beistand Christi."[73]

Riccardo hat dem nicht sehr viel zuzusetzen, und an falscher Apologie hat er kein Interesse; die Geschichte der Inquisition im Namen Christi ist nur allzu bekannt. Er versucht sich zu retten aus der schier unlösbaren Aporie der Theodizee mit dem Hinweis auf den leidenden Gott:

> "Riccardo: Ich weiß wie Sie, sonst stände ich nicht hier,
> wie oft die Kirche schuldig wurde,
> auch heute wieder. – Ich kann mit Ihnen
> nicht mehr reden, wenn Sie Gott
> für die Verbrechen seiner Kirche haftbar machen.
> Gott steht nicht *über* der Geschichte.
> Er hat am Los des Endlichen teil. In ihm
> summiert sich jeder Schmerz des Menschen."

Und wird pariert:

> "Doktor: Jaja, das hab' ich auch einmal gelernt.
> Sein Leiden in der Welt fesselt das böse Prinzip.
> Wieso eigentlich? Wo bin ich – wo bin ich *je*
> gefesselt gewesen. Luther
> machte sich weniger vor: Nicht der Mensch,
> sagte er, sondern Gott hänget,
> rädert, würget und krieget . . ."[74]

Das eigentlich auch theologisch Bedeutsame an dieser Disputation ist: Nicht in der Macht seiner Argumente zur Theodizee-Frage, die sich – Leibniz und Hegel zeigen es – letztlich argumentativ-systematisch nicht aufschlüsseln läßt, liegt Riccardos Stärke, sondern in seiner Praxis. Die *Praxis* allein gibt ihm ein Fundament unter die Füße, nicht die theologische Theorie. Er weiß, ohne dies begründen zu können: Die Seite, auf der er steht, ist die richtige, weil sie die Seite ist, auf der auch Christus gestanden hätte. Hier ist für Riccardo die eindeutige Orientierungsmarke gesetzt. Alles andere – der mißglückte Disput um die Theodizee, die Zweifel angesichts der Feueröfen zeigen es – kommt nicht weiter als auch Jesus von Nazaret gekommen ist, als er schrie: Mein Gott, mein Gott, warum hast du mich verlassen. Und ist es nicht gerade diese Praxis, die der "Doktor" unglaubwürdig zu machen versucht, nachdem ihm theoretisch der "Durchbruch" beinahe gelungen ist? "Ein Märtyrer, also . . ."[75], der Sarkasmus ist nicht zu überhören: "Ich verstehe Ihren Ehrgeiz, gekreuzigt zu werden, / mache mir aber den Spaß, im Namen Gottes, / des Vaters und des Sohnes und des heiligen Geistes, / Ihre Wichtigtuerei zurückzuweisen."[76]

Nein, Riccardo ist vielleicht in seiner theologischen Theorie, nicht aber in seiner Praxis zu erschüttern, die die *Praxis Jesu von Nazarets* ist: solidarisches Leiden mit den unschuldigen Opfern der Gewaltherrschaft ohne Rücksicht auf Interessen und Kalkül. Nur von dieser Praxis her wird auch sein Gottesglaube eindeutig, der angesichts dieser Welt, angesichts von Krieg und Auschwitz immer wieder in die Schwebe des Zweifels kommt. Von der Praxis Jesu her ist jedoch Vertrauen zu fassen.

Literaturkritik hat den "Stellvertreter" vielfacher Kritik unterzogen, zu Recht, sind doch die *literarischen Mängel* des Stücks allzu offenkundig. *Sprachliche Mängel:* "Die Sprache bereitet dem Anfänger noch oft unüberwindliche Schwierigkeiten, seine Gestalten sind meist primitiv und klischeehaft, vieles ist allzu simpel und naiv", schreibt Marcel Reich-Ranicki, und der oft gestelzte, künstlich pathetische, an Schiller erinnernde freie Vers, auch Sätze wie "Das Gemüt eines Fleischwolfes setzte es voraus, um hier noch einen Sinn zu sehen. Soll ich mit dem berühmten Glasauge des Begriffs . . . Vernunft in dieses Morden hineinhegeln?"[77] geben ihm recht. Zweifellos unterliegt Hochhuth hier dem gleichen Fehler, den er gleich zu Beginn des 5. Aktes (Auschwitz) Paul Celan vorwirft, der in seinem "meisterhaften Poem 'Todesfuge'" die "Vergasung der Juden völlig in Metaphern übersetzt" und so "den höllischen Zynismus dieser Realität" versteckt habe.[78] Nein, diese wohlgedrechselten, ruhig pathetisch einherschreitenden Verse verdecken die Realität nicht minder. Reinhard Baumgart ist zuzustimmen: "Hier entartet, was um 1800 noch Würde bewies, zu deklamatorischem Geschwätz, so, wenn ein Opfer auf dem Weg zur Gaskammer Verse aufsagt wie diese:

> Keine Hoffnung, Geliebter, daß du mich findest.
> Kalt wie die Pracht in San Giovanni ist Gott. (. . .)
> Gott ist kalt, die Hände werden mir steif, wenn ich sie falte.
>
> Und die Götter der Alten sind tot wie ihre Sagen und wie
> das antike Geröll im Museum des Vatikans, im
> Beinhaus der Kunst. – Ach, sonst bliebe doch
> Hoffnung, daß du mich findest, wie
> Orpheus Eurydike fand.

Solche Sprache, satt vom Pathos und Plüsch bürgerlich-wilhelminischer Bildung, kann Auschwitz nicht sehen, nicht begreifen, und zwar nicht nur, weil ihre Klischees blind sind, sondern vor allem, weil sie dem Individuum einen festlich tragischen Abgang noch im Massenmord garantieren möchte."[79]

Dramentechnische Mängel: "Um die Errungenschaften des Dramas dieses Jahrhunderts scheint sich Hochhuth nicht gekümmert zu haben.", so noch einmal Reich-Ranicki, und Reinhard Baumgart präzisiert, indem er zeigt, daß die Realität von Auschwitz, die Realität des Zweiten Weltkriegs nicht mit Hilfe einzelner historischer Figuren abzubilden ist: "Während Büchner noch Danton und Robespierre auf die Bühne schickt, Grabbe sogar Napoleon, während dort das Volk nur als Chor auftrat, hat schon Brecht die Verhältnisse auf den Kopf gestellt: bei ihm dienen die Figuren Hitler und Göring als Glossen zur Geschichte des braven Soldaten Schweyk, statt umgekehrt. Wo aber heute noch große historische Personen auf der Bühne reden und handeln, bei Hochhuth etwa Pius XII., da wirken sie leicht wie Wachsgespenster aus dem Kabinett der Madame Tussaud. Täuschend ähnlich mögen sie aussehen, aber eben nur täuschend. Hochhuths Schlüsselszene, die Audienz Pater Riccardos beim Papst, arbeitet mit der gleichen Rhetorik und Dramaturgie, mit der Schiller den Marquis Posa vor Philipp führt, was nur heißt: es wird hier für das Jahr 1943 die Geschichtsdimension des Absolutismus vorgetäuscht. Ein Disput im Salon und unter prominenten Figuren, so sollen wir überredet werden, das hoch stilisierte Gespräch zwischen zwei Prinzipien, zwischen Opferbereitschaft hier und realistischer Rücksicht dort, entscheide über das Leben von Hunderttausenden. Handlich schrumpft eine fast unübersehbare historische Lage auf einen Blick durchs Schlüsselloch zusammen, und die patente Psychologie einer einzigen hohen Figur, des Papstes, muß hinhalten für das Versagen einer ganzen Kirche. So wird das Stück theatralisch und spielbar gehalten auf Kosten seines historischen Gehalts. Es provoziert zwar aktuelle politische Emotionen, doch es zeigt kaum, wie es gewesen ist. Es hat sein Objekt aufgelöst in Thesen und die Moral der Geschichte gefunden, ohne die Geschichte selbst zu erzählen."[80]

Ein literarisch also fragwürdiges Stück. Blickt man aber auf die Darstellung der Jesusfigur, die sich hinter Riccardos Argumentations- und Handlungsweise verbirgt, behält das Stück eine nicht zu unterschätzende *theologische Bedeutung.* Diese theologische Bedeutung geht über eine kirchenkritische Polemik hinsichtlich des Versagens der Amtskirche weit hinaus. Sie liegt vielmehr in einer theologischen *Problematisierung des Stellvertreter-Begriffs.* Die These ist: Nur der ist authentischer Stellvertreter Christi, dessen Praxis ihn als solchen ausweist. Christliche Praxis aber ist von Jesus her immer parteiisch für die Opfer von Unterdrückung, Gewalt und Terror. Kriterium christlichen Handelns muß die Frage sein: Was hätte Jesus getan? Riccardo hatte diese Frage gestellt und seine Entscheidung war eindeutig. Sie blieb es, trotz aller theoretischen Zweifel an ihrem Sinn bis zum Ende. So ist Hochhuths Stück ein wichtiges Stück moderner christlicher Literatur: ein Lehrstück in christlicher Orthopraxie!

e. Gnade statt Gerechtigkeit: "Das siebte Kreuz" von Anna Seghers

Alfred Anderschs Arbeiten "Kirschen der Freiheit", aber auch sein "Nachzügler"[81] von 1957 "Sansibar oder der letzte Grund" sind Dokumente der Flucht aus dem Dritten Reich. Noch einmal – vielleicht unübertroffen – ist das Fluchtthema Zentrum eines großen deutschen Romans: *Anna Seghers: "Das siebte Kreuz",* 1942 in Mexiko, dem Exil der Autorin, erschienen.[82] Wo Anna Seghers politisch steht, macht Hans Mayer unmißverständlich deutlich: "Die Flucht Georg Heislers aus dem Lager Westhofen diente bei Anna Seghers dazu, die Wandlungen von Menschen im Dritten Reich, Standhaftigkeit und Versagen, zu schildern: mit dem Blick auf den künftigen Sieg der Solidarität. Ein großes episches Gesamtbild; das Werk einer Marxistin."[83] Das Buch einer Marxistin in einer Arbeit über Ansätze zu einer modernen christlichen Literatur? Ein Roman auch noch, der gemeinhin als das "Meisterwerk"[84] eben dieser Autorin gilt? Wir werden dies zu begründen haben.

Sieben Häftlingen gelingt die Flucht aus dem Konzentrationslager Westhofen, sechs werden tot oder lebendig wieder eingefangen, einer kommt durch: Georg Heisler, Held dieses in 127, teils parallel geführte, teils kontrastierend sich gegenüberstehende Erzählabschnitte gegliederten Romans. Sieben Kreuze ließ der Kommandant des Konzentrationslagers auf dem "Tanzplatz" des Lagers aufstellen: zur Warnung und Abschreckung der Insassen, zur grausamen Hinrichtung der Eingefangenen. Sechs Kreuze "erfüllen" ihre Funktion, eines bleibt leer. Georg Heisler gelingt mit der selbstlosen Hilfe ehemaliger Bekannter aus seiner Zeit als aktiver Kommunist die Flucht auf einem Schiff in die Freiheit, nach Holland.

Dieser Roman wird in seiner Bedeutung erst richtig verstanden, wenn man seinen historischen, vor allem literar-historischen *Hintergrund* kennt. Von 1937 bis 1940 arbeitete Anna Seghers an diesem, den "toten und lebenden Antifaschisten Deutschlands" gewidmeten Buch. Voraus ging: 1934 wurde auf dem sowjetischen Schriftsteller-Kongreß jene Kunstdoktrin proklamiert, "die sozialistischer Realismus heißt, aber stalinistischer Klassizismus heißen sollte."[85] Formale Experimente in Kunst und Literatur wurden abgelehnt, Joyce, Proust, Dos Passos als bürgerlich-dekadent verworfen. Diese Beschlüsse mußten unmittelbare Auswirkungen auf eine Schriftstellerin wie Anna Seghers haben, die in ihren Arbeiten der dreißiger Jahre moderne Erzähltechniken längst rezipiert hatte; die bei ihrer Geschichte "Auf dem Wege zur amerikanischen Botschaft" (1930) in der Anwendung des inneren Monologs und einer differenzierten Assoziationstechnik bei James Joyce und in ihrem Roman "Die Gefährten" von 1932 in Anwendung der Technik parallel gebauter Erzählstücke bei Dos Passos gelernt hatte. Hier also war ein Konflikt zwischen Parteiräson und künstlerischem Gewissen angelegt, der seinen Austrag u. a. in der berühmten Realismus-Kontroverse mit Georg Lukács fand, als beide einen Briefwechsel in dieser Sache führten.[86]

Wichtig zum Verständnis des Romans ist auch die Abfassungszeit, 1937/40: "Der Bürgerkrieg in Spanien endete während dieser Zeit mit der totalen Niederlage der Republikaner; Stalins Abrechnung mit der tatsächlichen und der angeblichen Opposition innerhalb der Partei erreichte ihren Höhepunkt; die Moskauer Prozesse erschütterten die Kommunisten in der ganzen Welt; fast alle Führer der Revolution wurden als Spione hingerichtet, Hunderttausende gingen in die Verbannung, die bedeutendsten Schriftsteller Rußlands – so Isaak Babel und Boris Pilniak – verschwanden spurlos. Hitlers unmittelbarer Machtbereich wurde immer größer und erstreckte sich nun auch auf Österreich und die Tschechoslowakei; im August 1939 erreichte die Mitglieder der Kommunistischen Parteien eine besonders bittere Nachricht: Stalin schloß einen Pakt mit Hitler; Polen wurde von den deutschen Armeen überrannt; die französische Regierung ließ die aus Deutschland emigrierten Antifaschisten internieren – darunter den Mann der Anna Seghers, die in Paris allein mit zwei kleinen Kindern zurückblieb."[87]

Das ist der Hintergrund dieses Romans, der ein *Roman des Widerstands* ist. Widerstand aber indirekt dargestellt: nicht mit Hilfe großer politischer Aktionen, sondern verborgen im Modus der Flucht, nicht mit großen, heroischen Menschen, sondern mit den Kleinen, den Stillen im Lande, einfachen Menschen, die von Politik nicht viel verstehen und die Zusammenhänge oft nicht durchschauen, die aber ohne politisches Kalkül aus einem elementaren Gefühl der Menschlichkeit heraus ihre Hilfe nicht verweigern. Dies fällt auf im Roman einer überzeugten Marxistin: Der kommunistische "Held", von SA und SS fieberhaft gesucht, lebt nicht von der Hilfe irgendeiner Organisation, sondern von Gesten der Barmherzigkeit einfacher Menschen: einem älteren Fräulein, das ihm 5 Pfennige zusteckt; der alten Näherin eines Kameraden, dem jüdischen Arzt, der den Verletzten behandelt und keine Fragen stellt; dem Arbeiter Paul Röder, der mit seiner Solidarität sich und seine Familie aufs Spiel setzt. Freilich, andere stoßen den Flüchtling auch zurück, doch auch dies ist keine politische Aktion, eher eine menschlich verständliche Schutzreaktion: der Lastwagenfahrer, der den Flüchtling ein Stück weit mitgenommen hatte und ihn plötzlich auf die Straße setzt, als er merkte, was gespielt wurde; die ehemalige Freundin, die ihm aus Angst die Türe vor der Nase zuschlägt. Nein, dieser Roman ist nicht im Ton der Anklage geschrieben, der Abrechnung: kein "Rachegesang", eher eine "Elegie, nicht ein Buch des Hasses, sondern der Milde, der Barmherzigheit, der Liebe (. . .) Waren die frühen Bücher der Seghers alttestamentarisch, so gelten für dieses Bild vom Leben in Deutschland des Jahres 1937 die Worte: 'Gnade statt Gerechtigkeit'."[88]

Neutestamentlich also ist der "Charakter" dieses Buches? Wir müssen hier näher hinsehen. Ein Blick zunächst auf die *Erzähltechnik* des Romans. Schaut man genauer hin, so zeigen sich hier gerade auch theologisch bedeutsame Strukturen. Erika Haas konnte in einer Untersuchung zur "Erzählstruktur und Sprache im Werk von Anna Seghers" nachweisen, "daß sich in den Erzählungen und Romanen der Seghers sowohl mythologische Topoi als auch mythische Denkmuster finden, nicht nur als Versatzstücke, sondern als strukturbestimmende Formen".[89] Die bevorzugt benutzten, mythologischen Stoffe stammen im wesentlichen "aus dem Umkreis des Paradiesesmythos und der Messiastradition".[90] Die erzähltechnische Anwendung dieser Topoi ist gerade im "Siebten Kreuz" zu beobachten. Zwei räumliche "Ordnungen" stehen sich hier gegenüber: das Konzentrationslager Westhofen und der Marnetsche Bauernhof, 2 Pole eines eliptisch sich darstellenden Kraftfeldes, in dem sich das Geschehen um die Flucht der Häftlinge abspielt. Dabei ist aufschlußreich, wie diese beiden Pole erzähltechnisch ausgestattet werden: "Beide, das KZ Westhofen und der Marnetsche Bauernhof werden im Rückgriff auf mythologische Vorbilder dargestellt. Während die Welt der Marnets paradiesische Züge erkennen läßt, ist Westhofen im Sinne des Mythologems 'Hölle' stilisiert."[91]

Konkret wird dies in der Beschreibung des *Raumes:* das KZ "unten", der Bauernhof "oben"; der *Atmosphäre:* hier Nebel, Sumpf, Finsternis, widernatürliches, künstliches Licht, das Lichtscheue, dort das goldene Licht der Sonne, das Helle, Strahlende, Natürliche; der *Personen:* hier die KZ-Wächter als satanische Engel, Werkzeug des Bösen, gescheiterte Existenzen mit künstlich neugeschaffener Identität, dort die natürlichen, aufrechten, guten Menschen; der Schäfer als Repräsentant einer naturverbundenen, bleibenden Lebensordnung; des *Lagers:* hier das Zwielichtige einer "Zwischenlandestation", eines "Interims zwischen Diesseits und Jenseits", eines "verfluchten Orts" mit einer Atmosphäre von Vernichtung und Tod, da die natürliche Ordnung des bäuerlichen Tages und Jahres, der den Jahreszeiten, dem Beständigen angepaßte Lebensrhythmus, das bukolisch ausgemalte Idyll eines geordneten Lebens. Eine *symbolische Interpretationsebene* also, gleichsam die Tiefenstruktur eines Romans, der damit gewiß keine religiösen Absichten verfolgt, wohl aber in Verarbeitung religiösen Sprach- und Bildmaterials den Realitätsbegriff erweitert um ein "Mehr" an Bedeutung, die ein der Oberfläche verhafteter Realismus nicht in den Blick bekommen kann. Erika Haas hat recht, wenn sie folgert: "Es geht der Seghers hier eben nicht um das Konzept einer religiös interpretierbaren Wirklichkeit (. . .), sondern um den Aufweis einer zeitlos idealen, das Naturhafte als gut und richtig, als bleibend und human zur Erscheinung bringenden Lebensordnung. Mit anderen Worten: Im 'Siebten Kreuz' besteht die Funktion der Idylle einmal darin, paradiesisch bestimmtes Gegenbild zur pervertierten Welt des Nationalsozialismus zu sein, zum anderen in einer Neutralisierung des jüdisch-christlichen Vorverständnisses, das die Paradiesesvorstellung weitgehend beherrscht."[92]

Eine weitere wichtige erzähltechnische Funktion erfüllt die *Figur des Flüchtlings.* Es fällt auf: Für alle Menschen, die mit diesem Flüchtling in Berührung kommen, hat sich die *Wirklichkeit plötzlich verändert,* positiv oder negativ. Dieser Flüchtling zwingt die Menschen, Position zu beziehen, menschlich, politisch, moralisch. Wie ein Katalysator wirkt er auf sie, legt Beziehungen frei, Verhaltensweisen offen, löst Verklemmungen oder Verkrampfungen, deckt Verschüttetes, Verdrängtes, Verborgenes auf. Die Menschen müssen Stellung nehmen, für ihn oder gegen ihn, und diese Entscheidung "richtet" sie. Diese Figur entstellt die Welt und die Menschen "bis zur Kenntlichkeit" (E. Bloch)! Und die bisher vertraute, sicher scheinende Wirklichkeit wird für keinen, der in die Konfrontation kam, je wieder so werden, wie sie einmal war. Für den Jungen Fritz Helwig nicht, dessen Jacke Georg Heisler auf der Flucht mitgenommen hatte, und der nach erster begreiflicher Empörung über den Häftling plötzlich mit der verdrängten Realität des KZ konfrontiert wird: "Da war auf einmal das Lager, an das man sich längst gewöhnt hatte, (. . .) warum grad hier bei uns (. . .) warum warum, warum?"[93] Auch für Paul Röder nicht, zu dem sich Georg geflüchtet hatte, und der seine Umwelt plötzlich verändert sieht und dem selbst die bisher Vertrauteste, seine Frau, zum Rätsel wird: "In seiner Liesel, die er von klein auf kannte und durch und durch, gab es auf einmal eine Stelle, die unbekannt war und vollständig undurchsichtig."[94] Erst recht für das Ehepaar Kreß nicht, das Georg Unterschlupf gewährt, und das plötzlich für ihre fast abgestorbene Beziehung neues Leben entdeckt: "'Es ist merkwürdig', sagte die Frau, 'mir ist zumut, als ob ich mich bei ihm bedanken sollte, was auch noch aus dieser Geschichte für uns alle entstehen mag – daß er bei uns war, daß er uns diesen Besuch gemacht hat.' – 'Ja, ich auch', sagte der Mann rasch. Sie betrachteten einander verwundert in einem neuen, ihnen noch unbekannten Einverständnis."[95]

Doch auch die *Gegenseite* wird gezwungen, sich noch deutlicher zu dekuvrieren: die SS und ihre Schergen, die noch brutaler, grausamer gegen die Häftlinge vorgehen, um ihre "Niederlage" wett zu machen und sich gegenseitig voreinander zu beweisen.[96] Dies trifft vor allem für den Kommandanten des Lagers zu, der durch diese Affäre seine Macht zerbröckeln fühlt, die doch das einzige war, was er zum Leben hatte und dem die "furchtbarste aller Strafen" droht, der "Entzug von Macht".[97] In der Nacht der Flucht winselt dieser Kommandant seinen "Gott" an, "ihm in der Not beizustehen" und die Häftlinge zurückzuschicken! Welch eine Groteske; in einer einzigen Szene wird meisterhaft die ganze Armseligkeit faschistischer Macht entlarvt: der Schlächter bittet seinen "Gott", ihm die Opfer zurückzu-

schicken. In einer einzigen Figur verdichtet, wird dem Faschismus die Maske vom Gesicht gerissen. Seine Macht war nur Pose, seine Kraft innere Schwäche, seine Gewalt beruhte auf Angst. Die "Herrenmenschen" als Kreaturen! Und wieder die kontrastierende Parallele: Auch Georg spürt ein Bedürfnis zum Dankesgebet, als der erste Schritt der Flucht geglückt ist. Er versagt sich dies aus innerer Stärke.[98]
Vor allem für die im Lager verbliebenen *Häftlinge* hat sich die Wirklichkeit verändert. Und das leergebliebene Kreuz ist für sie Symbol ihrer Hoffnung: "Ein kleiner Triumph, gewiß, gemessen an unserer Ohnmacht, an unseren Sträflingskleidern. Und doch ein Triumph, der einen die eigene Kraft plötzlich fühlen ließ nach wer weiß wie langer Zeit, jene Kraft, die lang genug taxiert worden war, sogar von uns selbst, als sie bloß eine der vielen gewöhnlichen Kräfte der Erde, die man nach Massen und Zahlen abtaxiert, wo sie doch die einzige Kraft ist, die plötzlich ins Maßlose wachsen kann, ins Unberechenbare."[99]
Es fällt auf, daß hier immer wieder *das Kreuz* ins Spiel kommt: das Kreuz als Symbol für die Macht der Ohnmächtigen, die Stärke der Schwachen, die Hoffnung der Hoffnungslosen. Keine christliche Erlösungs- und Kreuzes-"Theologie" wird hier geboten, gewiß. Sie ist auch nicht zu erwarten. Doch kann man übersehen, daß in dieser "Passionsgeschichte vom ungekreuzigten Georg" (Reich-Ranicki)[100] das Kreuz in kunstvoller dialektischer Deutung eine zentrale Rolle einnimmt? Das Zeichen, zum Triumph der Unterdrücker errichtet, wird zum Zeichen des Triumphs der Opfer! Der zynische Mißbrauch schlägt auf die Urheber selber zurück, deren Grenzen hier aufgedeckt erscheinen: die Kreuze, unerträglich geworden, werden beseitigt.
Drängt sich eine Deutung dieser Kreuze vom Kreuz Jesu von Nazaret her nicht auf? Ist es bei Jesus anders gewesen? Wurde nicht auch dort der Schandpfahl des Verbrechers zum Zeichen des Siegers? Nein, es ist kein Zufall, daß in diesem Roman des Widerstands der Unterdrückten, der Solidarität mit den unschuldigen Opfern vom Kreuz die Rede ist. Dieses Symbol ist hier nicht beliebig austauschbar und durch ein anderes zu ersetzen. Auch hier ist die parabolische Ebene der Interpretation des Kreuzes bewußt angezielt. Der Unterschied aber zum Kreuzweg Jesu: Der Passionsweg dieses Flüchtlings bewegt sich vom Kreuz weg, ist gleichsam ein "rückwärts gekurbelter Kalvarienweg, vom Kreuz fort, strauchelnd und aus aller Geborgenheit immer wieder verstoßen."[101] Doch der Schatten des Kreuzes, vom Rücken des Flüchtlings her auf seinen Weg projiziert, bleibt: er lastet auf allem Geschehen und bildet einen Bannkreis von Drohung und Angst.
Hier also, in der Interpretation des Kreuzes, liegt der neutestamentliche "Charakter" des Buches vom siebten Kreuz, aber nicht nur hier. Die Interpretation verdichtet sich, wenn wir die *"Domszene"* betrachten, jene Szene, die Reich-Ranicki "eine der schönsten Abschnitte des Romans"[102] nennt und die Fritz J. Raddatz für die "Kernszene" des Ganzen hält.[103] Dem Flüchtling Georg Heisler gelingt es, sich in seiner ersten Fluchtnacht in einem Dom einschließen zu lassen, um sich dem Zugriff der Verfolger zu entziehen:

"Georg stockte der Atem. Quer durch das Seitenschiff fiel der Widerschein eines Glasfensters, das vielleicht von einer Lampe erhellt wurde aus einem der Häuser jenseits des Domplatzes oder von einer Wagenlaterne, ein ungeheurer, in allen Farben glühender Teppich, jäh in der Finsternis aufgerollt, Nacht für Nacht umsonst und für niemand über die Fliesen des leeren Doms geworfen, denn solche Gäste wie Georg gab es auch hier nur alle tausend Jahre.
Jenes äußere Licht, mit dem man vielleicht ein krankes Kind beruhigt, einen Mann verabschiedet hatte, schüttete auch, solange es brannte, alle Bilder des Lebens aus. Ja, das müssen die beiden sein, dachte Georg, die aus dem Paradies verjagt wurden. Ja, das müssen die Köpfe der Kühe sein, die in die Krippe sehen, in der das Kind liegt, für das es sonst keinen Raum gab. Ja, das muß das Abendmahl sein, als er schon wußte, daß er verraten wurde, ja, das muß der Soldat sein, der mit dem Speer stieß, als er schon am Kreuz hing ... Er, Georg, kannte längst nicht mehr alle Bilder. Viele hatte er nie gekannt, denn bei ihm daheim hat es das alles nicht mehr gegeben. Alles, was das Alleinsein aufhebt, kann einen trösten. Nicht nur was von anderen gleichzeitig durchgelitten wird, kann einen trösten, sondern auch, was von andern früher durchgelitten wurde."[104]

Ist ein subtilerer, zarterer Verweis auf Geburt, Leiden und Sterben Jesu Christi denkbar? "Das Kind", "es", "er", nur Andeutungen, Pro-nomina, die Scheu vor der direkten Anrede? Das Ganze ein Prozeß des Wiedererkennens: Christus evoziert im Modus der Erinnerung. Wie bei einer alten Handschrift beginnt Georg die Zeichen, Formen und Figuren zu entziffern und sich dabei wiederzuentdecken: Bin ich nicht so wie dieses Kind – verjagt, keinen Raum, verraten, ja vielleicht sogar gekreuzigt? Ist eine kunstvollere bildliche Gestaltung denkbar? Ein Farbteppich, der auf die Steinfliesen ausgerollt ist, ein Spiel von Figuren und Farben, Formen und Licht? Ist eine glaubwürdigere Darstellung dieses Jesus und dessen, was er für die Menschen bedeuten kann, denkbar? Von einer überzeugten Marxistin, die in die Gestalt des Flüchtlings Georg Heisler "ihre eigene vornehmlich emotionale und gläubige Beziehung zum Kommunismus projiziert"[105] und gerade deshalb an Jesus von Nazaret nicht vorbeigehen kann; die ihren Helden, selber überzeugter Kommunist, sich in der Figur des fliehenden, verratenen, leidenden und gekreuzigten Christus wiedererkennen läßt; die also eine *Solidaritätsgemeinschaft* herstellt, eine Gemeinschaft mit den Opfern der Geschichte, die das Alleinsein aufhebt und tröstende Kraft spendet? "Friede statt Todesangst", "Gnade statt Gerechtigkeit" – in dieser Szene fallen die Schlüsselworte zum Verständnis des ganzen Romans: Eine Tiefendimension wird hier erschlossen in der Verarbeitung biblischen Bildmaterials, eine parabolische Verdichtung wird erreicht auf der Ebene solidarischen Mitleidens. Zweifellos hat die Verarbeitung christlichen Bildmaterials für eine marxistische Autorin auch *ideologische Funktion.* Noch einmal Erika Haas: "Die Seghers benützt die ihr aus der eigenen Vergangenheit geläufigen bürgerlichen Denk- und Anschauungsformen, um damit die Kampferfahrungen der sozialistischen Bewegung und ihre Zukunftshoffnung poetisch eindrücklich zu gestalten. Diesem Verfahren liegt eine künstlerische, zugleich aber auch eine weltanschauliche Absicht zugrunde. Mit einiger Sicherheit geht es der Seghers dabei weniger um die Bewahrung eines kulturellen 'Erbes' als um den Versuch, jene in der abendländischen Überlieferung unter religiösem Vorzeichen stehende Heilserwartung, die sich vor allem im Paradiesmythos ausdrückt und ein Leben in Freiheit, Gerechtigkeit und Frieden meint, aus ihrem eschatologischen Horizont herauszulösen und sie als *geschichtlich* realisierbare Möglichkeit mit den Zielsetzungen der sozialistischen Revolution zu identifizieren."[106] Und auch *literatursoziologische Aspekte* sind zu berücksichtigen: Mit der Verarbeitung mythologisch-religiöser Überlieferungsformen vermag die Autorin besser politisch-ideologisches Gedankengut an das Bildungsbürgertum zu vermitteln.

Jedoch wird hier nicht irgendein bürgerliches Publikum angesprochen, sondern offensichtlich ein der christlichen Tradition verhaftetes. Anna Seghers sieht offensichtlich in der Verarbeitung christlicher Vorstellungen die Möglichkeit eines gemeinsamen Wegs enthalten, für die Herstellung einer gerechteren, humaneren Gesellschaftsordnung zu arbeiten. Von daher ist der These Erika Haas' zu wiedersprechen, die von einer "grundsätzlich negativen Bewertung des Christentums"[107] im Werk von Anna Seghers spricht, dabei aber erstaunlicherweise weder das Kreuz noch die Domszene im "Siebten Kreuz" zur Interpretation heranzieht. Nicht nur das "Siebte Kreuz", sondern etwa auch Anna Seghers Erzählung "Die Hochzeit von Haiti" machen deutlich, wie viel Christen und Sozialisten gemeinsam haben: Der Held in "Die Hochzeit von Haiti", ein schwarzer Revolutionsgeneral namens Toussaint, trägt Züge einer Christusfigur, einer Messiasgestalt, und ein Priester ist es, Pater Jusieux, der durch seine Sozialarbeit viel zur Schaffung gerechterer Zustände beigetragen hat. Wieder hat Christus hier eine Schlüsselfunktion: "Toussaint fühlte sich nicht nur dem Vater Jusieux verbunden, der ihn lesen und schreiben gelehrt hatte, der fühlte sich tief seinen Lehren verbunden. (. . .) Der Vater Jusieux hatte ihn auch gelehrt, wie Christus für alle Menschen litt. Wenn viele sein Vorbild vergaßen, dann waren sie schlechte Christen. Unter den Heiligen Drei Königen, die ihre Geschenke dem Christkind gebracht hatten, war einer schwarz wie Toussaint gewesen."[108]

Auch eine andere Folgerung von Erika Haas ist zu pauschal: "Wo die Seghers mythologische Topoi aufgreift, werden sie gewissermaßen zitathaft distanziert behandelt – und interpretiert. Das gilt vor allem für die Themenbereiche 'Messiastradition', 'Paradiesmythos' ".[109] Daß dies für viele Fälle richtig ist, kann niemand bestreiten. Doch gerade die Domszene zeigt das Gegenteil. Hier wird nicht zitathaft distanziert beschrieben, sondern Identifikation hergestellt. Für den Helden von "Die Hochzeit in Haiti" gilt das gleiche. So ist die Position der Anna Seghers gegenüber Christentum und Kirche doch eher ambivalent. Alles Kritische wird gesagt und muß gesagt werden. Aber das Christentum kann auch eine positive Funktion erfüllen, dann nämlich, wenn es sich an das Vorbild Jesu Christi hält. Die Bedeutung der symbolisch-parabolischen Deutungsebene aber bekommt man nicht voll in den Blick, wenn man sie nur unter ideologischem oder literatursoziologischem Aspekt sieht. Zwar zielt diese Interpretationsebene bei Anna Seghers nicht auf die Konstituierung einer religiösen Überwelt, sondern ist immer rückbezogen auf die geschichtliche Realisierbarkeit, doch wird diese Ebene gerade nicht aufgehoben.

Sie bleibt – und das ist das theologisch Bedeutsame – eine Vorgabe, ein Mehr, ein Uneingelöstes, ein Noch-Nicht, ein Überschuß von Hoffnung. Die Verarbeitung religiöser Symbole wie Kreuz, leidender Christus ist Ausdruck dieser Vorgabe, dieses Uneingelösten, dieser Hoffnung. Sie sind deshalb gerade nicht beliebig austauschbar, ersetzbar. Auf sie kann nicht verzichtet werden, weil mit ihnen eine Denkstruktur angesprochen ist, die sich nicht in ideologische oder literatursoziologische Kategorien auflösen läßt. Sie bleiben Herausforderung zu einem Denken, das im Gedächtnis des Leidens und der Opfer die Zukunft von Mensch und Welt gewinnen will.
Verständlich, daß ein solcher Roman wie das "Siebte Kreuz" von einer solchen Autorin *Kritik* herausforderte. Von "links" meldeten sich vor allem Georg Lukács, dann auch Fritz J. Raddatz. Raddatz gibt zuerst zu: "Große Figur ist also für die Seghers immer der Schwache, Hilflose, Gepeinigte, sich Opfernde schließlich."[110] Er anerkennt das "politische nicht anzweifelbare Bündnis; ein Moment von Bindung und Gemeinschaft, das hier im Postulat sich nicht erschöpfte, sondern als Forderung realistisch blieb; eine Hoffnung, die jeder teilte."[111] Doch bemängelt er "dieses Moment des Irrationalismus an Details der Handlung wie an Charakteristika der Figuren", "eine irisierende, gelegentlich religiöse Topoi nicht scheuende Irrationalität".[112]
Und Georg Lukacs kritisiert: "Bei der dichterischen Gestaltung der deutschen Gesellschaft im Faschismus, der Machtergreifung der Nazis und ihrer Herrschaft wirkt sich sehr schädlich aus, daß die Schriftsteller die Proportion der Kräfte in Deutschland, die Tiefe der Volksvergiftung durch den Hitlerismus unrichtig sehen und nicht verstehen, wie dieses von ihnen nicht begriffene allgemeine Phänomen im deutschen Volk überhaupt zustande kam. (. . .) Selbst der weitaus beste Roman über das faschistische Deutschland, 'Das siebte Kreuz' von Anna Seghers, leidet unter solchen Schwächen. An Bildhaftigkeit der einzelnen Situationen, an innerer Wahrheit der dargestellten Menschen beider Lager hat Anna Seghers Außerordentliches geleistet. Und doch kommt auch sie oft nicht über die Schilderung sinnlicher oder psychologischer Zuständlichkeiten hinaus, in denen sich freilich ihre ungewöhnliche Energie der Vergegenwärtigung plastisch zeigt. Das tiefe Warum des Kampfes, das Herauswachsen seines gesellschaftlichen Sinnes aus individuellen Erlebnissen, Zusammenhängen, Konflikten lebendiger Einzelmenschen bleibt auch hier von einem – dichterisch allerdings hochwertigen – Schleier verhüllt."[113]
"Irrationalismus" hier, "Schleier" dort, dabei kann für Anna Seghers bei der Frage nach dem "Warum des Kampfes" gar kein Zweifel bestehen; vielleicht nur für den unbefriedigend, der eine Antwort im Sinne der Parteidoktrin erwartet hätte. "Wir fühlten alle, wie tief und furchtbar die äußeren Mächte in den Menschen hineingreifen können, bis in sein Innerstes, aber wir fühlten auch, daß es im Innersten etwas gab, was unangreifbar war und unverletzbar."[114] So endet der Roman "Das siebte Kreuz". "Irrationalismus", "Schleier"? Vielleicht eher die Erschließung einer *Tiefenstruktur menschlicher Wirklichkeit,* die sich jeder letzten Entschlüsselung gerade

entzieht und unzerstörbar bleibt. Doch erweist sich nicht gerade dies als ein Faktum von besonderer politischer Sprengkraft, da selbst der faschistische Terror seiner nicht habhaft werden konnte und letztlich an ihm zerbrach? In der Erschließung dieser Tiefenstruktur menschlicher Wirklichkeit dürfte auch die religiöse Interpretation ihren legitimen Ort haben als Frage nach dem, was den Menschen "unbedingt angeht" (Tillich).
Noch einmal: Es sollen diesem Roman keine religiösen Absichten unterschoben werden, die nicht vorhanden sind. Bei unserer religiösen Interpretation kann es nur darum gehen, in Überwindung eines platten, formalistischen und "ein wenig wirklichkeitsfremden" (Brecht gegen Lukács[115]) Realismusbegriffs durch Anna Seghers, positiv also in der Aufnahme künstlerischer Formprinzipien (der innere Monolog, die parabolische Bedeutungsebene u. a.) die religiöse Dimension offen zu sehen. Es kann hier nur darum gehen festzustellen, wie hier religiöses Traditionsgut (Kreuz, leidender Christus) literarisch-künstlerisch verarbeitet wurde und welche Funktion diese Verarbeitung für das Ganze des Werks hat. Literarisch gesehen ist diese religiöse Dimension angezielt in einem differenzierten Wechselspiel von Wirklichem und Parabolischem. Die so evozierte Wirklichkeit ist kein Schleier vor der Realität, keine Wirklichkeit, die noch "entzaubert" werden müßte, wie Anna Seghers gegen die Adepten eines platten "Sozialistischen Realismus" polemisiert.[116] Sie ist Ausdruck der Vielschichtigkeit unserer Realität, des Möglichen im Wirklichen.
Und wie ist es mit der Figur des Helden? Wird er nicht erst durch Bezugsetzung zum Gekreuzigten der, der er sein soll: ein Sinnbild, ein Gleichnis für einen Menschen, der verfolgt wird um seiner guten Sache willen, unschuldiges Opfer einer totalitären Macht? Bekommt diese Figur nicht dadurch erst ihre Schärfe und Plastizität, ihren gleichsam historischen Resonanzboden: im Bezug, im Verweis, im Vergleich?

2. Nachkriegsgesellschaft

"Wie sind wir heruntergekommen! Was für ein Zustand! / Aus dem Fenster lehnend gewahre ich/die selben Häuser wie gestern. Steht denn die Zeit/still?" schrieb Hans Magnus Enzensberger in seinem ersten Gedichtband "Verteidigung der Wölfe". Er erschien 1957.[117] "Ihr glaubt zu essen / aber das ist kein Fleisch / womit sie euch füttern / das ist Köder, das schmeckt süß", heißt es in einem anderen Gedicht.[118]
Schon die Titel der Gedichte aus Enzensbergers erstem Gedichtband lassen auf die politische Landschaft schließen, in die diese angesiedelt sind: "Ins Lesebuch für die Oberstufe", "Bildzeitung", "Konjunktur", "Aussicht auf Amortisation" – Erkenntnismerkmale, an denen der Zustand der Gesellschaft ablesbar wird. Was heißt das?
Die Schriftsteller in Deutschland beginnen sich zunehmend kritisch mit der Nach-

kriegsgesellschaft auseinanderzusetzen. Als Enzensberger 1957 seinen Band herausbrachte, waren die entscheidenden politisch-gesellschaftlichen Weichenstellungen in Deutschland bereits vollzogen. Der wirtschaftlich-industrielle Wiederaufbau war in vollem Gange; mit der Währungsreform 1948 hatte er begonnen und aus dem Wirtschaftsaufbau wurde rasch das Wirtschaftswunder. Der politische Wiederaufbau war abgeschlossen: 1949 Gründung der Bundesrepublik Deutschland; 1955 Wiedererlangung voller Souveränität. Aus den Wahlen 1949, 1953 und 1957 war die CDU als stärkste politische Partei hervorgegangen. Der Bundeskanzler war Konrad Adenauer.

Doch dieser politisch-wirtschaftliche Wiederaufbau hatte in den Augen vieler Schriftsteller seine *Ambivalenz.* Adenauer baute zwar – wie der amerikanische Germanist Peter Demetz schrieb – "energisch das konstitutionelle politische Leben wieder auf, duldete aber jahrelang frühere Nazifunktionäre und prominente Mitläufer in hohen Verwaltungsposten, und da er vor allem die Probleme der industriellen Wirtschaft, der Staatsbeamten und der hochsubventionierten Bauernschaft zu lösen gedachte, fühlte er sich nicht dazu gedrängt, intellektuelle Initiativen zu ermutigen, welche die veraltete Bildungspolitik und die technologische Forschung ins Zeitgenössische verwandelt hätten."[119]

Hier lag das Problem: Viele Intellektuelle, besonders die Schriftsteller konnten bei allen äußeren wirtschaftlichen Erfolgen deutscher Nachkriegspolitik nicht vergessen, daß ein zentrales Problem, die *nationale Schuldfrage,* nie richtig politisch-gesellschaftlich auf breiter Basis diskutiert, nach Ursachen und Folgen nie richtig gefragt worden war, daß vieles verdrängt, apologetisch verschleiert oder rechthaberisch beiseite geschoben wurde, daß Chancen beim Wiederaufbau zur geistigen Erneuerung verpaßt wurden und demokratischer Geist noch nicht richtig Einzug gehalten hatte. Für sie, die Intellektuellen, schien es – Enzensberger drückt dies aus –, als hätte man nichts gelernt. Viele konnten nicht vergessen, daß Politiker und Kirchenfunktionäre, Militärs und Juristen, Unternehmer und Financiers, die eben noch eine so verhängnisvolle politische Rolle gespielt hatten, wieder Karriere machen, Machtpositionen einnehmen, Einfluß in Schlüsselfunktionen gewinnen konnten. Für sie schien es, als sei hier nichts geschehen.

Kein Wunder also, daß viele Literaten zu dieser Wirtschaftswundergesellschaft auf *ideologiekritische Distanz* gingen und sich zunehmend als das "schlechte Gewissen" der Nation begriffen, als gefährliche Erinnerung an all das, was man leicht glaubte verdrängen zu können: nicht um der Vergangenheit, sondern um der Gegenwart und Zukunft willen. "Ich beneide sie alle, die vergessen können, die sich beruhigt schlafen legen und keine Träume haben", schrieb Günter Eich 1950.[120] Und an einer anderen Stelle heißt es bei ihm: "Denke daran, daß nach den großen Zerstörungen/jedermann beweisen wird, daß er unschuldig war (. . .) Denke daran, daß du schuld bist an allem Entsetzlichen,/das sich fern von dir abspielt-"[121]

"Denke daran": Auch die *Kirchen* durften und konnten in einer solchen Lage nicht geschont werden, und einer, der hier vieles nicht vergessen konnte, war *Heinrich*

Böll. Die gesellschaftlich moralische Rolle, die die Kirchen – für Böll vor allem die katholische Kirche – in der Nachkriegsgesellschaft spielte, empörte ihn, sie, die keinen Anlaß hatte, moralisch gerechtfertigt aus dem Dritten Reich hervorzugehen. So schrieb Böll seine bekannt gewordenen Briefe, Erinnerungsbriefe gewissermaßen an die Adresse von Gesellschaft und Kirche: "Brief an einen jungen Katholiken" (1958); "Briefe aus dem Rheinland" (1962/63); "Was ist eine christliche Grundlage?" (1966); "Brief an einen jungen Nichtkatholiken" (1966); "An einen Bischof, einen General, einen Minister des Jahrgangs 1917" (1966). Es empörte Böll, in welch "geschickter Lage" sich der deutsche Katholizismus plötzlich wieder nach 1945 befand. Er könne sich, je nachdem, in günstigem Licht zeigen, schrieb Böll in einem Nachwort zu einem der im katholischen Raum umstrittensten Bücher der Nachkriegszeit, Carl Amerys "Die Kapitulation" (1963): "Wird er nach seiner Loyalität gefragt, zeigt er das Konkordat vor, dessen unselige Folgen Carl Amery exakt beschreibt; wird er um seiner Loyalität willen angegriffen, zeigt er die katholischen Widerstandskämpfer vor, aber ich wiederhole: Widerstand war Privatsache, der offizielle Status war der des Konkordats."[122]
Vor diesem allgemein-gesellschaftlichen Hintergrund müssen unsere nun folgenden exemplarischen Literaturbeispiele gesehen werden, die die deutsche Nachkriegsgesellschaft durch die Figur Jesus von Nazaret literarisch spiegeln.

a. "Was würde Jesus getan haben?" – Leonard Franks "Die Jünger Jesu"

Als Leonard Frank (1882–1961) 1949 seinen Roman "Die Jünger Jesu" veröffentlichte, war er kein Unbekannter mehr. Bekanntgeworden war der zweimalige Emigrant (im Ersten Weltkrieg in der Schweiz, 1933-50 wiederum in der Schweiz, dann in Frankreich, ab 1940 in den USA) in der Zeit des Expressionismus durch seinen Roman "Die Räuberbande" (1914) und seine Erzählungen mit dem programmatisch-bekenntnishaften Titel: "Der Mensch ist gut" (1917). Sein ganzes Leben focht dieser pazifistisch-sozialistische Schriftsteller gegen Ausbeutung und Unterdrückung des Menschen, gegen Krieg, Massenmord und Todesstrafe, gegen brutale Erziehungspraktiken von Eltern und Lehrern (er hatte sie am eigenen Leibe verspürt!) und für mehr Menschlichkeit und Brüderlichkeit, aber auch für die sozialistische Revolution und eine klassenlose Gesellschaft.
"Der Mensch ist gut" – das war mitten im Grauen des 1. Weltkriegs für viele Zeitgenossen damals ein "buchgewordener Schrei", wie es in einem der expressionistischen Zentralorgane, Franz Pfempferts "Aktion", damals hieß, getragen vom Glauben "an das Eine, das kommen wird, das reine Menschsein, das Sein des reinen Menschen, der *gut* ist, weil die Idee der Güte der Kreis ist, in dem die Idee des Menschen im Reich der Ideen ruht."[123]
Von Anfang an aber war für diesen katholischen Schreinersohn aus Würzburg – der sich in seiner Jugend als Fahrradmechaniker, Fabrikarbeiter, Chauffeur, An-

streicher und Krankenhausdiener durchgeschlagen hatte, mit 22 Jahren dann in München (in Kreisen der dortigen Boheme lebend) Malerei und Graphik studiert, sich beim Münchner Freud-Schüler Otto Groß psychoanalytische Kenntnisse angeeignet und ab 1910 in Berlin als freier Schriftsteller etabliert hatte – sein Glauben an die Güte des Menschen auch christlich motiviert. Sicher, auch Leonard Frank war kein "christlicher Dichter" und zur Kirche hatte er ein distanziertes Verhältnis. Doch schon in seinem ersten Roman *"Die Räuberbande"*, wo viele Motive der "Jünger Jesu" präfiguriert sind, ist an entscheidender Stelle von Jesus Christus die Rede. Schon in diesem Roman geht es um eine Bande von 12 Würzburger Lehrjungen, die sich hier den Namen von Karl-May-Helden zugelegt haben (Oldshatterhand, Winnetou etc.), von der Freiheit des "Wilden Westens" träumen und gegen die verhaßte Erwachsenenwelt aus Vätern, Lehrern und Meistern kämpfen. Doch als die Jungen erwachsen werden, verraten sie die Träume ihrer Jugend und gleichen sich der bourgeoisen Erwachsenenwelt an – bis auf zwei, die den Ausbruch aus der Bürgerwelt schaffen: "Winnetou", der dann in ein Kloster geht und Mönch wird und "Oldshatterhand", der Künstler wird und dessen Schicksal der Roman nun weiterverfolgt.

Er verläßt Würzburg, entdeckt seine künstlerische Begabung, kämpft sich durch, stößt jedoch auf Grenzen eigenen Unvermögens und auf die Niederträchtigkeit der Menschen, denen er begegnet. Nachdem ihn eine Kollegenintrige vor Gericht gebracht hat, endet er im Selbstmord. Vorher noch hat eine Figur im Roman eine wichtige Funktion: Die Gestalt des "Fremden", eines älteren Freundes von "Oldshatterhand", in dem man Franks eigenes idealisiertes Selbstporträt erkennen kann. Dieser erschließt seinem jungen Freund immer wieder neue Lebensmöglichkeiten und formuliert die entscheidende Aussage des Romans im Konflikt zwischen Individuum und Gesellschaft. Denn – wie der in Amerika lehrende Germanist Klaus Weissenberger formuliert: "Als einzige Lösung dieses Konflikts sieht der Fremde die Vergebung der sozialen Schuld am Individuum und im Weg der Einsamkeit die Möglichkeit, sich über die Gesellschaft zu erheben".[124] "Sieh" – so der Fremde – "ich stehe auf einem hohen Land und sehe auf alle Kirchtürme hinunter. Die Stadt dunstet und stinkt da unten. Ich wende mich um, da ist die Luft dünn und blau. Und ich bin allein." Und direkt auf "Oldshatterhand" Bezug nehmend: "Erst wenn du dich den Weg, der zu dir führt, zu Ende geschleppt hast und aufgerichtet stehst, schreien sie dir alle ihr lügenhaftes Hosianna zu und sagen zueinander: 'Den haben wir niemals verachtet.' Und der Vater ruft: 'Das ist mein Sohn! ' Jesus Christus trug sein Kreuz der Einsamkeit beschimpft und verhöhnt bis zum hohen Gipfel. Heute schreien die Lügner ihm ihr Hosianna zu und ihre Verachtung dir, der du dein Kreuz der Einsamkeit noch nicht zu Ende geschleppt hast."[125]

Während Frank im "Ochsenfurter Männerquartett" (1927) und "Von drei Millionen Drei" (1932) das Schicksal von Mitgliedern der ehemaligen Räuberbande weiterverfolgt (man spricht hier von einer Würzburger Trilogie), schafft er in *"Die Jünger Jesu"* (1949) eine neue "Räuberbande", wieder mit Würzburg als Hand-

lungskulisse. Denn “Räuber” sind die “Jünger Jesu” auch: diese 11 Jungen im Alter zwischen 12 und 14 Jahren (der 12. wird später dazugewählt), die sich im bombenzerstörten Würzburg des Jahres 1946 im Keller einer Klosterkirche um einen großen, verstümmelten, gekreuzigten Christus versammeln. Ihr Wahlspruch lautet: “Wir, die Jünger Jesu, Vollstrecker der Gerechtigkeit, nehmen von den Reichen, die alles haben, und geben es den Armen, die nichts haben”[126]
Diese “Jünger”, selber völlig anspruchslos, handeln in einer Zeit, in der die Menschen, obwohl doch alle unter solchen äußeren Bedingungen zur Solidarität verpflichtet wären, auch nur nach den Maximen des Egoismus und des persönlichen Wohles leben ohne Rücksicht auf die anderen, ohne die Bereitschaft zum Teilen, ohne die Phantasie der Nächstenliebe. So ist das Handeln dieser Jungen zu verstehen als *stellvertretende Zeichenhandlung* aktiver Nächstenliebe. Sie handeln anstelle der Menschen, die handeln könnten: Sie nehmen dem, der zuviel, und geben dem, der gar nichts hat. Zurück lassen sie jedesmal eine Quittung für das Gestohlene: Bescheinigung und Denkzettel zugleich – aber die Betroffenen empören sich bloß, zum Nachdenken kommen sie nicht.
Diese stellvertretende Zeichenhandlung ist für diese “Jünger” präfiguriert durch ein *historisches Modell:* den urchristlichen Jüngerkreis. Sie handeln, wie die Jünger gehandelt hätten, ja wie Jesus selbst gehandelt hätte. Bezeichnenderweise wird dieser Bezug nicht von ihnen selbst reflexiv hergestellt, sondern kommt erst in der skeptischen Betrachtungsweise von Menschen außerhalb ihres Kreises hinein: In dieser Außendeutung also kommt die Tat der Jünger erst richtig ins Relief! So etwa der skeptisch-neutrale Geschichtsprofessor Häberlein: “Die Jünger Jesu waren auch damals, vor zweitausend Jahren, eine Landplage. Aber sie hatten bekanntlich großen Zulauf unter den Mühseligen und Beladenen. (. . .) Aber die Religionsgeschichte lehrt uns, daß die Christen des zwanzigsten Jahrhunderts das Gegenteil der Ur-Christen sind, die den Jüngern in den Fußstapfen folgten. In den Ur-Christen brannte die heilige Flamme. Heute ist die Flamme . . . ”[127]
Ja, heute wird diese Flamme zum *Ärger einer christlichen Gesellschaft* von radikalen Urchristen weitergetragen, Kindern notabene, die ihren “Dienst” eben nicht theologisch-reflexiv, sondern nur aus der spontanen Überzeugung des Richtig-Tuns ableiten können. Nicht zufällig also werden auch in diesem Roman Leonard Franks *Kinder* zu entscheidenden Handlungsträgern, die stellvertretend für die Erwachsenenwelt handeln. Die Identifikation mit vorgeprägten, urchristlichen Jüngerfiguren bekommt so über die Stellvertretung hinaus die Funktion eines Vorgriffs auf einen Idealzustand menschlicher Gemeinschaft, der für die Gesamtgesellschaft erst noch erkämpft werden muß. Im Mikrokosmos dieses Jüngerkreises wird der Makrokosmos der Gesellschaft kritisch gespiegelt. So wie der Jüngerkreis “funktioniert”, so wie der Jüngerkreis im Geiste solidarischer Nächstenliebe handelt, so möge die Gesellschaft funktionieren, handeln. Die “Jünger Jesu” werden so zu einer utopischen Chiffre für einen noch nicht erreichten Zustand menschlich solidarischen Handelns. Damit korrespondiert ein weiterer Aspekt: Während die Außenwelt (vor allem die

negativ betroffene) die Taten der Jünger als kriminell klassifiziert, erfahren die Kinder selbst im Rollenspiel urchristlicher Figuren eine Freiheit, einen Spiel-Raum, ja eine Unantastbarkeit, die mit moralischen oder juristischen Kategorien nicht eingefangen werden kann: eine Freiheit in Bezogenheit auf Jesus von Nazaret.
Wie schon in der "Räuberbande" so ist auch hier die auf die Kinderwelt projizierte Vorwegnahme künftiger menschlicher Gemeinschaftsformen ein entscheidendes Moment der Kritik an *gegenwärtigen* menschlichen Gemeinschaftsformen. Wie schon in der "Räuberbande" wird auch hier der Generationskonflikt für Frank "zu dem archetypischen Modell seiner Gesellschaftskritik und umgekehrt die Bande zum zeitlosen Modus des gesellschaftlichen Außenseitertums, in dem sich die Vermischung von sozialem Aktivismus und persönlicher Identitätssuche vollziehen kann." Und schon in der "Räuberbande" schien Frank "in Anlage und Ethos" auf "die christliche Urgemeinde" zurückgreifen zu wollen.[128]
Der Kampf der Jünger gilt aber nicht nur den Reichen. Er gilt – und das ist ein weiteres, kritisches Moment in der Auseinandersetzung mit der deutschen Nachkriegsgesellschaft – auch den wieder reich Gewordenen: einem ehemaligen NS-Funktionär etwa, Zwischenzahl mit Namen, der damals die Eltern eines jüdischen Mädchens, Ruth Freudenheim, auf skurpellose Weise öffentlich erschossen hatte und der dennoch wieder nach dem Krieg auf dem Schwarzmarkt unbehelligt gute Geschäfte machen kann. Ihr Kampf gilt auch den sich wieder neu sammelnden Resten versprengter SS-Einheiten, die – unterstützt von hohen Verwaltungsbeamten! – wieder von einer weltweiten Organisation und dem großen Block gegen Rußland träumen. Ein *zwiespältiges Bild deutscher Nachkriegsgesellschaft* also wird in diesem Roman gezeichnet, und Frank benutzt gerade die Figur des jüdischen Mädchens, um diese Zwiespältigkeit der nachfaschistischen, deutschen, christlichen Gesellschaft exemplarisch zu veranschaulichen.
Diese *Ruth Freudenheim,* die den Tod ihrer Eltern auf offener Straße miterlebt hatte, war von den Nazis zunächst nach Auschwitz, dann in ein Soldaten-Bordell nach Warschau verschleppt worden. Ihr gelingt es aber zu überleben und sich nach dem Kriege nach Würzburg durchzuschlagen. Sie wird – körperlich wie seelisch ein Krüppel – von ihrem Verlobten Martin in seine Wohnung aufgenommen. Doch die Reaktion einer christlichen Umwelt darauf: "Judenhure" wird sie geschimpft; zwei Novizinnen, die ihr begegnen, bekreuzigen sich, als sei sie vom Teufel besessen; anonyme Schmierereien versuchen sie aus der Stadt zu ekeln; ihrem Verlobten wird wegen unsittlicher Lebensweise mit der Kündigung seiner Stelle als Arzt im Krankenhaus gedroht; die Kirche läßt durch einen Geistlichen gegen das "unmoralische" Zusammenleben der beiden protestieren. Doch auch hier vermag sich Martin nur auf eine Instanz zu berufen, die moralisch und juristisch unangreifbar ist: "Glauben Sie", sagt er zu dem Geistlichen, der sie besucht, "daß die moralische Wiedergesundung des deutschen Volkes möglich ist, solange es die Opfer seiner Verbrechen kreuzigt? (...) Wenn Ruth zu Jesus gekommen wäre und vor ihm gestanden hätte, was würde Jesus getan haben?"[129] Dies ist die Schlüsselfrage für alle,

die in diesem Roman menschlich solidarisch handeln. Die Antwort der Jünger Jesu, die Antwort des jungen Arztes ist ihre Praxis.
“Was würde Jesus getan haben?” – alle, die hier solidarische Nächstenliebe geübt haben, haben erkannt: in den Opfern der Gewalt wird auch Jesus Christus wieder gekreuzigt und seine Person ist die Instanz, bei der verzweifelte Menschen, selbst gegen seine offiziellen Vertreter, Hilfe finden. Eines der eindrucksvollsten Bilder literarischer *Korrelation von leidendem Christus und leidendem Menschen* zeigt die Szene, wo Ruth auf ihrem Weg nach Hause (von einem Viehhändler mitgenommen, vor dessen unsittlichem Antrag sie, die Mißbrauchte, sich schon wieder hat wehren müssen) unter einem Bildstock ausruht: “In der Kurve stand ein Christusbildwerk. Der Bauernmaler hatte nicht gespart mit der blutroten Farbe. Sie rann von der Dornenkrone in Tropfen und Streifen über das Gesicht herunter. Am Fuße des niedrigen Sockels spielten lange Gräser und blaue Glockenblumen im Abendwind. Die Sonne war schon untergegangen. Obwohl der Viehhändler noch in der Straßenmitte stand, legte sie sich ins Gras. Sie war müde. Sie schlief sofort ein. Er ging langsam vorüber und blickte scheu auf die Gestalt, die unter dem Christus gestreckt auf dem Rücken lag.”[130] Eine an Filmtechnik erinnernde Bildsequenz: “Kameraschwenk” von oben nach unten: Christuskopf, Kreuzessockel, liegender Körper. Wortlos wird eine Beziehung zwischen beiden “Objekten” hergestellt, wortlos eine Deutung vermittelt: der gekreuzigt und gemarterte Christus und das geschundene, mißbrauchte jüdische Mädchen. Eine Art Bannkreis entsteht um sie, eine Art religiöser Ort, der dem Opfer eine Würde gibt und es gleichzeitig unantastbar macht, so daß selbst der Viehhändler plötzlich eine Veränderung spürt und nur noch “scheu” auf diese Gestalt blicken kann. Das Kreuz – ein Schutzraum, eine Zufluchtsstätte der Opfer?
Auch in diesem Roman ist *Jesus von Nazaret* nicht direkt handelnde Person; sein Platz bleibt gleichsam leer, er wird ausgespart, Jesus nur in seinen Wirkungen beschrieben. Ein Bildstock hier, ein verstümmelter Crucifixus dort vertreten ihn. Aber er ist entscheidend die lebendige Wirklichkeit, die das Handeln der Jünger und anderer Personen bestimmt. Er ist das *geheime Kraftzentrum*, um das der Roman kreist: “Was würde Jesus getan haben?”! Wie groß seine verändernde Kraft ist, die wiederum indirekt in ihren Wirkungen beschrieben wird, zeigt sich auch daran, wie sehr sich seine “Bande”, die Jünger, in diesem Roman von der Bande Adolf Hitlers unterscheidet, die aus ehemaligen NS- und SS-Angehörigen besteht. Wie beide vom Autor beschrieben werden, läßt Rückschlüsse auf diejenigen zu, auf die sich jeweils beide berufen. Konkret: Der Autor läßt beide Gruppen nicht nur andere Ziele verfolgen: hier Gerechtigkeit, Menschenliebe, gerechter Kampf gegen das Unrecht, da nackte Machtinteressen, Zerstörung, zynische Menschenverachtung. Nicht nur andere Organisationsstrukturen prägen beide: hier der demokratische Entscheidungsprozeß, da die militärische Befehl-Gehorsam-Struktur. Die “Jünger Jesu” zeichnet vor allem eine *andere menschliche Qualität* aus als die “Jünger” Adolf Hitlers: hier Ehrlichkeit, Toleranz im Umgang mit anderen, Achtung vor der

Freiheit und Würde des Einzelnen, Versuch solidarischer Korrektur bei Konflikten, da die Unehrlichkeit, der Selbstbetrug, die Kluft zwischen Schein und Sein und im Konfliktsfall die brutale Liquidierung des Andersdenkenden.

Eine *literarisch-theologische Wertung* dieses Romans kann nicht übersehen, daß viele Züge von eindrucksvoller Bildkraft sind. Die Wirklichkeit Jesu von Nazaret wird in vielem überzeugend mit der Wirklichkeit der Nachkriegsgesellschaft vermittelt. Der Roman ist von straffer Handlungsführung gekennzeichnet, viele Situationsskizzen sind präzise, ohne überflüssiges episches Dekor. Doch können solche literarischen und theologischen Stärken nicht darüber hinwegtäuschen, daß der Roman mehr verspricht, als er zu halten vermag. Das Transfigurationsverfahren von geschichtlich vorgeprägten auf gegenwärtig handelnde Figuren ist zu durchsichtig angelegt, als daß es literarisch und theologisch voll befriedigen könnte. *Literarisch* bedenklich ist, daß diese Übertragung im bloß Etiketthaften steckenbleibt: Die Kinder werden zu bloßen Namen- und Rollenträgern und bekommen als Individuen kein Gesicht. Sie handeln nur als Gruppe, bei der einzelne handlungsstarke Figuren als dominierend herausragen. Von daher muß auch die Darstellung der sich gegenüberstehenden Lager in diesem Roman zum Klischee erstarren: Die Menschen werden auf Typen reduziert, die im Konfrontationsschema des Romans ihre Funktion erfüllen dürfen. Hinzu kommen einige problematische Szenen: Die Szene etwa, in der Ruth den davongekommenen Mörder ihrer Eltern, Zwischenzahl, in einem Akt der Selbstjustiz hinrichtet, bleibt nicht ohne Melodramatik, und ein Liebesverhältnis zwischen Johanna, einer Freundin Ruths, und einem amerikanischen Besatzungssoldaten nicht ohne Kitsch. Daß die Amerikaner hier in penetranter Weise im Stile der "nice boys" dargestellt werden, schadet ihrer Glaubwürdigkeit eher als ihr zu nützen. Keine Frage auch, daß die Selbstauflösung der Jünger Jesu am Ende des Romans in den – immerhin – "linken Flügel" der sozialistischen Jugend einen unerträglichen "Umschlag in die Propagandistik"[131] darstellt. Ob dabei die hier vollzogene "Gleichsetzung einer politischen Organisation mit dem Ethos der Urgemeinde" des "literarischen Geschmacks" entbehre, wie Klaus Weissenberger meint, muß offenbleiben. Fest steht aber, daß manche Bilder in diesem Roman literarisch wenig geglückt sind, wenn Leonard Frank etwa schreibt: "Die elf zerlumpten Jünger Jesu . . . waren jetzt das lebendig gewordene 'Abendmahl' von Leonardo da Vinci. Nur saß an Stelle Jesu Petrus in der Mitte, und er verteilte nicht Brot unter die Jünger, sondern Salamiwurst."[132]

Theologisch bleibt vor allem die Reduzierung der Wirklichkeit Jesu und seiner Jünger auf den Bereich des Sozialen, Interaktionären zu einseitig. Die mit der Verarbeitung des Wirklichkeitsmodells "Jünger Jesu" gegebene Chance der literarischen Darstellung einer tieferen, universalen Hoffnung, die auch durch die Selbstauflösung in den Sozialismus nicht ausgelöscht und eingelöst ist, sondern weiterbesteht, bleibt ungenutzt. Gerade hier enttäuscht der Roman: Die naiv-optimistische sozial*religiöse* Idylle der Jünger Jesu wird aufgelöst in die nicht weniger naiv-optimistische sozial*revolutionäre* Idylle der Jünger von Marx und Lassalle. Das Buch hört dort auf, wo die Probleme interessant zu werden beginnen und eine literarisch-theologische Deutung reizvoll wäre. Nicht mehr im starren Konfliktsschematismus die Beschreibung einer idealistisch ausgemalten Gruppe hier gegen eine zum bloßen Anti-Typus gestempelte Gruppe dort, sondern die Beschreibung von sich überlagernden Konfliktfeldern: der Kampf des Einzelnen gegen die Gruppe, der Gruppe innerhalb der Partei, die Frage nach Macht, Gewalt, Revolution, die Frage nach Versagen und Schuld, dies alles vor dem Hintergrund der Auseinandersetzung mit der Jesusfigur. Daß eine solche Aufgabe einen Schriftsteller herauszufordern vermag, hat etwa Ignazio Silone gezeigt, als er in "Pane e vino" das Schicksal eines kommunistischen Funktionärs von der Gestalt Jesu her deutet, der allein auf sich gestellt gegen die Partei auf der einen und die faschistische bürgerliche Gesellschaft auf der anderen Seite kämpft.

b. "Und sagte kein einziges Wort": Ein Roman von Heinrich Böll

Auf die Frage, wer Jesus von Nazaret für ihn sei, antwortete Heinrich Böll 1973: "Mir erscheint die Trennung des Jesus vom Christus wie ein unerlaubter Trick, mit dem man dem Mensch*gewordenen* seine Göttlichkeit nimmt und damit auch allen Menschen, die noch auf ihre Menschwerdung warten (. . .) An der Gegenwart des Menschgewordenen werde ich nie zweifeln. Aber Jesus allein? Das ist mir zu vage, zu sentimental, zu storyhaft, zu sehr eine 'rührende Geschichte'."[133] Nicht "Jesus" also interessiert den Schriftsteller Böll, sondern "Christus Jesus": eine überraschende Auskunft, bedenkt man, daß viele moderne Schriftsteller meist "Christus" als zu dogmatisch ablehnen, den ursprünglichen Menschen "Jesus" dagegen herausfordernd finden. Was bedeutet dieser Christus Jesus für Heinrich Böll? Was bedeutet er für Böll als Schriftsteller – und nur dies hat uns hier zu interessieren? Wir versuchen – die Analyse der Hörspiele und der Erzählung "Entfernung von der Truppe" schon voraussetzend – hier eine umfassendere Antwort.

Heinrich Böll hat nie einen Jesus-Roman geschrieben, weder direkt noch indirekt. Direkt? Sicher, die Jesus-Geschichte ist ihm – wir hörten es – zu vage, zu sentimental, zu storyhaft, als daß Böll als Schriftsteller damit etwas anfangen könnte. Aber indirekt? Es gibt, wie wir sahen, eine Reihe literarischer Verschlüsselungen der Jesus-Figur im Werk von Heinrich Böll, eine Fülle von Verweisen, Anspielungen, Parallelisierungen. Aber der ganz große Roman, die Synthese? Vielleicht liegt es an dem schier unerreichbaren literarischen Vorbild eines indirekten Jesus-Romans, das Böll zögern ließ! Zu Dostojewskis "Der Idiot" äußerte er einmal: "Ich kenne immer noch keine bessere literarische Jesus-Darstellung."[134] So müssen wir uns – vorläufig – mit der Analyse von Spuren und Bildfragmenten der Jesusfigur bei Böll begnügen, und da ist die Ausbeute keineswegs spärlich.

"Da ich mich nicht mehr Christ nennen möchte und auch nicht mehr so genannt werden möchte angesichts der Tatsache, daß alle institutionellen Verwendungen des Wortes 'christlich' (bei der CDU/CSU etwa, in der sogenannten Amtskirche) es mehr und mehr zu einem Schimpfwort machen, kann ich nicht einfach auf Jesus ausweichen, der zwar Mensch war, aber mensch*geworden*. Ich kann das Menschliche vom Göttlichen so wenig trennen wie Form vom Inhalt (. . .) So kann ich mich weder Christ nennen noch Anhänger des Jesus von Nazaret sein. Ich kann nur an die Präsenz des Menschgewordenen glauben. Nicht mehr und nicht weniger."[135]

Menschwerdung: Das ist ein Begriff, den wir schon in der Erzählung "Entfernung von der Truppe" im Kontext des Kriegsgeschehens als einen der Schlüsselbegriffe zur Deutung des Menschseins kennengelernt haben und der sich keimhaft auch schon in den frühen Hörspielen fand. Und dieser Begriff hat, Böll bestätigt es, christologische Wurzeln. Auch in der Auseinandersetzung mit der Nachkriegsgesellschaft behält dieser Begriff seine literarische Schlüsselfunktion, wenn es bei Böll um die Deutung des Menschen und der Figur Jesu Christi geht. So gesehen ist auch der hier zu analysierende Roman von 1953 "Und sagte kein einziges Wort" eine Variation über ein Hauptthema von Böll: die Menschwerdung des Menschen. Doch während "Entfernung von der Truppe" gleichsam im tempo allegro geschrieben ist, ist der Roman getragener, ruhiger, sanfter: tempo adagio.

Zwei Menschen leiden im Köln der Nachkriegszeit unter einem Defizit an Menschsein, weil die "Verhältnisse" nicht so sind: Fred und Käte Bogner, eine Ehepaar, das nicht zusammenleben kann, weil es der Mann in ihrer "Wohnung" nicht aushält. Denn diese "Wohnung" besteht aus einem einzigen Zimmer, in dem die Familie mit ihren drei Kindern hausen muß, während nebenan das ältere, kinderlose Ehepaar Franke eine Vierzimmerwohnung bewohnen kann, weil . . . ja weil Frau Franke eine leitende Funktionärin in Vereinen der katholischen Kirche ist (der das Haus gehört) und weil sie "jeden Morgen die heilige Kommunion empfängt, jeden Monat den Ring des Bischofs küßt, wenn er die führenden Damen der Diözese empfängt".[136]

Um Fred und Käte Bogner also geht es in diesem Roman: um ihre Hoffnungen und Ängste, ihre Bitterkeiten und Enttäuschungen im alltäglichen Kampf ums Überleben, um ihre Begegnungen und Trennungen und um ihr endgültiges Zusammenfinden. Dies alles wird alternierend in 13 Erzählabschnitten abwechselnd von dem Mann und der Frau erzählt, in einer dem inneren Monolog gleichkommenden Form des Erzählens; die Sprache ist nüchtern, unpoetisch, protokollartig: Hemingways Erzählstil war Vorbild. Die Optik, aus der heraus die Wirklichkeit hier gesehen wird, ist – wie meist bei Böll – die Optik der Anti-Helden, der kleinen Leute, der Stillen im Lande, der Opfer. Besonders die katholische Kirche erscheint in dieser Optik satirisch verfremdet, was Böll vor allem einem erzähltechnischen Kunstgriff verdankt: Fred ist Telefonist im bischöflichen Ordinariat; er kann so den Telefonverkehr "offizieller Stellen" mithören.

Die *Kirche* wird in diesem Roman in ihrer ganzen *Ambivalenz* gezeigt:

Kirche, das ist für Fred und Käte Bogner der Ort der "Frömmigkeitsindustrie"[137], aber auch der Ort des "unendlichen Friedens"[138] in der Begegnung mit Gott;

Kirche, das ist die Institution, wo Bischöfe, Pfarrer, Theologen wie Bürokraten über Seelen herrschen und die wahren Nöte der Menschen nicht kennen: der Bischof ist – so heißt es lapidar – "dumm"[139], ein Pfarrer ganz der Typus eines "verhinderten Bonvivants, der gute Zigarren raucht, sich mit den Weibern seiner Kommissionen und Vereine alberne Scherze erzählt";[139a]

Kirche ist aber auch der Ort, wo Priester selber unter dem System leiden, ja das System hassen, wie ein Priester, dem Fred und Käte begegnen, der aussah wie ein "eckiger und blasser Bauer"[140] und der nicht ein Gesicht "wie Reklamebilder für Hautkreme"[141] hatte – ein geistiger Bruder des Landpfarrers von Bernanos also;

Kirche, das heißt "Wohlklang der Liturgie"[142] einerseits und andererseits Abspeisung eines Massenpublikums mit Messen wie Dutzendware; das heißt Ort, an dem mit Gott Handel getrieben wird und Ort, an dem die Demut zu Hause ist.

Kirche und Frömmigkeit dieses Romans im Zwielicht also! Woher entsteht dieses Zwielicht? Was ist die *Norm*, nach der Böll hier zwischen wahr und falsch scheiden kann? Die Norm Böllscher Kirchen- und Frömmigkeitskritik ist hier – wie auch an anderen Stellen – sein spezifisches Verständnis der Christologie, sein spezifisches *Bild von Jesus Christus.* Hier und nirgendwo sonst liegt die Wurzel seiner Kritik. Von hierher nur kann bei Böll eine bestimmte Praxis der Kirche, eine bestimmte Ausübung von Frömmigkeit gewogen – und zu leicht befunden werden. Wie sieht dies in "Und sagte kein einziges Wort" aus? Welche Funktion hat hier die Rede von Jesus Christus?

1. Die *Funktion des Kontrastes* zwischen einer negativ konnotierten Frömmigkeitsform (Frau Franke) und einer positiv bewerteten (Käte Bogner): "Die Tatsache, Gegenstand eines solchen Hasses zu sein", sagt Käte, "flößt mir Furcht ein, und ich habe Angst, den Leib Christi zu essen, dessen Genuß Frau Franke täglich erschreckender zu machen scheint."[143]

Leib Christi: Schärfer könnten die Kontraste in diesem Zitat nicht sein. Der Verweis auf Christus scheidet in zwei "Lager": hier die Scheu, die Ehrfurcht, der Skrupel, der Selbstzweifel; da die bedenkenlose Selbstverständlichkeit des täglichen Vollzugs, die religiöse Selbstsicherheit. Schon der Gestus dieser beiden Frauen setzt charakteristische Kontraste: Frau Franke *geht jeden* Morgen, Käte *schleicht* sich *manchmal* für *ein paar Augenblicke* [144] in die Kirche. Der Leser muß sich hier unwillkürlich an das Gleichnis vom Zöllner und Pharisäer im Tempel erinnert fühlen (Lk 18,9–14).

2. Die *Funktion satirischer Entlarvung:* Familie Franke hatte die Bogners einmal zu einer Weihnachtsfeier eingeladen:

> "Im Wohnzimmer, das seit dreißig Jahren unverändert ist, kam ich mir fremd vor, wie in einer anderen Welt, fehl am Platze: wir gehören nicht auf solche Möbel, zwischen solche Bilder, wir sollten uns nicht an Tische setzen, die mit Damast gedeckt sind. Und der Schmuck des Weihnachtsbaumes, den Frau Franke über den Krieg gerettet hat, macht, daß mir das Herz vor Angst stehen bleibt: diese flimmernden blauen und goldenen Kugeln – das Engelhaar und die Puppengesichter der gläsernen Engel, das Jesuskind aus Seife in der Krippe aus Rosenholz, Maria und Josef aus grell bemaltem Ton, süßlich grinsend unter dem Spruchband aus Gips, das 'Frieden den Menschen' verkündet –,

> diese Möbel, an die wöchentlich acht Stunden lang der Schweiß einer Putzfrau verschwendet wird, die fünfzig Pfennig pro Stunde bekommt und Mitglied des Müttervereins ist, diese ganz tödliche Sauberkeit macht mir Angst."[145]

Jesuskind ist das kitschige Produkt kirchlicher Frömmigkeitsindustrie (schon dieses Wort ist Ausdruck religiöser Entfremdung). Der Verweis auf Jesus macht in satirischer Verfremdung die Frömmigkeitsform eines bürgerlichen Christentums deutlich. Die Weihnachtsfeier wird als religiöses Alibi, als fromme Ersatzhandlung für soziale Praxis durchschaut; eine Diskrepanz bricht auf zwischen dem, was Jesus bedeutet und dem, wie er fromm verpackt auf dem Markt religiöser Gefühle gehandelt wird. Das "Jesuskind aus Seife" ist eine satirische Anspielung auf die bürgerliche Identifikation von Christentum und Sauberkeit, eine Sauberkeit, die "tödlich" wirkt. Und so wie die Bogners nicht in diese Weihnachtsfeier passen, paßt auch Jesus von Nazaret hier nicht hinein. Die Satire hat hier die Funktion der Selbstentlarvung: in seinen religiösen Attributen entlarvt sich das bürgerliche Christentum selber.

3. Die *Funktion der Innen-Spiegelung:* Noch im gleichen Kapitel – als Kontrast zur Weihnachtsfeier – eine andere Form der Beziehung zu Christus. "Scharfäugig" geworden, mit gleichsam zersetzendem Blick, betrachtete Käte die Wände ihres armseligen Zimmers. Die "süßen Weibergesichter" auf den billigen Reproduktionen von Renoir, die dort hängen, können diesem Blick nicht mehr standhalten: sie werden abgenommen und weggeworfen. Wohl aber: "Meine Blicke gehen unsere Wände entlang, nichts findet Gnade vor meinen Augen als das Kruzifix über der Tür und die Zeichnung eines mir Unbekannten, deren wirre Linien und spärliche Farben mir fremd erschienen bisher, die ich aber plötzlich begreife, ohne sie zu verstehen."[146]

Kruzifix: Nur leicht deutet Heinrich Böll hier an. Die Dinge an der Wand kommen unter dem analysierenden Blick der Betrachterin in Bewegung und werden in Beziehung zueinander gesetzt. Sie beginnen sich gegenseitig zu interpretieren. Ein Bedeutungsgeflecht entsteht so, ohne daß der Autor einen "verbindlichen" Sinn festgeschrieben hätte. Die soziale Lage, die erbärmliche seelische Situation der Frau deuten das Kreuz und die Zeichnung mit den wirren Linien. Beide spiegeln ihrerseits die Lage der Frau und bekommen so eine symbolische Tiefe. D. h.: Nur diese Symbole passen in diesen Kontext, sie sind nach außen projizierte Zustand-"Beschreibungen" der seelischen Lage der Frau, *Chiffren des Innern.* Schließlich verweisen auch das Kreuz und die Zeichnung aufeinander: beide kennzeichnet eine paradoxe Verstehensstruktur, ihr "Sinn" erschließt sich nur "e contrario". Eine kunstvoll aufgebaute Dreiecksbeziehung also in dieser Szene: Frau – Kreuz – Zeichnung. Und auch der Leser beginnt mit den Deutungsschlüsseln "Kruzifix" und "Zeichnung mit den wirren Linien" die Lage der Frau zu begreifen, ohne sie zu verstehen.

4. Die *Funktion der Sinndeutung des Ganzen:* Was eben noch mit dem Kruzifix nur angedeutet wurde, erweist im übernächsten Kapitel (IV) seine volle Bildkraft.

In diesem Kapitel beschreibt Käte zunächst ihren alltäglichen Kampf: ein schier hoffnungsloser, verzweifelter Kampf gegen die Armut und die Verachtung, vor allem aber auch gegen den alles durchdringenden Schmutz der Wohnung. Sie spürt, wie ihr diese Putzarbeit täglich mehr die Kraft raubt, sieht, mit einem Blick in den Spiegel, wie ihr Gesicht langsam starr wird, bitter, apathisch, tot. Und in diese Szene hinein – es ist Sonntag – tönt ein Lied:

> "Aus dem Hof höre ich den Widerhall dreier Gottesdienste, zweier Unterhaltungskonzerte, eines Vortrages und den heiseren Sang eines Niggers, der alles durchdringt und als einziges mein Herz berührt.
> ... and he never said a mumbaling word ...
> ... und er sagte kein einziges Wort ...
> Vielleicht wird Fred Geld bekommen, und wir werden zusammen tanzen gehen. (...)
> Immer noch höre ich den sanften und so heiseren Schrei des Niggers, höre ihn durch zwei wässerige Predigten hindurch, und ich spüre, wie mein Haß hochsteigt, Haß gegen diese Stimmen, deren Gewäsch in mich eindringt wie Fäulnis.
> ... dey nailed him to the cross, nailed him to the cross.
> ... sie schlugen ihn ans Kreuz, schlugen ihn ans Kreuz.
> Ja, heute ist Sonntag, unser Zimmer ist erfüllt vom Geruch des Bratens, und dieser Geruch könnte ausreichen, mich zum Weinen zu bringen, weinen über die Freude der Kinder, die so selten Fleisch bekommen.
> ... and he never said a mumbaling word – singt der Nigger.
> ... und er sagte kein einziges Wort."[147]

Und sagte kein einziges Wort: Der Titel des Romans ist hier aufgegriffen, die Schlüsselstelle zum Verständnis des Ganzen erreicht. Käte hört durch zwei wässerige Predigten hindurch – auch dies eine satirische Kontrastierung – die Stimme eines Niggers, der ein Spiritual singt. Ein Lied von der Passion Christi, einfach im Text, aber durch den Refrain sowohl sprachlich wie musikalisch äußerst eindringlich: "Es berührte mein Herz"! Und wie die Negersklaven im Süden Amerikas mit diesem Passionslied ihre eigene Passion sangen, ihren eigenen Kreuzweg deuteten, wie die stummen Leidenden mit diesem Lied für ihr eigenes Leiden eine Sprache fanden und daraus nicht zuletzt auch die Kraft zur Überwindung ihrer Lage schöpften, so sieht auch Käte in diesem Passionslied ihre eigene Passion plötzlich neu. Ein stilles Verstandensein und geheimes Einverstandensein – nur zart angedeutet und nicht ideologisch zu mißbrauchen – eröffnet sich hier zwischen dem Christus, der sein Leiden stumm ertrug und dieser Frau, von den Mitmenschen und den sozialen Verhältnissen "gekreuzigt", die auch ihren Schmerz ohne ein Wort erträgt. Die Einsicht schwingt bei solcher Korrelation mit, daß gerade die von einer christlichen Gesellschaft Ausgestoßenen und Verachteten sich auf der Seite Christi wissen können. Hat Käte in der Begegnung mit dem Menschgewordenen nicht ein eigenes Stück Menschwerdung erreicht? Wurde ihr in dieser Begegnung nicht plötzlich eine *neue Qualität,* eine neue Tiefe ihres Lebens erschlossen, in die eine oberflächliche und seichte Bürgerlichkeit nie hineinreicht?

Dabei ist dies hier aufgebrochene stille Einverstandensein für Käte kein Einverständnis mit ihrer sozial miserablen Lage, das Schweigen kein quietistisches Sich-Abfinden, kein fatalistisches Sich-Dreinschicken! "Haß steigt hoch", heißt es ausdrücklich im Text, ein Sich-Aufbäumen gegen die Verhältnisse also ist die Folge. Das stille Einverstandensein ist jedoch möglich, weil die Beziehung zum Gekreuzigten, hergestellt durch einen Menschen, der selber geschunden wurde, in dieser Frau ein Fundament freilegt, das auch die "Verhältnisse" nicht erschüttern können: eine Identität mit sich selbst, eine Würde trotz aller Verachtung, eine Festigkeit trotz aller Armut.

5. Die *Funktion der Glaubensprüfung:* Noch einmal wird die Handlung dieser Frau christologisch gedeutet. Käte ist zu dem "Bauern"-Priester zur Beichte gegangen. Sie bekennt ihm all ihre Angst, ihre Unruhe, ihren Haß. Nach der Beichte: "Endlich nahm er die Hände vom Gesicht, faltete sie über seine Knie und sagte, ohne mich anzusehen: 'In der Welt habt ihr Angst, aber seid getrost, ich habe die Welt überwunden. Können Sie das verstehen?' "[148]

Ich habe die Welt überwunden: Hier liegt noch einmal das Fundament offen, das dieser Frau eine letzte Ungebrochenheit verleiht. Eine Getröstetheit trotz allem Leiden, die mit Ver-tröstetheit nichts gemein hat, die vielmehr innere Kraft bedeutet, illusionsfreien Glauben, geprüfte Hoffnung.

Noch einmal, vor dem letzten Kapitel – Fred und Käte haben die endgültige Trennung beschlossen, Käte kehrt in ihre Wohnung zurück und Frau Franke kommentiert den Trennungsbeschluß fast hämisch – taucht das Passionslied des negro spiritual auf. Auch hier ist seine Funktion charakteristisch:

> "Frau Franke stand vor mir, sie rührte sich nicht, sagte nichts, aber ich sah den tödlichen Glanz ihrer Augen, sehnte mich nach der heiseren Stimme des Negers, die ich einmal gehört habe, ein einziges Mal, und auf die ich vergebens warte seitdem, die heisere Stimme, die sang: Und sagte kein einziges Wort.
> Und ich sagte 'guten Morgen' zu Frau Franke, schob sie beiseite und ging in mein Zimmer. Sie sagte nichts. Ich nahm den Kleinen auf den Arm, drückte ihn an mich und hörte, wie Frau Franke zur Messe ging."[149]

Die Umkehr der Fronten fällt in dieser Szene auf: Käte kann sich nach dem Passionslied sehnen, weil nur dies wahrhaftiges, glaubwürdiges Zeugnis ist, weil nur dieses in gebrochener, heiserer Stimme vorgetragene Lied eine christliche Atmosphäre zu "reinigen" vermag, die voll ist von Neid, Geringschätzung, Verachtung, Frömmelei. Und ein zweites wird deutlich: Der Bezug zur Passion Christi ist kein Alibi für Schwächlinge. Im Gegenteil: Was für Käte in dieser Szene zu einem Akt der Demütigung hätte werden können, wird durch den erinnernden Rückbezug auf das Spiritual zu einem Akt innerer Stärke.

Muß nicht auch die *Rolle des Gebetes* in diesem Roman so verstanden werden? Als Käte und Fred wieder einmal zusammen sind, erklärt Käte – und ihre scheinbar undialektische Formulierung klingt zunächst sehr provokativ: "Und niemals denkst du daran, daß Beten das einzige ist, was helfen könnte."[150] Doch mit dem Marxschen Vertröstungsverdacht ist dieser Gebetshaltung hier ebenso wenig beizukommen wie dem Passionslied des negro spiritual. Freilich darf diese Stelle nicht isoliert, sondern muß im Gesamtkontext der Persönlichkeit dieser Frau interpretiert werden. Denn Käte ist gerade nicht wie ihre Hauswirtin, die in Lethargie und Apathie versunken ist und "keine Medizin gegen die Armut"[151] für möglich hält. Im Gegenteil: Wer so verwundbar ist wie diese Frau, wer so sensibilisiert ist für das Unrecht unter Menschen, hat sich mit den Zuständen der Gesellschaft nicht abgefunden: "Beten ist etwas für Nüchterne. Es ist, wie wenn du vor einem Aufzug stehst und Angst hast, aufzuspringen, du mußt immer wieder ansetzen, und auf einmal bist du im Aufzug, und er trägt dich hoch. Manchmal merke ich es deutlich, Fred, wenn ich nachts wachliege und weine, wenn endlich alles still ist, dann spüre ich oft, daß ich durchdringe. Alles ist mir dann gleichgültig, Wohnung und Dreck, auch die Armut, sogar, daß du weg bist, macht mir dann nichts."[152]

Keine Frage: In einem solchen Gebetsverständnis ist Gebet kein "Fetischmachen" in Sinne Kants. Nein, nüchtern und illusionsfrei ist es hier Ausdruck der Selbstvergewisserung der Grundlage, auf der man steht. Gebet ist bei dieser Frau *Ausdruck des Elends und Protestation gegen das Elend* zugleich, um eine Formulierung von Karl Marx in Bezug auf Religion anzuwenden. Gebet ist Ausdruck der Hoffnung, die sich mit den Zuständen nicht abfinden will, einer Hoffnung freilich, die immer durch das Kreuz geprüft ist.

Ist es nach allem, was wir über die Funktion der Jesus-Figur in diesem Roman gehört haben, zuviel behauptet, wenn man die *Christologie* dessen *geheime Mitte* nennt – Christologie freilich nicht verstanden als theologisches System bei Böll, wohl aber als breit reflektierter Topos? Ein Kardinaltopos, um den sich (cardo = Türangel) das Geschehen unbemerkt dreht, ein verborgenes Kraftzentrum, aus dem heraus der Autor die Wirklichkeit in diesem Roman als Ganze deutet? Die Ambivalenz von Kirche, Religion und Frömmigkeit wird nur von daher verständlich; ebenso das Verständnis von Identität und Würde des Menschen, seine seltsame Unzerstörbarkeit, "Gleichgültigkeit", ja seine innere Menschwerdung. Ist es zuviel behauptet, wenn man sieht, daß Käte und Fred Bogner gemeinsam ein Stück Menschwerdung durchmachen, wobei die Frau auffälligerweise, jedoch bei Böll nicht selten, der stärkere, gefestigtere Partner ist?

Gemeinsam? Ja, auch *Fred Bogner* macht ein Stück Menschwerdung in diesem Roman durch. Denn am Ende, nachdem der Trennungsbeschluß schon vollzogen ist, entschließt er sich doch, zu seiner Frau zurückzukehren. Fred hatte sie zufällig – Tage später – auf der Straße wiedergesehen, konnte sie auf einmal wie eine Fremde aus der Distanz beobachten und "erkannte" sie plötzlich. Kritiker haben in diesem überraschenden Entschluß Freds eine "Zementierung der christlich-katholischen Eheordnung" durch Böll sehen wollen und dies – je nach Standort – negativ (M. Durzak) oder positiv (G. Kranz) beurteilt.[153] Für den christlichen Literaturkritiker Kranz liegt in dieser Ehemoral des Romans sogar das Kriterium, hier von einem “christlichen Roman” zu sprechen.[154] Beide Wertungen scheinen vom Roman selbst her ungerechtfertigt. “Und sagte kein einziges Wort” ist kein “christlicher Roman”, weil hier die christliche (sprich: katholische) Eheordnung bestätigt wird, sondern weil hier die Wirklichkeit von Mensch und Welt von Jesus Christus her in ganzer Tiefe gedeutet wird. Und Fred geht auch nicht zu seiner Frau zurück, weil die christlich katholische Eheordnung zementiert werden soll; dieses Argument hat weder direkt noch indirekt in diesem Roman eine entscheidende Rolle gespielt.

Sicher, Böll hat diesen plötzlichen Entschluß Freds nicht psychologisch im Detail ausgemalt, sondern mit dem scheinbar vieldeutigen Begriff des “Erkennens” gerade offengelassen. Doch was als angeblich erzählerische Schwäche erschien, erweist sich bei genauerem Hinsehen als vom Autor *erzählstrukturell gut vorbereitet.* An diesem Entschluß Freds ist in der Tat nichts mehr psychologisierbar. Er resultiert aus einem tieferen Einverständnis mit seiner Frau, das erzähltechnisch nur in blitzartiger Evokation gefaßt werden kann, die an die Joycesche “Epiphanie” erinnert: ein plötzlicher, die Oberfläche durchdringender Blick auf die Tiefenstruktur der Wirklichkeit. Dieses Einverständnis ist überdies durch eine Erzählweise vorbereitet, die im alternierenden Erzählrhythmus vorauseilend und nachholend das Schicksal der beiden “Helden” beschreibt. D.h.: Böll läßt seine Figuren jeweils zeitversetzt nicht nur einen gleichen Erkenntnisweg durchmachen, sondern auch gleiche “Stationen” durchlaufen, bevor sie sich im letzten Drittel des Buches in einem Hotel treffen.[155] Im letzten Drittel dann werden Erkenntnisweg und Stationen zur Deckung gebracht, vor allem in der Begegnung mit den Kindern und im Gespräch über das Frühstück.[156] Hier werden dann die Grundlagen des Einverständnisses gelegt. Doch noch hat Fred nicht die Kraft, zu seiner Frau zurückzukehren. Erst am Ende, im plötzlichen Akt des Erkennens, “ratifiziert” Fred das, was längst von beiden als ihr Gemeinsames anerkannt wurde.

Christus als der Menschgewordene: Der Menschgewordene erscheint in diesem Roman unter der Gestalt des Kreuzes, das aber in paradoxer Umkehr gerade den Sinn des Ganzen der Wirklichkeit erschließt. Von daher wird nun auch klar, warum Heinrich Böll nicht an einer Trennung von Jesus und Christus interessiert ist, warum er Göttliches und Menschliches nicht auseinander zu reißen vermag: Ohne das Göttliche wäre das Menschliche nicht mehr von einem umfassenden Sinn und einer umfassenden Hoffnung getragen. Das Göttliche vom Menschlichen trennen hieße die Hoffnung all derer zunichte machen, die noch auf ihre Menschwerdung warten. Doch Sinn und Hoffnung erschließen sich in diesem Roman nur “e contrario”: unter der Gestalt des Kreuzes.

Die Verknüpfung von Göttlichem und Menschlichem im christologischen Begriff der Menschwerdung drückt also für Heinrich Böll ein Doppeltes aus. Das *Göttliche:* Denn ohne dies wäre die Hoffnung auf Menschwerdung des Menschen nicht allumfassend, nicht letztlich verankert. Das *Menschliche:* Denn das Göttliche ist kein freischwebender Überbau über der Wirklichkeit, sondern auf die Erde, auf den

Menschen bezogen als ein Versprechen definitiver Mensch*werdung,* als ein Vorgriff auf eine Zukunft, die noch gewonnen werden muß, als eine Verheißung, die der Erfüllung bedarf. Deshalb, weil die in Christus versprochene Menschwerdung des Menschen noch aussteht, ja täglich gerade auch von Christen immer wieder verhindert wird, kann Heinrich Böll auch sagen, die "Menschwerdung des Menschen habe wahrscheinlich noch nicht begonnen" und ebenso auch: "Wahrscheinlich hat das Christliche noch nicht begonnen", Äußerungen aus den Frankfurter Poetik-Vorlesungen, die aus dem gleichen Jahr stammen (1963/64), in dem auch "Entfernung von der Truppe" publiziert wurde. Wir erinnern uns hier an den *"kommenden Christen"*, die Hauptfigur dieser Erzählung.

Christus als der Menschgewordene steht also für Böll in einer Spannung zwischen *Gegenwart und Zukunft,* Verheißung und Erfüllung. Er ist ein Versprechen an die Menschen, das nicht zurückgenommen werden kann, das in der Praxis täglich erfüllt werden muß, das in der Praxis aber ebenso täglich von den Menschen, von den "Verhältnissen", verraten wird. Christus: Das ist für Böll auch ein *Garant* des Menschseins, auf den die Menschen ihr Vertrauen setzen können, und dieses Vertrauen reicht in andere Tiefen als jenes "Vertrau dich deinem Drogisten an", einem Werbeslogan, der leitmotivisch den ganzen Roman durchzieht. Christus: Das ist für Böll eine *Appellationsinstanz,* auf die ein Mensch sich berufen kann, um das Versprechen auf Menschwerdung einzuklagen, wenn das Menschliche in einer christlichen Gesellschaft der Entfremdung anheimzufallen droht.

Diese Entfremdung hat für Böll ihre Ursache in einer verhängnisvollen *Spaltung:* Göttliches und Menschliches, Christentum und Kirche, Personen und Institutionen, Glauben und Handeln, Eros und Sexus sind auseinandergerissen – zum Schaden des Menschen, der immer Opfer ist. Beispiele dafür aus Bölls literarisch-politischen Arbeiten sind zahlreich, wenn er sich etwa zu Fragen von Sexualität und Erotik (Kontext: Enzyklika "Humanae vitae"), zum Problem der gesellschaftlichen Stellung des unehelichen Kindes (Kontext: Skizze eines Lebenslaufs von Willy Brandt) oder zu Fragen einer Herrenvolk-Moral äußert.[157] Und immer argumentiert Böll vom Menschgewordenen her, um von ihm her die Entfremdung aufzudecken.[158]

Dabei vermag der Schriftsteller Heinrich Böll der Figur Jesu von Nazarets auch für die Theologie *überraschend neue Züge* abzugewinnen, die aber für Böll unverzichtbar zum umfassenden Bild von der Menschwerdung des Menschen, gespiegelt im menschgewordenen Jesus Christus, gehören. Hier gelingt es Böll, Motive der Figur Jesu sichtbar zu machen, die eine allzu dogmatische oder allzu politisch-gesellschaftskritische Christologie leicht aus den Augen verliert. In seinen "kritischen Anmerkungen zur päpstlichen Enzyklika 'Humanae Vitae' " schreibt Böll:

> "Der Ungehorsam ist unausbleiblich, *nicht, weil es hier gegen die Pille geht,* sondern weil die Enzyklika wieder einmal ein Ausdruck kirchlicher Verkennung jenes äußerst komplizierten Vorgangs ist, den man groberweise Geschlechtsakt nennt. Diese Verkennung ist die Folge einer allzu lange praktizierten Schnödigkeit der römischen Kirche

gegenüber der geschlechtlichen Liebe, vor allem gegenüber der Frau, die geschaffen wurde, damit der Mensch eine Gefährtin habe und nicht allein sei. Das grobe deutsche Wort Geschlechtsakt drückt eine Unzahl individuell verschiedener Zärtlichkeiten nicht aus, die vorauszusetzen und nicht alle körperlicher Art sind. Das Wort ist so ungalant wie alle kirchlichen Äußerungen über die Frau, die als Ehepartnerin bestenfalls wie eine verhinderte Madonna erscheint. (. . .) Jesus Christus dagegen, Sohn, Bruder und Mensch, war – einen Fall ausgenommen, in dem er ausgerechnet gegen seine Mutter ungalant war – nachweisbar ausgesprochen galant. Es gab einige Frauen in seinem Gefolge, auch ehemalige Sünderinnen, aber Jesus Christus war von unnachahmlicher Galanterie auch gegen Sünderinnen, die nicht zu seinem Gefolge gehörten. Das äußerste, was er zu einer von ihnen, wahrscheinlich mit sanfter, höflicher Stimme, sagte, war: 'Gehe hin und sündige nicht mehr.' Verglichen mit der Galanterie Christi ist die Sprache der Enzyklika 'Humanae Vitae', in der viel von der Frau gesprochen wird, langweilig, trocken, im eigentlichen Sinne des Wortes ausdruckslos, weil sie nirgendwo den Mut zeigt, der endlich, endlich notwendig wäre, um galant jene unumstößliche Tatsache anzudeuten oder gar auszudrücken, daß auch die Frau ein Geschlecht hat."[159]

Diesem Motiv der *Galanterie Christi,* kritisch gewendet gegen eine lieblose kirchliche Sexualmoral, korrespondiert das Motiv der *Zärtlichkeit Christi* bei Böll, kritisch gewendet gegen eine lieblose christliche Gesellschaft. In einem Gespräch mit dem Journalisten Christian Linder (1975) äußert sich Böll auf die Frage: "Das Sterben einer Gesellschaft, Tod, Leben, Glück . . . alle Ihre Romanfiguren haben eine sozialistische Vergangenheit oder Zukunft; diese Utopie, die . . . ":

" . . . Ja natürlich, und ich werde mir die Hoffnung auf diese Utopie nicht ausreden lassen; ich rede jetzt nur von den bisher praktizierten Modellen, die alle zu dogmatisch sind, und in ihrem Dogmatismus – und in der Arroganz ihres Dogmatismus, die darin liegt, daß gesagt wird: du mußt glücklich sein, du kannst nicht unglücklich sein – wieder Formen angenommen haben, wie sie ganz streng religiös geprägte Zeiten hervorgebracht haben. Die, ich möchte fast sagen: Verunglimpfung des Selbstmörders in unserer christlichen Geschichte war ja auch ein Todesurteil, die Sitte, Selbstmörder nicht in 'geweihter Erde' zu begraben – und was es da noch so alles für Anmaßungen gab, eben ungeheure Arroganz, die darin bestand – und besteht -: wenn du uns pariert hättest, wärst du nicht so unglücklich geworden. Diese Arroganz in ganz veränderter Form und aus ganz anderen Ursachen kann man heute in den etabliert-sozialistischen Gesellschaften wieder entdecken. Ob es aber jemals eine menschliche Gemeinschaft oder Gruppe oder einen Staat oder eine Gesellschaft geben wird, die Selbstmord verhindern könnte? Diese Hoffnung lasse ich mir nicht nehmen. Diese Isolation, diese Verzweiflung muß doch heilbar sein, nicht durch Dogmen, nicht durch Prinzipien – und, was wichtig ist, nicht, indem man andere verletzt. Im Neuen Testament steckt eine Theologie der – ich wage das Wort – Zärtlichkeit, die immer heilend wirkt: durch Worte, durch Handauflegen, das man ja auch Streicheln nennen kann, durch Küsse, eine gemeinsame Mahlzeit – das alles ist nach meiner Meinung total verkorkst und verkommen durch eine Verrechtlichung, man könnte wohl sagen durch das Römische, das Dogmen, Prinzipien daraus gemacht hat, Katechismen; dieses Element des Neuen Testamentes – das zärliche – ist noch gar nicht entdeckt worden".[160]

Dies eine wird aus diesen längeren Zitatpassagen deutlich: Bölls christologische Argumentation steht hier wie an ungezählten anderen Stellen seiner Schriften wesentlich in einem politisch-gesellschaftskritischen Argumentationszusammenhang. Hier Christus, da die heutigen Menschen, hier das Neue Testament, da die heutige Ge-

sellschaft; hier die Galanterie Christi, da die Grobheit von Kirchenfunktionären, hier die Zärtlichkeit des Neuen Testaments, da die Brutalität der "Verhältnisse". Das heißt: Bei Böll hat die *Christologie* ganz entscheidend die *Funktion kritischer Selbstaufklärung* des Menschen in Kirche, Staat und Gesellschaft; Christologie ist hier Instrument der Emanzipation, ja der Menschwerdung des Menschen. Im Spiegel des Menschgewordenen werden Defizite und Deformationen des Menschen in Kirche und Gesellschaft kritisch aufgedeckt. Christus zeigt, wie wir sein könnten! Der Menschgewordene unter der Gestalt des Kreuzes: das ist der theologische Hintergrund des Romans "Und sagte kein einziges Wort". Der Roman fordert vor allem zu einer Auseinandersetzung heraus, wie das *Schweigen der Opfer* zu verstehen ist. Daß dieses Schweigen kein Schweigen aus Schwäche ist, kein Schweigen, das lethargisch das Unrecht hinnimmt, haben wir gesehen. Im Gegenteil: Ein Schweigen wird hier vorgeführt, das sich den Herrschenden verweigert und im Akt der Verweigerung sie zugleich bloßstellt: "Eines Tages werde ich sprechen", sagt Fred.[161] Mit dieser Aussage ist die ganze paradoxe Situation des Einzelnen, der Opfer dieser Gesellschaft ist, in einem einzigen Satz verdichtet: Fred, der doch die ganze Zeit über gesprochen hatte, wird "eines Tages" sprechen. D.h.: Dieses Buch ist kein Schrei des Unterdrückten, kein politisches Manifest des Ausgebeuteten, sondern ein *Sprechen von der Unmöglichkeit zu sprechen:* es verleiht denen Sprache, die noch keine Sprache haben.
24 Jahre später ist Heinrich Böll in einem kleinen Aufsatz zum Problem Nordirland, Vietnam noch einmal auf dieses "Schweigen" zu sprechen gekommen. Und dieser kleine Aufsatz liest sich wie ein aktualisierter Kommentar zu dem Roman aus der Nachkriegsgesellschaft. Von der Widersprüchlichkeit von Programm und Praxis der Christen bei den blutigen Auseinandersetzungen ist hier die Rede und als Kontrast dazu von den "Provokationen in Reden und Handeln" des Jesus von Nazaret. Dann vom Schweigen:

> "Aber neben den provokativen Reden und Taten dieses kürzlich zum Superstar erkorenen Jesus Christus entdeckt man noch etwas sehr Eindrucksvolles, das die Wirkung der Reden vertieft, ihnen den wahren Hintergrund gibt: das Schweigen vor Gericht. Es ist das Schweigen am Ende der Mission, die tödliche Verachtung gegenüber der kirchlichen und weltlichen Justiz. Eine merkwürdig eindrucksvolle Mischung aus Schweigen, Höflichkeit und Sachlichkeit. Höflichkeit gegenüber dem fremden Pilatus, Sachlichkeit und kurze Auskunft, wenn es um die Botschaft geht, aber Schweigen, in allen vier Protokollen bezeugtes Schweigen, wenn es um die Anklage geht, und nicht nur, wenn er selbst angeklagt ist, auch dann, wenn er – wie bei der Ehebrecherin – zum Ankläger und Richter gemacht werden soll. Da dieses eindrucksvolle, betonte Schweigen am Ende aller vier Protokolle steht, während des Prozesses, der mit Todesurteil endet, dürfte es ebenso wichtig sein wie die Reden: das Schweigen des Gerichteten, der auch schwieg, als er selber richten sollte."[162]

Gibt es ein christliches Schweigen? Heinrich Böll scheint es andeuten zu wollen. Wenn es ein christliches Schweigen gibt, dann ist der Roman "Und sagte kein einges Wort" ein Roman vom christlichen Schweigen. Kein Schweigen als Einverständnis mit den Zuständen der Welt, als neutrale Überparteilichkeit, sondern ein Schweigen als Widerstandsform der Opfer, ein Schweigen aus Höflichkeit und Sachlichkeit, das sich den Herrschenden verweigert und sie zugleich richtet, ohne über sie zu Gericht zu sitzen. Ein Schweigen, wie es Jesus von Nazaret tat, als er vor seinen Richtern stand: er sagte kein einziges Wort.

c. *Das Wunder der Christwerdung: "Der Tod in Rom" von Wolfgang Koeppen*

Er wächst in Greifswald auf. Pommern. Zu Beginn unseres Jahrhunderts in einer Familie, die heruntergekommen ist. Sein Blick, mit dem er die Welt betrachtet, ist der Blick eines Außenseiters, eines Ausgestoßenen. Er wird diesen Blick behalten, auch später.

In der Gesellschaft des Wilhelminischen Deutschland verlebt er seine Jugend, und in seinen Erinnerungen, 70 Jahre später, erscheint diese kaiserliche Klassengesellschaft satirisch verzerrt, Heinrich Manns "Der Untertan" vergleichbar. Wie erstarrte Puppen passieren sie alle Revue, Tanz der "Vampire": der Prinz und der Landrat, Bürgermeister und Polizeidirektor, Platzmajor und Universitätsrektor, "Dämonen" gleich buckelnd Untertanengeist verratend, Landsmannschaften, Burschenschaften, Corps, die Stützen von Thron und Altar.

Doch er und seine Familie zählen zwar zu dieser Gesellschaft, gehören aber nicht zu ihr.

Immer wieder spielt die Kirche in seinen Erinnerungen ihre verhängnisvolle Rolle. Schwerer lutherischer Schatten: Zucht und Ordnung, Hilf dir selbst, dann hilft dir Gott, Auflehnung ist Sünde, Teufelswerk; Hiobs Leid wird von Predigern als Vorbild gepriesen für die vom Schicksal Geschlagenen, vom Unglück Erwählten. Ein Institutspfarrer in seinem Militär-Knaben-Erziehungsinstitut ist noch schlimmer. Ein christlicher Jahwe, dieser Heiland der Hausväterpflicht, mit Kürassierstiefeln, die Lutherbibel ins Preußische übersetzend: Seid untertan der Obrigkeit, gebt dem Kaiser, was des Kaisers ist, und wer sein Kind lieb hat, der züchtigt es.

Er erlebt den Anfang und das Ende des Krieges, die Ausrufung der Republik. Er selbst betrachtet sich als Sieger dieses Krieges, die anderen empfinden sich als Besiegte. Frieden ist so nicht möglich. Wieder bleibt er außerhalb, unangepaßt, ein Fremder.

Dem gesellschaftlichen Konformitätsdruck durch Schule und Militär entzieht er sich und geht nach Berlin, seiner Stadt. Er beginnt ein Leben für sich zu leben, bleibt allein, wollte ausgestoßen sein. Er probiert Rollen aus, die die Literatur bereithält, Dostojewski-Rollen: Raskolnikow, einer aus den Dämonen, der aus dem Kellerloch, der aus dem Totenhaus . . .

Er wirft sich auf die Literatur wie besessen, Bibliotheken werden sein Domizil; gierig, süchtig geworden, kann er sich vergessen.

Er schließt sich einer Gruppe von Schauspielern an, doch entdeckt er rasch: dies

waren nur Leute mit ihren alltäglichen Überlebenssorgen. Sie enttäuschen ihn. Als Flaneur, der er ist, ohne Geld und Obdach, treibt er sich auf Friedhöfen herum und findet hier seinen Frieden, Einigkeit mit der Welt. Für den Augenblick.
Er will zur See fahren, doch der Fluß ist zugefroren und es gibt kein Entfliehen. Am Hafen trifft er eine Gruppe von Genossen, die ihn aufnehmen. Doch auch sie enttäuschen ihn. Auch sie hatten ein nur bürgerliches Bewußtsein, Bürger freilich ohne Haus und Besitz.
Dann trifft er am Hafen einen Hypnotiseur, der unter den Leuten seine Kunst ausübt, und geht zum Schein auf dessen Angebot ein: er spielt den Hypnotisierten, ohne sich hypnotisieren zu lassen. Er spielt Lenin. Doch der Hypnotiseur gibt ihm eine andere Rolle: Jesus. Stehe auf und wandle. Die Seeleute sind ergriffen, und als er lachen will, ergreift es auch ihn. Etwas war mit ihm geschehen. Ein Funke war übergesprungen. Er spielt diese Rolle weiter, Kneipe für Kneipe, und was für einen Jesus. Er geht unter die Säufer und unter die Huren und unter die Armen. Er segnet sie und spricht zu ihnen und gibt ihnen Worte aus der Schrift. Still wird es jedesmal in den Kneipen, wenn er den Jesus spielt. Später fährt er zur See . . .
"Ein Funke war übergesprungen": Im Rollenspiel, in der Rolle des Außenseiters aus Nazaret erfährt er, der Ausgestoßene und Außenseiter, seine Identität, erfährt er, auf welche Seite er gehört, wo seine "Bestimmung" liegt: nicht Lenin, sondern Jesus. Ja, es war still geworden in den Kneipen, wenn er auftrat: auch die Außenseiter der Gesellschaft, Arbeitslose, Huren, Säufer, Arme erfahren sich in Konfrontation mit der Rolle "Jesus" als Betroffene. Jesus ist einer von ihnen. Sie erkennen sich in ihm. Er segnet sie, sie antworten mit Respekt und Scheu.
Stichworte einer autobiographischen Skizze: Er, das ist Wolfgang Koeppen selbst, der in einem "vollendeten Fragment" (Reich-Ranicki)[163] seine Jugend beschrieben hat: "Jugend" – der Titel des Büchleins.[164] Keine Frage: Der Verweis auf Jesus überrascht, die Jesus-Rolle kommt unerwartet für einen Mann, der so bitter wider die Entfremdung der Menschen durch christliche Theologie und Kirche schreiben konnte, dargestellt etwa in "Jugend" am Schicksal seiner Mutter. Er ist um so ernster zu nehmen!
Er: Das ist auch der *Schriftsteller* Koeppen, der in seinen immer auch politischen, gesellschaftskritischen Romanen nie laut protestierte, wenn er die Zustände der Gesellschaft beschrieb, nie ein politisches Bekenntnis ablegte, keine pathetische Anklage herausschrie, sondern aus der Distanz eines Beobachters heraus die Wirklichkeit zu begreifen versucht; *Zeuge* sein will, nicht mehr und nicht weniger: Zeugnis ablegen für und gegen das, was gewesen ist. Ein Zeuge und Moralist auch und gerade in Sachen Christentum, das ist Wolfgang Koeppen. So wie eine seiner Romanfiguren aus dem Roman "Das Treibhaus": jener Bundestagsabgeordnete Keetenheuve, Pazifist aus Überzeugung und gegen die Aufrüstung der Bundesrepublik kämpfend, den man einen "Menschenrechtsromantiker" genannt hat, "der Verfolgte suchte, Geknechtete, um ihnen die Ketten abzunehmen, Leute, denen Unrecht widerfahren", der "immer auf der Seite der Armen und der Sonderfälle"

war, der den "Unorganisierten" beistand und nicht den "Kirchen und Kartellen".[165]

Mit dieser Haltung geht Wolfgang Koeppen an die Auseinandersetzung mit der deutschen Nachkriegsgesellschaft. Drei Romane sind Niederschlag dieser Auseinandersetzung: "Tauben im Gras" (1951), "Das Treibhaus" (1953), "Der Tod in Rom" (1954), drei Romane, in denen der Wind der Gesellschaftskritik scharf weht, manchmal eisig wird. Christentum (Gott, Christus, Kirche), immer auch als Teil der gesellschaftlichen Wirklichkeit bei Koeppen mit einbezogen, verbleibt in diesen Romanen nicht in einer windstillen Ecke. Es wird nicht geschont. Die Auseinandersetzung ist klar, kompromißlos, leidenschaftlich. Das macht Koeppen zu einem theologisch interessanten Gesprächspartner, dessen Bedeutung in der theologischen Literaturkritik bisher weitgehend übersehen wurde. Umgekehrt hat auch die germanistische Literaturkritik die wichtige Rolle, die christliche Tradition bei Koeppen spielt, kaum zur Kenntnis genommen.[166]

Wir wollen der Rolle der Gesellschafts- und Religionskritik bei Koeppen nachgehen und nach der Funktion der Rede von Jesus Christus fragen, aufmerksam geworden, welch überraschend wichtige Rolle Jesus von Nazaret im "Jugend" – 'Fragment' Koeppens spielte. Schon die Haltung des Abgeordneten Keetenheuve in "Das Treibhaus" verrät Bezüge zur Figur Jesu. So heißt es an einer Stelle: "Keetenheuve wollte den Weg des Raubtiers verlassen und den Pfad des Lammes gehen. Er wollte die Friedfertigen führen."[167] Das "Lamm" also ist hier, wie etwa auch in Heinrich Bölls Roman "Billard um halbzehn" zentrales Deutungssymbol für eine von Jesus von Nazaret bestimmte Grundhaltung der Friedfertigkeit und Gewaltlosigkeit. Doch am gründlichsten hat sich Koeppen in "Der Tod in Rom" mit der christlichen Tradition auseinandergesetzt.

Rom: Welche Stadt könnte für diese Auseinandersetzung geeigneter sein? "In Rom", schreibt Walter Jens zu diesem Roman, "der Stadt der Cäsaren und Päpste, Gaukler und Verbrecher, Kaiser und Mörder, jenem einzigen Ort der Welt, an dem sich eine dreitausendjährige Geschichte lebendig erhalten hat, vollzieht sich gleichnishaft das Schicksal unseres Jahrhunderts."[168] In Rom treffen sich zwei deutsche Familien wieder: Judejahns und Pfaffraths. Judejahn, ehemaliger SS-General, kommt im Auftrag einer arabischen Macht als Diplomat (!) nach Rom, um Waffengeschäfte zu tätigen. Pfaffrath, sein Schwager, ehemaliger Gauleiter, heute immerhin wieder Oberbürgermeister, ist ebenfalls in Rom, um Judejahn nach Deutschland zurückzuholen. Mit in Rom ist auch Eva, Judejahns Frau, die immer noch der alten Macht ihres Mannes nachtrauert, von Großdeutschland und vom Führer träumt und immer noch – ganz nordische Heldenmutter – ihren Mann in der Walhalla sehen möchte. Mit in Rom ist auch Dietrich, Judejahns Sohn, Typ reaktionärer deutscher Nachkriegsjugend, ganz der stramme Corpsstudent, der von späterer Karriere und Einfluß träumt.

"Zufällig" in Rom sind noch zwei weitere Mitglieder dieser Familie, beide die "schwarzen Schafe", beide "aus der Art geschlagen": *Siegfried Pfaffrath,* der

Komponist wurde, nachdem er mit der Familie gebrochen hatte und dessen Musik nun auf einem Internationalen Musikerkongreß in Rom von Kürenberg, einem befreundeten Dirigenten und Förderer Siegfrieds (der damals wegen seiner jüdischen Frau Ilse Siegfrieds Heimatstadt hatte verlassen müssen), aufgeführt wird. Und *Adolf Judejahn,* der nach Ende des Krieges (er hatte mit Siegfried zusammen eine nationalsozialistische Ordensburg besucht) zur katholischen Kirche übergetreten war und sich nun in Rom als Diakon auf seine Priesterweihe vorbereitet.
Das ist die personelle Konstellation eines Romans, der vor dem politisch-gesellschaftlichen Hintergrund der Nachkriegsjahre spielt: Adenauer-Ära, deutsches Wirtschaftswunder, die Franzosen im Indochinakrieg (Dien Bien Phu). Erzählt wird in diesem Roman auf mehreren Ebenen. Die Abschnitte beginnen meist in objektiver Erzählhaltung (Tempus: Imperfekt), gehen dann oft abrupt in inneren Monolog über, vereinzelt werden Beschreibungsabschnitte des Erzählers (Tempus: Präsens) oder Kommentare zum Geschehen eingeblendet: ein ständiger Wechsel von Innen- und Außenperspektive, von Bewußtseinsstrom (innen) und kontrastierendem Kommentar (außen) läßt so beim Leser ein Gefühl der *Simultaneität von Raum und Zeit* entstehen, eine Technik, die Koeppen bei James Joyce lernte. Besonders charakteristisches Stilmittel dieser Prosa Koeppens ist die mittels *Silhouettentechnik* (W. Jens) vermittelte Zusammenschau zeitlich disparater Elemente. Immer wieder präpariert die Vergangenheit die Gegenwart in diesem Roman heraus, immer wieder werden die Schatten der Zeit beschworen, immer wieder gibt das Perfekt dem Präsens Kontur. Konkrete Realitätsdetails lösen Assoziationen aus, sind Sprungbretter der Phantasie: das Pantheon etwa ("Es war einmal eine Zeit, da haben die Götter in der Stadt gewohnt"),[169] oder das alte Weib, das den Katzen Roms ihr Futter hinwirft ("Eine eklig durchfeuchtete Zeitung umschließt den Fraß. Fischköpfe sind es. Auf blutbesudeltem Druckbild reichen sich der amerikanische Staatssekretär und der russische Außenminister die Hände").[170]
Besonders eindrücklich findet diese Technik ihre Anwendung bei der Beschreibung des ersten Auftritts Judejahns:

> "Ein großes Automobil, lackglänzend, schwarz, geräuschlosen Getriebes, ein funkelnder dunkler Sarg, spiegelblank und undurchsichtig die Fenster, war vor dem Pantheon vorgefahren. Der Wagen sah wie ein Gesandtschaftsauto aus, der Botschafter Plutos, der Minister der Hölle oder des Mars mochte drinnen auf schwellenden Polstern sitzen (. . .) War er Odysseus, der die Götter besuchen wollte? Er war nicht Odysseus, der verschlagene König Ithakas; dieser Mann war ein Henker. Er kam aus dem Totenreich, Aasgeruch umwehte ihn, er selber war ein Tod, ein brutaler, ein gemeiner, ein plumper und einfallsloser Tod."[171]

Dieses Beispiel zeigt, daß die Silhouettentechnik nicht bloßes künstlerisches Handwerkszeug ist, sondern *Instrument kritischer Entlarvung.* Die Vergangenheit entblößt die Gegenwart, deckt sie auf, macht sie durchsichtig. Die Details aus der Vergangenheit (Pluto – Hölle – Mars – Odysseus – Totenreich) sind charakterisierende Erkenntnissignale für den Leser. Sie umgeben den Beschriebenen mit

einer gewissen Aura, einer "bildgesättigten" Atmosphäre. Die Silhouette setzt einen "Röntgenblick" voraus, der hinter den Fassaden der Wirklichkeit die "verschiedenartigsten Schichten, Ablagerungen und Formationen entdeckt."[172]
Angewandt auf theologische Grundfragen entdecken wir bei Koeppen eine eigentümliche *Verknüpfung von Gotteskritik und Kirchenkritik.* Gotteskritik entzündet sich in diesem Roman an der Theodizeefrage, Kirchenkritik an der politischen Praxis. Beide Ansatzpunkte sind dabei gegenwartskritisch wie geschichtskritisch zugleich: sie gehen vom Zustand der gegenwärtigen Welt aus und fragen nach den geschichtlichen Voraussetzungen. Konkret setzt Koeppen mit der Theodizeefrage bei den nationalsozialistischen Massenmorden an (Assoziationstechnik: Judejahn auf einer Fahrt durch Rom fährt durch einen Tunnel: Unterwelt – Hades – Tod – Leichen – Grab – Opfer):

> "Durchsiebte Leiber füllten den Graben. Der geschundene Mensch der geschändete Mensch der Schandmensch und darüber der Himmel. Die nach ihnen kamen, deckten die ersten mit Erde zu. Erde war über Judejahn; über dem Tunnel war der Garten des Quirinals. Päpste waren durch den Garten gewandelt. Päpste hatten im Garten gebetet. Ihr Gebet war nicht erhört worden; oder was um Himmels willen hatten sie von Gott verlangt? Zweitausend Jahre christlicher Erleuchtung und am Ende lebte Judejahn!"[173]

Dann kommt die Wendung auf die Kirche – geschichtskritisch:

> "Warum dann die Vertreibung der alten Götter? 'Du sollst nicht töten!' Dröhnte es von Tunnelwänden? Der Pontifex maximus im alten Rom hatte das Gebot nicht gekannt. Er sah freundlich den Gladiatorenkämpfen zu. Der Pontifex maximus im neuen Rom war ein Diener des Dekalogs, er ließ das Gebot lehren, er befahl, es zu halten. Und war nun nicht mehr getötet worden (. . .)? Es gab eine Zeit, sie war noch nicht so lange her, da beschäftigten die Päpste sogar Henker, Menschen wie Judejahn, und wie viele Feldherrn hatten die Päpste geehrt, und wie oft hatten sie die siegreichen Standarten gesegnet."[174]

Das ist die theologische Ausgangsposition dieses Romans, hart und kompromißlos in der Sache. Kirche und Gottesglauben von der Geschichte, vom Zustand der Gegenwart her diskreditiert?
Es fällt auf, daß Koeppen christliches Sprach- und Bildmaterial auch zur Charakterisierung seiner Figuren heranzieht. Wichtig dabei ist: negative Bewertung christlicher Inhalte durch die Figuren bedeutet auch negative Bewertung der Figuren selbst. D.h.: Judejahn etwa wird dadurch negativ charakterisiert, daß er von der "Losung" vom Tod Gottes ausgeht, daß er nicht an die Auferstehung glaubt,[175] daß er den Glauben an die Brüderlichkeit für Schwäche hält,[176] daß er die Priester generell verachtet[177] und weder an Hölle noch Teufel glaubt.[178] Oder der Komponist Siegfried Pfaffrath: Er versteht sich ausdrücklich als Nichtchrist,[179] formuliert einmal eine der schärfsten Anklagen gegen den religiösen Jenseitsglauben,[180] dennoch kann er die Kirche, gleichsam ein "Fremder bei der Tür bleibend" in einer Mischung aus Faszination und Verachtung lieben: diese Kirche mit all der Atmo-

sphäre in ihr, den Priestern, den Priesterschülern, den Kanonisten. *Ambivalenz* also *der Kirchen- und Gotteskritik:* Siegfried mag sich nicht für Gott entscheiden, aber gegen Judejahn wird Gott als menschenerhaltende Kraft, als richtende Instanz gebraucht! Um diesen Ansatz zu vertiefen, ziehen wir weitere Stellen zur Interpretation heran. Von Jesus von Nazaret war noch nicht die Rede. Doch hat gerade er für das Religionsverständnis Koeppens eine entscheidende Funktion. An den wichtigen Gelenkstellen des Romans ist von ihm die Rede:

1. Funktion des *kritischen Schattens:* Man muß die Koeppenschen Texte im Zusammenhang sehen, um ihr sprachliches Baugesetz analysieren zu können. Zu Beginn des zweiten Teils des Romans setzt Koeppen überraschenderweise mit einer Papstszene ein:

> "Der Papst betete. Er betete in seiner Kapelle, dem kleinen Betraum seiner Wohnung im Vatikan, er kniete auf den mit Purpur belegten Stufen des Altars, ein Bild des Gekreuzigten blickte auf ihn herab, ein Bild der Mutter Gottes schaute ihn an, Sankt Petrus lugte aus Wolken herunter, der Papst betete für die Christen und für die Feinde der Christenheit (. . .) er erflehte die Fürbitte der Mutter Gottes für Bankiers, Gefangene, Henker, Polizisten, Soldaten, für Atomforscher und die Kranken und Krüppel von Hiroshima, für Arbeiter und Kaufleute, für Radrennfahrer und Fußballspieler, kraft seiner Weihen segnete er die Völker und die Rassen, und der Gekreuzigte blickte schmerzlich auf ihn hinunter."[181]

Satirisch verfremdend wirkt hier die schematische Aufreihung von Personengruppen: Parodie auf die kirchliche Sakralsprache, Ironisierung des Sprechers des Gebetes durch seine Sprache. Eine Frömmigkeit wird hier karikiert, die im Gebet fromm die Abgründe zudecken will, die zwischen den einzelnen Personengruppen bestehen: den Bankiers und den Arbeitern, den Atomforschern und den Opfern von Hiroshima, eine Frömmigkeit, die – im Gestus der Sorge um alle – die Strukturen der Welt unangetastet läßt, nicht nach Voraussetzungen, Bedingungen, Ursachen, Konsequenzen fragt und so keine Veränderung bewirkt. Ein Gebet aber, das für alle gleich betet, betet für keinen "richtig"! Ja, der "Gekreuzigte blickt schmerzlich" auf den betenden Papst herunter. Kann man vom Gekreuzigten her zugleich für die Gefangenen und die Henker beten, ohne nach den realen Zusammenhängen zu fragen?

2. Funktion der *Umkehr der Perspektive:* In einem großen Kapitel des Romans wird der Besuch des zukünftigen Priesters Adolf in der Peterskirche beschrieben. Die Stellung Adolfs zu seiner Kirche wird deutlich. Wieder muß der Kontext beachtet werden:

> "Schon nahe der Peterskirche, auf die Kirche zuschreitend (. . .) vor der Kulisse der Kolonnaden, noch geleitet von den Pylonen der Via della Conciliazione, der auf den Großdom hinführenden Straße, deren Häuser zur Rechten wie zur Linken einnehmenden Versicherungspalästen gleichen, Verwaltungsgebäuden bedeutender Kapitalgesellschaften, Kontoren florierender Truste mit kühlen wohlgemauerten Fronten, die (. . .) an teure Mieten denken ließen und an den Heiland, der die Wechsler aus dem Tempel trieb (. . .) wurde Adolf von großer Bannigkeit befallen."[182]

Auch hier: Der beinahe beiläufige, völlig in den Kontext eingeebnete Verweis auf Jesus von Nazaret und sein Auftreten um der Sache Gottes willen, die dem blasphemischen Kommerz anheimzufallen droht, sprengt auf einmal das gleichmäßig dahinfließende Satzgefüge. Aus der plötzlich eingeschalteten Optik Jesu wird die alltägliche christliche Wirklichkeit, an die man sich gerade in Rom gewöhnt hatte, zu einem unchristlichen Unterfangen.

3. Funktion des *kritischen Maßstabs und der Zuflucht:* Scharf ist die Kritik Koeppens (aus der Sicht Adolfs) am kommerzialisierten Massenbetrieb religiöser Pilgerfahrten:

> "'Weide meine Lämmer, weide meine Schafe', also sah Christus sie unverständig, hilflos und verletzbar, und Jesus wollte die Schutzlosen schützen lassen (. . .) aber gern gibt sich der Wolf als Schäfer aus, kleidet der Räuber sich als Hirte: Könige, Tyrannen, Diktatoren, Präsidenten weiden ihre Lämmer, scheren ihre Schafe, schlachten ihre Herde zu eigenem Nutzen."[183]

Adolf begreift in dieser Szene, wie sehr das Christentum im Laufe seiner Geschichte verraten wurde, wie sehr die Kirche, als sie sich mit den Mächtigen einließ, den Gekreuzigten mißbrauchte. Wichtig ist hier auch das literarische Verfahren Koeppens: Biblisches Bildmaterial (Jesu Wort von den Lämmern und der Herde) wird parodierend aufgegriffen und vom gegenwärtigen politischen Problembewußtsein her (Mißbrauchbarkeit dieser Bilder) in verschiedenen Variationen und Applikationen auf seine "Haltbarkeit" hin durchgetestet, ein Vorgang, der den Leser wach machen soll, kritisch im Hinblick auf den künftigen Gebrauch des Materials.

> "Erst der Anblick der gepriesenen Pietà gab Adolf Glauben und Atem zurück, sie war Befreiung für den Versinkenden in krausen Gedanken, krausem Leid, krauser Erschütterung, und er deutete sie als Barmherzigkeit, als gewaltige alles umschlingende Liebe."[184]

Hier also erst, im unverzerrten Anblick des Christlichen, findet Adolf zu sich selbst. Barmherzigkeit und Liebe sind Schlüsselbegriffe eines auf die Botschaft Jesu von Nazarets bezogenen Glaubens.

4. Das *Wunder der Christwerdung:* Adolf in der Engelsburg. Die Beschreibung dieser Szene gehört zu dem dichtesten, was Koeppen in der Auseinandersetzung mit dem Christentum zu sagen hat. Der Gang durch die Engelsburg wird bei Koeppen symbolisch zu einem Gang durch die Geschichte von Theologie und Kirche verdichtet:

> "Hinab ins Verlies war er gestiegen, einen Wehrgang hinunter (. . .) in den Leib der Papstburg, und dann kamen niedere Gewölbe, kam Grabesluft (. . .) Mordgruben, Todesbrunnen (. . .) allerlei Martergerät hing von der Decke (. . .) Steinbetten daneben, auf denen die Gefesselten verfault waren . . . und oben waren die Festgemächer, die traulichen Wohnungen, die geschmückten Kapellen, lebte der wache Sinn für die Kunst, waren schöne und fromme Bilder, geschnitzte Betschemel, die silbernen Leuchter Cellinis, in

der Bibliothek freute man sich an Büchern (...) und ganz oben schwebte der Engel über der Burg, der Erzengel Michael sah die Sonne, erblickte die glitzernde Pracht der Sterne (...) Adolf hatte den tiefsten Kerker erreicht. Eine Art Amphore senkte sich in den Urfels, und da mochte der Gefangene drin stehen, aufrecht, den Kopf noch über dem Boden, doch der Unrat, den er unter sich ließ, stieg langsam den Leib hinauf, er mauerte den Leib ein, den als sündig verschrienen, der Unflat stieg bis zum Hals, und wer hier bei schwelender Fackel des Menschen Haupt gesehen hatte, ein Haupt nur noch, durch die Kloake vom Leib befreit, dem brach wohl der Schrei von den Lippen 'Ecce Homo – Sieh, welch ein Mensch', und der Kerkerknecht mochte niederknien und das Wunder der Christwerdung begreifen, das im untersten Kerker an dem Ausgestoßenen geschehen war. Adolf kniete an der Grube nieder und betete. Er betete inbrünstiger, als er in der Peterskirche gebetet hatte; er betete für die Seelen der unbekannten Gefangenen. Seine Soutane berührte den Staub, der Stein drückte seine Knie. Er glaubte. Die Welt brauchte Erlösung. Er glaubte. Der Mensch mußte wieder erlöst werden. Er erhob sich und fühlte sich seltsam gestärkt."[185]

Kann man eindrucksvoller vom Zentrum des Christentums reden als in diesem Text? Kann man plastischer die drei Schichten des historisch gewordenen Christentums aufzeigen als im Symbol der Papstburg? Deutlich sind die drei Schichten abgesetzt: „ganz *oben*" die Himmelswelt, Sonne, Sterne, die theologia triumphalis, symbolisiert im Erzengel Michael, das Licht, die Pracht, die Weite. In der *Mitte* die schon eingeschränkte Perspektive von Theologie und Kirche: nicht mehr das Panorama, sondern nur noch die Zimmer; nicht mehr die direkte göttliche Schau, sondern die indirekte in Form theologischer Bücher; nicht mehr die Sonne und die glitzernde Pracht der Sterne, sondern das gedämpfte Licht der Leuchter: Ab-bilder der Wirklichkeit also, Ersatzformen in Form von Kunst und Musik, Frömmigkeit, Erbaulichkeit. Dann ganz *unten* die Verließe: Bodensatz der Kirchengeschichte, Abgestorbenes, Verfaultes, das Schattenreich der Toten, die Gefilde von Dunkel, Tod, Qual und Leid, das Reich der Opfer. Und das Bestürzende: es scheint keine Verbindung zwischen den drei Ebenen zu geben; alle drei haben nichts miteinander zu tun. Die Engelsburg: Symbol einer Kirche, die auf den Abgründen von Leid und Tod gebaut ist und über den Todeskammern Kapellen baut?
Doch das Paradoxe geschieht: Adolf steigt gerade in den tiefsten Keller der Burg, kniet dort nieder, nimmt so gleichsam stellvertretend die Leidensgeschichte der Kirche an und begreift an dieser Stelle – wie schon im Anblick der Pietà –, worauf es im Christentum ankommt. Ecce Homo: In den hier von einer christlichen Kirche Gemarterten und Gequälten ist auch Christus gemartert und gequält worden. Hier im Abgrund ist Christus zu finden, hier vollzieht sich das Wunder der Christwerdung, hier: und nicht im kirchlich-theologischen "Überbau"! Aber auch hier kündigt sich in der Identifizierung des leidenden Christus mit den Leidenden der Geschichte in paradoxer Umkehr Erlösung auch für die Toten dieses Schattenreichs an. Hier fällt der dritte Schlüsselbegriff zur Beschreibung eines von Jesus Christus her bestimmten, radikal verstandenen Christentums in diesem Roman Koeppens: neben Liebe und Barmherzigkeit nun *Erlösung*. Sprachlich wird diese Erlösung in Form einer Hoffnung, einer Sehnsucht zum Ausdruck gebracht: die Welt *brauchte* Erlösung; der Mensch *mußte* wieder erlöst werden.

Keine Frage: In diesem Reich der Schatten wird Christus von Adolf Judejahn radikaler erfahren als in der Peterskirche, und wir verstehen, warum sich Adolf hier "seltsam gestärkt" fühlt. Aufschlußreich der Kontrast: Während Adolf in diesen Verließen das Wunder der Christwerdung begreift, sieht sich der ehemalige SS-Scherge Judejahn, Adolfs Vater, an gleicher Stelle "gelangweilt", selbstsicher-zynisch in seinem Handwerk bestätigt: "Kriege und Kerker, Gefangenschaft und Tod, immer hatte es sie gegeben (. . .) so würde es bleiben, und so war es gut."[186]

Mit diesem Diakon Adolf Judejahn ist Wolfgang Koeppen eine komplexe christliche Figur gelungen. Und es ist zweifellos wieder für einen "Dichter der aggressiven Resignation", wie Reich-Ranicki ihn nannte, ein überraschender Befund, wenn man den "Tod in Rom" *auch* einen modernen Priesterroman nennt. Was Koeppen schon in "Das Treibhaus" andeutete, ist hier Gestalt geworden: Er hatte dort zur Kritik an einem katholischen Politiker, der mit "links" sympathisierte und Bernanos und Bloy gelesen hatte, auf die Arbeiterpriester verwiesen, die nicht Bernanos und Bloy gelesen hatten, aber in ihrer Praxis das taten, was Bernanos und Bloy zu sagen hatten. Adolf Judejahn ist in der Tat ein Priester aus dem Geiste von Bernanos und Bloy in seinem radikalen Kampf um ein ursprüngliches Christentum, in seiner leidenschaftlich vorgetragenen Kirchenkritik, in seinem Leiden am kirchlichen System, aber auch in all seiner Gebrochenheit, Beschränktheit, Verklemmtheit als Mensch und all seinen Glaubenszweifeln als Priester und Theologe. Ilse Kürenberg, die jüdische Frau des Dirigenten, schätzt die paradoxale Struktur seiner Persönlichkeit richtig ein: "Er ist ein katholischer Geistlicher, aber er sieht wie der rebellierende Luther aus."[187]

Gebrochen erscheint auch der wichtigste Gesprächspartner Adolfs, *Siegfried Pfaffrath.* Seltsam: Diesen zweifellos intellektuell überlegeneren, schärfer argumentierenden und pointierter formulierenden Skeptiker verbindet eine merkwürdige Haßliebe mit seinem Vetter Adolf. Eine ambivalente Charakterstruktur auch bei Siegfried: einerseits die scharf zynische Ablehnung des Priesters ("Du bist zu Gott gelaufen, du bist zu ihm übergelaufen, weil du einen Herrn brauchtest",[188] andererseits ein ständiges Hingezogenwerden zu allem, was mit Kirche zu tun hat. Einerseits die nihilistische Ablehnung des Glaubens: "Ich sagte ihm, daß die Eschatologie mir vorkäme wie ein Bündel Heu, das an einer Stange einem Esel vorgehalten wird, damit er den Wagen weiterzieht",[189] andererseits die geheime Sehnsucht nach Glauben ("Vielleicht brauche ich Glauben").[190] So bleibt Siegfrieds Grundhaltung der Welt gegenüber immer in der Schwebe zwischen Glauben und Unglauben und ist auch gerade darin wieder Adolf sehr ähnlich. Während jedoch Siegfried von einem nihilistischen Ansatz ausgeht (und von daher in Zweifel gerät), setzt Adolf für sich den Gottesglauben voraus, ohne freilich auch hier letzte Zweifel ausräumen zu können. Beide treffen sich aber in einer eigentümlich paradoxen Verstehensstruktur der Wirklichkeit: Siegfried weiht einmal in einer Kirche "dem unbekannten Heiligen" eine Kerze, denn – so sagt er – "viel wahrscheinlicher, als daß ein Gott unbekannt geblieben, ist es, daß wir einen Heiligen nicht erkannt haben. Vielleicht lebt der unbekannte Heilige sogar unter uns."[191] Und Adolf sagt einmal in einem Streitgespräch zu ihm: "Du suchst Gott nicht in seinem Haus, du suchst ihn in Sackgassen". Darauf Siegfried: "Wenn er ist, wohnt Gott auch in Sackgassen."[192]

Ilse Kürenberg ist es wieder, die Siegfried auf Grund seiner Musik richtig einzuschätzen weiß und das Gemeinsame dieser beiden "verlorenen Söhne" auf den Begriff zu bringen vermag. Ilse Kürenberg kann während der Aufführung von Siegfrieds Musik auch den anwesenden Adolf beobachten:

> "Doch als die Musik einsetzte, wußte sie, daß er wirklich ein Mystiker war, ein deutscher Priester und ein deutscher Mystiker, denn auch in Siegfrieds Symphonie war trotz aller Modernität ein mystisches Drängen, eine mystische Weltempfindung ... Es war zuviel Tod in diesen Klängen, und ein Tod ohne den heiteren Todesreigen auf antiken Sarkophagen (...) die Musik verkrampfte sich, sie schrie, das war Todesangst, das war nordischer Totentanz, eine Pestprozession, und schließlich verschmolzen die Passagen zu einer Nebelwand."[193]

Der *Tod*, der hier in der Analyse der Musik beschworen wird, ist ein zentrales Thema dieses Romans. Er bestimmt dessen gesamte Atmosphäre, ist überall verborgen anwesend: "Lebende und Tote, Masken und Larven, Lemuren und Schemen, Nachtgespenster und Kobolde, Menschen aus Fleisch und Blut und die Geister der Abgestorbenen vermischen sich zu einer feierlich-makabren Prozession",[194] schreibt Walter Jens. Da gibt es den Tod als blindwütigen Mord, als unglückhaftes Sterben und Ausrotten ganzer Völker; es gibt die Besessenheit vom Tod als Unsterblichkeitswahn wie bei Eva Judejahn, schon selber mehr Totengeist als lebendiger Mensch, den Tod als ständig bedrohende Sinnlosigkeitserfahrung in Vergangenheit und Gegenwart, und es gibt den "sanften Tod", den Schlaf. Aber es gibt auch den entmenschlichten Tod, den fabrikmäßig geplanten und skrupellos vollzogenen, den Tod als Geschäft, als Handwerk wie bei Judejahn: er selber "Allegorie des Todes", selber die Personifikation des Todes, eines "brutalen, gemeinen, plumpen, einfallslosen Todes".[195]

In der Stilisierung Judejahns zu einem Prinzip des Todes, des Bösen schlechthin wird eine Ebene des Romans angezielt, die Alfred Andersch mit Recht die "metaphysische" genannt hat.[196] Dieser Roman versucht das Ganze der Wirklichkeit in den Blick zu bekommen; es geht in der Auseinandersetzung zwischen Adolf und Siegfried – wie wir noch sehen werden – um die Frage der Grundeinstellung des Menschen zur Wirklichkeit. Dieser Blick auf das Ganze gelingt literartechnisch durch die Anwendung der Silhouettentenchnik (verschiedene Raum- und Zeitebenen werden simultan ineinandergeschoben) und sprachlich-metaphorisch durch die Verarbeitung religiösen Sprach- und Bildmaterials aus dem Bereich von Mythologie, Religionsgeschichte und Theologiegeschichte.

Zwei Söhne einer vom Nationalsozialismus besessenen Familie sind nach dem Zusammenbruch eigene Wege gegangen, haben ihre je eigene Einstellung zur Wirklichkeit gefunden, der eine die christliche, der andere die skeptisch-nihilistische. Doch beide erscheinen gebrochen, unzufrieden: der eine mit seinem Glauben, der andere mit seinem Unglauben. Sind beide Grundeinstellungen in diesem Roman gleichwertig? Wolfgang Koeppen bleibt hier als Autor in Distanz und hat von sich aus keine Wertung vorgenommen. Im fiktiven Rollenspiel werden hier beide Alternativen durchgeprobt. Dennoch gibt es *Unterschiede zwischen beiden Positionen,* Stärken und Schwächen. Worin unterscheidet sich die christliche Position von der skeptischen in diesem Roman?

Eine der Schlüsselszenen zum Verständnis des Unterschieds von beiden Positionen folgt fast unmittelbar im Anschluß an Adolfs Besuch in der Engelsburg, aus der dieser ja "seltsam gestärkt" herausgekommen war. Diese neu gewonnene innere Kraft hat Folgen für Adolf: er ist jetzt entschlossen, einen Schritt der Versöhnung auf seine Familie hin zu tun. Siegfried dagegen lehnt jeden Versöhnungsversuch strikt ab, und diese Frage ist Anlaß eines grundsätzlichen Streites der beiden um das praktische Verhältnis des Menschen zur Wirklichkeit:

> "Adolf: 'Aber du billigst ihr Leben doch nicht?' Siegfried: 'Nein, weil sie andere durch ihre Auffassungen und mit ihren Auffassungen gequält haben (...)'. Adolf: 'Und glaubst du, das kann nicht wiederkommen?' Siegfried: 'Und ob ich das glaube! In Tag- und Nachtträumen sehe ich die Bräunlinge und die nationale Dummheit marschieren. Und darum will ich mein Leben leben, solange der nationalistische Gott noch entkräftet ist und mich nicht hindern kann. Es ist meine einzige Chance.' Adolf: 'Und warum versuchst du nicht, eine dir so verhängnisvoll erscheinende Entwicklung zu bekämpfen?' Siegfried: 'Wie soll ich sie bekämpfen?' Adolf: 'Versuche die Menschen zu ändern!' Siegfried: 'Sie sind nicht zu ändern.' Adolf: 'Du mußt es versuchen!' Siegfried: 'Versuche du es doch! Deine Kirche versucht es seit zweitausend Jahren.' "[197]

Skeptizismus also gegen christliche Veränderungshoffnung? Keine Frage: Die Position Siegfrieds scheint vernünftiger, realistischer, plausibler angesichts der realen Verhältnisse in der Welt; die Adolfs dagegen illusionär, doktrinär. Keine Frage auch: Siegfried ist in diesem Roman als Mensch souveräner, überlegener, kritischer, als Künstler freier, weil niemandem verpflichtet; Adolf dagegen wirkt unsicher, hilflos, unfertig und als künftiger Priester an kirchliche Autoritäten gebunden.

Dennoch: Der Zustand der Welt (über den beide sich einig sind) veranlaßt Siegfried zur Resignation, Adolf zum Engagement, weil er von Christus her an die Erlösung von Welt und Mensch glaubt. Scheint auch in dieser Überzeugung Adolfs etwas von der Melancholie eines Ritters von der traurigen Gestalt aufzuleuchten, ähnlich wie beim Abgeordneten Keetenheuve[198], so erscheint doch die Grundhaltung des Christen in dieser Auseinandersetzung menschlicher als die Haltung des Skeptikers, der die Plausibilität einer unwiderlegbaren praktischen Vernünftigkeit für sich hat. Hier – in der Praxis also – liegt der entscheidende Unterschied zwischen beiden Grundhaltungen: Adolf kann sich mit der ewigen Leidensgeschichte der Welt nicht abfinden, weil er die Welt von Christus her als eine erlösungsbedürftige und erlösungsfähige, d.h. aber auch *veränderbare,* erfahren hat und in der Anschauung des Leidens Christi die Kraft, es mit Liebe und Barmherzigkeit trotz aller Hindernisse zu versuchen. Siegfrieds Skeptizismus kann zwar intellektuell brillieren, bleibt aber in der Praxis folgenlos, bleibt ein "psychologischer Solipsismus", wie Peter Demetz mit Recht kritisierte.[199] Es entsteht eine Folgenlosigkeit, die sich dem gleichen Vertröstungsverdacht aussetzt, mit der der Skeptiker die christliche Position kritisierte. So, wenn Siegfried meint:

> "Die Musik war nicht dazu da, die Menschen zu ändern, aber sie stand in Korrespondenz mit der gleichfalls geheimnisvollen Macht der Zeit, und so konnte sie vielleicht mit der Zeit zu großen Veränderungen beitragen, aber was ist in der Zeit ein Jahrhundert, was ein Jahrtausend, wir messen die Zeit aus dem Standort unseres flüchtigen Lebens, aber wir wissen nicht, was die Zeit ist."[200]

Nein, Meditationen über die Zeit sind nicht Adolfs Sache, obwohl auch er keine bestimmten Vorstellungen von dem hat, was verändert werden soll. Doch seine *Grundhaltung* zielt von der *Einsicht auf die Praxis,* deren erstes konkretes Ergebnis der Versuch einer Wiederversöhnung mit der Familie ist, was ihm freilich von dieser Seite nur Hohn und Spott einbringt. Hat also der christliche Erlösungsglaube, der gegenüber dem Skeptizismus auf Veränderung gerichtet ist, nicht ein "Mehr" an menschlicher Möglichkeit, ein "Mehr" an konkreter Menschlichkeit? Um diese These zu erhärten, ziehen wir ein zweites Beispiel zur Interpretation heran und schauen auf das *Ende von Judejahn.* Judejahn hatte in einem Anflug von Ohnmacht und Wahnsinn, in einem Akt letzten Aufbäumens gegen seinen Untergang die Jüdin Ilse Kürenberg ermordet: "Er hatte zur Endlösung beigetragen. Er hatte einen Führerbefehl erfüllt."[201] Anschließend hatte er sich in das Museum der Diokletianischen Thermen geflüchtet, wo sich auch sein Sohn Adolf gerade aufhält. Dort bricht der Mörder endgültig zusammen und stirbt. Sein Sohn aber, der weiß, welches Leben dieser Mann geführt hat, sorgt für die Sterbesakramente und spricht ein letztes Gebet "für den Vater in römischer Priestertracht".[202] Dies eine Szene, nüchtern, ohne alle Sentimentalität, unpathetisch, die aber auch ihre emotionale Wirkung nicht verfehlt: der "mißratene", zu den "Feinden übergelaufene" Sohn betet stellvertretend für diesen seinen Vater um "Barmherzigkeit". Auch an dieser Stelle wird klar, daß ein Christ vielleicht doch ein "Mehr" an menschlicher Möglichkeit anderen Menschen gegenüber einbringen kann, weil er auch den Verworfensten nicht von der Barmherzigkeit und Liebe ausschließen darf. Wo der Skeptiker aus guten Gründen "vernünftigerweise" jede Gemeinschaft mit einem Menschen abbricht, kann der Christ diesem Menschen mit Berufung auf einen Glauben, der alle Vernunft übersteigt, vielleicht noch einen letzten Dienst konkreter Humanität erweisen.

"Zweitausend Jahre christlicher Erleuchtung und am Ende Judejahn", hatte Wolfgang Koeppen geschrieben. Ein unwiderlegbarer Satz, der eine ständige Herausforderung für Christen bleibt, bleiben muß, ein Stachel im Fleisch. Aber vielleicht kann von der Praxis des Christen Adolf Judejahn her ein Schritt in die andere Richtung gemacht werden, wenn Christen das "Wunder der Christwerdung" begreifen lernen. Ist Christus nicht auch für den Schergen Judejahn gestorben?

Noch einmal: In dieser Figur eines künftigen Priesters hat Wolfgang Koeppen die christliche Grundeinstellung zur Wirklichkeit in ganzer Tiefe ausgeleuchtet: Stärke und Schwäche, Gelingen und Versagen halten sich in dieser Figur aus dem Geiste von Bernanos und Bloy die Waage. Ein Christ, der gerade in seiner Gebrochenheit überzeugt. Wenn irgendwo, dann wird an der Praxis dieses kommenden Priesters klar, daß Liebe und Barmherzigkeit keine leeren Worte sind, sondern konkrete Praxis: in einem vorbehaltlosen Dienst am Menschen, einem Glauben an die Erlösung, einer Bereitschaft zur Liebe. "Ich hatte in meinem Leben nicht viel (....) gemein (...) mit Generalen oder mit Gerichtspräsidenten. Aber ich sah den Dichter, den Schriftsteller bei den Außenseitern der Gesellschaft, ich sah ihn als Leidenden, als Mitleidenden, als Empörer, als Regulativ aller weltlichen Ordnung, ich erkannte ihn als den Sprecher der Armen, als den Anwalt der Unterdrückten, als den Verfechter der Menschenrechte gegen der Menschen Peiniger und selbst zornig gegen die grausame Natur und gegen den gleichgültigen Gott", sagte Wolfgang Koeppen in seiner Rede zur Verleihung des Georg-Büchner-Preises 1962.[203] Adolf Judejahn – ähnlich wie der Abgeordnete Keetenheuve – ist Spiegelung dieses Selbstverständnisses des Schriftstellers Koeppen.
Die Figur Jesu Christi in diesem Roman: Identifikationsfigur, Berufungsinstanz, Zufluchtsstätte, paradoxe Hoffnungsfigur, Herausforderung zur praktischen Arbeit an der Vermenschlichung des Menschen, immer aber auch Kristallisationspunkt seiner Kritik an Christentum, das oft genug im Lauf seiner Geschichte diesen Christus verraten hat: "Man hat mich einmal gefragt, ob ich gottlos sei. Dostojewski hat sein ganzes Leben lang nach einer Antwort auf diese Frage gerungen", sagte Wolfgang Koeppen in einem Gespräch mit dem Schriftsteller Horst Bienek. "Ich glaube, mit aller Vorsicht, ich bin nicht gottlos. Aber ich halte die Domestizierung der Sexualität und die Verdammung des Eros durch unsere christlichen Kirchen für einen tragischen, Christus ganz und gar mißverstehenden Irrtum, der die Menschen unglücklich und krank macht. So stehe ich immer auf der Seite derjenigen, die mit dem Leben zu kämpfen haben und sich der allgemeinen Sitte nicht fügen können."[204]
Der Moralist als Zeuge; was dies für Wolfgang Koeppen bedeutet, mag nun etwas konkreter geworden sein. Koeppen hat mit "Tod in Rom" ein Stück Literatur geschrieben, die sich engagiert für Menschen, die mit dem Leben zu kämpfen haben und die die Leidensgeschichte der Menschheit nicht vergessen kann. Und gerade auch *die* Leidensgeschichte nicht, deren Ursache die Praxis der Kirchen durch die Jahrhunderte war. Doch neben allem Protest gegen das institutionalisierte Christentum, ja auch gegen den "gleichgültigen Gott", erscheint hier auch ein Koeppenscher Christ: zweifelnd und schwermütig, grüblerisch und melancholisch wie viele Koeppensche Helden, aber doch einer von Christus her bestimmten Liebe und Barmherzigkeit, um der Menschen willen, verpflichtet.
Als Wolfgang Koeppen 1951 – "Tauben im Gras" war gerade erschienen, "Das Treibhaus" und "Der Tod in Rom" in Vorbereitung – bei einer Zeitungsumfrage

gefragt wurde, wie er zu Gott stehe, schrieb er eine Antwort, die noch einmal seine *religiöse Grundposition* zusammenfaßt und deutlich macht, wie sehr bei ihm eigenes künstlerisches und menschliches Selbstverständnis in Gestalten seiner Romane eingeflossen ist. Hat nicht der Autor selbst etwas von Siegfried Pfaffrath und Adolf Judejahn? "Die Frage, wie ich zu Gott stehe, erschreckte mich zunächst; sie erschreckte mich, als ich anfing, über sie nachzudenken. Spontan hätte ich geantwortet: Gut. Nach einiger Überlegung muß ich wohl sagen: Ich weiß es nicht. Kann man überhaupt 'zu Gott stehen'? Wenn ich mich in ein Verhältnis zu Gott bringe als zu einer Person, mit der man gut oder schlecht stehen kann, dann glaube ich an die Existenz dieser Person, somit an Gott, und glaube ich an Gott, so ist seine Größe von meiner Kleinheit so verschieden, daß ich nur sagen kann: Ich bin sein Geschöpf! Wenn ich überhaupt an Gott glaube! Nun gut, ich glaube.
Aber ein Gotteserlebnis, eine Offenbarung, wie sie Pascal widerfuhr und in dem berühmten Memorial von 1654 aufgezeichnet wurde: 'Gott Abrahams, Gott Isaaks, Gott Jacobs, nicht der Philosophen und Gelehrten', eine solche Offenbarung ist mir nicht zuteil geworden. Gott brannte nicht in mir. Es mag für die Ohren von strengen Gläubigen blasphemisch klingen, aber wenn ich die Frage ehrlich beantworte – ich stehe freundlich mit Gott. Ich empfing manche Gnade von ihm, er bewahrte mich in Not und Gefahr, ich dankte ihm in Gedanken, nicht in Gebeten, ich dankte ihm zu zufälliger Stunde, hier und dort, im Gedränge der Straße, zuweilen in seinem Haus. Ich bin protestantisch getauft und konfirmiert, aber ein Verhältnis zu der Gemeinde ist nicht vorhanden. Ich besuche keinen Gottesdienst, ich verlange nicht nach einer Predigt, ich vermisse den Pastor nicht, ich brauche keinen Mittler.
Meine Zwiesprache mit Gott ist intim. Zuweilen öffne ich die Tür einer katholischen Kirche, zu irgendeiner Tageszeit, ich schnuppere etwas Weihrauch von der letzten Messe, ich freue mich des schönen Raumes und denke freundlich an den Schöpfer. Dennoch ist er der Gott Pascals, 'Gott Abrahams, Gott Isaaks, Gott Jacobs, nicht der Philosophen und Gelehrten', aber ich spreche freundlich mit ihm, und er, glaube ich, spricht auch freundlich zu mir. Nehmt es mir nicht übel ihr Theologen! Ich weiß: ER ist vorhanden! Konsequente Gottesleugner fand ich immer dumm. (Skeptiker wie Gide können allerdings sehr klug sein). (. . .)
Ich möchte mit Kierkegaard schließen. Er schreibt, daß die angestellten Seelenhirten der Kirchen ernste Leute sind. Und er schreibt weiter: 'Der Apostel Paulus war kein ernster Mann.' Auch ich bin kein ernster Mann."[205]

3. Kritik an Religion und Kirche

Kirchenkritik, Kritik an Institutionen und Traditionen, Funktionären und Amtsträgern, Lehren und Praktiken der Kirche ist längst zu einem Topos christlicher Literatur geworden vom frühen Mittelalter angefangen bis in die Gegenwart. Gerade auch die traditionelle christliche Literatur von Bernanos bis zu Elisabeth

Langgässer, gerade auch die traditionelle Jesusliteratur von Papini bis Dobraczyński, von Dorothy Sayers bis Stephan Andres waren von ihrem Selbstverständnis her auch bewußt kirchen- und religionskritisch. So konnte es nicht überraschen, wenn auch die moderne Literatur, deren Weg wir in einigen Grundzügen bis hierher verfolgt haben, die Auseinandersetzung um die literarische Darstellung der Jesusfigur immer auch in kritischer Konfrontation mit der Kirche führte. Doch war in den bisher analysierten Beispielen Kirchen- und Religionskritik immer nur auch Thema der Auseinandersetzung mit Jesus von Nazaret, soll jetzt das Verhältnis Jesus – Kirche im Spiegel deutscher Nachkriegsliteratur in diesem Abschnitt vertieft betrachtet werden.[206] Es geht um die unmittelbare Konfrontation der Figur Jesu Christi mit kirchlicher Lehre und Praxis. Es geht um die Frage: Was hat die Kirche aus Jesus gemacht und welche positive Rolle kann er für sie spielen?

a. *Kirchenkritik als Sprachkritik*

Kurt Marti hat in seinem programmatischen Aufsatz "Moderne Literatur" sein Verständnis von Literatur sprachtheoretisch und sprachkritisch entwickelt und zum Wirklichkeitsverständnis ausgeführt: "Der Begriff 'Wirklichkeit' muß offen bleiben für neu auftauchende Phänomene jeder Art und jeder Dimension, sonst wird er zur ideologischen Parole. Sprache aber, die zur Münzstätte ideologischer Parolen degradiert wird, erkrankt an Realitätsverlust. An die Stelle von Spracherweiterung tritt Sprachsklerose."[207]

1. Sprachsklerose

Gerade die Sprache der Kirche sei besonders anfällig für diese Sprachsklerose, meint Kurt Marti: "Die zum Teil unumgängliche Repetition überlieferter Sätze droht dauernd in eine Inflation christlich-ideologischer Parolen auszuarten, welche den Bezug zum Weltprozeß, zur Wirklichkeit verloren haben."[208] Moderne Literatur ist Spiegel dieser Inflation christlich-ideologischer Parolen, wenn z.B. *Hans Magnus Enzensberger* in seinen sprach- und ideologiekritischen Gedichten liturgisches und biblisches Sprachmaterial parodiert und deren Leere und Wirklichkeitsblindheit zu entlarven versucht ("Aschermittwoch", "Landessprache", "Schaum"[209]); wenn z.B. *Peter Weiss* in seinem Stück "Marat-Sade" christliche Vorstellungen (vor allem der Kreuzestheologie) im Wechselgespräch von Marat und Chor aus marxistischer Sicht kritisiert:

> "Marat:
>
> Und die Priester sahen sich die Ungerechtigkeit an
> und sie schwiegen dazu und sagten
> Unser Reich ist nicht von dieser Welt
> diese Erde ist nur eine Stätte der Pilgerschaft
> unser ist der Geist der Milde und der Geduld

Und so zwangen sie den Unbemittelten
den letzten Spargroschen ab
und richteten es sich wohlig ein zwischen ihren Schätzen
und schmatzten und zechten mit den Fürsten
und zu den Hungernden sagten sie

Leidet
leidet wie jener dort am Kreuz
denn so will es Gott

Und was man immer wieder und wieder hört
daran glaubt man
und so begnügten sich die Unbemittelten mit dem Bild
des Blutenden und Gemarterten und Festgenagelten
und sie beteten das Bild ihrer Hilflosigkeit an"[210].

Oder wenn *Peter Handke* in seiner Erzählung "Wunschloses Unglück" (1972), die er nach dem Selbstmord seiner Mutter verfaßte, von der Entfremdung schrieb, die diese Frau gerade im katholischen Milieu erfuhr, in dem sie ihr ganzes Leben zugebracht hatte:

> "Das persönliche Schicksal, wenn es sich überhaupt jemals als etwas Eigenes entwickelt hatte, wurde bis auf Traumreste entpersönlicht und ausgezehrt in den Riten der Religion, des Brauchtums und der guten Sitten, so daß von den Individuen kaum etwas Menschliches übrigblieb; 'Individuum' war auch nur bekannt als ein Schimpfwort. (. . .) Man erwartete endgültig keine persönlichen Auskünfte mehr, weil man kein Bedürfnis mehr hatte, sich nach etwas zu erkundigen. Die Fragen waren alle zu Floskeln geworden, und die Antworten darauf so stereotyp, daß man dazu keine *Menschen* mehr brauchte, *Gegenstände* genügten: das süße Grab, das süße Herz Jesu, die süße schmerzensreiche Madonna verklärten sich zu Fetischen für die eigene, die täglichen Nöte versüßende Todessehnsucht; vor diesen tröstlichen Fetischen verging man."[211]

Gerade das *Sprechspiel,* das medien- und sprachkritische Hörspiel der sechziger Jahre – wir deuteten es im Zusammenhang mit dem traditionellen "Illusionshörspiel" an – leistet diese kritische Auseinandersetzung auch mit traditionellem theologischem Sprachmaterial. Gerade die dort schon von uns erwähnten "klassischen" Fälle des modernen Sprechspiels, Günter Eichs "Man bittet zu läuten" und Wolfgang Hildesheimers "Monolog", beide aus dem gleichen Jahr 1964, sind auch in unserem thematischen Zusammenhang von Interesse.
Während *Günter Eich* mit der Person des Pförtners eines Taubstummenheims, aus dessen Monologen, bis auf ein "Intermezzo", das ganze Stück besteht[212], dem Hörer bewußt zu machen versucht, wieviel an "Klichees, Phrasen, Redewendungen, Schlagwörtern"[213] gerade auch christlicher Provenienz in unserer so harmlosen Alltagssprache steckt; wie sehr gerade die so fromme christliche Sprache Zynismus und Sadismus verdecken kann, die sich manchmal hinter der Maske des Spießers und Biedermanns verbergen, stellt *Wolfgang Hildesheimer* in seinem Sprechspiel die religiöse Sprache bereits in institutionalisierter Form vor.
Hildesheimer zeigt in "Monolog" christliche Sprache in Form des doppelt institutionalisierten Trostes der beiden Großkirchen (evangelisch – katholisch).[214] Die

Hauptfigur des Stückes, "Der Sprecher" nämlich, deren einziger Kontakt zur Außenwelt das Telefon ist, hört die Telefonpredigten der Kirchen ab, und vom Standpunkt dieses Sprechers (in vielem eine Vorwegnahme der Hauptfigur von Hildesheimers ein Jahr später erschienenem Roman "Tynset") erscheint dieser offiziell gespendete Trost als bloße Repetition leerer Phrasen.
Wirkt schon die konfessionalistische Aufspaltung in "Trost, evang." und "Trost, kath." satirisch verfremdend, so die jeweilige theologische Nuancierung des konfessionellen Trostangebots erst recht. Während die evangelische Predigt zum "Trost" auf das Leidensvorbild des "Heilands" verweist (" ... und deshalb sollst du nicht verzagen. Unser Heiland hat das Leid, er hat den Schmerz ..."[215]) und eine individualistische, ethische Lösung der Probleme empfiehlt ("du selbst mußt dir helfen, damit er dir helfe"[216]), wird katholischerseits die Verzweiflung des Menschen glatt zu einer "Todsünde" erklärt, versteckt davor gewarnt (um nicht zu sagen gedroht), der Hörer möge es auf keinen Fall riskieren, der "Liebe" Gottes und der "himmlischen Glückseligkeit" verlustig zu gehen, und die Ungläubigen als abschreckende Beispiele hingestellt. Denn: " ... und denke auch an jene armen sündigen Ungläubigen, die wahren Grund zur Verzweiflung haben, da die schreckliche Unendlichkeit der Hölle vor ihnen sich auftut ..."[217]
Sprachsklerose also gerade hier. Die Sprechplatte der Telefonpredigt wird zum beredten Symbol eines bestimmten theologischen Sprachstils: unablässige Repetition leerer Phrasen; der "Trost" verdinglicht mit Hilfe eingestanzter und massenhaft vervielfältigter theologischer Stereotypen; kirchliches Systemdenken ohne Realitätsbezug; fromme Anbiederungsversuche in penetrantem Intimitätsjargon (die Teilnehmer werden entweder mit "du" angeredet – evangelisch – oder mit "Söhne und Töchter" – katholisch); das Trostangebot eine Mischung aus verbaler Hilfsbereitschaft und versteckter Drohung. Statt echte Hilfe anzubieten, religiöse Ersatzformen, statt echten Trost zu spenden, werden die Menschen allein gelassen und ihre Sorgen und Ängste mit theologischem Vokabular überspielt.
Die Beispiele ließen sich vermehren. Sie zeigen eine andere Art der kritischen Rezeption Jesu Christi in der deutschen Literatur, die von Theologie und Kirche nicht ernst genug genommen werden kann. Was zeigen sie?
1. *Sprachkritik ist Ideologiekritik:* Sprachkritik wird in diesen Beispielen nicht um ihrer selbst willen getrieben. Sie hat aufdeckende, didaktische Funktion. Sie zeigt, welche Bewußtseinshaltung hinter einer Sprachform steckt, will hinweisen auf falsche Bewußtseinsformen: Ideologie wird hier mit Marx als "falsches Bewußtsein" verstanden. Sie entlarvt, wie das Beispiel Peter Weiss zeigt, eine religiöse Ideologie, die das Wort Jesu vom Reich Gottes, das nicht von dieser Welt ist, zur Stabilisierung ungerechter gesellschaftlicher Verhältnisse, zur Vertröstung auf ein Jenseits mißbraucht. Sie entlarvt eine religiöse Ideologie, wo die Rede von den christlichen Tugenden der Milde und Geduld zu Disziplinierungs- und Beschwichtigungsfloskeln erstarrt ist. Sie entlarvt eine religiöse Ideologie, wo die Kreuzestheologie zur Rechtfertigung menschlicher Ohnmacht und Hilflosigkeit,

zur fatalistischen Hinnahme von Schmerz, Leid und Unterdrückung, zur Betäubungspille angesichts gesellschaftlichen Unrechts pervertiert ist. Kurz, diese Sprachkritik zielt auf die *Aufdeckung einer theologischen Herrschaftssprache*, die die befreiende Botschaft Jesu Christi ebenso wie die wahren Bedürfnisse der Menschen nach Freiheit und Gerechtigkeit unter ideologischen Sprachformen erstickt hat. Auch die Analysen von Hildesheimer und Handke zielen auf die Bewußtmachung einer kranken theologischen Sprache.

2. Ideologiekritik ist Systemkritik: Ideologiekritik beschreibt nicht nur, sie fragt auch nach den Ursachen, die sowohl gesellschaftlicher als auch kirchlicher Natur sind. Kirche und Gesellschaft als überindividuelle Systeme sind hier untrennbar miteinander verbunden; zum einen ist die ideologisierte theologische Sprache Ausdruck eines bestimmten gesellschaftlichen Zustandes, umgekehrt kann eine Gesellschaft nicht in Ordnung sein, die solche theologischen Sprachformen möglich macht. Peter Handke hat in "Wunschloses Unglück" diese Dialektik am klarsten herausgearbeitet. Mit dem Religionspädagogen H. Halbfas (er nimmt Bezug auf eine Untersuchung von Cavelli-Adorno[218]) läßt sich der Prozeß des Absterbens einer bestimmten theologischen Sprache im kirchlichen Raum treffend analysieren und als Ursache für diesen religiösen Sprachzerfall angeben: Unterlegenheitskomplex, Angst, Abschirmung, Gettoverhalten, Gruppenideologie, statisches, metaphysisch-dogmatisches Selbstverständnis, Entfremdung vom konkreten Leben. Halbfas schreibt: "Die am Erfahrungsverlust kranke Sprache bemächtigt sich gern einer Idealwelt vergangener gesellschaftlicher Ordnungen: bürgerlicher Klischees, Anstand und Tugend sekundärer Art, Familienidyllen und patriotischer Ideale nach biederem, wenngleich der demokratischen Gesellschaft inadäquaten Autoritätskonzept. Denn in Ermangelung authentischer Realitätserfahrung schafft sich diese Halbsprache ihre Scheinwelt. Naivität und Denkfaulheit finden darin ihre Entlastung. Fast jedes Wort und jede Wendung sind hohl. Klopft man an die in lauter Worte zerfallene Sprache auf ihre Substanz und Tragfähigkeit hin ab: nichts als Tuff."[219]

3. Um des Menschen willen: Wenn Enzensberger und Weiss, Handke und Hildesheimer die Symptome religiöser Sprachsklerose aufdecken, geht es dabei immer um den Menschen, seiner Freiheit und Individualität. Es geht – gerade Handke zeigt es – um die Befreiung des Menschen zu sich selbst als "Individuum" gegen Herrschaftsformen, die sich in der Sprache manifestieren. Und als einen ersten Schritt zur Befreiung, zur Menschwerdung der Menschen brauchen sie eine eigene Sprache, eine persönliche, unverwechselbare, individuelle Sprache. Nicht von ungefähr macht Handke auf den Zusammenhang zwischen verkümmerter Persönlichkeit und verkümmerter Sprache aufmerksam: "Der schmerzensreiche Rosenkranz; der glorreiche Rosenkranz; das Erntedankfest; die Volksabstimmungsfeier; die Damenwahl (. . .): in diesen Formen veräußerlichten privater Kummer, Mitteilungsdrang, Unternehmungslust, Einmaligkeitsgefühl (. . .) man wurde scheu und redete kaum mehr, oder wurde ein bißchen verdreht und schrie in den Häusern herum."[220] Religiöse Sprachsklerose also verhindert die Erlangung menschlicher

Identität, erstickt die zu einem menschenwürdigen Dasein unabdingbare Freiheit, Kreativität, Phantasie, läßt den Menschen zu einem abgerichteten Wesen verkümmern. Die in der christlichen Botschaft angelegte Hoffnung auf menschliche Befreiung bleibt unter traditionellem theologischem Sprachmaterial verschüttet. Deshalb, weil es um die Freiheit des Menschen angesichts der "Versprachlichung der Welt" geht, wie es Handke einmal nannte, sind Schriftsteller mißtrauisch geworden auch gegen die religiöse Sprache. Gerade zur religiösen Sprache haben viele nur noch ein distanziertes, ironisierendes, parodierendes Verhältnis. Wir wollen uns dies anhand von *Peter Handkes "Lebensbeschreibung"* (1965) des Lebens Jesu genauer ansehen.

"Was nützt es dem Menschen, wenn er an der Seele gewinnt, an der Welt aber Schaden leidet?

Gott erblickte das Licht der Welt in der Nacht vom vierundzwanzigsten zum fünfundzwanzigsten Dezember.
Die Mutter Gottes wickelte Gott in Windeln. Auf einem Esel flüchtete er sodann nach Ägypten. Als seine Taten verjährt waren, kehrte er in sein Geburtsland zurück, weil er fand, daß dort der Ort sei, an welchem ein jeder am besten gedeihen könnte. Er wuchs auf im stillen und nahm zu an Alter und Wohlgefallen. Es litt ihn in der Welt. Er wurde die Freude seiner Eltern, die alles daransetzten, aus ihm einen ordentlichen Menschen zu machen.
So erlernte er nach einer kurzen Schulzeit das Zimmermannshandwerk. Dann, als seine Zeit gekommen war, legte er, sehr zum Verdruß seines Vaters, die Hände in den Schoß. Er trat aus der Verborgenheit. Es hielt ihn nichts mehr in Nazareth. Er brach auf und verkündete, daß das Reich Gottes nahe sei.
Er wirkte auch Wunder.
Er sorgte für Unterhaltung bei Hochzeiten. Er trieb Teufel aus. Einen Schweinezüchter brachte er auf solche Art um sein Eigentum. In Jersualem verhinderte er eines Tages im Tempel den geregelten Geldverkehr. Ohne das Versammlungsverbot zu beachten, sprach er oft unter freiem Himmel. Aus der Langeweile der Massen gewann er einigen Zulauf. Indes predigte er meist tauben Ohren.
Wie später der Ankläger sagte, versuchte er das Volk gegen die Obrigkeit aufzuwiegeln, indem er ihm vorspiegelte, er sei der ersehnte Erlöser. Anderseits war Gott kein Unmensch. Er tat keiner Fliege etwas zuleide. Niemandem vermochte er auch nur ein Haar zu krümmen.
Er war nicht menschenscheu. Unbeschadet seines ein wenig großsprecherischen Wesens war er im Grunde harmlos.
Immerhin hielten einige Gott für besser als garnichts. Die meisten jedoch erachteten ihn für so gut wie nichts.
Deshalb wurde ihm ein kurzer Prozeß gemacht. Er hatte zu seiner Verteidigung wenig vorzubringen. Wenn er sprach, sprach er nicht zur Sache. Im übrigen blieb er bei seiner Aussage, daß er der sei, der er sei. Meist aber schwieg er.
Am Karfreitag des Jahres dreißig oder neununddreißig nach der Zeitwende wurde er, in einem nicht ganz einwandfreien Verfahren, ans Kreuz gehenkt.
Er sagte noch sieben Worte.
Um drei Uhr am Nachmittag, bei sonnigem Wetter, gab er den Geist auf.
Zur gleichen Zeit wurde in Jersualem ein Erdbeben von mittlerer Stärke verzeichnet. Es ereigneten sich geringe Sachschäden."[221]

Schon die Umkehrung des Mt 16,26 entnommenen Zitats hat einen ironisierenden Effekt. Doch erst in dieser verfremdenden Umkehrung wird dem Leser bewußt, wie oft in der Geschichte des Christentums Seele und Welt gegeneinander zuungunsten der Welt ausgespielt wurde. Die ironisierende-distanzierende Wirkung des ganzen folgenden Textes kommt durch die Diskrepanz zwischen Sprachform und Sprachinhalt zustande. *Verfremdung* biblischer oder hagiographischer Sprachmuster zur Beschreibung des Lebens Jesu ist das Verfahren.

Ironisierend ist die Disparität zwischen der hochdramatischen neutestamentlichen Jesusgeschichte und dem bürokratischen Polizeiprotokollstil, womit dieses hier beschrieben ist; ironisierend, daß hier – in scheinbarer Bestätigung des wörtlichen biblischen Textes – Glaubenstatsachen als historische Fakten wie selbstverständlich notiert erscheinen ("Er wirkte viele Wunder"); ironisierend, wie Unfaßliches auf plausible Kategorien gebracht wird ("Er trieb Teufel aus. Einen Schweinezüchter brachte er auf solche Weise um sein Eigentum"); ironisierend, wie mit dem Sprachgestus des Unbeteiligtseins Ungeheuerliches beiläufig zur Kenntnis genommen wird: der Tod am Kreuz wird lakonisch mit einer bürokratischen Floskel zu einer statistischen Frage: "Er sagte noch sieben Worte" und zu einem klimatographischen Problem: ". . . Erdbeben von mittlerer Stärke verzeichnet . . . geringe Sachschäden".

Sprachlich wird diese ironisierende Distanz durch eine eigentümliche *Stilmischung* erreicht: Traditionelles theologisch-dogmatisches Vokabular wird mit modernem juristischem Amtsjargon zusammenmontiert. Hier "Gott", "Mutter Gottes", "nahm zu an Alter und Wohlgefallen", "verkündete", "Reich Gottes", "Wunder", "Teufel"; dort: "verjährt", "Geburtsland", "ordentlicher Mensch", "Zimmermannshandwerk", "Eigentum", "geregelter Geldverkehr", "Versammlungsverbot", "nicht zur Sache". Besonders das Spiel mit dem Wort "Gott" erzeugt die gewünschte Wirkung. Wieder wird in scheinbarem Eingehen auf traditionelles Sprachmaterial eine Selbstentlarvung entweder durch "zu wörtliches Verstehen" erreicht ("Die Mutter Gottes wickelte Gott in Windeln") oder durch Koppelung mit modernem Vokabular, zeitgenössischem Jargon ("Andererseits war Gott kein Unmensch").

Die Verfremdung biblischen Sprachmaterials bei Peter Handke leistet ein doppeltes: Sie schafft *Distanz* zum Geschehen, hält dem Autor die Geschichte gleichsam vom Leib, ja sie provoziert ein traditionelles Glaubensbewußtsein durch Parodie, Ironie, Beiläufigkeit, Jargon, in einer pauschalen Abwertung des "Erlösers" zu einer harmlosen Figur gipfelnd. Gleichzeitig aber "zwingt" sie den Leser, sich *erneut* mit der Geschichte Jesu *auseinanderzusetzen.* Sie spekuliert nicht auf seine Zustimmung, sondern auf seinen Widerspruch, einen kreativen, phantasievollen Widerspruch. Denn der Autor weiß selbstverständlich, wie wenig Jesus von Nazaret in einen solchen Text aus theologischen Archaismen und bürokratischem Amtsdeutsch hineinpaßt, wie wenig dieser Text von ihm verstanden hat. Ja, verborgen unter der bürokratischen Sprachform wird gerade an der Jesusfigur demon-

striert, wie fragwürdig bürgerliche Tugendbegriffe vom "ordentlichen Menschen" sind. Jesus von Nazaret wird für den jungen Handke (der Text stammt aus dem Jahre 1965) zur Beispielfigur eines Menschen, der sich seiner bürgerlichen Welt entzogen hat und seiner individuellen Bestimmung zu leben versucht. Doch die bürgerliche Welt reagiert auf ihn, indem sie ihn in ihre stereotypen Sprachschemata und Bildschablonen preßt und ihn so vergewaltigt. Ihre Sprache ist Herrschaftssprache, die jede Individualität erstickt und Normabweichung für bösartig oder verrückt erklärt.
Ob Enzensberger oder Weiss, Handke oder Hildesheimer; ihre Texte machen in dialektischem Umschlag gerade deutlich, wie wenig sich Jesus von Nazaret in solchen Texten domestizieren läßt. Ihre Texte sind Ausdruck des theologischen Sprachelends und Protest dagegen zugleich. Jesus ist anders, als die in diesen Texten demonstrierte Sprache ihn zeigt. Dieses Anderssein Jesu freilich bekommen diese Texte nicht in den Blick. Wir wollen deshalb in einem zweiten Abschnitt Texte untersuchen, die nicht nur die Sprachsklerose, sondern von Jesus von Nazaret her auch Alternativen aufzeigen, wo Jesus selbst als kritischer Maßstab des Protestes gegen religiöse Sprachsklerose begriffen wird.

2. Spracherweiterung

Nicht nur die Analyse der Sprachsklerose, Spracherweiterung (der Begriff stammt von dem amerikanischen Dichter Ezra Pound) muß Aufgabe der Literatur, gerade auch moderner christlicher Literatur sein. Kurt Marti selber ist dieser Forderung nicht nur in der Theorie, sondern auch in der Praxis nachgekommen. Er selber schrieb Gedichte zu biblischen Texten und war als Herausgeber der gegenwärtig besten Anthologie religiöser Lyrik tätig. In dieser Sammlung finden wir ein Gedicht des 1925 in Berlin geborenen, später als Redakteur und Verlagslektor tätigen Schriftstellers *Arnim Juhre,* das zu illustrieren vermag, wie Sprachkritik von einem explizit christlichen Standpunkt aus betrieben werden kann, d.h. wo Jesus Christus selbst Brennpunkt der Kritik an religiöser Sprachversteinerung wird.

"Anzeigen

Achtbare Väter, liebevolle Mütter,
lustige Söhne, entzückende Töchter,
zarte Babys! Ab Dezember werden
BOAC's beliebte Comet-Jets
Sie von Europa nach Johannesburg
in nur 19 1/2 Stunden fliegen.

Gerade du brauchst Jesus! Kostenlos
sende ich jedem, der mir schreibt.

Nicht am Essen sparen,
sondern beim Einkauf!
Tagesspiegel, Seite neun.
Waren Sie schon bei C & A?
Zum Glück gibt's *Stück,*
ein Weinbrand, der fröhlich macht.

Gerade du brauchst Jesus! Höre auch
am Rundfunk meine Sendungen.

Spürst du nun, wie wohl das tut?
Ja, wirklich, und es hilft auch gut:
Klosterfrau Melissengeist!
Der gute Geist in jedem Haus,
nur echt in der blauen Packung!
Dreimal täglich einen Eßlöffel voll.

Gerade du brauchst Jesus! Jeden Abend
neunzehn Uhr fünfzehn bis dreißig.

Achtbare Väter, liebevolle Mütter –
Creme Mouson mit Tiefenwirkung –
lustige Söhne, entzückende Töchter –
pflegt Gesicht und Hände –
zarte Babys von Europa nach Johannesburg
in nur 19 1/2 Stunden.

Gerade du – lerne lesen in der Welt."[222]

Formal stellt dieses Gedicht eine Montage und Collage gängiger, aus der Werbung bekannter Sprachmuster dar. Sprache wurde hier auf Slogans reduziert, Begriffe auf Schlagworte. Diese Collage ist jedoch keine beliebige Aneinanderreihung von Werbeparolen, wie der erste Eindruck vermuten lassen könnte. Die Auswahl hat Methode. Sie zeigt mit Hilfe genau ausgewählter und eingebauter ideologischer Reizworte die Bedürfnisse einer bürgerlichen Wohlstandsgesellschaft, ihre Verhaltensweisen und Moralkodizes auf. Menschen werden hier zu Etikettenträgern bürgerlicher Anstandstugenden (achtbar, liebevoll, entzückend), Marktprodukte zu Fetischen, die das Bedürfnis nach Glück, Fröhlichkeit, Wohlbefinden, Hilfe, Echtheit, Tiefe befriedigen sollen. Gerade auch die letzte Strophe zeigt das literarische Kalkül des Textes: Die durch die Austauschbarkeit der Phrasen ermöglichte Montage von disparaten Sprach- und Bildelementen führt diese Phrasen selbst (und damit die ihnen innewohnende Ideologie) ad absurdum: "zarte Babys von Europa nach Johannesburg in nur 19 1/2 Stunden". Auch Jesus erscheint in der Sprachform eines bekannten Werbeslogans religiöser Erweckungsbewegungen, zunächst scheinbar nivelliert auf die gleiche Ebene wie andere. Jesus: konkurrierendes Produkt auf dem Markt der Bewußtseinsindustrie? Jesus: Befriedigung religiöser Bedürfnisse auf dem Niveau von "Klosterfrau Melissengeist"? Doch die letzte Zeile des Gedichts dreht die Perspektiven plötzlich um: Die Werbephrase wird abgebrochen und an die Stelle des üblichen "brauchst Jesus" tritt eine Leseradresse: "lerne lesen in der Welt", die Aufforderung also, die Parolen skeptisch, nüchtern, kritisch zu betrachten.

Das heißt: Das Gedicht versucht dem Leser bewußt zu machen, daß Jesus nicht auf die Ebene der Bedürfnisbefriedigung, des religiösen Massenkonsums, abgeschoben werden kann, nicht ein Produkt im Ensemble konkurrierender Marktprodukte sein darf. Wenn Jesus aber auf dieses Niveau nicht reduzierbar ist, wenn seine Sache sich gerade der Verdinglichung entzieht, wenn also der Leser gerade von ihm her mißtrauisch gemacht werden soll gegen die Illusion von Glück und Sicherheit, die ihm die Werbung tagtäglich aufs neue vorgaukelt, was heißt dies anderes, als daß von ihm her ein noch ganz anderes Glück für den Menschen versprochen ist, eine andere Echtheit, ein anderer Geist, eine andere Tiefe? Von daher bekommt die "Anzeige" "Gerade du brauchst Jesus" plötzlich eine tiefere Dimension: In einer Welt der "Versprachlichung", der Verdinglichung von Bedürfnissen und der durchgehenden Entfremdung braucht der Mensch wirklich Jesus! Was wie eine Werbeparole aussieht, ist in der Tat Ausdruck einer von Jesus Christus her versprochenen Wirklichkeit, die die Produkte der Bedürfnisindustrie als Illusion von Glück entlarvt.

Spracherweiterung: Im gleichen Jahr 1963, in dem *Kurt Martis* Essay "Moderne Literatur" erschien, erschienen auch dessen "Gedichte am Rand", 1969 seine "Leichenreden". "Gedichte am Rand" sind lyrische Texte zu ausgewählten Bibelstellen, die den biblischen Text auf die Wirklichkeit der Gegenwart hin "erweitern" wollen. Der Leser des biblischen Textes soll sich mit Hilfe des lyrischen Kommentars als vom Text gegenwärtig Betroffener erfahren. Diese Kommentare leisten also Überbrückungshilfe zwischen Vergangenheit und Gegenwart, sie wollen offen machen für das, was der biblische Text zu sagen hat.

Als Beispiel bietet sich Martis Text zu Mk 15,6–14, der Barabbas-Szene aus der Passionsgeschichte an, weil hier auch etwas über das Jesus-Bild dieses Autors deutlich werden kann.

"aufruf

bürger wählt barabbas!
zeigt es pilatus zeigt
dass ihr keine furcht habt vor ihm
erhebt eure stimme bürger
für den partisanen unserer freiheit
zeigt es dem nazarenischen wirrkopf
der lästert den gott der väter
der höhnt der verrät
die heiligsten güter
unserer tapferen nation
wählt barabbas bürger!"[223]

Zweifellos ein künstlerisch einfach gebauter Text. Marti geht es nicht um lyrischartifizielle Kunstprodukte, sondern um experimentelle Gebrauchstexte für Menschen. Experimentell meint für diesen Autor, wie der Kritiker Paul Konrad Kurz schrieb: "Das Experiment, die Prüfung, Sondierung, den methodischen Umgang mit Sprache und ihren Möglichkeiten, die Trennung der festen Fügungen, die Zerschlagung der Satzklischees, das Hervorlocken des Weichtiers Sprache aus seinen Verkrustungen, die Denunziation der bürgerlichen 'Botschafts'-Sprache, sucht die

Verfremdung, Neuformung, Montage, die Kombinatorik der zerlegten Satz- und Wortteile, ein bewußtes technisches Machen, den Dichter-Schriftsteller als literarischen Ingenieur."[224] In Bezug auf den lyrischen Kommentar zu biblischen Texten ist Martis literarisches Verfahren: *Herstellung von Gleichzeitigkeit.* Das heißt:
1. Die zeitliche Differenz von Vergangenheit und Gegenwart wird weitgehend aufgehoben. Voraussetzung dafür ist ein bestimmtes *Geschichtsverständnis:* In der Geschichte bilden sich gleiche Geschehensstrukturen ab, in der Gegenwart kann sich Vergangenes analog wiederholen. Der Rückbezug auf die Vergangenheit veranschaulicht, was in der Gegenwart passiert. So wird etwa die Barabbas-Szene der neutestamentlichen Passionsgeschichte zu einem Geschehen, das sich entsprechend auch in unserer Gegenwart ereignet: die Fanatisierung der Massen für einen politischen Rebellen bei gleichzeitiger Blindheit der Massen für den, der ihre wahre Freiheit bedeutet.
2. Diese Strukturgleichheit wird sprachlich durch die Verwendung moderner Begriffe in historischem Sprachkontext evoziert, mit Hilfe also von *Anachronismen:* In den durch "pilatus", "barabbas", "gott der väter" abgesteckten historischen Sprachkontext werden moderne Sprachformen eingebaut: "bürger", "stimme erheben", "partisan", "heiligste güter unserer tapferen nation".
3. Bürgerliche Denkkategorien werden mit Hilfe der Technik der *Selbstentlarvung* ironisiert. Der Aufruf "Bürger wählt ..." ist vom Autor her ebenso ironisch gemeint wie die Wendung vom "nazarenischen wirrkopf". Ein bürgerliches Verhalten wird bloßgestellt, das die Provokation Jesu nicht erträgt und unverstanden ablehnt, stattdessen aber – von ideologischen Einpeitschern dazu getrieben – der Freiheitsillusion des politischen Gewaltverbrechers Barabbas nachläuft.

Martis Beispiel hat Schule gemacht in der deutschen Literatur. Immer mehr Texte wurden in den letzten Jahren veröffentlicht, meist von theologisch und kirchlich engagierten Autoren, die oft auch – in einer Einheit von kritischer Theologie und kritischer Literatur – "Gedichte am Rand" waren. Stellvertretend seien hier für die deutsche Literatur (die große südamerikanische Literatur, die hier inspirierend gewirkt hat, Ernesto Cardenal etwa, muß hier unberücksichtigt bleiben[225]) Autoren wie *Dorothee Sölle, Wilhelm Willms, Kurt Wolff, Eva Zeller, Gertrud Fussenegger* genannt.[226] Spracherweiterung ist ihr Ziel, "Wiederbelebungsversuche" ihr Bemühen, "Gebrauchstexte" ihre Gattung: sie wollen "die Bibel weitererzählen".

> "In dieser nacht
> verließen die hirten ihre arbeitsstellen
> und schrien in die verkrusteten ohren
> die neuen parolen."

So Dorothee Sölle.[227] Darum geht es allen diesen Texten: Sie wollen keine fertigen Kunstprodukte liefern, sondern an Sprache und mit Sprache arbeiten. Sie wollen Gebrauchstexte herstellen und den Leser zum Gebrauch der neuen Sprache animieren. Sie wollen den Leser öffnen, seine Zunge lockern, zum Selber-Probieren anregen. Sie zielen auf Veränderung, auf Befreiung der verkrusteten Ohren, der verkrüppelten Intelligenz, der erstickten Phantasie. Worum geht es? Es geht dabei um Jesus Christus und seine Sache. Sie soll dem Menschen vermittelt werden, dort, wo sie leben, arbeiten, weinen, enttäuscht sind, Feste feiern, krank werden, sterben: mitten im Leben. Ansätze zu einer *Christologie des Christus inkognito* werden hier entwickelt.

"Als ich ein Kind war", schrieb Dorothee Sölle, "brachte man mir bei: Christ ist, wer zur Kirche geht. Aber als ich erwachsen wurde, merkte ich, daß Christus nicht nur in der Kirche ist, weil er sozusagen inkognito, unter anderem Namen, in der Welt lebt und handelt, weil er dort ist, wo Menschen anders als zuvor, wirklicher und befreiter leben, und weil er dort gekreuzigt wird, wo Menschen um ihr Leben gebracht werden – in welchen Formen auch immer."[228] Und *Wilhelm Willms,* 1930 geboren und als katholischer Großstadtpfarrer tätig, den Paul Konrad Kurz einen der produktivsten christlichen Textdichter genannt hat[229], schrieb:

"jesus
du hast alles auf den kopf gestellt
du hast die frommen
der unmenschlichkeit überführt
den tempelbetrieb
und den opferlärm
als geschäftemacherei entlarvt
du hast bei samaritanischen atheisten
eine neue gläubigkeit entdeckt
du hast dirnen und zöllnern
mehr sensibilität
nachgesagt für das reich gottes
als schriftgelehrten und hohenpriestern
du hast polizeivorschriften
bürgerliche übereinkünfte
in frage gestellt
und durchbrochen
du hast tempelgesetze links überholt
und lächerlich gemacht
wenn sie sich zu wichtig nahmen
du hast dich zu allen
an den tisch gesetzt
und alle zu dir an den tisch geladen
in dir jesus
sind gerade die negativitäten
die leerstellen
die blinden stellen des lebens
als stellen gottes sichtbar geworden."[230]

Auch bei Willms also – wie bei Kurt Marti – der Versuch literarischer Gleichzeitigkeit der Praxis und des Schicksals Jesu mit Praxis und Schicksal heutiger Menschen, auch bei ihm eine Christologie des Christus inkognito. Auch bei ihm erweist sich die Technik der Collage als besonders produktiv; vorhandene Wortmuster werden

zu anderen Wirklichkeits- und Worterfahrungen in Beziehung gesetzt, Wortfelder werden gespannt zwischen Geschichte und Gegenwart, aus traditionellem und modernem Sprachmaterial entsteht ein neuer Kontext: nicht Einbahnstraßen der Reflexion werden gebaut, sondern neue Bewußtseinsfelder.
Verfremdung und Collage haben nur das eine Ziel: es geht um die *Herstellung einer anderen christlichen Sprache,* die sich orientiert an der Sprache Jesu. In dieser Sprache kommt Sprachsklerose nicht vor; diese Sprache ist keine Herrschaftssprache zur Unterdrückung, sondern eine lebendige Sprache zur Befreiung des Menschen. Eine Sprache, die die Bedürfnisse der Menschen zu artikulieren vermag, die ihnen hilft, sich selbst zu finden, sich selbst und ihre Welt besser zu verstehen, die ihnen die Chance gibt, ihre Wirklichkeit zu verändern im Protest gegen die Unterdrückung, im Widerstand gegen das Leid, in der Hoffnung auf eine menschlichere Zukunft. Eine Sprache also, die nicht auf Gehorsam des Menschen spekuliert, sondern auf seine Einsicht, nicht auf blinde Gefolgschaft, sondern kritische Prüfung, nicht auf dogmatische Bindung, sondern auf freien Entschluß.
Kein Wunder also, daß Wilhelm Willms seinem Textband mit dem plastischen Titel "Der geerdete Himmel" als Motto ein Zitat aus Heinrich Bölls Frankfurter Poetik-Vorlesung voranstellt. Es geht ihm wie Böll um die "Suche nach einer bewohnbaren Sprache in einem bewohnbaren Land". Willms: "von dieser sprache träumen wir / und es wurde uns gesagt / die zeit käme / und dann würden wir alle / in dieser neuen / taufrischen sprache / miteinander reden / und uns vom tod erwecken / von dieser sprache träumen wir / einmal muß das fest doch kommen".
Kein Wunder auch, daß Theologie und Literatur an der Herstellung dieser Sprache ein *gemeinsames Interesse* haben, wie sich an den beiden "Politischen Meditationen zu Glück und Vergeblichkeit" von Heinrich Böll und Dorothee Sölle, die Hans-Eckehard Bahr in einem Band vereinigt hat, beispielhaft demonstrieren läßt.[231]
Beide Filmmeditationen gehen von einem *gemeinsamen christologischen Ansatz* aus: Jesus von Nazaret wird hier – wie Bahr formulierte – verstanden als "Anwalt der wahren Bedürfnisse aller Menschen, der nichts Fremdes, Unvorstellbares oder ganz und gar Anderes von oben und außen zuspricht, sondern – gerade umgekehrt – kollektive Sehnsüchte ausspricht, Glückwünsche aller, die auf ein Totum von Erfüllung zielen, und die in den unmittelbaren, anerzogenen Bedürfnissen nur verdinglicht sich melden."[232]
Heinrich Bölls Filmtext verleiht noch einmal einem gefallenen Soldaten eine Stimme und dieser beginnt – in Anrede an seinen Vater – über sein abgelaufenes Leben zu meditieren: über versäumte Möglichkeiten, über die Brutalität des Lebenskampfes, das Auf-der-Strecke-Bleiben vieler Menschen, über das Leben eines falschen Lebens. Dazwischen werden biblische Texte eingeschoben über die Vergeblichkeit menschlichen Strebens, über die Verheißung einer Erlösung, aber auch Texte von der bürokratischen Abwicklung eines Beerdigungsvorgangs. Der Film endet mit einem der schönsten Christus-Texte, die Böll geschrieben hat. Zu Bildern verschiedener Christus-Darstellungen wird folgendes gesprochen:

> "Das Merkwürdige an ihnen (den Lebenden) ist: Sie beten einen menschgewordenen Gott an, der sie lehrte, einander zu lieben; sie stellten ihn auch – da sie sich gar nicht anders als menschlich ausdrücken können – stellen ihn auf ihren Bildnissen als Menschen dar; sie selbst aber – und das ist das Merkwürdige an ihnen – gebärden sich göttlich; immer wieder versuchen sie, sich diesem Gott zu nähern, indem sie ihn darstellen, sich ein Bild von ihm machen. Und sie stellen ihn als leidenden, duldenden, sterbenden, als liebenden Menschen dar; sie selbst aber – und das ist erschreckend an ihnen – sie selbst aber gebärden sich unmenschlich; sie weigern sich, zu dem zu werden, was der von ihnen angebetete Gott freiwillig geworden ist: zu Menschen (...) und so muß (...) den Eindruck gewinnen, daß sie die Menschwerdung ihres Gottes nicht verstanden haben, vielleicht nicht verstehen wollen; was göttlich an ihm war, beanspruchen sie für sich; auch daß sie an ihrem Gott auf die innigste Weise teilhaben, indem sie ihn gemeinsam essen, macht sie nicht menschlicher, sondern göttlicher: Göttlichkeit, nicht Menschlichkeit essen sie sich an (...) sie stellen ihn als ihren Bruder dar, doch was bedeutet ihnen Brüderlichkeit? Sie stellen ihn als Menschen dar, doch die Menschlichkeit ist selten bei ihnen (...) So muß, wer fremd unter sie tritt, ein Fremder bleiben."[233]

Dorothee Sölle versucht in ihrem Film am Beispiel der "Versicherungsgesellschaft" die Sache der Bergpredigt in die Wirklichkeit unserer Gesellschaft hinein zu vermitteln. Dabei kommt in diesem Film keine Einheit von Worten und Bildern zustande: "Die Sache bleibt unfertig, weil wir die Einheit und das Fertige weder filmen noch aussprechen können". Aber – so Dorothee Sölle: "Unser Nachdenken geht hin und her zwischen den Bildern, die uns beschlagnahmen wollen, weil sie eine perfekte Welt spiegeln und den Worten Jesu, die für den Traum eines anderen Lebens eintreten, für das, was er 'Reich Gottes' nannte."[234]
H.-E. Bahr hat den ersten Teil dieses Films zu Recht kritisch vom zweiten abgehoben: "In den ersten Sequenzen dieser visuellen Bergpredigt-Paraphrase stehen Verheißungswort und Weltgegebenheit noch nicht-vermittelt gegenüber. (...) Die Sätze der Bergpredigt, wie der erste Filmteil sie präsentiert, bleiben Aussagen 'von oben', die von einer eschatologischen Zukunft her in die Gegenwart hineintönen, ohne Anhalt zu haben an schon jetzt erfahrener, wenn auch noch so transitorischer, noch so subjektiver Realität."[235] Erst der zweite Teil schafft die Vermittlung: "Zuerst das Reich Gottes und seine Gerechtigkeit, lese ich. Welche Gerechtigkeit? Für wen? Eine andere als die, die dafür sorgt, daß alle, die etwas haben, es auch behalten und vermehren." So der Filmtext an einer Stelle.[236] Hier – meint Bahr – werden die Seligpreisungen nicht "von oben" verlautbart, sondern "von unten", gewissermaßen als innerer Monolog der Menschen vorgebracht.
Diese Filme offenbaren einen theologischen Denkstil, der "von unten" ansetzt, bei den Erwartungen, Ängsten, Bedürfnissen, Hoffnungen der Menschen und der in Auseinandersetzung mit der Botschaft Jesu von Nazarets ihnen zu zeigen versucht, warum sie leiden, was die Ursachen sind, was sie tun müssen, um eine bessere Zukunft zu gewinnen: "Wenn wir mit den Augen Christi sehen lernten, so würden wir entdecken, was wir brauchen".[237] Deshalb, weil in diesen Filmen *Sehübungen mit den Augen Christi* gemacht werden, können die Filme in der Analyse der menschlichen Situation den Menschen auch Hoffnung machen: Hoffnung auf

die volle Freiheit im Reiche Gottes, die allumfassende Gerechtigkeit, den definitiven Frieden: "Christus ist von den Bedürfnissen ausgegangen, die wir haben; er befreite sie, er gräbt sie aus, er entdeckt sie unter dem Gerede und unter den vielen überflüssigen Sachen, die wir nur haben, um die wirklichen Bedürfnisse zu verbergen. Wir benutzen die Dinge dazu, um die Enttäuschung darüber zu beschwichtigen, daß wir das eigentlich Gewollte nicht bekommen haben. Aber die Stimme Christi spricht von dem, was Menschen wirklich brauchen. Nichts nötigt dazu, ihr Recht zu geben – außer der Sehnsucht selber, die jeder kennt."[238]

b. *Kirchliche Praxis: zwischen Blasphemie und Selbstaufhebung*

"Der ungebetene Hochzeitsgast

Die Glocken dröhnten ihren vollsten Ton
und Photographen stehen knipsend krumm.
Es braust der Hochzeitsmarsch von Mendelssohn.
Der Pfarrer kommt! Mit ihm das Christentum.

Die Damen knie'n im Dome schulternackt,
noch im Gebet kokett und photogen,
indes die Herren, konjunkturbefrackt,
diskret auf ihre Armbanduhren sehn.

Sanft wie im Kino surrt die Liturgie
zum Fest von Kapital und Eleganz.
Nur einer flüstert leise: 'Blasphemie!'
Der Herr. Allein, Ihn überhört man ganz."[239]

Ein Gedicht von *Kurt Marti,* das in vielem repräsentativ ist für die Haltung deutscher Literaten nach 1945 der Kirche und ihrer Praxis gegenüber – Horst Bingel hat es mit Recht in seine Anthologie "Deutsche Lyrik. Gedichte nach 1945" aufgenommen. Das literarische Verfahren dieses Gedichtes – wir hörten es – ist weder originell noch singulär in der deutschen Literatur: Aus dem Zusammenprall von Jesu ursprünglicher Botschaft und einer modernen christlichen Gesellschaft werden kirchenkritische Funken geschlagen. So kann auch *Marie Luise Kaschnitz* etwa, eine Lyrikerin, die sich am intensivsten mit der Jesusfigur literarisch auseinandergesetzt hat, in ihrem Gedicht "Ewige Stadt" in einer Mischung aus Faszination und Distanz nur ihre "Fremdheit" zum Ausdruck bringen, als sie in Rom den Vatikan betritt;[240] auch die österreichische Dichterin *Gertrud Fussenegger* sieht in ihrem Gedicht "Römische Impressionen" vor allem Kirchenkritisches:

"Auf diesen Plätzen
erlag das Evangelium
auf diesem Pflaster
zerfiel der arme zerrissene Wanderschuh
des Fischers Simon aus Kapharnaum

nur seine Schlüssel
kamen zur Geltung."[241]

Kurt Martis Gedicht formuliert die Kritik am schärfsten. Er konfrontiert die kirchlich-liturgische Praxis, wo der Gottesdienst zu einer ästhetischen Verbrämung bürgerlicher Feierlichkeit und Festlichkeit geworden ist, mit dem Anspruch Jesu und entlarvt solche kirchliche Praxis als "Blasphemie". Alliterationen (knipsend krumm), Anakoluthe (Der Pfarrer kommt. Mit ihm das Christentum), Wortmontagen (konjunkturbefrackt), Kontraste (der Hochzeitsmarsch braust, der Herr flüstert) erzeugen eine ironische Distanz zum Geschehen. Der Autor hat bei Tucholsky und Heinrich Heine gelernt. Fazit: Jesus von Nazaret, der "Herr", hat mit dieser Art "Christentum" nichts zu tun.

Einer der deutschen Schriftsteller nach 1945, der sich in seinen Arbeiten am stärksten mit der Jesusfigur in Konfrontation mit kirchlicher Praxis auseinandergesetzt hat, ist der 1932 in Isny/Allgäu geborene *Günter Herburger*. Das gilt von seinem 1964 erschienenen ersten Band von Erzählungen "Eine gleichmäßige Landschaft" (vor allem die Erzählung "Die Wohnung") ebenso wie für seinen Gedichtband "Training" von 1969 (vor allem das Gedicht "Training Jesu"), das gilt für seine 1971 veröffentlichten Kindergeschichten "Birne kann alles" (vor allem die Geschichte "Birne in der Kirche"), seinen Erzählungenband "Die Eroberung der Zitadelle" von 1972 (vor allem die Erzählung "Kongs Kinder"), seinen Gedichtband von 1973 "Operette" (vor allem die Gedichte "Thorwald ach! Thorwald", "Böse Nacht im Maulbeerbaum", "Ostern") und die 1975 veröffentliche Erzählung "Hauptlehrer Hofer". Sein Hauptwerk aber zur Kirchen- und Jesusthematik ist sein Zukunftsroman "Jesus in Osaka" von 1970, das nun im Rahmen anderer Arbeiten von Herburger interpretiert werden soll.[242]

Überblickt man Herburgers Arbeiten, so zeichnen sich hinsichtlich der Auseinandersetzung mit der Jesusfigur fünf Themenschwerpunkte ab, die hier zwar unterschieden werden müssen, im Konkreten jedoch nicht einfach zu trennen sind: Gesellschaftskritik, Kirchenkritik, Gotteskritik; Kreuzesthematik und die Kinderthematik.

Gesellschaftskritik: Im Gegensatz zu seiner Erzählung "Hauptlehrer Hofer", in der Herburger seine von der marxistischen Gesellschaftsanalyse geprägte Gesellschaftskritik – gleichsam im Rückgriff – am Schicksal eines Lehrers demonstriert, der schon im vorigen Jahrhundert vergeblich für politische Aufklärung, soziale Verbesserungen, Humanisierung der Arbeitswelt gekämpft hat (teilweise unterstützt von einem Pfarrer!), veranschaulicht er seine Gesellschaftskritik in "Jesus in Osaka" – gleichsam im Vorgriff – am Beispiel einer Zukunftsgesellschaft. Zentrale Figur ist hier "Jesus", der zum Vorkämpfer für soziale Gerechtigkeit wird, die nur mit Hilfe der Umwandlung der gesellschaftlichen Verhältnisse erreicht werden kann. Besonders das erste und das achte Kapitel des Romans sind hier von thematischem Interesse. Jesus erscheint im ersten Kapitel dieses "Zukunftsromans" als Bauarbeiter auf der Baustelle des im Jahre 1984 über die ganze Welt verbreiteten japanischen Industriekonzerns "Sokomitsu" und kämpft auf einer Betriebsversammlung für die Interessen seiner Kollegen. In den folgenden sieben Kapiteln erscheint Jesus jeweils in verschiedenen Rollen oder Berufen. Im achten Kapitel wird er mit einem "reichen Mann" konfrontiert, der Religion und Glauben zur Aufrechterhaltung seines Besitzes völlig legitimieren kann: "Reichtum und Intelligenz werden die Bedingungen verbessern und den Glauben wieder begehrenswert machen. Ohne Religion verkümmern wir."[243] Doch Jesus durchschaut ihn: Gott sei zu einem Begriff der Herrschaft gemacht worden. Er macht den reichen Mann auf die sozialen Folgen aufmerksam: "Wenn sie (die Armen) euch eines Tages töten werden, kann ich nur noch zusehen."[244]

Von welchem Gesellschaftsbild geht Herburger hier aus? Die literarische Kritik dieses Buches hat einhellig positiv vermerkt, Herburger verfalle hier nicht dem Klischee gängiger Zukunftsromane, "weil er nicht so tut, als gelte es nur, das gute alte Personenarsenal, die lieben alten individuellen Problemchen in eine technisch perfekte und zivilisatorisch dräuende Welt hinüberzuschießen, um dem Problem Zukunft auf die Schliche zu kommen."[245] In der Tat: Nicht um die phantastische Ausmalung einer technologisch-glitzerndenZukunftslandschaft im Stil geläufiger science-fiction ist es Herburger zu tun, sondern um den fiktionalen Entwurf, die fiktionale Erprobung von "neuen, möglichen Formen des Zusammenlebens in immer größeren Menschenmassen".[246] Deshalb treten die Menschen in Herburgers Roman – frei von jedem Zivilisationspessimismus im Stile von Orwells "1984" oder Huxleys "Brave New World" – meist in Verbänden auf, Organisationen, Gruppen. Deshalb gibt es auch in dieser Herburgerschen Zukunftsgesellschaft noch soziale Konflikte, erscheint die Welt noch veränderbar.

Aber die Zielvorstellungen dieses Veränderungsprozesses bleiben noch reichlich vage. Von "Liebe" als "direkter Demokratie" träumt dieser Jesus: "Der Staat wäre nicht mehr Lieferant von Schutzmaßnahmen, sondern Intelligenzbackofen, Liebesproduzent, ein einziger Offenstall."[247] Und in einem Fernsehgespräch Jesu mit einer Theologin schwärmen beide von einer "Weltkonferenz": "Alle müssen über Fernmeldesatelliten miteinander reden, wochenlang, jahrelang, bis sie sich besser vestehen."[248]

Kirchenkritik: Auf ähnlich simple Abziehbilder der Wirklichkeit wird auch Herburgers Kirchenkritik gebracht, wenn er in Kapitel 4 die Begegnung mit dem Papst schildert. Auf einer Besichtigungsfahrt gerät der Papst in eine Menschenmenge, die dessen Auto zum Stehen bringt. Unter ihnen befindet sich Jesus, der durch agitatorische Parolen die Menge wider den Papst aufzubringen versucht. Der Papst hält in seiner Hilflosigkeit angesichts der tobenden Menge eine von frommen Klischees durchsetzte Ansprache, bis er am Ende schluchzend zusammenbricht. Jesus rettet den Papst, obwohl er ihn hart attackiert: "Den Schaden, den du und deine Vorgänger angerichtet haben, wirst du büßen müssen.[249] Nackt und völlig erschöpft endet der Papst auf einem Fabrikhof.

Gotteskritik-Kreuzeskritik: Ernster zu nehmen sind Herburgers Ausführungen zur Gottes- und Kreuzesthematik; wir sind hier am theologischen und literarischen Kernpunkt des Romans. Nicht nur in diesem Buch (vor allem in den Kapiteln

"Passionsspiele" und "Neue Theologie"), auch in anderen Arbeiten greift Herburger immer wieder diese Thematiken auf: in seinem Gedicht "Training Jesu" etwa aus dem Jahre 1969, das man eine Art Keimzelle des Romans nennen könnte oder auch in seinen Geschichten für Kinder ("Birne in der Kirche") und von Kindern ("Kongs Kinder").

Gotteskritik: Das heißt für Herburger die *Ablehnung jeder metaphysischen Gottesvorstellung.* Es gibt für ihn keinen Gott "über" oder "jenseits" der Wirklichkeit: der Mensch ist ganz auf die Erde verwiesen. Auf Jesus übertragen heißt dies mit aller Konsequenz: "Ich bin Jesus, Gottes Sohn", sagt Herburgers Jesus. "Ich bin Gottes Sohn, aber ich glaube nicht daran, denn ich bin ein Mensch ... Wir leben auf der Erde, nicht im Paradies."[250] Keine Frage: Feuerbachsche, Marxsche, ja auch Freudsche Religionskritik haben hier ihre Früchte getragen. Der Mensch hat sich nach Herburger Gott gemacht, um nicht allein im Universum zu sein, und der Mensch macht Geschäfte mit diesem Gott. Doch: "Gott schweigt, nur ich spreche", meint Jesus und fährt fort, als sei er Anhänger von "Women's Liberation":

> "Warum ist Gott ein Mann? Warum sind fast alle Götter, die je erfunden wurden, Männer? Warum sind die Erfindungen der Männer männliche Götter, die wieder Götter erfinden müssen, sonst erlösen sie uns nicht? Warum wollen wir überhaupt erlöst werden, obwohl wir auf der Erde wohnen und genügend Platz haben, denn das Weltall stört uns nicht, es schweigt!? (...) Warum soll ich Gottes Sohn sein? Warum bin ich nicht Gottes Tochter oder seine Mutter oder seine Schwester?"[251]

Warum soll ich Gottes Sohn sein? Das ist die Schlüsselfrage für diesen Jesus, der etwas gespürt hat von der Entfremdung zwischen ihm und den Menschen, der weiß, was die Menschen alles im Laufe der Geschichte auf ihn abgeladen haben. Deshalb beginnt er abzubauen und niederzureißen, was ihn von den Menschen trennt, und der Leser ist Zeuge dieses Prozesses vor allem im Kapitel "Passionsspiele", dem dramatischen Höhepunkt des Romans.

In dieser Szene bringt Jesus sein Kreuz auf die Teck, einen Berg im schwäbischen Industriegebiet, den die Japaner (sie haben sich in diesem Zukunftsroman längst dort niedergelassen) wegen seiner Kegelform wie ihren heiligen Berg Fudschijama verehren. Hier soll ein Exempel statuiert, das *Kreuz vernichtet* werden. Denn was ist das Kreuz für diesen Jesus? Ist es nicht ein "blutiges Symbol"[252], das den Menschen nur Schrecken gebracht hat, Gewalt und Angst?

> Angst? Ja, Angst, "daß die Kinder den Eltern gehorchen aus Angst,
> daß die Armen den Reichen gehorchen aus Angst,
> daß die Armen und Reichen gehorchen den Kirchen aus Angst,
> daß die Armen und Reichen und Kirchen gehorchen aus Angst,
> daß die Starken ihre Kraft vergessen aus Angst ..."[253]

Diese rhythmisch-skandierende Einhämmerung geht weiter, arrangiert mit Hilfe einer eindrucksvollen Choreographie. Nachdem das Kreuz aufgestellt wurde, ist

Jesus wieder ans Kreuz gestiegen und beginnt mit den Menschen, die sich um das Kreuz versammelt haben, einen ekstatischen Wechselgesang. Die Parolen, die er in die Menge schreit, werden zurückgegeben: ein ständiges Auf und Ab, Ruf und Antwort, Schrei und Echo, Anschwellen der Errregung und Abnahme, Aufregung und Beruhigung; mal höhnische Zustimmung der Massen, mal drohendes Fragen; mal Murren und Murmeln, Seufzen und Flüstern, mal gepreßte Laute und ekstatisches Geschrei, angetrieben vom prasselnden Stakkato klatschender Hände, die Körper immer in rhythmischer Bewegung.
Deshalb: Weil das Kreuz zum Zeichen der Angst und der Gekreuzigte zu einer Figur der Unterdrückung wurde, weil Erlösung durch den Tod eines Gefolterten die Menschen "böse und verzweifelt"[254] gemacht hat, geht dieser Jesus Herburgers daran, den "alten" Jesus auszulöschen: "Ich bin nicht Jesus", schreit er in die Menge. "Jesus ist tot. Jesus ist schon lange tot, ihr braucht ihn nicht mehr."[255] Deshalb will dieser Jesus *kein Beispiel* mehr sein für die Menschen, kein Vorbild, kein Ideal, deshalb lehnt er es ab, irgendeine besondere "Bedeutung" für die Menschen zu haben.[256] Denn alles, was ihn von den Menschen trennt, kann zur religiösen Entfremdung mißbraucht werden. So will dieser Jesus den Menschen zeigen, daß auch er leben will und Angst vor dem Tod hat wie alle Menschen; daß es keine Erlösung durch das Kreuz gibt, sondern nur Erlösung hier und jetzt; daß die Menschen sich kein Bild von Gott und dem Himmel machen, sondern die Erde vollenden sollen. Deshalb hebt Jesus den Unterschied zwischen sich und den Menschen auf: "Ich bin Gottes Sohn. Wir sind Gottes Söhne und Frauen, die selber Vater und Mutter haben und keine Bilder brauchen."[257]
Nein, die Menschen brauchen nach diesem Jesus keine Bilder mehr. Denn Bilder machen, was hieße dies anderes als sich Ersatzformen für die Wirklichkeit schaffen und so die Entfremdung weiter aufrechterhalten? Und welches Bild könnte markanterer Ausdruck menschlicher Entfremdung sein als das Kreuz, in dessen Zeichen Menschen sich Erlösung erhoffen? Damit ist klar: Der "alte" Jesus, dieser häßliche, leidende, gefolterte, gequälte Jesus muß "verrecken": "Jesus verrecke, verrecke! Ich bin nicht Jesus, ich will nicht Jesus sein, ich habe das Kreuz mitgebracht, um es zu beweisen!"[258] Und er beweist es: Nicht ein Toter will er sein, sondern ein Lebender, nicht Angst will er verbreiten, sondern Glück und Hoffnung. Mit dem Schrei "Freiheit und Liebe" auf den Lippen wirft Jesus sich nackt vom Kreuz in die Menge, die sich ekstatisch tobend auch die Kleider vom Leib gerissen hatte. Die Vereinigung gelingt, "er taucht unter und ist schon nicht mehr von ihnen zu unterscheiden."[259] Das Kreuz aber, nun leer geworden, ist nutzlos. Die Entfremdung ist ja aufgehoben, die Ersatzform zerbrochen, das Bild zerstört. Es wird mit Benzin übergossen und verbrannt.
Immer wieder kommt Herburger in seinen Arbeiten auf dieses *Motiv des leeren,* nutzlos gewordenen *Kreuzes* zurück, vor allem auch in seinen Geschichten von Kindern und für Kinder. Schon in "Jesus in Osaka" wird Jesus am Ende des Romans mit Kindern in Zusammenhang gebracht: Wir finden ihn in einem Eisen-

bahnabteil unter Kinderpartisanen; und auch im Gedicht "Training Jesu" hören wir von Jesus, er "lebe in Baracken- und Kanisterstädten, wo Kinder aus Dreck und Urin Kuchen backen".[260] Doch erst in den Kindergeschichten werden das Kindermotiv und das Motiv vom leeren Kreuz verknüpft.

Die Kindergeschichte *"Birne in der Kirche"* spiegelt dabei noch einmal sehr deutlich Herburgers Einschätzung der Kirche wieder. "Held" dieser Geschichten ist jedesmal "Birne" ("kein Mensch, sondern ein technischer Gegenstand mit menschlichen Eigenschaften"[261]), die Glühbirne einer Straßenlampe, die nachts "arbeitet", tagsüber aber auf Abenteuer geht. Birne ist also eine synthetische Kunstfigur, die außerhalb jeder raumzeitlichen Einordnung steht und mit der der Autor seine Absicht der Demonstration alternativer Lebenssituationen und Lebensmöglichkeiten pädagogisch wie literarisch geschickt verwirklichen kann. Es sind Kindergeschichten um diese Figur entstanden, die die Wirklichkeit für Kinder nicht illusionär verklärt oder märchenhaft verschlüsselt, sondern im Alltag, in der gewohnten urbanen Umgebung neu ent-deckt, im doppelten Sinn des Wortes.

Vor diesem Hintergrund ist auch die Erzählung "Birne in der Kirche" zu verstehen. Birne besichtigt mit einer "schönen Frau" eine Kirche. Die "schöne Frau" erklärt die Bedeutung dessen, was in der Kirche geschieht, und Birne wird stutzig: "Ich finde das blöd. In jeder Kirche hängt dieser Jesus am Kreuz. Er sieht schrecklich aus, und die Geschichten, die man erzählt bekommt, sind alle alt. Warum hat man überhaupt Kirchen, wenn alles, was damit zu tun hat, längst vergangen ist?"[262] Als die schöne Frau erklärt, daß man in der Kirche beten und Predigten hören kann, meint Birne: "Dazu braucht man keine Kirchen. Beten und predigen kann man überall."[263] Draußen vor der Kirche passiert ein Verkehrsunfall. Doch anstatt den Verletzten zu helfen, stehen die Leute nur herum und reden. Da bittet Birne Jesus, von seinem Kreuz herunterzusteigen und zu helfen. Jesus kommt und hilft. Als die Leute merken, daß Jesus vom Kreuz heruntergestiegen ist, werden alle ganz aufgeregt und wollen ihn wieder in die Kirche zurücktragen: "Sie können sich nicht vorstellen, daß es Jesus auch außerhalb der Kirche gibt."[264] Doch Jesus weigert sich, wieder ans Kreuz zurückzugehen: "Wollt ihr denn immer einen Verletzten als Vorbild?"[265] Er entflieht der Menge, zieht also aus der Kirche aus: "Seitdem wird in Kirchen wieder gelacht, vielleicht sitzt Jesus manchmal auch unter der Gemeinde, auf jeden Fall hängt kein Verletzter mehr am Kreuz. Die Kreuze wurden abgeschafft."[266]

Auch in der Geschichte *"Kongs Kinder"*, einer Geschichte mit Kindern, wird Jesus vom Kreuz heruntergeholt. Diese Geschichte ist der phantastische Entwurf einer "kindlichen Gegenwelt"[267] gegen die verplante Welt der Erwachsenen. Wieder hat Jesus hier eine spezifische Rolle: Obwohl er eine "Erfindung der Erwachsenen" ist, obwohl etwa Tarzan für Kinder "wirklicher" ist als Jesus, kann er dennoch die Rolle des "Ratgebers" für Kinder spielen.[268] Doch dafür muß man ihn erst vom Kreuz herunterholen. Denn "stumm und leidend"[269] nützt er den Kindern nichts. So gehen die Helden der Geschichte, Lore, Susi und Pit, in die Kirche und fordern

Jesus auf, vom Kreuz herunterzukommen: "Es gäbe hunderttausend Kirchen und jede habe Millionen Mark gekostet, sagt Lore. Jesus könne endlich etwas dafür tun."[270] Jesus läßt sich das nicht zweimal sagen, steigt herunter, bekommt von den Kindern Kleider und erklärt sich bereit, für die Kinder einen "eigenen Staat"[271] zu bauen. Denn "Vom Bauen verstehe er etwas, seit zweitausend Jahren schaue er Renovierungsarbeiten in Kirchen zu".[272] Als Erwachsene in die Kirche eindringen, um die Kinder wieder "einzufangen", ergreift Jesus "mit den Kindern die Flucht".[273] Auf einer Kreuzung mitten in der Stadt bauen die Kinder nun ihr phantastisches Schloß, schließen sich so von der Erwachsenenwelt ab und errichten ihren "Gegenstaat". Jesus ist dabei. Er sitzt "unter einem Baum und verteilt Flaschenbier an durstige Bauarbeiter".[274] Doch die Erwachsenen verstehen keinen Spaß: sie wollen die Kinder unter ihre Aufsicht zurückhaben. Als Drohungen und Lockungen nichts fruchten, beginnen sie, das Schloß der Kinder einzureißen: "Widerstand von Kindern soll es nicht geben, weil in unserer funktionalistischen Welt wuchernde Phantasie von Grund auf feindlich wirkt."[275] Die Kinder wandern aus. Jesus ist wieder dabei. Sie besteigen ein Flugzeug, das sie selber steuern. Doch als die Maschine einen Defekt hat, tritt Jesus in einem Düsenflugzeug als Retter auf. Die Geschichte endet mit einer visionären Zukunftsprojektion. Allumfassende Versöhnung wird gefeiert: "Versöhnung der Kinder mit den Eltern, der Dinge mit den Menschen, der Tiere mit unserer Freßlust, der Phantasie mit den Zweifeln."[276]

Einige *theologische Konsequenzen* sind aus Herburgers Kindergeschichten zu ziehen:

1. *Jesus ergreift mit den Kindern die Flucht* könnte das Motto sein für Herburgers Auseinandersetzung mit der Jesus- und der Kinderthematik. Das heißt: Jesus solidarisiert sich mit den Bedürfnissen der Kinder gegen die Zwänge einer Erwachsenenwelt. Die Welt der Kinder ist für Herburger die Gegenwelt zur Welt der Erwachsenen: keine Welt planender und verplanter Vernünftigkeit, sondern eine Welt der Phantasie und des Spiels; keine Welt der Triebunterdrückung und kollektiver Zwänge, sondern eine Welt der Triebbefriedigung und der Freiheit des Individuums; keine Welt des konkurrierenden Machtkampfes, sondern eine Welt gegenseitiger Achtung und Toleranz. Kurz: keine Welt der Entfremdung, sondern eine Welt der Identität und Freiheit: eine "phantastische und bessere Möglichkeit der Gegenwart".[277] In dieser Gegenwelt, in diesem Gegenstaat ist auch Jesus zu Hause; er gehört zu ihr als Ratgeber und Retter; an ihn können die Kinder sich halten, wenn sie Angst vor den Erwachsenen haben. Hier liegt ein zweites Beispiel in der deutschen Literatur nach 1945 vor, wo die Jesusfigur von der Welt der Kinder her interpretiert wird. Schon für Leonard Frank war ein Kreis von Kindern, die "Jünger Jesu", ein Gegenmodell zu der versagenden Welt der Erwachsenen. Bei Herburger wächst sich diese Verknüpfung von Jesusfigur und Kinderwelt bis ins Phantastische aus. Wie bei Frank, so hat auch bei Herburger die Beschäftigung mit einer Gruppe von Kindern politisch-didaktische Gründe; sie ist eine Kritik an den gegenwärtigen Zuständen einer verwalteten Welt der Erwachsenen und Angabe

von Lösungsansätzen für den Einzelnen zugleich: "Als Gruppe sind sie (die Kinder) stark und lernen, sich zu solidarisieren".[278] So Herburger.
2. Die Rolle eines Ratgebers und einer Zufluchtsinstanz kann Jesus aber nur spielen, wenn er *nicht mehr in der Kirche eingesperrt,* am Kreuz festgenagelt bleibt. Deutlich liegt hier bei Herburger eine Anspielung auf das Nietzsche-Motiv von dem in den Kirchen als "Grüften" eingesperrten Gott vor. Und auch die "atmosphärische" Qualifizierung der Kirche bei Herburger als Ort alles Toten, Veralteten, Kalten (vor allem in "Birne in der Kirche") paßt in das Nietzsche-Bildfeld.[279] Ironisierend wirkt hinsichtlich der Kreuzesproblematik Herburgers Parodie auf das bei Mattäus und Markus überlieferte Wort aus der Passionsgeschichte, wo Vorübergehende den am Kreuz hängenden Jesus verspotten: "Wenn du Gottes Sohn bist, dann befreie dich und komm herunter vom Kreuz" (Mt 27,40; Mk 15,30). Doch was bei Mattäus und Markus Ausweis der Göttlichkeit gewesen wäre, wird bei Herburger gerade Ausweis der Menschlichkeit: Erst wenn Jesus vom Kreuz gestiegen, die Erlöserrolle abgeschüttelt und im Akt der Selbstaufhebung das Kreuz vernichtet hat, kann er im Vollsinn einer der Menschen sein. Nur unter diesen Voraussetzungen ist er für die Menschen von "Bedeutung".
In der Tat: Jesus nimmt die an ihn gerichtete Aufforderung wörtlich, befreit sich (mit der ironischen Anspielung, er hätte zweitausend Jahre auf nichts anderes gewartet) und verläßt die Kirche. Radikal entdivinisiert und entkultisiert ist dieser Jesus ein zu den Menschen und ihren Nöten hin befreiter: Während die Menschen in einer Notlage nichts tun (wie in "Birne in der Kirche") oder Erwachsene Kindern ihre verwaltete Welt aufzwingen wollen (wie in "Kongs Kinder"), wird er zum *Paradigma* entschiedenen solidarischen Handelns, zur *Projektionsfigur* befreiten Menschseins. Darin liegt der Grund, warum dieser Jesus auch zum *Störfaktor* ersten Ranges wird, der die gewohnte Ordnung von Religion und Gesellschaft durcheinanderbringt. Das heißt: Indem Jesus die Kirche verläßt, hebt er die Trennung von Sakral und Profan auf und entzieht sich denen, die ihn in der Kirche domestizieren wollen.
3. Damit ist Jesus in diesen Kindergeschichten zugleich eine Provokationsfigur gegen bürgerlich-christliche Selbstzufriedenheit, Symbolfigur für nichtentfremdetes menschliches Leben, spontane menschliche Solidarität und Identifikationsfigur, die für Leben, Liebe, Freiheit, Versöhnung der Menschen steht. Für die *Kirche* bedeutet der Auszug Jesu aus ihren Mauern ein doppeltes: Er ist einmal der Beginn des Prozesses ständiger *Selbstaufhebung,* Selbsttranszendenz. Die Kirche wird zwar – vor allem in "Birne in der Kirche" – nicht einfach für überflüssig erklärt, im Gegensatz etwa zur rigorosen Ablehnung in "Jesus in Osaka". Aber es gibt doch auch hier keinen Bereich mehr, den sie spezifisch für sich aus der Wirklichkeit ausgrenzen dürfte. Ort des Handelns Jesu ist nicht länger allein der sakrale Raum, sondern die Welt "draußen": Die Menschen müssen begreifen lernen, daß es Christus auch außerhalb der Kirchen gibt. Zum anderen aber kann auch die Kirche, wenn sie nicht länger mehr Ort alles Veralteten und Toten ist, wo Angst herrscht und

die Kälte wohnt, zu einem Ort werden, wo Menschen wieder "lachen" können, das heißt zu einem *Ort menschlicher Freiheitserfahrung.* In einer solchen Kirche – so die "Lehre" von "Birne in der Kirche" – sitzt dann "manchmal" "vielleicht" auch – Jesus!

Die gleiche Ambivalenz wie beim Phänomen Kirche findet sich auch bei Herburgers *Verarbeitung theologischen Begriffsmaterials.* Um dies zu verdeutlichen, greifen wir noch einmal auf "Jesus in Osaka" zurück. Wir sprachen dort von der Ablehnung jeder metaphysischen Gottesvorstellung. Das heißt: Begriffe wie Gott, Gottes Sohn, Wunder, Erlösung, Paradies waren dort radikal ihres metaphysischen Gehaltes entleert worden. Daran ist nichts abzustreichen. Doch muß der Befund überraschen – und dies ist theologisch von Belang –, daß diese Begriffe bei Herburger keineswegs völlig verschwinden, vielmehr auf die Erde heruntergeholt und hier verankert werden. Theologisches Sprachmaterial bekommt so den Charakter einer *Chiffre* für eine noch nicht gewonnene Realität, Zeichen einer anderen Wirklichkeit, die durch die gegenwärtige, vorfindliche noch keineswegs erreicht ist. Deshalb die merkwürdige Ambivalenz in "Jesus in Osaka": Dieser Jesus will zwar in diesem Roman wie alle Menschen sein, dennoch bleibt er immer der andere, der "Gottessohn". Die Differenz ist nicht aufzuheben, sosehr sich dieser Jesus auch darum bemüht: Durch *sein* Bewußtsein, nicht durch das anderer Menschen, werden die Verhältnisse auf der Welt kritisch gespiegelt, Entfremdungen aufgedeckt, individuelle und kollektive Bedingungen menschlichen Lebens analysiert. *Er* und kein anderer ist Motor des Geschehens im Roman, Katalysator, Einpeitscher, Agitator, Rebell, Debattierer in einer Person. Nein, nicht ein Mensch wie alle Menschen ist hier geschaffen, sondern eine Kunstfigur, die paradigmatisch zeigt, wie alle Menschen sein könnten: die befreiende Vorwegnahme schöpferischen, angstfreien Menschseins.

Das gleiche gilt für die *Paradies-Vorstellug* bei Herburger. Auch sie zielt nicht auf eine metaphysische Überwelt oder Hinterwelt, ist vielmehr in der Realität hier und jetzt verankert. Gleichzeitig aber greift sie über die bloß vorfindliche Gegenwart hinaus auf eine zukünftige Realität. So kann es nicht überraschen, wenn die Frage nach dem Glauben an das Paradies zu einer Testfrage wird, die Jesus der Theologin im Roman stellt, eine Frage, die aufdecken soll, ob die Theologin (Vertreterin einer "Neuen Theologie" nach dem Tode Gottes, unter den Schlagworten von Entsakralisierung und Profanisierungen des Heiligen) bereit ist, die vorfindliche Gegenwart zu transzendieren. Dabei ist zu beachten: Jesus setzt die Testfrage genau an dem Punkt an, als die Theologin, die viel von Säkularität, dem Menschen als Frage, der Transzendenzbereitschaft geredet hatte, die Aufgabe des Christen "wenigstens" darin erfüllt sieht, "die Voraussetzungen für die technische Zivilisation zu schaffen und uns einige Spielregeln des Zusammenlebens zu übermitteln."[280]

In der Tat: Bei einer solchen "Theologie" muß die Frage Jesu nach dem Paradies die Theologin ganz aus dem Konzept bringen. Und erst als ihr theologisches Sy-

stem, hinter dem sie sich versteckt hatte, durch die Testfragen Jesu zerbrochen ist, beginnt die Theologin das zu tun, was sie längst hätte tun sollen: als "Mensch" zu reagieren. Sie "bügelt" nun nicht mehr die Fragen der Menschen mit perfekt formulierten theologisch-soziologischen Auskünften glatt ("du bist ein fabelhafter Bügelapparat"[281], hatte Jesus zu ihr gesagt), sondern artikuliert plötzlich elementare Sehnsüchte, Hoffnungen, Wünsche, Ängste und Sorgen. Denn darauf zielen die Fragen dieses Jesus, der sich in eine Fernsehsendung eingeschaltet hatte, als die Theologin gerade interviewt wurde: Das Testwort "Paradies" legt plötzlich bei der Theologin (auch bei einem anderen Gesprächsteilnehmer) eine verschüttete Bewußtseinsschicht frei, die zurückreicht bis in die Zeit "als junges Mädchen". Sie beginnt langsam, sich der Träume ihrer Jugend zu erinnern, der Sehnsüchte nach einem paradiesischen Zustand menschlichen Zusammenlebens; sie spürt auf einmal, wieviel Unabgegoltenes, Unfertiges hier auf Erfüllung wartet und kann plötzlich – von Jesus geführt – an das Paradies glauben, an Gott und an Wunder. Doch sie verliert diesen Glauben wieder, als sie an dem lebendigen Jesus zu zweifeln beginnt und stattdessen sich wieder ihrem toten theologischen System-Jesus zuwendet: "Es gehört mit zu meinem Beruf, deinen Tod zu verteidigen, Systeme zu erfinden, die deine Abstammung beweisen. Solange du tot bist, ist noch Platz für uns."[282]
Was ist das *Besondere* dieses Jesus von Günter Herburger? Er will keine "Bedeutung" haben als Erlöser am Kreuz, will in kein "System der Hoffnung"[283] vereinnahmt werden, will kein Vorbild sein, sondern er will – ohne Unterschied zu anderen Menschen – Hoffnung, Freiheit, Liebe, Erlösung konkret hier und jetzt den Menschen vermitteln. Sein Spezifikum liegt in einer *doppelten Befreiung für den Menschen:* einerseits das Aufspüren, Aufdecken, Aufarbeiten individueller psychischer unbewußter Zwänge, Ängste, Verdrängungen mit Hilfe der Sprache, wie beim großen Wechselgesang von der Angst, wo Jesus in der Passionsszene die Menschen "zwingt", ihre Ängste auszuschreien. Andererseits das Aufdecken und Überwinden kollektiver Zwänge in gesellschaftlichen und ökonomischen Strukturen. So kommt von diesem Jesus her die Doppelschichtigkeit menschlicher Wirklichkeit in den Blick: Innenstruktur und Außenstruktur, Psyche und Gesellschaft, Seelenanalyse und Zeitanalyse. Und auch die Liebe, von der dieser Jesus spricht, meint immer beides zugleich: Annahme seiner selbst und Annahme des anderen, ja Selbstannahme als Voraussetzung der Fremdannahme.[284]
Nur von diesem Doppelaspekt menschlicher Befreiung ist auch Herburgers Verarbeitung der *Sexualität* zu verstehen, obwohl hier manchmal die Provokation bis zur Groteske verzerrt wird – vor allem in der Papstszene oder in der Szene vom Reichen Mann. Freud und Herbert Marcuse haben hier Pate gestanden in dem Versuch, die Interdependenz von repressionsfreier Sexualität und repressionsfreier Gesellschaft aufzuzeigen. Dieser Roman versucht immer wieder, gerade auch die menschliche Sinnlichkeit und Triebhaftigkeit im Doppelaspekt von Abhängigkeit und Entfremdung hier, Freiheit und Identität dort zu integrieren. Freilich mit unterschiedlichem Erfolg: Solche Szenen gehören zu den schwächsten des ganzen

Romans, besonders hinsichtlich des penetranten Interesses für die Onanie, worauf schon Marcel Reich-Ranicki im Zusammenhang einer anderen Arbeit Herburgers kritisch aufmerksam gemacht hat.[285] Für Herburger ist jedoch die Sexualität Anlaß zu einer provokativen "Abrechnung" mit der repressiven christlichen Sexualmoral. Doch auch hier kommt der Roman über aggressive Attacken nicht hinaus: "Warum sprechen Christen, wenn sie von Gott sprechen, nicht auch über ihre Geilheit, die sie manchmal überfällt und oft niemandem anzubieten wagen?"[286]
So kann es nicht verwundern, wenn Jesus auch in diesem Zusammenhang zum Paradigma einer befreiten, angstfreien, repressionslosen Sexualität wird, der die sexuelle Vereinigung in einer Szene in "Ernst und Innigkeit" und in "schöner Schwerelosigkeit"[287] vollzieht und Lieben nicht als Besitzenwollen versteht. "Jesus in Osaka" ist im Modus der Zukunftsbeschreibung eine psychoanalytische wie politische Aufarbeitung von Ängsten, Zwängen, Schuldkomplexen, Illusionen der Menschen gerade in einer christlich bestimmten Gesellschaft; der Roman zielt auf die Aufhebung alles institutionell Christlichen oder Kirchlichen und die Errichtung einer Gesellschaft nichtentfremdeten menschlichen Zusammenlebens auf Erden.
Hierin liegt das Besondere dieses Jesus und hierin liegen auch viele literarische und theologische Stärken des Romans. Doch auch literarische und theologische *Schwächen* dürfen nicht verschwiegen werden. *Literarisch* war schon von der Schwäche des Autors bei der Beschreibung bestimmter gesellschaftspolitischer *Zielvorstellungen* seiner Zukunftsgesellschaft die Rede. Daß die Dimension konkreter gesellschaftlich-politischer Wirklichkeit fast ganz ausgeblendet ist, und die beschriebene Realität dieser Zukunftsgesellschaft zur bloßen Kulisse schrumpft, ist ein entscheidender Mangel des Buches. Diesem Roman fehlt literarisch ein "Minimum an Konzeption", wie Reich-Ranicki schon zu Herburgers Roman "Die Messe" (1969) bemerkte. Knapp 330 großgedruckte Seiten genügen nicht, um in einer Zukunftsgesellschaft Bedingungen und Verhältnisse, Voraussetzungen und Abhängigkeiten der Menschen auch nur annähernd adäquat zu beschreiben. Zu viel ist in diesem Roman nur angedeutet, was ausgeführt werden müßte, zu viel ist nur – manchmal freilich glänzender – Splitter, der in ein Gesamtbild gehörte, wenn er überzeugen soll. So wie die Beschreibung der Sexualität oft nur die physischen Vorgänge abschildert und psychische Voraussetzungen, Begleitumstände, Folgen unberücksichtigt läßt, so fehlt auch der Beschreibung der Gesellschaft und der Menschen in diesem Roman – allem politischen und psychoanalytischen Jargon zum Trotz – die analytische Tiefenschärfe.
Die *Beschreibung von Menschen?* Herburger ist immer dann literarisch überzeugend, wenn er Menschen in Gruppen auftreten lassen kann, als Masse, als Verbände. Sprachlich gelingt ihm dann mit Hilfe seiner Parolen- und Responsorientechnik (die Masse drückt sich eben nur in Parolen aus, die ihr eingegeben wurden) eine adäquate Darstellung. Überall da aber gerinnt die Typik zur billigen Karikatur, wo Einzelpersonen aus der Masse herausgelöst beschrieben werden: Der Papst etwa oder der Reiche Mann. Das gilt nicht zuletzt auch für Jesus selber: Um keinesfalls

mit dem "Sonntagsjesus" verwechselt zu werden[288], kann Herburgers Jesus gar nicht schlampig genug auftreten. Das dogmatisch-fromme Erlöser-Klischee wird so abgelöst durch das verbal-aggressive Provokateur-Klischee. Deshalb die grellen Pop-Farben, die das Jesus-Bild bei Herburger bestimmen, deshalb die unkonventionellen Persönlichkeitszüge, die dessen Bild stilisieren (der unvermeidliche Plastikmantel etwa), deshalb die aufdringlich wirkende Projektion von Herburgers eigener Hippie-Vergangenheit auf seinen Jesus. So ist dieser *Jesus* eine *zwiespältige Erscheinung:* Er wirkt wie ein Verzweifelter, der den Schatten des Gottessohnes nicht losbekommt, der ganz Mensch sein will, doch immer der andere bleibt, der eine Botschaft verkünden will, zur Provokation aber sexuelle Kraftsprüche nötig hat.

Auch *theologisch* kann dieser Jesus nicht überzeugen, was vor allem – wir konzentrieren uns hier auf den Hauptpunkt – mit Herburgers *Kreuzesinterpretation* zusammenhängt. Einerseits muß die Theologie hier den Protestschrei gegen eine oft genug "verkirchlichte Freiheit" (E. Käsemann) ernstnehmen, andererseits aber muß Herburgers Kreuzespolemik (mit der Konsequenz der Kreuzverbrennung) entschieden als Mißverständnis genuin christlicher Kreuzestheologie bezeichnet werden. Herburger zwingt hier zur Selbstkritik und erneuter Selbstbesinnung.

Dabei kommt heutiger Theologie zu Hilfe, daß Herburgers Kreuzeskritik eine überraschende Analogie zur urchristlichen *enthusiastischen Kreuzeskritik* aufweist, mit der sich schon Paulus in Korinth auseinanderzusetzen hatte, freilich mit wesentlichen inhaltlichen Verschiebungen. Das enthusiastische Deutungsschema wird bei Herburger anders gefüllt. Das gibt der Theologie heute die Chance, hier noch einmal von Paulus her die Botschaft vom Kreuz unmißverständlich zu formulieren. Lehnten doch auch die enthusiastischen Schwärmer in Korinth das Kreuz Christi ab, weil für sie Erlösung hier und jetzt schon (nach der Auferweckung Christi) möglich war: Sie hielten nichts vom irdischen Jesus, feierten nur den verherrlichten göttlichen, mit dem sie sich eins wußten, und schrien: "Verflucht sei Jesus": der irdische nämlich. Die enthusiastischen Schwärmer auf der Teck lehnten ebenfalls das Kreuz Christi ab, weil auch für sie Erlösung hier und jetzt schon (nach der Kreuzverbrennung und der Gleichmachung Jesu) möglich war: Sie hielten nichts vom göttlichen Jesus, feierten nur den neuen, irdischen, mit dem sie sich eins wußten, der selber geschrien hatte: "Verrecke Jesus": der göttliche nämlich.

Was Herburger also auf der Teck inszenierte, ist das alte enthusiastische Thema von Erlösung hier und jetzt in anders drapiertem Gewand. Man wird sich fragen können, ob nicht *Paulus,* der gegen die Enthusiasten auf das Kreuz verwies und die unlösbare *Einheit von Kreuz und Auferweckung* predigte, hier tiefer gesehen hat? Ob seine Botschaft vom Kreuz nicht gerade verhindern helfen sollte, was Enthusiasten damals und Neoenthusiasten heute gerne übersehen: daß in massenpsychologischer Suggestion nicht die Realität der Welt mit ihren konkreten Zwängen, Ängsten, Nöten überspielt werden darf, daß nicht Erlösungssehnsucht zur Erlösungsillusion und Erlösungswahn nicht zu Erlösungsersatz wird?[289]

Nein, gegen den Projektionsverdacht Feuerbachs ist dieser Herburgersche Erlösungs- und Liebesenthusiasmus nicht gefeit. Ob hier nicht doch das Kreuz Christi ein unverzichtbares Zeichen christlicher Wirklichkeitsdeutung bleiben muß, das die *Verwechslung von Einbildung und Realität* verhindert und illusionsfrei beides zugleich zu verknüpfen vermag: Realitätssinn und Erlösungshoffnung, Wissen um alles Leid, alle Schuld, alles Versagen, Wissen auch um die Endlichkeit und den Tod und doch nicht die fatalistische Resignation, sondern die geprüfte Hoffnung auf die Überwindung einer Welt, die der Erlösung noch bedarf? Ob nicht christliche Kreuzestheologie viel radikaler als alle Schwärmer herausstellen kann, daß die Menschlichkeit christlicher Erlösungshoffnung gerade darin besteht, daß Erlösung nicht einfach machbar ist, sondern letztlich Gottes Sache bleibt? Soll das die Aufforderung sein, die christliche Theologie allen "Gekreuzigten" heute, den Kranken, Gebrochenen, Verzweifelten, zurufen soll: Kommt herunter vom Kreuz? Ist das der wahre "Trost", den christliche Kreuzestheologie zu geben hat?
Wie sehr eine richtig verstandene Kreuzestheologie radikaler noch zu einer Kritik bürgerlichen Christentums werden kann, macht Ernst Käsemann unmißverständlich deutlich, wenn er schreibt: "Keine Gemeinde verdient nach dem Gekreuzigten genannt zu werden, welche nicht in der Zuwendung zum Geringen, Hilflosen, Verlassenen, Vergewaltigten, dem nicht aus sich selbst Starken, Weisen, Frommen steht und so herausstellt, daß die Rechtfertigung des Gottlosen sich bis in die soziale Dimension hinein projiziert (. . .) Denn wer sich nicht vom Meister mit in die Passion ziehen läßt, wird von Illusionen über sich und die Welt nicht frei."[290]
Nein, das "Komm herunter vom Kreuz" ist für den Christen nur von der Auferwekkung her denkbar und sagbar. Nicht am Kreuz vorbei, nicht über das Kreuz hinweg erschließt sich der "Sinn" menschlichen Leids, sondern durch das Kreuz hindurch.
Keine überzeugende Interpretation Jesu Christi also in "Jesus in Osaka"? Was schon bei der literarischen Kritik zu sagen war, gilt auch für die Theologie: es *fehlt* die *Tiefenschärfe.* Doch gilt es hier noch einmal zu differenzieren: Inwiefern will Herburger überhaupt Jesus von Nazaret interpretieren? Bei Erscheinen des Buches wurde von Kritikern mit Überraschung vermerkt, daß hier offensichtlich im Jahre 1970 eine Gattung fröhliche Urständ feiere, die – wie wir sahen – schon längst tot schien: der Jesus-Roman, die direkte literarische Jesusdarstellung. Ist "Jesus in Osaka" wirklich ein Jesus-Roman, eine direkte Jesusdarstellung? Ja und Nein! Die Verwendung des literarischen Topos vom lebendigen, auf der Erde wandelnden Jesus Christus (Jesus redivivus) scheint auf ein konventionelles (direktes) literarisches Interpretationsschema hinzuweisen. Doch wird dieses Schema zwar aufgegriffen, inhaltlich aber anders gefüllt. So gesehen ist "Jesus in Osaka" zweifellos *kein Jesus-Roman im herkömmlichen Sinn.* Der traditionelle Jesus-Roman lebte – wie wir sahen – von der Spannung zwischen dem authentischen, menschlichen, "einfachen" Jesus von Nazaret und dem dogmatisierten, kultisierten Christus. Herburgers Roman dagegen lebt von der Spannung zwischen dem vom Autor geschaffenen fiktionalen Kunstprodukt "Jesus" und den frommen oder

dogmatischen Jesus-Klischees. Herburger geht es gerade nicht um den authentischen, den wahren Jesus von Nazaret, sondern darum, mit Hilfe einer artifiziellen Testfigur "Jesus" traditionelle Jesus-Bilder (Beispiel: den Erlöser am Kreuz) zu zerstören.

Deshalb bezieht sich dieser Kunst-Jesus in seinen Taten nicht auf den historischen, er bekämpft vielmehr den "alten" Jesus. Deshalb ist Kriterium der Kritik traditioneller Jesusbilder in diesem Roman nicht die ursprüngliche christliche Botschaft, sondern das gegenwärtige Freiheitsbewußtsein des Autors. Deshalb will dieser "Jesus" nicht zum ursprünglichen Jesus zurück, sondern den alten Jesus überwindend auf einen neuen Jesus hin.

Von daher wird klar, daß Jesus von Nazaret in diesem "Jesus-Roman" nicht direkt, sondern indirekt in den Blick kommt, gespiegelt durch eine künstliche Stellvertreterfigur, die aber in vielem den Blick freimachen kann für das, was Jesus von Nazaret selbst für die Menschen bedeutet. Herburger treibt damit die indirekte Jesusdarstellung auf die Spitze. Wurde sonst bei indirekten Darstellungen die Jesusfigur durch andere Figuren vertreten, wird hier Jesus durch "Jesus" gespiegelt, den neuen Jesus. Christliche Literatur? Ja, auch hier. Denn auch hier liegt ein deutlich positiver Bezug zu Jesus Christus vor. Herburgers Sehnsucht gilt einem neuen Jesus, einem ungekreuzigten, befreiten. Doch ob nicht in diesem "neuen" Jesus aufscheint, was in dem "alten" Jesus, in tieferem Sinne, schon längst da ist? Ob nicht der neue Jesus ausdrückt, was der alte, richtig verstanden, in noch viel radikalerer Weise längst darstellt? So ist Herburgers Jesus in der provokativen Trennung von altem und neuem Jesus die Herausforderung an die Theologie, die Einheit von altem und neuem Jesus Herburgers in dem *einen* Jesus Christus neu zu bedenken und auszusagen.

Dieser ausdrücklich positive Bezug zur Figur Jesu von Nazarets liegt bei einem Schriftsteller wie *Günter Grass* nicht mehr vor. Von christlicher Literatur kann hier keine Rede mehr sein. Auch Grass' Auseinandersetzung mit der Jesusfigur ist kritisch, doch strebt er weder den historisch-ursprünglichen Jesus an noch einen "neuen Jesus" im Sinne Herburgers. Grass kommt in den vier Kapiteln der *"Blechtrommel"*, die explizit der Auseinandersetzung mit der Jesusfigur gewidmet sind ("Kein Wunder", "Die Nachfolge Christi", "Die Stäuber", "Das Krippenspiel") über eine polemisch-satirische Verzerrung christlich-kirchlicher Tradition und insbesondere der Jesusfigur nicht hinaus. Ja, diese Kapitel enthalten in sich ein deutliches Gefälle auf eine immer blasphemischer werdende Auseinandersetzung mit der Jesusfigur hin, ohne daß dem Stilmittel der Blasphemie eine erkennbare, weitergehende literarisch-heuristische Funktion zukäme.

Schon im Kapitel "Kein Wunder" findet sich die das Buch durchziehende penetrante Satire auf den "Gips-Jesus", dem der "Held" dieses Romans, Oskar Matzerath, in der Danziger Herz-Jesu-Kirche gegenübertritt. Schon hier die Verspottung des "vollplastischen Jesus" mit seinen "naiv selbstbewußten, blauen Schwärmeraugen", dem "blühenden, immer zum Weinen bereiten Kußmund", dem "die

Frauen zum Streicheln verführenden Ohrfeigengesicht", schon hier die Verspottung des "süßen Vorturners" und "Sportlers aller Sportler", des "Siegers im Hängen am Kreuz unter Zuhilfenahme zölliger Nägel".[291] Schon hier aber auch die sexuelle Enttabuisierung dieses "kochschinkenfarbenen Jesusknaben", dieses "rosigen Jesus", die eher verkrampft wirkt: "Als Oskar das Gießkännchen des Jesusknaben, das fälschlicherweise nicht beschnitten war, eingehend betastete, streichelte und vorsichtig drückte, als wolle er es bewegen, spürte er auf teils angenehme, teil neu verwirrende Art sein eigenes Gießkännchen, ließ daraufhin dem Jesus seines in Ruhe, damit seines ihn in Ruhe lasse."[292] Schon hier auch der erste Identifikationsversuch Oskars mit Jesus: der "Held" hängt Jesus in der Kirche seine Trommel um, wartet aber vergebens auf das provozierte Trommelwunder.
Dieses Wunder passiert nun tatsächlich im Kapitel "Nachfolge Christi": Der Gips-Jesus, der von Oskar noch einmal die Trommel umgehängt bekam, beginnt – groteske Parodie christlicher Wundergläubigkeit – zu trommeln, was den verblüfften Helden freilich nur zu Haßtiraden veranlaßt: " 'Jesus', kratzte ich einen Rest Stimme zusammen, 'so haben wir nicht gewettet. Sofort gibst du mir meine Trommel wieder. Du hast dein Kreuz, das sollte dir reichen!' (. . .) 'Ich hasse dich, Bürschchen, dich und deinen ganzen Klimbim!' "[293] In diesem Kapitel fällt dann auch Oskars endgültiger Entschluß zur "Nachfolge Christi", die er auf seine Weise verwirklicht. Oskar gibt sich vor einer Bande von Jugendlichen, den "Stäubern", als Jesus aus und wird, aufgrund seiner wundersamen Tätigkeit, Glas zersingen zu können, deren Anführer. Im Kapitel "Das Krippenspiel" nun kommt die Auseinandersetzung mit Jesus zu ihrem Höhepunkt. Nachfolge Christi heißt für Oskar jetzt immer deutlicher: Ablösung Christi, Ersetzung Christi. Oskar, seine "Jünger" um sich geschart, nimmt die Stelle Jesu ein: Eines Nachts bricht er mit seiner Bande in die Herz-Jesu-Kirche ein, montiert den Gips-Jesus ab, setzt sich an dessen Stelle und läßt sich von seiner Bande nun als neuer Jesus in einer "Schwarzen Messe" kultisch verehren, bis die Polizei und die aufgeschreckte Geistlichkeit dem nächtlichen Spuk ein Ende setzen.
Zweifellos wird eine theologische Literaturkritik mit der Wertung "Blasphemie" heute äußerst vorsichtig umgehen müssen, will sie nicht in den historisch nicht ganz unbegründeten Verdacht geraten, hier solle ein Autor moralisch diskreditiert werden. Die Geschichte unseliger Gotteslästerungsprozesse auch gegenüber Literatur muß heute endgültig vorbei sein. Ebenso hat Günter Grass zweifellos recht, wenn er in der "Blechtrommel" einmal im Zusammenhang der Auseinandersetzung mit Religion schreibt: "Es gibt Dinge auf dieser Welt, die man – so heilig sie sein mögen – nicht auf sich beruhen lassen darf!"[294] Dennoch kann man sich des theologischen wie literarischen Urteils nicht entziehen, daß die Jesusdarstellung der "Blechtrommel" zu den schwächsten in der deutschen Literatur nach 1945 gehört, und dieses Urteil ist um so schwerwiegender, als man sich klarmachen muß, daß die Jesusgestalt in der "Blechtrommel" keine Randfigur ist, sondern zu den zentralen Deutungsgestalten (neben Goethe und Rasputin) gehört. Der in vielem

berechtigte Protest gegen den Gips-Jesus, die in vielem gelungene Satire auf christlich-kirchliche Frömmigkeitsklischees, die oft virtuosen, mit Assoziationen und Verknappungen arbeitenden Sprachparodien auf christliche Kreuzesverehrung und christliches Liebesverständnis[295], die in vielem befreiend wirkende Entkultisierung und Enttabuisierung der vergöttlichten Jesusfigur: dies alles mag im Jahr 1959 noch kritisch, provokativ, entkrampfend gewirkt haben, kann aber in der Rückschau gesehen nicht darüber hinwegtäuschen, daß die Auseinandersetzung mit der Jesusfigur aufs ganze gesehen oberflächlich bleibt.

Ob hier nicht mindestens für die Jesusdarstellung der "Blechtrommel" das gilt, was Marcel Reich-Ranicki für Grass' neuesten Roman *"Der Butt"* (1977) überhaupt meinte sagen zu müssen: "Doch läßt paradoxerweise gerade die sprachliche Virtuosität die Fragwürdigkeit des Ganzen zum Vorschein kommen. Denn es zeigt sich, daß Grass jetzt zwar schlechthin alles ausdrücken kann, aber nur wenig zu sagen hat."[296] Gilt nicht auch für die "Blechtrommel" im Hinblick auf die Auseinandersetzung mit christlicher Tradition, näherhin der Jesusfigur: Grass kann hier fast alles ausdrücken, hat beinahe alle sprachlichen Mittel virtuos zur Verfügung, doch letztlich hat er wenig zu sagen. Letztlich bleibt seine Auseinandersetzung mit der Jesusfigur zu flach, zu wenig ernsthaft. Um den wirklichen Jesus hat sich Grass nicht gekümmert. Sein Jesus bleibt der einer bestimmten Kirchlichkeit und Frömmigkeit, der freilich innerhalb eines vorkonziliaren Katholizismus weitgehend dominierend war. Und gerade diesem vorkonziliaren Katholizismus bleibt Grass indirekt mit seinem blasphemischen Antiklerikalismus verhaftet.

Hinzu kommt: Grass hat sich den poetologischen oder hermeneutischen Problemen nicht gestellt, mit denen andere Schriftsteller – wie wir sahen – gerungen haben, als sie an die Darstellung der Jesusfigur gingen. Wo andere "keusche Annäherung" versuchten, betreibt er die bloße Demontage, wo andere mit Andeutungen arbeiteten, ist bei ihm der provokative Zugriff. Nicht daß Provokation, Demontage und Blasphemie keine Stilmittel in der Auseinandersetzung mit der Jesusfigur sein dürften, aber bei Grass fehlen die Alternativ-Bilder, die Gegenentwürfe, fehlt das Wechselspiel von Darstellung und Aufhebung, Zugriff und Entzug, das eine adäquate Jesusdarstellung auszeichnet, fehlt die kritische Distanz zum eigenen Jesusbild, die immer auch erzählerisch hätte miteinbezogen werden müssen. Nicht die blasphemische Verzerrung ist der Mangel des Grass'schen Jesusbildes, sondern die *Einlinigkeit* des gebotenen Bildes.

Daß aber Jesus von Nazaret anders ist als das Klischee vom Gips-Jesus, daß hinter dieser Figur mehr an moralischer Substanz steckt, als die "Blechtrommel" uns zu zeigen gewillt ist, daß dieser Jesus mehr zu sagen hat, als es der Autor uns sagt, das weiß auch Günter Grass. In einem 1971 veröffentlichten Interview sagte er einmal auf die Frage nach der Identität seines Moralismus: "Ja. Da sind wir nun ja konfrontiert mit einigen europäischen Traditionen, mit großartigen ethischen Entwürfen, sei es nun vom Christentum her mit den utopischen Zielvorstellungen der Nächstenliebe und den sozialen Vorstellungen der Bergpredigt; das gleiche gilt vom Kommunistischen Manifest und von den hohen Zielen europäischer Aufklärung."[297] Ob dieser Christus der Bergpredigt und der Nächstenliebe in kritischer Auseinandersetzung mit dem Kommunistischen Manifest nicht eine Figur wäre, die auch den Erzähler Grass zur Darstellung herausfordern könnte? Ob nicht auch das Jesusbild eines Autors, der in seinen neuesten Roman mit historisch-wissenschaftlicher Akribie eine Geschichte der Kochkunst einarbeitete, wachsen könnte durch das Studium der historisch-wissenschaftlichen Arbeiten, die nach dem Konzil auch im Raum des Katholischen zur Geschichte des Jesus von Nazaret erschienen sind? – Wie immer: Mit der Jesusdarstellung der "Blechtrommel", mit dieser rein negativen Jesusdarstellung bleibt Günter Grass in der deutschen Literatur nach 1945 aufs ganze gesehen eine Ausnahme.[298]

c. *Experiment und Utopie: Kirche und soziale Frage*

Für den Oktober 1947 unter dem Stichwort "Florenz" hatte *Max Frisch* in sein Tagebuch eingetragen: " 'Marxismo – Cristianismo'? Wenn der letztere seine zweitausend Jahre dazu verwendet hätte, auch jene seiner Satzungen ernst zu nehmen, die sich auf das Diesseits beziehen, kann ich mir nicht denken, daß der erstere eine wirkliche Bedrohung darzustellen vermöchte."[299] Max Frisch bringt damit eine positive Einschätzung des Sozialen im Christentum zum Ausdruck, die auch Schriftsteller ganz unterschiedlicher politischer Provenienz teilen, die wir bereits kennengelernt haben: Heinrich Böll, Anna Seghers, Wolfgang Koeppen.

Nicht wenige Schriftsteller sehen gerade im sozialen Engagement der Kirche eine unverzichtbare Aufgabe, und sie interpretieren von daher auch die Geschichte der Kirche differenzierter: als Geschichte sozialen Bewußtseins, sozialer Praxis. Stellvertretend sei hier der schon 1965 verstorbene ostdeutsche Dichter *Johannes Bobrowski* genannt, der als Christ in einem kommunistischen Land in ständiger Auseinandersetzung mit der sozialistisch-atheistischen Ideologie stand. In seinem posthum veröffentlichten Erzählband "Der Mahner" finden wir einen autobiographischen Text, wo Bobrowski schon aus seiner Jugendzeit von der Auseinandersetzung Kirche – Kommunismus berichtet:

> " 'Opium für das Volk' – da gab es Streit, aber schon bald nach zwei Seiten: gegen die Atheisten und gegen die eigene Kirche. Das letztere war eine diffizile Geschichte. Da gab es die großen Krankenanstalten, in der Stadt und in der Provinz, kirchliche Stiftungen, mit Hingabe betreut, Sozialwerke. Das führte zu einer Befassung mit der Geschichte, mit der christlichen Urgemeinde, der Bergpredigt, im Taschen-NT wurden die Worte Christi, die sich auf die Armen bezogen, grün angestrichen, Christentum stellte sich heraus als eine 'Ideologie der Armen'. Die atheistischen Gesprächspartner freilich hatten es leicht, unter Hinweis auf die historische Rolle der Kirchen, da von Romantik zu reden. Trotzdem, christliche Soziallehren gab es, Ketzerbewegungen, pauperes Christi, soziale Utopien, schließlich war man in Kaiserswerth, im Rauhen Haus, in Bethel, Angerburg, Carlshof angekommen."[300]

Kirche und soziale Frage: 1955 erschien der Band "Engelsbrücke. Römische Betrachtungen" von *Marie Luise Kaschnitz*. Darin hat im Abschnitt "Das heilige

Experiment" eine Frage ihren literarischen Niederschlag gefunden, die wie keine andere soziale Frage die Gemüter der katholischen Kirche der Nachkriegszeit auch in Deutschland bewegte: die Frage der *Arbeiterpriester* in Frankreich. Der Anlaß war für Marie Luise Kaschnitz aktuell. 1954 war von Pius XII. die Arbeiterpriester-Bewegung wieder verboten worden, als sie – 1943 begonnen – erste Erfolge im Prozeß gegenseitiger Annäherung zwischen Kirche und Arbeiterschaft aufweisen konnte. "Wieder einmal" – so Marie Luise Kaschnitz – "mußte ein 'heiliges Experiment' verboten werden, ein Versuch, ohne direkten Auftrag und abseits jeder Überwachungsmöglichkeit der christlichen Sache zu dienen, ein Versuch auch, der Zeit Rechnung zu tragen und auf dem Wege über die Brüderlichkeit die gemeinsame Gotteskindschaft zu enthüllen."[301] Wieder einmal?

Angespielt wird damit auf ein "Heiliges Experiment", das ebenfalls in der Kirchengeschichte Aufsehen erregte: jener gesellschaftspolitische, ökonomische Versuch der Jesuiten in Paraguay ("Jesuitenstaat" von 1631–1767), dem wie "jedem Versuch einer radikalen Neuerweckung der Nächstenliebe" ein "Hauch von Urchristentum" anhaftete.[302] Die Jesuiten hatten damals in den von ihnen verwalteten Gebieten Paraguays zugunsten der Indios, für die sie verantwortlich waren, auf Profit, persönlichen Vorteil und persönliche Macht verzichtet und einen Sozialstaat errichtet. Sie hatten Kirche als Versuch begriffen, ein Stück vom Reiche Gottes auf Erden sichtbar werden zu lassen. Der offiziellen Kirche Spaniens aber roch dies zu sehr nach "Ketzerei, nach Weltverbesserung, die dem christlichen Gott ins Handwerk pfuschte".[303] Das Experiment wurde verboten, die Jesuiten des Landes verwiesen: "In einem bestimmten Augenblick wurden noch alle zur Ordnung gerufen, der heilige Franz und der Provinzial des Jesuitenordens in Paraguay, genau so wie jetzt die prêtres ouvriers."[304]

Diesen "bestimmten Augenblick" macht *Fritz Hochwälder,* der 1911 in Wien geborene österreichische Dramatiker jüdischer Herkunft, zum Ausgangspunkt seines Dramas unter dem Titel "Das Heilige Experiment", das schon 1942 entstand (im Vorfeld der Arbeiterpriesterdiskussion?), dessen Kenntnis wir bei Marie Luise Kaschnitz wahrscheinlich voraussetzen können.[305] Die Jesuiten (vertreten vor allem durch ihren Provinzial Alfonso Fernandez), von den katholischen Grundbesitzern, Kaufleuten und offiziellen kirchlichen Kreisen ob ihrer fortschrittlichen, die gegebenen Gesellschaftsstrukturen erschütternden Sozialpolitik bei der Spanischen Krone verleumdet, werden vom Visitator der Spanischen Krone, soeben eingetroffen, aufgefordert, das Experiment einzustellen, ihre Gebiete an die kirchliche Verwaltung zurückzugeben und das Land zu verlassen. Als die Jesuiten sich weigern und mit der Waffe Widerstand zu leisten gewillt sind, werden sie vom ebenfalls – bis dahin inkognito – anwesenden Legaten des jesuitischen Ordensgenerals gezwungen zu gehorchen. Eine Gruppe von Indios unter Führung eines Jesuitenpaters, die sich dennoch widersetzt, wird von den Truppen des Visitators niedergemacht. Der Provinzial selbst kommt vom Versuch, Frieden zu stiften, durch seine eigenen Leute ums Leben. Am Ende bereut der Visitator jedoch sein

Eingreifen: Er hatte sich schon vorher von der Unhaltbarkeit der Verleumdungen gegen die Jesuiten und ihren Staat überzeugen können, mußte aber das vorher in Spanien schon ohne die Überprüfung am Ort gefällte Urteil über die Jesuiten weisungsgemäß vollstrecken.

Wichtig für unsere Fragestellung ist die Tatsache, daß das geheime Zentrum dieses Dramas, worin alle Konflikte begründet sind, die Christologie ist. Das heißt: Hinter dem Ideenkonflikt des Stückes zwischen Recht und Gewalt, Rebellion und Gehorsam, der hier in Übernahme der klassischen Tragödienform in fünf Akten vorgestellt wird, steht ein jeweils unterschiedliches Verständnis der Sache Jesu Christi. *Drei Christusbilder* prallen hier aufeinander: Da gibt es erstens den *Christus der jesuitischen Missionare,* die das "Reich des guten Gottes" (so die Indios) auf Erden errichtet haben. Dieser Christus ist auch der Christus der Indios, die nur den "guten Gott Jesus"[306] anbeten wollen, denn dieser Jesus Christus bedeutet für sie: Freiheit, Gerechtigkeit, Achtung der Person, menschenwürdiges Leben, ausreichende Versorgung und nicht profitorientierter Handel. Er bedeutet ein Leben ohne Ausbeutung. Es gibt zweitens den *Christus des Bischofs und der christlichen Grundbesitzer.* Dem Bischof geht es, wenn er von Christus redet, primär um die "Bekehrung der Heiden zu Christus unter Verwendung der jeweils geeigneten Mittel" und um die Mehrung des "Ansehens der heiligen Kirche und des heiligen Vaters."[307] Die christlichen Grundbesitzer haben Angst bekommen: Angst, daß ihnen die billigen Sklaven davonlaufen, daß sie Profite, Macht und Einfluß verlieren. Die christliche Kirche war für sie immer bester Garant ihrer Interessen und damit der bestehenden sozialen Ordnung. Umgekehrt würde für die Indios die Rückkehr in den "Herrschaftsbereich" dieses Christus Sklaverei, Ausbeutung, zynische Menschenverachtung bedeuten.

Und es gibt drittens den *Christus des jesuitischen Legaten,* einen Christus, den man aus pessimistischer Weltverachtung so weit von der Erde entrückt hat, daß er mit ihr nichts mehr zu tun hat, daß man diese verkommene Erde ihrem Schicksal überlassen muß. Der Christ hat sich nach einem solchen Christus-Verständnis jeder Parteinahme zu enthalten, denn erst am Ende der Welt "wird Christus Gerichtstag halten über die Freveltaten und Unterdrücker."[308] Der Christ braucht sich nicht zu kümmern um diese Welt. Denn: "Diese Welt ist ungeeignet zur Verwirklichung von Gottes Reich."[309]

Im Spannungsfeld dieser verschiedenen Christus-Interpretationen treibt das Geschehen des Dramas auf den Konflikt zu. Dieser entsteht dabei nicht aus der Verschiedenheit, sondern aus der *Unvereinbarkeit* der drei Christusinterpretationen untereinander. Der Konflikt entsteht, weil der Christus des Bischofs nicht der Christus der Jesuiten ist: Verleumdungen sind die Folge. Der Konflikt bricht aus, weil auch der Christus des Legaten mit dem der Jesuiten unvereinbar ist: gewalttätige Auseinandersetzungen sind die Folge. Der Konflikt ist unlösbar für den Provinzial, weil zwei Wahrheiten mit dem gleichen göttlichen Absolutheitsanspruch nicht zusammengehen wollen: die Arbeit am Reich Gottes auf Erden, am

Heiligen Experiment, die für ihn Gottes Wille ist, und der Gehorsam gegenüber dem Orden, der auch Gottes Wille ist. Beides zugleich aber ist unvereinbar, so daß notwendigerweise für den Provinzial der *Gottesglaube* selbst *in die Krise* kommt. Am Ende des dritten Aktes versucht der Provinzial ein Gebet. Es will nicht gelingen. Da bricht es aus ihm heraus, als er das Kreuz umklammert: "O mein Gott! Warum verlässest du immer wieder diese Welt – warum? Warum?"[310] So endet der Provinzial gebrochen und wird von seinen eigenen Leuten im Kampfgetümmel tödlich verwundet, als er einen Gehorsam von ihnen fordert, den er weder sich noch ihnen begründen kann.

Das "Heilige Experiment" steht in diesem Stück zwischen zwei Polen: Gebrochenheit und Zuversicht, Verzweiflung und Vertrauen. Was der Provinzial gegen Ende im 4. Akt verzweifelt zu seinen Indios sagt: "Oh – ihr seid von uns getäuscht worden. Christus verleiht keine Sicherheit, ernährt nicht, bekleidet nicht – er selber ist arm und bloß"[311] kontrastiert mit seiner Zuversicht gegen Ende des 1. Aktes: "Gewiß, einmal wird auch unser Staat fallen. Aber das Experiment ist gelungen. Es wird wiederholt werden. In Jahrhunderten. Bis endlich in der Welt jener Friede kommt, den die Menschheit ersehnt ..."[312] Die Reihenfolge von Zuversicht und Verzweiflung ist hier wohl zu beachten. Sie weist das Stück nicht als sozialrevolutionär-triumphalistisches Kampfstück aus, sondern als ein Stück realistischer Hoffnung, einer Hoffnung, die um die Enttäuschung weiß. So endet das Stück nicht mit dem trotzig erhobenen Schwert, sondern mit einem stammelnden Schuldbekenntnis. Die letzten Worte gehören dem Visitator: "Ich bekenne .. Ich bekenne ..."[313]

Hochwälders Stück vermag mit großer Überzeugungskraft die Sache Jesu Christi darzustellen, die ja immer die Sache der Schwachen, der Armen, Ausgebeuteten, Geschlagenen, Verachteten ist. Das "Heilige Experiment" ist ein *gelungenes* Paradigma christlicher Praxis. Es weist im Modus der Erinnerung voraus auf eine mögliche, zukünftige christliche Praxis. Trotz seines Scheiterns gilt: Das "Heilige Experiment", einmal geschichtliche Wirklichkeit, ist nicht mehr zurückzunehmen. Es ist gescheitert, aber es ist unwiderlegt!

Zweifellos hat das Stück auch *literarische Schwächen.* So wirkt etwa das klassische 5-Akte-Schema wie ein zu groß geratener Mantel; die letzten zwei Akte wirken im Vergleich zu den sehr dichten ersten drei zu dünn, fast wie angehängt. Hinsichtlich der Figurenzeichnung kommt vor allem die späte Reue des Visitators zu unvermittelt. Lediglich die letzten zwei Szenen des 5. Aktes werden dazu verwandt, dies plausibel zu machen. Voraussetzungen, Bedingungen, Konsequenzen bleiben unausgeführt. Wenn aber der Visitator zur Reue fähig ist, warum nicht auch der Bischof oder der Legat? Doch bleiben diese Figuren auf Typen reduziert, ohne daß sie persönlich Kontur gewännen. Dennoch: Die indirekte Darstellung Jesu, gespiegelt in den drei in Konflikt geratenen Christusbildern, verrät in ihrer Dichte Meisterschaft.

Ein Stück moderner christlicher Literatur liegt hier vor: christliche Literatur als

Versuch einer Utopie, als Vision eines Reiches Gottes auf Erden. Christliche Literatur als Darstellung eines Experiments der Hoffnung, das zwar gescheitert, aber eben nicht widerlegt ist, Literatur, die im Spiegel der Vergangenheit, in der Aufarbeitung des in der Geschichte der Kirche Unerfüllten, die Aufgaben der Gegenwart in den Blick nimmt und Hoffnung für die Zukunft macht.
Wie stellte sich das *Bild der Kirche* in unseren Literaturbeispielen dar? Die Antwort kann nur sein: in seiner ganzen *Zwiespältigkeit.*
Zwiespältig, wie wir gesehen haben, bei Heinrich Böll, Wolfgang Koeppen, Anna Seghers, zwiespältig aber auch bei *Friedrich Dürrenmatt.* In seinem "Essay über Israel" unter dem Titel "Zusammenhänge" (1976) beschreibt Dürrenmatt auf einer Besuchsreise durch Israel einige christliche Stätten:

> "Ich fuhr vom Golan her am Berg entlang, auf den Jesus von Nazaret ging und sich setzte und zu seinen Jüngern sprach. Nun glaube ich weder an seine Wunder noch daran, daß Gott ihn auf eine übernatürliche Weise zeugte – wozu hätte er das nötig haben sollen –, weder an eine Auferstehung noch an eine Himmelfahrt, wird doch Gott, gibt es ihn, weil er ist, jedes Theatralische ablehnen, aus dem einfachen Grunde, weil, wer ist, keinen Schein braucht, um sein Sein zu beweisen: Der Jude Jesus von Nazareth leuchtet mir ein als der Sohn eines Menschen, nicht eines Gottes, wie ich meinem Zweifel zuliebe annehme, dem ich ebenso die Treue halte wie meinem Glauben, gibt es doch nichts Zweifelhafteres als einen Glauben, der den Zweifel unterdrückt. Gibt es einen Gott, über dessen Existenz kein Mensch zu entscheiden vermag, so ist der Zweifel an seiner Existenz nichts als der von Gott gewählte Schleier, den er vor sein Antlitz senkt, seine Existenz zu verbergen; gibt es ihn nicht, so sind die Worte, mit denen wir über ihn spekulieren, in den Wind gesprochen, der sie davonträgt wie alle menschlichen Worte. Doch die Worte dieses einen Juden, der sich Jesus von Nazareth nannte, ob er sie nun sprach oder nicht, genügen mir. Nicht die Herkunft des Wortes überzeugt, sondern das Wort. Wäre auf diesem Berg, der vielleicht gar nicht der Berg war, auf dem er gesprochen hat, keine Kirche gewesen, hätte ich meinem Freund Tobias, der mich in seinem Wagen durch das Land Israel führte, zugerufen: Halte an! Und ich kann mir vorstellen, daß ich den Berg hinaufgerannt wäre, nur um mir vorstellen zu können: Hier geschah es. Hier hat er geredet. Aber auf dem Berg stand eine Kirche, eine Ideologie, und ich besteige keinen Berg, um eine Kirche zu finden, sondern um die Gewißheit zu haben, mag sie nun eine Täuschung sein oder nicht, hier, auf diesem steinigen Boden, hat er die gewaltigste Rede geredet, die ich kenne, die Rede der Reden, eine Rede aus dem Judentum geboren, aber sicher hat er nicht in einer Kirche geredet. Doch wenn dieses Gebäude auf dem Berge für mich eine Ideologie ist, so vermag sie für andere etwas Existentielles zu sein: eine heilige Erinnerungsstätte an die Bergpredigt etwa; während mich gerade diese Erinnerungsstätte stört, mich an die Bergpredigt zu erinnern. Der Unterschied ist eine Lappalie, gewiß, wie es alle Unterschiede im Glauben sind. Schrecklich werden sie nur, wenn sie objektiviert werden, wenn das, woran einer glaubt, als etwas Objektives genommen wird: Denn der Glaube ist etwas Subjektives und damit Existentielles."[314]

Spricht Dürrenmatt in dieser Passage nicht vieles repräsentativ auch für andere moderne Schriftsteller aus? Formuliert er hier nicht Grundeinsichten bezüglich Christentum, Kirche, Glauben, Gott, Jesus Christus, die auch andere zeitgenössische Autoren teilen, ja, die auch die Haltung vieler moderner Menschen überhaupt wiederspiegeln? Das Kontrastschema, mit dem hier argumentiert wird, ist freilich geistesgeschichtlich keineswegs originell: immer wieder bei Dürrenmatt wie bei vielen modernen Autoren die skeptische Grundhaltung in Glaubensfragen, das eigenartige Schwebenlassen der Gottesfrage ("Gibt es einen Gott, so ...") zwischen naiv-gläubiger Affirmation und naiv-atheistischer Konfrontation, die Treue zu Glaube *und* Zweifel, immer wieder die Ablehnung des unaufgeklärten Wunderglaubens, mit dem christliche Tradition besonders die Figur Jesu umgeben hat, immer wieder die Abweisung der Vergöttlichung des Nazareners, immer wieder die Attackierung der Kirche als Ideologie ... Dem gegenüber aber auch entschieden: die positive Einschätzung der Figur Jesu von Nazarets selbst, das Überzeugtsein von seinem Worte, die Bewunderung seiner Reden (Bergpredigt als "Rede der Reden"), die Akzeptierung des Menschensohnes, nicht des Gottessohnes, des Juden Jesus aus Nazaret, nicht der ideologisierten Kultgestalt.

Kirche und Christentum also in ihrer ganzen Zwiespältigkeit: Ideologie und "heilige Erinnerungsstätte"! Das heißt aber doch: Trotz aller Kritik bleibt bei nicht wenigen Literaten doch auch die Hoffnung auf eine Kirche mit christlichem Antlitz, die sich rückhaltlos wie Jesus Christus für die Mühseligen und Beladenen und die "Erniedrigten und Beleidigten" (Marx) einsetzt. Denn – und das ist das wichtigste Ergebnis dieses Abschnitts – bei aller Kritik der Literaten an der Kirche: *Jesus von Nazaret wird auffälligerweise immer geschont,* er bleibt von der Kritik ausgenommen. Für die Kirche heißt das: nicht weil die Kirche christlich ist, wird sie scharfer Kritik unterzogen, sondern weil sie zu wenig christlich ist! Überall da, wo die Kirche Christus folgt, folgen ihr auch die Literaten.

So kann es nicht überraschen, wenn Schriftsteller heute Kirche nur noch in Kontrasten beschreiben, in kritischen Vergleichen: hier Jesus von Nazaret, wir dagegen, hier der gekreuzigte Nazarener, da die Kirche. In einer Rede zum Buß- und Bettag 1977 konkretisiert der Schriftsteller *Walter Jens* diesen kritischen Vergleich so:

> "Läßt sich ein größerer Gegensatz denken als die Kluft zwischen demjenigen, der, im Kampf der Klassen, Parteien und Sekten, in jedem Augenblick auf Seiten der Machtlosen stand und einer Kirche, die, heruntergekommen auf den Status einer moralisierenden Lobby, ihren Frieden mit dem etablierten Regiment geschlossen hat ... und das oft ohne Rücksicht auf die demokratische Legitimierung eines solchen Regiments – allein aus Gründen der Diplomatie, der Wahrung sogenannter kirchlicher Interessen zunutze! Da wird – als ob es nie einen Luther gegeben hätte, mitsamt seiner politischen Predigt! – zwischen Diesseits und Jenseits getrennt, wird das ausstehende Letzte nicht auf ein von ihm zu bestimmendes Vorletztes bezogen: das künftige Reich Gottes auf die gegenwärtige, im Horizont der verheißenen Umwälzung aller Dinge zu revolutionierende Situation. Da wird vergessen, daß die vom Geist der Nächstenliebe und jesuanischen Herrschaftslosigkeit bestimmte Ordnung zwar nicht Gleichung, wohl aber, im Sinne Gollwitzers und Barths, Gleichnis eines Reiches sein kann, von dem es – als einem bevorstehenden, bestenfalls annäherungsweise zu antizipierenden – gleichwohl Entwurfskraft gewinnt: jenen revolutionären Wagemut, der sich negativ in der Absage an Absolutheitsanspruch, usurpierte Herrschaft und Gewalt, positiv in der Verpflichtung gegenüber der dritten, in der Französischen Revolution festgesetzten Formel bestimmt: Brüderlichkeit als ein Begriff, den der Christ durch jenes Liebesgebot zu transzendieren sucht, das, vom Relativen aufs Absolute weisend, Nächstenliebe im Sinne von Brüderlichkeit mit der Liebe zu Gott identifiziert."[315]

Ein zweites charakteristisches Merkmal kommt hinzu: Nicht nur in kritischen Vergleichen nähern sich moderne Literaten dem Phänomen Kirche, sie beschreiben häufig nicht nur wie sie ist, sondern auch *wie sie sein könnte.* Kirche also als utopischer Entwurf, als Blochscher Tagtraum: So Hochwälder, so wiederum auch – stellvertretend für viele – *Walter Jens:*

> "Es gibt die Vision eines Heilands, der vom Weltgebäude herab die Lehre verkündet, da sei kein Gott. Es gibt die Vision des Toten, der vor den Mitgestorbenen Gericht abhält über die Schatten der Vergangenheit. Es gibt die Vision vom Großinquisitor, der den Herrn ein zweites Mal hinrichten läßt. Denkbar wäre eine vierte Vision, die Vorstellung, daß eines Tages ein Mann vom Schlage King's oder Torres' Bischof von Rom wird: durch List vielleicht, durch Anpassung und Tarnung im Rahmen der kirchlichen Hierarchie. Ein Zuverlässiger, von dem Besonderes nicht zu erwarten steht: so wird er, der sich ein Leben lang darauf vorbereitet hat, eines Tages gewählt. Und dann kommt der Augenblick, in dem er, bei Gelegenheit einer urbi et orbi verkündeten Proklamation, die Maske fallen läßt, die er jahrzehntelang getragen hat, und sich zeigt als das, was er ist: der erste Papst, der nicht der Oberhirte der Spellmans, sondern ein Bischof derer ist, die niemand sieht. Gestützt auf seine Position, unabsetzbar und unfehlbar in Lehrangelegenheiten, beginnt er mit seiner Rede die revolutio Christiana in dieser Welt, exkommuniziert die Ideologien der regierenden Oligarchien, verweigert den großen und kleinen Komplizen der großen und kleinen Expropriateure die Gnadenmittel der Kirche. In prophetischer Rede stellt der Papst die herrschenden Streiter der ecclesia militans als Spießgesellen der privilegierten Eliten der Bestrafung anheim (. . .) leitet die große Verweigerung ein und macht Ernst mit dem Vollzug der von Mattäus aufgezeichneten Verurteilung derer, die sich, da sie die Armen arm, die Unterdrückten unterdrückt, die Beleidigten beleidigt sein ließen (. . .) auch an Christus vergingen."[316]

4. Theorie und Praxis moderner christlicher Literatur: Die Jesusfigur bei Walter Jens

Christliche Literatur als Vision einer möglichen christlichen Wirklichkeit: das war der Text von Walter Jens aus seinem programmatischen "Traktat vom Frieden, von der Gewalt und der Revolution" (1971). Es lohnt sich, zum Abschluß dieses thematischen Teils anhand der Arbeiten eines Schriftstellers wie Walter Jens das literatur-theoretische wie theologische Problem einer modernen christlichen Literatur etwas grundsätzlicher zu reflektieren. Das Werk von Walter Jens bietet sich deshalb dafür besonders an, weil Jens wie kaum ein Schriftsteller in der deutschen Literatur nach 1945 in seinen Arbeiten hinsichtlich der Darstellungsproblematik der Jesusfigur beides vereinigt: *ästhetische Theorie* (als Reflexion über Darstellungsformen und Darstellungstechniken sowie über ein modernes Literaturverständnis) und *ästhetische Praxis,* also die eigentliche literarische Auseinandersetzung mit der Figur Jesu selber.

a. Probleme der Annäherung: "Herr Meister"

Wie ist Wirklichkeit mit literarischen Mitteln überhaupt adäquat abbildbar? Das ist das Zentralproblem des Buches "Herr Meister. Dialog über einen Roman" von

Walter Jens aus dem Jahre 1963.[317] Zwei Personen, der Schriftsteller A. und der Literaturhistoriker B. tauschen Briefe über ein Romanprojekt des Schriftstellers aus: "A. möchte den Roman einer kleinen Universitätsstadt anno 1933 schreiben, die Diktatur als moderne Pestilenz, als Scheidewasser der Geister am Verhalten des Professorenkollegiums zeichnen, unter dem sich auch ein melancholischer Mann namens Meister befinden soll. B. widerspricht, indem er auf die Frage des mangelnden Abstands, infolgedessen auf die Gefahr des kruden Naturalismus aufmerksam macht und A. vorschlägt, den 'wahren' Februar 33 darzustellen, außerhalb einer romanesken Fiktion, weil es in seinen Augen eine 'leidige' Gewohnheit der Poeten ist, die Geschichte als ergiebigen Hintergrund zu benutzen. A. widerspricht abermals, hält sich für falsch verstanden, sendet zur Demonstration seiner Absichten eine Parabel 'Bericht über Hattington'."[318]

Der Dialog setzt sich fort. Kritik und Gegenkritik werden freimütig ausgetauscht, literaturtheoretische Reflexionen nach Form und Inhalt der Darstellung werden gemacht, literaturhistorische und geistesgeschichtliche Analogien hergestellt. Wie soll erzählt werden: mit dem Realismus und der Erzählperspektive des traditionellen Romans ("Balzac-Geschäft") oder mittels einer Parabel mit symbolischer Signifikanz? Wie sind Personen darstellbar: psychologisch als Charaktere im Detail ausgemalt oder stark typisiert als Kunstfiguren, synthetische Gestalten? Wie sich geschichtliche Wirklichkeit literarisch aneignen: als Versuch, "zunächst einmal den historischen Hintergrund zu zeichnen"[319] oder als Versuch – aus der Distanz – "die Historie auf die Gleichnisebene"[320] zu heben? Wie erzählen, "wenn es nur Einzelne gibt, und keinen Stand im Tolstoi'schen oder Fontane'schen Sinn: Einzelne dazu, die in Gedanken und Diktion statt einer Klasse lediglich sich selbst vertreten?"[321] Den Argumentationsstrukturen ist hier nicht im einzelnen nachzugehen. Wichtiger für uns ist: auch die Problematik der *Darstellung der Jesusfigur* wird *nicht ausgespart,* was vielfach in der Sekundärliteratur nicht beachtet wird.[322] Dabei kann doch nicht übersehen werden: Der Schriftsteller A. läßt Herrn Meister ein Christus-Buch schreiben: "Er schreibt ein Christus-Buch und gibt Jeschua von Nazareth seine eigene Maske."[323] Ja, die Figur des Herrn Meister wird sogar in unmittelbare Beziehung zu Christus gebracht: "Ein Wort noch zur Gestalt: Ich denke ihn mir verkrüppelt und zart, nicht gerade zwergenhaft, aber doch auffallend klein. Seine Hände, mit dem Delta der Adern, sind schmal, die Bewegungen akkurat und gemessen. Sein Gesicht schließlich soll von jener Häßlichkeit sein, über die man nicht spricht; das wird ihm Gelegenheit geben, sich einmal, in einem Augenblick lästerlicher Verzweiflung, mit Jesus Christus zu messen: 'Sie hatten ihre Gründe, über sein Aussehen zu schweigen. Dieser Mann sah so abscheulich aus wie ich'."[324] Der Verkrüppelte – ein Geselle von Jesus Christus, der Melancholiker – ein Bruder des Gekreuzigten?

Wie ist die Jesusgeschichte hier erzählbar? Mit der "Technik der Vergegenwärtigung"? A. läßt es seinen "Meister" versuchen: "Nicht die Liebe zur Sache also (...), sondern die Suche nach seinem Vater ließ Herrn Meister zum Historiker werden. Damals als Sechzehnjähriger, hat er jene Technik der Vergegenwärtigung, die Kategorie des 'leibhaftig' entdeckt, mit der er zeitlebens zu arbeiten pflegte – und ich bin sicher, daß er die Gespräche mit den Patienten ('wie sah mein Vater aus, bevor er starb?' – 'War er verändert?') nicht minder genau durchzuführen verstand als ein paar Jahre darauf die Untersuchungen über den Sterbetag Jesu und den Weg von Beth-Phage nach Golgotha, dessen Stationen er Stein für Stein rekonstruierte."[325]

Wie sehen diese Untersuchungen aus? A. veröffentlicht eine kleine Kostprobe der Jesus-Analysen von Herrn Meister: "Er studierte die Quellen, brachte die Steine zum Reden und öffnete den toten Zeugen den Mund: ihr trugt seinen Schritt, euch berührte sein Schweiß; ihr habt seine Blutspur gerochen und das schreckliche Stöhnen gehört; erst weit entfernt, dann näher kommend, rasselnd und laut, dann, von den Straßenschreien oder dem Gebrüll der Fenstergaffer übertönt, sich langsam entfernend. Und wenn ihr nicht zuschauen wolltet, mußtet ihr doch – im Zimmer verborgen, in Kellern und Höfen versteckt – seinen Schatten vorbeigleiten sehen. Die Sonne warf das Kreuz an die Wand, die Mauern wurden Augen, alle Wände fingen sein Spiegelbild auf, und es ist nichts verlöscht."[326]

Ist damit die Technik gefunden, mit der die Jesusgeschichte literarisch adäquat dargestellt werden kann? Die *Technik der Vergegenwärtigung?* Arbeiten mit ihr nicht auch – vom literarischen Niveau abgesehen – die Jesusromane? In der Tat, diese Technik reicht nicht aus! Die Sätze, die Herrn Meisters Jesus-Analysen gelten, werden von A., dem Schriftsteller, wieder gestrichen.[327]

Auch hier: Die Zeit der romanhaften Jesusliteratur ist endgültig vorbei. Der Versuch, mittels Rekonstruktion die Wirklichkeit Jesu objektiv literarisch abbilden zu wollen, erweist sich als Illusion. Walter Jens macht dies gerade auch hinsichtlich der Jesusfigur unmißverständlich deutlich. Aber "Herr Meister" lehrt noch ein zweites: der *Wirklichkeit Jesu* ist nur literarisch *verschlüsselt* beizukommen, in vielfacher Brechung, als Schatten- und Spiegelbild. Nur in einem ständigen Wechselspiel von Präsentation und Aufhebung, Darstellung und Entzug, nur in ständiger kritischer Reflexion auf Technik und Methodik der Darstellung kann ein Autor es wagen, sich der Jesusgestalt zu nähern. Nur wenn ein Autor bereit ist, seine Methode (wie der Schriftsteller A.) ständig zu transzendieren, ist er fähig, die Wirklichkeit des Jesus Christus literarisch adäquat abzubilden.

Was bleibt? Jens gibt in "Herr Meister" selbst einige Hinweise, wie die Jesusfigur literarisch verschlüsselt werden könnte. Der Schriftsteller schreibt an den Literaturhistoriker: "Ich will den traurigen Menschen beschreiben, in dessen Augen sich Golgotha spiegelt und die Hofburg zu Wien; das winterliche Kopenhagen, Venedig (eine Reminiszenz der Grand Tour) und der rostrote Wein toskanischer Berge; der Totentanz von Paris, die Wittenberger Pest und das Herbstlicht der *city*. Das Kind der Tristesse, dessen Schatten ich folge, hat Judas' Beichte gehört und den brüllenden Schrei über dem Sund; es kennt das Fenster, hinter dem Lorenzo stand, den Blick auf Lans, die Schneeschrift von Hiroshima."[328] Und gegen Ende des "Dialogs über einen Roman" ruft der Literaturhistoriker dem Schriftsteller zu: "Zeigen Sie ihn, verfolgt und flüchtig, ängstlich und gejagt; die Städte meidend, abends auf dem Feld; der Zauberei bezichtigt und mit Steinigung bedroht: nur in Verkleidung in Jerusalem. Zeigen Sie den Schrei am Nachmittag, *ein Fluch ist der Galgen,* und nur ein Kohlstengel nimmt den Gekreuzigten auf."[329]

b. Probleme der Übersetzung: Ein Mensch wie du – dein Bruder

Der traurige Mensch, in dessen Augen sich Golgotha spiegelt, die Beichte des Judas, ein Fluch ist der Galgen: was Walter Jens hier poetologisch anklingen läßt, hat er selber 12 Jahre später poetisch eingelöst mit seinem Buch "Der Fall Judas".[330] Dazwischen liegen 12 Jahre, in denen sich Walter Jens zunehmend mit der Gestalt und der Sache Jesu von Nazarets als Schriftsteller auseinanderzusetzen begann: in Essays, Übersetzungen, poetischen Annäherungen.[331]
Am sichtbarsten trat seine Beschäftigung mit dieser Figur zutage, als er 1972 eine *Neuübersetzung des Mattäus-Evangeliums* vorlegte, Ernst Bloch gewidmet, dessen programmatischer Satz aus dem "Prinzip Hoffnung" zur Kennzeichnung der Person Jesu Titel und Motto des Buches zugleich bildet: "Der Stall, der Zimmermannssohn, der Schwärmer unter kleinen Leuten, der Galgen am Ende, das ist aus geschichtlichem Stoff, nicht aus dem goldenen, den die Sage liebt."[332] Vom Menschensohn also, nicht vom Gottessohn ist hier die Rede. Ein Jahr später trat Walter Jens als Herausgeber einer Sammlung von *Essays zum* lukanischen *Gleichnis vom "Barmherzigen Samariter"* hervor, das er ebenfalls in Neuübersetzung dem Band voranstellte. Ein einleitender Essay offenbart Grundzüge seines Verständnisses dieser Figur Jesu, wie sie sich im Bloch-Zitat schon andeuten.
Wie versteht sich Walter Jens in seiner Aufgabe als Übersetzer? In einem Gespräch äußert er sich dazu: "Ich lernte die beiden Hauptgefahren kennen: Archaismus auf der einen Seite, Musterbeispiel: 'Kelch' statt 'Becher', also sozusagen Oberammergau – dann auf der anderen Seite slangartige Anbiederung, also etwa einen Stil, wie er im NT 68 verwendet wird: 'Jesus und seine Mitarbeiter'; 'der Zöllner saß in seinem Büro' und so weiter. Auf diese Weise kam ich auf Überlegungen, die Ernst Bloch im 'Prinzip Hoffnung' unter dem Stichwort 'echte und falsche Aktualisierung' angestellt hat. Es ging also weder um unwahre Modernisierung, sprich Hamlet im Frack; die Räuber in SA-Uniform; noch um reine Historizität, sondern darum, einen historischen Text so zu übersetzen, daß er die Gegenwart *mitbedeutet.* Und dieser Versuch zwischen der Skylla des Archaismus und der Charybdis gewaltsamer Anbiederung den einzig möglichen Mittelweg zu steuern: pathetisch aber präzis, poetisch aber exakt – dieser Versuch hielt die Linie: Am Anfang der Stall und am Ende der Galgen."[333]
Das heißt: Das *Interesse* dieses Übersetzers ist primär das *eines Schriftstellers* und nicht das eines Philologen. Jens ist nicht daran interessiert, "unbeholfenes Griechisch durch unbeholfenes Deutsch wiederzugeben", sondern daran, "unter dem

Aspekt von heute auf den Text in seiner Fremdheit, auch in seiner Größe und Unheimlichkeit zuzugehen".[334] Als Schriftsteller unter dem Aspekt von heute kann er – um ein Höchstmaß an Luzidität aus dem Text herauszuholen – nicht vergessen, wem er sprachlich verpflichtet ist: Celan und Heißenbüttel etwa, Brecht und Hemingway. Deshalb die "doppelte Verfremdung"; um "alttestamentliche, christologische, messianische, eschatologische Stellen", "den Schrei aus den großen Höhen" sozusagen adäquat darstellen zu können, die "einzige Möglichkeit": freie Rhythmen, Versabsetzungen, Wortumstellungen in der Tradition von Andreas Gryphius bis Paul Celan. Deshalb bei Gleichnissen die Adaption eines anderen Sprachduktus und eines anderen Sprachmaterials, "eher eine skelettierte, verknappende, beinahe kahlschlagartige Prosa – Musterbeispiel Hemingway".[335] Deshalb die Freiheit in szenischen Dramatisierungen bis hin zu Umformulierungen des vorliegenden Urtextes.

"Lieben wirst du den, der ein Mensch ist wie du – dein Bruder", so die Jenssche Übersetzung des Satzes aus dem Gleichnis vom "Barmherzigen Samariter", der gewöhnlich so lautet: "Du sollst deinen Nächsten lieben wie dich selbst". Der sprachlichen Neufassung gelingt, pointiert darauf aufmerksam zu machen, was die herkömmliche Phrase eher verdeckt: es geht darum, in dem Mitmenschen den Bruder zu sehen, der geliebt werden soll, der der Hilfe bedarf. Die sprachtechnischen Mittel der Verfremdung ("wirst du ...") und der interpretierenden Einfügung ("ein Mensch wie du ...") sind nicht rhetorisches Beiwerk, sondern konstitutive Verstehenselemente des Textes selbst. Sprachform und Sprachinhalt bedingen einander. In dieser Wendung "ein Mensch wie du – dein Bruder" wird ein entscheidender *Grundzug* des Jensschen Verständnisses von Jesus von Nazaret sichtbar: "Dreimal gewinnt, im Gespräch zwischen dem Häretiker aus Nazaret und den Vertretern der herrschenden Lehre, die These Anschaulichkeit, daß Gottesliebe und Menschenliebe im Sinne einer dialektischen Einheit zusammengehören: Wer die Menschen liebt, liebt auch Gott; wer den Herrn verachtet, verachtet auch seinen Bruder."[336] Wie wenig erbaulich, fromm, individualistisch diese These von der *Zusammengehörigkeit von Gottesliebe und Menschenliebe* gemeint ist, macht Jens klar, wenn er seine Deutung dieses Gleichnisses gibt: "Dann plötzlich wird, beim dritten Anlauf, alles ganz einfach, und es erweist sich, daß der Text weder so simpel (wie auf den ersten Blick) noch so apokryph (wie bei angestrengter Nachprüfung) ist, vielmehr geprägt vom Gesetz jener fausse naïveté, das ihn, ist es erst einmal verstanden, durchsichtig macht: ein logisch aufgebauter Report – das Leitmotiv heißt 'Tun' –, der exemplarisch und konkret (eher sokratisch als alttestamentarisch) die These illustriert (und sie am Beispiel der auftretenden Personen verdeutlicht), daß der Himmel auf die Erde herabgezogen werden muß, wenn sie bewohnbar bleiben soll, und daß es der revolutionären Praxis *solidarisch* handelnder Subjekte vom Schlage des Samariters bedarf, um das zu realisieren, was, im Sinn des Evangeliums, Liebeskommunismus ist – darum die Schritt für Schritt konkreter werdende Handlungs-Anweisung!"[337]

Den Himmel auf die Erde herabziehen, der Liebeskommunismus: Die Vorstellung einer *Synthese von Christentum und Sozialismus,* die Jens schon lange faszinierte, gewinnt hier Gestalt, zieht sie sich doch beinahe wie ein roter Faden durch seine Arbeiten vom Ende der fünfziger Jahre an, wenn er auf die christliche Sache zu sprechen kam. Angedeutet schon – zwar sehr kryptisch noch – in "Die Götter sind sterblich" von 1959, wo von der "großen Synthese" die Rede ist "zwischen den Bildern und den Gedanken, heidnischen Zeichen und christlichen Worten, zwischen weiser Frömmigkeit und marxistischem Kalkül", wo diese Synthese im Zitat des italienischen Erzählers Elio Vittorini (das Porträt eines Sizilianers aus unseren Tagen skizzierend) anklingt: "Er war ein großer Mann. Er konnte achtzehn Stunden am Tag arbeiten und war ein großer Sozialist, ein großer Jäger und groß zu Pferde bei der Prozession des Heiligen Joseph ... Er konnte weder lesen noch schreiben, verstand aber etwas von Politik ... Er konnte an den Heiligen Joseph glauben und Sozialist sein."[338] Weitergeführt in den sechziger Jahren in seinen Fernseh-Kritiken, wo Jens mit sicherem Gespür gegen die Sattheit, Bequemlichkeit, Blindheit eines unpolitisch-politischen, verbürgerlichten Christentums polemisiert.[339] Am deutlichsten in der Kritik einer Sendung über den christlichen Sozialisten Walter Dirks: "Welche Chance, dieses Gespräch mit Dirks: welche Gelegenheit zu einer großen, weit ausholenden, Hoffnung mit Resignation, Moralität mit Realpolitik, christlichen Sozialismus mit schwarzer Dogmatik und roter Bürokratie konfrontierenden Abrechnung! (...) Nichts von Böll. Nichts vom Bensberger Kreis. Nichts von den Gesprächen zwischen Christen und Marxisten damals und heute, in der Tschechoslowakei, in Paris und einstens in Leipzig. Nichts vom Jesus der Armen und der Vision Dom Helder Camaras. Nichts vom Liebeskommunismus und der Gemeinschaft zwischen dem Mühseligen und Beladenen der Bibel und den Erniedrigten, Geknechteten und Verlassenen, von denen Karl Marx spricht."[340]

Diese hier angesprochenen Namen stehen für einen Kreis politisch engagierter Christen, denen sich Jens politisch und theologisch verbunden fühlt. Er sieht hier klar die Alternative: es gibt die Funktionärskirche der "Priester und Leviten" und es gibt die ecclesia sub cruce, es gibt "Päpste, Landesbischöfe, Angehörige des heiligen Offiziums und Moraltheologen"[341], es gibt Defregger und Spellman[342], aber es gibt auch die "Samariter": Johannes XXIII.[343], Martin Luther King, Ralph Abernathy und die "Beraubten": "Vietnamesen, Israeli und Anarchisten, Gastarbeiter und Mehrwerteintreiber, Frühinvaliden und Krüppel am Fließband."[344] Hier und nur hier liegt die entscheidende Bedeutung, die die Botschaft Jesu für Walter Jens hat; "eine Übereinstimmung zwischen diesem sozialutopisch verstandenen Christentum und einem von humanistischer Wärme geprägten Sozialismus"[345] muß sich als möglich erweisen!

Hier und nur hier liegt auch der geheime Verstehensschlüssel verborgen, mit dem Walter Jens seine Arbeit als Übersetzer des Mattäus-Evangeliums betrieb, eine Art *sozialutopischer Hermeneutik des Christentums:* "Natürlich habe ich das ganze Unterfangen als ein parteiischer Übersetzer begonnen. Der theologische Ansatzpunkt war für mich beispielsweise Gollwitzers Traktat über 'Christ, Revolution und Gewalt'. Mich hat es gereizt, die sozialkritische und sozialutopische Komponente in diesem Text zu verdeutlichen."[346] Ja, Jens kann sagen, daß ihm erst im Lichte einer solchen Hermeneutik (geprägt vor allem durch Ernst Bloch[347]) die Bedeutung der Botschaft Jesu für Gegenwart und Zukunft von Mensch und Gesellschaft wieder neu aufgedeckt wurde: "Je mehr ich mich mit den Methoden des wissenschaftlichen Sozialismus vertraut gemacht und von einem von linker Emphase getragenen Sozialisten zu einem Sozialisten wissenschaftlicher Provenienz entwickelt habe, desto mehr hat mich die Frage einer unmittelbaren Auseinandersetzung mit dem Text, den ich hier übersetzt habe, beschäftigt. In einer Zeit, in der ich die entschiedene, sozialistische Position, die ich heute gewonnen zu haben glaube, nicht besaß, hätte mich dieser Text nicht in der gleichen Weise betroffen wie heute."[348]

Schlüsselstelle seines Verständnisses Jesu von Nazarets ist für Walter Jens das 25. Kapitel des Mattäus-Evangeliums: "Denn was ihr für die ärmsten Menschen tut, das tut ihr für mich, sie sind meine Brüder", so seine Übersetzung.[349] Bezeichnend für diesen Schlüsselcharakter des Textes: Jens setzt ihn als "Dokument Nummer 9" an das Ende seines programmatischen "Traktats vom Frieden, von der Gewalt und der Revolution"[350], wo Texte über die soziale Lage in Kolumbien, die amerikanische Kriegsführung in Vietnam, Texte von Malcolm X, Camilo Torres, Martin Luther King, Martin Luther dokumentiert und interpretiert werden. Dieses Wort Jesu kann "befolgt oder verweigert" werden, aber es zwingt den Christen zur Entscheidung, zwingt ihn, Partei zu ergreifen: "Sich auf die Seite der Armen zu stellen, bedeutet: in den Gefolterten und Slum-Bewohnern, den Erniedrigten und Beleidigten, Gequälten und Gedemütigten das Ebenbild Christi zu sehen. Diesen Weg sind Martin Luther King und Camilo Torres gegangen."[351]

Wie sieht diese Position für Jens konkret politisch aus? Etwa in der Frage *Revolution und Gewalt?* Jens sucht hier einen *dritten Weg,* der für ihn – und das ist für uns wichtig – ein christlicher Weg ist, der Weg Jesu von Nazarets: ein Weg zwischen pazifistischer Passivität und einer "Gewalt, die immer in Gefahr ist, daß die von ihr verwendeten Mittel sich nicht mit den Zielen versöhnen lassen", zwischen Luthers Zwei-Reiche-Lehre und Münzers revolutionärer Gewalt. Dieser dritte Weg ist für Jens der Weg "gewaltfreier Aktion, die sich in dramatischer, aber unblutiger Widersetzlichkeit manifestiert", diese Revolution ("dem Christen einzig gemäße Revolution") ist für ihn "die Revolution aggressiver, vom Willen zur Überwindung eines ungerechten Systems getragener Gewaltlosigkeit".[352]

Walter Jens ist sich bewußt, daß er mit diesem Ansatz schier unversöhnlich Scheinendes versöhnen will: eine Revolution, die ihrer Opfer gedenkt, eine Gewalt, die die Liebe nicht vergißt, eine Barmherzigkeit, die den Kampf nicht scheut. Und weil das Unversöhnliche in unserer Gegenwart noch unversöhnt ist, muß Walter Jens seinen Versuch gleichsam in Form einer Hypothese, einer Vision darstellen: "Denkbar wäre sie schon, die große christliche Revolution, der Kommunismus der Liebe, der Erlösungsstrom, der alles hinwegfegt, mächtig wie eine Lava fließend und nicht zu hemmen: die Rebellion der Rebellionen, die alle anderen Veränderungen weit übertrifft und zu der der Christ, der die Verheißung gehört hat, aufgerufen ist ... aufgerufen, die Gewißheit seiner Hoffnung schon in der Gegenwart zu praktizieren, Liebe walten zu lassen und in der Erwartung der kommenden göttlichen Veränderung sich selbst und die Verhältnisse zu ändern, in denen zu leben man ihn zwingt. (...) Überzeugt, daß die Welt ein Wirkungsfeld Gottes ist, eine Welt, die darauf wartet, daß die mit Christi Erscheinen bewirkte Totalveränderung eingeklagt wird und das Skandalon sich auch politisch manifestiert, könnten die Christen darangehen, die Zukunft, die der Gekreuzigte gezeigt hat, in der Gegenwart zu antizipieren – vorgriffsweise also, mit dem Blick auf das Kommende hin, durch die Realisierung der Nächstenliebe."[353]

Dies alles setzt ein Jesusbild voraus, das Walter Jens aufgrund seiner Exegese vor allem der synoptischen Evangelien gewonnen hat und das für ihn im Laufe der Jahre immer deutlichere Konturen gewann. Gleichzeitig aber blieb für Jens als Schriftsteller immer wieder die Frage akut, wie Jesus von Nazaret literarisch beschrieben, wie er adäquat dargestellt werden könne. In seinem Aufsatz *"Die Evangelisten als Schriftsteller"* (1975) macht Jens nun den interessanten Versuch, dieses literarästhetische Problem an dem historischen Vorbild literarischer Jesusdarstellung schlechthin zu untersuchen: den Evangelien. Wie haben die Evangelisten, die doch auch Schriftsteller waren, die "literarischen Ehrgeiz"[354] besaßen, dieses Problem gelöst? Was kann ein moderner Schriftsteller hier von ihnen "lernen"?

Jens kommt zu dem überraschenden Befund: Sieht man sich die Evangelien unter dieser Fragestellung genauer an, betrachtet man die Details in der Beschreibung von Geographie, Menschen, Taten, hat man einen Blick für die Realitätspartikel, die Szenen, die Charakteristiken, die Gegenstände, kann man sich der Feststellung nicht entziehen: "Von hagiographischer Stilisierung ist da wenig zu spüren, noch weniger von Rilkescher Goldgrundmalerei. Der Duktus der Erzählung ist nüchtern; Exaktheit dominiert; wir erfahren mehr – weit mehr –, als wir, die wir die evangelischen Berichte lange genug mit einer Summe frommer Versatzstücke verwechselt haben, uns einbildeten."[355] Und gerade für die Beschreibung Jesu von Nazarets wenden die Evangelisten ein charakteristisches Verfahren an: "In dem Bestreben, jenen Mann adäquat zu beschreiben, der für sie zugleich Mensch (und ganz und gar Mensch) und Gott (und wiederum ganz und gar Gott) gewesen ist, haben die Evangelisten, Jesus von Nazareth betreffend, ein Wechselspiel von Realismus und Stilisierung, von brutaler Wirklichkeit und Abstraktion inszeniert, weil sie sahen, daß nur auf diese Weise die Berührung eines Menschen mit einer Welt geschildert werden konnte, der er – ihr ausgeliefert – verfiel und die ihm doch nichts anhaben konnte. Das heißt, um in dem Bedrohten denjenigen zu zeigen, der, wie es bei Lukas heißt, *durch die Menschen hindurchgeht* und um hinter dem Bild des Ausgepeitschten und, wortwörtlich, Zerrissenen die Züge des Auferstandenen sichtbar zu machen (aber auch: um im Auferstandenen auf den Gemarterten zu verweisen), haben die vier Schriftsteller eine Technik des Alternierens entwickelt, die es ihnen ermöglicht, unmittelbar nach-, ja, bisweilen mit-einander Nähe und Distanz, das 'ausgesetzt' und das 'enthoben', irdische Nähe und himmlische Ferne zu realisieren."[356]

Wechselspiel von Realismus und Stilisierung, Technik des Alternierens: so muß auch heute die Figur Jesu beschrieben, nur so *kann* sie – vere deus, vere homo, ganz Mensch und doch der ganz "Andere" – adäquat zu beschreiben versucht werden: in Annäherungen, Andeutungen, dem direkten Zugriff entzogen. Die lukanische Szene vom zwölfjährigen Jesus im Tempel hat für Jens exemplarischen Charakter: "Hier wird gezeigt, mit Hilfe welcher Techniken sich die Begegnung des 'Anderen' mit der Welt erzählerisch bewältigen läßt; hier wird verbindlich vorgeführt, wie ein Schriftsteller die Ambivalenz dieser Begegnung darstellen und damit illustrieren kann, daß Jesus zugleich dazugehört und nicht dazugehört, daß er, der jedem Zugriff längst entzogen ist, gehalten werden soll und daß die Welt, teils in umwerbenden, teils in abstoßenden Aktionen den Versuch unternimmt, jemanden einzugemeinden, der sich nicht eingemeinden läßt."[357]

Diesem Motiv des Entzugs korrespondiert für Jens in den Evangelien ein weiteres: Die Evangelisten wollten darstellen, daß Jesus "einsam" gewesen sei[358], und zur Beschreibung dieser letzten Einsamkeit taucht immer wieder das Nacht-Motiv in den Evangelien auf: "Am Beispiel der Nacht, die für sie zugleich realer Schutzmantel und geheimnisvolles Symbol war, haben die vier Autoren, die es verdienen, endlich einmal als Schriftsteller gewürdigt zu werden, den Versuch unternommen, Jesus von Nazareth als einen Menschen zu zeigen, der, dem hellsten Licht ausgeliefert, dennoch als der ganz Andere, im Dunkel bleibt: Durch die Nacht dem Zugriff entzogen. Ich denke, dieser Versuch ist ihnen gelungen."[359]

Dieses hier aufgewiesene Material Jensscher Auseinandersetzung mit der Figur Jesu Christi zeigt deutlich *zwei Grundzüge des Jesusbildes von Walter Jens:* Da ist auf der einen Seite der *poetologische oder literarästhetische Ansatz,* der Jens als Schriftsteller nur in Andeutungen, Annäherungen von Jesus reden läßt, einem Jesus, der sich – vere deus, vere homo – dem direkten Zugriff der Darstellbarkeit entzieht, der immer der "Andere" bleibt, der sich nie eingemeinden läßt. Und da ist auf der anderen Seite der *hermeneutisch-sozialkritische Ansatz,* der Walter Jens von Jesus als einem "Gefolgsmann der Verfolgten", einem "Anwalt der Armen und Sanften" reden läßt. Beide Ansätze aber gehören unlösbar zusammen. Dies wird nirgendwo deutlicher als in der schon genannten Rede von Jens zum Buß- und Bettag 1977. Von Jesus heißt es dort:

> "Da rückt ein Mann ins Bild, dessen Leben, vom Stall bis zum Galgen, dem Epilog des Auferstehungs-Berichts zum Trotz, aus einer Summe von Negationen bestand: beginnend mit der Geburt im Zeichen von Elend und Zweideutigkeit. (Ein Vater, der die Braut verlassen will. Eine Mutter, die im Viehstall unterkommt. Ein Säugling, der, wenngleich unschuldig, das Ende von Hunderten niedergemetzelter Kinder mit zu verantworten hat: Herodes in Jesu Schatten!)

Und weiter, gegen den Strich gelesen und wortwörtlich genommen: Was ist das für ein Mann, der in seiner Vaterstadt für aberwitzig erklärt wird (...) und Umgang mit Huren und Kollaborateuren hat? Ein Mann, der sich fürchtet – nachts verläßt er die Städte und geht in die Wüste hinaus –, ein Jähzorniger, der im Tempel die Händler und Käufer verjagt, die Tische der Geldwechsler umstürzt und die Stände der Taubenkäufer zertrümmert (...)
Ein Laie unter den Priestern. Ein Anwalt der Armen und Sanften, Kinder und Krüppel, der, in entschiedener Auseinandersetzung mit Mächtigen und weltlichen Fürsten – "So wie bei denen soll es unter Euch nicht sein!' –, das Oben für Unten und das Unten für Oben erklärt ... und dies nicht in der Manier eines 'Souveräns von der anderen Seite' und 'heroischen Anti-Helden', sondern immer an der Grenze zur Angst, immer im Dunkeln (die entscheidenden Szenen des Neuen Testamentes spielen zur Nachtzeit), immer in Einsamkeit und Isolation. (...)
Wie bezeichnend, daß dieser Mann, in seiner Ohnmacht, seinem Anderssein, seiner Dunkelheit und seiner Angst, nur einen einzigen Gefährten hatte – den einen, der ihn küßte und, wie er, am Holz verschied ... und dieser einzige – der letzte, der ihn umarmte, bevor er geschlagen, bespieen, gekreuzigt und verhöhnt wurde, war Judas Ischarioth – jener an ihn gekettete, ihm brüderlich verbundene Jünger, den er brauchte, weil ohne diesen anderen einen weder im wörtlichen noch im übertragenen Sinne eine Überlieferung stattfinden konnte."[360]

Judas Ischarioth – der brüderlich verbundene Jünger? Wie Walter Jens dies versteht, hatte er zwei Jahre zuvor in seinem Buch "Der Fall Judas" dargelegt, das einen vorläufigen Höhepunkt Jensscher literarischer Auseinandersetzung mit der Figur Jesus bildet.

c. Probleme der Anwendung: "Der Fall Judas"

Keine historisierende oder psychologisierende Erzählung ist dieses Buch, sondern eine Fallstudie mit theologischem Tiefgang in Form eines fiktiven Berichts: "Vergessen wir nicht: In Jerusalem hingen *zwei* Männer am Holz. Es gab *zwei* Opfer. Blutacker und Schädelstätte gehören zusammen."[361] Das ist der Ausgangspunkt aller Überlegungen, eine Wunde, die nicht geschlossen ist, all die Jahrhunderte hindurch, in denen von Judas und Jesus, dem Mann am Kreuz und dem Mann am Galgen, die Rede ist. Es gab zwei Opfer, damals ...
Worum geht es? Am 14. Oktober 1974 schreibt Dr. theol. Ettore P. einen Bericht über seine Erfahrungen bei einem merkwürdigen Prozeß. Im Jahre 1962 hatte er in seiner Eigenschaft als Prokurator der römischen Ritenkongregation den Auftrag erhalten, Auszüge aus Akten eines in Jerusalem in erster Instanz positiv entschiedenen Glaubensprozesses anzufertigen, um für den zuständigen Kardinalsreferenten in Rom die Entscheidung zur Eröffnung eines apostolischen Prozesses vorzubereiten. Am 28. August 1960 hatte nämlich der Franziskanerpater Berthold B. beim Patriarchen von Jerusalem den Antrag gestellt, "man möge ein förmliches Verfahren eröffnen, an dessen Ende die Erklärung stehen solle, daß Judas, der Mann aus Kerioth, in die Schar der Seligen aufgenommen worden sei – ein Märtyrer, der Jesus Christus bis zum Tod die Treue hielt."[362] Von seiner formalen Struktur her also besteht das Buch – von kurzen erzählenden Zwischentexten abgesehen – aus zusammenfassenden Auszügen oder langen Zitatpassagen aus den

Akten des Jerusalemer Prozesses. 4 Teile: der Antrag des Pater Berthold (S. 5–18), der Bericht des Patriarchen über die Person des Antragstellers (18–22), der Bericht des Patriarchen über Prozeßverlauf, Zeugenaussagen, Argumente und Theorien und schließlich das – zur allgemeinen Überraschung positiv ausgefallene – Urteil (24–63), der Bericht über das Gegengutachten des von der römischen Glaubensbehörde eingesetzten Glaubensanwalts (63–79); es folgt ein Nachtrag, der vom weiteren Schicksal des Pater Berthold und des Dr. Ettore P. berichtet und die Konsequenzen aufzeigt, die die Beschäftigung mit einer so brisanten Materie für beide hatte.

Diese *formale Erzählstruktur* ist für einen Schriftsteller wie Walter Jens nicht bloße erzähltechnische Manier. Was leistet sie? Sie ermöglicht ein ungemein reiches, differenziertes, facettenreiches Bild von Judas und von Jesus, der hier immer indirekt durch die Figur des Judas mit in den Blick kommt. Der ständige Wechsel der Perspektiven, die ständige Durchprobung verschiedenster Argumente und Theorien, das ständige Wechselspiel von These und Antithese machen es möglich, beide Figuren darzustellen, ohne sie je direkt auf ein Bild festzulegen. Kein Wunder deshalb: Von Jesus entsteht nicht mehr als ein Schattenriß und auch von Judas werden nur die Konturen seiner Persönlichkeit sichtbar. So wird schon rein formal-erzähltechnisch geleistet, was inhaltlich ausgesagt werden soll: Beide Figuren bleiben un-begreiflich, entziehen sich einer endgültigen Ausdeutung ("Judas hat 1000 Gesichter"), sind nicht direkt greifbar, darstellbar nur indirekt, in ständigen Spiegelungen. Der "Fall Judas" ist eine forensische Fallstudie: Sie ermöglicht Sachlichkeit und Informationsfülle in der Darstellung, zwingt zur Präzision und Gedankenschärfe in der Durchführung, erfordert Knappheit, Härte, Genauigkeit im Stil. Funktion der Studie: Dem Leser wird kein fertiges Produkt geliefert, die "offene Form" der Präsentation, ein Akt des Lautdenkens gleichsam, ermöglicht vielmehr die Aufforderung zur kritischen Auseinandersetzung mit dem Problem, unterstrichen durch den brechtschen Gestus am Ende: der Vorhang zu und alle Fragen offen.

Das *literarische Genus* ist nicht analogielos im Werk von Walter Jens: Fallstudie, Verhöre, Zeugenbefragungen, Protokolle. Brechts Vorliebe für Verhöre mag Pate gestanden haben, aber auch sein eigenes fiktives "Brecht-Verhör" in der Unterwelt. Denn, ist nicht die "Urform des Dramas" das Verhör: "ein Richter, der Angeklagte, die Zeugen; Vers auf Vers und Satz auf Satz, einer fragt und einer gibt Antwort – bis zur Entscheidung"?[363] So Jens schon vor 16 Jahren in "Die Götter sind sterblich". Und auch dies ist eine frühe Einsicht von Jens, die hier wieder ihre Bedeutung hat: Der Prozeß ist "die höchste Form des Spiels. (...) Der Prozeß zeigt das Spiel der Gesellschaft: über den Fall des Einzelnen hinaus (...) betrachtet der Richter (...) die Fundamente, auf denen das Recht steht. Da wird die kleine Welt zur großen Welt."[364] Dies alles ist der "Fall Judas": eine Mischung aus ästhetischer Lust am Spiel und politischem Tribunal; eine Dialektik von großer und kleiner Welt: in der kleinen Welt die große gespiegelt und die große Welt mittels der kleinen entlarvt; der Leser dieses "Falls" in einer doppelten Rolle: Betroffener und Außenstehender zugleich, Angeklagter und Richter, Verurteilter und Appellationsinstanz.

Ein merkwürdiger *Antrag.* Ist denn die Schrift hier nicht eindeutig? Judas war ein Verräter und ein Heuchler, war unrein und glaubte nicht, Judas betrog unseren Herrn Jesus und versuchte, sich Gottes Gericht zu entziehen, Judas war der Feind aller Guten, der Feind des Herrn und der Jünger, der Feind der frommen Maria und des heiligen Petrus. Judas? Ist er nicht das Kind der Finsternis, der Sohn des Verderbens, Satans Stellvertreter auf Erden? Ist Judas nicht ganz und gar schuldig?[365]

Doch gerade dies alles stellt der Antrag des Franziskanerpaters in Frage: Ist das Bild, das die Evangelien, vor allem Johannes, auch Lukas, von diesem Judas zeichnen, nicht ein von Haß und Ressentiment verzerrtes Bild? Muß man nicht sehen, was die Christen diesem Mann verdanken? "Hätte er sich geweigert, unseren Herrn Jesus den Schriftauslegern und Großen Priestern zu übergeben: hätte er nein gesagt, *Nein, ich tue es nicht, jetzt nicht und auch in Ewigkeit nicht,* als Christus ihn anflehte, barmherzig zu sein und eine Ende zu machen: hätte er sich seiner Bestimmung entzogen und die Tat verschmäht, die um unser aller Erlösung willen getan werden mußte – er wäre an Gott zum Verräter geworden. Ohne Judas kein Kreuz, ohne das Kreuz keine Erfüllung des Heilsplans. Keine Kirche ohne diesen Mann; keine Überlieferung ohne den Überlieferer."[366] Deshalb der Antrag, Judas zum Märtyrer Christi zu erklären. Er hat seinen ungeheuren Auftrag erfüllt: "Indem er ihn erfüllte, wurde er zum Vollstrecker des göttlichen Plans – und zwar freiwillig. Aus eigenem Willen. Und auf diesen Tatbestand eben: daß sich hier einer, aus Frömmigkeit, dazu hergab, die Rolle des leibhaftigen Satan zu spielen, den Part Dschingis Khans oder Eichmanns: daß jemand aus freien Stücken zum Demonstrationsobjekt wurde, um auf diese Art, *ex negatione,* den Beweis anzutreten, daß wir Menschen, nach Adams Fall, allesamt der Erlösung bedürfen."[367]

Und deshalb, weil es bei der Tat des Judas um die Erfüllung des Heilsplanes Gottes ging, war Judas kein Verräter, ist er nicht der Verworfene, der Teufel in Menschengestalt, sondern der *Bruder Jesu.* Der Bruder, um Jesu und um Gottes willen! Sonst? Ja sonst muß man *Jesus* in "einen Dämon verwandeln, der mit uns spielt, uns in Versuchung führt, ja uns zum Verbrecher werden läßt"[368], sonst muß man annehmen, daß Jesus (wenn er gewußt hat, daß Judas ihn verraten werde und dafür auf ewig verdammt werde) sich dazu hergegeben habe, "einen Unwissenden ins Messer laufen zu lassen".[369] Sonst muß man glauben, daß *Gott* "wie ein Cesare Borgia über den Wolken, Judas zum Opfer bestimmt hat und daß der Sichelmann (denn das wäre er!) dennoch für seine Tat verantwortlich ist: verworfen und – schuldig!"[370]

Nein, Walter Jens – hier in der Rolle des Ettore P. – macht klar (und dies sind die theologischen Voraussetzungen seines "Fall Judas"): "Ich aber weigere mich, an einen solchen Jesus zu glauben: einen gnadenlosen Gottmenschen, der das Brot der Heiligen Kommunion in eine Zyankalikapsel verwandelt: *'Und als er den Bis-*

sen empfangen hatte, fuhr der Teufel in ihn.' Und ich weigere mich auch, dem Dogma eines Glaubensanwalts zu vertrauen, das mir einreden möchte, daß es kein Aberwitz sei, in einem Atemzug von der ewigen Verwerfung des Menschen und von seiner Freiheit zu sprechen. (...) Nein, das credo *quia absurdum* geht mir nicht über die Lippen. Ich weigere mich zu glauben, daß sich Gottes Freiheit verringert, wenn sich meine – und Judas' – Freiheit vergrößert. Ich weigere mich, auch nur eine Sekunde lang daran zu zweifeln, daß Judas unseren Herrn Jesus aus freiem Entschluß – und weil Gott es so wollte – überliefert hat."[371]

Und deshalb gilt: "Sie *waren* ja verbündet, die beiden; *waren* aneinandergekettet; *waren* wie zwei Brüder, von denen der eine den anderen braucht. Judas war nichts ohne Jesus: so, wie der Schatten nichts ohne den Leib ist. Aber Jesus war auch nichts ohne Judas: Wenn der eine nicht zu den Großen Priestern und nach Gethsemane ging, sondern das Geheimnis für sich behielt, war es um den anderen geschehen. Ich wiederhole also: Sie gehörten zusammen – Jesus und Judas, Judas in Jesu Hand. Beide hatten ihren Weg zu gehen – vereint noch im Tod: hoch über der Erde am Holz."[372] Judas ist also nicht Satan in Menschengestalt, sondern bereit, die furchtbare *Rolle des Satans* zu spielen, um Jesu und um Gottes willen. Judas also der Bruder, der "Komplize"[373] Jesu; sein Verrat ein "Liebesverrat", die "Bedingung unseres Heils".[374] Und wer vom Holz redet, an dem Jesus endete, rede auch vom Holz, an dem Judas starb, aufgeopfert für uns, um unseres Heils willen. Jesus und Judas: "Sie reden gleich. Sie sterben gleich. Sie handeln gleich. Die Jünger fliehen, aber die beiden, von denen jeder das Geheimnis des anderen kennt, küssen und umarmen sich; denn sie wissen: Jesus kann Judas, Judas kann Jesus nicht hindern, Gottes Gebot zu erfüllen. Nur eine kurze Weile – und sie sind am Holz vereint: Jesus am Kreuz – über ihm, sichtbar, die Schrift *Jesus von Nazaret, König der Juden;* Judas am Baum – über ihm, unsichtbar, die Worte des Herrn *Wer sein Leben gewinnen will, wird es verlieren, doch wer es, um meinetwillen, verliert, wird es gewinnen.*"[375]

Eine kühne These, die jede *heilsgeschichtliche Theologie erschüttern* muß, die ihre Unheilsgeschichte, ihre Opfer immer schon als festen Gegenpol mit einkalkulierte, die sich ihrer Schemata so sicher war: hier gut und da böse, hier fromm und da teuflisch, hier schwarz, da weiß. Doch hieße ein solcher Ansatz nicht, alle sicheren Schemata, alle festen Wertsysteme verflüssigen, hieße nicht Judas selig sprechen, gar den Teufel selbst selig sprechen? Kommen denn hier nicht – unverantwortlich – Himmel und Hölle selbst in Bewegung? So die These des römischen Glaubensanwalts, der mit Entschiedenheit den Antrag, Judas selig zu sprechen, abweist.

In der Tat: Wie schon im Hörspiel "Festianus, Märtyrer" von Günter Eich kommen auch hier bei Jens durch ein solches Verständnis Jesu, durch einen solchen Gottesbegriff Himmel und Hölle in Bewegung. Jesus und Judas: Brüder der Solidarität mit den Opfern der Geschichte! Keine endgültige Erlösung auf Kosten der Unerlösten, keine ewige Seligkeit angesichts der Verdammnis, keinen Himmel, solange es die Hölle gibt. Das Entscheidende aber für Jens: den Verworfenen zum Märtyrer

machen, den Verräter zum Bruder, was heißt dies anders als in großer Achtung und tiefem Respekt auf Jesus von Nazaret vertrauen und von ihm her die Bewertungsmaßstäbe im Fall Judas anders setzen. Keine Frage: Ohne diesen Jesus, wie Walter Jens ihn versteht, wäre der Fall Judas ein hoffnungsloser Fall. Weil aber von Jesus her Hoffnung ist, ist der "Fall Judas" letztlich ein "Fall Jesus"; nur von ihm her bekommt dieser Fall seine theologisch erregende Tiefenschärfe.
Dieser *Jesus* bei Walter Jens ist kein in unnahbarer Herrlichkeit einherschreitender Gottessohn, der ohne Rücksicht auf die Opfer seinen Auftrag erfüllt, sondern ein Mensch, der Menschensohn, der in Gehorsam gegen Gott und in Barmherzigkeit gegen die Menschen um dieser Menschen willen sich hingab und in tiefer Solidarität für sie und mit ihnen leidet und stirbt. *Gott?* Für Jens kein "überirdischer Monsieur le Vivisecteur, der zusieht, wie sein Opfer langsam verendet"[376], der "vom Himmel herab, mit eisiger Stimme, ein Schicksal verkündet"[377], sondern ein Gott, der sich in Jesus Christus auf diese Welt eingelassen hat und ihre Freiheit will, ihre Befreiung, ihre allumfassende Erlösung, ihr definitives Wohl. Hier ist poetisch das eingelöst, was Walter Jens programmatisch so fomulierte: Die Botschaft von Jesus ist in einer Weise hier verdeutlicht, "daß das Evangelium weder als 'gestrig' (und nichts als gestrig) noch als 'heutig' (und nichts als heutig), sondern – Nähe und Ferne zugleich! – als Vergangenheit erscheint, der die Kraft innewohnt, die Gegenwart mitzudeuten."[378]
Doch ist dieser Judas für Walter Jens nicht einfach nur der Bruder Jesu, gleichgeordnet im gleichen Schicksal, er ist auch *Stellvertreter* "all jener Anderen", die "als Gebrandmarkte, auf den Gezeichneten am Kreuz verweisen"[379]: Was hat christliche Tradition nicht alles mit Judas gemacht! Was haben Bildhauer, Dichter, Maler, Theologen und Kirchenfürsten nicht alles auf dieser Figur abgeladen: alles Häßliche und Verzerrte, alles Dreckige und Perverse, alles Verworfene und Verkommene bis hin zu Luthers antijüdischen Tiraden, den "Schmähschriften der deutschen Faschisten und den antisemitischen Traktaten, die während des Konzils verteilt worden sind"[380]: Judas, "der Schacherer, Inbegriff der Zinstreiber im Getto. Judas, der Verräter: Sprecher eines Volkes, das Jesus preisgegeben hat und darum ausgerottet werden muß. Judas, der Teufelssohn, der die Teufelskinder die Teufelskunst lehrt."[381] Welch ein Erbe also: Judas zur Negativ-Figur schlechthin gemacht, ein ganzes Volk damit identifiziert und im Namen des Gekreuzigten verteufelt.
Mit Judas identifiziert werden heißt gebrandmarkt sein, zum *Außenseiter* gemacht werden, zum Störenfried: Pater Berthold im "Fall Judas" erfährt es am eigenen Leib. Je mehr er auf Abschluß des Verfahrens in Rom drängt, desto mehr wird sein Bild für seine "christliche" Umwelt deckungsgleich mit dem Bild des Verräters. Der Fall Judas wirkt wie ein Katalysator: Vorurteile brechen wieder auf, Ressentiments, Haßgefühle. Anonyme Schmierereien und Briefe versuchen den Pater abzustempeln. Der Fall Judas reißt der scheinheiligen christlichen Gesellschaft die bigotte Maske vom Gesicht. "Als ich Pater B. sah, wußte ich, daß er

immer noch unter uns ist: Judas, der Störenfried. Judas, das Freiwild. Ein Opfer der Inquisition; ein Opfer der Glaubensanwälte – ihm galt es zu helfen"[382], so Dr. Ettore P., zu dem sich der Pater in seiner Verzweiflung geflüchtet hatte, und der jetzt – überzeugt von der Sache – für den erschöpften Pater den Fall Judas weiterbetreibt. Konsequenzen für ihn: er verliert seine Stelle, ihm wird der Prozeß gemacht, er geht Amt und Würden verlustig.

Doch je mehr Ettore spürt, daß dieser Fall Judas keine historische Kuriosität, sondern brutale aktuelle Wirklichkeit wiederspiegelt, desto mehr erkennt er in dieser Figur sich selber wieder, desto mehr wird Judas zu seinem Bruder, längst zur *Symbolfigur* geworden für "jene Millionen, die die Orthodoxie (welcher Art immer sie sei) um ihres Freimuts oder, oft genug, auch nur um ihrer Andersartigkeit willen verdammte. Dann wäre er eine Chiffre für Jude und Heide, für Kommunist, Neger und Ketzer – für alle, die man verteufelte und zum Sündenbock machte."[383]

Doch entscheidend ist hier wieder die Rolle Jesu. Wenn Judas der Bruder Jesu ist, der Schatten des Mannes am Kreuz, wenn Judas – stellvertretend für Millionen gleichen Schicksals – auf den Gekreuzigten verweist, wie der Schatten auf das Licht, dann, ja dann sind auch Judas und alle, für die er steht, mithineingenommen in das Erlösungsgeschehen, das vom Kreuz her seinen Anfang nahm, dann, ja dann ist Jesus von Nazaret Hoffnungsfigur für alle, die – an der Unerlöstheit der Welt leidend – auf die allumfassende (auch die "Verworfenen" mit einschließende) Erlösung der Welt im Reiche Gottes hoffen. Wenn aber Judas der Bruder Jesu ist, dann ist für alle, die es mit Jesus ernstmeinen, hier und heute auch eine neue Bewußtseinshaltung gefordert, eine neue Praxis; dann muß hier und heute die unchristliche Anmaßung aufhören, die Nächsten einteilen zu wollen in Böcke und Schafe, Bequeme und Unbequeme, dann müssen die Schranken des Vorurteils fallen, die wir aufgerichtet haben, auch gegenüber Juden und Heiden, auch gegenüber Kommunisten und Ketzern.

Jesus und Judas, Figuren, die zusammengehören und sich – in ihrer Komplementarität – gegenseitig interpretieren. Symbolfiguren, in denen das Drama unserer Wirklichkeit gespiegelt erscheint: von Judas her steht das Werk der definitiven Erlösung noch aus. Keine allumfassende Erlösung durch das Kreuz, wenn der Galgen nicht eingeschlossen ist. Aber von Jesus her ist auch für Judas Hoffnung gegeben. So liegt der "Fall Judas" auf der Linie, die in "Herr Meister" poetologisch angedeutet, in der Mattäus-Übersetzung und im "Traktat" aber theologisch-politisch begründet wurde.

Christliche Literatur? Ja, der "Fall Judas" ist geradezu ein *Paradigma christlicher Literatur,* weil – wie begründet – der Fall des Judas aus Kerioth im Grunde ein Fall des Jesus aus Nazaret ist. Nur von ihm her ist der Text in seiner ganzen Tiefe zu verstehen, er ist hier entscheidend präsent. Und zeigt darüber hinaus das Buch von Walter Jens nicht in exemplarischer Weise, welch *unverzichtbare Funktion* Literatur, christliche Literatur für Theologie und Kirche haben kann? Walter Jens hat selber "Möglichkeiten und Grenzen" von Literatur in einer programmatischen

Rede deutlich gemacht.[384] Keine Frage, dieses Stück Literatur wird keine unmittelbaren praktischen Ergebnisse zeitigen; es wird keinen wirklichen Seligsprechungsprozeß einleiten und keine Änderung theologischer Lehrpraxis in Sachen Erlösung und Endgericht herbeiführen. Es wird Theologen nicht beeinflussen, ihre Lehre zu ändern, Prediger nicht ihre Ansprachen und Kirchenmänner nicht ihre Praxis.
Aber es wird mittelbar zur Bewußtseinsveränderung beitragen. Es kann warten, bis die Zeit reif ist. Aufgabe der Literatur, auch der christlichen Literatur ist nicht die unmittelbare Wirkung. Es genügt – und darin ist sie gefürchtet –, daß sie "Gegen-Modelle zur bestehenden Ordnung entwickelt, Verkrustungen aufbricht, die verordnete Wirklichkeit durch eine Fülle von Möglichkeiten konterkariert und eine Emanzipation im Reich des Geistes verspricht, die nicht nur da droben, sondern auch hienieden realisiert werden möchte: Das ist das eine. Utopie als Schreckgespenst. Das Monstrum Phantasie. Dichtung als ein Element der Rebellion."[385] Von hierher – von einem solchen Literaturverständnis her – erklärt sich nun besser, warum Walter Jens im "Traktat" seine Idee von der Synthese von einem "sozialutopisch verstandenen Christentum und einem von humanistischer Wärme geprägten Sozialismus" in Form einer Vision, eines Blochschen Tagtraums beschrieb: Denkbar wäre sie schon . . . !Von daher erklärt sich auch, warum der "Fall Judas" in Form eines Gegen-Modells beschrieben ist. Diese christliche Literatur ist "eine Form von Maieutik, die etwas ans Licht zerrt, das, ist es erst einmal exemplarisch formuliert, einen neuen Realitätsgrad: eine neue Qualität von Wirklichkeit gewinnt".[386]
Ja, die Mächtigen und Herrschenden (auch in Theologie und Kirche) fürchten diese revolutionierende Phantasie. Was ist der "Fall Judas" anderes als ein Spiel mit dieser Phantasie, ein *Spiel im Modus der Erinnerung?* Hier wird die vergessene und durch Exegese und Theologie verschüttete Geschichte des Judas aus Kerioth wieder ans Licht geholt, hier wird die Diskrepanz verdeutlicht zwischen dem Anspruch des Christentums und seiner Wirklichkeit, zwischen der Barmherzigkeit Jesu und der Unbarmherzigkeit seiner Nachfolger. Hier bekommt wieder ein offenes Ende, was ein für allemal abgeschlossen schien. Liegt hier nicht die große Chance moderner christlicher Literatur gegenüber der Theologie? Gilt nicht erst recht für sie, was für die Literatur im allgemeinen gilt: "So bedeutsam die *revolutionäre* Komponente der Poesie sein mag ... wichtiger – und den Regierenden noch unbequemer – ist ihre *konservative:* die Fähigkeit zur rückwärts gewandten Prophetie, wie Schlegel und Heine das nannten. Literatur: das Gedächtnis der Menschheit. Der Schriftsteller: Ein Erinnerungskünstler."[387] Erst recht, weil christliche Literatur als "christliche" Literatur immer schon rückbezogen ist auf einen normativen Ursprung, weil ihr eigentliches Instrument immer schon in "memoria" ist, die gefährliche Erinnerung (J. B. Metz) an Person und Verhalten, Botschaft und Geschick Jesu von Nazarets, weil sie immer schon im Modus der Erinnerung die Wirklichkeit von heute zu deuten versucht? Christliche Literatur – eine gefährliche Erinnerung, das Gedächtnis von Theologie und Kirche?

III. Figuren

1. Jesus der Bruder

Walter Jens konnte von Jesus als dem Bruder des Judas reden, *Heinrich Böll* kann, wenn er sich auf Jesus von Nazaret beruft, vom "Sohn, Bruder und Mensch"[1] reden. Beide kennzeichnen die Beziehung Jesu zu Menschen mit einem Titel engster Verwandtschaft, Verbindung und Vertrautheit zugleich ausdrückend. Der "Bruder" ist keine selbstverständliche Anrede Christi, ist Christus doch – in dogmatisch-theologischem Sprachgebrauch – der Erhöhte, der Verherrlichte, der Herr, der Messias, der Gottessohn. Doch drückt dieser "Titel" für viele nicht unmittelbarer, intimer, persönlicher aus, was Jesus Christus für sie bedeutet? Auch für einen Schriftsteller wie Heinrich Böll, für den der Menschgewordene in einem Verhältnis der Brüderlichkeit zu den Menschen steht, ohne daß der Abstand vergessen würde, der zwischen ihm und uns besteht? So schrieb auch *Gertrud Fussenegger:*

> "Du hast das bittere Siegel dir nicht erspart,
> das dich zum Bruder machte derer,
> die deiner Brüderlichkeit, o Herr,
> am allermeisten bedürfen."[2]

Wie wenig harmlos die Anrede Jesu als des Bruders ist, zeigen Beispiel *jüdischer Autoren.* Wie lange hat es gebraucht, bis der jüdische Religionsphilosoph Martin Buber in seinem Buch "Zwei Glaubensweisen" (1950) das berühmte Wort vom "Bruder Jesus" prägen konnte, das nach Auschwitz zweifellos ein mutiges Wort war.[3] Dieses Wort vom "Bruder Jesus" hat die Rezeptionsgeschichte der Jesusfigur im modernen Judentum bis in die Theologie und Literatur hinein geprägt. So stellt der jüdische Religionswissenschaftler *Schalom Ben-Chorin,* das Buber-Wort aufgreifend, sein Jesus-Buch unter den Titel "Bruder Jesus", und das Gleichnis vom verlorenen Sohn, der ja auch der verlorene Bruder ist, bekommt für ihn zur Deutung der Jesusfigur vor dem Hintergrund der christlich-jüdischen Geschichte eine geradezu symbolische Tiefe: "Fast zwei Jahrtausende weilte er in der Fremde, während der ältere Bruder, das jüdische Volk, in der strengen Zucht des Vaters blieb. Nun aber scheint es so, als ob ein Prozeß der Heimholung Jesu in das jüdische Volk begonnen habe. Er kehrt zurück in das Vaterhaus, und da soll sich der ältere Bruder mitfreuen, denn dieser unser Bruder Jesus war für uns tot und ist wieder lebendig geworden. Er war uns verloren und ist wiedergefunden worden."[4]

Auch in der *zeitgenössischen jüdischen Literatur* spielt der "Bruder Jesus" eine dominierende Rolle, wie der jüdische Religionswissenschaftler *Pinchas Lapide* in einem Überblick über die zeitgenössische Jesusrezeption in der jüdischen Literatur heraushebt: "Die Gestalt Jesu wurde vermenschlicht, fern aller Vergöttlichung in den christlichen Kirchen und ebenso fern aller Verteufelung, wie sie in den Schmähschriften des jüdischen Mittelalters vorkommen. Diese Autoren suchen weder den Gottessohn der Evangelien noch den ketzerischen Volksverführer des Talmuds, sondern den Menschenbruder, der einer Welt voll Unmenschlichkeit ein vorbildliches Judesein vorgelebt hat."[5]

a. Der arme Jesus und der Jesus der Armen

Schon vor 1945 hatte *Hermann Hesse* ein Gedicht mit dem Titel "Jesus und die Armen" geschrieben:

> "Du bist gestorben, lieber Bruder Christ,
> Wo aber sind die, für die du gestorben bist?
>
> Du bist gestorben für aller Sünder Not,
> Aus deinem Leibe ward das heilige Brot,
> Das essen sonntags die Priester und die Gerechten,
> An deren Türen wir Hungrigen fechten.
>
> Wir essen dein Brot der Vergebung nicht,
> Das der fette Priester den Satten bricht;
> Dann gehn sie, verdienen Geld, führen Krieg und morden,
> Keiner ist durch dich selig geworden.
>
> Wir Armen, wir gehen auf deinen Wegen
> Dem Elend, der Schande, dem Kreuz entgegen,
> Die andern gehen vom heiligen Nachtmahl heim
> Und laden den Priester zu Braten und Kuchen ein.
>
> Bruder Christ, du hast vergebens gelitten –
> Gib du den Satten, um was sie dich bitten!
> Wir Hungrigen wollen nichts von dir, Christ;
> Wir lieben dich bloß, weil du unser einer bist."[6]

Kein modernes Gedicht, gewiß nicht, wie Kurt Marti mit Recht dazu schreibt.[7] Ein Gedicht, das in jeder Strophe konventionell antithetisch gebaut ist und die Schwarz-Weiß-Kontraste bis ins Klischeehafte überzieht: Hier die Sünder, da die Priester und Gerechten; hier das Heilige Brot der Satten, da die Hungrigen; hier die Vergebung, da der Krieg und Mord. Doch die religions- und gesellschaftskritische Spitze ist nicht zu überhören: Jesus als der Bruder der Armen ist doppelt gegen die Vertreter eines satten, bürgerlichen Christentums gewendet. Während die Reichen Jesus dreist in Besitz genommen haben und ihn schamlos mit ihren Bitten auch noch "ausbeuten", ist die Haltung der Armen die besitzlose Liebe, anspruchslos, nicht auf Bedürfnisbefriedigung aus. Und während die Reichen sich Jesus immer wieder versichern müssen, gehört dieser wie selbstverständlich auf die Seite der Armen. Der "Bruder" oder "Christ" ist eine fast scheue, zärtliche Anrede ("wir lieben dich bloß"), die dem Gedicht eine gewisse Intimität verleiht, ohne aufdringlich zu wirken. Doch werden die Armen in diesem Gedicht allzusehr romantisierend idyllisch verklärt, während gesellschaftliche Ursachen und Bedingungen der Armut unaufgeklärt bleiben. Kurt Marti: "Nicht auf Veränderung wird reflektiert, sondern auf die Gewißheit, daß die Armen doch bessere Menschen sind. Das Gedicht ist

deshalb auf den Ton einer zwar antiklerikalen, antifrommen, aber doch wesenhaft pietistischen Duldung und Resignation gestimmt."[8]
Bemerkenswert ist, daß es in der deutschen Literatur erst *Ende der sechziger, Anfang der siebziger Jahre* wieder möglich wird, Jesus-Texte zu schreiben, in denen Jesus direkt mit dem Titel "Bruder" angeredet wird. Dies geschieht – wie wir gesehen haben – nach einer langen Phase literarischer Verschlüsselung in wenigen lyrischen Texten, die in dieser Zeit entstehen. Sie bleiben aufs ganze gesehen aber eher die Ausnahme. Religiös-gesellschaftlicher Hintergrund dieser Texte ist das neu erwachte, enthusiastische Interesse vor allem junger Menschen für die Gestalt Jesu, wie es besonders in der amerikanischen und deutschen *Jesus-People-Bewegung* dieser Jahre ihren Ausdruck fand.[9]
Ein wenig von diesem neuen Interesse hat in einem Gedicht von *Marie Luise Kaschnitz* literarischen Niederschlag gefunden, das unter dem Titel "Ich vergesse so viel" in ihrem letzten Gedichtband "Kein Zauberspruch" (1972) abgedruckt ist.

"Ich vergesse so viel
Das meiste
Nur einiges nicht

Nicht die englische Tänzerin
Mit den roten Schuhen
Nicht den brennenden Bergahorn
Vor der Eigernordwand

Auch nicht die Toten
Mit Kalk übergossen
Wie sie glänzten im Mondlicht

Zeit schöner Engel
Mit dem Kranz im Haar
Und der Pistole im Gürtel

Im Briefkasten liegt ein Zettel
Verlaß das Haus
Und ein anderer
Jesus war bei dir

Jesus wer soll das sein?
Ein Galiläer
Ein armer Mann
Aufsässig
Eine Großmacht
Und eine Ohnmacht
Immer
Heute noch."[10]

In wenigen Stichworten sind Bilder und Eindrücke aus Ästhetik und Natur skizziert, die für die Autorin bleibend geworden sind. Auch der Massentod an Menschen bleibt unvergessen, ebenso wie eine Frauengestalt (möglicherweise stehen politische Ereignisse im Hintergrund), die nur in widersprüchlichen Deutungsmustern gefaßt werden kann: "Schöner Engel" und "Pistole im Gürtel". Dann plötzlich die Jesus-Evokation, für den Leser genau so überraschend wie für die Autorin selbst, als sie plötzlich in ihrem Briefkasten den Zettel eines Jesus-Anhängers vorfindet. Diese überraschende Konfrontation löst eine Reflexion aus, zwingt zur Stellungnahme, zum Kommentar. Die selbstgestellte skeptische Frage "Jesus wer soll das sein?" wird beantwortet.

Der resignative Ton Hesses ist in diesem Gedicht vom "armen Mann" Jesus verschwunden. Statt Duldung und Resignation kommt die ganze Dialektik dieser Figur ins Spiel: arm und aufsässig zugleich, Großmacht und Ohnmacht gleichzeitig. Zwar schwingt in der Bezeichnung "armer Mann" ein Ton des Bedauerns mit, der Melancholie; doch das "aufsässig", mit dem Schwergewicht einer einzigen Zeile im Gedicht behaftet, verscheucht die Geister der Schwermut sogleich wieder. Ähnliches gilt für die Großmacht-Ohnmacht-Dialektik. Das "Immer / Heute noch" ist gleichsam als Klammer um das ganze Gedicht gelegt; es schließt alles mit ein, was in den Strophen vorher gesagt wurde. Es kontrastiert signifikant mit dem "Galiläer", einer historisch präzisen Einordnung, und macht klar, daß dieser Galiläer keine geschichtlich vergangene Figur ist, sondern hier und heute eine Bedeutung hat, die nicht zu vergessen ist. Vergangenheit und Gegenwart durchdringen sich so und geben sich gegenseitig Kontur. Doch gerade das "heute" vermag dieses Gedicht nicht (trotz des Versuchs, politisch-gesellschaftliche Realität mit einzubeziehen) ausreichend zu gestalten. Die Dialektik von Macht und Ohmacht Jesu, die sich etwa mit Hilfe des Kontrastpaars "schöner Engel" / "Pistole im Gürtel" hätte spiegeln lassen, bleibt unkonkret. Das "Immer / heute noch" wird zur bloßen Behauptung, für die das Gedicht den "Beleg" schuldig bleibt.

In einem längeren Gedicht aus dem gleichen Gedichtband unter dem Titel "Das alte Thema" greift *Marie Luise Kaschnitz* noch einmal die Jesusfigur auf:

"1.
Ab und zu
Du
Gott noch immer Unbekannter
Berührst uns
Wie der an die Decke
Der Sistina gemalte
Den eben erst
Erschaffenen Adam
Nur mit einem Finger
Da fliegen wir
Für diesen Augenblick
Dir im Konvoi
Da nährst Du uns
Von Kuppe zu Kuppe
Mit dem Mut Deines Anfangs
Wir aus demselben Stoff gemacht
Wie Du
Noch ohne Blutgeruch
Und Brandgeruch
Schöpfer Geschöpf
Wir flogen
Liebten uns
Uneingeschränkt
Zum ersten letzten Mal.

2.
Der alte Brunnen
Noch lange nicht ausgeschöpft
Nicht oft genug
Angegangen
Auf Tagwegen Nachtwegen
Der Schindanger Golgatha
Nicht genug
Masken abgerissen und altem Flitter
Nicht genug
Gedankt
Gedankt wofür
Für Biafra und Indochina
Für die Gaskammern Folterkammern Todeszellen
Für den schäbigen Trost
Die winzige Verheißung
Dafür gedankt?

3.
Komm näher mir
Mein armer Bräutigam
Der nichts zustande gebracht hat
In zwei Jahrtausenden
Dem seine Wunden nicht fruchteten
Und die Dornenkrone nicht blühte ...

4.
Du Bettler, Bruder, Bruder
Geh in mich ein
Streck deine Arme
In meinen Armen aus
Dein Finger
In meinen Fingern
Erfülle mich
Mit deiner Ungeduld
Die auch Geduld war
Überirdische
Wie man es nimmt

5.
Wie man Sie nimmt
Unmenschlicher Herr Jesus
Den wir nicht länger anreden
Mit dem vertraulichen Du
Auf jeden Fall haben die Forscher jetzt
Herausbekommen, daß Ihr Kreuzestod
Eine Folterung ersten Ranges war
Und äußerst schmerzhaft.
(Von den Schächern spricht
In diesem Zusammenhang keiner)

6.
Wenn einer alt ist heißt es
Er kriecht zu Kreuze
Aber so ist es nicht
Das Kreuz geht übers Feld
In seinem Rücken
Schiebt sich ihm

Unter die Schultern
Die Nägel kommen geflogen
Nur
Nicht jeder der leidet ist heilig

7.
Noch ein neues Land
Aber ich fürchte mich
Was werde ich sehen
Die alten Hungerbäuche
Und hören die alten
Gehetzten Schritte
Die Schläge auf nacktes Fleisch

8.
Ein neues Land
O Reiselust und Furcht
Denn wer sagt, daß dort wirklich Frieden ist
Luft zu atmen
Und reine Strände
Swimming in lovely sea?
Die Kinderengel vielleicht
Tragen ihre alten Napalmgesichter
Das stand nicht im Prospekt

Oder doch

Oder doch?"[11]

Skepsis und Resignation angesichts politischer Zustände bestimmen die Atmosphäre dieses Gedichts. "Das alte Thema" – schon der Titel klingt wie ein Seufzer. Zwar wird noch in 1. in aller Behutsamkeit das Thema anfänglicher Unschuld, Unberührtheit des Menschen zu Beginn der Schöpfung angesprochen, in Form einer Rückerinnerung gleichsam, ausgelöst durch das Schöpfungsbild Michelangelos in der Sixtinischen Kapelle. Doch dieser Zustand der Unschuld ohne "Blut- und Brandgeruch" (Metaphern politischer Geschichte) ist heute eine Sache des "Ab und zu", des "Augenblicks", flüchtig wie Gottes Berührung des Fingers von Adam.
Denn der alte Brunnen ist noch lange nicht ausgeschöpft. Die Geschichte geht weiter. Sie wird im Bilde von Golgatha symbolisch gedeutet: *Geschichte ist Leidensgeschichte,* ewiger Schindanger der Menschheit, eine Schlachtbank, wie Hegel sie nannte. Dann bekommt das Gedicht eine überraschende Wende. Nicht Anklage folgt, sondern der Dank. Dank für "Biafra und Indochina", für "Gaskammern Folterkammern Todeszellen": eine *paradoxe Redefigur,* die hier bewußt eingesetzt wurde. Der Dank korrespondiert mit "Maske abgerissen": Der Dank gilt also dem durch die Leidensgeschichte ermöglichten Prozeß der Desillusionierung, der das wahre Gesicht der Welt hinter den Masken sichtbar werden läßt. Der Dank bezieht sich auch auf (Anklänge an die paradoxe christliche Rede von der "felix culpa" sind spürbar) den Trost und die Verheißung, schäbig und winzig genug angesichts der unfaßlichen Leidensgeschichte der Menschheit.
Die Synästhesien "schäbiger Trost", "winzige Verheißung" lesen sich wie ein lyrischer Kommentar zu Adornos "Meditationen zur Metaphysik" in der "Negativen

Dialektik": "Das Gefühl", schreibt Adorno dort, "das nach Auschwitz gegen jegliche Behauptung von Positivität des Daseins als Salbadern, Unrecht an den Opfern sich sträubt, dagegen, daß aus ihrem Schicksal ein sei's noch so ausgelaugter Sinn gepreßt wird, hat sein objektives Moment nach Ereignissen, welche die Konstruktion eines Sinnes der Immanenz, der von affirmativ gesetzter Transzendenz ausstrahlt, zum Hohn verurteilen."[12] Doch anders als bei Adorno, dem Marie Luise Kaschnitz zum 60. Geburtstag und zum Tode je ein Gedicht gewidmet hat[13], bleibt bei ihr der Trost, wenn auch schäbig, bleibt die Verheißung, wenn auch winzig. Denn 3. macht deutlich, worauf sich Trost und Verheißung beziehen, wenn auch resignativ.

Das Thema des vergeblichen Strebens und Leidens Jesu aus dem Hesse-Gedicht erscheint hier variiert: Jesus hat "nichts zustande gebracht". Verdichtet wird diese gebrochene Haltung in der Neuaufnahme der alten, aus der mittelalterlichen *Mystik* (Bernhard von Clairvaux, vor allem der deutschen Frauenmystik des 13. Jahrhunderts) stammenden, hymnischen Anrede Christi als des "Bräutigams", mit charakteristischen inhaltlichen Akzentverschiebungen: aus dem strahlenden himmlischen ist der arme irdische Bräutigam geworden. Mystische Sprach- und Bilderwelt bestimmt auch die folgende Strophe. Mystische Beziehungsmuster eines stark erotisierten Verhältnisses zu Christus werden aufgegriffen: hineingehen, erfüllen. Der eigene Körper wird zu einer Hülle, einer Hohlform, die bis in Arme und Finger hinein von innen her durch Christus ausgefüllt werden soll. Die hymnische, in der Wiederholung fast ekstatisch stammelnde Anrede "Bettler, Bruder, Bruder" umspielt noch einmal das Motiv vom "armen Bräutigam".

Doch dieser mystische Verschmelzungsvorgang ist für Marie Luise Kaschnitz *keine Sache harmloser Identifikation,* frommer Anbiederung. Nach der Identifikation wird ebenfalls die Differenz zwischen Christus und der Anredenden deutlich gemacht. Schroff wirkt der plötzliche Wechsel der Anrede: nicht mehr Bräutigam, Bettler oder Bruder, sondern "Herr"; nicht "arm", sondern "unmenschlich"; schroff wirkt die Selbstkorrektur, die Zurücknahme der vertrauten "Du"-Anrede, verfremdend die ungewöhnliche "Sie"-Anrede; ironisierend Distanz schaffend der plötzliche Bezug auf "Forscher", die die Grausamkeit der Todesart Jesu "herausbekommen" hätten, dabei aber die Schächer vergäßen.[14]

Nein, daß Jesu Kreuzestod "eine Folterung ersten Ranges" war, braucht sich Marie Luise Kaschnitz nicht erst von "Forschern" bestätigen zu lassen. Sie weiß darum. Das Stichwort "Kreuzestod" leitet assoziativ nach 6. über. Eine Kreuzesmeditation beginnt, die in eigentümlichem Kontrast zu 4. steht. Wieder ist mystisches Sprachgut im Hintergrund, doch die Perspektiven sind jetzt verschoben: Wechsel erfolgt von innen nach außen. War der Verschmelzungsvorgang in 4. von innen her gesehen, so erfolgt er jetzt von außen. Nicht Christus füllt die Hohlform Mensch aus, sondern der Mensch füllt die Hohlform Christus aus, die dieser am Kreuz hinterlassen, vorgeformt hat. Der alternde Mensch wird immer mehr vom Kreuz "eingeholt". Christusförmig werden heißt kreuzförmig werden.

7. und 8. greifen in Form einer Rondo-Komposition auf die beiden Strophen von 2. zurück. "Hungerbäuche", "Schläge auf nacktes Fleisch" stehen für "Biafra" und "Indochina". Skepsis auch hier gegenüber einer Welt, wo nirgends "wirklich Frieden" ist. Werbeprospekte und Reklameslogans der Ferienindustrie werden zu Symbolen einer schönen Scheinwelt, die die brutale Realität ausklammert.
Dieses Gedicht von Marie Luise Kaschnitz geht zweifellos "tiefer" als das zuerst interpretierte "Ich vergesse so viel". Hier liegt eine sehr persönliche, von eindrucksvoller Bildkraft getragene Jesus-Lyrik vor: Die Technik der Collage vermag die politische Realität, mit der in mystischer Bildersprache beschworenen Jesusfigur, überzeugender zusammenzuspannen als dies im ersten Gedicht der Fall war. Kontrastflächen entstehen so, die der im Gedicht evozierten Wirklichkeit von Christus, Mensch und Gesellschaft scharfe Konturen geben: Geschichte trägt den Namen Golgatha, der Mensch den Stempel des Gekreuzigten. In der lyrischen Anrede wird Jesus Christus nicht auf ein Bild festgelegt, sondern in verschiedenen Anreden bildhaft umschrieben: Golgatha – armer Bräutigam – Bettler – Bruder – Herr. Ein ganzes Sprach- und Bildgeflecht wird so um diese Gestalt gelegt, die mit keinem Bild voll erfaßbar erscheint.
"Das alte Thema": ein Gedicht der Skepsis und Resignation? Nicht nur! Was als "Seufzer" mit dem Titel beginnt und vom unbekannten Gott und augenblickshafter Unschuld des Geschöpfs am ersten Schöpfungstage redet, wird in der paradoxen Redefigur vom schäbigen Trost und der winzigen Verheißung ins Hoffnungsvolle gewendet und im dialektischen Begriffspaar Geduld-Ungeduld konkretisiert: Die beschwörende Anrede "Bruder, Bruder" ist Ausdruck des drängenden Verlangens nach Erfüllung der gegebenen Verheißung.
Bleiben beide Gedichte von Marie Luise Kaschnitz in einer unaufgelösten Dialektik von Großmacht – Ohnmacht, Geduld – Ungeduld, so löst *Ernst Eggimann,* der 1937 in Bern geborene Schweizer Schriftsteller, in seinen "Jesus-Texten" aus dem gleichen Jahr diese Dialektik auf. Für ihn ist das Versprechen des Reiches Gottes angesichts der ökonomischen Verhältnisse, ist das Problem Armut – Reichtum nicht durch Liebe, sondern nur durch das Schwert einlösbar:

"jesus

im reich
der reichen
die immer reicher
während
die armen
immer ärmer
kommt dein reich
unerreichbar
durch deine liebe
kommt dein reich
durch
dein schwert"[15]

Zweifellos erreicht der Text von Eggimann in seiner lapidaren Kürze nicht das literarische Niveau der Texte von Marie Luise Kaschnitz. Dennoch können beide bei der Gestaltung der Figur vom armen Jesus und dem Jesus der Armen Vorteile gegenüber dem Hesse-Text geltend machen:

1. Keine Schwarz-Weiß-Malerei mehr der Kontraste, keine einfach antithetische Konstruktion;
2. Das politische Bewußtsein der Autoren ist geschärft: Die Realität der Gesellschaft wird stärker mit einbezogen, politische Ereignisse sind zu konstitutiven Bestandteilen der Gedichte selbst geworden;
3. Der arme Jesus oder der Jesus der Armen werden nicht idyllisch verklärt, auch der "Bruder der Armen" verliert seine romantisierende Klangfärbung. Die Rede vom armen Jesus oder vom Jesus der Armen wird zum Ausgangspunkt einer sich auch politisch äußernden Unruhe, einer Ungeduld, die auf die Einlösung gegebener Verheißung drängt. Bei Eggimann schlägt die Analyse freilich gleich um in die Feststellung einer nur gewaltsamen Veränderungsmöglichkeit, ohne die Reflexionstiefe von Marie Luise Kaschnitz erreicht zu haben.

b. Bruder im Underground

Ernst Eggimann ist im deutschen Sprachraum neben Günter Herburger ein signifikantes Beispiel für die literarische Rezeption der Jesusfigur auch im Milieu gesellschaftlicher Außenseiter vor dem Hintergrund der *Protestbewegung* der späten sechziger und frühen siebziger Jahre. Ernst Eggimann ist mit seinen Jesus-Texten aber auch Symptom dafür, daß die starke Begeisterung für Jesus in diesen Texten oft im umgekehrten Verhältnis zu deren literarischen Niveau steht.[16]

In der Buchcollage "Underground? Pop? Nein! Gegenkultur" (1970) ist ein Poster abgedruckt, das die Form eines Fahndungsplakats der Polizei hat:

"Reward
for information leading to the apprehension of
Jesus Christ
wanted – for sedition, criminal anarchy – vagrancy, and conspiring to overthrow the established governement"[17]

Und es folgt eine Personenbeschreibung des "Täters".

Jesus – ein Krimineller, ein berufsmäßiger Agitator?

Der 1929 in Castrop-Rauxel geborene deutsche Schriftsteller *Josef Reding* schrieb eine "krippenrede für die 70er jahre":

"also, werd nicht so
wie dieser da
in unklaren familien
verhältnissen
unterwegs geboren
(. . .)

als er dreißig war
hatte er
keine ausbildung
kein auskommen
keine rücklagen
keine wohnung
kein reittier
oder fahrzeug
und auch für die ehe
war er offenbar
untauglich
was blieb ihm da
übrig als über
land zu ziehen
langhaarig
schmuddelig
(. . .)
und dann wiegelte
er das volk auf
mit doppeldeutigen
reden und
gefährlichen geschichten
(. . .)
drei jahre hat
man den
edelgammler
aus dem
zufallsgeburtsort
bethlehem so
gewähren lassen"[18]

Jesus – ein Edelgammler aus Bethlehem?

Hermann Hesse suchte noch den Jesus der Armen. Das Milieu, in dem Jesus heute von vielen gesucht wird, hat sich radikal verändert: Jesus wird – zum Entsetzen seiner bürgerlichen Anhänger – heute im Milieu von Arbeitern, Arbeitslosen, Gammlern, unsicheren Existenzen gesucht, oder man findet ihn im Aufzug eines Hippies bei Kriminellen, Radikalen, Subversiven, Prostituierten und Leuten von der Straße. Ob man nicht auch hier das sozialromantische Jesus-Klischee durch ein provokatives sozialrevolutionäres ersetzt hat? Ob man hier nicht in dreistem, bedenkenlosem Zugriff Identifikation herstellte, wo man Annäherungen hätte wagen sollen? Wie immer: Solche und ähnliche Texte erheben weder künstlerische noch theologische Ansprüche. Sie sind Gebrauchstexte, oft Ausdruck einfacher, elementarer, spontaner Gefühle, Wünsche, Sehnsüchte, die – wenn sie von entsprechender Rock-Musik unterlegt sind – ihre massensuggestive Wirkung nicht verfehlen.[19]

"Apokrypher Mythos aus dem beginnenden Wassermannzeitalter" nennt *Ernst Eggimann* ein längeres Gedicht, das – in einer Mischung aus Stefan Andres "Der Reporter Gottes" und Günter Herburgers "Jesus in Osaka" – Jesus auf dem "london airport heathrow" landen, ihn immer wieder aus Flugzeugen steigen, "traveller checks" einlösen läßt und ihn endlich im Hippie- und Gammlermilieu ansiedelt:

Jesus – synthetische Kunstfigur, Projektionsfigur eines von technokratischen Zwängen befreiten Menschseins? In Anspielung auf das johanneische Wort vom Christus als "Weg, Wahrheit und Leben" gilt auch für Eggimann:

> "du bist der weg
> der auszug hat begonnen
> hier öffnet sich das leben
> hier machen wir alles neu"[20]

Die Anspielung Eggimanns auf das Wassermannzeitalter betrifft das nachgerade berühmt gewordene "age of aquarius", das im amerikanischen Hippie-Musical "Hair" besungene Zeitalter der großen Befreiung aller Menschen, der Brüderlichkeit und Liebe aller Rassen, Klassen und Nationen. Auch Jesus hatte in "Hair" seinen Platz bekommen, wenn auch nur am Rande.[21] Für unsere Fragestellung macht dies zweierlei deutlich. Zum einen: Nicht so sehr Prosa, Drama oder Lyrik sind literarische Träger dieses neuen Jesus-Bewußtseins, sondern Gebete, Musicals, Songs. Zum zweiten hat diese literarische Jesusrezeption ihren Niederschlag vor allem in der *englischsprachigen Literatur* gefunden, weniger im deutschsprachigen Raum.
Vor allem auch der *Film* wird zum tragenden Medium, das die neue Jesus-Begeisterung in alle Welt trägt. Der Journalist Wolf Donner schrieb am 12. Nov. 1971 in der "Zeit": "Mehr als alle anderen Medien ist der Film auf Jesus-Kurs eingeschwenkt." Und die Filmprojekte zur Jesusthematik, die Donner damals aufzählen konnte, sind zum größten Teil heute in Vergessenheit geraten. Die Liste freilich ist aufschlußreich genug, zeigt sie doch wie weit die Jesus-Adaptionen damals reichten. Dabei sehen wir unbekannte und treffen bekannte Autoren wieder: "Vorläufer waren Ken Russells sakrale Sexorgie 'Die Teufel' und der Held in Antonionis 'Zabriskie Point', Peter Fonda und Dennis Hopper in 'Easy Rider', viele Django-Varianten und natürlich Pasolinis 'Erstes Evangelium Matthäus'. Nun überstürzten sich die Projekte: Henry Hathaway drehte 'A Fable' nach Faulkner, Gillo Pontecorvo 'The Passover Plot' nach Hugh Schonfield, Andrzej Wajda 'Pilatus' nach Bulgakow (fürs ZDF); Günter Herburger verfilmte seinen 'Jesus in Osaka', Franco Zeffirelli arbeitete an 'Die Ermordung Christi', Johnny Halliday baut seinen Song 'Jesus Christ' zu einem Film aus, Norman Jewison wird 'Jesus Christ Superstar' in Jerusalem verfilmen, Pat Boone spielt den bekehrten Brooklyner Bandenführer aus dem Buch 'Das Kreuz und die Messerhelden' des Pfarrers David Wilkerson, und Peter Fondas 'Der weiße Ritt' schließlich führt Jesus als Westernhelden vor."[22]
Daß auch Jan Dobraczyński's Jesus-Roman auf dem Höhepunkt der Jesus-Welle wieder aufgelegt werden konnte, verwundert nach all dem nicht mehr. Doch kein Jesus-Roman, nicht Dobraczyński und nicht Herburger, machte in dieser Zeit das große Geschäft, sondern eine Rock-Oper: *"Jesus Christ Superstar"*. Im gleichen Jahr, in dem Jesus "in Osaka" erschien (1970), erschien Jesus auch auf dem

Broadway: Superstar einer Rock-Oper. Literarisch gesehen einer sterbenden Gattung, des dramatisierten Leben-Jesu-Stoffes angehörend, konnte hier noch einmal aus dem Jesus-Stoff dramaturgisches Kapital geschlagen werden, weil die Autoren die Spielregeln des Show-Business perfekt beherrschten. Der Stoff ist dabei nämlich nur ein Teil einer totalen Show, in der alle Elemente genau aufeinander abgestimmt sind: Text, Musik, Tanz und Licht. Und der Text dieses Stückes wäre nicht der Rede wert, wäre da nicht die Musik, die Aufmachung, die Atmosphäre, die Präsentation, die Arrangements, die diese Show zur Supershow und ihren Star zum Superstar machen würde: there is no Jesus like Show-Jesus! Das Rezept: keine fromme, historisierende, erbauliche Erzählung des Lebens Jesu im Stile konventioneller Jesusliteratur, sondern die starke Verknappung des Stoffes auf seinen dramaturgischen Höhepunkt: die letzten sieben Tage (Einzug in Jerusalem, Abendmahl, Gethsemane bis zur Kreuzigung ohne Auferstehung). Die Konflikte können bei solcher Verknappung scharf herauskommen, Kontraste treten von selbst hervor: hier Jesus und Maria Magdalena, dort Judas, die Pharisäer, Pilatus.
Multi-Media-Technik ermöglicht, durch diese dramaturgische Ausgangslage begünstigt, die Inszenierung eines raffiniert auf Wirkung berechneten Wechselspiels: Einzelszenen wechseln mit Gruppenszenen, ruhige Phasen mit dramatisch erregten, Dialoge mit Meditationen, Haßgefühle mit Liebeserklärungen, Grausamkeiten mit Zärtlichkeiten, politische Zeitkritik mit quasiliturgischer Andacht, Witz und Satire mit Betroffenheit und frommer Ergriffenheit: das ganze eine Mischung aus mitreißender Musik, wirbelndem Tanz, blendendem Farbspiel, verwirrendem Licht. Nein, hier ist nicht mehr Jesus, sondern "the medium the message". Das Erfolgsrezept hat einen Show-Jesus synthetisiert, der deshalb seine Massenwirkung erzielte, weil er niemandem zunahe trat und mit dem sich alle "irgendwie" identifizieren konnten: selbst offizielle Vertreter der christlichen Kirchen.
Niemand wird die *positive Funktion* dieser enthusiastischen Jesusliteratur bestreiten wollen; sie ist unübersehbarer Ausdruck der Unzufriedenheit und Enttäuschung vieler Menschen mit gängigen theologischen Auskünften hinsichtlich der Sinnfrage ihres Lebens; Ausdruck ihrer Sehnsucht nach Liebe, Glück, angstfreiem Leben, innerem Frieden, Menschlichkeit, Geborgenheit, Fröhlichkeit; Ausdruck der Hoffnung auf ein ganz anderes Leben als das alltäglich gelebte. Dennoch: Die Frage läßt sich nicht abschieben. Ist in einer solchen Jesus-Show, die die konkreten gesellschaftlichen Probleme der Menschen völlig ausklammert, nicht das bestätigt, was Heinrich Heine schon in "Deutschland. Ein Wintermärchen" das "Eiapopeia vom Himmel" genannt hat, womit man "einlullt, wenn es greint / das Volk, den großen Lümmel"?[23] Dem Theologen Hans Küng ist zweifellos zuzustimmen, wenn er zum Abschluß eines Kapitels über den "Christus der Schwärmer" in seinem Buch "Christ sein" – auch auf "Jesus Christ Superstar" Bezug nehmend – schreibt: "Zudem, darf man vertrauensvoll hoffen, ist die 'superb story' dieses Christus stark genug, um selbst durch das multi-mediale Geglitzer eines vulgär-ingeniösen Broadway-Spektakels sein eigenes Licht durchscheinen zu lassen."[24]

2. Jesus und die Revolutionären unserer Zeit

Jesus mit den Zügen eines sozialpolitischen Revolutionärs auszustatten, ist keine Erfindung der deutschen Literatur nach 1945. Theologie und Literatur wechselten sich ab, seit Samuel Reimarus im 18. Jahrhundert in seiner Schrift "Vom Zwecke Jesu und seiner Jünger" (1778) Jesus einen politischen Aufrührer genannt hatte. Zwar hatte sich schon Heinrich Heine 1834 in seiner Schrift "Zur Geschichte der Religion und Philosophie in Deutschland" über "Hofkapläne rasender Sansculotten", die die Messe "in der Sprache des Jacobinismus" lesen und Jesus als "frömmeren Spartakus" predigten, lustig gemacht.[25] Doch konnte 1885 der Naturalist Arno Holz in seinem "Buch der Zeit" Jesus den "ersten Sozialisten" nennen.[26] 1897 ließ Max Kretzer in seinem Roman "Das Gesicht Christi" Jesus unter Berliner Arbeitern auftreten, bevor der Franzose Henri Barbusse (1873–1935) in seinem Roman "Jésus" (1927) Jesus gar als atheistischen Kommunisten darstellte.[27]
Doch trotz (oder gerade wegen) bedeutender historischer Studien von Karl Kautsky (1908) und vor allem Robert Eisler (1929/30), die die These vom Sozialrevolutionär Jesus zu bestätigen schienen,[28] spielte ein solcher Jesus in der deutschen Literatur vor 1945 aufs Ganze gesehen eine geringe Rolle. Auch der *Expressionismus,* selbst der "linker" Provenienz, sah in Jesus weniger den Sozialrevolutionär als den "ewigen Menschen", wie Christoph Eykman durch eine Untersuchung bei Expressionisten wie Brust, Corrinth, Toller, Becker, Einstein, Barlach, Kaiser herausarbeiten konnte. Die Christusfiguren des Expressionismus – so Eykman – "stehen für das Leiden und die Not menschlicher Existenz", sie werden zur "doppelwertigen Chiffre des menschlichen Elends wie auch der pseudoreligiösen Weihe der 'Menschheitsdämmerung'".[29] Dabei macht auch *Carl Einstein* keine Ausnahme, in dessen Stück "Die schlimme Botschaft" Christus zunächst zwar als Störer von Ruhe und Ordnung die Armen zum Aufstand gegen die Reichen anstiftet, dann aber, als die Armen seine Botschaft ablehnen, an sich zu zweifeln beginnt, schließlich schon am Kreuz hängend die Erlöserrolle vollends ablehnt ("Warum ich für die anderen? Wo bliebe Gott? Ist er so schwach, daß er meines Kreuzes bedarf?")[30] und sich "brüllend" vom Kreuz wieder losreißt. Herburgers Kreuzesvernichtung ist hier auf eine sehr drastische Weise vorweggenommen.
Erich Kästner war es, der schon *vor 1945* ein Gedicht schrieb, dem er den Titel "Dem Revolutionär Jesus zum Geburtstag" gab:

> "Zweitausend Jahre sind es fast,
> seit du die Welt verlassen hast,
> du Opferlamm des Lebens!
> Du gabst den Armen ihren Gott.
> Du littest durch der Reichen Spott
> Du tatest es vergebens!

Du sahst Gewalt und Polizei.
Du wolltest alle Menschen frei
und Frieden auf der Erde.
Du wußtest wie das Elend tut
und wolltest allen Menschen gut,
damit es schöner werde!

Du warst ein Revolutionär
und machtest dir das Leben schwer
mit Schiebern und Gelehrten.
Du hast die Freiheit stets beschützt.
und doch den Menschen nichts genützt.
Du kamst an die Verkehrten!

Du kämpftest tapfer gegen sie
und gegen Staat und Industrie
und die gesamte Meute.
Bis man an dir, weil nichts verfing,
Justizmord, kurzerhand, beging.
Es war genau wie heute.

Die Menschen wurden nicht gescheit.
Am wenigsten die Christenheit,
trotz allem Händefalten.
Du hattest sie vergeblich lieb.
Du starbst umsonst. Und alles blieb
beim Alten."[31]

Das Thema des vergeblichen Strebens Jesu nach Freiheit, Frieden und Gerechtigkeit auf Erden, das wir beim frühen Hermann Hesse oder bei Marie Luise Kaschnitz gefunden haben, ist auch Zentrum dieses Gedichts. Doch der Ton Kästners ist völlig verschieden. Das Gedicht ist eine *Parodie* auf (oft paarweise oder verschränkt gereimte) Geburtstagsgedichte, die den Gefeierten mit dem vertrauten Du hymnisch anreden. Doch bei Kästner, diesem "lyrischen Reporter seines Zeitalters", wie ihn Hermann Kesten genannt hat,[32] ist nur noch die Form des konventionellen Geburtstagsgedichts erhalten, der Inhalt ist ausgetauscht. Hebt das gewöhnliche Geburtstagsgedicht Erfolge und Leistungen des Gefeierten heraus, so dreht Kästner die "Leistungen" Jesu gleich parodistisch ins Vergebliche um. Hinzu kommt: Die Tatsache, daß Jesus überhaupt ein Geburtstagsgedicht gewidmet und damit faktisch auf die Ebene des Normalbürgers heruntergeschraubt werden kann, schafft ironisierende Distanz. Und daß ausgerechnet dem "Revolutionär" Jesus ein Geburtstagsständchen voll von Resignation, Wehmut und Melancholie gebracht wird, wie einem alten, im Ruhestand befindlichen Berufsrevolutionär, macht das Maß der Ironie voll.

Auch dieses Gedicht lebt von der *Antithetik:* hier Arme, dort Reiche, hier Freiheit und Frieden, da Gewalt und Polizei, hier Schönheit und Gutheit, da Elend, hier Revolutionär, da Staat und Industrie. Aber diese Antithetik wird – anders als bei Hesse – ständig ironisch gebrochen: mit Wendungen von lapidarer Kürze, die Alltagsjargon aufnehmen. Ein sozialromantisch verklärender Blick auf die Armen und Ausgebeuteten kann so nicht aufkommen. Die ironische Distanz im Gedicht entsteht durch die Diskrepanz von pathetisch-deklamatorischem und lapidar-alltäglichem Sprachstil: “du kamst an die Verkehrten”, “machtest dir das Leben schwer”, “gesamte Meute”, “weil nichts verfing”, “kurzerhand”. Wie ein stereotyper hämischer Refrain wirkt die ständige Wiederholung des Vergeblichen, des Scheiterns aller Bemühungen Jesu: vergebens, nichts genützt, die Verkehrten, nicht gescheit, umsonst, alles beim Alten. Doch dieser leicht bittere, ja sarkastische Ton kommt bei einem Dichter wie Kästner aus der erfahrenen und erlittenen Gewißheit, daß sich tatsächlich über 2000 Jahre nicht grundlegend viel geändert hat. Damals wie heute die gleichen Interessenkoalitionen, die gleichen Machtstrukturen, die gleichen Machenschaften, die gleichen Reaktionen denen gegenüber, die für die Befreiung der Erniedrigten und Beleidigten arbeiten, die Freiheit wollen und Frieden.

Wird dabei nicht auch trotz des bitteren Tons eine gewisse *Sympathie* für den sich vergeblich anstrengenden Mann aus Nazaret, diesen gescheiterten Revolutionär, sichtbar? Wird nicht spürbar, wie sehr der gescheiterte Revolutionär Kästner selbst im Spiegel dieser Figur, gleichsam als Akt der Selbsterkenntnis, sein eigenes Schicksal ironisch gebrochen reflektiert? Dieses Gedicht stammt aus Kästners drittem Gedichtband “Ein Mann gibt Auskunft” von 1930! Es wurde geschrieben in einer Zeit, die Kästner in der Rückschau anläßlich der Verleihung des Georg-Büchner-Preises 1957 – mehr bescheiden andeutend als pathetisch ausmalend – so charakterisierte: “Im Herbst 1927 erschien mein erstes Buch, ein Gedichtband. Im Mai 1933 fand die Bücherverbrennung statt, und unter den vierundzwanzig Namen, mit denen der Minister für literarische Feuerbestattung seinen Haß artikulierte, war auch der meine. Jede künftige Veröffentlichung in Deutschland wurde mir streng untersagt. Im Laufe der nächsten Jahre wurde ich zweimal verhaftet, und bis zum Zusammenbruch der Diktatur stand ich unter Beobachtung (. . .) Das ist die ‘Karriere’ eines, wie es 1933 hieß, ‘unerwünschten und politisch unzuverlässigen’ Schriftstellers, der fast sechzig Jahre alt ist, und, mit dem Schicksal der meisten anderen. ‘unerwünschten’ Autoren verglichen, war das seinige ein Kinderspiel!”[33]

In der deutschen Literatur der *Nachkriegszeit* spielt der Revolutionär Jesus kaum eine Rolle, wenn auch bei Anna Seghers etwa der revolutionäre Negerführer Toussaint aus “Die Hochzeit von Haiti” Züge eines solchen Jesus (als des befreienden Messias) trägt. Wie schon der “Bruder”, so taucht auch der Revolutionär Jesus verstärkt erst wieder Ende der sechziger, Anfang der siebziger Jahre auf oder – und das ist eine damit zusammenhängende Problematik – wird die Auseinandersetzung mit Jesus von einem revolutionären Standpunkt aus geführt, wie wir es schon bei einem Schriftsteller wie Walter Jens gesehen haben.

> “Wenn zum Beispiel der Genosse Jesus
> nicht verwandt gewesen wäre
> mit diesem Gammler Johannes
> der ähnlich dem Genossen Che
> das Geld ablehnte . . . ”

So beginnt ein "Ostergedicht" von O. Köhler aus der Anthologie "Wir Kinder von Marx und Coca Cola. Gedichte der Nachgeborenen. Texte von Autoren der Jahrgänge 1945–1955."[34] "Ähnlich dem Genossen Che": Als der kubanische Revolutionär *Che Guevara* im Herbst 1967 auf seinem Befreiungsfeldzug in den Bergen Boliviens von Truppen des herrschenden Regimes erschossen wurde, begann er für viele junge Menschen – gerade im "Westen" – zu einer Art Märtyrer des Sozialismus zu werden,[35] dessen Tod mit religiösen Vorstellungen fast genauso verbrämt wurde, wie bald 50 Jahre zuvor der Tod von Rosa Luxemburg von expressionistischen Dichtern wie etwa Johannes R. Becher.[36] Nicht wenige begannen damals das Schicksal des Che Guevara (vergeblicher Einsatz für die Befreiung der Armen, Mord der Herrschenden an ihm, die ihn verfolgt hatten) wie O. Köhler vom Schicksal eines anderen Befreiungshelden her zu deuten, der sich ebenfalls vergeblich für die Befreiung der Armen eingesetzt hatte und der nach Verfolgung durch die herrschende Klasse eines gewaltsamen Todes gestorben war: Jesus von Nazaret. So schildert etwa auch der 1940 geborene Schriftsteller *Peter Schneider* in seiner 1973 erschienenen Erzählung "Lenz" die Begegnung seines Helden Lenz mit einem italienischen Marxisten: "Paolo entwickelte dann sonderbare Zusammenhänge zwischen dem Christentum und dem Marxismus, er behauptete ernsthaft, Che Guevara setze mit der Waffe in der Hand die Arbeit von Jesus Christus fort. Lenz und B. widersprachen."[37] Che Guevara also – ein Nachfolger des Jesus von Nazaret?

Es mag überraschen, daß wir eine der gründlichsten Auseinandersetzungen mit der Figur eines scheiternden Revolutionärs, der auch von der Jesus-Figur her gedeutet wird, bei einem so dezidiert marxistischen Schriftsteller wie *Peter Weiss* finden: vor allem in seinem Drama "Hölderlin" (1971). Anläßlich der Todesnachricht von Che Guevara hatte Peter Weiss ein Telegramm an die kubanische Zeitung "Granma" geschickt, in dem es u.a. heißt:

> "Er glich einem vom Kreuz gelösten Christus
> Ich hasse den Heroismus des Leidens
> Ich hasse den Mystizismus der Auferstehung
> Wir haben ihn allein gelassen
> Er hätte unserer Hilfe bedurft
> Die Erde die er mit seinem Blut tränkte
> Gehört ihm nicht
> Nur die Erde auf der du lebst
> Gehört dir
> Jetzt machen wir einen Märtyrer aus ihm
> Um unser Gewissen zu beruhigen
> Oder irre ich mich
> War er stark aktiv voller Zuversicht
> War er der einzige der Mut hatte
> Lehrte uns mit seinem Tod
> Unsere Feigheit".[38]

Ein Gedicht als Selbstanklage: Der Vergleich mit Christus wird hier in aller Zurückhaltung angestellt und mit dem Ausdruck des Hasses auf den "Heroismus des Leidens" und den "Mystizismus der Auferstehung" stark eingeschränkt, so wie Weiss es in einer anderen Stellungnahme zu Ches Tod 1967 tat, als er sich die Frage stellte: "Hat er sich geopfert? Hat er das Los eines Märtyrers gewählt?" Und sich die Frage so beantwortete: "Wir können keinen Heiligen gebrauchen. Wir lehnen die mystische Verehrung ab, die den Opfertod mit einem Glorienschein umgibt. Wir weisen das Christusbild zurück, die Kreuzesabnahme, das Warten auf die Auferstehung. Was bleibt, ist Ches Tod, der Verrat an ihm, der Hinterhalt, ein zerfetzter Leichnam."[39]

Doch das mit Ches Tod aufgebrochene Thema, welchen Sinn das Selbstopfer des Einzelnen im revolutionären Kampf habe, hat Peter Weiss nicht mehr losgelassen. In seinem Hölderlin-Stück, vier Jahre später, hatte er Gelegenheit, diese Problematik mit Hilfe einer fiktionalen Figur durchzuspielen: er inszenierte im "Hölderlin" ein Stück im Stück, den *Empedokles*. Warum Hölderlin? Warum Empedokles? Bei seinen Studien zu "Hölderlin" hatte Weiss – wie er selber sagte – in dem "phantastischen Empedokles-Fragment" Hölderlins die Geschichte eines sich selbst opfernden revolutionären Helden entdeckt und war fasziniert von der plötzlichen Aktualität dieses Fragments: "Empedokles, in Hölderlins Welt verschlungen, für mich heute zudem in die Welt des Che Guevara verschlungen, behält seine zentrale Aussage."[40] Und für unsere Fragestellung wichtig: Überdeutlich bekommt diese Empedokles-Figur – wie übrigens schon bei Hölderlin selbst – von Weiss Züge des vergeblich kämpfenden, leidenden, verfolgten Christus.[41]

Die dramaturgische Ausgangslage für dieses "Stück im Stück" ist die folgende: Zu Beginn des 2. Aktes hat Hölderlin, der heimliche jakobinische Revolutionär, seine Freunde Hegel, Neuffer, Schelling, Schmid und Sinclair in Homburg (1799) zusammengerufen, um ihnen ein letztes Mal, fast schon verzweifelt, mit Hilfe seiner fiktiven Empedokles-Figur die gegenwärtig nötige politische Handlungsweise, die nach seinem Verständnis nur die gewaltsamer Revolution sein kann, begreiflich zu machen. Empedokles, eine Figur aus dem 5. Jahrhundert vor Christus, ist in diesem Stück der weise Philosoph, Naturforscher, Baumeister und Arzt des Staates Agrigent am Fuße des Vulkans Ätna auf Sizilien, den das Volk zum König machen will. Empedokles aber sieht ein, daß er das Volk nicht von der Unterdrückung durch die erstarrten Gesellschaftsstrukturen befreien kann und entschließt sich, um das Volk aus seiner politischen Lethargie zu reißen (also zu einem Aufstand zu motivieren), ein Signal zu setzen: er verläßt die Stadt, geht in die Berge und versucht, unter den Bauern und Hirten revolutionäres Bewußtsein zu erzeugen. Als er dort auf Ablehnung stößt und von den Staatstruppen verfolgt wird, stürzt er sich in den Ätna.

Deutlich ist hier die Anspielung auf das Schicksal des Che Guevara, deutlich sind aber auch die *Züge Jesu Christi* in diese Gestalt hineinverwoben. Der Passionsweg dieses Empedokles ist in vielem präfiguriert durch den Passionsweg Christi: Vertrieben und verfolgt von den "Hohen Priestern"[42] und von allen Menschen verlassen, muß Empedokles den Weg als "Volks-Feind"[43] gehen, nur von seinem Schüler Pausanias begleitet, ständig auf der Hut vor Verrat derjenigen, die ihm aus Angst die Tür weisen. Ein Bauer nennt ihn den "Verfluchten von Agrigent"[44] und verweigert ihm Obdach (eine deutliche Anspielung auf die biblische Herbergsszene), obwohl Pausanias auf den bereits an den Füßen blutenden Meister verweist: "Sieh ihn nur an"[45] (Ecce homo!). Doch obwohl Bauern und Feldarbeiter wissen, daß sie von ihren Herren ausgebeutet werden, "war es Empedokles / den sie vorüber gehen ließen", was deutlich auf Joh 1,10f verweist.[46]

So ist dieser Mann, wie Hegel es im Stück (freilich voller Verachtung) sagt, der "Erbärmlichste der Armen"[47], den die "Schergen"[48] erledigt haben. Doch wie auch bei Christus der Geopferte am Ende der Sieger ist, so ist auch der scheinbare Sieg der Verfolger des Empedokles in Wirklichkeit "das Zeichen ihrer Niederlage", ist dieser Verworfene "lebendiger als mancher / der sich blühend wähnt".[49] Und die Freunde Hölderlins, die den Empedokles mißverstehen (Hegel spricht von einer "hirnverbrannt / utopischen Figur",[50] Schelling kann in Empedokles' Tat nur eine "poetische Handlung"[51] sehen), werden für Hölderlin zu "Verblendeten",[52] die nicht sehen, daß Empedokles gerade für sie in den Tod gegangen ist. So scheitert der rollenspielartige Demonstrationsversuch Hölderlins und damit seine letzte Hoffnung auf eine grundlegende Veränderung der politischen Verhältnisse. Schon die nächste Szene findet ihn in der Rolle des Wahnsinnigen im Tübinger Turm.

Einige *Kritiker* sind gerade wegen dieser Empedokles-Szene mit Peter Weiss hart ins Gericht gegangen. Reinhard Baumgart etwa spricht hier von einer "theatralischen Che-Devotionalie", einer "theatralischen Heiligsprechung",[53] von "lauter herrlich fernen Opfer- und Andachtsbildern, folgenlosen Explosionen radikaler Innerlichkeit."[54] Doch wird solche Kritik den Intentionen des Stückes nicht gerecht. Da ist eher Manfred Karnick zuzustimmen, der hier differenziert: "Es ist eine würdige, lange verschüttete Tradition, Jesus von Nazaret als irdischen Parteigänger der Entrechteten zu verstehen. Sie ist hier aber umwölkt von Mystizismus und melodramatisch instrumentiert."[55]

Nein, trotz aller berechtigten Kritik geht es Weiss doch um eine grundsätzliche Problematik, die ernstgenommen werden muß. Es geht um die *Frage nach dem Sinn des persönlichen Opfers* des einzelnen im revolutionären Kampf. Dieses Opfer hat nach Weiss drei Funktionen:

1. Es kann durch die "außerordentliche Tat" dazu beitragen, das revolutionäre Feuer, das erloschen ist oder "in Vereinzelten nur/noch weiterglimmt"[56], wieder anzufachen. Dadurch beläßt es der einzelne nicht nur bei der Idee der Revolution. Er springt gewissermaßen "aus der Idee" heraus und zeigt den Menschen gerade so, worauf es in der Praxis ankommt.
2. Dieses "zeigen" ist dabei von konstitutiver Bedeutung. Es ermöglicht die Rückkoppelung an eine Gruppe, für die diese Tat exemplarisch geschieht. Der sich Opfernde bleibt dadurch nicht isoliert, "er wird den nach ihm Kommenden / zum VorBild".[57]

3. Aufgabe der Nachkommenden ist es, die Handlung des einzelnen umzusetzen in die Arbeit der vielen für die gerechte Sache.[58]
Wird hier nicht einiges auch für das Verständnis der Praxis Jesu Christi deutlich? Einiges auch für das Verständnis der Praxis von Christen, die die Nachfolge Christi antreten wollen, freilich nicht mit der Waffe in der Hand, wie Che Guevara und nicht zum revolutionären Guerillakampf aufrufend wie der Hölderlin–Weisssche Empedokles? Der Verweis durch Empedokles auf Jesus Christus stellt den Revolutionär in eine *geschichtliche Solidargemeinschaft* aller, die um ihrer Sache willen, die ja die Sache der Schwachen, Entrechteten ist, ihr Leben aufs Spiel setzen. Der Verweis auf ein geschichtliches Vorbild hat auch für Weiss den Sinn der Selbstdeutung eines Revolutionärs, der um seiner Sache willen auch das Selbstopfer nicht ausschließen darf.
Der Theologe urteile hier nicht zu rasch. Wenn man auch theologisch an der unüberbrückbaren, vor allem an der Frage der Gewalt aufbrechenden Differenz zwischen Jesus hier und den Revolutionären aller Zeiten dort festhalten wird, weil – es kann hier nur kurz angedeutet werden – Jesus von Nazaret eine Revolution für die Beziehung der Menschen untereinander bedeutet, die umfassender, radikaler ist als die der Revolutionäre[59] (Walter Jens hat dies in seinem "Traktat" ausgeführt), so ist hier dem großen Ernst und dem letzten Einsatz, den Peter Weiss von einem für die revolutionäre Sache engagierten Menschen erwartet, der Respekt nicht zu versagen. Der Verweis auf Christus deutet gerade die Tiefe an, um die hier gerungen, macht den letzten Einsatz klar, um den hier gespielt wird.
Die *Zeitschichten* spielen im Deutungsgeschehen dieses Stückes eine wichtige Rolle. Die hier vorliegende fünffache Zeitschichtung ist Ausdruck eines Geschichtsverständnisses, das Geschichte als Ablauf sich ständig wiederholender gleicher Strukturen und Konflikte begreift. Allein die Tatsache, daß Empedokles 500 Jahre vor Christus vom Schicksal Jesu Christi her rückschauend gedeutet werden kann, läßt die *Austauschbarkeit der Zeitschichten* in diesem Stück erkennen.

1. Schicht: Zeit des Autors oder des Zuschauers
2. Schicht: "Zeit" Che Guevaras; nach dem Sinn seines Opfers wird gefragt und auf Hölderlin verwiesen
3. Schicht: Zeit Hölderlins, der mit Hilfe der Figur des Empedokles seine Situation interpretiert (Stück im Stück)
4. Schicht: Zeit des Empedokles, dessen Schicksal im Rollenspiel auf Jesus Christus verweist
5. Schicht: "Zeit" Jesu von Nazaret, nur in Anspielung evoziert.

So entsteht in diesem Stück mit Hilfe der Silhouettentechnik ein vielfaches Deutungsgeflecht der Figuren untereinander. Sie interpretieren sich gegenseitig und verleihen sich so Kontur.
Der Kritiker Klaus L. Berghahn ist über die christologische Deutung der Empedokles-Figur hinaus noch einen Schritt weitergegangen. Er nennt sogar Hölderlin

selbst, der in der folgenden Szene in eine Zwangsjacke gesteckt erscheint und dessen Gesicht mit einer ledernen Maske unkenntlich gemacht worden ist, einen "Schmerzensmann der verratenen Revolution", eine "säkularisierte Christusfigur".[60] Wenn auch mit der Selbstdeutung Hölderlins durch die Empedokles-Figur ein solcher Analogieschluß naheliegt, ist hier doch Vorsicht geboten, weil textlich Belege für eine solche Interpretation nicht beizubringen sind. So kann Peter Weiss hinsichtlich der Christusfigur einen "Hedonismus des Leidens" und einen "Mystizismus der Auferstehung" ablehnen, wobei Weiss damit nur zwei gängige Mißverständnisse von Kreuz und Auferweckung ablehnt. Als Deutungsfigur des sinnvollen Selbstopfers, als Sinnbild, Vorbild im Kampf um die Befreiung des Menschen aber wird auch der Figur Christi der Respekt nicht versagt.

In der Erzählung von *Alfred Andersch* mit dem Titel "JESUSKINGDUTSCHKE" aus seinem Prosaband "Mein Verschwinden in Providence" (1971) wird die Auseinandersetzung mit der Jesusfigur vom revolutionären Standpunkt aus um ein weiteres Problem vertieft.[61] Es geht um das Problem *Gewalt oder Gewaltlosigkeit* im Kampf um die politische Veränderung der Gesellschaft, wie es im "Traktat" von Walter Jens schon diskutiert wurde und wie es auch bei Ernst Eggimann schon anklang.

"JESUSKINGDUTSCHKE" schildert eine Episode aus den Berliner Studentenunruhen Ende der sechziger Jahre. Der Soziologiestudent Marcel trägt bei einer Demonstration infolge einer gewaltsamen Auseinandersetzung mit der Polizei eine Platzwunde am Kopf davon. Seine Freunde, die Medizinstudentin Carla und der Architekturstudent Leo, versuchen den Verwundeten in ein Krankenhaus zu bringen, doch der Taxifahrer, den sie ansprechen, lehnt die Fahrt aus Ressentiment gegen Studenten ab. So machen sie sich zu Fuß auf den Weg ins Krankenhaus.

Die Gespräche der Studenten unterwegs kreisen um marxistische Gesellschaftstheoretiker. Von Lukács' Kritik an Bucharin etwa ist die Rede, wobei sie Lukács zustimmen: "Sie stimmten Lukács zu, der natürlich ganz genau das Gefährliche an Bucharin erkannt hat und ihn mit Lenin niederknüppelt."[62] Doch sofort wird die sozialtheoretische Phraseologie problematisiert und das "Niederknüppeln", eben eine noch fast sportliche Metapher, bekommt plötzlich einen erschreckenden politischen Realitätsbezug, als Carla fragt: "Wißt ihr eigentlich, wie Bucharin umgekommen ist? (. . .) Bucharin hat sich vor Gericht als verbrecherischer Charakter bezeichnet. Er hat Trotzki verleugnet. Am Morgen seiner Erschießung mußte man ein wimmerndes Stück Fleisch aus der Zelle ziehen. Noch das Exekutionskommando hat er um sein Leben angebettelt."[63]

Kommt hier schon die allzu *optimistische revolutionäre Ideologie in die Krise,* so gewinnt die Problematik in der nächsten Szene vollends Kontur. An einer Wand entdecken die drei plötzlich eine Aufschrift. Drei Namen, die aber so eng zusammengeschrieben sind, daß sie wie ein Name wirken: Jesus, Martin Luther King und Rudi Dutschke, einer der damaligen Studentenführer. Ihre Reaktion ist aufschlußreich:

"'Es gibt noch Irre unter uns', sagte Leo. Er lachte laut auf. Die beiden anderen blieben stumm. Nach einer Weile sagte Carla: 'Weißt du, so irre finde ich das gar nicht.' Marcel starrte finster auf die Buchstaben. 'Alle diese Apostel der Gewaltlosigkeit!' sagte er. 'Na, Dutschke, kannst du doch nicht zu denen rechnen', wandte Leo ein. 'Hör mir mit Dutschke auf!' sagte Marcel. 'Er quatscht immer nur vom langen Marsch durch die Institutionen. Mehr ist ihm bis jetzt nicht eingefallen.' "[64]

Ihr Gespräch zerstreut sich. Doch das Thema Gewalt – Gewaltlosigkeit läßt Leo, aus dessen Perspektive die Erzählung hauptsächlich zuende erzählt wird, nicht mehr los. Es bohrt weiter in ihm: er ist betroffen. Diese Betroffenheit vermischt sich mit einem von ihm so empfundenen Versagenserlebnis, als er nicht den Mut aufbrachte, Marcel bei der Demonstration vor den Schlägen der Polizei zu schützen, obwohl er den Polizisten an Körperkraft überlegen war: "Ich habe Angst vor der Gewalt (. . .) Da kann ich doch nicht mehr dafür eintreten, daß andere die Gewalt anwenden, zu der mir der Mut fehlt."[65]
Aber auch die Position der "Apostel der Gewaltlosigkeit" findet Leo problematisch: "Sanft sein, weil man feige ist: also nein!" Doch – auch diese Frage stellt sich Leo – ob solche subjektiven Überlegungen im revolutionären Kampf überhaupt eine Rolle spielen? Leo spielt Argumente Marcels durch, die dieser ihm entgegenhalten würde: von der objektiven Bedeutung der Gewalt, von der Zersetzung des revolutionären Denkens durch Psychologie. Denn Marcel glaubt "an die Macht objektiver Erkenntnisse", glaubt daran, "daß ihnen gegenüber subjektive Schwächen gar nicht ins Gewicht fielen."[66]
So endet diese Erzählung mit einer *offenen Frage.* Die ganze Erzählung ist gleichsam eine offene Frage, mehr Skizze, mehr Problemaufriß als geschlossenes Erzählstück. Dem Leser wird kein fertiges Produkt geliefert, sondern ein Fragment, das zum Weiterdenken herausfordert, ein Problemrahmen, der der Füllung durch den Leser bedarf.
Wichtig ist hier die erzähltechnische Funktion Jesu (und der anderen Figuren). Jesus wird wieder blitzartig evoziert und verändert so die ganze geistige Struktur. Der Betroffene muß sich mit ihm auseinandersetzen, ob zustimmend, ob ablehnend: Jesus ist Katalysator des Denkens. Die sozialtheoretische Diskussion wird plötzlich um eine Dimension bereichert, die der Auseinandersetzung Tiefenschärfe verleiht. Dabei darf die Charakterisierung der "Apostel der Gewaltlosigkeit" (Sanftheit aus Feigheit) nicht überbewertet werden. Sie ist mehr Ausdruck der Krise des politischen Selbstverständnisses des Studenten als abschließendes Urteil. Zugleich provoziert die lapidare Kürze der Bewertung den Leser zur Stellungnahme. Denn: Daß Jesu Praxis der Gewaltlosigkeit nicht aus Feigheit resultiert, vor allem nicht als Alibi für politische Neutralität mißbraucht werden darf, hat kein anderer besser demonstriert als der genannte Martin Luther King.
Welche *Funktion* hat der Bezug zu Jesus hier? Entscheidend ist: Er führt die revolutionäre Gewaltideologie in die Krise, weil von Jesus her die unverzichtbaren *Rechte des einzelnen,* seine *Freiheit und Menschenwürde* eingeklagt werden gegen solche, die – mit der Theorie von den objektiven Geschichtsprozessen im Hinter-

grund – glauben, sich auch mit Gewalt über diese Rechte hinwegsetzen zu dürfen. Jesus steht also in dieser Erzählung als Garant für die Würde des einzelnen (ohne daß diese Würde zum Subjektivismus erstarren dürfte) gegen eine revolutionäre Gewaltideologie, die diese zu überspielen droht.

An einem jüngsten Beispiel aus der deutschen Literatur läßt sich gerade zeigen, wie Jesus Christus als Instanz für Freiheit und Würde des Menschen gegenüber einem revolutionären Regime auftreten kann, das mit Berufung auf eben die objektiven Geschichtsprozesse die Gewaltherrschaft schon längst praktiziert. Auch dies ist ein unverzichtbarer Beitrag zum Thema: Jesus und die Revolutionären unserer Zeit!

In dem Prosaband des 1977 aus der DDR ausgebürgerten Schriftstellers *Reiner Kunze* "Die wunderbaren Jahre" (1976) findet sich folgender Abschnitt:

> "Beweggründe
>
> In E., sagte sie, habe sich ein Schüler erhängt.
> Am nächsten Morgen hätten Jungen verschiedener Klassen schwarze Armbinden getragen, aber die Schulleitung habe durchblicken lassen, daß die Armbinden als Ausdruck oppositioneller Haltung gewertet würden. Der Schüler sei Mitglied der Jungen Gemeinde gewesen und habe einen Zettel mit durchkreuztem Totenkopf und der Aufschrift 'Jesus Christus' hinterlassen. Als erste hätten die Abiturienten die Armbinden abgelegt, weil sie kurz vor den Prüfungen stehen.
> Einigen Schülern, die nicht in die Klasse des Toten gehen, sei es vom Lehrer erlaubt worden, an der Beerdigung teilzunehmen, aber auf Anordnung des Direktors habe der Lehrer die Erlaubnis rückgängig machen müssen. Dem Pfarrer sei es nicht gelungen, den Direktor umzustimmen.
> Die Parteimitglieder habe man angewiesen, Gespräche über den Toten zu unterbinden. Am Tag der Beerdigung sei für die Zeit des Unterrichts ein Schülerwachdienst eingeführt worden, und die Schultür sei abgeschlossen gewesen."[67]

Parabelhaft verknappte realistische Miniaturen, herausgestochene Medaillons hat man diese Prosa Kunzes genannt[68], herausgestochen aus dem Alltag einer sozialistischen Gesellschaft, die alles Außenseitertum als Bedrohung empfindet und auf Abweichen von der staatlich verordneten Linie mit Druck, ja mit Terror reagiert. Schon der Wunsch, ein Jazzkonzert zu hören, Pasternak oder Solschenizyn zu lesen ("Gesindel" im offiziellen Jargon) oder gar zu reisen, genügt, um rasch in den Verdacht zu kommen, ein Außenseiter, ein Abweichler zu sein.

Auch alles, was in den Bereich der *Religion* fällt, ist verdächtig: Einem Lehrling wird in einem sozialistischen Lehrlingswohnheim verboten, eine Bibel auf sein Bücherregal zu stellen. Er wollte sie lesen, "nicht weil er gläubig ist, sondern weil er sie endlich einmal lesen wollte."[69] Doch die Bibel wird in diesem gesellschaftlichen Kontext ein beunruhigendes, subversives Buch, der Lehrling zum unsicheren Kandidaten. Lehrer müssen auf Anweisung der Schulbehörde Schülern verbieten, Orgelkonzerte in einer Kirche zu besuchen. Sie stellen die Eltern vor die Wahl: "Entweder oder". Doch die Schüler lassen sich nicht einschüchtern. Denn: "In der Kirche müssen sie nichts sagen, was sie nicht denken (. . .) Hier ist ein Ruhepunkt der Woche."[70]

Im zitierten Abschnitt “Beweggründe” ist es Jesus Christus selbst, der den, der sich mit ihm identifiziert, zum Außenseiter bis über den Tod hinaus stempelt. Der durchkreuzte Totenkopf und der Verweis auf Christus sind Symbolhandlungen; sie stehen für eine Hoffnung auf die verheißene Auferstehung der Toten, die die Realität der vorfindlichen Welt übersteigt. Daß der Bezug auf eine transzendente Realität von den Machthabern des Diesseits als Bedrohung empfunden wird, macht deren Reaktion überdeutlich. Alles, was sich der Kontrolle der Kontrolleure des Diesseits entzieht, ist gefährlich. Die abgeschlossene Schule, der Schülerwachdienst sind symbolhaft verdichtete Spiegelungen einer Gesellschaft, die sich in panischer Angst am Diesseits festklammert, die Öffnung auf eine größere Wirklichkeit verweigert und mit Drohung, Einschüchterung und Gewalt den Menschen die Entfaltung ihrer individuellen Freiheit versagt.
Wir wollen zum Abschluß dieses Kapitels kurz eine Antwort auf die Frage versuchen, worin sich die vom revolutionären Standpunkt aus erfolgte Interpretation der Jesusfigur in der Literatur nach 1945 von der vor 1945 unterscheidet:

1. Am auffälligsten ist: Nach 1945 gibt es *keine sozialrevolutionären Jesusromane* mehr, wie sie etwa Henri Barbusse schrieb oder Max Kretzer. Jesus tritt nicht mehr als sozialer Befreier in einer fiktiven modernen Umwelt direkt in Erscheinung. Man könnte hier vom Verlust einer gewissen literarischen Naivität sprechen, die glaubte, Jesus so literarisch und theologisch adäquat abbilden zu können.

2. Wenn Schriftsteller Jesus noch direkt als Revolutionär ansprechen, dann wie Kästner schon vor 1945 in ironischer *Distanz* oder parodierender *Verfremdung,* mit Skepsis (P. Schneider) oder vereinzelt in provokativer Pointierung (O. Köhler).

3. Das Neue an der sozialrevolutionären Interpretation der Jesusfigur nach 1945 besteht in doppelter Hinsicht: a. Es geht heutigen Autoren nicht um die Wiederbelebung der Figur des Revolutionärs Jesus, nicht um die Reproduktion des alten sozialrevolutionären Jesusbildes, sondern um die *Spiegelung* gegenwärtiger sozialrevolutionärer Probleme (bei Weiss das Selbstopfer, bei Andersch die Gewalt-Gewaltlosigkeitsfrage) mit Hilfe dieser Figur. Von Jesus her wird die gegenwärtige gesellschaftlich-individuelle Problematik auszuleuchten versucht, wie dies Walter Jens in seinem “Traktat” vordemonstriert hat. Jesus steht für eine Haltung der *Gewaltlosigkeit* im gesellschaftlichen Kampf, an der auch die Revolutionäre nicht vorbeigehen können.
b. Stand in den traditionellen sozialrevolutionären Jesusinterpretationen Jesus oft an der Seite revolutionärer Parteien (Kommunisten, Sozialisten) und kämpfte er mit ihnen gegen Unterdrückung und Ausbeutung der Armen, so ist Jesus (Kunze zeigt es) jetzt auf der Seite der Menschen, die ihre Freiheit *gegen ein etabliertes kommunistisches System* zu verteidigen haben. Jesus wird hier zu einer Hoffnungsfigur für mehr Menschlichkeit, für ein “ganz anderes” Leben, aber auch zu einer Zufluchtsstätte, einem Asyl für alle die, die von Parteien, Systemen, Ideologien, welcher politischer Provenienz auch immer, unterdrückt und verfolgt werden.

3. Jesus und die Irren, die Narren, die Komödianten und Clowns

Als die Angehörigen Jesu hörten, er ziehe im Lande herum und predige, wollten sie ihn mit Gewalt zurückhalten. Sie dachten, er sei verrückt geworden. So berichtet Markus. Der Gottessohn – ein Verrückter?
Als Jesus behauptete, die Tochter des Synagogenvorstehers Jairus sei nicht tot, sie schlafe nur, lachten die Leute ihn aus. So berichtet Mattäus. Der Gottessohn – ein Wahnsinniger?
Als Jesus vor Herodes stand und sich die Beschuldigungen der Leute anhören mußte, sprach er kein Wort. Doch Herodes und seine Soldaten verhöhnten ihn und trieben ihren Spott mit ihm. Sie ziehen ihm ein Prachtgewand an und schicken ihn zu Pilatus zurück. So berichtet Lukas. Der Gottessohn – ein Narr?[77]
Das sind Züge des Bildes Jesu Christi schon im *Neuen Testament*, die allzugerne vor lauter christologischer Goldgrundmalerei vergessen werden. Allzuleicht wird vergessen, daß für Paulus die Botschaft vom Kreuz eine "Torheit" war, daß die älteste Kreuzesdarstellung, die wir besitzen, eine Spottkarikatur ist: der Gekreuzigte mit dem Eselkopf. Allzuleicht wird vergessen, daß es vom frühen Mittelalter bis in die Gegenwart hinein eine Tradition des christlichen Narrentums gegeben hat, von Symeon und Andreas, den Narren aus dem 6. und 10. Jahrhundert angefangen über den Büßernarren Jacopone da Todi († 1303), Cervantes' "Don Quichote" (1605–15) bis hin zu Dostojewskis Fürst Myschkin aus "Der Idiot".[72]
Gerade in unserem Jahrhundert hat das literarische Interesse an diesem Thema zugenommen, wobei drei Motivgruppen der literarischen Rezeption zu unterscheiden sind.

a. *Die Irren*

"Die psychiatrische Beurteilung Jesu. Darstellung und Kritik" hatte *Albert Schweitzer* seine 1913 von der medizinischen Fakultät der Universität Straßburg als Dissertation angenommene Arbeit genannt, in der er sich mit der damals aufkommenden psychiatrischen Deutung des Nazareners als eines Paranoikers auseinandersetzte.[73] Diese wissenschaftlich-medizinischen Untersuchungen hatten damals einen nicht geringen Einfluß auch auf literarische Jesusdarstellungen, wie Theodore Ziolkowski herausstellt.[74] *Gerhard Hauptmanns* Roman "Der Narr in Christo Emanuel Quint" ist wesentlich unter dem Interesse, den psychiatrischen Aspekt der Religion zu beleuchten, geschrieben worden, wenn Hauptmann etwa das paranoide Sich-Hineinsteigern seines Helden Quint in mystische Erlöser-Wahnvorstellungen zeigt. Auch der Roman "Jesus im Böhmerwald" (1927) des österreichischen Schriftstellers *Robert Michel* (1876–1957) gehört hierher; er zeigt "Jesus" als geistig behindertes Kind einer geistig behinderten Mutter, die in ihrem Wahn dem Sohn den Namen Jesus gegeben hatte.
Eine der eindrucksvollsten literarischen Darstellungen der Verknüpfung von Reli-

gion und Wahnsinn findet sich in der Erzählung "Der Dieb" (1911) des expressionistischen Dichters *Georg Heym* (1887–1912).[75] Diese Erzählung ist die Fallstudie eines Mannes, der sich im Wahn für einen zweiten Christus hält. Da der ursprüngliche Christus die Menschen nicht endgültig vom Bösen erlösen konnte, muß das Erlösungswerk noch einmal getan werden. Das Böse aber ist für diesen Besessenen das Weib, und Symbol des Weibes schlechthin ist die lächelnde Mona Lisa des Leonardo da Vinci. Dem Mann gelingt es, das Bild aus dem Louvre zu stehlen, mit ihm nach Florenz zu fliehen (Heym spielt hier auf eine wahre Begebenheit des Jahres 1911 an), um es in einem langsamen Prozeß der Zerstörung zu vernichten, bis er am Schluß zusammen mit dem Bild in den Flammen seiner Wohnung umkommt. Texte aus der Leidensgeschichte (der Mann lebt in einem "Gethsemane dieser Dachstube") werden zur wahnhaften Identifikation, Texte aus der Apokalypse (die "große Hure", das "Weib", die "Tiere") werden zu Projektionsbildern seines seelischen Zustands verwandt.

Auch *nach 1945* bleibt das Irrenthema für die Auseinandersetzung mit der Jesusfigur literarisch herausfordernd. Wieder setzt eine solche Auseinandersetzung erst nach 1970 verstärkt ein. Ernst Eggimann und Heinar Kipphardt sind hier zu nennen. Dabei werden gegenüber der Zeit vor 1945 entschieden *neue Darstellungsakzente* gesetzt:

1. Ging es Hauptmann, Michel, Heym darum, Figuren psychiatrisch zu deuten, die sich in ihrem Wahn für Christus, den Erlöser, hielten, geht es bei Eggimann nur um eine Begegnung Jesu mit Menschen in einem "Irrenhaus".

2. Zwar erscheint die Hauptfigur in Kipphardts Stück, der schizophrene Dichter Alexander M., am Anfang und am Ende als Christusfigur, doch dessen Identifikation ist nicht Ausdruck seines erlöserhaften Selbstbewußtseins, sondern kritische Schutzrolle gegenüber einer Gesellschaft, deren Unmenschlichkeit im Umgang mit geistig Kranken offengelegt wird.

In *Ernst Eggimanns* Gedicht "Apokrypher Mythos aus dem beginnenden Wassermannzeitalter" wird Jesu Begegnung mit geistig kranken Menschen in einem "Irrenhaus" geschildert:

"im irrenhaus
erkennt ihn aber ein christus
legt seinen namen ab und
wird ein paulus
ein anderer gibt ihm den kuß
dann versuchen sie ihn frühmorgens
am stiegengeländer zu kreuzigen

weil sich die visionen häufen
und viele irren
in der nacht zu leuchten beginnen
bei stundenlangen gesängen
entläßt man ihn wieder
auf die Straße"[76]

Wichtig ist: Im Gegensatz zu den "normalen" Menschen wird Jesus hier von den "Irren" sofort erkannt; zunächst von einem, der sich selber für Christus gehalten hat, der in der Begegnung mit dem "wahren" Christus aber zu einem Paulus, das heißt zu dessen Verkünder, wird; dann wird er von allen erkannt. Diese Menschen beginnen Beziehungen zu Jesus herzustellen und im Rollenspiel die Passions- und Kreuzigungsszene nachzuspielen. Dabei löst Jesu Erscheinen bei ihnen Freiheitsvisionen aus, die für die Anstalt so gefährlich sind, daß Jesus das Haus verlassen muß. Jesus – der Freiheitsbringer auch für diese Menschen?

Auf ganz anderem literarischen, gesellschaftspolitischen, aber auch theologischen Niveau als bei Eggimann erfolgt die Auseinandersetzung mit dem Thema der Psychiatrie, näherhin der psychiatrischen Behandlung von Kranken in Kliniken, in einem 1976 erschienenen Stück von *Heinar Kipphardt:* "Leben des schizoprenen Dichters Alexander M.". Dieses Stück, dessen Text in Form eines Drehbuchs für einen Film gedruckt vorliegt,[77] ist eine einzige Anklage gegen heute gängige Behandlungspraktiken in psychiatrischen Kliniken, wo Patienten – das macht der Autor deutlich – nicht geheilt, vielmehr mittels teils subtiler, teils brutaler medizinischer, psychiatrischer Disziplinierungs- oder Abrichtungstechniken erst vollends deformiert werden. Auch der "fortschrittliche" Psychiater Kofler, der – den Fall Alexanders richtig einschätzend – neue Wege therapeutischer Betreuung zu gehen versucht (Therapiegemeinschaft), scheitert im Stück zuletzt an der verbürokratisierten Form herkömmlicher psychiatrischer Kliniken. Die Psychiatrie also: "Heilige Inquisition der seelischen Gesundheit", wie Alexander M. es einmal formulierte?[78]

Für unsere Themenstellung ist von besonderem Interesse: Das Stück wird eingerahmt von zwei Szenen, in denen Alexander jedesmal in der Nähe der Klinik auf einem Baum die Rolle des gekreuzigten Christus spielt. An der Straße, die dort vorbeiführt, hat er jedesmal ein Schild angebracht, das in seine Richtung zeigt: "Ecce homo" steht darauf. In beiden Fällen entdeckt ihn dort sein Arzt Kofler. Doch während in der ersten Szene Alexander noch folgsam den Arzt in die Klinik zurückbegleitet, zündet er in der letzten Szene den Baum, den er mit Benzin übergossen hatte, an und verbrennt sich bei lebendigem Leib. Wie konnte es dazu kommen?

Das Stück beginnt mit der ersten Baumszene:

"Kofler: Wieso eigentlich Christus?
Alexander: Christus wäre recht. Ich, wäre ich Christus, wäre recht.
Kofler: Was interessiert sie an Christus?
Alexander: Daß er wie ich von seinesgleichen ermordet wurde.
Kofler: Sie? Warum?
Alexander: Ich bin nichts wert. Ich kann mich nicht einordnen.
Kofler: Wollen sie sich denn einordnen?
Alexander: Wenn ich es könnte, möchte ich es gerne wollen."[79]

Was bedeutet der Vergleich mit Christus für Alexander? Er bedeutet *Differenz und Identifikation* zugleich. Christus ist für ihn die (noch) unerreichbare Figur menschlicher "Ganzheit", eine für ihn "noch nicht" erreichte Form menschlicher Identität: "Ich, wäre ich Christus, wäre recht." Zugleich ist Christus eine Identifikationsfigur, eine Spiegelfigur, an der das eigene Schicksal gedeutet werden kann, eine Deutung, die in den Protest umschlägt, ein Signal setzt und eine Warnung an die Gesellschaft ausspricht, ihm nicht das gleiche Schicksal wie Christus zu bereiten.

Das ist die Ausgangslage für die Darstellung des Lebens des Patienten Alexander M., das nun vor dem Zuschauer abrollt. Die psychiatrische Anamnese wird dabei zur anklägerischen Aufarbeitung zwischenmenschlicher (Elternkonflikte) und gesellschaftlicher Schäden, die dem Patienten in der Vergangenheit zugefügt wurden. Die Analyse psychischer Zwänge wird zur Analyse familiärer und gesellschaftlicher Ursachen, die die Zwänge ermöglichten. Konkret: Vom Vater ablehnend behandelt, von der Mutter bis zur Auslöschung von Eigeninitiative und Eigenverantwortung in Besitz genommen ("Lange vor unserer Geburt haben die Eltern beschlossen, wer wir sein sollen")[80], empfindet Alexander gerade die Familie als "Ursprung und Brutstätte des Wahnsinns".[81] Von seinen Kameraden wegen eines Sprachfehlers zum Außenseiter gestempelt, von einer repressiven Sexualerziehung zu Verklemmungen und Schuldgefühlen verdammt, in Schule, Ausbildung und beim Militär scheiternd gerät Alexander immer mehr unter seine schizoiden Wahnvorstellungen. Doch – und dies ist das entscheidende: In diesem Stück Kipphardts, der selber zuerst Jahre hindurch als Psychiater tätig war, bevor er Dramaturg wurde, ist nicht das Opfer der Gesellschaft eigentlich krank, sondern die Gesellschaft selber, die Menschen zu solchen Opfern werden läßt.

So ist das, was die Umwelt bei Alexander als Wahn empfindet, für diesen selbst *Durchbruch zur Erkenntnis,* ein neues Sehen, das seine Abhängigkeit von familiären und gesellschaftlichen Zwängen durchschaut hat; seiner Mutter gegenüber erklärt Alexander plötzlich, er sehe jetzt "das ganze System der Gewalt"[82] und weist ihre Umarmung zurück; er fühle sich "via Fernsehen" "auf ganz brutale Weise abgehört und abgefühlt"[83] und wirft den Apparat aus dem Fenster; am Arbeitsplatz fühlt er sich "ferngelenkt".[84] So werden in diesem Stück die Perspektiven umgekehrt in einer Dialektik von Krankheit und Gesundheit, Normalität und Abnormalität. Die "Normalität" der Gesellschaft soll als der eigentliche Wahnsinn, der Wahnsinn der "Verrückten" dagegen als die eigentliche Hellsicht verstanden werden. In einem Brief an den Anstaltsleiter schreibt Alexander: "merke: wenn karl fuchs äußert, die a-bombe ticke in seinem kopf und das gilt als wahn, so hält das den bomberpiloten gesund, in dessen maschine sie wirklich tickt und der sie abwirft".[85]

Die Behandlungsmethode Koflers, der seine Kranken wie Menschen und nicht wie Untermenschen behandelt, beginnt nun, erste Früchte zu zeigen: Alexander wird freier, selbstbewußter. Der *Menschwerdungsprozeß beginnt.* Es gelingt ihm sogar, Kontakte zu einer Frau in der Klinik anzuknüpfen, Anerkennung zu finden, Verklemmungen abzubauen. Beide beginnen tastend, scheu, in zärtlicher Zuneigung die Defekte ihres Lebens und ihrer Seele wechselseitig aufzudecken, Wünsche zu artikulieren, Hoffnungen zu beschreiben und sich gemeinsam auf diesen schwierigen Weg der Menschwerdung zu machen. Als sie einmal bei einem Zusammensein erwischt werden, weiß Alexander keinen anderen Ausweg, als den Wächter niederzuschlagen und zu fliehen. Beide werden wieder "eingefangen", doch der so erfolgversprechende Therapieversuch wird von der Anstaltsleitung wegen juristischer Konsequenzen aus dem Vorfall sofort abgebrochen und Alexander mit brutaler Gewalt auf die Isolierstation geschleppt. Doch das war nur der vorletzte Schritt auf dem Passionsweg des Alexander M. Er bricht aus der Anstalt aus, schlüpft zum letzten Mal in die Rolle des Gekreuzigten, bevor er sich auf seinem Baum selbst verbrennt.

"Ecce homo": Seht, welch ein Mensch! Seht, was Erziehung, Familie, Gesellschaft mit all den Institutionen und Anstalten aus einem Menschen machen können! Seht, wie die Gesellschaft mit solchen Menschen umgegangen ist und noch immer umgeht: Man nennt sie Irre, Spinner, Meschugge, Bestußte, Bekloppte, man nennt sie hintersinnig, gestört, plemplem, wahnwitzig, besessen, umnachtet und die Häuser, in die man sie verfrachtet, heißen Narrenhaus, Tollhaus, Spinnhaus, Klapsmühle![86] Der Bezug auf biblisches Sprachmaterial hat hier den Gestus der Anklage. Die Rolle des Gekreuzigten, in die das Opfer schlüpfte, ist eine Schutzrolle, eine letzte Zufluchtsstätte für die Verfolgten, die keine Stätte mehr haben. Sie ist auch ein unüberhörbares Signal des Protestes: In diesem von einer "wahnsinnigen" Gesellschaft deformierten Menschen ist auch Christus gekreuzigt. In aller subtilen Doppelsinnigkeit läßt Kipphardt in einer Szene in der Anstaltskapelle die Frauen der geschlossenen Abteilung den Lobgesang der Maria des Bartholomäus Gesius (1603) singen: Ausdruck einer von Christus versprochenen Verheißung, die hier indirekt eingeklagt wird, zugleich die einzige sprachliche Ausdrucksform der Opfer, die keine Sprache mehr haben:

> "Wer niedrig ist und klein geacht',
> an dem übst du dein göttlich Macht
> und machst ihn einem Fürsten gleich,
> die Reichen arm, die Armen reich."[87]

b. Die Narren

Sind die Irren "in Christo" pathologische Fälle, so sind die Narren in Christo Rollen, in die auch der geistig "Gesunde" hineinschlüpfen oder in denen er gezeigt werden kann. Doch ist der Sprachgebrauch hier fließend; der Irre und der Narr, beide sind im konkreten oft schwer voneinander zu unterscheiden: Gerhard Hauptmann kann seinen Roman "Der Narr in Christo . . . " nennen, was insofern berechtigt ist, als Quint noch im ersten Teil des Buches zwischen Rolle und Realität zu

unterscheiden weiß (Narr) und erst im zweiten Teil in die paranoide Halluzination hineinwächst (Irrer). Ein Grenzfall ist etwa auch der Don Quichote des Cervantes, der doch vor allem ein "Narr in Christo" ist und nicht einfach ein pathologischer Fall, obwohl seine Umwelt ihn zweifellos so sieht; ähnlich der Fürst Myschkin des Dostojewski, auch er keine pathologische Figur, obwohl er an Epilepsie leidet.
Nur selten taucht die Figur des Narren zur Deutung Christi oder christlicher Existenz in der deutschen Literatur auf. Im ersten Tagebuch von *Max Frisch* etwa, das mit Skizzen zu einer "andorranischen" Erzählung beginnt, deren Held der Puppenspieler Marion ist. Marion ist der Unschuldige, der Unverfälschte, der Narr, der die korrupte Welt allen Ernstes noch bekehren will: mit seinen Puppen, mit Jesus Christus im Koffer.[88] Oder bei *Dieter Forte:* In seinem Stück "Martin Luther und Thomas Münzer oder die Einführung der Buchhaltung", wo Theologie und Kirche nur noch fromme Fassade einer Politik nackter Geld- und Machtinteressen ist, kann von Jesus Christus, dem solch ein Christentum Hohn spottet, nur noch der Hofnarr reden. Es ist der Hofnarr Friedrichs von Sachsen, der sein närrisches "Oh Herre Christ, oh Jesulein / Oh Herre Christ, oh Jesulein" fortgesetzt plärrt.[89] Und in einem Gedicht von *Eva Zeller* "Karnevalsgag" wird in komödiantischer Verkleidung der gekreuzigte Gott zum Gespött der Menschen.[90]
Liegt es an großen, unerreichbar scheinenden literarischen Vorbildern, daß der Narr in Christo zu einer seltenen Figur in der deutschen Literatur geworden ist? *Friedrich Dürrenmatt* vor allem hat sich mit dieser Figur in verschiedenen seiner Theaterstücke auseinandergesetzt. Es sind hier vor allem die Wiedertäuferstücke zu nennen: "Es steht geschrieben" (1945/46), neu bearbeitet 1967 unter dem Titel "Die Wiedertäufer" oder auch das Stück "Die Ehe des Herrn Mississippi" (1957). Wir wollen versuchen, uns die Funktion des Narren in Christo bei Dürrenmatt anhand des neubearbeiteten Wiedertäufer-Stücks klarzumachen.[91]
Im Stück *"Die Wiedertäufer"* verkörpern zwei Figuren Narren in Christo. Jan Matthisson und Knipperdollinck. Die Täufer, eine radikale Sekte protestantischer Schwärmer, waren unter Führung von Jan Bockelson (im neubearbeiteten Stück ein gescheiterter Schmierenkomödiant) im Münster des Jahres 1533/34 an die Macht gekommen und hatten ihr Täuferreich errichtet, das sie nach biblischen Vorbildern vom Reich Gottes gestalteten: Nächstenliebe, Gleichheit aller Menschen, Volksgemeinschaft, Gütergemeinschaft.[92] Doch während für den Schauspieler Bockelson die Rolle des Täuferkönigs, die größte Rolle seines Lebens, bloße Komödie ist, ist für andere, Matthisson und Knipperdollinck, ihr Täufertum radikal verstandene Wirklichkeit.
So werden sie zu Narren in Christo.[93] Ihr Narrentum besteht darin, daß sie das Wort Christi aus der Schrift wortwörtlich ohne Rücksicht auf die Realität in die Praxis umsetzen. Jan Matthisson wird zum Narren, weil er es ablehnt, die Stadt mit der Waffe zu verteidigen, als der vertriebene Bischof mit einem Heer die Stadt wieder belagert. Er hält die Verteidigung ihrer Täuferstadt für Gottes Sache. Knipperdollinck – früher ein wohlhabender Mann und Bürgermeister der Stadt – wird

zum Narren, weil er das Wort Christi "Verkaufe alles, was du hast und gib es den Armen" wörtlich als direkte Aufforderung an sich versteht. Er verschenkt seinen Reichtum an Bockelson und lebt von nun an in der Gosse, den "Ratten das Kommen des Friedensfürsten"[94] predigend. Beide Figuren scheitern: Matthisson wird von den Truppen des Bischofs niedergemacht, als er diesen allein entgegengeht. Knipperdollinck endet nach Eroberung der Stadt auf dem Folterrad.
Kontrastfigur zu diesen beiden Narren ist der *Bischof,* ein Mann, den seine Erfahrung, seine Welt- und Menschenkenntnis, zum Skeptiker haben werden lassen. Er weiß, daß auch sein militärischer Erfolg den Zustand der Welt nicht ändern wird, ja, daß durch die Vernichtung des Täuferreichs die Welt um eine Hoffnung auf grundlegende Veränderung der Verhältnisse ärmer geworden ist. Als man ihm den erschlagenen Jan Matthisson bringt, gesteht er:

> "Deine Niederlage ist besser als meine
> Du zogst mir entgegen
> Allein, grandios in deinem Glauben
> Ein Grobian, vielleicht, voll finsterer Irrlehren, möglich
> Voll Plänen nach Umsturz der Dinge, sicher
> Doch besessen von Gerechtigkeit, getrieben von Hoffnung
> Ich dagegen wollte die Welt nicht ändern wie du
> Ich wollte im Unvernünftigen vernünftig bleiben
> Nun muß ich weiterhin an einer faulen Ordnung herumflicken".[95]

Und als Knipperdollinck am Ende auf dem Folterrad stirbt, erkennt der Bischof den Tod des Schwärmers als Anklage an sich selber! Knipperdollinck hatte geschrien:

> "Herr! Herr!
> Sieh meine zerbrochenen Glieder, zermalmt von Deiner Gerechtigkeit
> Du breitest Dein Schweigen über mich
> Du tauchst Deine Kälte in mein Herz
> Du hast keine meiner Gaben verschmäht
> Nimm nun auch meine Verzweiflung entgegen
> Die Qual, die mich zerfleischt
> Der Schrei meines Mundes, der zu Deinem Lobe verröchelt
> Herr! Herr!
> Mein Leib liegt in diesem erbärmlichen Rad wie in einer Schale
> Die Du jetzt mit Deiner Gnade bis zum Rande füllst."[96]

So ist es auch der Bischof, der den letzten programmatischen Satz des Dramas spricht: "Diese unmenschliche Welt muß menschlicher werden / Aber wie? Aber wie?"[97]
Die Narrenfiguren in diesem Drama sind nicht zu verstehen ohne *Dürrenmatts Komödientheorie,* die hier im Hintergrund steht und die Dürrenmatt schon in seinem programmatischen Vortrag "Theaterprobleme" (1955), aber auch gerade im Anschluß an das zweite Wiedertäufer-Stück (im Anhang dazu veröffentlicht)

entwickelte.[98] Denn was ist das Stück "Die Wiedertäufer" anderes als die Komödie eines Komödianten, das Schauspiel eines Schauspielers, Bockelsons nämlich, der hier als Täuferkönig "Weltuntergang"[99] selbst inszeniert! Zum Entzücken natürlich der Fürsten und Kardinäle, die das Täuferreich als grandioses Theater ansehen und dementsprechend bei der Übergabe der Stadt dem Auftritt Bockelsons begeistert zuklatschen. Bockelson deshalb ganz konsequent: "Ich erwarte einen Lorbeerkranz und nicht den Henker".[100] Um diese komödiantische Dimension des ganzen Stückes, verdichtet in der Figur des Schauspielers Bockelson, ging es Dürrenmatt, als er den Wiedertäuferstoff neu bearbeitete; aus dem Drama (1. Stück) wird eine Komödie.[101] Warum?

In *"Theaterprobleme"* geht Dürrenmatt von folgender Problemstellung aus: "Wir müssen uns die Frage stellen, wie unsere bedenkliche Welt dargestellt werden muß, mit welchen Helden, wie die Spiegel, diese Welt aufzufangen, beschaffen und wie sie geschliffen sein müssen."[102] Dürrenmatt beantwortet diese Frage so: Eine Welt, wo der heutige Staat "unüberschaubar, anonym, bürokratisch"[103] geworden ist, wo er "seine Gestalt verloren" hat und "nur noch statistisch darzustellen" ist, "wie die Physik die Welt nur noch in mathematischen Formeln wiederzugeben vermag",[104] eine solche Welt ist nicht mehr in der Form der Tragödie, die ja eine "gestaltete Welt" voraussetzte, sondern nur noch in Form der Komödie abbildbar, die eine "ungestaltete, im Werden, im Umsturz begriffene, eine Welt, die am Zusammenpacken ist wie die unsrige"[105] voraussetzt. Und so wie es "in der Wurstelei unseres Jahrhunderts, in diesem Kehraus der weißen Rasse"[106] auch "keine Schuldigen und auch keine Verantwortlichen mehr" gibt, weil wir "nur noch Kindeskinder" sind, die in die "Sünden unserer Väter und Vorväter" gestellt sind, so "kommt uns nur noch die Komödie bei", die Groteske, das Paradox, nicht die Tragödie, die ja "Schuld, Not, Maß, Übersicht, Verantwortung"[107] voraussetzt.

Dürrenmatts Überzeugung ist: Das Verhältnis der Tragödie zur Wirklichkeit ist naiv, weil sie dazu neigt, sich als "abgebildete Wirklichkeit" auszugeben und dadurch dem Zuschauer allzu leicht die Identifikation ermöglicht. Die Komödie dagegen durchbricht die Illusion von Wirklichkeit und schafft kritische Distanz zu ihr. Der hier bei Dürrenmatt angewandte "Verfremdungseffekt" liegt nicht wie bei Brecht in der Regie, sondern im Stoff: "Die Komödie der Handlung ist das verfremdete Theater an sich (und braucht gerade deshalb nicht verfremdet gespielt zu werden, es kann es sich leisten, darauf zu verzichten)". Die Tatsache, daß der Zuschauer eine groteske, paradoxe Handlung auf der Bühne sieht mit ihren komödiantischen Figuren (dem Clown etwa: "Wir identifizieren uns nicht mit dem Clown, wir objektivieren ihn"[108]), erschwert ihm die Identifikation und erleichtert ihm den Prozeß der Objektivation: "Der Zuschauer kann sich die Frage stellen, inwiefern der Fall auf der Bühne auch sein Fall sei und sich so die Gestalten auf der Bühne wieder aneignen."[109] So ist die Komödie für Dürrenmatt "Welttheater", ein Gleichnis für diese Welt, "immer wieder neu zu entdecken für die Tendenzen der Wirklichkeit".[110]

Auch *theologisch* sind aus diesem theoretischen Ansatz Folgerungen zu ziehen. Zweifellos geht es Dürrenmatt bei der Verarbeitung des Wiedertäufer-Stoffs um eine "christliche" Problematik.[111] Und diese christliche Problematik wird in die Form einer "christlichen Komödie" gekleidet.[112] Daß dies kein Widerspruch ist, hat Hans Jürgen Baden überzeugend herausgestellt. Dürrenmatts Stücke gehören nicht mehr zur traditionellen christlichen Literatur, wo in Dramen wie Claudels "Der seidene Schuh" – der Tradition des christlichen Barocktheaters verpflichtet – in einer hierarchischen Weltschau und einem in sich geschlossenen christlichen Kosmos "Gott Regie führt und alle Fäden des Geschehens – auch eines entsetzlichen, sinnwidrigen Geschehens – in seinen Händen hält".[113] Nein: "Der geschlossene christliche Raum wird bei Dürrenmatt entschieden gesprengt, Gott weicht ins Dunkel zurück und seine Figuren agieren allein, der Angst, dem Entsetzen, dem Schuldigwerden preisgegeben (. . .) Aber diese Welt ist keineswegs gottlos oder gott-leer, sondern Gott hat sich lediglich in die Verborgenheit zurückgezogen, ein deus absconditus, mit dessen Zorn oder Gnade durchaus gerechnet werden muß (. . .) Die Komödie wirft zwar metaphysischen Ballast ab, jedoch nur denjenigen, der längst unglaubwürdig wurde und deshalb in die religionsgeschichtliche Requisitenkammer gehört."[114]

In diesem theologischen Kontext sind auch die christlichen *Narren* Matthisson und Knipperdollinck zu interpretieren. Beide Figuren sind ja keine historischen Kuriositäten, sondern *Gleichnisfiguren christlicher Existenz,* die gerade in ihrer grotesken Verkleidung den Zuschauer mit der möglichen Radikalität christlichen Selbstverständnisses konfrontieren. Ist christliche Existenz denn nicht in der Tat eine närrische angesichts einer Welt, die Dürrenmatt voraussetzt, wenn sie ernstmacht mit der Nachfolge Christi? Wird, wer sich auf diesen Jesus Christus einläßt, um die Welt menschlicher zu machen, nicht vor dieser Welt zum Weltverbesserer, Phantasten, Narren? Ist nicht in der Tat von einem solchen Verständnis der Nachfolge Christi her Gott nur noch in paradoxer Bildersprache aussagbar? Sinn in aller Absurdität, Macht in aller Ohnmacht, Gnade in aller Verworfenheit?[115] Und hat nicht auch die Darstellung des Scheiterns des Reiches Gottes auf Erden durch eine politische Koalition von Kirche und Fürstengewalt Gleichnischarakter für eine Welt wie die unsrige, wie sie sich immer noch darstellt? Dies machen Dürrenmatts christliche Narrenfiguren klar: Wo christliche Existenz im Horizont des deus absconditus begriffen wird, ist Nachfolge Christi nicht harmlos, Glaube nicht kampflos, Sinn nicht vorfabriziert und Gnade nicht billig zu haben. "Nicht lutherischer Fiduzialglaube, sondern calvinistischer und intellektueller Zweifel nistet sich ins Werk, Spuren dialektischer Theologie und komödiantische (niemals zynische) Intellektualität verschaffen sich Ausdruck." So schreibt P.K. Kurz.[116]

So verbinden sich in der Darstellung der Narren, Spiegelfiguren der Sache Jesu Christi, bei Dürrenmatt verschiedene Züge:

1. Ausgangspunkt ist ein *Zusammenprall* von Christi Gebot hier und der Wirklich-

keit der Welt dort, ein Konflikt zwischen Glaube und Wirklichkeit, Vision und Realität. So entsteht

2. ein *schwärmerisch-visionärer-proleptischer Zug:* die Vision eines neuen Jerusalem, der Traum von einem neuen Himmel und einer neuen Erde; die Errichtung des Reiches Gottes auf Erden im Vorgriff auf das kommende Reich der Gerechtigkeit, der Brüderlichkeit und des Friedens. Damit zusammenhängend ist

3. ein *büßerisch-kritischer-rigoristischer Zug:* der ständige Aufruf zur Umkehr, das öffentliche Schuldbekenntnis, der Neuanfang bei sich selbst, die radikale Kritik an kirchlicher und weltlicher Obrigkeit, die Massenbewegung der kleinen Leute; aber auch – als Schattenseite – die Gefahr des ethischen Rigorismus, die doktrinäre Fixierung auf den Buchstaben der Schrift bis hin zu Vernunftfeindlichkeit und Terror gegen Andersdenkende;[117] dies alles im Horizont eines Wirklichkeitsverständnisses, das gekennzeichnet ist durch einen

4. *paradoxalen-theologischen Zug:* Suche nach Gott in den Schattenseiten der Schöpfung; der Abgrund der Geschichte wird zur Offenbarung, der Schrei des Gemarterten zum Lob, der gequälte Leib des Menschen zum Gefäß der Gnade Gottes.

Versucht man eine *Wertung* von Dürrenmatts Wiedertäufer-Stück, theologisch und literarisch, kann man sich eines *zwiespältigen Eindrucks* nicht erwehren. Zwar hat kein geringerer als der Dramatiker Carl Zuckmayer, der selber – ähnlich wie Gerhard Hauptmann – an dem Wiedertäufer-Stoff gescheitert war, Dürrenmatts erstem Wiedertäufer-Stück höchstes Lob gezollt: "Friedrich Dürrenmatt hat in seinem genialischen Jugendstück 'Es steht geschrieben' den Stoff gepackt. Mir ist es nicht gelungen".[118] Doch unterziehen heutige Literaturkritiker dieses Stück auch heftiger Kritik. Sind die Wiedertäufer-Stücke wirklich gleichnishafte Spiegelungen unserer Welt? Oder ist der Stoff mit "drastischen Details aufgeputzt", in "kraftvoller, expressiver Sprache vorgetragen"; "garniert ist das Ganze mit theatralischen Raffinements, desillusionierender Direktheit und auch einem kräftigen Schuß Selbstironie des Autors"?[119] Sind diese Dramen für die Nachkriegswirklichkeit nach Nationalsozialismus und Krieg wirklich von gleichnishafter Signifikanz? Oder verbirgt sich hinter der grotesken Tarnung "genau jener Unverstand vor der jüngsten Vergangenheit, vor ihren Gründen und ihren Auswüchsen", der das bürgerliche Publikum "angesichts des Untergangs zur Lektüre Kafkas trieb, zur wortlosen Geste des Nichtverstehens"?[120] Bestätigt nicht Dürrenmatts Geschichtsverständnis, das Weltgeschichte bloß als sinnlosen Ablauf immer neuer Kriege verstehen kann, eine Aussicht auf eine bessere Welt nicht zuläßt und so die Welt als nicht veränderbar begreift;[121] den "herrschenden Pessimismus des Publikums, das sich vorm schrecklichen Realismus der Zeit in den Surrealismus flüchtet"?[122]

Auch *theologisch* muß *Zwiespältigkeit* konstatiert werden. Zwar bekommt in diesen Wiedertäufer-Stücken – anders als in "Pilatus" – die komplexe Problematik der Figur Jesu Christi in seiner paradoxalen Verschlüsselung und grotesken Verkleidung durch die Narrenfiguren Plastizität und Kontur. Vor allem die Leidens-

problematik des "gekreuzigten" Knipperdollinck ist auch theologisch ein eindrucksvoller Schlußpunkt des Dramas: "Ähnlich wie bei Jesus, dem Gerechten, der am Schandpfahl stirbt, ereignet sich im scheinbar unsinnigen Geschehen Sinn und Heil. Das Gebet ist hart, übersteigt menschliches Messen und Verstehen; es kann einem nicht nur grausam, unverständlich und paradox, sondern sogar fast absurd und scheußlich vorkommen. Eine Frage der Maßstäbe und der für sinnig befundenen Logik; eine Anfrage an die Wertsetzungen und die Belastbarkeit der Sinnvorstellung; eine Anfrage, wo die Sinn- und Unsinns-, Verzweiflungsgrenze verläuft (. . .) eine Anfrage, wie tief einer schon in die Nacht ähnlicher Kreuzes-Situationen hineingeführt wurde oder wie er sie bestehen könnte."[123]
Dennoch bleibt von Jesus Christus her der anthropologische und geschichtsphilosophische Pessimismus und die einseitige Betonung der Gnade fragwürdig. Zu einseitig wird hier der Mensch selbst als möglicher Sinnträger und Sinngeber negiert und aller den Menschen mögliche Sinn in das individuelle Erlebnis der Gnade gelegt.

c. Die Komödianten und Clowns

"Christus ist früheren Generationen in verschiedenartigem Gewand begegnet: als Lehrer, als Richter, als Arzt. In unserer heutigen Welt haben diese traditionellen Bilder Christi viel von ihrer Macht eingebüßt. Jetzt ist Christus in einem neuen, oder eigentlich in einem alten, aber wiederentdeckten Gewand auf die Bühne des modernen säkularen Lebens getreten. Es erscheint Christus der Harlekin: die Personifizierung der Festlichkeit und der Phantasie in einer Zeit, die beides fast verloren hat. Geschminkt und im Scheinwerferlicht vermag dieser Christus unserem abgehetzten modernen Bewußtsein nahe zu kommen, wie das andere Bilder des Christus nicht vermögen", schrieb der amerikanische Theologe *Harvey Cox* in seinem Buch "Das Fest der Narren" (1969).[124] Und wie zur Illustrierung dieser seiner These veröffentlichte Harvey Cox selber in seinem nächsten Buch "Verführung des Geistes" (1973) ein von ihm selbst verfaßtes Gedicht mit dem Titel "Von Christus dem Clown", der, "unerwünscht" in unserer "wohlvermessenen Welt, die keine Überraschungen mehr kennt", im Kreis von Gauklern, Harlekins, Bänkelsängern, Troubadouren, Gaunern und Hippiemädchen angesiedelt ist: im Reich der Phantasie und des Spiels.[125]
Schon der expressionistische Dichter *Jakob van Hoddis* (1887–1942) hatte 1912 in seinem "Jesuslied" Jesus als den "schmerzensreichen Gott" von armen, ausgestoßenen Komödianten besingen lassen,[126] und der französische Maler *Georges Rouault* war vielleicht der erste in der Moderne, der die Figuren Christi und des Clowns zusammenbrachte.[127] In jüngster Zeit hat vor allem das amerikanische Musical *"Godspell"* (1970) von sich reden gemacht, das im gleichen Jahr wie die Rock-Oper "Jesus Christ Superstar" erschien und Jesus als Clown unter Clowns auftreten läßt. Doch anders als "Jesus Christ Superstar" ist "Godspell" kein pathetisch melodramatisches Passionsspiel, kein pseudoliturgisches Oberammergau aus

Rock und Beat, kein halbsakrales Weihespiel aus Andacht, Frömmigkeit und Show, sondern vor allem ein Jesus-Spiel voll von Selbstironie, Witz und Komik: eine fröhliche Mischung aus Commedia dell'arte, mittelalterlichem Mysterienspiel und Hanswurstiaden. Der Hanswurst, der Clown ist auf die Bühne zurückgekehrt in der Rolle des Jesus aus Nazaret, und was er und seine "Jünger" spielen, ist das närrische Spiel einer "närrischen Botschaft"; einer Botschaft vom Himmelreich und der ganz anderen Gerechtigkeit, der Gewaltlosigkeit und der unbedingten Vergebung, der bedingungslosen Nachfolge und Nächstenliebe. In einer Welt der Zwänge und Zwecke, der Leere und Langeweile ist als Evangelium von der Gottesherrschaft zur Clownerie, die Gotteskindschaft zur seligen Narretei geworden.
Anders als in "Jesus Christ Superstar" stehen in "Godspell" nicht lediglich der letzte Konflikt Jesu mit den Mächten seiner Zeit im Vordergrund, sondern ganz zentral Hauptstücke seiner Verkündigung. Synoptisches Material der Botschaft Jesu (Gleichnisse, Bergpredigt) ist hier gründlich verarbeitet. Das Stück ist der Versuch, das Mattäus-Evangelium in szenische Handlung auf der Bühne umzusetzen: Gleichniserzählungen werden zu Spielszenen, Figuren zu Rollenträgern, Bilder zu Aktionen. Das ganze ist unterlegt und ergänzt mit pantomimischen Einlagen und clownesken Sprachparodien, mit Musik, Songs und Tanz.
Freilich, die Darstellung von Abendmahl und Passion (2. Akt) wirkt dann in diesem Stück bei soviel Fröhlichkeit, Ausgelassenheit und Ulk, bei soviel kunterbunten Arrangements von Gleichnissen und Sinnsprüchen wie ein Einbruch aus einer anderen Welt. Der "Ernst des Lebens" bricht durch – zum Schaden des Stückes, das auseinanderzufallen beginnt. Jesus ist plötzlich nicht mehr der singende und tanzende Sonny-Boy mit dem Superman-"S" auf dem närrischen Clownskostüm, lachend-hintergründige Spielfigur, die in ernst-unernstem Spiel die "Zumutungen" der christlichen Botschaft unter der Maske des Clowns mit dem Heute konfrontiert, sondern ganz der Herr, der Prophet, der fromm dem Willen des Vaters ergebene Sohn; die Clownstruppe ist plötzlich nicht mehr die Hillbilly und Cakewalk tanzende fröhliche Gruppe, die mit skeptischen Kommentierungen, ironisierenden Reaktionen, ständigem Aus-der-Rolle-Fallen ein hintergründiges Wechselspiel inszenierte, sondern die fromm ergriffen lauschende Jüngerschar. Frommer Kitsch kommt plötzlich ins Spiel. Welch ein Thema wurde hier verschenkt! Die clowneske Distanz zur Figur Jesu und zum "Stoff" der Verkündigung, die die Vermittlung des Gestern mit dem Heute erst ermöglicht, verliert sich. Das Stück gerät zur frommen Anbiederung, die Narretei zum geschickten Verpackungstrick, mit dem cleverer Kommerz die Jesus-Geschichte wieder einmal auszubeuten verstand.
In der deutschen Literatur nach 1945 war es vor allem *Heinrich Böll*, der in seinem Roman "Ansichten eines Clowns" (1963) eine Clownsfigur von Christus her deutete.[128] "Ich bin ein Clown und sammle Augenblicke"[129] lautet die Selbstcharakteristik des Helden dieses Romans, Hans Schnier, 27 Jahre alt, Industriellensohn, schwarzes Schaf der Familie, Atheist, der im Bonn der Nachkriegszeit lebt.

"Ansichten": Aus der distanzierten Perspektive dieses gesellschaftlichen Außenseiters wird die deutsche Nachkriegsgesellschaft kritisch gespiegelt, vor allem ein bestimmtes konfessionelles Milieu, der *Katholizismus.*
Mit diesem Themenkreis überschneidet sich der zweite große Themenkreis des Romans: die *Liebesgeschichte* des Clowns mit der Katholikin Marie Derkum. Seit seinem 21. Lebensjahr hatte Schnier mit ihr zusammengelebt, doch als er sich weigerte, bei einer katholischen Trauung auch noch die katholische Erziehung ihrer Kinder förmlich zuzusichern, verläßt Marie ihn, nicht ohne einen gewissen Druck seitens offizieller katholischer Kreise, und heiratet einen "fortschrittlichen Katholiken". Schnier läßt der Verlust Maries keine Ruhe; er versucht sie unter allen Umständen zurückzuholen. Seit sie ihn verließ, geht es auch beruflich mit ihm bergab: er beginnt zu trinken, verletzt sich bei einem Auftritt als Clown und muß eine Zeitlang pausieren. Sein Kampf um die Rückkehr seiner "Frau" gegen katholische Funktionäre gleicht dem närrischen Kampf Don Quichottes mit den Windmühlen. Als Narr unter Narren, bettelnd, endet er mitten im rheinischen Karnevalstreiben als Clown geschminkt auf der Treppe des Bonner Hauptbahnhofs, das Lied vom "Armen Papst Johannes" leise auf der Gitarre intonierend.
Die *literarische Kritik* hat auf diesen Roman unterschiedlich reagiert: von begeisterter Zustimmung (G. Blöcker) bis zur differenzierten Ablehnung (Reich-Ranicki, M. Durzak) reicht die Skala.[130] Wenige dieser Kritiker haben die Funktion des Clown präzise herauszuarbeiten versucht, wie es im Buch der britischen Germanisten R. Hinton Thomas und Wilfried van der Will geschieht,[131] wenige nur die Bedeutung des Christus-Motivs in diesem Roman gesehen.[132]
Schon Günter Blöcker hatte in seiner Besprechung des Romans geschrieben: "Der Clown Hans Schnier scheitert, aber der Anblick seines Scheiterns leistet mehr als ein Sieg, denn er trifft uns wie eine persönliche Schuld".[133] Liegt damit nicht in der Verknüpfung von Scheitern und Sieg eine ähnlich paradoxe Redefigur vor, wie im Sterbegesang des Knipperdollinck im Wiedertäuferstück?
Die paradoxale Denkstruktur ist in diesem Roman kein Zufall und hat – ähnlich wie der Begriff der "Menschwerdung" – bei Böll christologische Wurzeln. Als *Motto* nämlich hat Böll diesem Roman ein Pauluszitat aus dem Römerbrief vorangestellt: "Die werden es sehen, denen von Ihm noch nichts verkündet ward, und die verstehen, die noch nichts vernommen haben."[134] Doch was bei Paulus als Prophetie in eschatologischem Kontext gemeint war (er wollte den Heiden verkünden, die von Christus noch nichts gehört haben), wird bei Böll zu einer *Paradoxie* mit polemischer Pointierung: *Gerade* die werden sehen, denen von Ihm noch nichts verkündet ward, *gerade* die verstehen, die noch nichts vernommen haben. Gerichtet ist dieses Motto – und damit das ganze Buch – gegen solche, die allzu sicher wissen, daß sie "Ihn" gesehen, daß sie "Ihn" verstanden haben.
Gestützt wird diese theologische Deutung durch ein Telefongespräch des Clowns mit einem Theologen an der Pforte des Bonner Theologenkonvikts, als Schnier seinen Bruder Leo, der dort zum Priester ausgebildet wird, sprechen will. Schon in

einem ersten vorhergehenden Telefongespräch waren sie in einer munteren Unterhaltung nicht ohne Esprit und kleine Bosheiten auf *Augustinus* zu sprechen gekommen, und der Clown hatte anschließend meditiert: "Es muß schrecklich schwer sein, jeden Tag diese unfaßbaren Sachen zu verkündigen: Auferstehung des Fleisches und ein ewiges Leben. Im Weinberg des Herrn herumzuackern und zu sehen, wie verflucht wenig Sichtbares da herauskommt."[135] Und zum Abschluß ihres zweiten Telefongesprächs, als sie wieder auf Augustin, dann auch auf Kierkegaard zu sprechen kommen, meint der Theologe:

> "'Sie sind ungläubig, nicht wahr? Sagen Sie nicht nein: ich höre an Ihrer Stimme, daß Sie ungläubig sind. Stimmt's?'
> 'Ja', sagte ich.
> 'Das macht nichts, gar nichts', sagte er, 'es gibt da eine Stelle bei Isaias, die von Paulus im Römerbrief sogar zitiert wird. Hören Sie gut zu: Die werden es sehen, denen von ihm noch nichts verkündet ward, und die verstehen, die noch nichts vernommen haben.' Er kicherte bösartig. 'Haben Sie verstanden?'
> 'Ja', sagte ich matt."[136]

Zunächst hat die Wiederholung des Mottos im Munde des Theologen an dieser Stelle durchaus auch den Charakter satirischer Selbstentlarvung; die schnoddrig-sarkastische Leichtfertigkeit dieses Theologen soll bloßgestellt werden, der sich aus einer Mischung aus Boshaftigkeit und Servilität mit dem kirchlichen System arrangiert zu haben scheint. Doch gerade die Anspielung auf die *Jesaias-Stelle* verweist auf eine hier angezielte tiefere Dimension. Dieses Jesaia-Zitat des Paulus stammt aus dem vierten Lied vom Gottesknecht, jenem alttestamentlichen Gesang von einem Mann der Schmerzen, der um unserer Sünden willen durchbohrt und unserer Missetaten wegen geschlagen war, der aber nach seinem Leiden von Gott gerechtfertigt wird: "Nach der Mühsal seiner Seele wird er Licht sehen und sich sättigen. Durch sein Leiden wird mein Knecht viele rechtfertigen, indem er ihr Verschulden auf sich nimmt" (Jes. 52,2–4). Indem Böll nun dieses Zitat auf den Clown "anwendet", bezieht er – wie P.K. Kurz mit Recht schreibt – "den Clown und Außenseiter Hans Schnier auf Erkennen, Leiden, Solidarität, die mit der messianischen Botschaft zu tun haben. Die Botschaft vom Menschen, von der Menschwerdung in Christus richtet sich gegen etablierte Christen, geschieht am Rande der Gesellschaft."[137]

Der Clown ist kein Narr in Christo wie Knipperdollinck, aber er ist eine Figur, in der unter der Maske eines Clowns das aufstrahlt, was Jesus von Nazaret für die Menschen bedeutet. Daß aber Jesus von Nazaret für diesen Clown in Anspruch genommen werden kann, wirft ein Licht zurück auf ihn, beleuchtet, wie er selbst ist. So erfüllt die Berufung auf Jesus Christus in diesem Roman eine Doppelfunktion: Sie ist Provokation einer etablierten christlichen Gesellschaft und ist Schutzgeste für den Außenseiter zugleich, der zwischen die Mühlsteine des kirchlich-gesellschaftlichen Systems zu geraten droht.

Der polnische Philosoph *Leszek Kolakowski* hat in einem 1959 veröffentlichten Aufsatz "Der Priester und der Narr. Das theologische Erbe in der heutigen Philosophie" die Rolle des Narren in der Gesellschaft einmal so beschrieben:

> "Der Narr ist der Zweifler an allem, was als selbstverständlich gilt, er verkehrt zwar in guter Gesellschaft, doch er gehört ihr nicht an und sagt ihr Impertinenzen. Er könnte dies nicht tun, wenn er selbst zur guten Gesellschaft gehörte. (. . .) Die Philosophie der Narren ist jene, die in jeder Epoche gerade das als zweifelhaft entlarvt, was am unerschütterlichsten gilt, gerade in dem Widersprüche aufdeckt, was als offenkundig und unbestreitbar erscheint, die alle sogenannten Selbstverständlichkeiten des gesunden Menschenverstandes lächerlich macht und im scheinbar Absurden das Vernünftige entdeckt."[138]

Es ist, als habe Böll seinen Clown nach dieser theoretischen "Vorlage" geschaffen: Auch Schniers soziale Herkunft macht ihn fähig, in seiner angestammten Gesellschaft zu verkehren, ohne dazuzugehören; seine Clown-Rolle gibt ihm die Möglichkeit, dieser Gesellschaft Impertinenzen zu sagen, weil er deren Rollenerwartung verachtet. Auch Schnier ist ein Außenseiter, ein "Einzelgänger zwischen den Ideologien".[139] Seine Sehweise dieser Gesellschaft ist die aus Vertrautheit und Fremdheit, Nähe und Distanz; sein Blick ist immer "von unten", seine Perspektive die der Opfer, seine Sprache die des Zweifels, der die großen Worte zitathaft bloßzustellen weiß, die der Pontierung, Überschärfung, Verzerrung, um das, was vertraut ist, fremd, was selbstverständlich, problematisch, was endgültig, vorläufig zu finden. Dieser Clown schlüpft unter die Maske, um anderen ihre Masken vom Gesicht zu reißen: ihre Masken der Unmenschlichkeit. Dieser Clown ist "zugleich liebenswert und absurd";[140] er verkündet keine neuen Ideologien und ist ein Mann, der nicht vergessen kann: er ist ins Detail verliebt!
Ist es von daher nicht verständlich, daß in einer verwalteten und gesteuerten Welt, in der – wie Dürrenmatt sagte – der heutige Staat unüberschaubar, anonym, bürokratisch geworden ist, die Botschaft des Jesus aus Nazaret oft nur noch wie die Botschaft eines Außenseiters, eines Narren, eines Clown klingt, daß umgekehrt diese Botschaft oft nur noch in der Rolle eines Außenseiters, eines Narren, eines Clown dieser Welt vorgetragen werden kann? Ist nicht eine Botschaft, die sich den Strukturen dieser Welt nicht gleichförmig machen läßt, eine ver-rückte, und die Freiheit, um die sie kämpfen muß, eine Narrenfreiheit?
Schon beginnen Theologen in unserer Gesellschaft ein solches *Selbstverständnis* zu entwickeln. Der Theologe *J.B. Metz* plädiert in einem Aufsatz "Zukunft aus dem Gedächtnis des Leidens" für ein politisches Bewußtsein "ex memoria passionis, politisches Handeln aus dem Gedächtnis der Leidensgeschichte der Menschen" und folgert, daß solches Bewußtsein, daß solches Handeln die Menschen dazu zwinge, "nicht nur von den Durchgekommenen und Arrivierten, sondern auch vom Gesichtspunkt der Besiegten und der Opfer her auf das öffentliche Theatrum mundi zu schauen – gewissermaßen in der streng politischen (und keinesweg 'rein ästhetischen') Perspektive des Narren an den Königshöfen früherer Zeit: Der

Narr nahm Partei für die unterlegene, für die besiegte oder verdrängte Alternative in der Politik seines Herrschers. Seine Politik war sozusagen Politik aus dem Gedächtnis des Leidens – gegen das klassische politische Prinzip des Vae Victis, gegen den machiavellistischen Herrscher."[141]
Von einem solchen Verständnis von Theologie her können dann auch *Theologie und Literatur gemeinsam* ihre je spezifische Aufgabe erfüllen: die Aufgabe *kritischer Entmythologisierung der Macht* im Dienst an der Menschwerdung des Menschen. Denn was etwa der Theologe *Harvey Cox* als Aufgabe von Theologie und Theologen umschreibt, findet bis in den bildlichen Vergleich hinein seine parallele Entsprechung in dem, was ein Literat wie *Hans Magnus Enzensberger* von der Funktion der Literatur sagen kann. Harvey Cox schreibt: "Wo sie 'lächerlich macht', ist die Theologie eine satirische Tätigkeit, die destruktiven Mythen ihren Nimbus nimmt (. . .) Sache des Theologen ist es, fadenscheinige Mystik an den Pranger zu stellen. Er ist der 'Entmythologisierer', der Bloßsteller betrügerischer Sinngebungen und aufgeklebter Werte. Er ist der Theologe als Narr oder Clown, der, der Vorwände aufspießt und für jedermann hörbar ausposaunt, daß der Kaiser keine Kleider anhat."[142] Und Hans Magnus Enzensberger sagt: "Herrschaft, ihres mythischen Mantels entkleidet, ist mit Poesie nicht länger zu versöhnen(. . .) Das Gedicht ist in den Augen der Herrschaft (. . .) anarchisch: unerträglich, weil sie darüber nicht verfügen kann; durch sein bloßes Dasein subversiv (. . .) Sein kritisches Werk ist kein anderes als das des Kindes im Märchen. Daß der Kaiser keine Kleider trägt, zu dieser Einsicht ist kein 'Engagement' vonnöten."[143]
So ist Heinrich Bölls Roman "Ansichten eines Clown" ein Stück moderner christlicher Literatur, in der sich theologisches und literarisches Selbstverständnis zu vereinen vermag. Moderne christliche Literatur hat gegenüber theologischen, kirchlichen und gesellschaftlichen Systemen, die die Menschwerdung des Menschen verhindern, die Funktion des Kindes im Märchen, die Funktion der Entmythologisierung angemaßter Macht.

IV. Knotenpunkte

"Es war Weihnacht. Ich ging über die weite Ebene. Der Schnee war wie Glas. Es war kalt. Die Luft war tot. Keine Bewegung, kein Ton. Der Horizont war rund. Der Himmel schwarz. Die Sterne gestorben. Der Mond gestern zu Grabe getragen. Die Sonne nicht aufgegangen. Ich schrie. Ich hörte mich nicht. Ich schrie wieder. Ich sah einen Körper auf dem Schnee liegen. Es war das Christkind. Die Glieder weiß und starr. Der Heiligenschein eine gelbe gefrorene Scheibe. Ich nahm das Kind in die Hände. Ich bewegte seine Arme auf und ab. Ich öffnete seine Lider. Es hatte keine Augen. Ich hatte Hunger. Ich aß den Heiligenschein. Er schmeckte wie altes Brot. Ich biß ihm den Kopf ab. Alter Marzipan. Ich ging weiter."[1]
In wenigen Strichen ist der Raum aufgerissen: Ebene, Horizont, Himmel. In wenigen Strichen die Atmosphäre skizziert: leblos, lautlos, tot, schwarz. Keine Reflexe mehr, keine Reaktionen, nicht einmal mehr Resonanz. Das Christkind: ein toter Körper, eine Puppe ohne Augen, dessen Heiligenschein nach Brot und dessen Kopf nach altem Marzipan schmeckt. Das alles eine Prosa, mit spitzer Nadel gezeichnet, das Grauen in einer Distanziertheit registriert, wie man es nur bei Kafka findet. Keine Nebensätze, sondern nur Hauptsätze, keine Wertungen, sondern nur Feststellungen. Groteske Satire auf christliches Weihnachten? Sicher auch! Aber mehr als das: Der Text ist doppelbödig! Er lebt vom Resonanzboden eines Assoziationskontrasts. Weihnachten wird evoziert: Schnee, Christkind, Heiligenschein, Marzipan. Aber was für ein Weihnachten! Keine Feiertagsstimmung, kein "Knabe im lockigen Haar". Der "holde Knabe": ein lebloser Körper, eine eßbare Puppe. Der fröhliche Blick des Christkinds: unter den angehobenen Lidern bleibt die Augenhöhle leer. Die Requisiten zu christlichem Weihnachten grotesk verfremdet, die Idylle zerfetzt: dem Feiertagschristen verschlägt es den Atem. Wahrhaftig keine Geschichte, unterm Tannenbaum zu erzählen! Die hier evozierten christlichen Zeichen haben keine Erlösungskraft mehr, sind nicht mehr Signale für Hoffnung und "Friede auf Erden": das Christkind ist zur Puppe geworden! Aber gerade mit dieser Doppelbödigkeit arbeitet der Text: zwei Assoziationsebenen werden ineinandergeschoben. Gerade weil die christlichen Zeichen ihre Signalkraft verloren haben, wird das Grauen als Grauen nur noch härter erlebt. Erst vor diesem Hintergrund, im Kontrast dazu, was Weihnachten bedeuten könnte, wird die Grauenhaftigkeit erst voll in ihrer ganzen Schwere erfaßbar. Erst vor dieser Kontrastfläche wird voll erfahrbar, in welchem Zustand sich die Welt befindet.

1. Geburt

Dieser Text "Weihnacht" eröffnet den Sammelband früher Prosa Dürrenmatts, der im Jahre 1952 unter dem Titel "Die Stadt" erschien und dem auch der uns bekannte Text "Pilatus" entstammt. Wie "scharfäugig" Dürrenmatt hier die Wirklichkeit der Nachkriegszeit sichtet und in schärfster Kontrastierung die Bedeutung der Weihnachtsgeschichte herausarbeitet, zeigt der Vergleich mit zwei anderen Weihnachtsgeschichten aus der Nachkriegszeit: *Borcherts* "Die drei dunklen Könige" (1949) und *Bölls* "So ward Abend und Morgen" (1954).[2] Beide versuchen, anders als Dürrenmatt, der die Parabelform wählte, mit Hilfe einer realistisch erzählten Kurzgeschichte die Bedeutung des Weihnachtsfests für die Menschen der Nachkriegszeit herauszustellen. Doch bei Borchert wird die Weihnachtsgeschichte zu einer klischeehaften Arme-Leute-Idylle, bei Böll wird der Weihnachtstag zu einem Tag, an dem Eheleute, die lange nicht mehr miteinander gesprochen haben, zum ersten Mal wieder ein Wort füreinander finden, ohne daß ihr Konflikt, geschweige denn die plötzliche "Lösung" dem Leser plausibel gemacht werden könnten.[3]

Es herrscht *kein Mangel an literarischen Texten* zur Geburt Christi in der deutschen Literatur nach 1945. In Erzählungen, Gedichten, Liedern, Songs, Hörspielen, Romanen wird immer wieder versucht, dieses Ereignis in seiner Bedeutsamkeit für die Gegenwart literarisch zu fassen. Auf unterschiedlichem theologischen und literarischen Niveau freilich. Ein Blick etwa in die gegenwärtig beste Anthologie von Gedichten zum "Thema Weihnachten", die Wolfgang Fietkau (1973 erweitert) herausgegeben hat, zeigt, wie breit die Palette von Deutungsmöglichkeiten und literarischen Darstellungstechniken geworden ist. Da ist der 7-Zeiler genauso vertreten wie das mehrstrophige Gedicht, das theologisch stark befrachtete ebenso wie das den Bibeltext schlicht paraphrasierende Gedicht, das vergangenheitsorientierte und das gegenwartsbezogene, das satirische und das fromme, das sozialkritische wie das idyllische, das sprachspielartige und das sprachkritische. Diese Texte sind hier nicht im einzelnen zu analysieren.

Wichtiger erscheint die Frage, die sich auch schon mit Blick auf die Weihnachtsgeschichten von Dürrenmatt, Borchert und Böll aufdrängte, was denn die *Kriterien eines* literarisch wie theologisch *"guten" Weinachtstextes* sind.Wir wollen auf diese Frage im direkten Vergleich dreier gleichstrukturierter Weihnachtsgedichte eine Antwort zu geben versuchen.

I
Marie Luise Kaschnitz "Dezembernacht"

"Feldhüter haben in einem Geräteschuppen
(Steckrübenacker, Pflaumenbäume, Flußwind)
Eine Geburt aufgespürt, hier unzulässig.
Flüchtlinge gehören ins Lager und registriert.
Der Schafhirt kam dazu, ein junger Mann,
der ging mit einem Stecken übers Mondfeld.
Sein Hund mit Namen Wasser sprang an der Hütte hoch.
Ein Alter drinnen gab Auskunft, er sei nicht der Vater.
Die Feldhüter verlangten Papiere. Das Neugeborene schrie.
Die Schafe versperrten die Straße. Drei Automobile
Ein Mercedes, ein Bentley, eine Isetta hielten an.

Drei Herren stiegen aus, drei Frauen, schöner als Engel,
Fragten, wo sind wir, spielten mit den Lämmern.
Spenden sie etwas, sagten die Feldhüter.
Da gaben sie ihnen
Ein Parfüm von Dior, einen Pelz, einen Scheck auf die Bank von England.
Sie blieben stehen und sahen zu den Sternen auf.
Glänzte nicht einer besonders? Ein Rauhreif fiel,
Die kleine Stimme in der Hütte schwieg.
Ein Mercedes, ein Bentley, eine Isetta fuhren an
Und summten wie Libellen. Der Hirte schrie
Fort mit euch Schafen, fort mit euch Lämmern.
Ist das Kind gestorben? Das Kind stirbt nie."[4]

II
Wolfdietrich Schnurre "Anbetung"

"Ich bin kein König;
mein Fahrrad lehnt an diesem Stall
und alles, was ich bring, ist Angst:
Du wirst jetzt fliehn.

Der Esel hat schon aufgehört, das zarte
reifgeschmückte Maul
ins Gerstengold zu tauchen, bald
wird auch das Weiß der Tauben blasser,
und der Morgen mahnt.

Maria spiegelt sich
in einer leeren Büchse, deren Rund
verzerrt; ihr Mund übt Lächeln,
sie will gewappnet sein.

Das Feuerzeug, das Josef sich
an die zernarbte Pfeife hält,
läßt Schatten tanzen, seine Wangen
sammeln Nacht; der Bart,
mit Sägespänen dicht durchwirkt,
zuckt rhythmisch auf.

Du lachst.
Der Tabakqualm mischt sich
mit Myrrhenduft und zieht
als blaue Wolkenader
dem Stier ums Haupt, das schläfrig nickt.

Die hier Kronen trugen, sind
gegangen. Der Jordan führt noch
Flecke von Benzin; zu Stahl
vor Ehrfurcht ward die Woge
unterm Rad. Die Gaben
glänzen stumpf im Kot;
der Bastschuh Josefs trat sie ein;
Pokale hindern, wenn man flieht,
und Leuchter nützen nichts: das Licht
ist billig, wo man Sterne
auf den Schultern trägt.

Nur dieser eine, der uns rief,
erlischt zu früh:
Die Schafe werden wieder ruhig,
gestillt vom Staunen, schiebt der Hirt
die Krempe zwischen All und Aug,
und alle Wölfe atmen auf.

Noch lächelst du, und den Herodes
wird ein Eselstrott beschämen, doch
die Telefone schrillen
dein Frohlocken dir voraus;
und Grenzen hindern nur Verfolgte,
Verfolger reichen
übern Schlagbaum sich die Hand.

Der Pfeifenkopf ist ausgebrannt;
ein letzter Funke fliegt
ins Fell der Kuh, das ahnend bebt.
Maria bündelt die Konserven,
ein zweites Bündel dann, das Kind;
und mürrisch schiebt mich
Josef aus dem Weg.

Ich bin kein König;
mein Fahrrad lehnt an diesem Stall
und alles, was ich hab, ist Angst:
Du mußt jetzt fliehen."[5]

III
Peter Huchel "Dezember 1942"

"Wie Wintergewitter ein rollender Hall.
Zerschossen die Lehmwand von Bethlehems Stall.

Es liegt Maria erschlagen vorm Tor,
Ihr blutig Haar an die Steine fror.

Drei Landser ziehen vermummt vorbei.
Nicht brennt ihr Ohr von des Kindes Schrei.

Im Beutel den letzten Sonnblumenkern,
Sie suchen den Weg und sehn keinen Stern.

Aurum, thus, myrrham offerunt . . .
Um kahles Gehöft streicht Krähe und Hund.

. . . quia natus est nobis Dominus.
Auf kahlem Gerippe glänzt Öl und Ruß.

Vor Stalingrad verweht die Chaussee.
Sie führt in die Totenkammer aus Schnee."[6]

Schon ein erster Blick zeigt, daß alle drei Texte ein *gleiches literarisches Verfahren* anzuwenden versuchen. Zwei Raumebenen werden kontrastierend ineinandergeschoben; bei Kaschnitz und Schnurre nur vage angedeutet (Geräteschuppen auf einem Feld hier, Stall dort verweisen auf den Stall von Bethlehem), bei Huchel der

Raum präzise bestimmt: Chausseen vor Stalingrad. Mit den Raumebenen werden auch die Zeitebenen Vergangenheit und Gegenwart kontrastierend ineinandergeschoben; bei Kaschnitz und Schnurre wiederum nur evoziert mit Hilfe von Anachronismen: die Feldhüter, die "Papiere" verlangen, Josef, der sich die Pfeife mit einem "Feuerzeug" ansteckt. Requisiten des technischen 20. Jahrhunderts werden in einen historischen Kontext gestellt: Automobile, Telefone hier – da der Stall, der Esel, die Geburt. Bei Huchel wiederum die genaue Zeitangabe: Dezember 1942. Alle drei Gedichte arbeiten also, literarisch betrachtet, mit der *Simultaneitätstechnik,* alle drei wollen die Gegenwart in der Vergangenheit spiegeln, Gegenwart von der Vergangenheit her Kontur geben. Theologisch fällt wie schon bei Dürrenmatt die antiidyllische, antidogmatische Pointierung der Texte auf. Der Kontrast zur erbaulichen, stimmungsgeladenen Weihnachtslyrik bürgerlicher Provenienz könnte nicht schärfer sein. Nicht von der Geburt des Gottessohnes und Erlösers unter wunderbaren Begleitumständen ist hier die Rede, nicht von Inkarnation, sondern – das neutestamentliche Stallmotiv verschärfend – von der Geburt eines *Menschensohns in Niedrigkeit,* in Armseligkeit. Was für eine Geburt also: in einem Schuppen noch als "unzulässig" abqualifiziert und von Eltern, die zu Flüchtlingen gehören (Kaschnitz)! Wolfdietrich Schnurre demonstriert eine eigene Form der "Anbetung": nicht aus frommer Gebetshaltung, sondern aus kritisch-solidarischer Begleitung und Anteilnahme heraus. Das Kind gehört auch hier zu den Verfolgten, Marias Gesicht erscheint in verzerrter Spiegelung, nicht lächelnd, wie das Klischee es will, sondern Lächeln "übend". Überall sind hier also die aus der Idylle vertrauten Details verwandelt: Stall, Krippe, Kind, drei Könige. Gerade auch bei Huchel: vor Stalingrad ist kein Friede, nur der Krieg, kein Wohlgefallen, nur das Chaos, kein Leben, nur der Tod, keine Liebe, nur Gewalt und Vernichtung. Bethlehem scheint durch Stalingrad widerlegt.

Doch bei aller Übereinstimmung im literarischen Verfahren und in theologischen Inhalten dürfen auch die *Unterschiede* nicht übersehen werden. *Marie Luise Kaschnitz* vermag in ihrem Gedicht die Geburtsgeschichte nur mühsam literarisch zu verschlüsseln. Ihre Technik wirkt krampfhaft, ihr Übertragungsverfahren allzu durchsichtig. Topoi der Weihnachtsgeschichte werden künstlich modernisiert: Aus dem bei der Herbergssuche abgewiesenen und endlich in einem Stall Quartier findenden Elternpaar Jesu, die auf dem Wege zur Registrierung in Steuerlisten sind, werden Flüchtlinge (die Flucht nach Ägypten ist hier gleichsam "vorgezogen"), die in einem Geräteschuppen unterkommen; aus unwirschen Wirtsleuten der neutestamentlichen Geschichte werden Feldhüter, die Papiere verlangen; die Jungfrauengeburt wird in einem Satz fast unfreiwillig karikiert ("Ein Alter drinnen gab Auskunft, er sei nicht der Vater"); aus den drei Königen sind drei Männer und Frauen geworden; aus Kamelen Automobile; aus Gold, Weihrauch und Myrrhe Parfüm, Pelz, ein Scheck, wobei sich dann auch wie zufällig noch ein Stern einzustellen vermag, was aber bereits in eine distanzierende Frage gekleidet ist. Der Abschluß des Gedichts von Marie Luise Kaschnitz wirkt unvermittelt be-

kenntnishaft, wie eine Behauptung, die dem Ganzen angehängt erscheint, als könnten je die "Feldhüter" vergessen werden.
Ob ein solcher Austausch von Vergangenheit und Gegenwart nicht zu einfach ist, um die Bedeutung der Geburt Jesu mit der heutigen Wirklichkeit adäquat zu vermitteln? Ob hier nicht durch die Fixierung auf den Rahmen der neutestamentlichen Weihnachtsgeschichte der "Absprung" zu wenig kühn gewagt wurde und die Drapierung der alten Geschichte mit modernen Gewändern nicht eher verschleiernd wirkt denn aufhellend?
Nicht vergessen dagegen kann *Wolfdietrich Schnurre* die "Feldhüter" in seinem Gedicht. Doch hier sind aus den Feldhütern ganz allgemein "Verfolger" geworden, die unbestimmt bleiben zum Schaden einer umfassenden Auseinandersetzung mit dieser Problematik. Vor wem flieht dieser Jesus, wer sind seine Verfolger? Schnurres Gedicht ist skeptischer, unpathetischer, gebrochener im Ton, bewußt nicht bekennerhaft. "Ich bin kein König"; so beginnt und endet das Gedicht. Distanz ist allenthalben spürbar: Bewußt wählt das Gedicht zur Darstellung des Weihnachtsgeschehens nicht den Augenblick der Anbetung der Könige, sondern den, da die Familie bereits zur Flucht rüstet und die Könige gegangen sind. Die Problematisierung des Schicksals Jesu als das eines Verfolgten kann so eindrucksvoller, authentischer gelingen als bei Marie Luise Kaschnitz.
Doch auch dieses Gedicht hat den Absprung nicht kühn genug gewagt. Auch dieses Gedicht tut sich schwer, Vergangenheit und Gegenwart, historische Genauigkeit und symbolische Signifikanz adäquat in ein richtiges Verhältnis zu rücken. Manche noch aus einer sozialromantischen Weihnachtsidyllik stammenden Genre-Bilder bleiben ohne literarischen Gleichniswert: der Esel mit dem zarten Maul, der schläfrige Stier, die lächelnde Maria, der kernige Josef mit der zernarbten Pfeife, die Pokale der Könige, die (burleske Komik!) bei der Flucht nur hindern. Nur in einer Strophe gelingt es, dieses Verhältnis adäquat zu bestimmen und dem historischen Vorgang Gleichniswert für die Gegenwart zu geben; der durch Herodes verfolgte Jesus ist Sinnbild aller Verfolgten, gegen die die Mächtigen dieser Welt über alle Grenzen hinweg gemeinsame Sache machen.
Diese Verhältnisbestimmung ist indessen bei *Peter Huchel* meisterhaft gelöst. Huchel hat sich auf wenige Grundlinien der neutestamentlichen Weihnachtsgeschichte beschränkt: Sie wird nicht modern ausgekleidet, aktualisiert, sondern interpretatorisch mit der Gegenwart vermittelt. Hier sind die beiden Raum- und Zeitebenen nicht künstlich aufeinander bezogen oder unverbunden nebeneinandergestellt, sondern – sich gegenseitig deutend – ineinandergeschoben: die einen die Silhouetten der anderen, die Kontrastfolien, durch die der Vordergrund (Gegenwart) erst seine Kontur bekommt. Bethlehems Stall ist zerschossen, Maria erschlagen, die Könige vermummt, den Stern nicht sehend; statt Gold, Weihrauch und Myrrhe, Öl und Ruß; das abgebrochene lateinische Schriftzitat wie ein Fossil versteinert, fremd geworden in dieser unheimlichen Sprach- und Bildlandschaft. Noch einmal: Ist Bethlehem durch Stalingrad widerlegt?

Nein! Denn Bethlehem muß vorausgesetzt werden, damit das Grauen um Stalingrad in seiner ganzen Schwere erst richtig begreifbar wird: "Die schroffen Antithesen allein verleihen dem Inferno jene Transparenz, die es dem Autor in der letzten Strophe ermöglicht, sein Gegenbild verdämmern und Zeit und Stunde nun, auf der Gleichnisebene, für sich selbst sprechen zu lassen", schreibt Walter Jens zu diesem Gedicht von Peter Huchel. "Erst jetzt, da die Vision von der Geburt des Kindes zerrinnt, erscheint das Schlüsselwort: 'Stalingrad' als Anti-Chiffre Bethlehems. Der Komplex ist geschlossen; die Vergangenheit hat die Gegenwart gleichsam herauspräpariert. Vor dem Hintergrund des leuchtenden Stall-Bildes gewinnt das Zeichen 'Totenkammer' den Glanz der Transzendenz; die Worte 'verwehen' und 'Schnee' knüpfen an die erste Zeile an, evozieren noch einmal die Vorstellung 'Winter' und lassen, wiederum in der Form einer klassischen Ring-Komposition, das Gedicht eines Schriftstellers ausklingen, der heute, neben Ingeborg Bachmann, Günter Eich und Paul Celan, die größte Potenz auf lyrischem Felde sein mag . . . Vierzehn Zeilen reichen aus, um, fern aller Klischees, ein gleichnishaftes Bild des zweiten Weltkriegs zu geben."[7]

Diese hier auf die Figur des Mannes aus Nazaret angewandte literarische Technik ist überhaupt *für die moderne Literatur charakteristisch*. Noch einmal Walter Jens: "Der Abstand zwischen einst und jetzt, die Spanne, die das tragische Urbild, als evoziertes Gleichnis, von der Kopie trennt, zeigt, wer wir sind. Ein Ödipus unserer Zeit, ein Carlos von 1960, hieße er 'Schwarz' oder 'Peters' und lebte ganz aus sich selbst, könnte niemals tragische Schauer erwecken; nur der mitgegebene Schatten, die Ambivalenz von 'Ich' und 'Er' erhöbe ihn bis auf die Gleichnisstufe (. . .) Um der Distanz, des Verweises und Schattens willen wird Oppenheimer durch Galilei, wird die 'Cocktailparty'-Gesellschaft durch euripideische 'Alkestis'-Akteure umrissen . . . und was für den Einzelnen gilt, gilt auch fürs Gesamt: die ungeheuer-schattenlose Gegenwart gewinnt Umgrenzung und Kontur durch geschichtliche Analogien."[8]

Es ist im Vergleich dieser drei poetischen "Annäherungsversuche" vielleicht deutlich geworden, worauf es ankommt, soll eine literarische Jesusdarstellung zum Thema "Geburt" literarisch wie theologisch befriedigen. Vergangenheit und Gegenwart müssen so vermittelt sein, daß sie ein *gleichnishaftes Bild der Wirklichkeit* schaffen. Nicht auf moderne Verkleidung der Weihnachtsgeschichte kommt es an, sondern auf gleichnishafte Darstellung ihrer Sache. Weihnachten muß Sinnbild unserer Wirklichkeit werden. Der Rückbezug auf die Vergangenheit muß die Gegenwart "zwingen" zu zeigen, wie sie ist. Dabei darf die Botschaft von der Geburt nicht einfach bekenntnishaft reproduziert, sondern muß problematisiert in den Konfliktfeldern heutiger Wirklichkeit "angewandt" werden. Die Botschaft vom definitiven, allumfassenden, durch gesellschaftlich-politische Verhältnisse gerade nicht herstellbaren Frieden der Weihnachtsgeschichte[9] muß, sei sie auch noch so negativ gespiegelt, zur Kritik und zur Hoffnung für diese Welt zugleich werden.

Auch in einem Roman der deutschen Literatur nach 1945 ist das hier diskutierte

literarische und theologische Problem der Darstellung der Geburt Jesu meisterhaft gelöst: im Buch von *Ilse Aichinger* "Die größere Hoffnung" (1948).[10] Der schattenlosen Gegenwart durch geschichtliche Analogien Umgrenzung und Kontur zu geben, ist auch das Anliegen eines Kapitels aus diesem Roman mit dem Titel "Das große Spiel". Heldin des Buches ist das 11jährige halbjüdische Mädchen Ellen, das sich zu Beginn des Romans im Büro des amerikanischen Konsulats einer deutschen Stadt während des Dritten Reiches versteckt hat, um hier ein Visum für Amerika zu bekommen, wohin ihre Mutter schon ausgereist ist, während Ellen bei ihrer Großmutter zurückblieb. Amerika ist für dieses Kind das Land der "großen Hoffnung", der Freiheit. Doch dem Konsul gelingt es, das Mädchen davon zu überzeugen, daß das Visum, das er ausstellt, die Menschen letztlich immer enttäuscht: sie finden nie die Freiheit, die sie sich damit erhofft haben.
Später schließt sich Ellen einer Gruppe jüdischer Kinder an, die das "Wiedergutmachungsspiel" spielen: Sie wollen ein ertrinkendes Kind aus dem Fluß retten, damit der Bürgermeister zur Belohnung die Schuld ihrer "falschen Großeltern" vergißt. Die Symbolik des Romans verdichtet sich, als die jüdischen Kinder auf einem Friedhof, dem einzigen Platz, den die faschistische Gesellschaft ihnen noch gelassen hat, "Verstecken" spielen. Spiel und Realität geraten plötzlich bei diesen jüdischen Kindern in eine spannungsreiche Wechselbeziehung; das harmlose Kinderspiel kann jederzeit in grausame Realität umschlagen. Die Kinder spielen auf diesem Friedhof zwischen den Grabsteinen sich selbst und nehmen im Rollenspiel ihr Schicksal so vorweg.
Am eindrucksvollsten wird diese rollenspielartige Vorwegnahme des Schicksals mit Hilfe eines *Krippenspiels* demonstriert, jenes "großen Spiels", von dem eingangs die Rede war. Die Szene könnte nicht dramatischer aufgebaut sein: Auf einem Dachboden spielen die jüdischen Kinder das Spiel vom Frieden, von der Herbergssuche, von den Königen und der Flucht, während sie jeden Moment gefaßt sein müssen, daß draußen die Häscher vor der Tür stehen, um sie nach Polen in die Vernichtungslager zu deportieren. Jedes Läuten an der Tür (dreimal im Verlauf des Spiels effektvoll eingesetzt) kann das Signal sein, das über Tod und Leben dieser Kinder entscheidet, jeder Fremde, der erscheint, kann der erwartete Häscher sein. Doch das merkwürdige geschieht; statt sich ängstlich zu verkriechen, lernen die Kinder ein Stück "größerer Hoffnung" begreifen. Im *Rollenspiel der Weihnachtsgeschichte* beginnen sie sich freizuspielen und im Akt der Identifikation ihr bevorstehendes Schicksal anzunehmen. Sie begreifen, daß das, was mit ihnen gespielt wird, das ist, was sie selber gerade spielen: so wie Christus verfolgt wurde, sind auch diese Kinder verfolgt. Und wie schon im Neuen Testament das ausgestoßene und von den Menschen verlassene Christ-Kind die Züge des Gekreuzigten trägt, so wird auch in diesem Spiel die Weihnachtsgeschichte mit der Kreuzesproblematik verwoben:

> "Es hatte geläutet (...) Jede kleinste Bewegung konnte sie verraten (...) Josef fürchtete seine eigene Angst und sah weg. Maria bückte sich und hob mit einer lautlosen Bewe-

gung das Bündel wieder auf. Nichts soll eine Mutter hindern. Sie schmiegte sich an Josef, der wegsah, wie der König in ihrem Arm sich an das Kreuz schmiegen würde, an das er geschmiedet war. Während die Kinder sich fürchteten, ahnten sie seine Lehre, sich zu schmiegen, woran man geschmiedet wird, und sie fürchteten diese Ahnung mehr als das schrille, schnelle Läuten an der Tür."[11]

Helga-Marleen Gerresheim schreibt resümierend zu diesem Roman: "Die Darstellungsweise des Romans ist komplex. Epische, expressiv lyrische, dialogische und monologische Passagen schlagen ineinander um. Erzählung geht über in erlebte Rede und inneren Monolog; Wunschbilder und Angstvorstellungen verdichten sich zu Tag- und Nachtträumen; die Vieldeutigkeit von Zeichen, das poetisch-logische Spiel mit Wort- und Bedeutungsvarianten erschließt eine mehrdimensionale Wirklichkeit. In biblischen Zitaten und Gleichnissen kristallisiert sich die christliche Ethik des Romans, dessen größere Hoffnung sich als eine eschatologische Hoffnung erweist."[12]
Keine Stelle aus diesem Weihnachtsspiel der Ilse Aichinger könnte geeigneter sein, diese eschatologische Hoffnung, die das Kreuz nicht ausspart, sondern einbezieht, zum Ausdruck zu bringen als diese:

"Kommt ihr uns doch immer wieder nach? Kreuzigt ihr doch nur, womit ihr nicht fertig werdet, und müßt zuletzt unter den eigenen Kreuzen die Zuflucht finden? Peitscht uns, tötet uns, trampelt uns nieder, einholen könnt ihr uns erst dort, wo ihr lieben oder geliebt werden wollt. Wo ihr den Fliehenden auf der Spur bleibt, um Zuflucht bei ihnen zu finden. Werft eure Waffen weg und ihr habt sie erreicht."[13]

2. Passion und Kreuz

a. *Rückblick*

Es sei zunächst an etwas erinnert: Wenn in diesem Kapitel Passion und Kreuz Jesu noch einmal ausdrücklich thematisiert werden sollen, so darf darüber nicht vergessen werden, daß gerade Kreuz und Passion immer wieder als *zentrale Motive* vieler unserer *bisher schon analysierten Textbeispiele* aufgetaucht sind. Ob es der Pfahl war, an den der "Jude" Andri von den Andorranern geheftet wurde; ob es das Passionslied "O Haupt voll Blut und Wunden" war, das stöhnend der sterbende Vater bei Alfred Andersch sang; ob es der Passionsweg im Schatten des Kreuzes war, den der kommunistische Flüchtling Georg Heisler gehen mußte; ob es der Kruzifixus war, um den sich die "Jünger Jesu" versammelt hatten oder das Schweigen der Opfer, das mit dem Satz aus der Passionsgeschichte "Und sagte kein einziges Wort" gedeutet wurde; ob es das Wunder der Christwerdung war, das der kommende Priester Adolf Judejahn erlebte; ob der "Fall Judas" von Walter Jens oder der "Fall" des Empedokles von Peter Weiss; ob der schizophrene Dichter Alexander M. oder der gekreuzigte Schwärmer Knipperdollinck: überall gab gerade die Figur des leidenden und sterbenden, gemarterten und sich opfernden Christus

den Menschen hier und heute Plastizität und Kontur, Schutz, Trost und Hoffnung. Auch vom Mißbrauch des Kreuzes war schon die Rede: bei Peter Weiss in seinem "Marat – Sade" und in Hildesheimers "Monolog". Ebenso von der Kreuzeszerstörung, wie sie Günter Herburger propagierte.[14]
Die Beispiele ließen sich vermehren: So steht das Kreuz auch im Zentrum einer Erzählung von *Elisabeth Langgässer:* "Saisonbeginn". Zwei Männer bringen in einem Kurort an einem Wegkreuz ein Schild an. Der Balken wird umgelegt und die Arbeit mit Hammer, Zange und Nägeln beginnt. Dann richten sie das Kreuz wieder auf. Menschen, die vorbeigehen, lachen bloß, schütteln den Kopf. Die meisten bleiben ungerührt. "Als die Männer den Kreuzigungsort verließen, blickten alle drei noch einmal befriedigt zu dem Schild mit der Inschrift auf. Sie lautete: In diesem Kurort sind Juden unerwünscht." So endet die Geschichte.[15]
Walter Jens schrieb in "Herr Meister" den "Bericht über Hattington", der in Parabelform indirekt das Karfreitagsgeschehen spiegelt: Hattington, der Häftling, ist aus einem Gefängnis ausgebrochen. Die Flucht gelingt. Es ist Winter. Als man vermutet, er werde in die Stadt zurückkehren, um sich an denen zu rächen, die ihn damals verrieten, bricht dort die Angst aus, das Mißtrauen. Jeder verdächtigt jeden, Hattington zu decken. Schnüffeleien, Verleumdungen, schwarze Listen, Hysterie sind die Folge: eine Hexenjagd beginnt. Im Namen Hattingtons wird denunziert, geschlagen, gelyncht. Eine Stadt zeigt unter dem Druck der Bedrohung ihr "wahres" Gesicht. Doch im Frühjahr, als die große Schneeschmelze beginnt, bringt die Sonne die Wahrheit an den Tag: "Am Karfreitag fand man Hattingtons Leiche, hundert Meter vom Zuchthaus entfernt. Weiter war er nicht gekommen . . . Eines aber ist sicher: Es gibt nicht viele Leute in unserer Stadt, die frei sind von Schuld."[16]
Schließlich kann als Vertreter des angelsächsischen Sprachraumes noch *Ernest Hemingway* genannt werden, in dessen Dialogskizze "Heute ist Freitag" ebenfalls das Karfreitagsgeschehen im Vordergrund steht: Drei römische Soldaten erzählen in einer Kneipe am Freitag abend, schon leicht angetrunken, von der Kreuzigung Jesu. Sie berichten davon, wie sie ihn angenagelt und hochgehißt haben. Brutal, doch in ihrer Art von Jesus tief beeindruckt: "Ich sag euch, der hat sich heute da recht ordentlich benommen",[17] als dumpfer Refrain ihres Gesprächs viermal wiederholt, das einzige Vokabular, mit dem sie ihre Erfahrungen zu artikulieren vermögen. Eine Veränderung ist vorgegangen; die Soldaten sind unter dem Eindruck des Erlebten nicht mehr die gleichen, die sie vorher waren. Ungezählte Hinrichtungen haben sie erlebt, die eine ist ihnen geblieben, ungezählte Menschen haben sie so sterben sehen, dieser eine läßt sie nicht los. Stunden später noch stehen sie in seinem Bann: betroffen, verwirrt, unsicher geworden. Jesus war anders!
Diese Beispiele moderner Literatur zeigen überdeutlich, wie Schriftsteller heute das Kreuz Christi beschreiben, den Karfreitag. Nicht direkt als Schilderung des Vorgangs der Kreuzigung, sondern indirekt in den Wirkungen betroffener Menschen. Das Geschehen selbst bleibt ausgespart, nur dessen Reflex, nur der Schat-

ten, den es wirft, wird beschrieben. *Das Kreuz wird zum Sinnbild menschlicher Existenz.* Alle diese Beispiele enthalten auch keine ausgearbeitete Kreuzes-Theologie, wohl aber eine Kreuzes-Theologie "in nuce": hier wird von der Sache der Theologie geredet, ohne daß theologische Kategorien gebraucht würden.[18]
Im Verlauf dieser Arbeit sind also schon wichtige Texte zum Problem "Passion und Kreuz" in der deutschen Literatur zur Sprache gekommen. Deshalb soll dieses Kapitel einen besonderen Schwerpunkt bekommen. Um der literarischen und theologischen Qualität der Texte willen sollen Autoren jüdischer Provenienz interpretiert werden, die für die theologisch hoch bedeutsame Tatsache stehen, daß auch Dichter jüdischer Herkunft in tiefer Sinndeutung vom Kreuz Christi und dem gekreuzigten Christus reden können.[19] Selbstverständlich wäre es vermessen, auf so engem Raum das Werk dieser Autoren auch nur annähernd erschöpfend zu behandeln. Es kann uns hier nur um die ganz spezifische Fragestellung gehen: Wie reden diese Autoren, die Lyriker Hilde Domin, Nelly Sachs, Paul Celan, vom Kreuz und dem Gekreuzigten, welche Bedeutung hat dies für sie?

b. *Jüdische Stimmen*

Gemeinsam ist allen drei Lyrikern vor allem eine grausame Erfahrung aus der jüngsten deutschen Geschichte: die Massenvernichtung jüdischer Menschen in nationalsozialistischen Konzentrationslagern, der alle drei manchmal nur knapp entrinnen konnten: Hilde Domin (1912 in Köln geboren) durch Exil in Italien und Santo Domingo, Nelly Sachs (1891–1970) durch Exil in Stockholm, Paul Celan (1920–1970) durch Flucht aus einem Lager in seiner rumänischen Heimat. Paul Celan schrieb nach dem Krieg sein mittlerweile berühmt gewordenes Auschwitz-Gedicht "Todesfuge".[20] Nelly Sachs ihren Auschwitz-Gedichtband "In den Wohnungen des Todes" (1947).[21] Und für Hilde Domin, 1954 nach Deutschland zurückgekehrt, wurde die Konfrontation mit diesem furchtbaren Verbrechen zu einem Trauma, unter dem sie lange litt. In einem 1966 geschriebenen "Offenen Brief an Nelly Sachs" knüpfte sie gerade an diese gemeinsame geschichtliche Erfahrung jüdischen Schicksals an, als sie schrieb: "Bei Kriegsende sah ich zum erstenmal Bilder aus den Konzentrationslagern (. . .) Am schlimmsten waren mir die Leichenhaufen: all diese nackten hilflosen Körper, wie ein Lager von verrenkten Puppen übereinander gestapelt."[22] Und die Wirkung, die die Gedichte von Nelly Sachs damals auf sie gemacht haben, beschreibt Hilde Domin so: "Als ich Deine Gedichte las, im Winter 59/60, also fast fünfzehn Jahre später, da hast du meine Toten bestattet, all diese fremden furchtbaren Toten, die mir ins Zimmer kamen"[23]

"Ecce Homo": Ein Gedicht von Hilde Domin

In diesem geschichtlichen Kontext ist auch das Kreuzesgedicht "Ecce Homo" zu verstehen, das *Hilde Domin* 1970 in ihrem Gedichtband "Ich will Dich" veröffentlichte:

"Weniger als die Hoffnung auf ihn

das ist der Mensch
einarmig
immer

Nur der gekreuzigte
beide Arme
weit offen
der Hier-Bin-Ich"[24]

Sprachlich fällt auch in diesem Gedicht die äußerste Verknappung der Rede auf. Die Sätze werden auf Kernworte reduziert, Überflüssiges (das Hilfsverb im 2. Teil im Gegensatz zum ersten) wird gestrichen, jedes Wort wird – so isoliert – zu einem wichtigen Bedeutungsträger. Die Bildersprache ist präzis, Wortwahl und Syntax sind hier – wie auch in anderen Gedichten Hilde Domins – "frei von dunkelheitsfixierter Prezisiosität und surrealistischen Manierismen";[25] der Ton ist "schwebend und treffsicher, musikalisch und zupackend zugleich".[26]
Der *Aufbau* des Gedichtes ist *antithetisch:* der Mensch hier, der Gekreuzigte dort; der Gegensatz ist durch das "nur" deutlich gemacht. Das "Ecce Homo" bekommt so eine Doppelfunktion. Es ist im ersten Teil Zustandsbeschreibung: "Seht, wie der Mensch ist", einarmig immer; im zweiten Teil ist es Verweis auf die Sinnbildlichkeit des Gekreuzigten: "Seht, wie dieser Mensch war", beide Arme offen.
Die Bestimmung des Menschen als "einarmig" ist bildlicher Ausdruck für sein verstümmeltes, verkürztes Menschsein. Der Mensch ist nie ganz zur Hingabe fähig, ist immer "weniger als die Hoffnung", die man auf ihn setzt. Beide Arme offen dagegen hat nur der Gekreuzigte: zwei Arme, die umfangen, umschließen können; zwei Arme, die uneingeschränkte Offenheit für den Anderen ebenso ausdrücken, wie wehrloses Ausgeliefertsein. Der Gekreuzigte ist der "Hier-Bin-Ich", die Personifikation des Hierseins schlechthin, eine zur höchsten Intensität gesteigerte Form der Präsenz. Gleichzeitig nimmt das "Hier-Bin-Ich" der letzten Zeile den Sprachgestus des Titels "Ecce Homo" wieder auf. Es will Aufmerksamkeit auf sich lenken, so wie man ein Angebot anpreist: und das heißt, sich selber zum Angebot machen, sich zur Verfügung stellen.[27] Die Menschen sollen "gezwungen" werden, auf den Gekreuzigten zu schauen. Der Mensch und der Gekreuzigte sind Kontrastfiguren, die sich gegenseitig deuten; der Gekreuzigte ist gleichsam die Kontrastfolie, durch die die Defizite des Menschseins scharf ins Relief kommen. Nur der Gekreuzigte erweist sich als bedingungslos offen, ist umgekehrt aber als bedingungslos Offener gerade auch der Gekreuzigte. Ist der Preis bedingungsloser Offenheit also das Kreuz? Sind die ausgestreckten Arme der Offenheit für die Anderen gleichzeitig immer die angenagelten Arme, die am Kreuz verbleiben? Ist, wer bedingungslos offen ist für die anderen, der Kreuzes-Gestalt am nächsten?
Um eine weitere, *geschichtliche Dimension* wird dieses Gedicht bereichert, wenn wir noch einmal eine Stelle aus dem Brief an Nelly Sachs zur Interpretation her-

anziehen. Nelly Sachs hatte einmal in einem Gedicht, auf jüdisches Schicksal Bezug nehmend, geschrieben: "An uns übt Gott Zerbrechen". Hilde Domin kommentiert: "Nur in dem stimmt es: an uns wird etwas mehr 'Zerbrechen' geübt als an anderen. Exemplarischer wird es geübt, wieder und wieder, soweit das Gedächtnis des Abendlandes reicht. Bitte, mißversteh mich nicht, ich glaube nicht, daß wir da sind, damit die conditio humana an uns auf offener Bühne wieder und wieder vollstreckt werde, stellvertretend und ohne Milderung, Lehrbeispiel eines Weltenlenkers, der unser als Demonstrationsobjekt bedürfte. Die Theologen sehen da manchmal eine Art höheres Programm. Ich sehe nur die Tatsache, die sehr irdische, geschichtliche Tatsache, ich stelle sie fest: und mit Grauen. (. . .) Den Juden ist häufiger und krasser die Rolle des *Ecce homo* zugefallen, aufgedrängt worden, als anderen."[28]

An diesem Text fallen zwei Aspekte besonders heraus: einmal die klare Zurückweisung jeder theologischen Ausdeutung des Leidensschicksals der Juden im Sinne eines "höheren Programms" Gottes, im Sinne einer theologia positiva. Stattdessen die bescheidene, nüchterne Feststellung geschichtlicher Faktizität des Leidens. Zum anderen aber dann gleichsam eine *christologia negativa!* Das heißt: Es wird in dieser Situation kein Bekenntnis zu Christus als Erlöser der Menschen am Kreuz abgelegt, sondern im Verweis auf ihn in seiner Niedrigkeitsgestalt ("Ecce homo") das Schicksal jüdischer Menschen gedeutet. Seine "positive" Bedeutung erhält er im Durchgang durch das "Negative". Das Gesicht des jüdischen Volkes trägt die Züge des Gekreuzigten und der Gekreuzigte trägt die Züge des gequälten und leidenden jüdischen Menschen.

Vorsichtig, gerade in der theologischen Deutung, ist diese Lyrikerin; darin auch *Ernst Meister* ähnlich, dem 1911 in Hagen geborenen Lyriker, der in seinem Kreuzesgedicht "Doppelgesicht", auf das jüdische Schicksal in den Verbrennungsöfen anspielend, gleichfalls jede abschließende Deutung vermeidet und nur im zarten Verweis auf das Kreuz dem Geschehen Kontur gibt: "Alles Doppelgesicht / und / deutbar fast".[29] Diese Lyrik von Hilde Domin und Ernst Meister entzieht sich also angesichts der Passionsgeschichte von Menschen, angesichts all der Kreuze der Weltgeschichte gläubiger Affirmation. Denn: Der Lyriker könne heute nur noch "Widerständler sein", schrieb Hilde Domin in einem programmatischen Essay "Wozu Lyrik heute? Dichter und Leser in der gesteuerten Gesellschaft". "Ein Neinsager und kein 'Preisender', das Ja ist da als Potentialis seines Glaubens an die Fortdauer seines Menschseins, der der Glaube an die Fortdauer der Bereitschaft der andern und an die Fortdauer des befreienden Worts ist. Fast ein Glaube an 'Wunder'. Ohne dieses Ja, ohne die geheime Utopie seiner eigenen Möglichkeit, die die Möglichkeit der anderen mit einschließt, könnte kein Wort eines Gedichtes heute noch geschrieben werden."[30]

Ein solches schriftstellerisches Selbstverständnis ("Ich bin ein Rufer"),[31] ein solches Dichtungsverständnis ("Jedes Gedicht ist ein Aufruf gegen Verfügbarkeit, gegen Mitfunktionieren. Also gegen Verwandlung des Menschen in den Apparat")[32] hat auch *Konsequenzen für den theologischen Denkstil,* der in diesen Texten praktiziert wird: es wird theologisch immer "von unten" gedacht, aus der Perspektive der Opfer. Von daher wird nach dem Ganzen der Welt gefragt. Christologisch erschließt sich erst in der Niedrigkeitsgestalt des Gekreuzigten der Glaube an die Erlösung der Welt. Das Ja zur Welt ist im Modus des Potentialis gegeben, ist ein abgerungenes "Trotzdem":[33] es wird nicht widerrufen und nicht rückgängig gemacht. *Existenz des Lyrikers* und *Existenz des Christen* sind so von ähnlicher *paradoxer Struktur,* weil beide ihr Trotzdem der Welt entgegensetzen, weil beide "gegen die Eindimensionalität (Herbert Marcuse) eingepaßten und widerspruchslosen Funktionierens"[34] sich wenden, weil beide darum kämpfen, daß diese Welt menschlicher werde; "insofern ist also auch heute der Lyriker, auch der 'Neinsager', in Wahrheit immer zugleich doch ein 'Preisender'. Als sei Schwarz eine helle Farbe."[35]

Der Fisch mit der blutig gerissenen Kieme: der Gekreuzigte im Werk von Nelly Sachs

Über den sprachlichen Befund des lyrischen Gesamtwerks von Nelly Sachs sind wir durch eine Wortkonkordanz von Paul Kersten gut unterrichtet.[36] Dort erfahren wir, daß das Wort "Christus" im Werk von Nelly Sachs nur zweimal vorkommt, daß aber das Christus-Motiv in zahlreichen Bildelementen und Motiven assoziativ gegenwärtig ist: "Ölberg", "Kreuz", "Kiefer", "Fisch", "Opfer", "Stummheit". Vor allem der *"Fisch"* – uraltes Christussymbol – ist *zentrales Christus-Motiv* in diesem Werk. Wir wollen dies anhand eines "Passionsgedichts" von Nelly Sachs verdeutlichen, dem Gedicht "Landschaft aus Schreien" aus dem Gedichtband "Und niemand weiß weiter" (1950–56), in das viele Christus-Motive zusammengeflossen sind.

"In der Nacht, wo Sterben Genähtes zu trennen beginnt,
reißt die Landschaft aus Schreien
den schwarzen Verband auf,

Über Moria, dem Klippenabsturz zu Gott,
schwebt des Opfermessers Fahne
Abrahams Herz-Sohn-Schrei,
am großen Ohr der Bibel liegt er bewahrt.

O die Hieroglyphen aus Schreien,
an die Tod-Eingangstür gezeichnet.

Wundkorallen aus zerbrochenen Kehlenflöten.

O, o Hände mit Angstpflanzenfingern,
eingegraben in wildbäumende Mähnen Opferblutes –

Schreie, mit zerfetzten Kiefern der Fische verschlossen,
Weheranke der kleinsten Kinder
und der schluckenden Atemschleppe der Greise,

eingerissen in versengtes Azur mit brennenden Schweifen.
Zellen der Gefangenen, der Heiligen,
mit Albtraummuster der Kehlen tapezierte,
fiebernde Hölle in der Hundehütte des Wahnsinns
aus gefesselten Sprüngen –

Dies ist die Landschaft aus Schreien!
Himmelfahrt aus Schreien,
empor aus des Leibes Knochengittern,

Pfeile aus Schreien, erlöste
aus blutigen Köchern.

Hiobs Vier-Winde-Schrei
und der Schrei verborgen im Ölberg
wie ein von Ohnmacht übermanntes Insekt im Kristall.

O Messer aus Abendrot, in die Kehlen geworfen,
wo die Schlafbäume blutleckend aus der Erde fahren,
wo die Zeit wegfällt
an den Gerippen in Maidanek und Hiroshima.

Ascheschrei aus blindgequältem Seherauge –

O du blutendes Auge
in der zerfetzten Sonnenfinsternis
zum Gott-Trocknen aufgehängt
im Weltall –"[37]

Landschaft ist in diesem Gedicht keine Handlungs- oder Stimmungskulisse. Sie ist personifiziert, aktiviert (reißt den Verband auf); sie beginnt sich im Gedicht zu konstituieren. Eine *neue Topographie* entsteht, in die die Linien der Schreie ausgezeichnet und die Furchen der Schmerzen eingegraben werden, wie im Gemälde des Expressionisten Edvard Munch "Der Schrei". Doch bekommt im Gegensatz zu der "Landschaft aus Schreien" des Malers die Landschaft der Dichterin ein noch viel deutlicheres Profil: Es sind die geschichtlichen Linien, Gräben, Furchen, die ihr Plastizität geben, Geschichte, wie sie die Bibel "aufbewahrt" hat. Biblische und gegenwärtige Geschichte fließen so ineinander: Abrahams Sohn – Hiob – Jesus Christus hier, Maidanek und Hiroshima dort.

Wie schon bei Hilde Domin ist auch diese Lyrik frei von "dunkelheitsfixierter Preziosität". Ausgangspunkt dieser Lyrik sind immer konkrete Details, reale Bezugspunkte, die zu Absprungbrettern für den Prozeß lyrischer Verwandlung werden, so daß die Dinge allmählich ihre zeichenhafte Transparenz bekommen.[38] Schon in den ersten Zeilen des Gedichts ist der Ausgangspunkt ein geschichtliches Ereignis, an das sich ein Assoziationsvorgang anschließt. "Nacht" ist hier eine Anspielung auf die Nacht, in der Jesus von Nazaret schreiend am Kreuz verschied und der Vorhang ("Genähtes") des Tempels in zwei Stücke zerriß (Mt 27,51 par). Das Tempus Präsens ("beginnt") deutet diesen Vorgang nicht als etwas Vergangenes, sondern Gegenwärtiges, Allgemeingültiges, Zeitloses. Die folgende Assoziation macht dies noch deutlicher. Der Vorgang des Reißens wird assoziativ vermittelt mit dem Aufreißen des schwarzen Verbandes: die Schreie reißen also die alten, verkrusteten Wunden wieder auf.

Im Verlauf des Gedichts nun werden die Schreie in verschiedenen Figuren gespiegelt, ohne daß sie je in ihrem "Sinn" gedeutet werden könnten: sie bleiben "Hieroglyphen", unzugängliche, unentzifferbare Zeichen. Die Schreie sind überall. Sie umfassen Geschichte wie Gegenwart, des Menschen Leben vom Anfang bis zum Ende ("Kinder" und "Greise" haben hier die Funktion einer Synekdoche). Doch herausragende Gipfelpunkte dieser Landschaft sind die Opferaltäre, die Zellen der Gefangenen, der Ölberg, das Lager und die verwüstete Stadt. Ja, "Ort" des Schreis ist immer der Mensch selbst ("empor aus Leibes Knochengittern"), der sein Leid den Himmel hinaufschreit.

Die Bibel hat in diesem Text eine besondere Funktion, eine bewahrende, erinnernde. Sie hat den Schrei von Abrahams Sohn bewahrt, als er auf dem Opferaltar lag und den Schrei des Hiob. Auch *Jesu Schrei vom Ölberg* ist in dieser Erinnerungslandschaft "angesiedelt". Dazu schreibt die Germanistin Gisela Bezzel-Dischner: "Der Schrei vom Ölberg (...) bewahrt dieses menschlichste Attribut des 'Menschensohns'; er ist sichtbar und fixiert 'Wie ein von Ohnmacht übermanntes Insekt im Kristall'. Der Vergleich mit dem Bernstein, der jahrhunderte-altes Leben in sich trägt (...) deutet nicht nur auf den Stein als erinnernden Bewahrer einstigen Lebens hin – hier dem Ölberg vergleichbar, der den Schrei von Christus verbergend umschließt – sondern auch auf die aktive Funktion der Erinnerung; der 'Ölberg' ist Teil der 'Landschaft aus Schreien' und damit dynamischer Erinnerungsraum."[39]

Zweimal also war in diesem Gedicht bisher von Christus die Rede: im Motiv des zerrissenen Vorhangs und im Motiv des Schreis vom Ölberg. Noch an einer *dritten Stelle* taucht das *Christus-Motiv* – stärker verschlüsselt – auf: im Vers "Schreie, mit zerfetzten Kiefern der Fische umschlossen". Die Entschlüsselung dieses plötzlich auftauchenden Fisch-Motivs als Christus-Motiv kann erst gelingen, wenn man im weiteren Kontext des Werkes von Nelly Sachs dessen Bedeutung und Funktion bestimmt.[40]

"In ihrer Dichtung spielt der Fisch eine zentrale Rolle", schreibt der schwedische Schriftsteller Olof Lagercrantz in seinem "Versuch über die Lyrik der Nelly Sachs". "Schon als Kind regte sie sich auf, wenn sie die toten Fische in der Markthalle oder auf dem Küchentisch liegen sah. Später spricht sie dann von der 'Kreuzigung' der Fische, weil sie zu langen Tagen des Sterbens aus dem Wasser gezogen werden (...) Allen voraus wird der Fisch mit seinem langen, stummen Leiden für Nelly Sachs zum Symbol des Martyriums."[41]

Nelly Sachs kann nicht nur – im gleichen Gedichtband "Und niemand weiß weiter" vom "gekreuzigten Fisch" reden, sondern auch in einem Gedicht, in dem der Prophet Daniel angerufen wird, vom Fisch als einem "König des Schmerzes".

> "Daniel, Daniel
> vielleicht stehst du zwischen Leben und Tod
> in der Küche, wo in deinem Schein
> auf dem Tische liegt
> der Fisch mit den ausgerissenen Purpurkiemen,
> ein König des Schmerzes?"[42]

Paul Kersten wehrt sich zu Recht gegen die einseitige Inanspruchnahme des Fisch-Symbols für eine ausschließlich christliche Interpretation und macht entschieden auf die semantische Polyvalenz dieses Zeichens aufmerksam.[43] Doch er übersieht nicht, wie sehr das *Fisch-Motiv,* vor allem der Fisch mit der blutig gerissenen Kieme, in allen Textzusammenhängen mit dem *Bild des leidenden Christus* assoziativ verbunden bleibt. Dabei ist der Fisch nicht nur Symbol des Martyriums, sinnbildhafter Repräsentant von Leiden, Qual, Verstummen des sterbenden Opfers, sondern auch "Zeichen einer im Schmerz erreichbaren Erlösung", wie es vor allem der folgende Text aus "Und niemand weiß weiter" deutlich macht:

"Wer weiß, wo die Sterne stehn
in des Schöpfers Herrlichkeitsordnung
und wo der Friede beginnt
und ob in der Tragödie der Erde
die blutig gerissene Kieme des Fisches
bestimmt ist,
das Sternbild *Marter*
mit seinem Rubinrot zu ergänzen,
den ersten Buchstaben
der wortlosen Sprache zu schreiben –"[44]

In diesem weiteren Kontext wird nun auch die Verwendung des Fisch-Motivs in dem Gedicht "Landschaft aus Schreien" verständlicher, von dem wir bei unserer Interpretation ausgegangen sind. Das Bild vom "zerfetzten Kiefer der Fische" verweist auch hier suggestiv auf die Ohmacht hilfloser Opfer: der "Schrei" der Kinder ist ein Wimmern ("Weheranke"), der von Greisen tonlos ("schluckende Atemschleppe"). Wieder also ist das Fisch-Motiv eingesetzt, um Verstummen und Ersticken der dem Tod ausgelieferten Opfer zu repräsentieren. Und Christus?
Es fällt hier eine interessante Variante des Fisch-Motivs auf: aus der blutig gerissenen Kieme ist ein zerfetzter *Kiefer* der Fische geworden. Das ist um so überraschender, als sonst nie im Werk von Nelly Sachs diese Vertauschung auftritt, selbst dort nicht, wo der Fisch personifiziert wird und eine anthropomorphisierende Metapher eher verständlich wäre. Die Ersetzung von Kieme durch Kiefer hat demnach keine einfach bildhaft-illustrierende Funktion, sondern muß als bewußtes zeichenhaftes Signal verstanden werden, dessen Bedeutung sich erst im Kontext einer Parallelstelle zu "Kiefer" erschließt. Im gleichen Gedichtband heißt es:

"Und Christus! An der Inbrunst Kreuz
nur geneigtes Haupt –
den Unterkiefer hängend,
mit dem Felsen:
Genug."[45]

Paul Kersten bestimmt im Lichte dieser Stelle das Wort "Kiefer" in unserem Text zu Recht als “Assoziationssignal für den Kreuzestod Christi”: “Die latente Präsenz des Christus-Motivs, die an mehreren Textstellen im Bild der blutigen Fischkieme registriert werden konnte, manifestiert sich an dieser Stelle (‘zerfetzte Kiefer der Fische’) in der Adaption eines semantisch erweiterten Ausdrucksträgers (‘Kiefer’), der das Leiden Christi signalisiert.”[46]

Der im Schrei zerrissene Vorhang, der Schrei vom Ölberg, der Fisch mit der blutigen Kieme, dem zerfetzten Kiefer: das sind die zentralen Sinnbilder der Figur Christi im Werk von Nelly Sachs. Wie kaum eine Schriftstellerin deutscher Sprache hat sie sich, betroffen vom Schicksal ihres jüdischen Volkes, mit der *biblischen Tradition* auseinandergesetzt. Viele ihrer Gedichte beginnen mit Vorsprüchen aus Bibel, Chassidismus, Kabbala. Immer wieder tauchen zentrale biblische Figuren in ihren Werken auf: Abraham, Jeremia, Daniel, Ruth. Und immer wieder Hiob, so daß man sie schon eine “Schwester Hiobs” genannt hat.[47] Immer wieder wird von biblischen Grundsituationen her die Wirklichkeit gedeutet: Schöpfungsbeginn, Sintflut, Flucht aus Ägypten, Opfer, Klagemauer. Und immer wieder wird auch von Jesus Christus gesprochen. Schon in der ersten, 1921 veröffentlichten Arbeit von Nelly Sachs, einer Legendensammlung, war Christus überall gegenwärtig,[48] ebenso wie in dem Zyklus “Gebet für den toten Bräutigam” aus ihrem ersten Gedichtband “In den Wohnungen des Todes”.[49]

Jesus hat für Nelly Sachs eine der *zentralen Rollen* im Erlösungsgeschehen der Menschheit. Er steht in Gemeinschaft mit anderen Figuren biblischer Tradition, Jakob, David, Jesaia, die alle das Verlangen nach Erlösung der Menschheit gemeinsam haben. Olof Lagercrantz schreibt dazu: “Wenn man in dem von Nelly Sachs geschaffenen lyrischen Kosmos Jesus zu sehen glaubt, so sieht man nicht den Erlöser, nicht den Messias, der über den Tod triumphierte oder am Kreuz lächelte, wie der Christus in ihrer Jugenderzählung es getan hatte, sondern den leidenden Jesus, der am Kreuz den Anblick äußersten Schmerzes und größter Verlassenheit bot und, von Blut und Angstschweiß bedeckt, stirbt. So wie er im 14. Jahrhundert in Deutschland geschildert wird, wahrscheinlich unter der Einwirkung des Schwarzen Todes, der es mit dem Massensterben der vierziger Jahre unseres Jahrhunderts aufnehmen könnte; und wie er auf dem Isenheimer Altar aus dem Anfang des 16. Jahrhunderts zu sehen ist, ein Kunstwerk, das Nelly Sachs liebt.”[50]

So ist Jesus für Nelly Sachs –wie schon für Hilde Domin– kein Gott, sondern ein leidender Mensch, ein *Mann der Schmerzen,* kein Triumphator. Der Unterschied ist wichtig: “Solange Jesus als Gott dargestellt wird, bleibt das Christentum, von dem es heißt, daß es auf dem Grundsatz der alle umfassenden Liebe gründe, ein Scheideweg für die Menschen. Einige sind Gerettete, andere sind es nicht. Was nützt es, daß es innerhalb des Christentums nicht mehr um die Frage ob Grieche oder Jude geht, solange die Kluft zwischen Erlösten und Nicht-Erlösten weiterbesteht?”[51] Jesus überwand den Tod für Nelly Sachs “nicht auf der materiellen Ebene, mit der viele Christen zu rechnen scheinen. Er wählte das Leiden, starb am Kreuz, weil dieses Leiden ein sinnvolles Geheimnis in sich birgt.”[52]

"Tenebrae": Ein Passionsgedicht von Paul Celan

Auch Paul Celan war kein jüdischer Dichter oder gar Poet des Judentums, genausowenig wie Hilde Domin oder Nelly Sachs es waren. Doch auch bei ihm gehörten jüdische Themen – wie Hans Mayer sagte – zur "Substanz seines Lebens und tauchten deshalb immer wieder auf".[53] Dies festzustellen, heißt sehen, daß auch Celans Lyrik sich in theologischen oder metaphysischen Fragen nicht eindeutig auf den Begriff bringen läßt. Gewiß, man kann chassidische oder kabbalistische Einflüsse bei ihm fesstellen, man wird die Sprache eines jüdischen Messianismus (Erwartung von Erfüllung, Erlösung, Befreiung, neuer Schöpfung), der Mystik oder gar der Alchimie in seinem Werk entdecken,[54] man kann auf den Surrealismus, die Totenklage oder das Elegische bei ihm verweisen, nie wird man seine Lyrik auf eine bündige Formel bringen können oder dürfen. Nie darf es bei der Interpretation darum gehen, hinter den literarischen Verschlüsselungen einfach das begriffliche Äquivalent zu suchen, das "eigentlich Gemeinte" herausfiltern zu wollen. Aufgabe der Interpretation kann nur sein, den komplexen Denkbewegungen im Gedicht Celans nachzuspüren. Denn ein Gedicht ist für Celan seinem Wesen nach "dialogisch", einer "Flaschenpost" vergleichbar, immer "unterwegs". Es hält zu auf "etwas Offenstehendes, Besetzbares, auf ein ansprechbares Du vielleicht, auf eine ansprechbare Wirklichkeit".[55]

Nur unter diesem Vorbehalt kann man es heute angesichts einer Überfülle von Deutungsversuchen der Lyrik Celans wagen,[56] an einigen Textbeispielen Grundzüge des Christusbildes Celans herauszuarbeiten, das vor allem von Passion und Kreuz her bestimmt ist. Man wird durch Paul Celan selbst gewarnt: Eine theologia positiva wird man auch bei ihm nicht finden und Titel zur Kennzeichnung dieses Dichters als eines "geborenen Gottsuchers"[57] verschleiern eher seine Bedeutung für die Theologie, als daß sie sie erhellen.

Eine theologische "Warnung" in dieser Richtung ist das Gedicht *"Zürich, zum Storchen"* aus dem Gedichtband "Niemandsrose" (1963), das Nelly Sachs gewidmet ist; ein erregendes Zwiegespräch beider Lyriker über die Gottesfrage, Differenz und Übereinstimmung herausarbeitend:

"Vom Zuviel war die Rede, vom
Zuwenig. Von Du
und Aber-Du, von
der Trübung durch Helles, von
Jüdischem, von
deinem Gott.

Da –
von.
Am Tag einer Himmelfahrt, das
Münster stand drüben, es kam
mit einigem Gold übers Wasser.

Von deinem Gott war die Rede, ich sprach
gegen ihn, ich
ließ das Herz, das ich hatte,
hoffen:
auf
sein höchstes, umröcheltes, sein
haderndes Wort –
Dein Aug sah mir zu, sah hinweg,
dein Mund
sprach sich dem Aug zu, ich hörte:
Wir
wissen ja nicht, weißt du,
wir
wissen ja nicht,
was
gilt."[58]

"Wir wissen ja nicht": Celan läßt im Gedicht Nelly Sachs dies sprechen! Der Text ist ein auf die knappste Form reduzierter Dialog: These – Antithese – Synthese. Schon die grammatikalische Form des Personalpronomens deutet dies an: *Dein* Gott – *ich* dagegen – *wir* wissen ja nicht.

Paul Celan ist in seinen Gedichten nicht auf das "Übersinnliche" aus; "das liegt mir nicht, das wäre Pose", gesteht er in einem Gespräch. "Ich lehne es ab, den Poeten als Propheten hinzustellen, als 'vates', als Seher und Weissager".[59] Celans Selbstverständnis als Lyriker ist alles "georgianische Pathos ebenso fremd wie der rilkische Kult mit Eingebung und Gnade", meint Walter Jens: "Das Pathos seiner Gedichte ist nüchtern; exakte Beobachtung und vivisektorische Präzision verfremden den hymnischen Schwung des Poems; die Diktion ist Sprache eines Menschen, der weder den Trost der Zuversicht noch die Würde der Furcht jemals verleugnete".[60]

So ist gerade die *Vielzahl der Perspektiven* für die Lyrik Celans charakteristisch, die Beobachtung von Dingen aus mehreren Sichtwinkeln, in mehreren Brechungen und Zerlegungen. Nicht bewußt "dunkel" wollen seine Gedichte sein, nicht "abstrakt", "hermetisch" oder "esoterisch", sondern so klar und genau wie möglich, die "Anstrengung des Begriffs" (Hegel) nicht scheuend. Sie wollen dem Umstand Rechnung tragen, daß die Dinge ihre Mehrdeutigkeit haben und dies im Gedicht sichtbar machen, aber eine "Mehrdeutigkeit ohne Maske". Celan meint weiter: "Ich trachte sprachlich wenigstens Ausschnitte aus der Spektral-Analyse der Dinge wiederzugeben, sie gleichzeitig in mehreren Aspekten und Durchdringungen mit anderen Dingen zu zeigen: mit nachbarlichen, nächstfolgenden, gegenteiligen. Weil ich leider außerstande bin, die Dinge *allseitig* zu zeigen."[61]

Mehrere Aspekte gleichzeitig: Schon in "Zürich, Zum Storchen" fällt auf, daß nicht nur von einer skeptischen Position des Nichtwissens gesprochen wird, nicht nur von einer Argumentation gegen Gott, sondern gleichzeitig auch von einem Hoffenlassen des Herzens "auf / sein höchstes, umröcheltes, sein / haderndes

Wort –". Nichtwissen hier – Hoffen da: Zwei Momente, die sich auf den ersten Blick auszuschließen scheinen, die aber nur zwei *komplementäre Aspekte* der einen Problematik der Gottesfrage sind. Die hier gebrauchten Bilder sind zitathafte Anspielungen auf den Kreuzestod Christi, auf das "Mein Gott, mein Gott, warum hast du mich verlassen?". Dieses Wort ist seinerseits ein Zitat aus Psalm 22, einem Klagepsalm, in dem der Psalmist mit seinem Gott (wie es jetzt Christus tut) "hadert", weil dieser keine Antwort gibt. Das heißt: Das Überraschende des Gedichts ist, daß der Dichter zwar gegen den jüdischen Gott der Nelly Sachs reden kann, auf – pointiert gesagt – den "gekreuzigten Gott" aber offensichtlich seine Hoffnung setzt.

Wilhelm Höck, der in einem Aufsatz die Einflüsse der jüdischen Messiaserwartung im Spannungsfeld von Schöpfung und Erlösung im Werk von Paul Celan untersucht hat, kommt unter Bezugnahme auf dieses Gedicht zu dem Schluß: "Der unbezweifelte, in Herrlichkeit und Unantastbarkeit sich selber genügende 'jüdische' Gott des ersten Tags ist nicht der, auf den sich Hoffnung richtet. Die Stimme Israels in der Wüste, wie sie sich im lyrischen Ich Celans bricht, beharrt hiob-ähnlich auf einem Gott, der den Tod, die Grundfigur dieser Weltzeit, miterleidet, der selber, am sechsten Tag (dem Tag des Menschen, nach der Genesis) das 'Lama sawthani' der Todesstunde spricht: der sich mit Israel, dem zu Tode Gejagten, dadurch identifiziert, daß er den Psalm spricht, den jeder Jude in seiner Todesstunde betet."[62]

Immer wieder kreist Celans Lyrik um die Figur des leidenden Christus oder Christi überhaupt.[63] Am eindrucksvollsten in den Gedichten *"Matière de Bretagne"* und "Tenebrae" aus dem Band "Sprachgitter" (1959)[64]

"Tenebrae

Nah sind wir, Herr,
nahe und greifbar.

Gegriffen schon, Herr
ineinander verkrallt, als wär
der Leib eines jeden von uns
dein Leib, Herr.

Bete Herr,
bete zu uns,
wir sind nah.

Windschief gingen wir hin,
gingen wir hin, uns zu bücken
nach Mulde und Maar.

Zur Tränke gingen wir, Herr.

Es war Blut, es war,
was du vergossen, Herr.

Es glänzte.

Es warf uns dein Bild in die Augen, Herr.
Augen und Mund stehn so offen und leer, Herr.
Wir haben getrunken, Herr.
Das Blut und das Bild, das im Blut war, Herr.

Bete, Herr
wir sind nah."[65]

In "Tenebrae" sind Simultaneität und Komplementarität der Aspekte, Aufhebung der Subjekt-Objekt-Struktur, Perspektivenwechsel Kennzeichen lyrischer Rede. Auch hier ist es wieder – wie in anderen Gedichten Celans – eine konkrete Basis, von der aus das Gedicht den Absprung versucht. Doch diesmal ist die Basis des Gedichts nicht an den Anfang gesetzt, die Reihenfolge von Basis und Absprung ist keine chronologische. Die Basis ist vielmehr in die Textmitte gelegt, ins Zentrum des Gedichts:

"Windschief gingen wir hin,
gingen wir hin, uns zu bücken
nach Mulde und Maar.

Zur Tränke gingen wir, Herr."

So gesehen ergibt sich eine symmetrische Anordnung des Gedichts; es wächst aus der *Textmitte* heraus und seine "Ausdehnung" nach oben und unten beträgt jeweils 9 Zeilen. Auffällig auch der Tempuswechsel; von der Gegenwart ("nahe sind wir . . .") zur Vergangenheit ("windschief gingen wir . . . ") wechselt das Gedicht manchmal blitzartig von einer Zeile zur anderen ("Es warf uns . . . / Augen und Mund stehen so . . . ").[66]
Ein hohes Maß an *Intensitätssteigerung* der Rede erreicht das Gedicht nicht nur durch seine zyklische Struktur, sondern vor allem durch die Anwendung von Stilfiguren wie Epipher und Epanalepse.[67] Das Gedicht bekommt so etwas Beschwörendes: eine ununterbrochene Kreisbewegung. Welcher "Herr" hier angesprochen wird, läßt sich durch die Gebetsform des Textes erschließen: es ist Christus, der Herr, was die 2. Strophe explizit bestätigt: " . . . dein Leib, Herr". Vergleich wird hergestellt zwischen den toten, ineinanderverkrallten Leibern der Menschen (möglicherweise eine Anspielung auf die Leichenberge in KZs) und dem Leib Christi; so wie Christi Leib geschunden wurde, wurden auch diese Leiber geschunden. Doch es bleibt nicht allein beim Vergleich: beide werden sogar in nächste Nähe zueinander gerückt! Ihr Leiden bringt die Menschen in die Nähe des "gekreuzigten Gottes", greifbar nahe sozusagen. Ja, die Nähe wird bis zur "Austauschbarkeit" intensiviert, so daß die Perspektive plötzlich umschlagen kann. Subjekt und Objekt geraten in die Schwebe, wechseln ihre Position: nicht der Mensch betet mehr zu Christus, sondern Christus kann jetzt auch zu den Menschen beten.
Wird im "oberen Teil" des Gedichts Identifikation, ja Austauschbarkeit von Subjekt und Objekt mit dem Bild des "Leibes" hergestellt, erfolgt im *"unteren Teil"*

Identifikation vom Bild der "Tränke" her. Das Wasser der Tränke hat sich in Blut verwandelt, das Christus vergossen hat. Die Metaphorik stammt aus der eucharistischen Liturgie, die hier aber nicht zu andächtig-frommen Betrachtungen verleiten soll, vielmehr ganz drastisch Entsetzen evoziert, so, als fände jemand tatsächlich statt Wasser Blut in einer Tränke vor. Erst wenn man sich klar ist, daß dieser Austausch von Blut und Wasser nicht spiritualisiert werden darf, sondern massiv realistisch das Entsetzen ausdrücken will, kann man auch die Bedeutung des Blutes Christi richtig "werten".
Wie wenig fromm und erbaulich hier geredet wird, macht auch das folgende deutlich: Im Blut spiegelt sich das Bild Christi, so wie jemand sein eigenes Spiegelbild im Wasser erkennt, wenn er sich über den Rand einer Tränke beugt. Aber das Bild Christi wird in die Augen "geworfen": als ob einem Sand in die Augen geworfen wird. Dies ist ein schmerzhafter Vorgang, der blind machen kann und ganz konsequent heißt es deshalb in der folgenden Zeile: "Augen und Mund stehn so offen und leer". So steht am Ende des Gedichts nicht die fromme Erkenntnis über das Opfer Christi oder die Eucharistie, sondern allein der Vorgang des Trinkens, wobei auch hier wieder – vorsichtig – Identifikation hergestellt wird: Christus und der Mensch, der dessen Blut und Bild trinkt, sind im Akt des Trinkens vereint. Von daher sind auch die letzten beiden Zeilen, die mit dem "Bete Herr. / Wir sind nah." den Perspektivenwechsel noch einmal vollziehen, Subjekt und Objekt noch einmal in die Schwebe bringen, völlig "konsequent".
Wir fassen zusammen, was charakteristisch ist für die modernen jüdischen Texte zu Passion und Kreuz Christi und stellen gleichzeitig die große Gemeinsamkeit mit den anderen nichtjüdischen Texten heraus.

1. *Keine theologia positiva:* Jede theologische Aussage, die auf Affirmation der Zustände hinausliefe, wird hier wie dort vermieden. Die Perspektive wird konsequent „von unten" durchgehalten; der Mensch kann in dem unfaßbaren Leid der Welt und der Geschichte kein "höheres Programm" entdecken. Der Blick aufs Ganze der Wirklichkeit, auf letzte Sinngebungen wird vermieden. Das "deutbar fast" von Ernst Meister kann stellvertretend auch für die Lyrik von Domin, Sachs und Celan und die nichtjüdische Literatur gelten. Das "fast" läßt einen Spielraum, der den Rückzug ins Schweigen, ins Verstummen verhindert. Paul Celan hat hier die Grenze am weitesten vorgeschoben.

2. *Christologia negativa:* Wenn diese Lyriker jüdischer Provenienz von Christus reden, dann nicht vom Erlöser, sondern von einem Mann der Schmerzen. Auch dies eine große Übereinstimmung mit den nichtjüdischen Texten. Der Gekreuzigte mit beiden offenen Armen (Domin), der Schrei vom Ölberg und der Fisch mit der blutigen Kieme (Sachs), das umröchelte Gotteswort, die ineinander verkrallten Leiber und das Bild vom Blut (Celan) sind ebenso Deutungsversuche, scheue Annäherungsversuche an Christus, den Menschensohn in Niedrigkeit und Verlassen-

heit, wie es die vielen Figuren in den anderen Texten waren. Auch hier vertritt Celan die am weitesten vorgeschobene Position mit seiner Anrede Christi als "Herr", mit seiner Anspielung auf den "gekreuzigten Gott".

3. Erlösungsbedürftigkeit der Welt ist der Ausgangspunkt aller Autoren. Besonders aber für die jüdischen Lyriker ist – um ein Wort Walter Benjamins aufzunehmen – die "Leidensgeschichte der Welt" eine der wirklich zutreffenden universalgeschichtlichen Kategorien, eine Leidensgeschichte, die in vielem identisch war mit der Geschichte ihres eigenen Volkes. Diese ihre Hoffnung auf "Erlösung" ist verschieden vermittelt: bei Hilde Domin mehr gesellschaftskritisch, bei Nelly Sachs mehr vom Gottesglauben jüdischer Theologie her, bei Celan über den Bereich des Jüdischen hinaus in verschiedenen Denkfiguren biblischer, mystischer, kabbalistischer, chassidischer Provenienz. Alle entziehen sich jedoch einer positiven begrifflichen Festlegung. Dies eine aber ist sicher: Ihr Ja zu dieser Welt ist immer schon durch das Nein hindurchgegangen, ist immer nur ein "Trotzdem", nie bloß affirmativ, sondern kritisch distanziert.

4. Gegenwart in Vergangenheit gespiegelt: Um der schattenlosen Gegenwart Kontur zu geben, greifen jüdische wie die anderen modernen Autoren auf Vergangenes zurück: Passion und Kreuz. Nie wird der Kreuzesvorgang direkt beschrieben, sondern in seinen Wirkungen geschildert; nach Sinn-Bildern wird gesucht, um das Kreuz zu deuten. Ecce Homo: der Mensch trägt die Züge des Gekreuzigten und der Gekreuzigte die Züge des leidenden Menschen schlechthin:

"Wann
wenn nicht
um die neunte Stunde
als er schrie
sind wir ihm
wie aus dem Gesicht geschnitten

Nur seinen Schrei
nehmen wir ihm noch ab
und verstärken ihn
in aller Munde"[68]

schrieb die Schriftstellerin Eva Zeller: Ein Gedicht, das die Grunderfahrung vieler unserer Autoren ausdrückt: vor allem auch die von Hilde Domin, Nelly Sachs und Paul Celan.

3. Ostern

"Es komme ein Mensch aus dem Grabe", so endet das Gedicht "Spät und tief" aus "Mohn und Gedächtnis", jenem ersten Gedichtband *Paul Celans,* dem auch die "Todesfuge" entstammt.[69] "Spät und tief" gemahnt klanglich, sprachlich, motivisch an dieses Auschwitz-Gedicht: die anaphorische Reihung "wir schwören", "wir wissen", "es komme"; das "Weißhaar der Zeit", eine Metapher für den Tod, jenen teuflischen "Meister aus Deutschland"; die Genitivmetaphern "weiße Mehl der Verheißung" aus den "Mühlen des Todes", das den Brüdern und Schwestern vorgesetzt wird – eine bittere Kritik christlicher Verheißung mit jüdischen Augen, mit den Augen der Brüder und Schwestern ist dieses Gedicht. Und dennoch: Anders als in der "Todesfuge" werden hier in einer letzten Anstrengung Tod und Auferstehung, Bitterkeit und Sehnsucht zusammengedacht im Modus der Hoffnung des "es komme": es komme, "was niemals noch war".

a. Symbolische Deutung

Die symbolische Deutung begreift Auferstehung nicht als Auferstehung des gekreuzigten Christus von den Toten, sondern als Auferstehung des Menschen oder des eigenen Ich. Biblisches Sprach- und Bildmaterial bleiben freilich als Deutungsmuster im Hintergrund. So, wenn *Reiner Kunze* in seinem Gedichtband "zimmerlautstärke" (1972) von der Hoffnung der Auferstehung spricht: "Auch eine Hoffnung".

> "Ein grab in der erde
>
> Hoffnung aufzuerstehen
> in einen halm
>
> (Grabplatte keine
>
> Nicht noch im tod
> scheitern an stein)"[70]

So, wenn *Ingeborg Bachmann* in ihren "Liedern von einer Insel" aus dem Band "Anrufung des Großen Bären"[71] eine Insel zu einem metaphorischen Golgotha werden läßt, Ort der Kreuzigung und Garten der Auferstehung zugleich, zum Schauplatz für die Passions- und Auferstehungsgeschichte einer Liebe zwischen zwei Menschen. Die Passion Christi wird hier Sinnbild für das Leiden dieser Menschen, Auferstehung Sinnbild einer erotischen Utopie, der Vision eines erotischen Jenseits ohne Schuld und Verrat.[72]

In ebenfalls symbolischer Weise kann auch *Marie Luise Kaschnitz* in einem Gedicht "Auferstehung" aus dem Band "Dein Schweigen – meine Stimme" Auferstehung deuten, obwohl hier schon eine theologische Komponente stärker mit hineinspielt:

> "Manchmal stehen wir auf
> Stehen wir zur Auferstehung auf
> Mitten am Tage
> Mit unserem lebendigen Haar
> Mit unserer atmenden Haut.
>
> Nur das Gewohnte ist um uns.
> Keine Fata Morgana von Palmen
> Mit weidenden Löwen
> Und sanften Wölfen.

Die Weckuhren hören nicht auf zu ticken
Ihre Leuchtzeiger löschen nicht aus.

Und dennoch leicht
Und dennoch unverwundbar
Geordnet in geheimnisvolle Ordnung
Vorweggenommen in ein Haus aus Licht."[73]

Auferstehung wird hier mitten aus dem Alltag des Lebens heraus verstanden. Die Metapher "auferstehen" bekommt schon in der zweiten Zeile einen – wie Marie Luise Kaschnitz in einer Selbstinterpretation sagt – "transzendentalen Sinn".[74] Diese Auferstehung ist durch ein dreifaches qualifiziert: Sie geschieht erstens "manchmal", ist zweitens ein Geschehen hier und heute, mitten am Tag (das heißt auch mitten im Leben), nicht etwa nach dem Tod, und drittens bleibt der Mensch nach der Auferstehung ein lebendiger und atmender: Raum und Zeit bleiben erhalten, das Gewohnte bleibt um uns. Mögliche Jenseitsbilder von Auferstehung, Bilder einer paradiesischen Landschaft ("weidende Löwen", "sanfte Wölfe" spielen auf Jes 65,25 an) werden explizit abgewiesen.

Die letzten Zeilen freilich öffnen das Gedicht auf eine weitere Dimension hin. Noch einmal Marie Luise Kaschnitz selbst: "Mit dem zweimaligen 'und dennoch' der letzten Strophe wird dann das eigentliche Erlebnis eingeführt. Die Tätigkeitswörter erscheinen nur in der Form des Partizips, auch die Hilfsverben sind weggelassen. 'Und dennoch leicht' – schon die schwebende Satzkonstruktion deutet einen Zustand der Schwebe an. Das Ende spricht für sich, für einen jener möglichen Augenblicke völlig grundloser Harmonie, auf denen vielleicht jede Paradiesvorstellung beruht."[75] Es ist keine Frage, daß Auferstehung hier auch als Antizipation künftiger Harmonie (die Lichtmetaphorik zur Umschreibung des "Jenseits" ist uralt) begriffen wird;[76] dies verhindert ein rein psychologisches Verständnis des Auferstehungsgeschehens. Die letzte Strophe macht klar, daß Auferstehung nicht einfach nur innere Erfahrung (so wichtig sie ist), sondern auch Vorgriff auf Künftiges ist, das noch aussteht und das Menschen nur erahnen: manchmal!

Stand bei dieser symbolischen Deutung der Auferstehung das Biblisch-Theologische noch im Hintergrund, so gelingt *Marie Luise Kaschnitz* in einer ihrer Erzählungen eine Deutung des Ostergeschehens (Einheit von Kreuz und Auferweckung), die biblisch-theologische Genauigkeit und symbolische Signifikanz meisterhaft zu verbinden weiß. Es handelt sich um die Erzählung *"Der Deserteur"* aus dem Band "Lange Schatten", die Horst Bienek mit Recht in seinem "Werkstattgespräch" mit Marie Luise Kaschnitz "eine Ihrer schönsten, ja vollkommensten" nannte.[77] Es ist eine Episode aus dem Zweiten Weltkrieg in Italien. Einige Jahre schon hält sich der amerikanische Deserteur Jim bei einem Mädchen versteckt, war ihr Geliebter geworden und hatte mit ihr schon mehrere Kinder gezeugt. Die Leute im Dorf aber werden langsam mißtrauisch.

An einem Ostertag war der Soldat damals geflohen. Nun steht Ostern wieder vor der Tür: es ist wieder einmal Ostersamstag geworden. Jeden Augenblick wird das

Läuten der Glocken erwartet. Jim hat soeben ein Osterlamm geschlachtet. Er setzt sich zu seiner Frau, und noch einmal beginnt ein Prozeß der Selbstrechtfertigung. Im Rollenspiel führt er seiner Frau eine Gerichtsverhandlung vor, um die Motive seiner Flucht darzulegen. Warum war er geflohen? Aus Liebe? Feigheit? Angst? Ja, es war aus Angst: Angst vor einem neuen Krieg, Angst davor, daß auch seine Kinder wieder würden töten müssen. Jim hat nichts zu bereuen und sein Glaube an die Liebe steht unerschütterlich: "Ich habe sieben Jahre lang gelebt und Liebe gegeben und Liebe empfangen. Alle geliebte Liebe ist nicht verloren in der Welt."[78] Nach dieser Erkenntnis ist Jim "vorbereitet", sich den Häschern aus dem Dorf, die sich endlich aufgemacht haben, den Versteckten zu suchen, freiwillig zu stellen. Er selbst wird im Akt der Selbstauslieferung zu einem Osterlamm, das unschuldig-schuldig "geschlachtet" wird an diesem Tag. Doch eben, als er in die Hände seiner Verfolger fällt, "kommentieren" dies die Glocken, die gerade zu läuten beginnen: sie läuten das Fest der Auferstehung des Gekreuzigten ein.

b. Theologisch-gesellschaftliche Deutung

Noch einmal hat sich *Marie Luise Kaschnitz* mit der Osterthematik beschäftigt: in ihrem letzten Gedichtband "Kein Zauberspruch". "Am Feiertag" heißt dieses Gedicht, das die Botschaft von Ostern, die Verkündigung der Auferstehung Christi mit der gesellschaftlichen Realität der 70er Jahre zu kontrastieren versucht: im Fernsehen wird ein Attentäter gezeigt, in einer Berliner Kneipe spielt man ewig Gestriges, "Preußens Gloria", auf den Straßen beginnt das "große Schlachten" des Verkehrs, "Mondsteine aus dem Astronautengepäck" werden herumgereicht. Die letzte Strophe bringt den theologischen Aspekt ins Spiel, blitzartig evoziert:

> "Diese ärmlichen Vorfrühlingsfreuden
> Weidenschleier
> Und Eidottergelbes
> Dahinter die häßlichen Häuser
> Und Auferstehung.
> Das Wort
> Auferstehung."[79]

Die Reduplikation des Wortes "Auferstehung" verstärkt den insistierenden Charakter der letzten drei Zeilen. Sie sind unpathetisch, nicht aggressiv. Sie vergleichen bloß, wollen bewußt machen: hier diese Welt, der Zustand dieser Zivilisationsgesellschaft und da Ostern, Auferstehung. Beides scheint nicht zusammenzugehen. Ein einziges Wort wird hier in die Waagschale geworfen, um diese Welt zu prüfen. Wie wird das Ergebnis sein? Gewogen – und zu leicht befunden?
Auferstehung als *Protest gegen den Tod* ist ein Aspekt, der vor allem in *Kurt Martis* "Leichenreden" immer wieder im Zentrum steht. Ein Autor wie Wilhelm Willms ist ihm darin gefolgt.[80]

"im namen dessen der tote erweckt
im namen des toten der auferstand
wir protestieren gegen den tod . . ."[81]

schrieb Kurt Marti. Dieser Protest gegen den Tod aus Auferstehungshoffnung ist zugleich ein Protest gegen eine Gesellschaft, in der der Tod ohne Auferstehungshoffnung zur Aufrechterhaltung ungerechter Strukturen mißbraucht wird. Hoffnung auf Auferstehung von den Toten wird – bei Kurt Marti vor allem – zur schärfsten Kritik an einer Gesellschaft, in der die "Herren" ungestraft ihre Knechte ausbeuten können, ungestraft, weil es für sie keine "überirdische" Gerechtigkeitsinstanz mehr gibt. Hoffnung auf Auferstehung von den Toten wird zur kritischen Unruhe der Menschen, weil diese Hoffnung mit dem Tod nicht alles "aus" sein läßt, weil sie um der Menschen willen an eine höhere Instanz appellieren, eine höhere Gerechtigkeit einfordern kann. Auferstehungshoffnung ist also für Kurt Marti nicht nur auf die Zukunft gerichtet ("Sorge um die Zukunft"), sondern immer auch als Veränderungshoffnung auf die Gegenwart zurückbezogen. Ohne sie, um ein Wort Bert Brechts zur Literatur aufzugreifen, ohne die Hoffnung der "Knechte" auf Auferstehung lebten die Mächtigen, die "Herren" sicherer:

"das könnte manchen herren so passen
wenn mit dem Tode alles beglichen
die herrschaft der herren
die knechtschaft der knechte
bestätigt wäre für immer

das könnte manchen herren so passen
wenn sie in ewigkeit
herren blieben im teuren privatgrab
und ihre knechte
knechte in billigen reihengräbern

aber es kommt eine auferstehung
die anders ganz anders wird als wir dachten
es kommt eine auferstehung die ist
der aufstand gottes gegen die herren
und gegen den herrn aller herren: den tod"[82]

c. Theologisch-utopische Deutung

"Die Erde ist schön, und es lebt sich
leicht im Tal der Hoffnung.
Gebete werden erhört. Gott wohnt
nah hinterm Zaun.

Die Zeitung weiß keine Zeile vom
Turmbau. Das Messer
findet den Mörder nicht. Er
lacht mit Abel.

Das Gras ist unverwelklicher
grün als der Lorbeer. Im
Rohr der Rakete
nisten die Tauben.

Nicht irr surrt die Fliege an
tödlicher Scheibe. Alle
Wege sind offen. Im Atlas
fehlen die Grenzen.

Das Wort ist verstehbar. Wer
Ja sagt, meint Ja, und
Ich liebe bedeutet: jetzt und
für ewig.

Der Zorn brennt langsam. Die
Hand des Armen ist nie ohne
Brot. Geschosse werden im Flug
gestoppt.

Der Engel steht abends am Tor. Er
hat gebräuchliche Namen und
sagt, wenn ich sterbe:
Steh auf."[83]

Auch an diesem "Entwurf für ein Osterlied" des 1905 geborenen *Rudolf Otto Wiemer* ist die Rückbezogenheit der Auferstehungshoffnung auf die Erde bemerkenswert. Auferstehungshoffnung in apokalyptischem Horizont als Ausmalung einer innerweltlichen Utopie: neuer Himmel, neue Erde. Die Entfremdung zwischen Gott und Mensch, Mensch und Mensch ist aufgehoben: Mensch und Natur sind unsterblich geworden, die Sprache ohne Mehrdeutigkeit, Krieg unmöglich.
Nicht selten wird in der Literatur die utopische Auferstehungshoffnung im *Bild von Musik und Tanz* gedeutet.
Schon bei *Nelly Sachs* hieß es in "Fahrt ins Staublose" "in der Auferstehungsasche spielte Musik".[84] Zu der Textstelle Mt 5,43–48, wo von Jesu Gebot der Feindesliebe die Rede ist, notiert Kurt Marti "am Rande":

"ich sehe ihn auch
nur ungenau zwar
doch eher
als tiger
als clown
als tänzer
als grünen vulkan
und nicht
als einen beamten
schon gar nicht
in einem armeedress"[85]

Und *Ernst Eggimann* schrieb den "Jesus-Text"

"jesus in auschwitz
jesus in sibirien
jesus in hiroshima

schnittpunkt
aller leiden
der menschen
den menschen

DU

wirf das kreuz weg
tanze mit uns"[86]

Der Clown und der Tänzer: zwei Deutungsfiguren Jesu, die miteinander verwandt sind. Beide sind zweifellos frommes Bewußtsein provozierende Deutungsfiguren. Gewiß, man kennt im religiösen Bereich den Tanz, den Tanz vor dem Herrn. Und wie David vor der Bundeslade tanzten auch Christen im Altertum in ihren Gottesdiensten, und sie tanzten, trotz späteren Verbots, bis heute weiter.[87] Aber Jesus selbst? Jesus als Tänzer? Eine provozierende, aber auch eine alte Deutungsfigur, die heute neu entdeckt zu werden scheint: "Seit dem 6. Jahrhundert etwa gibt es in der christlichen Kunst die Figur des *Auferstehungstanzes.* Der erhöhte Christus reißt die Erlösten durch seinen wehenden Mantel im spiralförmigen Reigentanz zum Vater empor. Das ist das genaue Gegenbild zu den Figuren des späteren mittelalterlichen Totentanzes, in denen der Sensenmann mit Kaiser, Papst, Edelmann, Bauer und Knecht zur Grube fährt. Der Auferstandene, der diese Eschatologie der Freiheit eröffnet, ist selber, wie *Hippolyt* sagte, 'der Vortänzer im mystischen Reigen' und die Kirche ist seine 'mittanzende Braut'."[88] So der evangelische Theologe Jürgen Moltmann.
Ein altes Motiv also! Schon die apokryphen Johannesakten des 3. Jahrhunderts zeigen einen auferstandenen Christus, der mit der Flöte zum Tanz aufspielt: "Wer nicht tanzt, begreift nicht, / was sich begibt."[89] Und aus der "Liturgical Movement" der Vereinigten Staaten stammt ein Lied von Jesus als dem Herrn des Tanzes, dem "Lord of the Dance", das Jesu ganzes Leben im Bild des Tanzes zu fassen versucht. Sein Refrain lautet:

"Dance, then, wherever you may be!
I am the Lord of the Dance, said he.
I will lead you all, wherever you may be, for
I am the Lord of the Dance, said he"[90]

Was ist charakteristisch für die Texte zum Thema Ostern?

1. Alte Motive neu verwandt: Es ist wichtig zu sehen, daß das Thema Ostern in der deutschen Literatur nach 1945 keine sehr breite und tiefe Behandlung erfahren hat, im Gegensatz etwa zum Thema "Passion und Kreuz". Das "Negative" ist nun einmal literarisch besser abbildbar als das "Positive", Christus in seiner Niedrigkeitsgestalt leichter literarisch darstellbar als in der Gestalt des Verherrlichten. Schriftsteller reizen die Kontraste, die Widersprüche, die Paradoxe: der Mann am Kreuz und der Gottessohn, der Gemarterte und der Erhöhte, der Verfolgte und der Verherrlichte. Wenn Schriftsteller sich auf das "Positive" einlassen, dann erstens, oft nur in vorsichtiger Annäherung, Affirmationen ausweichend, "es komme, was niemals noch war" (Celan). Auch Wiemer nennt seine positive Utopie einen "Entwurf", er liefert nur die Skizze, nicht das Gesamtbild. Und zweitens, in vertrauter, "sicherer" Metaphorik: Osterlamm, Tanz, Licht, Musik, Protest gegen den Tod.

2. *Auferstehung im Schatten des Kreuzes:* Dies ist eine Verknüpfung, die bei den meisten Schriftstellern anzutreffen ist. Ob Paul Celan, Nelly Sachs, Marie Luise Kaschnitz, Kurt Marti oder Ernst Eggimann: bei aller Auferstehungshoffnung hat keiner das Kreuz vergessen. Theologische Nomenklatur wird vermieden. Was "Kreuz" bedeutet, differenziert sich in verschiedenste Bereiche aus. Bei Marie Luise Kaschnitz oder Ernst Eggimann sind die gesellschaftlichen Zustände das "Kreuz", gegen das die Auferstehungshoffnung sich wendet. Nicht theologische Begriffssprache ist wichtig, sondern die "Sache". Schriftsteller tragen damit auch der theologischen Einsicht in das biblische Passions- und Auferstehungsgeschehen Rechnung, daß der Auferstandene immer der Gekreuzigte bleibt, der Erhöhte der von den Wundmalen gezeichnete, der Verherrlichte der Mann der Schmerzen. Gerade biblische Auferstehungsbotschaft kann bei aller Auferstehungshoffnung das Kreuz nicht vergessen.

3. *Jenseits rückbezogen auf das Diesseits:* Marie Luise Kaschnitz sprach von Auferstehung "mitten am Tag", für Kurt Marti hat Auferstehungshoffnung gesellschaftliche Konsequenzen hier und jetzt, Wiemers Entwurf malt die Utopie einer nicht entfremdeten Erde: Schriftsteller reden, wenn sie von Auferstehung sprechen, nicht bloß von einer überzeitlichen Wirklichkeit, von einem Leben nach dem Tod, sondern sprechen von der Zukunft um der Gegenwart willen. Sie wollen Gegenwart verändern, indem sie ihr den Spiegel des "Noch Nicht" vorhalten: so ist Gegenwart und so könnte sie sein. Schriftsteller greifen auf die Zukunft vor, um schon hier ein Stück des Kommenden zu realisieren.

4. *Individuelle und kollektive Wünsche finden Ausdruck:* Utopie, Musik, Tanz, Lachen, diese Deutungsfiguren der Auferstehung sind Ausdruck einer Sehnsucht nach einer befreiten Kirche und einer befreiten Gesellschaft, nach dem Zweck-losen, Nicht-funktionellen, Spielerischen. Der Tod muß überwunden werden und damit die letzte Macht, der Menschen unterworfen sind. In der Aufhebung aller Entfremdung zwischen Gott und Mensch, Erde und Himmel, Mensch und Natur, Mensch und Mensch, Geist und Körper ist der Prozeß der Menschwerdung an sein Ziel gekommen.

SCHLUSS: CHRISTLICHE LITERATUR?

"Schreiben ist ein gefährliches Unternehmen, denn die Geliebte läßt sich nicht auf Legalisierung des Verhältnisses ein: sie will nicht geheiratet werden; die Liebe kann ihr nie zur Pflicht gemacht werden, und eines scheut sie am meisten: wenn der Partner sie in das Korsett seiner Gedanken zwingt; sie rächt sich, indem sie ihm hölzerne Kinder gebärt: christliche Literatur", schrieb Heinrich Böll schon 1958 an die Adresse all derjenigen, die sich auf die Diskussion um Begriff und Programm einer christlichen Literatur einlassen wollen.[1] Man hüte sich vor "hölzernen Kindern"!

I. NOCH EINMAL: ZUM BEGRIFF "CHRISTLICHE LITERATUR"

Nein, hölzerne Kinder wollen wir mit unserer in der Einleitung vorgeschlagenen Begriffsdefinition einer modernen christlichen Literatur bestimmt nicht hervorbringen. Wir wollen hier zum Abschluß unserer Arbeit und in Aufnahme all dessen, was wir im materialen Teil vorlegen konnten, nur einige Thesen zur Erläuterung unserer Arbeitsdefinition "christliche Literatur" zur Diskussion stellen.
Wir stellen fest: Autoren unterschiedlichster politischer und religiöser Couleur können in ihren Texten theologisch wie literarisch adäquat von Jesus Christus reden, wobei Unterschiede des Niveaus nicht übersehen worden sind. Ob von einem marxistisch-atheistischen Standpunkt (Seghers, Weiss, Frank, Herburger u.a.) oder einem jüdischen (Aichinger, Domin, Sachs, Celan), ob von einem christlich-kirchlich engagierten (Sölle, Marti, Willms, Zeller u.a.) oder einem kritisch-distanzierten (Böll, Frisch, Dürrenmatt, Andersch, Hochhuth, Kaschnitz, Jens, Eich, Koeppen u.a.): Autoren unterschiedlichster politischer und religiöser Couleur lassen sich in ihren Texten entscheidend von Person und Sache Jesu Christi bestimmen. Aus diesem für viele sicherlich überraschenden Befund sind theologische Konsequenzen zu ziehen. Das heißt: Bei den von uns analysierten Beispielen moderner deutscher Literatur handelt es sich in keinem Fall um Texte, die unter den traditionellen Begriff einer "christlichen Literatur" fallen könnten; bei den meisten von uns behandelten Autoren handelt es sich in keinem Fall um Leute, die man "christliche Dichter" nennen dürfte. Dennoch aber – so haben wir gesehen – sind diese Texte, sind diese Autoren von hohem christlichen, theologischen Rang.

1. Zur Diskussion um den Begriff "christliche Literatur"

Der *traditionelle* Begriff "christliche Literatur" jedoch kann dieses Phänomen nicht in den Griff bekommen.[2] Dieser traditionelle Begriff "christliche Literatur" bestimmte – wie wir dies schon am Beispiel Walter Niggs gezeigt haben – den "christlichen Dichter" gegenüber den "qualvoll und oft hoffnungslos Suchenden", den Menschen in den "Verzweiflungen unseres Zeitalters" also, als denjenigen, der sich "im Besitz vieler Gewißheiten, die er der Offenbarung verdankt", wähnen kann, der immer schon Antwort weiß in den "schweren Problemen unserer Zeit", der weiß, "wie sich Gut und Böse in der letzten metaphysischen Wesenheit zueinander verhalten" (W. Grenzmann).[3] Schlüsselbegriffe des Selbstverständnisses dieser christlichen Literatur waren Begriffe wie Gewißheit, Offenbarung, Antwort im Schema von Natur und Übernatur, Heil und Unheil, Gut und Böse. Diese christliche Literatur hatte die definitive Antwort auf all die Fragen der Menschen: aus ihr wurde man "nicht ungetröstet entlassen".[4]

Diese Literatur verändert also die Wirklichkeit nicht, wie sie ist, sondern will ihre verborgene Sinnhaftigkeit vor dem Horizont "ewiger Ordnungen" erschließen: "Jahreszeiten und Weltalter, menschliche Lebensläufe und Völkerschicksale sind mir Unterpfänder und Widerspiegeler ewiger Ordnungen", schreibt der christliche Dichter Werner Bergengruen. "Nur unter ihrem Aspekt vermag ich den Beruf des Dichters zu begreifen (. . .) als den eines Offenbarmachers dieser ewigen Ordnungen (. . .)"[5] Diese Welt "ewiger Ordnungen" ist für Bergengruen eine zutiefst "heile Welt"! Traditionelle christliche Literatur erweist so ihr Spezifikum in einer bestimmten Sicht, einer bestimmten Perspektive, die Welt anzuschauen; als eine Sicht, von der her die sinnstiftende Antwort auf die Fragen der Menschen immer schon anvisiert, immer schon gegeben ist. Die Christlichkeit von Literatur hängt bei einer solchen Begriffsbestimmung entscheidend von ihrem *Inhalt* ab. Nicht Stil, Form, Struktur stehen im Mittelpunkt des Interesses an einem literarischen Text, nicht also literarisch-ästhetische Qualität. Literatur wird in ihrer Christlichkeit vielmehr daran gemessen, ob sie inhaltlich von "christlichem Geist" geprägt oder mit christlichen Prinzipien oder Doktrinen kongruent ist.

Auch für den Aachener Literaturhistoriker *Gisbert Kranz,* der auch heute noch von der Existenz einer starken christlichen Dichtung der Gegenwart überzeugt ist[6] , liegt die Aufgabe christlicher Dichtung darin, "Gott in den Mittelpunkt von Mensch und Welt zu rücken": "Christliche Literatur hat es zu jeder Zeit mit Gott und mit den Menschen zu tun. Doch kann sie, wie im Mittelalter, Gott in den Mittelpunkt stellen und den Menschen von Gott her betrachten oder, wie in der Neuzeit, den Menschen in den Mittelpunkt stellen und Gott vom Menschen her betrachten. Vielleicht dürfen wir das entscheidende Merkmal der christlichen Literatur des zwanzigsten, schon nicht mehr zur Neuzeit gehörenden Jahrhunderts, darin erkennen: daß in ihr allmählich wieder Gott in den Mittelpunkt rückt."[7]

Ausgangspunkt für christliche Literatur ist eine Welt, "die nach Erlösung schreit", eine Art anthropologischer Pessimismus! "Nie zuvor, auch nicht im Mittelalter, erschien der Mensch so elend und lasterhaft, so schwach und hilflos wie in der Literatur der Gegenwart, und dies nicht nur in der christlichen. Nie zuvor überkam den Menschen ein solcher Ekel vor sich selbst. (. . .) Aber gerade dem in seiner Ohnmacht zerknirschten Menschen rückt Gott wieder in den Mittelpunkt als der Herr, der Urgrund und das Ziel, wird Christus wieder bewußt als der Retter und Erlöser, ohne den wir nichts tun können."[8] Christliche Literatur also findet die Welt, findet Anthropologie und Kosmologie dualistisch gespalten vor: Macht und Ohnmacht, Sünde und Gnade, Verdammung und Erlösung. Zwischen diesen Polen läuft das Erlösungsdrama ab. Dabei kann es nicht verwundern, daß Kranz – angesichts einer solchen Welt – der christlichen Literatur bescheinigt, daß der "Heilige" in der Literatur wieder einen "wichtigen Platz" einnehme. "Die zünftige Hagiographie gewinnt bei Autoren (. . .) einen hohen literarischen Rang."[9]

Kein Wunder also, daß bei einem so gefüllten Begriff "christlicher Literatur" der Befund ein Ding der Unmöglichkeit ist, daß moderne Autoren nicht über letzte Gewißheiten verfügen und doch entscheidend von Jesus von Nazaret und von dem reden, was er bedeutet, bedeuten kann, wofür er steht; nicht über Gut und Böse letztlich Bescheid wissen, aber von Jesus Christus maßgebend bestimmt sind; nicht zu den Offenbarmachern ewiger Ordnungen gehören, aber doch genuin christlich reden, nicht Gott direkt in den Mittelpunkt rücken, dennoch aber vielleicht authentischer indirekt, verschlüsselt, verborgen von ihm sprechen; keinem anthropologischen Pessimismus huldigen und die Wirklichkeit nicht dualistisch aufspalten, dennoch aber von Größe und Elend des Menschen in dieser Wirklichkeit überzeugender, realitätsnäher handeln; kein Erlösungsdrama inszenieren, dennoch aber die Frage des Menschen nach seiner Zukunft stellen, seine Erlösungssehnsucht und Erlösungshoffnung nach dem "ganz Anderen" artikulieren, keine Hagiographien mehr schreiben, dennoch aber von der Figur des "weltlichen Heiligen" (Böll) nicht loskommen können.

Kein Wunder auch, daß moderne theologische Literaturkritik (Böll, Sölle, Kurz, Ross, Debus, Kopperschmidt, Mieth) *diese* christliche Literatur nicht nur schärfster Kritik unterzogen haben, sondern auch für generell erledigt, überlebt, tot ansehen.[10] Die Kritik, die wir selbst im Zusammenhang mit der traditionellen christlichen Literatur in Teil A durchführten, ist hier nicht zu wiederholen. "Heute ist 'christliche Dichtung' ein literarischer Epochenbegriff geworden; die Einstellung zu ihr ist historisch bestimmt", schreibt der Theologe D. Mieth und dürfte damit auf breite Zustimmung stoßen.[11]

Für die meisten modernen theologischen Literaturkritiker also ist christliche Literatur tot. Nicht nur, weil die Generation von Schriftstellern, die christliche Literatur hervorbrachte, ausgestorben ist, sondern weil sich dieser Begriff überhaupt als untauglicher Versuch am untauglichen Objekt erwies, theologisch wie literarisch. Theologisch überzeugte der Begriff nicht, weil hier Maßstäbe zur Bestimmung des Christlichen angelegt wurden, die in sich selbst theologisch fragwürdig sind. Literarisch überzeugt der Begriff ebensowenig, weil jede Literatur, so eingeteilt, beurteilt, verurteilt, meist zu einer Art Parteiliteratur degeneriert. Wir haben darüber berichtet: Literatur läßt sich nicht, will sie anspruchsvolle Kunst sein, inhaltlich auf bestimmte Doktrinen festlegen. Literatur gehorcht als Kunst eigenen ästhetischen Gesetzen.

Dennoch haben wir uns – nach unserer Kritik an der traditionellen Literatur – nicht mit der Feststellung begnügt, christliche Literatur generell sei tot. Wir haben uns vielmehr nach Alternativen in der modernen Literatur umgesehen, nach Spuren gesucht und – Spuren gefunden! An literarischer und theologischer Qualität zugleich interessiert, wollten wir den circulus vitiosus traditioneller christlicher Literatur vermeiden: je christlicher der Inhalt, desto schlechter die literarische Form, je besser die literarische Form, desto schlechter der christliche Inhalt. Interessant dabei ist, daß wir in diesem unseren Unternehmen nun von modernen Literaturkritikern bestätigt werden. So erklärt etwa *D. Mieth* an gleicher Stelle: "Christliche Dichtung prinzipiell für unmöglich zu halten, ist kaum gestattet, wenn anders man marxistische, strukturalistische, existentialistische Dichtung für möglich hält. Deshalb ist nicht ausgeschlossen, daß explizite christliche Dichtung – implizit wird es sie ohnehin weiter geben – in anderer Gestalt wiederkehrt."[12] Um diese "andere Gestalt" moderner christlicher Literatur ging es uns.

Deshalb bekommen auch moderne theologische Literaturkritiker – analog zu den traditionellen – das von uns herausgearbeitete Phänomen nicht in den Griff, wenn sie den Begriff "christliche Literatur" pauschal ablehnen. *Dorothee Sölle* etwa erklärt die Frage, ob es heute christliche Dichtung gäbe, glatt für ein "Scheinproblem" und erspart sich so die Mühe inhaltlicher Auseinandersetzung.[13]

Für *P.K. Kurz* ist christliche Dichtung deshalb unmöglich, weil wir heute nicht mehr so genau wissen, "zumindest nicht mehr eindeutig und exakt abgezäunt, was das Christliche ist. Sünde, Gnade und Erlösung, vorgebracht in der alten Begrifflichkeit, befriedigen nicht mehr."[14]

So richtig diese Überlegungen sein mögen, so unbefriedigend bleiben deren Voraussetzungen. Wird hier nicht christliche Literatur schlechthin mit dem Begriff traditioneller christlicher Literatur identifiziert? Wird mit dem Begriff nicht dann auch die Sache verworfen? Bleibt hier nicht die kriteriologische Frage – die wir im Zusammenhang unserer Kritik in Teil A stellten – die Frage nämlich, ob denn die herkömmliche christliche Literatur so eindeutig das Christliche als Ganzes zum Ausdruck bringe, nicht ausgespart? In der Tat bleibt das Selbstverständnis herkömmlicher christlicher Literatur als christliche Literatur bei diesen Kritikern unbefragt. So kommt für sie die Frage nach einer "anderen Gestalt" christlicher Literatur, nach moderner christlicher Literatur also, ebenfalls nicht in den Blick.

Das hier auftauchende Problem der "anderen Gestalt" wurde auch – zumindest als Frage – von *J. Kopperschmidt* gesehen: "Über das Ende christlicher Literatur, soweit sie sich mit diesem Namen verbindet, dürfte kein Zweifel bestehen (. . .) Eine ganz andere Frage ist es, ob man das in dieser sogenannten christlichen Literatur sich christlich artikulierende Selbstverständnis als einzige Form möglicher christlicher Literatur verstehen will, oder, noch radikaler gefragt: ob man den Begriff 'christliche Literatur' nicht ganz in Frage stellt, weil in ihm die Pole eines nur schwer auflösbaren Spannungsfeldes harmonisiert sind, die allgemeiner Natur sind."[15] Auch *Werner Ross* urteilt hier vorsichtiger: "Tatsächlich, die christliche

Literatur ist am Ende oder, vorsichtiger formuliert, es scheint, daß es mit einer bestimmten Form christlicher Literatur, mit einer bestimmten Epoche christlicher Dichtung zu Ende sei."[16] Unbestritten bleibt: "Die christliche Literatur von gestern kann auf diese Lage von heute keine Antwort geben."[17] Aber dadurch scheint auch für Werner Ross christliche Literatur schlechthin noch keineswegs am Ende.
Damit ist die doppelte Frontstellung des Ansatzes unserer Arbeitsdefinition moderner christlicher Literatur klar geworden:

1. Abgelehnt wurde mit Heinrich Böll, Paul Konrad Kurz, Dorothee Sölle u.a. ein Begriff christlicher Literatur, der nur "hölzerne Kinder" (Böll) produzieren konnte; der nach außen apologetisch und nach innen selbstbestätigend gewirkt hat (Kurz); der Literatur von einem dogmatischen "Vorverständnis" oder gar "Vorurteil" her verengte, zur "weltanschaulichen Schablone" wurde, "Herrschaftsinteressen ideologisierte" und "klerikalisierte", eine Literatur etikettierte, die in "der Form traditionalistisch, im Gehalt 'positiv' zu sein hat", der "ästhetische Maßstäbe ausklammert" und Literatur zum "Gegen-stand", zum "Demonstrationsobjekt des schon Gewußten", zum "apologetisch oder missionarisch verwertbaren Objekt" macht (D. Sölle).[18]

2. Abgelehnt aber wurde gegen Dorothee Sölle und P.K. Kurz die Identifizierung christliche Literatur mit der Ideologie "christlicher Literatur", weil wir die Voraussetzungen nicht akzeptieren konnten, durch die herkömmliche christliche Literatur mit christlicher Literatur schlechthin identifiziert wird.

3. Angestrebt wurde mit unserer Begriffsdefinition ein Begriff christlicher Literatur, der sowohl das spezifisch Christliche völlig unzweideutig zum Ausdruck bringt als auch den Interessen der Literatur auf künstlerische Qualität gerecht wird und so gerade nicht Literatur Schablonen unterwirft, für Herrschaftsinteressen instrumentalisiert und auf schon Gewußtes festlegt. Unsere analysierten Literaturbeispiele sprechen hier eine deutliche Sprache.

2. Christliche Literatur als tauglicher und adäquater Begriff

Statt den Begriff aufzugeben und die Frage für ein Scheinproblem zu erklären, haben wir versucht, ihn scharf zu definieren. Wir gingen dabei von der Frage aus: Was ist das Kriterium des Christlichen? Unsere Antwort: Person und Sache Jesu Christi. Nur von daher, nur von dieser klaren theologischen Bestimmung her konnte das spezifisch Christliche der christlichen Literatur bestimmt werden, nur von daher bekommt christliche Literatur ihre Identität.
Wir haben *kein Interesse an "Vereinnahmung"*, das dürfte nach all dem vorher Gesagten deutlich genug sein. Aber wir können die Tatsache nicht übersehen, daß moderne Autoren christliche Literatur geschrieben haben, die mit der traditionel-

len christlichen Literatur nichts gemein hat. Wenn wir deshalb Erzählungen und Prosastücke wie Borcherts "Jesus macht nicht mehr mit", Handkes "Lebensbeschreibung", Kaschnitz' "Der Deserteur", Romane wie Leonard Franks "Die Jünger Jesu", Wolfgang Koeppens "Der Tod in Rom", Heinrich Bölls "Und sagte kein einziges Wort", Alfred Anderschs "Die Kirschen der Freiheit", Anna Seghers' "Das siebte Kreuz", Walter Jens' "Der Fall Judas", Hörspiele wie Bölls "Die Spurlosen" und Eichs "Festianus, Märtyrer", Dramen wie Hochhuths "Stellvertreter", Hochwälders "Das Heilige Experiment", Weiss' "Hölderlin", Kipphardts "Leben des schizophrenen Dichters Alexander M.", die behandelten Stücke von Frisch und Dürrenmatt, wenn wir Lyrik wie Celans "Tenebrae", Domins "Ecce homo", Huchels "Dezember 1942", Gedichte von Hesse und Kästner, Kaschnitz und Sachs, Eggimann, Meister und Marti christliche Literatur nennen, dann ist dies kein Werturteil, keine ideologische Schablone, sondern eine sachliche Feststellung von unserer Definition her. Kein Etikett wird dabei den Texten aufgeklebt, keine Vereinnahmung ist beabsichtigt. Die Texte selber drängen sich vielmehr als das auf, was sie faktisch sind: Texte, maßgebend bestimmt von Person und Sache Jesu Christi, moderne christliche Texte.

Dies verändert zweifellos inhaltlich den Begriff christliche Literatur, wie er bisher benutzt wurde. Das ist beabsichtigt. Christliche Literatur wird so offener, weiter, komplexer. Die Entfremdung zwischen traditioneller christlicher Literatur und moderner Dichtung kann so endlich aufgehoben werden. Christliche Literatur wird dadurch aber keineswegs zu einem beliebigen Begriff verflüchtigt, unter den alles Mögliche subsummiert werden könnte, sondern ermöglicht gerade eine Konzentration auf das spezifisch Christliche. Unsere Definition ist daran interessiert, nicht alles "Religiöse" oder historisch dem "Christentum" Zugewachsene, sondern nur das für christlich zu erklären, was einen *maßgebenden Bezug* zu Jesus Christus und seiner Sache enthält. Dieses spezifisch christliche Interesse klären heißt, Vermischungen, Zerdehnungen und Uminterpretationen des spezifisch Christlichen vermeiden, heißt aber auch das Nichtchristliche in seinem Selbstverständnis voll ernstnehmen.

In jüngster Zeit hat *Ernst Josef Krzywon* den Versuch gemacht, den Begriff "christliche Literatur" präzis zu fassen,[19] was ihm die Zustimmung von Gisbert Kranz eingetragen hat.[20] Krzywon geht es darum, von der gegenwärtigen literaturtheoretischen Methodendiskussion her "im Dreieck Werk – Autor – Rezeption" "Konstitutivfaktoren einer christlichen Literatur (. . .), die auf rationale und wissenschaftliche Weise ermittelbar und vermittelbar sind"[21], zu entwickeln. Er kommt dabei zu dem Ergebnis, daß nicht nur durch einen dieser drei Faktoren allein, sondern nur im "Zusammenwirken" aller drei Faktoren sich christliche Literatur konstituiert. "Aus der Sicht des produzierenden Subjekts ist es nicht seine präsentische Zugehörigkeit zum Christentum allein, sondern in Übereinstimmung mit ihr dessen christliches Bewußtsein, dessen christologisch orientierte Weltsicht und Lebensdeutung sowie dessen Intention, einen christlich relevanten Werktext literarisch bzw. ästhetisch so zu gestalten, daß dieser vom Leser bzw. Kritiker, dem rezipierenden bzw. interpretierenden Bewußtsein, als kongruent sowohl mit den Prinzipien des Christlichen als auch mit denen des Literarischen und Ästhetischen bezeichnet und für jedermann rational nachvollziehbar erwiesen werden kann. Die Christlichkeit des Autors hat somit für die Konstituierung der christlichen Literatur nicht auf Grund seiner faktischen, präsentischen oder einstigen Zugehörigkeit zum Christentum oder zur Kirche ausschlaggebenden Einfluß, sondern auf Grund seiner Bewußtseinslage und Intention, die dann im Kunstwerk realisiert, auch rezeptionsästhetisch und interpretatorisch als solche anerkannt wird. Erst das Zusammenwirken aller Faktoren – Bewußtsein und Intention des Subjekts, Qualität und Qualifikation des Werktextes im literarischen wie im christlichen Sinn und dessen Interpretation bzw. Rezeption – konstituieren das Phänomen 'christliche Literatur'."[22]

Die Bestimmung des *spezifisch Christlichen* ist bei Krzywon freilich *ambivalent:* Einerseits folgt er dem Theologen Karl Rahner in der Ansicht, es gäbe "keine Formel oder abstrakte Wesensdefinition des Christlichen";[23] kann er nicht genügend betonen, das Christliche sei eine "dynamische Größe", und "aufgrund der herrschenden Meinungsvielfalt" enthalte jeder "Versuch einer wissenschaftlichen Umschreibung und Vermittlung des Christlichen" bereits den "Keim für jene Vieldeutigkeit des Begriffs", "die noch stärker und deutlicher zutagetritt, wenn man ihn adjektivisch einer bestimmten Form von Literatur zuschreibt".[24] Andererseits legt Krzywon dann doch inhaltlich fest, was unter "christlich" zu verstehen sei, und zwar im Sinne des Rahner-Schülers Johann Baptist Metz, nämlich als die "einzige totale Daseinsauslegung und Daseinsbegründung durch Gottes Wort".[25] Einerseits ist für Krzywon christlich das, was in Kongruenz mit den "Prinzipien der durch das Christentum formulierten Lehre" steht und hört "das Christliche zumindest dort" auf, "wo der Boden der eigentlichen Offenbarungstheologie verlassen wird."[26] Andererseits ist für ihn das spezifisch Christliche dann doch nicht nur von einer "Lehre" oder "Theologie" her bestimmt, sondern von der Person Jesu Christi: "Die Beschreibung und Deutung von Mensch und Welt wird an Christus als Norm und Zielbild bemessen, und die christliche Literatur erscheint so als reflexe Artikulation jenes Bewußtseins, das das Christentum als totale menschliche Daseinserhellung mit sich bringt, aus sich selbst hervortreibt und geschichtlich erbringt als seine eigene Verstehensbedingung."[27]

Auch der Ansatz von Krzywon aber geht über eine inhaltliche Bestimmung und Festlegung christlicher Literatur als "christlicher" Literatur nicht hinaus, wenn auch der Gebrauch einer fachterminologischen linguistischen, literaturtheoretischen Formelsprache zunächst einen anderen Eindruck erwecken mag. Wieder wird hier "von außen" ein Maßstab an Literatur angelegt, um inhaltlich ihre "Christlichkeit" zu bestimmen. Die hier allerdings als Bemessungsgrundlage angegebene Formel von "Christus als Norm und Zielbild" bleibt so unbestimmt, daß sie inhaltlich weitgehend unergiebig ist. Welches Christusbild wird hier vorausgesetzt? Muß nicht Krzywon selber zugeben, daß es hier eine große "Meinungsvielfalt" gibt? Auch die definitorisch gebrauchten Wendungen von "Beschreibung und Deutung von Mensch und Welt" und erst recht die von der "einzigen totalen menschlichen Daseinserhellung" bleiben zu abstrakt und – was das spezifisch Christliche angeht – doch theologisch fragwürdig.

Und ein weiterer Einwand drängt sich auf: So wichtig es ist, Konstitutivfaktoren "christlicher Literatur" und ihre Operationalisierbarkeit durch die moderne Literaturwissenschaft herauszuarbeiten, so wenig ist mit dieser Art einer *idealtypischen Begriffsbestimmung* in praxi geholfen. Denn es erscheint wenig sinnvoll, rein "theoretisch" bei "optimaler Kooperation aller Faktoren" das "Genre christlicher Literatur" zu konstituieren, wenn man gleich im nächsten Satz zugeben muß, "allein die praktische Realisierung dürfte nur in den seltensten Fällen eine optimale Kooperation aller Faktoren ermöglichen".[28] Im Klartext: "Christliche Literatur" ist zwar rein theoretisch heute denkbar, faktisch aber doch wieder unmöglich, weil eben nie die drei Faktoren bei einem Autor "optimal" zusammenwirken.

Der Versuch Krzywons aber, die Frage: "Was konstituiert christliche Literatur?" zu beantworten, gibt uns Gelegenheit, in Zustimmung und Abgrenzung unsere Position zu präzisieren.

1. Mit Krzywon machen wir die Christlichkeit christlicher Literatur nicht allein von den Intentionen des *Autors* abhängig, obwohl dies freilich in bestimmten Fällen durchaus ein Konstitutivfaktor sein kann. Unsere im materialen Teil belegte These lautet: Es gibt gerade auch nichtkirchliche oder nichtchristliche Autoren, die christliche Literatur schreiben können.

2. Mit Krzywon machen wir die Christlichkeit christlicher Literatur nicht allein von der Behandlung christlicher Motive, Sujets, Inhalte im *Text* abhängig, obwohl auch dies in bestimmten Fällen durchaus ein Konstitutivfaktor sein kann. Unsere These lautet: Nicht die Behandlung christlicher Motive, Sujets, Inhalte ist entscheidend, sondern der maßgebende Bezug der Motive, Sujets, Inhalte des Textes (ob offen oder verborgen, direkt oder indirekt) zu Jesus Christus.

3. Im Gegensatz zu Krzywon aber lassen wir christliche Literatur sich nicht allein im Zusammenwirken der drei Faktoren Autor – Text – Rezipient konstituieren, weil sich dies in der Praxis nur in den seltensten Fällen als möglich erweist. Christliche Literatur wäre heute dann Sache einiger literarischer "Glücksfälle". Wir (als Rezipienten) bestimmen vielmehr christliche Literatur heute – unabhängig von möglichen christlichen Intentionen oder Prädispositionen des Autors – vom Text und seinem ausdrücklichen Bezug zu Jesus Christus her. Unsere Arbeitsdefinition geht also – das hat der materiale Teil gezeigt – nicht allein vom rezipierenden oder interpretierenden Subjekt des Lesers aus, weil damit die Gefahr des "Hineininterpretierens" ("Vereinnahmens") zu groß wäre. Unsere Bestimmung eines modernen literarischen Textes als christliche Literatur geht und ging immer

von Anhaltspunkten im Text selber aus, der sich – manchmal direkt, manchmal verborgen – im Vollzug der Interpretation als christlicher erwies.

4. Unsere Begriffsbestimmung des spezifisch Christlichen ging dabei nicht von einer "Lehre", "Theologie", oder von "Prinzipien" des Christlichen aus, sondern von der lebendigen Person Jesu Christi selber. Er allein ist Maßstab zur Bestimmung des Christlichen. Dabei sind wir mit Krzywon der Meinung, daß es "eine Vielfalt von Nuancierungen christlicher Literatur" gibt, "vervielfacht durch die je eigene Sicht und Deutung Christi im Licht der neutestamentlichen Aussagen durch den Autor."[29] So ergibt sich – wie für Krzywon, so für uns – "sowohl vom differenzierten Begriff des Christlichen her als auch von einem ebenso nuancierten Begriff der Literatur her ein Spektrum verschiedenster Schattierungen des Begriffs 'christliche Literatur', eine Erkenntnis, die es verbietet, pauschal von *der* christlichen Literatur zu reden. Vielmehr wird es darauf ankommen, konkret die verschiedensten Schattierungen und Tendenzen tradierter wie auch gegenwärtiger christlicher Literatur zu ermitteln und sie ähnlich zu kategorisieren versuchen, wie dies im Bereich der Literatur insgesamt geschieht. Auch hier unterscheiden wir zwischen der Literatur eines Ernst Jünger, Günter Grass und Johannes Mario Simmel. Es ist also billig und recht, zwischen der christlichen Literatur eines Klopstock und Eichendorff, einer Droste und Le Fort, eines Böll und Cardenal zu unterscheiden."[30] Nichts anderes haben wir getan!
Die von uns so bestimmte christliche Literatur kann dialogbereit und lernoffen sein. Sie ist getragen von der Überzeugung, daß das, was Jesus Christus und seine Sache bedeuten, noch nicht von vorneherein ausgemacht ist, noch nicht von vorneherein auf bestimmte Denk-, Sprach- und Bildmuster festgelegt ist, sondern sich immer wieder neu in der Konkretion von Welt und Mensch erweisen muß. "Die Frage nach dem wie denn nun zu nennenden Christlichen in der Literatur", schreibt G. Debus, "liefe demnach darauf hinaus, ob die Literatur die Realität Gottes in die menschliche Existenz vergegenwärtigt in der Weise, wie die Evangelien sie vergegenwärtigt haben in ihre Gegenwart. Das sogenannte Christliche in der Literatur wäre so zu definieren: In der Literatur, gleich welcher Sprache und Form, wird das Christliche ein Modell menschlicher Wirklichkeit genannt. Ein Modell unter anderen, das christliche Modell. Das Modell Jesu."[31]
In diesem Zusammenhang muß ein Definitionsversuch christlicher Literatur diskutiert werden, den *Kurt Marti* in seinem Essay "Moderne Literatur" erwähnt. Es heißt dort: "Hier stellt sich die Frage nach der 'christlichen' Literatur. Wenn 'christlich' meint: der geschichtlichen Überlieferung des abendländischen Christentums verpflichtet – dann ist alle europäische und auch die meiste amerikanische Literatur 'christlich'. Selbst *Beckett,* selbst *Arno Schmidt* stehen in dieser Tradition. Alle, auch kommunistische Autoren, zehren von diesem geschichtlichen Kapital. (. . .) Wenn unter 'christlich' dagegen verstanden werden soll: Christus (und nicht nur *etwas* 'Christliches') bezeugend und bekennend – dann sind zu-

nächst allein die Texte des biblischen Kanons qualifiziert christlich."[32] Beide Definitionsvorschläge treffen das hier Intendierte nicht. Dehnt der erste Vorschlag den Begriff des Christlichen bis zur Identitätslosigkeit und Beliebigkeit aus, verengt der zweite das Christliche zusehr auf Verkündigung und Bekenntnis.

Die hier vorgeschlagene Definition muß den ersten Vorschlag im Interesse definitorischer Unzweideutigkeit ablehnen, aber auch den zweiten, weil sie gerade nicht die Literatur *allein* christlich nennen kann, die schon im "Besitz" der christlichen Sache ist. Unsere Definition sieht die Chance moderner christlicher Literatur gerade darin, sich nicht nur gängige Jesus-Bilder oder Jesus-Verständnisse bestätigen zu lassen. Sie will das, was Jesus Christus und seine Sache bedeuten, gerade nicht von einer "Lehre", "Theologie", "Dogmatik" festschreiben lassen, die oft weithin von der Person Jesu losgelöst sind und mit allgemeinen Begriffen wie Sünde,Gnade, Erlösung arbeiten. Unsere Definition sagt nur: *Jesus Christus ist* – verschlüsselt oft – in einem bestimmten literarischen Text zum Verständnis des Ganzen *maßgebend,* auf ihn kommt es hier letztlich an, von ihm her erschließt sich die entscheidende Tiefe der Interpretation.

Dorothee Sölle hat in ihrem Buch "Realisation" (es wurde von uns in der "Einleitung" vorgestellt) verschiedene Beispiele aufgezeigt, die gut in diesen Interpretationsrahmen hineinpassen würden. Das heißt: Ein lyrischer Text etwa von Karl Mickel, "Lamento", des in der DDR lebenden deutschen Autors, wäre ohne Frage moderne christliche Literatur im hier vorgeschlagenen Sinn. Jesus Christus erscheint dort – nur durch ein Wort zum Schluß ins Spiel gebracht – für das Verständnis des Textes entscheidend: "Diese aus verschiedenen Sprachelementen gebaute Anspielung stellt eine Identifikation des Sprechers mit Christus unausgesprochen, aber unüberhörbar her. Von daher gewinnt auch der Leitsatz 'ich gehöre zu den Toten des nächsten Krieges' eine weitere Dimension. Auch Christus wird im geringsten Bruder getötet werden."[33]

Das heißt: "Realisation" im Sinne von D. Sölle und "moderne christliche Literatur" müssen sich gerade nicht ausschließen,[34] sondern gehören zusammen. Moderne christliche Literatur kann das einlösen, was von Jesus Christus her für Mensch und Welt "versprochen" ist, ohne daß freilich das von Christus her "Versprochene" sich innerweltlich je auflösen könnte oder Literatur als Ersatz für christliche Praxis der "Verwirklichung" mißverstanden werden dürfte.[35] Wir haben gesehen: Moderne christliche Literatur ist kein Demonstrationsobjekt des schon Gewußten, keine Bestätigung des dogmatisch Vorgegebenen. Im Gegenteil: Sie ist für Theologie und Kirche beunruhigend, herausfordernd, wagend. Die hier gemeinte und an zahlreichen Beispielen in Teil B demonstrierte christliche Literatur ist zum Dialog bereit, wagt es, sich um des Menschen willen aufs Spiel zu setzen, sich in Frage stellen zu lassen, ihre Sprache neu zu erproben, aus den Gettos von Denk- und Sprachschablonen auszubrechen. Die hier gemeinte und demonstrierte christliche Literatur kann deshalb beunruhigend sein, weil sich Person und Sache Jesu nicht verwalten, domestizieren lassen. Jesus Christus ist – um es so bewußt überspitzt zu formulieren – das Ende gerade auch aller traditionellen christlichen Literatur. Gerade er zeigt, wie fragwürdig es ist, ihn in eine solche Kategorie zu pressen. Christliche Literatur gibt es gerade auch außerhalb der "christlichen Literatur"! So und nur so kann moderne christliche Literatur ein adäquater Begriff zum Verständnis moderner Literatur sein.

Auf die Terminologie soll es uns hier freilich nicht ankommen. Ob man das von uns in Teil B herausgearbeitete Phänomen mit dem Begriff einer modernen christlichen Literatur belegt oder nicht, ist nicht entscheidend. Man könnte auch, um Mißverständnisse und Empfindlichkeiten hinsichtlich dieses so arg strapazierten und heruntergekommenen Begriffs einer christlichen Literatur zu vermeiden, stattdessen zur Umschreibung dieses Phänomens den Begriff *christophorische Literatur* vorschlagen. Dieser Begriff würde das Mißverständnis vermeiden, das sich bei dem Begriff "moderne christliche Literatur" vielleicht einstellen könnte: daß moderne Literatur doch christlich "vereinnahmt" oder christlichen, kirchlichen Interessen dienstbar gemacht werde. Er würde vielleicht besser der in Teil B festgestellten Tatsache Rechnung tragen, daß moderne Dichtung sich gerade jeder ideologischen Inanspruchnahme entzieht, dennoch aber von Jesus und seiner Sache reden kann. Er würde dem Tatbestand vielleicht besser gerecht, daß diese Dichtung bewußt *außerhalb des kirchlichen oder christlichen Lagers von Jesus reden,* ihn tragen, um ihn streiten kann mit Christen und Nichtchristen; Orte beschreiben, wo Jesus sichtbar wurde und Menschen zeigen kann, die für ihn stehen, ihn vergegenwärtigen, die ihm nachfolgten, in seiner Nachfolge menschlicher wurden oder ihn verrieten. Dieser Begriff einer *christophorischen Literatur* würde der Tatsache vielleicht besser gerecht, daß *Christus* in dieser modernen Literatur zum Verständnis von Mensch und Welt der *Maßgebende, Entscheidende, Ausschlaggebende* ist (Christus = der Maßgebende).[36] Wir schlagen deshalb bewußt christophorische Literatur vor, um diesen Begriff abzugrenzen *gegen jesuphorische Literatur;* eine Art Literatur, in der Jesus von Nazaret ohne normative Deutungsfunktion als eine unter anderen Figuren Erwähnung findet (in unserer Arbeit etwa: Wolfgang Koeppens "Treibhaus", Peter Schneiders "Lenz", Anatole Frances "Le Procurateur de Judée", Hildesheimers "Monolog", Fortes "Luther-Münzer", Walsers "Sauspiel", Weiss' "Marat-Sade", Enzensbergers "Aschermittwoch" oder "Landessprache"); oder um ihn abzugrenzen *gegen christologische Literatur,* einer Art Literatur, die mit der orthodoxen "Lehre" über Jesus Christus kongruent ist; oder *gegen jesulogische Literatur,* die das Leben des historischen Jesus (wie etwa einige Jesusromane) zum Gegenstand hat.

So wäre unsere moderne Literatur gerade nicht "christlich", jesuphorisch, christologisch oder jesulogisch, sondern christophorisch. Um im Bild zu bleiben: *Jesus* als Herausforderung von Mensch und Welt wird von moderner Dichtung durch die säkulare Welt *hindurchgetragen,* nachdem er oft aus der christlichen verdrängt, von "christlichen" Dichtern entschärft oder in einem christlichen Milieu absorbiert worden ist. Unsere Literaturbeispiele zeigen es: Jesus kann sich diesem

"Christo-pherus" "moderne Literatur" anvertrauen; er hat in ihr eine Stütze, die ihn trägt und hält, die ihn hinüberträgt vom Ufer seiner Zeit an das Ufer der unsrigen.

Von dieser Begriffsbestimmung her wird auch klar, daß christophorische Literatur keinen negativen ("antichristlichen") Bezug zu Jesus von Nazaret meinen kann. Bei aller Kritik an bestimmten Christus*bildern,* bei aller literarischen Verfremdung oder Verzerrung der Figur: Soll moderne Literatur christophorische Literatur sein, muß ein ausdrücklich positiver (im Sinne von normativ, maßgebend) Bezug zu Jesus Christus vorliegen. Um diese Literatur ging es uns in unserer Arbeit hauptsächlich.

Am Ende dieses grundlegenden Abschnittes sei noch einmal unser Ansatz resümiert. Nach all dem, was wir zur Definition unseres Begriffs christlicher Literatur zu sagen hatten, nach all dem, was wir zum Verhältnis von Theologie und Literatur zu sagen hatten, wird der *doppelte Begründungszusammenhang* dieser Arbeit, wie er zu Beginn entwickelt wurde, plausibel. Wir gingen erstens von der Frage aus, welche Funktion die Jesusfigur zur Begründung einer christlichen Literatur habe. Wir beantworten die Frage: Nur von der Person Jesu her bekommt christliche Literatur ihre Identität. Jesus Christus ist nicht nur ein Thema christlicher Literatur, sondern ihr Konstitutivum. Diese Figur ermöglicht für den Begriff der christlichen Literatur *Konzentration und Weite zugleich.* Mit ihr ist der Christ ganz auf seine Sache konzentriert; diese Figur hat für ihn also kriteriologische Relevanz zur Bestimmung des Christlichen. Zugleich ermöglicht sie die größtmögliche Weite an Literaturformen, ein breites Spektrum von Interpretationen, eine Vielzahl von Transformationen, Transfigurationen in die heutige Wirklichkeit von Mensch und Welt.

Wir gingen zweitens von der Frage aus, ob der Begriff der christlichen Literatur ein im Rahmen der gegenwärtigen Diskussion um das Verhältnis von Theologie und Literatur tauglicher und adäquater Begriff sein kann. Wir beantworten auch diese Frage: Dieser Begriff kann – präzis und unzweideutig definiert – ein tauglicher und adäquater Begriff sein. Dabei kommt es uns nicht auf die Terminologie an; auch der Begriff der christophorischen Literatur kann seine Funktion erfüllen. In diesen Begriffsvorschlägen ist die spannungsgeladene Herausforderung eingefangen, die das Verhältnis von Theologie und Literatur heute kennzeichnet: gegenseitiges kritisches Korrektiv im Kampf um die noch nicht gewonnene Wirklichkeit von Mensch und Welt.

II. HERAUSFORDERUNG FÜR DIE LITERATUR

Ein überraschender Befund, so sagten wir. Überraschend, daß Jesus von Nazaret für eine bedeutende Anzahl moderner Literaten zur großen literarischen Herausforderung geworden ist. Wieviel wird hier dem Christentum zugetraut, wenn es sich von Jesus von Nazaret her legitimieren kann, wieviel wird ihm zugemutet! Ob Anna Seghers oder Paul Celan, Rolf Hochhuth oder Max Frisch, Walter Jens oder Marie Luise Kaschnitz: wieviel Vertrauen in diese Figur Jesu von Nazarets. Bei aller noch so bitteren Kirchen- und Religionskritik: Von den meisten Literaten wird Jesus selbst milde geschont.[1] Diese moderne christliche, christophorische Literatur greift nicht einfach auf den Menschen Jesus von Nazaret zurück, den einfachen Galiläer, wie die traditionelle mit dem Jesusroman im Gefolge der liberalen Theologie. Der liberal verstandene Mensch Jesus, die literarische Ausgestaltung seiner Lebensgeschichte, ist für viele Literaten heute – Heinrich Böll sagt dies ausdrücklich – zu sentimental, zu storyhaft. Als Schriftsteller sind sie *daran* nicht interessiert. Und alle Versuche, ihn so literarisch noch einmal zum Leben zu erwecken ("Jesus Christ Superstar"), sind gescheitert.

Der literarische Befund moderner Jesusdarstellung ist komplexer. Nicht das "Leben Jesu" reizt zur literarischen Gestaltung, wohl aber die Figur Jesu mit charakteristischen Zügen seiner Herkunft, seiner Botschaft, seines Verhaltens, seines Geschicks. Dabei wird Jesus von Nazaret alles Dogmatischen, Erbaulichen, Frommen entkleidet, um so die provokativen, anstößigen, kritischen Züge seiner Person nur noch um so schärfer hervortreten zu lassen. Wichtig aber ist: Jesus wird figural, verschlüsselt gedeutet, in Figuren, Zeichen, Symbolen, Motiven, Chiffren, Sinn-Bildern; sein Platz bleibt gleichsam leer, wird umschrieben, ausgespart. Das objektive Korrelat triumphiert. "Wie die Höhlenbewohner in Platons Gleichnis nur die Silhouetten sehen, die die Sonne zeichnet", schreibt Hans Küng, "so sehen die modernen Literaten Jesus mehr in den Schatten, die er wirft, als ihn selbst im Licht des Tages. Jesus steht im Widerschein. Er wird beobachtet in den Wirkungen, die er auslöst, in den Menschen, die von ihm betroffen sind. Jesus wird nicht beschrieben, nicht mit Prädikaten versehen, mit Titeln ausgezeichnet. Man nähert sich ihm, indem man den Platz ausspart, an dem er steht: in sehr, so hätte man früher gesagt, *'keuscher Annäherung'*. Das alles – nicht mißzuverstehen – Zeichen eines ungeheuren Respekts, einer höchst eigentümlichen Reverenz vor dieser Gestalt."[2]

Es ging uns bei der literarischen Herausforderung Jesu um mehr als nur um Themen und Inhalte. Es ging uns ganz entscheidend bei unserer Frage nach Jesus auch immer um das *literarästhetische Problem,* d.h. um die Frage nach der grundsätzlichen Darstellbarkeit der Gestalt Jesu. Wir stoßen hier auf die Kernfrage bei der Auseinandersetzung um Jesus: Wie ist diese Gestalt in ihrer ganzen Dimension mit literarischen, mit formalen und sprachlichen Mitteln, "greifbar", wie kann bei dieser Gestalt mit literarischen Mitteln das dargestellt werden, was christlicher Glaube

und Theologie als das Besondere an diesem Jesus begreift: seinen Bezug zu einer letzten und ersten wirklichsten Wirklichkeit, seinen Bezug zu Gott? Wie kann mit literarischen Mitteln dargestellt werden, daß Jesus nicht nur der Sachwalter der Menschen ist, sondern auch Stellvertreter, Repräsentant, Platzhalter Gottes: Mensch und Gott, *Einheit des konkreten geschichtlichen Menschen Jesus mit Gott?*
Es sollen zu diesem Problemkreis nur einige Fragen gestellt werden. Auffallend ist: In der Vergangenheit war Jesus in der Literatur vor allem der positive Held, der alles überragende Gott-Mensch, der souveräne Über-Mensch, der Gottessohn, Wundertäter, Weltenrichter. Das "Göttliche" an Jesus schien kein Problem, eher das Menschliche. Heute dagegen, in der modernen Literatur, hat die Szene sich gewandelt. Das Göttliche ist zum Problem geworden, weniger dagegen das Menschliche. Das Positive, Heldenhafte, Übermenschliche, Göttliche erscheint hier auffällig gebrochen. Jesus ist – Teil B zeigt es – heute der Bruder nicht der Herr, der Mit-Mensch nicht der Über-Mensch, der Befreier nicht der Erlöser, der Menschensohn nicht der Gottessohn. Kontrastfiguren repräsentieren ihn: der gekreuzigte Jude bei Frisch, der Verweigerer bei Borchert oder Böll, die leidenden Menschen bei Andersch, der Stellvertreter bei Hochhuth, der flüchtende Kommunist bei Anna Seghers, die Kinder bei Leonard Frank, der gebrochene Priester bei Wolfgang Koeppen, der gescheiterte Revolutionär bei Peter Weiss, der verfluchte Judas bei Walter Jens, der Über-Jesus bei Günter Herburger, die Narren bei Dürrenmatt, der Clown bei Böll, der schizophrene Dichter bei Heinar Kipphardt. Von den vielen Symbolen, Anspielungen, Verweisen, Parodien nicht zu reden. Was für ein Personenregister also! Welch ein Zustand von Mensch und Welt!
Damit steht die Jesusfigur in einer Reihe mit anderen Helden der modernen Dichtung, mehr Anti-Helden als Helden. Kinder und Partisanen, Hippies und Zwerge, Clowns und Kleinbürger: das sind die "Helden", die moderne Literatur bevölkern. "In der Tat, die Literatur der Gegenwart scheint den Alltag als so ungeheuerlich, das Einerlei als derart exorbitant zu empfinden, daß sie, um das Rätselbild der Gliedermenschen rechtens darzustellen, ständig mit extremen Werten operieren muß. Deshalb die Lust an der Denaturation: spiegeln nicht nur noch der Blinde, der Irre, der Krüppel, der Roboter und Décadent als verläßliche Zeugen die aus den Fugen geratene Welt? Wohin denn hat sich der Heros vergangener Zeiten, jener 'positive Held' geflüchtet, über den im Westen so wenig und im Osten so viel diskutiert wird?" So Walter Jens.[3]
Allgemein scheitert die moderne Dichtung heute an der Darstellung des Positiven, des Heldenhaften, des Sieghaften. "Auf jeden anderen einzelnen sind Gedichte möglich wie eh und je: auf eine Frau, auf einen Freund, auf einen Taxi-Chauffeur, auf einen Gemüsehändler", meint H.M. Enzensberger. Aber sind auch Gedichte auf Marx, Lenin, Hitler möglich? Auf Kommunismus oder Katholizismus? Selbst Brecht scheiterte ja literarisch, als er in seinem Gedicht "Die Erziehung der Hirse" den Namen Stalins erwähnte oder als er eine "Kantate zu Lenins Todestag" schrieb.[4] Warum? Die "poetische Sprache versagt sich jedem, der sie benutzen

will, um den Namen der Herrschenden zu tradieren. Der Grund dieses Versagens liegt nicht außerhalb, sondern in der Poesie selbst", folgert Enzensberger.[5] "Der Befund läßt sich verallgemeinern auf Kampfgesänge und Marschlieder, Plakatverse und Hymnen, Propaganda-Choräle und versifizierte Manifeste, gleichgültig wem und welcher Sache sie nützen sollen: sie sind entweder unbrauchbar für die Zwecke ihrer Auftraggeber, oder sie haben mit Poesie nichts zu tun."[6]

Auf die literarische Darstellung Jesu Christi übertragen heißt das: der Gekreuzigte ist heute literarisch möglich, nicht aber mehr der Gottessohn und Wundertäter, das "Mein Gott, mein Gott, warum hast du mich verlassen?" ist heute literarisierbar, nicht aber das "Wahrlich ich sage euch!", das "Ecce Homo" bekommen Literaten heute in den Griff, weniger das "Ich bin der Weg, die Wahrheit und das Leben". Eine eigentümliche Bewußtseinsverschiebung: mit Jesus als dem Bruder ist gute Poesie zu machen, gegen den Christus als zweite trinitarische Person sträubt sich die Dichtung.

Die entscheidende Frage der Theologie an die Dichtung hinsichtlich ihrer Darstellungsmöglichkeit der Figur Jesu lautet: *Ist Chalcedon literarisierbar?* Das "vere homo" bereitet uns heute keine Schwierigkeiten, aber das "vere deus"? Warum haben wir das Gefühl der Unbrauchbarkeit oder Minderwertigkeit der literarischen Qualität, wenn poetische Texte dogmatische Inhalte darstellen? Keine Frage doch: Reinhold Schneider ist mit seiner Hymne auf den Priester, dessen Gemeinde zerstört wurde, literarisch genauso gescheitert wie Brecht, als er seine Kantate auf den toten Lenin schrieb. Und nicht Dorothy Sayers schrieb ein gutes Jesus-Hörspiel, sondern Günter Eich, nicht Marie Luise Kaschnitz schrieb ein gutes Weihnachtsgedicht, sondern Peter Huchel, nicht Dobraczyński schrieb einen guten modernen Jesusroman, sondern Heinrich Böll. Wir haben es gesehen: je weniger "christlich" die Texte waren, desto besser war ihre literarische Qualität, je mehr sie theologische Nomenklatur vermieden und nur mit Andeutungen arbeiteten, Verweisen, Anspielungen, je mehr sie die theologische Problematik indirekt zur Sprache brachten, desto stärker ihre literarische Qualität. Warum?

Es ist die Poesie selber, die sich gegen jede ideologische Vereinnahmung sperrt, gegen die bloße Bestätigung dogmatisch vorgegebener Inhalte. Ein Lied auf Jesus "Mir nach spricht Christus unser Held" ist heute nicht nur aus theologischen, sondern auch aus literarästhetischen Gründen unmöglich! Die theologische Relevanz eines Jesus-Textes ist gerade nicht um so höher, je "christlicher" oder dogmatisch "stimmiger" der Inhalt ist, sondern um so höher, je mehr der Text das, was Jesus von Nazaret für die Menschen von heute bedeutet, im Ausgleich von historischer Genauigkeit und symbolischer Signifikanz zur Sprache bringt. Die theologische Qualität moderner Jesusdichtung ist in der Dichtung selbst begründet und nicht mit der Aufladung der Dichtung mit christlichen Inhalten.

Was ist das *Besondere* dieser modernen christlichen Literatur? Nun, von diesem Jesus können die Texte offensichtlich nicht so einfach reden wie von jedem beliebigen Menschen. *Jesus* ist in seiner Funktion *unverwechselbar und unersetzbar!*

Konkret: Auf ihn – auf keinen anderen – können sich Böll, Kaschnitz, Marti und Hochwälder berufen, wenn sie die Menschlichkeit des Menschen gegen Machtinteressen, Institutionen und Traditionen durchsetzen wollen; auf ihn – auf keinen anderen – können Alfred Andersch, Hilde Domin, Nelly Sachs, Eva Zeller verweisen, wenn sie nach Sinnbildern für das Leiden der Menschen suchen; er – und kein anderer – ist die Schutzrolle für den schizophrenen Dichter Alexander, der Schonraum für die mißbrauchte Jüdin Ruth, das Asyl für den geflohenen Sträfling Georg; von ihm her – von keinem anderen – bekommen der namenlose Verweigerer bei Borchert, der "jüdische" Jedermann Andri bei Frisch, die Priester-Figuren bei Hochhuth und Koeppen, von ihm her bekommt die ganze schattenlose Gegenwart Plastizität und Kontur; er – und kein anderer – ist für die Menschen Ausdruck von Hoffnung, Sehnsucht nach befreitem Menschsein, ist unstillbares Verlangen nach einem neuen Himmel und einer neuen Erde. Er und nur er ist dies alles auch noch zusammen!
In jedem Einzelfall ist Jesus im vollen Sinn Mit-Mensch, aber er ist immer auch mehr als das: bei ihm steht offensichtlich das Menschsein schlechthin auf dem Spiel. Er ist *Modell, Norm, Kriterium authentischen Menschseins.* Deshalb ist dieser Jesus überall in dieser Literatur anwesend, wo Menschsein, Menschwerdung des Menschen auf dem Spiel steht. All den Opfern der Geschichte, den Verfolgten, Unterdrückten, Ausgebeuteten, Mißbrauchten, lächerlich Gemachten bedeutet er Hoffnung, Trost, Schutz, Hilfe, Menschlichkeit. Transzendenz und Immanenz sind ineinander verwoben, Gott in der Alltäglichkeit scheint auf, *Gottes Jenseitigkeit mitten im Leben.* Aber nicht in theologischer Nomenklatur wird hier von Gott geredet, sondern indirekt im Verweis auf ihn, Jesus von Nazaret. Überall, wo auf ihn verwiesen wird, kommt Transzendenz in die Immanenz, ist die Diesseitigkeit durchbrochen. Überall, wo er nur angedeutet ist, kommt Göttliches und Menschliches zur Begegnung, wird die Sache Gottes und die Sache des Menschen vergegenwärtigt. So und nur so kann moderne Literatur auch vom "vere deus" reden, kann sie, verankert in der Diesseitigkeit, Transzendenz aufblitzen lassen, kann sie Zwischenmenschliches und Jenseitiges zusammendenken. Keine Frage ist deshalb: Jesus scheint hier in moderner Literatur eine eigentümliche *"Vorgabe"* vor anderen Menschen zu haben, bei ihm kommt offensichtlich eine größere, umfassendere, totale Dimension ins Spiel: eine qualitative Differenz zwischen ihm und uns.
Ist also auch das "vere deus" literarisierbar? Von dieser "qualitativen Differenz" her, ja! Freilich das "vere deus" heute eher "ex negativo": nur als Aufforderung, Herausforderung, Einladung zur Entscheidung vertrauenden Glaubens, von der Sehnsucht des Menschen her nach dem "ganz Anderen", nach dem qualitativen Überstieg aus der immer wieder insuffizienten Eindimensionalität, nach echter Befreiung. Ob hier Literatur, auch die moderne Literatur, bei Jesus Christus nicht an die Grenze des überhaupt Darstellbaren gestoßen ist? Bei allen Figuren, Symbolen, Chiffren, Verweisen und Anspielungen, bei allem Bemühen um Plastizität und Kontur: selten gelang eine voll überzeugende Darstellung. Ein Gedicht hier (Hu-

chel, Zeller, Domin, Celan), eine Szene dort (Seghers, Koeppen, Aichinger), eine Fallstudie etwa (Jens), oder eine Erzählung (Kaschnitz): die Ausbeute bleibt vergleichsweise gering bei der Fülle von Versuchen. Und jede dieser in sich gelungenen Darstellungen ist wieder nur ein kleiner Ausschnitt aus dem Gesamtphänomen "Jesus von Nazaret". Ob nicht diese Haltung der "keuschen Annäherung" signifikanter Ausdruck dafür ist, daß dieser Jesus Christus nicht voll literarisch erfaßbar ist, daß alles nur Annäherung bleibt, Figur, Schatten, Andeutung? Daß er in kein Bild aufgeht, von keiner Figur ganz repräsentiert werden kann? In der Tat: Jesus Christus war eine Herausforderung für die moderne Literatur – er wird es auch künftig bleiben.

III. HERAUSFORDERUNG FÜR DIE THEOLOGIE

"Wie sollen wir als christliche Theologen auf die nichtkirchlichen Jesusdeutungen antworten? Sollen wir uns damit begnügen, gleichsam mit der Wünschelrute durch dieses große Gelände zu gehen und aufmerksam zu registrieren, wann, wo und wie heftig die Wünschelrute jeweils an- oder ausschlägt, weil wir Stellen finden, wahrscheinlich viele Stellen – und je mehr, desto besser für uns? –, in denen wir eine Verkürzung, Vereinseitigung, ein Mißverständnis hinsichtlich der Gestalt Jesu feststellen?"[1] fragt der katholische Theologe Heinrich Fries nach einem Überblick über moderne nichtkirchliche Jesusdeutungen. Ja, wie hat Theologie auf die nichttheologische, nichtkirchliche Jesusdeutung zu reagieren, was bedeutet moderne christliche, christophorische Literatur für sie, was kann sie bedeuten? Auch hier wieder nur einige Thesen.

1. Grundvoraussetzung eines theologisch-christologischen Interesses an moderner christlicher Literatur muß sein, die Texte nicht von vorneherein gleich von einem dogmatischen Standpunkt aus überprüfen, auf "Orthodoxie" testen zu wollen, sei es von einem exegetisch-historischen ("historischer Jesus") oder systematisch-dogmatischen Standpunkt aus ("Zwei-Naturen-Lehre"). Wer dies tut, bekommt die schöpferische Herausforderung der Literatur nicht in den Blick. Er scheidet als Gesprächspartner aus. Denn: Die literarischen Jesus-Bilder sind ja vom dogmatischen Standpunkt aus *nicht einfach falsch*. Sie spiegeln direkt oder indirekt eine engagierte Auseinandersetzung des Autors mit dieser Figur wieder, sie reflektieren ein breites Spektrum von Erfahrungen des Schriftstellers mit dieser Gestalt: Trost und Enttäuschung, Liebe und Haß, Engagement und Gleichgültigkeit, Annahme und Ablehnung. Die Autoren zeigen nicht 'den' Jesus, 'das' authentische und historisch-dogmatisch abgesicherte Jesus-Bild, sondern 'ihren' Jesus in aller – gemessen am Bild des Neuen Testamentes oder kirchlicher Tradition – Verzerrung und Überzeichnung, in aller Parteilichkeit und Einseitigkeit. Verzerrung und Überzeichnung, Verfremdung und Entstellung aber sind in der modernen Literatur kein Mangel an Stil, Wissen oder Können, sondern literarisches Stilprinzip im Prozeß der Erschließung von Wahrheit. Die Poesie hat ihre eigene Vernunft.

2. *Falsch* also wäre die Reaktion von Theologen, die literarischen Jesus-Bilder "stimmten" nicht, sie seien als zu "einseitig" abzulehnen. *Richtig* dagegen wäre zu erkennen, daß man von einem historisch neutralen Standpunkt aus nicht erkennen kann, um was es bei Jesus und seiner Sache geht und was es bedeutet, sich auf Nachfolge einzulassen. Jedes konkrete Engagement für Jesus und seine Sache ist einseitig und parteilich, weil Jesus jeden zur Stellungnahme in einer konkreten Situation herausfordert. Zwar ist der Theologe aus guten Gründen aufgefordert,

sich über die historischen Grundlagen des Jesusgeschehens Rechenschaft zu geben, soll sein Glaube nicht an einem übergeschichtlichen Mythos, sondern an einer ganz konkreten historischen Person orientiert sein. Dennoch ist gerade der historisch arbeitende Theologe sich darüber im klaren, was Literatur auf ihre Weise thematisiert: *Jesus ist anders,* er ist anders als alle Vorstellungen von ihm, er geht in kein Bild, paßt in keinen Rahmen, entzieht sich allen Versuchen, ihn endgültig für bestimmte Interessen nutzbar zu machen.

3. Moderne christliche Literatur ist für die Theologie heute unverzichtbar geworden. Sie kann für die Theologie die Funktion eines *kritischen Korrektivs* haben. Sie kann in überkommener theologischer Sprache Fehlformen aufdecken, Degenerierungen aufspüren, Verkrustungen aufbrechen. Was Enzensberger für die Poesie im allgemeinen sagt, gilt für sie im besonderen: sie hat die Funktion des Kindes im Märchen. Angemaßte Macht wird entmythologisiert, Herrschaftsformen über Menschen werden entlarvt, Defizite des Menschseins aufgedeckt, Hoffnungsfiguren beschrieben. Ihre Kritik ist produktive Unruhe, die der Rückerinnerung an die Geschichte des Jesus von Nazaret entstammt. Im Verweis auf ihn stellt sie die Frage: Wer ist der Mensch heute, wie ist die Welt beschaffen, in welchem Zustand befinden sie sich? Sind die zwischenmenschlichen Verhältnisse wirklich zwischenmenschlich? Oder inhuman, untermenschlich? Christliche, christophorische Literatur kann das Gedächtnis der Menschheit sein, in dem die Leiden und Hoffnungen der Menschen im Spiegel der Figur Jesu eingefangen bleiben. Moderne christliche Literatur ist Weitererzählung der Geschichte Jesu, die noch nicht zuende erzählt ist in unserer Welt, die noch etwas, vielleicht etwas Entscheidendes, zu sagen hat. Sie ist – um noch einmal das Wort von Walter Jens zu zitieren – “eine Form von Maieutik, die etwas ans Licht zerrt, das, ist es einmal exemplarisch formuliert, einen neuen Realitätsgrad: eine neue Qualität von Wirklichkeit gewinnt”.[2]

4. Moderne christliche Literatur hat für die Theologie die Funktion der *Stimulanz.* Moderne christliche Literatur kann, was der Theologie versagt bleiben muß: Sie kann Gegen-Modelle entwickeln, Alternativen aufzeigen, utopische Entwürfe anfertigen. Sie kann dort weitergehen, wo die Theologie einhalten muß, an Schrift oder Tradition gebunden. Sie kann das “So könnte es gewesen sein” ausformulieren, wo Theologie sagen muß “So steht es geschrieben”. Sie – nicht die Theologie – kann den “Fall” Judas in einem fiktiven Prozeß wieder aufrollen und die Akten neu öffnen, die endgültig geschlossen schienen. Sie – nicht die Theologie – kann das “Was wäre, wenn” fiktiv durchspielen: Was wäre, wenn Judas Jesu Bruder, ja sein Komplize gewesen wäre? Nur sie kann Spiel sein im Modus der Erinnerung, ein Spiel der Phantasie, das die engen Grenzen des historisch Überlieferten oder kanonisch Begrenzten übersteigt, um das theologisch zu denken, was undenkbar und das zu durchbrechen, was tabuisiert schien. Moderne christliche Literatur ist freier als die Theologie, unabhängiger, und darin liegt ihre Chance, *ihre* Chance.

Sie ist Erinnerung an Unabgegoltenes, Uneingelöstes, "Unerlöstes" der Vergangenheit und Antizipation des Noch-Nicht zugleich, wenn auch oft – wie überhaupt Literatur – "im Modus des Zweifels, der Absage, der Verneinung".[3] Sie zeigt im Spiegel des Mannes aus Nazaret, wer wir sind und – wer wir sein könnten. Sie treibt das theologische Denken voran bis an die Grenzen des Unfaßlichen, Nicht-mehr-Sagbaren, Grotesken und Paradoxen: sie stellt Theologie auf den Prüfstand. Sie kann der Theologie – wie der Clown bei Böll seiner Gesellschaft – Impertinenzen sagen, denn auch ihre Sehweise theologischer Probleme ist die aus Vertrautheit und Fremdheit, Nähe und Distanz, auch ihre Perspektive ist die "von unten", die der Opfer, der Betroffenen, auch sie arbeitet mit Pointierungen, Überschärfungen, Verzerrungen, um das, was vertraut ist, fremd, was selbstverständlich, problematisch, was endgültig, vorläufig zu finden. Sie – nicht die Theologie – kann die ungeheure Kühnheit haben, all die "unmöglichen" Außenseiter und schuldhaften Opfer, die Atheisten und Skeptiker, die Unfrommen und Ketzer, die Narren und Irren mit Christus zu identifizieren, sie zu seinen Deutungsfiguren zu machen und Theologie daran zu messen, wieviel sie zur Menschwerdung dieser Menschen beiträgt.

5. Moderne christliche Literatur hat die Funktion der *Auslegung von Lebenssituationen.* Moderne christliche Literatur ist *Einheit von Christologie und Christopraxie;* hier werden dem Leser Orte gezeigt und Situationen erzählt, wo die Botschaft Jesu hier und heute relevant und Nachfolge konkret wird. Sie zeigt Wege in die Nachfolge, nicht abstrakt, sondern konkret. Das in jüngster Zeit erhobene Postulat einer "narrativen Theologie"[4] findet hier ihren legitimen Platz, eine Theologie, die nicht vom Dogma allein leben, sondern mit schöpferischer Phantasie eine Welt durchleuchten will, die der Nachfolge bedarf. So wie ja die Evangelien selbst erzählten, nicht weil sie "distanziert Fakten der Vergangenheit aufzählen" wollten, sondern den Hörer "hineinziehen in das, was damals geschah",[5] so erzählt auch moderne christliche Literatur von Jesus, indem sie die Menschen als hier und heute von ihm Betroffene darstellt. Was der Theologe Hans Küng als Charakteristikum einer an der Person Jesu selber orientierten Ethik (im Gegensatz zu einer Ethik der Gesetze und Prinzipien) herausarbeitet, hier in der Literatur findet dies sein kongeniales Pendant: Anschaulichkeit – Vernehmbarkeit – Realisierbarkeit Jesu.[6] Seine Anschaulichkeit, Vernehmbarkeit und Realisierbarkeit als Person (wie sie im NT vor allem die Synoptiker zeigen) ist dabei Voraussetzung seiner Anschaulichkeit, Vernehmbarkeit und Realisierbarkeit in der Welt von heute: keine Spiegelung ohne die reale Person, kein Echo ohne den Ruf, keine praktische Entsprechung ohne das Vorbild. Das heißt: Moderne christliche, christophorische Literatur demonstriert anschaulich, wo Jesus Christus in dieser Welt zu finden ist (oder nicht zu finden ist), macht vernehmbar, wo sein Wort gehört wird (oder nicht gehört wird), zeigt, wo das realisiert ist (oder nicht realisiert ist), was er gewollt hat. Moderne christliche Literatur ist *angewandte Exegese.*

6. Moderne christliche Literatur entwickelt Ansätze zu einer *Christologie des Christus inkognito,* ist christologia negativa. Moderne christliche Literatur denkt vom Menschen her auf Jesus hin und umgekehrt; in Jesus erhält der Mensch immer wieder sein stärkstes Sinn-Bild. Moderne christliche Literatur stellt im Verweis auf Jesus Identifikation her; in dem verratenen "Juden" Andri haben wir Christus verraten; der verfolgte und obdachlose Flüchtling ist wie das verfolgte und obdachlose Christkind; die "Jünger Jesu" handeln, wie Christus gehandelt hätte; zu den Opfern der Leidensgeschichte der Menschheit gehört auch Christus; der "Fall Judas" ist auch der "Fall Jesus"; der schizophrene Dichter ist wie der Gekreuzigte, und wenn wir leiden, sind wir ihm wie "aus dem Gesicht geschnitten". Aber diese Identifikationen sind keine schamlosen Anbiederungen, keine dreisten Zugriffe. Die Distanz zwischen ihm und uns wird nie eingeebnet. Er bleibt bei aller Nähe der Fremde, bei aller Bekanntheit der Unbekannte, bei aller Vertrautheit der Andere. Das heißt aber, in all den vielen Namenlosen, Unbekannten, Unbedeutenden ist dieser Jesus Christus inkognito anwesend. Die *Schranken* – und das ist das eigentlich Provozierende dieser Christologie – beginnen zu *fallen,* die Grenzen verschwimmen, die Maßstäbe verlieren ihre Bedeutung; wer fromm oder unfromm, christlich oder unchristlich, christusähnlich oder christusfremd, ist nicht mehr von vorneherein so sicher auszumachen. Die Einteilung in Böcke und Schafe, Gläubige und Ungläubige, Orthodoxe und Ketzer wird schwerer: der Clown ist Repräsentant Jesu, nicht das katholische Establishment; Judas ist der Bruder Jesu, nicht sein Verräter; die Liturgie kein Gott wohlgefälliger Dienst, sondern Blasphemie; und das Wunder der Christwerdung geschieht in den Verließen der Engelsburg, nicht in der Prachtkirche des Vatikan. Was immer ist um kirchliche Orthodoxie oder Heterodoxie, die Literatur, die das Leben spiegelt, hat andere Maßstäbe und zeigt, wie Maßstäbe anders gesetzt werden. Sicher, keine umfassende Christologie wird hier geboten, dies ist Aufgabe der Theologie, aber eine christologia negativa, eine Christologie in nuce. Es werden *Hinweise* gegeben, Spuren gelegt, Andeutungen gemacht, Schattenrisse geschnitten, um anzudeuten, wer dieser Christus Jesus ist und was er für die Menschen von heute bedeutet. Auch diese christologia negativa ist angewandte Exegese. Mit Jesus steht in dieser modernen christlichen Literatur *Menschsein schlechthin auf dem Spiel,* Jesus ist Testfall für Menschlichkeit oder Unmenschlichkeit. Hier kommt noch einmal der "Überhang", die "Vorgabe" an Menschlichkeit, die "qualitative Differenz" zur Sprache, die Jesus unter den Menschen seine Einzigartigkeit gibt ("vere deus"), eine Einzigartigkeit, die nicht "von oben" dogmatisch deduziert wird, sondern sich "von unten" induktiv, im kritischen Vergleich und engagierter Auseinandersetzung mit Alternativmöglichkeiten faktisch als Herausforderung an den Glauben herauskristallisiert. In der Jesusgestalt wie in keiner andern blickt dem *Menschen sein eigenes Bild entgegen* ("ecce homo"), und er erkennt in ihm die Fehlformen und Formen seines eigenen Menschseins. In dieser Gestalt bricht sich die Wirklichkeit von Mensch, Gott und Gesellschaft in ein breites Spektrum von Lebensmöglichkeiten und

Lebenssituationen: Freude und Lachen, Freiheit und Liebe, aber auch Schmerz und Trauer, Erniedrigung und Kreuz. Moderne christliche Literatur leistet für den, der ihr zuhören will, diese Übersetzungsarbeit in den säkularen Kontext von Mensch und Welt hinein.

7. Moderne christliche Literatur ist differenzierte *Einheit von kritischer Literatur und kritischer Theologie.* Beide, Theologie und Literatur, gehen hier eine Interessenkoalition ein im Kampf um die Menschwerdung des Menschen. Die Haltung dieser Literatur Jesus Christus gegenüber war – so sahen wir – die "keuscher Annäherung". Jesus ist nicht endgültig, sondern nur in immer neuen Modellen, Entwürfen, Versuchen abbildbar. Zum Wesen von Modell und Entwurf gehört die Vorläufigkeit, die Kritisierbarkeit, Offenheit. Keines dieser Deutungsmodelle ist gegen Kritik immunisiert, keines darf sich der offenen Diskussion entziehen. Das ist für die Theologie von Vorteil, weiß sie doch, daß Literatur kein fertiges "Jesus-Produkt" liefern, sondern Denkmodelle erstellen will, die kritisierbar, veränderbar sind, auf die je größere Wirklichkeit Jesu Christi hin. Literatur ist Möglichkeit von Wirklichkeit. Daß aber Jesus in kein Bild eingeht, muß seinerseits Konsequenzen für einen theologischen Denk-, Sprach- und Predigtstil haben. Hier kann Theologie lernen. Denn der Theologe muß wissen, *was literarisierbar ist, ist auch verkündigbar,* je besser eine theologische Problemstellung literarisierbar ist, desto besser ist sie auch verkündigbar. "Wenn wir ehrlich sind", schreibt der katholische Neutestamentler *Gerhard Lohfink,* "müssen wir allerdings zugeben, daß das Erzählen im Gottesdienst eigentlich schon verstummt ist. Die Heilsgeschichte Gottes wird nicht mehr erzählt, sondern *verlesen.* Unsere eigenen Erfahrungen werden nicht mehr in die Erzählung eingebracht. Daß dies alles so ist, hat viele Gründe. Einer von ihnen ist unsere geheime Angst vor der biblischen Erzählung. Müßten wir diese Angst nicht endlich einmal ablegen? Die Angst, ob es auch historisch so gewesen ist, die Angst, daß andere unser Erzählen vielleicht nicht richtig verstehen könnten, die Angst, daß wir selbst eine biblische Geschichte vielleicht noch nicht ganz richtig verstanden haben. Das ist ja doch gerade das Großartige an den biblischen Erzählungen, daß man sie nie ganz versteht. Wie könnten wir auch die Geschichte, die Gott unter uns wirkt, schon jetzt ganz verstehen? Eugen Rosenstock-Huessy hat einmal in anderem Zusammenhang gesagt: 'Wer die Geschichte erzählt, bekennt demütig, daß er sie nicht ganz versteht, aber gleichzeitig, daß er sie doch so liebt, daß er sie über sich erhebt. Dadurch gerät er aber auf die Straße, die von diesem Ereignis in die Zukunft führt'."[7] Diese Diskrepanz zwischen dem "nicht ganz Verstehen" und dem doch Erzählen aus Liebe, dieses Auf-der-Straße-Sein des Predigers: was ist dies anderes als die Haltung des Literaten moderner christlicher Literatur, der weiß, daß jeder Versuch, Jesus Christus literarisch zu deuten, unzureichend ist, es aber dennoch tut? Müßte nicht auch der Prediger, der dies weiß, viel stärker unterscheiden lernen zwischen einer "prophetisch-autoritativen" (K. Marti) und einer subjektsbezogenen Redeweise von Gott und Jesus Christus? Da auch der Prediger wie der Literat nicht mehr zu den "beati possidentes"

gehört, müßte er nicht – soll seine Predigt ein Dialog mit der Gemeinde sein – viel stärker mit dem Subjektsvorbehalt reden, "Subjektivitätsklauseln" (D. Sölle) in seine Rede einbauen? Müßte er nicht in seinem ganzen Redestil zeigen, daß er "unterwegs" zur Wahrheit ist, nicht in deren Besitz, daß er Annäherungen versucht, nicht Auskünfte erteilt, daß er sucht, nicht gefunden hat? Müßte er nicht statt "jeden Sonntag *nur* in einem thetisch-autoritativen Offenbarungsstil zu reden"[8] – etwa: "das Evangelium", "die Kirche", "die Bibel" sagt –, stärker zurückgenommen auf sich reden: "Ich meine", "ich verstehe das so", "so könnte man sagen"? Müßte er nicht, wenn er heute von Gott und Jesus Christus glaubwürdig reden will, mehr wie der Literat reden: in indirekten Benennungen, Anspielungen, Verweisen, Aussparungen, von der Sache der Theologie redend ohne theologische Nomenklatur, in der Sprache der Welt redend, ohne ihr zu verfallen, von der Diesseitigkeit sprechend, ohne die Transzendenz zu vergessen? *Walter Jens* ist hier zuzustimmen, wenn er in einem Aufsatz über die "christliche Predigt" schreibt: "Es wird gezeigt, daß ein Pfarrer, der von Gott sprechen will, nur eine einzige Artikulationsmöglichkeit hat: jene vermittelte Diktion, die – man kann sie als 'Echo-Sprache' bezeichnen oder als 'verweisende Rede' – Gott *indirekt* benennt. Wie die moderne Literatur, den Handlungs-Höhepunkt aussparend, sich auf die Schilderung des 'Davor' und des 'Danach' beschränkt, und das Eigentliche mit Hilfe von objektiven Korrelaten umschreibt, so spricht verantwortliche christliche Rede in der Form der Andeutung und nicht in der Weise des Zugriffs von Gott, gibt, die Welt beschreibend, dem Satz 'Das Jenseits ist die Kraft des Diesseits' Evidenz, ignoriert die Kluft zwischen dem sichern Oben und dem verwirrenden Unten, spürt Gott in der Alltäglichkeit auf, zeigt die Wirklichkeit in einer Manier, daß erkennbar wird, wie sehr sie der Barmherzigkeit bedarf, verfremdet die Realität aus der Perspektive der Schrift . . . macht ihn sichtbar durch den Hinweis auf die *Niedrigkeitsgestalt* dessen, der, *vere deus vere homo,* in seiner Mittler-Rolle Kommunikation verbürgt: Interhumanität und Transzendenz."[9] Eine Theologie, die so redet, kann in der Tat einen Beitrag leisten zur Menschwerdung des Menschen, kann eine humane, eine bewohnbare Sprache erarbeiten in einem bewohnbaren Land.

Wie soll also Theologie auf die Herausforderung der Literatur reagieren? Unsere Antwort: In einer Haltung, die der Theologe Heinrich Fries so beschreibt: "Es ist ein Datum der Christologie, daß Jesus einen Bezug zum Ganzen der Schöpfung, als Alpha und Omega, als der Logos, der jeden Menschen erleuchtet, der in die Welt kommt . . . Wir sollten nach einer theologischen Mentalität streben, wie sie im Werk des Klemens von Alexandrien, des Origenes, des Thomas von Aquin, des Nikolaus von Cues begegnet. Bei diesen Theologen wird das Katholische als Kraft einer universalen Bejahung begriffen, die für Differenzen keineswegs blind macht. Daß Jesus über die Grenzen der Kirche hinausgewirkt hat und heute wirkt, ist die Frucht einer Wirkung und Wirkungsgeschichte, die ohne die Kirche nicht denkbar und möglich geworden wäre. Das gilt und bleibt bestehen."[10]

ANHANG

ANMERKUNGEN

Vorbemerkung: Die Belege erscheinen hier im Anmerkungsteil nur in verkürzter Form. Sie sind vollständig im Literaturverzeichnis zu finden, das in 4 Teile gegliedert ist.

1 *D. Sölle,* Zum Dialog zwischen Theologie und Literaturwissenschaft, S. 296.
2 *P. Tillich,* Auf der Grenze, S. 13 und 67f.
3 Vgl. dazu die *Literaturberichte* von *P.K. Kurz,* Der Christ und die Literatur. Blickrichtungen christlicher Literaturbetrachtung und Kritik, S. 259–269; *ders.,* Literatur und Christentum. Ein Literaturbericht, S. 262–274; *E.J. Krzywon,* Moderne Literatur und Theologie. Zwischen Identität, Diastase und Konfrontation, S. 563–567.
4 Vgl. dazu vor allem: *H. Küng,* Christ sein; *W. Kasper,* Jesus der Christus; *E. Schillebeeckx,* Jesus. Die Geschichte von einem Lebenden.
5 Vgl. *H. Küng,* Christ sein. Vor allem Kap. C II. und III.
6 *H. Küng,* Christ sein, S. 117f.
7 *D. Sölle,* Realisation. Studien zum Verhältnis von Theologie und Dichtung nach der Aufklärung, S. 100.
8 *W. Nigg,* Wallfahrt zur Dichtung, S. 10.
9 ebd.
10 ebd., S. 6. 8. 9.
11 Vgl. dazu die beiden Bde: *Christliche Themen in der Literatur der Welt.*
12 *J. Kopperschmidt,* Gott ist tot. Versuch über die literarische Umsetzung dieses Satzes, S. 68.
13 Vgl. dazu bes. die Beckett-Interpretation bei: *F. Hahn,* Existenzverständnis in der modernen Literatur, S. 39ff.; *ders.,* Bibel und moderne Literatur. Große Lebensfragen in Textvergleichen.
14 Vgl. *J. Kopperschmidt,* ebd., S. 68.
15 *G. Eich,* Rede zur Verleihung des Georg-Büchner-Preises 1959, S. 32 und 33f.
16 *D. Sölle,* Thesen über die Kriterien des theologischen Interesses an Literatur, S. 331.
17 *G. Eich,* Rede vor den Kriegsblinden, S. 24.
18 ebd., S. 23.
19 *G. Eich,* Rede zur Verleihung des Georg-Büchner-Preises 1959, S. 37.

II. WANDEL THEOLOGISCHER LITERATURKRITIK

1 *A. Schweitzer,* Geschichte der Leben-Jesu-Forschung Bd. I–II, Bd. 1, S. 191.
2 ebd., S. 36.
3 ebd., S. 79.
4 ebd., S. 36f.
5 ebd., S. 208.
6 Vgl. *D. Georgi,* Art. Leben-Jesu-Theologie, S. 249f.
7 *A. Schweitzer,* Geschichte . . . Bd. II, S. 358.
8 ebd., S. 621.
9 ebd.
10 *E. Pfennigsdorf,* Christus im deutschen Geistesleben. Eine Einführung in die Geisteswelt der Gegenwart; *A.H. Kober,* Geschichte der religiösen Dichtung in Deutschland. Ein Beitrag zur Entwicklungsgeschichte der deutschen Seele; *H. Spiero,* Die Heilandsgestalt in der neueren deutschen Dichtung; *G. Pfannmüller,* Jesus im Urteil der Jahrhunderte. A. Schweitzer wird nur bei Pfannmüller erwähnt.

11 *E. Pfennigsdorf,* Christus im deutschen Geistesleben ... S. VIIf.
12 *H. Spiero,* Die Heilandsgestalt ... S. 65.
13 *G. Pfannmüller,* Jesus im Urteil ... S. 494. 505. 506f.
14 *J.W. Goethe,* An Johann Caspar Lavater 29.7.1782, S. 680.
15 Vgl. *A.H. Kober,* Geschichte ... S. 323–327. Vgl. bes. die von Nietzsche beeinflußte Christus-Kritik, in: *R.M. Rilke,* Der Brief des jungen Arbeiters, Bd. III, S. 565–581. bes. 565f.
16 Zitiert nach: Art. Wally, die Zweiflerin, in: Kindlers Literaturlexikon im dtv Bd. XXIII, S. 10133.
17 Vgl. dazu: *P.K. Kurz,* Zäune und Lager. Die Schriftsteller und die Christen, in: Über moderne Literatur II, S. 299–335.
18 *Die Gestalt Jesu Christi im modernen Roman,* S. 463–468; *K. Zähringer,* Christus im Roman der Gegenwart, S. 398–408 u. 478–489.
19 *Die Gestalt Jesu Christi* ... S. 463.
20 *H.J. Schultz* (Hrsg.), Sie werden lachen – die Bibel, S. 8.
21 *Die Gestalt Jesu Christi* ... S. 464.
22 *W. Rothe,* Der Mensch vor Gott. Expressionismus und Theologie, S. 37–66; bes. S. 60–66.
23 Vgl. dazu die expressionistischen Texte von Zech, Sorge, Heynike und Werfel schon bei *H. Spiero.* Vor allem aber die von *K. Marti* in seiner Anthologie zusammengestellten Texte des Expressionismus von Arp, Ball, Goll, van Hoddis, Mombert, Mühsam, Lasker-Schüler, Schickele, Schwitters, Stramm, Trakl, Wolfenstein. Ebenso den Beitrag von *Chr. Eykman,* Die Christusgestalt in der expressionistischen Dichtung, S. 400–410.
24 *H. Urner,* Jesusromane?, S. 30–41; *Die Gestalt Jesu Christi im modernen Roman,* S. 463–468; *K. Zähringer,* Christus im Roman der Gegenwart, S. 398–408 u.478–489; *W. Grenzmann,* Christus-Thematik in der heutigen Literatur, S. 97–113; *H. Schirmbeck,* Der moderne Jesus-Roman, S. 445–453; *K. Marti,* Jesus – der Bruder. Ein Beitrag zum Christusbild in der neueren Literatur, S. 272–276; *P.K. Kurz,* Der zeitgenössische Jesus-Roman, S. 174–201; *H. Zirker,* Die Frage nach Jesus in literarischer Verfremdung, S. 159–166.
Von *amerikanischer Seite* auf die deutsche Literatur Bezug nehmend: *E.M. Moseley,* Christ as a doomed youth, S. 89–105; *I. Feuerlicht,* Christ Figures in Literature, S. 461–472 (hier vor allem zu Frank, Th. Mann, Hesse, Kafka, Grass, Hauptmann, Frisch und Brecht).
25 *H. Schroer,* Moderne deutsche Literatur in Predigt und Religionsunterricht, bes. Kap. 4: Thema Jesus; *H. Küng,* Christ sein, bes. Kap. B I/2: Der Christus der Literaten?; *H. Fries,* Zeitgenössische Grundtypen nichtkirchlicher Jesusdeutungen, S. 36–76, bes. S. 42–53.
26 *F. Humbel,* Die Jesusgestalt in der Dichtung der Gegenwart; *M. Züfle,* Mensch gesucht, z.B. Jesus.
27 *C.H. Ratschow,* Jesusbild der Gegenwart, S. 655–663; *F.A. Schmitt,* Stoff- und Motivgeschichte der deutschen Literatur. Eine Bibliographie; *E. Frenzel,* Jesus, S. 354–358.
28 *R. Eppelsheimer,* Mimesis und Imitatio Christi bei Loerke, Däubler, Morgenstern, Hölderlin.
29 *H. Küng,* Christ sein, S. 135f.
30 *P.K. Kurz,* Der zeitgenössische Jesus-Roman ... S. 201.
31 *A. Grabner-Haider* (Hrsg.), Jesus N. Biblische Verfremdungen – Experimente junger Schriftsteller.
32 *O. Polemann – L. Rössner* (Hrsg.), Suchen nach Gott. Ein Lese- und Diskussionsbuch; *S. Berg* (Hrsg.), Kurze literarische Texte für den Religionsunterricht Bd. I–II; *E. Rucker,* Moderne Literatur; *H. u. U. Halbfas* (Hrsg.), Das Menschenhaus; vgl. dazu auch von *H. Halbfas,* Lehrerhandbuch Religion; *W. Höck,* Weltliche Erzählungen von Gott in der modernen Weltliteratur; dazu *G. Otto,* Lehrerheft zu "Weltliche Erzählungen von Gott"; *K.H. Bloching,* Texte moderner Schriftsteller zur Meditation; *F.W. Niehl* (Hrsg.), Moderne Literatur und Texte der Bibel. Quellentexte; *S. Berg* (Hrsg.), In den Sand geschrieben. 80 Kurzgeschichten für Religionsunterricht und Jugendarbeit; *A. Thome,* Moderne Pro-

blemliteratur im Religionsunterricht. Themen. Texte. Modelle. Methoden, bes. S. 38–53: Auf der Suche nach Jesus. (Lit.!)

33 Vgl. dazu etwa den von *S. Berg* herausgegebenen Sammelband "In den Sand geschrieben".

34 *A. Juhre* (Hrsg.), Die Nacht vergeht. Weihnachtsgeschichten aus unserer Zeit; *ders.*, Die Reise nach Bethlehem. Weihnachtsgeschichten aus unserer Zeit; *W. Fietkau* (Hrsg.), Thema Weihnachten; *E. Borchers,* Das Weihnachtsbuch; *J. Hoffmann-Herreros,* Weihnachtsgeschichten; *ders.*, Er ist Mensch geworden. Weihnachtsgeschichten II.

35 *J. Hoffmann-Herreros* (Hrsg.), Spur der Zukunft; *K. Marti* (Hrsg.), Stimmen vor Tag. Gedichte aus diesem Jahrhundert.

36 *K. Marti,* Stimmen vor Tag . . . S. 147.

37 Vgl. *H. Schirmbeck,* Der moderne Jesusroman . . . S. 449.

38 ebd., S. 453.

39 *K. Marti,* Jesus – der Bruder . . . S. 273.

40 *E. Auerbach,* Mimesis. Dargestellte Wirklichkeit in der abendländischen Literatur, bes. S. 18f. 51f. 74–77. 185–190.

41 ebd., S. 75.

42 *A.N. Wilder,* Theology and Modern Literature, S. 93ff. Vgl. auch das neueste Buch von *A.N. Wilder,* Theopoetic. Theology and the Religions Imagination.
Zum *Verhältnis Theologie und Literatur* in der englischsprachigen Literatur (mit Hinweisen auf die deutschen Schriftsteller Grass und Le Fort) ist grundlegend die umfassende Bibliographie von *G.N. u. L.A. Boyd,* Religion in contemporary fiction: Criticism from 1945 to the present. Dort auch Literatur zu einzelnen Schriftstellern und Themenkreisen. Ebenso: *R. Barth, J. Ackerman, T.S. Warshaw* (Ed.), Biblical images in literature.
Zur *Christus-Figur* in der (vor allem englischsprachigen) Literatur vor allem: *U. Brumm,* Die religiöse Typologie im amerikanischen Denken, bes. Kap. IX: Christus und Adam als Figuren der amerikanischen Literatur; *D.L. Deffner,* The Christ-Figure in Contemporary Literature, S. 278–283; *R. Detweiler,* Christ and the Christ Figure in American Fiction, S. 111–124; *ders.*, Christ in American Religious Fiction, S. 8–14; *Ch. Dowing,* Typology and the Literary Christ-Figure: A Critique, S. 13–27; *J.S. Reist, Jr.*, "What Dost Thou in this World?" A study of christological possibilities in modern literature, S. 68–87; *N.M. Tischler,* The Christ Archetyps in Modern Criticism, S. 19–25.

43 Vgl. vor allem *R. Detweiler,* Christ and the Christ-Figure . . . S. 113. 114. 116. 118.

44 ebd., S. 111.

45 *Th. Ziolkowski,* Fictional Transfigurations of Jesus.

46 ebd., S. 6.

47 ebd., S. 8f.

48 ebd., S. 58.

49 ebd.

50 ebd., S. 147.

51 ebd., S. 233f.

52 Vgl. dazu die Interpretation von Pasolinis Mattäus-Verfilmung bei *M. Züfle,* Mensch gesucht, z.B. Jesus, S. 34: "Pasolini sieht sich selbst italienisch als Marxisten. Als solcher hat er das Matthäusevangelium verfilmt. Aber es wird kaum ein Christ ehrlicherweise verneinen können, daß dieser Film die vielleicht tiefst mögliche künstlerische Evangelienmeditation ist, die es im 20. Jahrhundert gibt. Das ist ein Leben Jesu von einer biblischen Authentizität, die in einem vollendete Auslegung ist in ein vor allem sozial gesehenes Jetzt. Und dabei ist nichts übersprungen, schon gar nicht das Kreuz und nicht einmal die Auferstehung. Dieser Künstler scheint als Marxist in seinem Matthäusfilm einen authentischen Jesus gefunden zu *haben.*"

53 *D. Sölle,* Realisation. Vgl. dazu die Rezensionen von: *P.K. Kurz,* Realisation – nicht "christliche Dichtung". Zum Verhältnis von Theologie und Dichtung nach der Aufklärung, S. 190–194; *ders.*, Anmerkungen zu "Christliche Dichtung" oder Realisation, S. 58–60; *E.J. Krzywon,* Theologie als literarische Realisation, S. 60–63.

54 *E. Auerbach,* Mimesis, vgl. bes. Kap. 3.

55 ebd., S. 73f.
56 *D. Sölle,* Realisation . . . S. 51.
57 ebd., S. 55.
58 ebd.
59 Vgl. ebd., S. 88–99 (Tillich); 100–106 (Bonhoeffer).
60 ebd., S. 16.
61 ebd., S. 29.

I. DIE LITERARISCH-GESELLSCHAFTLICHE LAGE NACH 1945: ÜBERGÄNGE IN DER LYRIK

1 *H. Mayer,* Deutsche Literatur seit Thomas Mann, S. 53 u. 17.
2 *D. Weber* (Hrsg.), Deutsche Literatur seit 1945 in Einzeldarstellungen, S. 2f.
3 *H. Böll,* Bekenntnis zur Trümmerliteratur, S. 128.
4 Vgl. *H. Vormweg,* Deutsche Literatur 1945–1960: Keine Stunde Null, Zitat, S. 16. Vgl. zum Ganzen der Übergangsproblematik in der Literatur neben dem genannten Buch von H. Mayer: *W. Jens,* Deutsche Literatur der Gegenwart u. *F. Trommler,* Der zögernde Nachwuchs. Entwicklungsprobleme der Nachkriegsliteratur in Ost und West, S. 1–116.
5 *H.W. Richter,* Warum schweigt die junge Generation?, S. 29.
6 ebd., S. 31f.
7 *P.K. Kurz,* Selbst- und Weltbewußtsein des Menschen in der deutschen Lyrik nach 1945, in: Über moderne Literatur Bd. II. Standorte und Deutungen, S. 196–236; bes. S. 201–205.
8 Vgl. dazu *H.J. Baden,* Wort im Widerstand – die protestantische Dichtung im Dritten Reich, S. 177–203. Baden wehrt sich – wenn auch ein wenig zu gereizt – mit Recht gegen die von *F. Schonauer* in seinem Buch "Deutsche Literatur im Dritten Reich. Versuch einer Darstellung in polemisch-didaktischer Absicht" vertretene These, die literarischen Vertreter der "Inneren Emigration" hätten das Dritte Reich nicht bekämpft, sondern es indirekt sogar unterstützt und gefördert. Unsere These für die *Nachkriegszeit* wird von der These Schonauers und der Polemik Badens nicht berührt.
9 *W. Riemerschmid,* Lyrische Spektrallinien. Sieben Gedichtbücher aus Deutschland, S. 295.
10 *G. v. Le Fort,* Gedichte, S. 29.
11 *W. Bergengruen,* Dies Irae, S. 43.
12 *H. Vormweg,* Deutsche Literatur . . . S. 14f.
13 *Th.W. Adorno,* Jargon der Eigentlichkeit, S. 23f.
14 *W. Borchert,* Das ist unser Manifest, S. 310.
15 ebd., S. 311.
16 Vgl. dazu: *Th.W. Adorno,* Kulturkritik und Gesellschaft, in: Prismen, S. 7–31.
17 Vgl. dazu *K.G. Just,* Von der Gründerzeit bis zur Gegenwart. Geschichte der deutschen Literatur seit 1871, bes. S. 589–613. Just arbeitet bes. die Bedeutung der Apokalypse als Deutungsmuster des Krieges in der deutschen Nachkriegslyrik heraus.
18 *B. Brecht,* Fünf Schwierigkeiten beim Schreiben der Wahrheit, S. 223.
19 ebd., S. 228.
20 *M. Frisch,* Stimmen eines anderen Deutschlands? Zu den Zeugnissen von Wiechert und Bergengruen, S. 297.
21 ebd., S. 300.
22 ebd., S. 308.
23 ebd., S. 304.
24 *H. Vormweg,* Deutsche Literatur . . . S. 15.
25 *R. Schneider,* Apokalypse. Sonette; *ders.,* Die letzten Tage.
26 ebd., S. 12.

27 ebd., S. 15.
28 *R. Hagelstange,* Venezianisches Credo, S. 37.
29 *W. Bergengruen,* Dies Irae . . . S. 29.
30 *W. Bergengruen,* Heile Welt, S. 115f.
31 *H. Haushofer,* Moabiter Sonette, S. 24.
32 *R. Hagelstange,* Die Form als erste Entscheidung, S. 38.
33 *G. Eich,* Latrine, S. 36; *ders.,* Inventur, S. 35.
34 *G. Eich,* Lazarett . . . S. 24f.
35 Vgl. *W. Weyrauchs* Gedicht "Der Deutsche", S. 32 mit *R. Schneiders* "Die Überlebenden", S. 34.
36 *I. Bachmann,* Botschaft, S. 31.
37 Vgl. dazu: *Almanach der Gruppe 47,* hrsg. v. H.W. Richter u. W. Mannzen; *P.K. Kurz,* Die Gruppe 47. Bericht und Kritik, S. 275–298; *H. Lehnert,* Die Gruppe 47. Ihre Anfänge und Gründungsmitglieder, S. 31–62.
38 *W. Jens,* Deutsche Literatur . . . S. 67.
39 ebd., S. 66.
40 *G. Eich,* Mittags um zwei, S. 94; *W. Schnurre,* "Dezember" u. "Tröstung", S. 62 u. 63.
41 *H.W. Richter,* Warum schweigt die junge Generation? . . . S. 31.
42 *R. Schneider,* An einen Priester, dessen Kirche völlig zerstört wurde, S. 8.
43 *P. Huchel,* Bericht des Pfarrers vom Untergang seiner Gemeinde, S. 60f.
44 Vgl. dazu die Analyse von *W. Jens,* Wo die Dunkelheit endet, S. 22–27.

II. DER TRADITIONELLE JESUSROMAN

1 *J. Lepsius,* Das Leben Jesu Bd. I–II; *G. Papini,* Lebensgeschichte Christi; *J. Wittig,* Leben Jesu in Palästina, Schlesien und anderswo Bd. I–II; *W. v. Molo,* Legende vom Herrn; *E. Ludwig,* Der Menschensohn; *E. Schaper,* Leben Jesu; zur weiteren vor und nach 1945 erschienenen Jesusroman-Literatur vgl. vor allem die genannten Beiträge von *Urner, Zähringer, Grenzmann, Schirmbeck* und in Herder Korrespondenz 7, (1952/53) S. 463–468. Zu G. Papini vgl. bes. die deutschsprachige Auswahl aus dem Gesamtwerk: "Zeugnis des Leidens" mit einem einleitenden Essay von Jan Dobraczyński über Leben und Werk von G. Papini, S. 12–99.
2 Vgl. dazu *P.K. Kurz,* Der zeitgenössische Jesus-Roman, S. 175: Die katholische, von Jesuiten betreute Monatszeitschrift "Stimmen der Zeit" (1951/52), S. 230 schrieb zur Neuauflage von Papinis "Lebensgeschichte Christi" 1951, dieses Buch sei "stürmisch ursprünglich und frisch wie am ersten Tag".
3 *L.C. Douglas,* The Big Fisherman; dt: Der große Fischer; *R. Graves,* King Jesus; dt: König Jesus; *S. Ash,* The Nazarene; dt: Der Nazarener.
4 Vgl. dazu Art. *Ben Hur* und *Quo vadis?,* in: Kindlers Literaturlexikon im dtv Bd. IV u. Bd. XVIII, S. 1448f. u. 7956f.
5 Vgl. *W. Karrer u. E. Kreutzer,* Daten der englischen und amerikanischen Literatur von 1890 bis zur Gegenwart, S. 8.
6 *E. Schaper,* Das Leben Jesu. Darin: "Nach zwanzig Jahren. Widerruf und Bekenntnis", S. 255–261.
7 *M. Brod,* Der Meister; *G. Menzel,* Kehr wieder Morgenröte. Vgl. zur weiteren Jesusroman-Literatur vor allem den genannten Aufsatz von *K. Zähringer,* Christus im Roman der Gegenwart, S. 398–408. 478–489.
8 *J. Dobraczyński,* Listy Nikodema; dt: Gib mir deine Sorgen. Die Briefe des Nikodemus. Die Neuauflage erschien 1975 im selben Verlag.
9 *J. Dobraczyński,* Gib mir . . . S. 391.
10 *G. v. Wilpert,* Historischer Roman, in: Sachwörterbuch . . . S. 273 f.
11 Die Angaben entnehme ich: *G. v. Wilpert,* Lexikon der Weltliteratur Bd. I.

12 Mt 27,46.50; Mk 15,34.37.
13 Lk 23,46.
14 Joh 19,30.
15 *J. Dobraczyński*, ebd., S. 343.
16 *E. Ludwig*, Der Menschensohn . . . S. 271.
17 *G. Papini*, Lebensgeschichte Christi . . . S. 454. 456.
18 *E. Renan*, La vie de Jésus (1863); dt: Das Leben Jesu, S. 367.
19 *E. Ludwig*, Der Menschensohn . . . S. 11.
20 *J. Dobraczyński*, ebd., S. 174.
21 *Protevangelium des Jakobus*, in: *E. Hennecke – W. Schneemelcher*, Neutestamentliche Apokryphen Bd. I–II, Bd. I, S. 277–290; Kap. 10–11, S. 284.
22 *J. Dobraczyński*, ebd., S. 178–182.
23 Vgl. Mt 1,18–24.
24 *J. Dobraczyński*, ebd., S. 289.
25 ebd., S. 219.
26 *E. Käsemann*, Jesu letzter Wille nach Johannes 17, S. 29f.
27 *J. Dobraczyński*, ebd., S. 189.
28 ebd., S. 100 u. 154.
29 ebd., S. 159f.
30 ebd., S. 187.
31 ebd., S. 391.
32 ebd., S. 175. 176.
33 ebd., S. 155.
34 Am deutlichsten hat dies *G. Papini* in seinem Vorwort (S. 11) zur "Lebensgeschichte Christi" gemacht: "Kein Leben Jesu könnte schöner und vollendeter sein als die Evangelien, auch nicht, wenn ein größeres Genie, als es bisher eines gegeben hat, es schriebe. Die nüchterne Klarheit der ersten vier Erzähler könnte mit allen Wundern des Stiles und der Kunst nicht übertroffen werden. Es ist nicht viel, was wir zu dem hinzufügen können, was sie schon gesagt haben. Aber wer liest denn heute die Evangelien? Wer verstünde sie denn wirklich zu lesen, wenn er sie auch läse? Die Worterklärungen der Philologen, die Kommentare der Exegeten, die Lesarten der Handschriftenforscher – das alles hilft wenig. Buchstabenfuchserei, Zeitvertreib für geduldige Köpfe. Das Herz braucht etwas anderes."
35 *G. Papini*, Lebensgeschichte Christi . . . S. 27.
36 Ich beziehe mich hier und im folgenden auf Äußerungen von Jan Dobraczýnski selbst anläßlich seines Besuches im Hause von Prof. Dr. Hans Küng in Tübingen im Nov. 1975.
37 Vgl. *R. Bultmann*, Neues Testament und Mythologie, S. 15–48; *ders.*, Jesus Christus und die Mythologie, S. 141–189. Zur Diskussion vgl. vor allem die Sammelbände Kerygma und Mythos Bd. I–VI, hrsg. v. *H.W. Bartsch*.
38 Vgl. dazu vor allem: *D. Bonhoeffer*, Widerstand und Ergebung. Briefe und Aufzeichnungen aus der Haft; *F. Gogarten*, Verhängnis und Hoffnung der Neuzeit. Die Säkularisierung als theologisches Problem. Auf den engen Zusammenhang von Entmythologisierung und Säkularisierung macht zusammenfassend *H. Zahrnt* in: Die Sache mit Gott, S. 227 aufmerksam: "Die radikale und universale Macht des geschichtlichen Denkens ist eine Folge des Säkularisierungsprozesses der Neuzeit. Der Kern des neuzeitlichen Säkularisierungsprozesses liegt, wie wir gesehen haben, darin, daß die Vorstellung von einer jenseitigen göttlichen Überwelt, die von oben her schaffend und sinngebend in die untere diesseitige Welt eingreift, kraftlos wird und vergeht. Fortan existiert der Mensch nicht mehr auf zwei Ebenen, einer unteren und einer oberen, zwischen denen er je nach Situation wechseln kann, sondern nur noch auf *einer* Ebene: auf dem Erdboden dieser Welt. Und eben dies ist auch die Grunderfahrung des geschichtlichen Verstehens. Säkularisierung und Historisierung sind daher im Grunde Wechselbegriffe."
39 *G. Papini*, Vorwort zur "Lebensgeschichte Christi" . . . S. 7.
40 *H. Heine*, Reisebilder, S. 251.
41 *F. Nietzsche*, Der Antichrist (Nr. 29), S. 1190.

42 *H.J. Holtzmann,* Die synoptischen Evangelien. Ihr Ursprung und ihr geschichtlicher Charakter.
43 *J. Weiß,* Die Predigt Jesu vom Reiche Gottes.
44 *W. Wrede,* Das Messiasgeheimnis in den Evangelien.
45 Vgl. zur ganzen Entwicklung der neutestamentlichen Wissenschaft das grundlegende Werk von *W.G. Kümmel,* Das Neue Testament. Geschichte der Erforschung seiner Probleme.
46 *R. Bultmann,* Die Geschichte der synoptischen Tradition.
47 *K.L. Schmidt,* Der Rahmen der Geschichte Jesu; *M. Dibelius,* Die Formgeschichte des Evangeliums.
48 *E. Ludwig,* Der Menschensohn, S. 9. 10. Über die Problematik eines historischen Romans ist sich E. Ludwig im klaren: "Hinzugefügt wird nichts. Die Mischform eines historischen Romans, die Goethe ein Zerrbild des Romans und der Historie nannte, droht bei so kargen Quellen gefährlich; in diesem Fall wäre sie vollends unmoralisch: wer Jesus aus eigener Erfindung sprechen ließe, müßte mindestens an intuitiver Kraft ihm gleichen. Darum ist jedes der hier wiedergegebenen Worte Jesu und jede seiner Taten durch eines der Evangelien bezeugt; nur Blick und Ausdruck, nur die Gedankenbrücken zwischen den Worten, Motive und Gefühlsketten mußten notwendig frei ergänzt werden." (S. 11).
49 ebd., S. 12.
50 *H. Zahrnt,* Gott kann nicht sterben, S. 169f.
51 ebd., S. 172.
52 *F. Dürrenmatt,* Theaterprobleme, S. 126f.
53 Vgl. Art. *Josef Wittig,* in: RGG Bd. VI, S. 1786f.
54 Zum Problem der *Erzählperspektive* im Roman vgl. *W. Jens,* Statt einer Literaturgeschichte, S. 51–80.
55 *H. Küng,* Christ sein, S. 406f.
56 Vgl. zur Problematik *Historie – Fiktion,* diskutiert am Werk von Walter Jens, *H. Kraft,* Das literarische Werk von Walter Jens, bes. den Abschnitt über "Herr Meister", S. 78–91. Grundlegend zur allgemeinen Problematik des historischen Romans die Arbeit von *H.V. Geppert,* Der "andere" historische Roman. Theorie und Struktur einer diskontinuierlichen Gattung.
57 *W. Jens,* Literatur: Möglichkeiten und Grenzen, in: Republ. Reden, S. 65.
58 *H. Böll,* Blick zurück mit Bitterkeit, S. 162.
59 ebd., S. 163.
60 *Fr. Schiller,* Brief an Goethe vom 19. Juli 1799, S. 617.
61 ebd.
62 *Fr. Schiller,* Brief an Goethe vom 26. Dez. 1800, S. 712.
63 *Fr. Schiller,* Brief an Goethe vom 20. Aug. 1799, S. 636.
64 *G.E. Lessing,* Hamburgische Dramaturgie. 19 Stück, S. 196f.
65 *Fr. Hebbel,* Mein Wort über das Drama, S. 7ff.
66 *M. Walser,* Entstehung des Stückes. Verhältnis zur Geschichte, S. 158–160.
67 *G. Büchner,* Brief an die Familie vom 28. Juli 1835, S. 181f.
68 *H. Heine,* Verschiedenartige Geschichtsauffassung, S. 33f.
69 *H. Mayer,* Deutsche Literatur seit Thomas Mann, S. 9. *H.V. Geppert* arbeitet heraus, wie diese "anderen" historischen Romane aus dem Bewußtsein der Nicht-Identität von Historie und Fiktion zu Möglichkeiten der literarischen Erfassung historischer Wirklichkeit kommen. *H.V. Geppert,* Der "andere" historische Roman. Theorie und Struktur einer diskontinuierlichen Gattung.
70 *W. Jens,* Literatur: Möglichkeiten und Grenzen ... S. 64.
71 *R. Hochhuth,* Der Stellvertreter. Ein christliches Trauerspiel.
72 *D. Forte,* Martin Luther u. Thomas Münzer oder die Einführung der Buchhaltung.
73 *M. Walser,* Das Sauspiel. Szenen aus dem 16. Jahrhundert.
74 *G.W. Heinemann,* Geschichtsbewußtsein und Tradition in Deutschland, S. 127–142. Zitat, S. 131. Zur *Bauernkriegsliteratur* vgl. bes. das kürzlich erschienene Buch von *H. Brackert,* Bauernkrieg und Literatur, in dem leider das Stück von D. Forte fehlt. Mit

in diesen Problemkreis gehören auch die beiden Wiedertäufer-Stücke von *Fr. Dürrenmatt,* Es steht geschrieben, S. 9–115 und Die Wiedertäufer, S. 77–183.

75 *W. Jens,* Der tödliche Schlag, S. 57–141; *ders.*, Der Fall Judas.

76 Vgl. die Gestalten des Cäsar (in "Die Verschwörung"), des Odysseus (in "Der tödliche Schlag") und des Judas (in "Der Fall Judas") von Walter Jens.

77 Vgl. bes. *P. Weiss,* Die Ermittlung. Oratorium in 11 Gesängen, das auf den Prozeßakten und der Auschwitz-Prozeß-Berichterstattung von Bernd Naumann in der Frankfurter Allgemeinen Zeitung basiert. Und *H. Kipphardt,* In der Sache J. Robert Oppenheimer, dem Material aus dem Prozeß gegen den Atomphysiker Robert Oppenheimer als Vorlage diente. Weiss beispielsweise reduziert die Zahl von 409 Zeugen, die im Prozeß auftraten, in seinem Stück auf 9, die Zahl der Angeklagten auf 18.

78 *P. Weiss,* Nachbemerkung zu "Die Ermittlung", S. 187; "Hölderlin", S. 183.

79 *R. Hochhuth,* Historische Streiflichter, S. 229–280. Zitat, S. 229.

80 *P. Härtling,* Hölderlin, S. 7 u. 599.

81 *H. Mayer,* Fritz Hölderlin und Friedrich Hölderlin. Peter Härtlings Roman. Ähnlich urteilt *R. Michaelis,* Mein Name sei Hölderlin. Peter Härtling auf den Spuren eines einsamen Dichters.

82 *P. Weiss,* Hölderlin ... S. 180f.

83 *H.V. Geppert,* Der "andere" historische Roman ... S. 265f.

84 *H. Küng,* Christ sein ... S. 408.

85 ebd.

86 *H. Gollwitzer, K. Kuhn, R. Schneider* (Hrsg.), Du hast mich heimgesucht bei Nacht. Abschiedsbriefe und Aufzeichnungen des Widerstands 1933 bis 1945.

87 *H. Böll,* Kunst und Religion, S. 50f.

III. DIE TRADITIONELLE CHRISTLICHE LITERATUR

1 Es ist aufschlußreich, daß Goethe mit diesem Epos den Topos vom Jesus redivivus vorwegnahm, der dann in der Literatur des 19. und 20. Jahrhunderts eine große Rolle spielen sollte (Balzac, Dostojewski, Hauptmann, Rilke, Kretzer). Dieser Topos hat die Aufgabe zu zeigen: a. Die Welt ist bei der Rückkehr Jesu auf die Erde noch immer wie sie war. b. Ja, ihr Zustand ist sogar noch schlimmer, denn nachdem Christus schon einmal dagewesen ist, müßten die Menschen eigentlich wissen, was zu tun ist. Doch die Menschen haben sich nicht an die Lehre Christi gehalten. Der christliche Geist ist erloschen. c. Gerade die Kirchen haben Christus verraten, sie, die sich ständig auf ihn berufen. Sie treiben Mißbrauch mit seinem Namen. d. Christus bleibt ein Fremder in einer christlichen Gesellschaft.

2 Vgl. dazu die Interpretationen von *E. Staiger,* Goethe Bd. I, S. 112–129; *L.W. Kahn,* Literatur und Glaubenskrise, S. 150f.; *T. Ziolkowski,* Fictional Transfigurations of Jesus ... S. 41–47.

3 *F.M. Dostojewski,* Memento vom 24. Dezember 1867, in: Der unbekannte Dostojewski. Hrsg. v. R. Fülöp-Miller u. R. Eckstein, S. 47.

4 *E. Langgässer,* Grenzen und Möglichkeiten christlicher Dichtung, S. 37.

5 *E. v. Kahler,* Das Fortleben des Mythos, S. 210.

6 *W. Jens,* Deutsche Literatur ... S. 25.

7 *F. Trommler,* Der zögernde Nachwuchs ... S. 25.

8 ebd.

9 *W. Ross,* Christliche Elemente in der zeitgenössischen Literatur, S. 331.

10 ebd.

11 Ein sicher nicht repräsentativer, aber dennoch aufschlußreicher Beleg dafür: Zu Weihnachten 1948 veranstaltete die "Neue Zeitung" in ihrer Ausgabe vom 24.12.1948 unter bekannten Schriftstellern, Literaturkritikern, Kulturpolitikern und Journalisten eine Umfrage zum Thema: Gibt es wesentliche Bücher in Deutschland? Bei 14 Befragten wurde

Elisabeth Langgässers Roman mit 6 mal am meisten genannt, vor Hermann Kasacks "Die Stadt hinter dem Strom" (5mal) und Hans Erich Nossacks "Nekyia" (3mal).

12 *G. Bernanos,* Brief vom 6. Januar aus Palma, in: Georges Bernanos in Selbstzeugnissen und Bilddokumenten, dargestellt von A. Béguin, S. 137.

13 *G. Bernanos,* Journal d'un Curé de Campagne; dt. Tagebuch eines Landpfarrers, S. 9.

14 *G. Bernanos,* Brief vom Januar 1935, in: Georges Bernanos in Selbstzeugnissen ... S. 138.

15 *G. Bernanos,* Tagebuch ... S. 48.

16 ebd., S. 12.

17 ebd., S. 307.

18 ebd., S. 367.

19 Vgl. dazu den guten Überblick über die Priesterromane im 20. Jahrhundert von *P.K. Kurz,* in: Kurz, Über moderne Literatur Bd. III, S. 151–173.

20 *G. Greene,* The Power and the Glory; dt: Die Kraft und die Herrlichkeit, S. 20.

21 *G. Greene,* Die Kraft und die Herrlichkeit ... S. 165.

22 *E. Langgässer,* Das Christliche der christlichen Dichtung.

23 *E. Langgässer,* Möglichkeiten christlicher Dichtung heute, in: Das Christliche ... S. 20f.

24 *E. Langgässer,* Das unauslöschliche Siegel.

25 ebd., S. 48.

26 ebd., S. 255.

27 ebd., S. 257.

28 ebd., S. 330.

29 ebd., S. 326f.

30 ebd., S. 529.

31 ebd., S. 540f.

32 ebd., S. 572.

33 ebd., S. 590.

34 Vgl. dazu *H. Weinert,* Dichtung aus dem Glauben. Einführung in die geistige Welt des Renouveau Catholique in der modernen französischen Literatur, bes. S. 115–121. (Lit.!)

35 *E. Langgässer,* Möglichkeiten christlicher Dichtung heute, S. 17f.

36 ebd., S. 247.

37 *D. Sölle,* Zum Dialog zwischen Theologie und Literaturwissenschaft, S. 317.

38 Als erster im katholischen Raum: *H. Küng,* Rechtfertigung. Die Lehre Karl Barths und eine katholische Besinnung.

39 Bahnbrechend hier: *J. Lortz,* Die Reformation in Deutschland Bd. I–II.

40 *G. Bernanos,* Tagebuch ... S. 81f.; vgl. dazu auch *H.U. v. Balthasar,* Bernanos, S. 318ff.

41 *E. Langgässer,* Die christliche Wirklichkeit und ihre dichterische Gestaltung, S. 56.

42 Vgl. dazu die Bonhoeffer-Biographie von *E. Bethge,* Dietrich Bonhoeffer, S. 176f.: "In seinem Interesse für die katholische Welt stieß er auf den Franzosen Georges Bernanos, dessen Erstlingswerke 'Die Sonne Satans' und 'Der Abtrünnige' 1927 und 1929 bei Hegner erschienen waren. Betroffen fand Bonhoeffer hier seine geheimsten Probleme wieder: den Pfarrer und Heiligen als auserwähltes Objekt des Versuchers, den Mann, der die Wechselangriffe der *desperatio* und der *superbia* kaum zu bestehen vermag.... Bonhoeffer blieb diesem Schriftsteller auf der Spur und hat jedes neue Buch von ihm in seine Bibliothek eingereiht. Das "Tagebuch eines Landpfarrers", welches 1936 in deutscher Übersetzung herauskam, haben sich auf Bonhoeffers Hinweis viele Kandidaten des Predigerseminars angeschafft."

43 Vgl. dazu *E. Langgässer,* Die christliche Wirklichkeit und ihre dichterische Darstellung ... S. 60. 61.

44 *Y. Congar,* "Die Kirche" von Hans Küng, S. 161.

45 *H.E. Bahr,* Theologische Untersuchungen der Kunst. Poiesis, S. 179.

46 *G. Bernanos,* Tagebuch ... S. 261.

47 *G. Greene,* Die Kraft und die Herrlichkeit ... S. 79.

48 *E. Langgässer,* Das Christliche der christlichen Dichtung ... S. 90.

49 *G. Bernanos,* Tagebuch ... S. 252.

50 Mehrfach wird der Mestize "Judas" genannt: vgl. S. 74. 102. 142 ("Belohnung").
51 *G. Greene,* Vom Paradox des Christentums, S. 130 u. 39f.
52 *W. Ross,* Das Unbehagen in der christlichen Literatur, S. 112 u. S. 106.
53 *H.W. Richter,* Warum schweigt die junge Generation? ... S. 30.
54 *Th.W. Adorno,* Negative Dialektik, S. 354.
55 *H. Broch,* Randbemerkungen zu Elisabeth Langgässers Roman "Das unauslöschliche Siegel", S. 56–59. Wieder abgedruckt in: H. Broch, Schriften zur Literatur, S. 405–411.
56 ebd., S. 408. 409.
57 ebd., S. 409f.
58 ebd., S. 410.
59 ebd., S. 407.
60 *G. Greene,* Die Kraft und die Herrlichkeit ... S. 54.
61 *W. Ross,* Ist die christliche Literatur zu Ende?, S. 136f.
62 *G. Greene,* Die Kraft und die Herrlichkeit ... S. 121.
63 *G. Bernanos,* Tagebuch ... S. 168.
64 *E. Langgässer,* Die christliche Wirklichkeit ... S. 51; vgl. auch, Grenzen und Möglichkeiten christlicher Dichtung ebd., S. 42.
65 Vgl. dazu das grundlegende Buch von *H. Haag u.a.,* Teufelsglaube, bes. Exkurs II, S. 263–269 u. 273–388.
66 *H.E. Holthusen,* Konversion und Freiheit, S. 154.

I. ÜBERGÄNGE: VON DER KONVENTIONELLEN ZUR MODERNEN CHRISTLICHEN LITERATUR

1 *F. Dürrenmatt,* Pilatus, S. 169–193; *G. v. Le Fort,* Die Frau des Pilatus.
2 *S. Ben Chorin,* Bruder Jesus. Der Nazarener in jüdischer Sicht, S. 211.
3 Vgl. *Philo,* Leg. ad Gaium 38; *Fl. Josephus,* Ant. XVIII, §§ 35. 55–62. 85–89. 177; Bell. Jud. II, §§ 169–177. Dazu die *Artikel Pilatus,* in: Bibellexikon, hrsg. v. H. Haag, S. 1388f. und in: RGG Bd. V, S. 383f.
4 *Eusebius von Caesarea,* Kirchengeschichte, hrsg. v. H. Kraft II, 7: "Wissenswert ist es, daß auch Pilatus, der zur Zeit des Erlösers lebte, nach dem Bericht der Geschichte unter Gaius, dessen Zeiten wir behandeln, von solchem Unglück heimgesucht wurde, daß er in der Not Hand an sich legte und zu seinem eigenen Richter wurde. Nicht lange ließ, wie es sich gehörte, die göttliche Gerechtigkeit ihm gegenüber auf sich warten. So erzählen jene Griechen, welche zugleich mit den Olympiaden eine chronologische Aufzählung der Ereignisse gaben." (S. 125).
Das *apokryphe Material* über das Schicksal des Pilatus ist zahlreich: ein Brief des Pilatus an Claudius (=Tiberius) über Jesu Unschuld, ein zweiter Brief an Tiberius, die Anaphora Pilati, die Vindicta Salvatoris und die auch als Evangelium des Nikodemus bekannten Acta Pilati (vgl. Hennecke-Schneemelcher Bd. I, S. 330–358). Zur *Darstellung des Todes:* In der *Paradosis* (d.h. Auslieferung) des Pilatus erfahren wir, daß Pilatus, vom Kaiser wegen seines gesetzwidrigen Vergehens zum Tode verurteilt, zu Jesus Christus gebetet habe: "Und siehe, als Pilatus sein Gebet beendet hatte, da erscholl eine Stimme vom Himmel: Selig werden dich preisen alle Generationen und Stämme der Völker, weil unter deiner Statthalterschaft all das in Erfüllung ging, was die Propheten von mir geweissagt hatten. Und du selbst wirst als mein Zeuge bei meinem zweiten Kommen erscheinen, wenn ich die zwölf Stämme Israels und die, welche meinen Namen nicht bekannt haben, richten werde. Und der Präfekt schlug Pilatus das Haupt ab, und siehe, ein Engel des Herrn nahm es auf. Als seine Frau Prokla den Engel kommen und das Haupt aufnehmen sah, da erfüllte sie Freude, und sogleich gab sie ihren Geist auf und wurde mit ihrem Manne begraben."
Ganz auf dieser Linie verehrt die koptische Kirche Pilatus bis heute als Heiligen.

"Völlig anders sind die übrigen Darstellungen seines Todes eingestellt: *Mors Pilati, Cura Sanitatis Tiberii, Vindicta Salvatoris.* In allen drei ist Tiberius schwer krank. Er hört von dem wundertätigen Arzt Jesus und erhofft von ihm Heilung. Sein Abgesandter Volusianus muß aber von Pilatus hören, daß Jesus nicht mehr lebt. Er trifft aber Veronika, deren Schweißtuch das Wunder wirkende Bild Jesu trägt, und nimmt sie nach Rom mit. So wird Tiberius geheilt. Seine Strafe trifft nun den Pilatus. Zwar weiß dieser sich in der *Mors Pilati* eine Zeitlang vor dem Zorn des Kaisers zu schützen, indem er den nahtlosen Rock Jesu anzieht. Doch das kommt heraus, und nun zwingt ihn der Kaiser zum Selbstmord. (In der *Vindicta Salvatoris* hat Volusianus ihn bereits in Damaskus einkerkern lassen, in der *Cura Sanitatis Tiberii* wird er in die Verbannung geschickt.) Die Leiche wird in den Tiber geworfen. Dort lockt sie die bösen Geister an, die sich in einer Weise austoben, daß alle Anwohner von Schrecken erfüllt werden. So wird denn die Leiche aus dem Tiber gezogen und in der Rhone versenkt. Aber auch dort wiederholt sich das Toben der bösen Geister, so daß die Bewohner von Vienna, welches als via gehennae (Weg zur Hölle) mit Rücksicht auf Pilatus gedeutet wird, ihn ebenfalls los sein wollen. Er kommt dann in die Gegend von Lausanne und findet, auch von da fortgeschafft, seine Ruhe endlich in einem von Bergen umgebenen Brunnen, also in einem Alpensee bei dem nach ihm benannten Berge. Dort stört das Rumoren der Geister nicht mehr." (Hennecke-Schneemelcher Bd. I, S. 357f.)

5 *A. France,* Le Procurateur de Judée; dt: Der Statthalter von Judäa, in: A. France, Der Statthalter von Judäa. Erzählungen, S. 5–18.

6 *M. Bulgakow,* Master i Margarita; dt: Der Meister und Margarita.

7 In der Rock-Oper *"Jesus Christ Superstar"* findet sich eine interessante Parallele zu G.v. Le Fort, nur daß hier der vorausdeutende Traum auf Pilatus selbst übertragen ist:

"Pilate's Dream
I dreamed I met a Galilean
A most amazing man
He had that look you very rarely find
The haunting hunted kind.

I asked him to say what had happened
How it all began
I asked again – he never said a word
As if he hadn't heard.

And next the room was full of wild and angry men
They seemed to hate this man – they fell on him
and then disappeared again.

Then I saw thousands of millions
Crying for this man
And then I heard them mentioning my name
And leaving me the blame."

(Textbuch zu Jesus Christ Superstar, in: The Original Motion Picture Sound Track Album MAPS 6847-D/1–2).

8 *G. Menzel,* Kehr wieder Morgenröte.

9 Vgl. *M. Frisch,* Die Chinesische Mauer, S. 139–227. Bes. Szene 1 (S. 152–155); Szene 18 (S. 190f.); Szene 23 (S. 215). Vgl. auch die Ausführungen Frischs zur Frage der Bibel-Parodie, Bd. II, 1, S. 224f.

10 Die Briefschreiberin: "Wie Du mir mitteilst, erzählt man sich gegenwärtig immer noch in Gallien, der Prokurator, nachdem er in Verzweiflung von Ort zu Ort geirrt sei, habe durch einen Sturz in den helvetischen Bergen den Tod gesucht und gefunden. Ich brauche diese Legende nicht richtigzustellen, Du weißt, daß sie auf einer Erfindung beruht" (G. v. Le Fort, Die Frau des Pilatus, S. 6.) Die Anspielung "helvetische Berge" bezieht sich auf den in den Apokryphen genannten Alpensee.

11 *G. v. Le Fort,* Die Frau . . . S. 8–11.

12 ebd., S. 24.

13 ebd., S. 46.
14 ebd., S. 12.
15 ebd., S. 15.
16 ebd., S. 18.
17 ebd., S. 41.
18 *A. France,* Der Statthalter von Judäa ... S. 18.
19 *F. Dürrenmatt,* Pilatus ... S. 171.
20 ebd., S. 172.
21 ebd., S. 173.
22 ebd., S. 174.
23 ebd.
24 ebd.
25 ebd., S. 175.
26 ebd., S. 177f.
27 ebd., S. 183f.
28 ebd., S. 179.
29 ebd., S. 192.
30 ebd., S. 184f.
31 ebd., S. 190f.
32 ebd., S. 193.
33 *J. Bark,* Dürrenmatts "Pilatus" und das Etikett des christlichen Dichters, S. 68.
34 *D. Sayers,* The Man Born to Be King; dt: Zum König geboren.
35 *S. Andres,* Der Reporter Gottes. Eine Hörfolge in 10 Kapiteln. *M.L. Kaschnitz,* Der Zöllner Matthäus, S. 7–33.
36 *H. Böll,* Mönch und Räuber und die Spurlosen, S. 7–31 u. 117–148.
37 *G. Eich,* Festianus, Märtyrer, S. 524–563. Zum Hörspiel bei G. Eich vgl. den Sammelband "Über Günter Eich", hrsg. v. S. Müller-Hanpft: die Beiträge von *H. Schwitzke, H. Piontek* und *W. Jens.*
38 Zur *Hörspiel-Dramaturgie* allgemein immer noch grundlegend die Arbeit von *H. Schwitzke,* Das Hörspiel, Dramaturgie und Geschichte. Ferner: *E.K. Fischer,* Das Hörspiel. Form und Funktion; *J.M. Kamps,* Aspekte des Hörspiels, S. 480–501; *H. Heißenbüttel,* Hörspielpraxis und Hörspielhypothese, S. 224–230; *B. Dedner,* Das Höspiel der fünfziger Jahre und die Entwicklung des Sprechspiels seit 1965, S. 128–147; *Chr. Hörburger,* Das Hörspiel der Weimarer Republik. Versuch einer kritischen Analyse.
39 *G. Eich,* Träume, S. 88.
40 *H. Heißenbüttel,* Hörspielpraxis ... S. 225f.
41 Vgl. dazu bes. die Beiträge von *H. Heißenbüttel* und *B. Dedner.*
42 *B. Dedner,* Das Hörspiel ... S. 138.
43 ebd., S. 139.
44 *D. Sayers,* Zum König geboren, Einführender Text.
45 ebd.
46 Im 9. Spiel "Das Abendmahl des Herrn", das D. Sayers den "Brennpunkt der ganzen Spielfolge" (S. 204) nennt, heißt es: "Jesus: Mehr noch als gewöhnlich muß er das Ganze tragen. Fast durch das ganze Spiel ist er der 'sanfte' Jesus bis auf einen kurzen Augenblick am Schluß." (S. 208).
47 *D. Sayers,* Zum König geboren, Einführender Text.
48 *D. Sayers,* The greatest drama ever staged; dt: Das größte Drama aller Zeiten. Aus dem Englischen übersetzt und mit einem Geleitwort versehen von Karl Barth.
49 *D. Sayers,* Das größte Drama ... S. 9. 18. 17.
50 Vgl. z.B. die Szene auf dem See von Galiläa zwischen den Jüngern: "Wasser rauscht, die Ruder schlagen in den Dollen, der Wind heult.
SIMON: Kräftiger pullen, Jungens, wir kriegen dickes Wetter. Seht bloß diese schwarzen Wolken, die über den Mond wegrasen!
JOHANNES: Hm. Wird eine scheußliche Nacht. Ich hoffe nur, der Meister hat sich in Sicherheit gebracht.

JUDAS: Das hoffe ich auch. Und ich hoffe nur, daß – lassen wir's.
ANDREAS: Was meinst du, Judas?
JUDAS: Ich dachte nur – wollte er die Leute loswerden – oder uns? Vielleicht rufen sie ihn gerade zum König aus!
SIMON: Ohne uns? Das würde er uns nie antun. Wenn überhaupt Kronen fällig sind, dann sind wir dabei." (S. 120).

51 Vgl. die späteren Hörspiele von *M.L. Kaschnitz,* Gespräche im All.
52 *M.L. Kaschnitz,* Der Zöllner ... S. 11. 12: Ein Stück aus der Komplet der römischen Liturgie "Dann fürchtest du nicht den Schrecken der Nacht ... " wird hier eingeschoben. Vgl. zum biographischen Hintergrund des Stücks: *H. Bienek,* Werkstattgespräch mit M.L. Kaschnitz, S. 53f.
53 Mt 9,9–13; Mk 2,13–17; Lk 5,27–32.
54 *M.L. Kaschnitz,* Der Zöllner ... S. 26.
55 ebd., S. 15.
56 ebd., S. 30.
57 ebd., S. 31.
58 ebd.
59 ebd., S. 32.
60 ebd., S. 12f.
61 ebd., S. 15.
62 ebd., S. 16.
63 ebd., S. 23. 22. 12.
64 ebd., S. 23.
65 ebd., S. 26.
66 ebd., S. 27–29.
67 *S. Andres,* Der Reporter ... S. 14f.
68 ebd., S. 105.
69 ebd., S. 182f.
70 ebd., S. 47f.
71 Entsprechend dem Titel des Buches von *A. Holl,* Jesus in schlechter Gesellschaft.
72 *S. Andres,* Der Reporter ... S. 89.
73 Vgl. ebd., S. 66–68.
74 ebd., S. 79f.
75 ebd., S. 82.
76 ebd., S. 78.
77 ebd., S. 77.
78 ebd., S. 220: Wörtlich so! Auch die Übersetzung: "Erbarme dich unser!" Demnach muß das Griechische wohl richtig heißen: Eleison hämas!
79 ebd., S. 219f.
80 *H. Böll,* Mönch und Räuber ... S. 12.
81 ebd., S. 14.
82 ebd.
83 ebd., S. 20.
84 ebd., S. 29.
85 ebd.
86 ebd., S. 31.
87 Vgl. Jo 8,11.
88 *H. Böll,* Die Spurlosen ... S. 137. 138.
89 ebd., S. 131.
90 ebd., S. 146.
91 ebd.
92 *W. Jens,* Nachwort zu Günter Eichs "Die Mädchen aus Viterbo", S. 123.
93 *G. Eich,* Festianus, Märtyrer .. , S. 524.
94 ebd., S. 525. 527. 530.
95 ebd., S. 540.

96 ebd.
97 ebd.
98 ebd., S. 538.
99 ebd., S. 539.
100 ebd., S. 555.
101 ebd., S. 554.
102 ebd., S. 555.
103 ebd., S. 563.
104 ebd., S. 557.
105 ebd., S. 558.
106 ebd.

II. THEMENKREISE

1 *M. Frisch,* Nun singen sie wieder. Versuch eines Requiems, S. 79–137. Zur *Frisch-Deutung* vgl. bes. die Sammelbände: Über Max Frisch, hrsg. v. Th. Beckermann u. Über Max Frisch II, hrsg. v. W. Schmitz.
2 Vgl. dazu: *M. Frisch,* Verdammen oder verzeihen?, S. 292–296.
3 ebd., S. 293f.
4 ebd.
5 *M. Frisch,* Nun singen sie wieder . . . S. 99.
6 ebd., S. 94.
7 ebd., S. 84. 85.
8 ebd., S. 94.
9 *J. Schröder,* Spiel mit dem Lebenslauf, S. 62. Schröder arbeitet die Funktion der Christus-Figur im Werk von Max Frisch umfassend heraus.
10 *M. Frisch,* Nun singen sie wieder . . . S. 136.
11 *M. Frisch,* Verdammen oder verzeihen? . . . S. 295.
12 *M. Frisch,* Nun singen sie wieder . . . S. 94.
13 *M. Frisch,* Kultur als Alibi (1949), S. 341.
14 Vgl. die Aufsätze: *M. Frisch,* Über Zeitereignis und Dichtung, S. 285–289 und Der Autor und das Theater. Rede auf der Frankfurter Dramaturgentagung, S. 339–354.
15 *M. Frisch,* Der Autor und das Theater . . . S. 345.
16 *M. Frisch,* Andorra. Stück in zwölf Bildern (1957/61), S. 461–571.
17 *M. Frisch,* Tagebuch 1946–1949, S. 374.
18 Vgl. dazu: *J. Kopperschmidt,* Gott ist tot, S. 67–108.
19 *M. Frisch,* Andorra . . . S. 501.
20 Vgl. dazu: *M. Frisch,* Notizen zu den Proben (als Anhang zum Stück veröffentlicht). Zum "Pfahl" vgl. bes. S. 566f.
21 *M. Frisch,* Tagebuch 1946–1949 . . . S. 374.
22 Diesen Begriff entnehme ich: *W. Jens,* Deutsche Literatur der Gegenwart . . . S. 114, der das Erdenken des objektiven Korrelats als für die modernen Autoren charakteristisch ansieht.
23 *M. Frisch,* Notizen . . . S. 567.
24 *M. Frisch,* Andorra . . . S. 509.
25 *J. Kopperschmidt,* Gott ist tot . . . S. 96.
26 *M. Frisch,* Andorra . . . S. 560.
27 ebd., S. 465.
28 ebd., S. 558.
29 *W. Borchert,* Jesus macht nicht mehr mit, S. 178–181.
30 ebd., S. 179.
31 ebd., S. 181.

31a Vgl. dazu etwa die Polemik gegen den sanften Jesus in Borcherts "Manifest" (S. 311f.).
32 ebd.
33 *H. Böll,* Entfernung von der Truppe, S. 199–261.
34 ebd., S. 200.
35 ebd.
36 ebd., S. 214.
37 ebd., S. 202.
38 ebd., S. 214.
39 ebd., S. 215.
40 ebd., S. 221.
41 ebd., S. 202.
42 ebd., S. 260. 249.
43 *M. Reich-Ranicki,* Heinrich Böll, Entfernung von der Truppe, in: Literatur der kleinen Schritte . . . , S. 75–79. Zitat, S. 77.
44 *W. Emrich,* Selbstkritisches Erzählen: 'Entfernung von der Truppe', in: In Sachen Böll . . . hrsg. v. M. Reich-Ranicki, S..222–228. Zitat, S. 226f.
45 *H. Böll,* Entfernung . . . S. 204f.
46 ebd., S. 209.
47 ebd., S. 230.
48 ebd., S. 205. 207.
49 *K. Jeziorkowski,* Heinrich Böll. Die Syntax des Humanen, in: Zeitkritische Romane . . ., hrsg. v. H. Wagener, S. 301–317. Zitat, S. 311.
50 *H. Böll,* Entfernung . . . S. 219.
51 So *M. Reich-Ranicki* in seinem Böll-Artikel, in: Deutsche Dichter der Gegenwart. Ihr Leben und Werk, hrsg. v. B. v. Wiese, S. 326–340. Zitat, S. 336.
52 *K. Jeziorkowski,* Heinrich Böll . . . S. 314.
53 *W.J. Schwarz,* Heinrich Böll, in: Christliche Dichter im 20. Jahrhundert. Beiträge zur europäischen Literatur, hrsg. v. F. Friedmann u. O. Mann, S. 432–441. Zitat, S. 434.
54 *A. Andersch,* Die Kirschen der Freiheit. Ein Bericht, S. 23.
55 ebd.
56 ebd., S. 37.
57 ebd.
58 ebd., S. 46.
59 ebd., S. 103.
60 ebd., S. 104.
61 ebd., S. 113. 114.
62 ebd., S. 126.
63 ebd., S. 18.
64 ebd., S. 125.
65 *H. Arendt,* Der christliche Papst. Bemerkungen zum "Geistlichen Tagebuch" Johannes XXIII., S. 362–372.
66 *M.L. Kaschnitz,* Tage, Tage, Jahre. Aufzeichnungen, S. 240.
67 So verteidigte etwa selbst ein jüdischer Religionswissenschaftler wie *Pinchas Lapide* Pius XII. gegen Angriffe von Hochhuth. Und der amerikanische Germanist *Peter Demetz* schrieb: "Ärgerlich, daß die unvereinbaren Neigungen des Mysterienspiels und des historischen Dramas mit Hochhuths divergierenden moralischen und historischen Argumenten zusammenfallen, die einander eher neutralisieren als steigern. Sein Vorwurf der Gefühlskälte, den er gegen den Papst erhebt, vermochte selbst von den glühendsten Verehrern Pius' XII. nicht ganz widerlegt werden, sein historisches Argument aber, der Protest des Papstes wäre politisch von hoher Wirksamkeit gewesen und hätte das Leben vieler Menschen gerettet, scheint mir eine rückwärts gerichtete Prophetie zu artikulieren, die unter anderem voraussetzt, Hitlers Reich wäre ein monolithisches System einheitlicher und berechenbarer Reaktionen gewesen." Aus: P. Demetz, Die süße Anarchie. Skizzen zur deutschen Literatur seit 1945, S. 170.
68 *R. Hochhuth,* Der Stellvertreter. Ein christliches Trauerspiel, S. 177.

69 *G. Weiss,* Rolf Hochhuth, in: Deutsche Dichter der Gegenwart. Ihr Leben und Werk, S. 619–631. Zitat, S. 625.
70 *R. Hochhuth,* Der Stellvertreter ... S. 16.
71 ebd., S. 216.
72 ebd., S. 215.
73 ebd., S. 198f.
74 ebd., S. 199f.
75 ebd., S. 193.
76 ebd., S. 194.
77 *M. Reich-Ranicki,* Rolf Hochhuth und die Gemütlichkeit, in seinem Band: Wer schreibt, provoziert, S. 93–96. Zitat, S. 95.
78 *R. Hochhuth,* Der Stellvertreter ... S. 178f.
79 *R. Baumgart,* Unmenschlichkeit beschreiben, in seinem Band: Literatur für Zeitgenossen. Essays, S. 12–36. Zitat, S. 26f.
80 ebd., S. 17.
81 *H. Mayer,* Deutsche Literatur seit Thomas Mann ... S. 82.
82 *A. Seghers,* Das siebte Kreuz.
83 *H. Mayer,* Deutsche Literatur ... S. 82.
84 *F.J. Raddatz,* Der ambivalente Sozialismus. Anna Seghers, in seinem Band: Traditionen und Tendenzen. Materialien zur Literatur der DDR, Bd. I, S. 227.
85 *M. Reich-Ranicki,* Die kommunistische Erzählerin Anna Seghers, in seinem Band: Deutsche Literatur in West und Ost, S. 354–385. Zitat, S. 366.
86 Vgl. dazu den *Briefwechsel zwischen Anna Seghers und Georg Lukács,* Bd. II, S. 110–138.
87 *M. Reich-Ranicki,* Die kommunistische Erzählerin ... S. 369.
88 ebd., S. 369f.
89 *E. Haas,* Ideologie und Mythos. Studien zur Erzählstruktur und Sprache im Werk von Anna Seghers, S. 229.
90 ebd., S. 234.
91 ebd., S. 36.
92 ebd., S. 52.
93 *A. Seghers,* Das Siebte Kreuz ... S. 61.
94 ebd., S. 208.
95 ebd., S. 283.
96 ebd., S. 243.
97 ebd., S. 150.
98 ebd., S. 17f.
99 ebd., S. 7.
100 *M. Reich-Ranicki,* Die kommunistische Erzählerin ... S. 372.
101 *G. Kuckhoff,* Die künstlerische Gestaltung der illegalen Arbeit in Deutschland, S. 1162–1164. Zitat, S. 1162.
102 *M. Reich-Ranicki,* Die kommunistische Erzählerin ... S. 370.
103 *F.J. Raddatz,* Der ambivalente Sozialismus ... S. 226.
104 *A. Seghers,* Das Siebte Kreuz ... S. 57f.
105 *M. Reich-Ranicki,* Die kommunistische Erzählerin ... S. 371.
106 *E. Haas,* Ideologie und Mythos ... S. 234f.
107 ebd., S. 178.
108 *A. Seghers,* Die Hochzeit von Haiti, S. 5–60. Zitat, S. 34f.
109 *E. Haas,* Ideologie und Mythos ... S. 237.
110 *F.J. Raddatz,* Der ambivalente Sozialismus ... S. 226.
111 ebd., S. 229.
112 ebd., S. 224, 228f.
113 *G. Lukács,* Skizze einer Geschichte der neueren deutschen Literatur, S. 220f.
114 *A. Seghers,* Das Siebte Kreuz ... S. 288.
115 *B. Brecht,* Die Essays von Georg Lukács, S. 87f. Zitat, S. 87; *ders.,* Über den formalistischen Charakter der Realismustheorie, S. 89–94.

116 *A. Seghers*, Brief vom 28. Juni 1938 an Georg Lukács, S. 112.
117 *H.M. Enzensberger*, Aussicht auf Amortisation, in seinem Band: Gedichte 1955–1970, S. 17.
118 *H.M. Enzensberger*, Konjunktur, in: Gedichte . . . S. 16.
119 *P. Demetz*, Die süße Anarchie, S. 58.
120 *G. Eich*, Träume, in: Fünfzehn Hörspiele, S. 53.
121 *G. Eich*, Träume . . . S. 61.
122 *H. Böll*, Nachwort zu Carl Amery "Die Kapitulation", in seinem Sammelband: Aufsätze – Kritiken – Reden, Bd. I, S. 122–125. Zitat, S. 125.
123 *J.T. Keller*, Ein Neujahrsbrief, in: Ich schneide die Zeit aus. Expressionismus und Politik in Franz Pfemferts "Aktion" 1911–1918, hrsg. v. P. Raabe, S. 311.
124 *K. Weissenberger*, Leonard Frank zwischen sozialem Aktivismus und persönlicher Identitätssuche, in: Zeitkritische Romane des 20. Jahrhunderts. Die Gesellschaft in der Kritik der deutschen Literatur, hrsg. v. H. Wagener, S. 54–75. Zitat, S. 61. (Lit.!)
125 *L. Frank*, Die Räuberbande, S. 224.
126 *L. Frank*, Die Jünger Jesu, S. 18.
127 ebd., S. 115f.
128 *K. Weissenberger*, Leonard Frank . . . , S. 57.
129 ebd., S. 96f.
130 ebd., S. 48f.
131 *K. Weissenberger*, Leonard Frank . . . S. 71.
132 *L. Frank*, Die Jünger . . . S. 158f.
133 Vgl. die Antwort von *H. Böll*, in: Wer ist Jesus von Nazaret – für mich? 100 zeitgenössische Zeugnisse, hrsg. v. H. Spaemann, S. 39f. Zitat, S. 39.
134 *H. Böll*, Blick zurück mit Bitterkeit.
135 *H. Böll*, in: Wer ist Jesus von Nazaret – für mich? . . . S. 39. 40.
136 *H. Böll*, Und sagte kein einziges Wort, S. 19.
137 ebd., S. 70.
138 ebd., S. 20.
139 ebd., S. 61.
139a ebd., S. 20.
140 ebd., S. 26.
141 ebd., S. 73.
142 ebd., S. 32.
143 ebd., S. 19.
144 ebd., S. 19f.
145 ebd., S. 20.
146 ebd., S. 23.
147 ebd., S. 41.
148 ebd., S. 73.
149 ebd., S. 138.
150 ebd., S. 123.
151 ebd., S. 56.
152 ebd., S. 125.
153 *M. Durzak*, Kritik und Affirmation. Die Romane Heinrich Bölls, in seinem Band: Der deutsche Roman der Gegenwart, S. 19–127. Zitat, S. 47; *G. Kranz*, Gibt es "Christliche Dichtung"? S. 299–307.
154 Vgl. *G. Kranz*, Gibt es . . . S. 304.
155 *Erkenntnisweg:* zunächst Käte. Als sie ihre Kinder auf der Straße sieht, erkennt sie ihre Armut (20): ein Gefühl des Hasses steigt in ihr hoch (40).
Dies wird nachvollzogen von Fred (50): auch er sieht seine Kinder auf der Straße, sieht, wie arm sie sind! Auch ihm steigt ein Gefühl des Hasses hoch.
Stationen: Der Weg: Kirche der Sieben-Schmerzen-Mariä – Priester – Imbißstube mit dem Mädchen und dem Irren ("Frühstück", "Kaffee") wird von Fred vorausgegangen, nachvollzogen von Käte.

156 *H. Böll,* Und sagte ... S. 96ff. u. 114f.
157 Zur Enzyklika "Humanae vitae" vgl. *H. Böll,* Taceat Ecclesia. Kritische Anmerkungen zur päpstlichen Enzyklika "Humanae vitae" (1968), in seinem Sammelband: Schwierigkeiten mit der Brüderlichkeit. Politische Schriften, S. 18–21. Zu Willy Brandt mit Blick auf eine deutsche Herrenmoral im gleichen Band "Über Willy Brandt", S. 88–94.
158 Vgl. *H. Böll,* Taceat ... S. 18f. u. "Über Willy Brandt" ... S. 88.
159 ebd., S. 18f. Dem Motiv der Höflichkeit begegneten wir schon in "Entfernung von der Truppe". Es klingt wiederum im Israel-Essay Bölls an: Shalom. Ein Essay.
160 *H. Böll, Ch. Linder,* Drei Tage im März, S. 71f.
161 *H. Böll,* Und sagte ... S. 145.
162 *H. Böll,* Das tägliche Brot der Bomben oder Law and Order (1972), in: Schwierigkeiten .. S. 101–104. Zitat, S. 103.
163 *M. Reich-Ranicki,* Wahrheit, weil Dichtung.
164 *W. Koeppen,* Jugend. Zur Jesus-Stelle vgl. S. 140f.
165 *W. Koeppen,* Das Treibhaus, S. 26.
166 Vgl. zur *Gesamtdeutung* des Werkes von W. Koeppen: *D. Erlach,* Wolfgang Koeppen als zeitkritischer Erzähler; *M. Koch,* Wolfgang Koeppen. Literatur zwischen Nonkonformismus und Resignation; Wichtige Aufsätze zur Geschichte der Koeppen-Forschung sind gesammelt in: *Über Wolfgang Koeppen,* hrsg. v. U. Greiner, bes. die Beiträge von *K. Korn, A. Andersch, W. Jens, H. Heißenbüttel, M. Reich-Ranicki, R. Döhl, W. Rasch.*
167 *W. Koeppen,* Das Treibhaus, S. 168.
168 *W. Jens,* Totentanz in Rom, in: Über Wolfgang Koeppen, S. 80–82. Zitat, S. 80.
169 *W. Koeppen,* Der Tod in Rom, S. 7.
170 ebd., S. 11.
171 ebd., S. 15. 16.
172 *W. Jens,* Melancholie und Moral. Wolfgang Koeppen, in seinem Band: Von deutscher Rede, S. 132–140. Zitat, S. 135.
173 *W. Koeppen,* Der Tod ... S. 78f.
174 ebd., S. 79.
175 ebd., S. 55.
176 ebd., S. 39.
177 ebd., S. 40.
178 ebd., S. 77.
179 ebd., S. 71.
180 ebd., S. 158f.
181 ebd., S. 93.
182 ebd., S. 110.
183 ebd., S. 112.
184 ebd., S. 115.
185 ebd., S. 119f.
186 ebd., S. 123.
187 ebd., S. 149.
188 ebd., S. 132.
189 ebd., S. 158.
190 ebd., S. 109.
191 ebd., S. 95.
192 ebd., S. 160.
193 ebd., S. 149.
194 *W. Jens,* Totentanz in Rom ... S. 80.
195 *W. Koeppen,* Der Tod ... S. 16.
196 *A. Andersch,* Choreographie des politischen Augenblicks, in: Über Wolfgang Koeppen, S. 72–79. Vgl. S. 74.
197 *W. Koeppen,* Der Tod ... S. 130f.
198 Vgl. *W. Koeppen,* Das Treibhaus ... S. 19.
199 *P. Demetz,* Sie süße Anarchie ... S. 219.

200 *W. Koeppen,* Der Tod . . . S. 131.
201 ebd., S. 191.
202 ebd., S. 193.
203 *W. Koeppen,* Büchner–Preis–Rede, S. 118.
204 *H. Bienek,* Werkstattgespräch mit Wolfgang Koeppen, in seinem Band: Werkstattgespräche mit Schriftstellern, S. 55–67. Zitat, S. 66. Auch abgedruckt in: Über Wolfgang Koeppen . . . S. 247–256. Zitat dort, S. 255.
205 *W. Koeppen,* Sein Geschöpf.
206 Einen Überblick auch über einige neueste Autoren gibt: *J. Imbach,* Kirchenkritik in der Gegenwartsliteratur, S. 5–16. Imbach geht vor allem auf I. Silone, H. Böll, P. Weiss, G. Morselli, B. Moore, M. Pomillo ein.
207 *K. Marti,* Moderne Literatur, in: K. Marti – K. Lüthi – K. v. Fischer, Moderne Literatur, Malerei und Musik, S. 13–165. Zitat, S. 35.
208 ebd.
209 *H.M. Enzensberger,* Gedichte . . . S. 10. 23–28. 37–45.
210 *P. Weiss,* Die Verfolgung und Ermordung Jean Paul Marats dargestellt durch die Schauspieltruppe des Hospizes zu Charenton unter der Leitung des Herrn de Sade, S. 40f.
211 *P. Handke,* Wunschloses Unglück, S. 51. 53.
212 *G. Eich,* Man bittet zu läuten, in: Fünfzehn Hörspiele . . . S. 564–599. "Intermezzo", S. 581–588.
213 *H.F. Schafroth,* Günter Eich, S. 104.
214 *W. Hildesheimer,* Monolog, S. 121–155; bes. S. 130–133.
215 ebd., S. 131.
216 ebd.
217 ebd., S. 133.
218 *F. Cavelli-Adorno,* Über die religiöse Sprache. Kritische Erfahrungen.
219 *H. Halbfas,* Fundamentalkatechetik. Sprache und Erfahrung im Religionsunterricht, S. 81.
220 *P. Handke,* Wunschloses Unglück . . . S. 51. 52.
221 *P. Handke,* Lebensbeschreibung, S. 99f. Zur *theologischen Auseinandersetzung* mit Handke vgl. bes. *P.K. Kurz,* Peter Handke: Sprach-Exerzitien als Gegenspiel, in seinem Sammelband: Über moderne Litertatur IV, S. 9–52; *Die Kirche in der Sicht von Peter Handke,* in: Die integrierte Gemeinde. Christliche Existenz in einer säkularen Welt. Beiträge zur Reform der Kirche, S. 443–464.
Wichtige Beiträge zur Handke-Forschung sind gesammelt in: *Über Peter Handke,* hrsg. v. M. Scharang.
222 *A. Juhre,* Anzeigen, in: Stimmen vor Tag . . . S. 93f.
223 *K. Marti,* Gedichte am Rande, S. 58. Weitere theologische Lyrik enthalten seine Bände: Leichenreden; Gedichte. Alfabeete & Cymbalklang. Zur *Deutung* der *theologischen Lyrik Martis* vgl. bes. *P.K. Kurz,* Literatur als Sprache und Ideologiekritik: Kurt Marti, in: Über moderne Literatur IV, S. 250–258; *ders.,* Die Wahrheit liegt hart an der Grenze. Neue christliche Lyrik der Männer, S. 110–113 u. 131–133; *J. Imbach,* Kurt Martis prophetischer Protest.
224 *P.K. Kurz,* Literatur als Sprache und Ideologiekritik . . . S. 121.
225 Hier wären etwa *Ernesto Cardenals* "Salmos" (1967) zu nennen. Dt: Lateinamerikanische Psalmen, in seinem Band: Das Buch von der Liebe. Lateinamerikanische Psalmen (Taschenbuch-Ausgabe Hamburg 1972), S. 105–140.
226 *D. Sölle,* Meditationen und Gebrauchstexte; *dies.,* Die revolutionäre Geduld.
W. Willms, Der geerdete Himmel. Wiederbelebungsversuche; *ders.,* Aus der Luft gegriffen. Bausteine zu Gottesdiensten mit Kindern und Familien.
K. Wolff, Ohne wenn und aber. Lesetexte. Sehtexte. Hörtexte.
E. Zeller, Sage und schreibe. Gedichte; *dies.,* Fliehkraft. Gedichte.
G. Fussenegger, Widerstand gegen Wetterhähne. Lyrische Kürzel und andere Texte.
Zu den Arbeiten von *D. Sölle* und *W. Willms* vgl. *P.K. Kurz,* Der geerdete Himmel, in seinem Sammelband: Die Neuentdeckung des Poetischen. Zwischen Entfremdung und

Utopie, S. 139–147. Neben der genannten Literaturübersicht zur neuen religiösen Lyrik der Männer schrieb P.K. Kurz auch eine Literaturübersicht zur neuen Lyrik der Frauen, die auf die angegebenen Bände von *E. Zeller u. G. Fussenegger eingeht: P.K. Kurz,* Geheiligt werde dein zugefrorener Name. Neue religiöse Lyrik der Frauen, S. 15–19.

227 *D. Sölle,* Meditationen ... S. 29.

228 *D. Sölle,* Kirche außerhalb der Kirche, in ihrem Sammelband: Die Wahrheit ist konkret, S. 117–129. Zitat, S. 120.

229 *P.K. Kurz,* Der geerdete Himmel ... S. 140.

230 *W. Willms,* Der geerdete Himmel ... Nr. 2. 6.

231 *H. Böll, D. Sölle, L.U. Böhmer,* Politische Meditationen zu Glück und Vergeblichkeit.

232 *H.-E. Bahr,* Vorwort des Herausgebers zu: Politische Meditationen ... S. 5.

233 *H. Böll,* Dunkel ist deine Stätte unter dem Rasen. Eine Meditation zum Totensonntag, in: Politische Meditationen ... S. 70f.

234 *D. Sölle,* Die Vögel unter dem Himmel, in: Politische Meditationen ... S. 78. 77f.

235 *H.-E. Bahr,* Kältestrom und Wärmestrom bei der Vermittlung des Christlichen. Exemplifiziert am Fernsehen, in: Gottesdienst und Öffentlichkeit, S. 197–216. Zitat, S. 211.

236 *D. Sölle,* Die Vögel unter dem Himmel ... S. 103.

237 ebd., S. 123.

238 ebd., S. 128.

239 *K. Marti,* Der ungebetene Hochzeitsgast, in: Deutsche Lyrik. Gedichte seit 1945 ... S. 196.

240 *M.L. Kaschnitz,* Ewige Stadt, S. 37–40.

241 *G. Fussenegger,* Römische Impressionen, in: Widerstand ... S. 73–75.

242 *G. Herburger,* Die Wohnung, in seinem Band: Eine gleichmäßige Landschaft. Erzählungen, S. 199–223; dort bes. S. 222f.; *ders.,* Training Jesu, in: Training. Gedichte, S. 50–53; *ders.,* Birne in der Kirche, in: Birne kann alles. 26 Abenteuergeschichten für Kinder, S. 94–99; *ders.,* Kongs Kinder, in: Die Eroberung der Zitadelle, S. 9–44; *ders.,* Thorwald ach! Thorwald; Böse Nacht im Maulbeerbaum; Ostern, in: Operette, S. 35. 50f. 89–101; *ders.,* Hauptlehrer Hofer, in: Hauptlehrer Hofer / Ein Fall von Pfingsten, S. 7–57; *ders.,* Jesus in Osaka (Neuwied-Berlin 1970).

243 *G. Herburger,* Jesus ... S. 291.

244 ebd.

245 *H. Karasek,* Ein anderes 1984. Günter Herburger begibt sich auf das Feld der Zukunft.

246 *R. Baumgart,* Nützliche Kopfschmerzen (zu G. Herburgers "Jesus in Osaka"). Zu weiteren Besprechungen des Romans vgl. *P.K. Kurz,* Ein Pop-Jesus oder: Osaka statt Oberammergau. Günter Herburgers demokratischer Jedermann, in: Über moderne Literatur, Bd. III, S. 189–198; *A. Krättli,* "Jesus in Osaka"; *W. Ignée,* Ein Golgatha auf der Teck.

247 *G. Herburger,* Jesus ... S. 56.

248 ebd., S. 263.

249 ebd., S. 145.

250 ebd., S. 276f.

251 ebd., S. 278.

252 ebd., S. 185.

253 ebd.

254 ebd., S. 189.

255 ebd., S. 172.

256 ebd., S. 262.

257 ebd., S. 183.

258 ebd., S. 173.

259 ebd., S. 191.

260 *G. Herburger,* Training Jesu ... S. 51.

261 *G. Herburger,* Birne kann alles ... S. 8.

262 *G. Herburger,* Birne in der Kirche ... S. 96.

263 ebd.

264 ebd., S. 98.

265 ebd.
266 ebd., S. 99.
267 *G. Herburger,* Kongs Kinder . . . S. 11.
268 ebd., S. 14.
269 ebd.
270 ebd., S. 18.
271 ebd.
272 ebd.
273 ebd., S. 19.
274 ebd., S. 21.
275 ebd., S. 30.
276 ebd., S. 43.
277 ebd., S. 11.
278 ebd., S. 12.
279 Vgl. *F. Nietzsche,* Also sprach Zarathustra, in: Werke Bd. II, S. 348–351.
280 *G. Herburger,* Jesus . . . S. 249.
281 ebd., S. 247.
282 ebd., S. 269.
283 ebd., S. 248.
284 ebd., S. 178.
285 *M. Reich-Ranicki,* Der grüne Hermann. Günter Herburgers "Die Messe", in seinem Sammelband: Lauter Verrisse, S. 93–97.
286 *G. Herburger,* Jesus . . . S. 28f.
287 ebd., S. 232.
288 ebd., S. 218.
289 Zur paulinischen Kreuzestheologie vgl. zusammenfassend *H. Küng,* Christ sein, bes. Kap. C V,3: Das letztlich Unterscheidende.
290 *E. Käsemann,* "Jesus Christus befreit und eint". Meditationen zum Thema der Fünften Vollversammlung, S. 129–142. Zitat, S. 137. 136.
291 Alle Zitate: *G. Grass,* Die Blechtrommel, S. 112.
292 ebd., S. 115.
293 ebd., S. 296.
294 ebd., S. 114.
295 Vgl. ebd., S. 113 und das Kapitel "Glaube, Hoffnung, Liebe."
296 *M. Reich-Ranicki,* Von dem Grass un synen Fruen.
297 Gespräch mit Günter Grass, S. 7, in: Günter Grass (Text und Kritik).
298 Ähnlich negativ zu Jesus äußert sich: *A. Schmid,* in *K.H. Deschner* (Hrsg.), Was halten Sie vom Christentum? S. 64ff.
299 *M. Frisch,* Tagebuch 1946–1949, S. 513.
300 *J. Bobrowski,* Fortgeführte Überlegungen, S. 64.
301 *M.L. Kaschnitz,* Das heilige Experiment, in: Engelsbrücke. Römische Betrachtungen, S. 43–45, Zitat, S. 44.
302 *M.L. Kaschnitz,* Das heilige Experiment . . . ebd.
303 ebd.
304 ebd., S. 44f.
305 *F. Hochwälder,* Das Heilige Experiment. Schauspiel in fünf Akten, S. 379–428.
306 ebd., S. 381.
307 ebd., S. 396.
308 ebd., S. 411.
309 ebd.
310 ebd., S. 416.
311 ebd., S. 421.
312 ebd., S. 387.
313 ebd., S. 428.
314 *F. Dürrenmatt,* Zusammenhänge, S. 16–18.

315 *W. Jens,* Das Mittelalter ist zurückgekehrt.
316 *W. Jens,* Traktat vom Frieden, von der Gewalt und der Revolution, in: Politik ohne Gewalt? Beispiele von Gandhi bis Câmara, hrsg. v. H.J. Schultz, S. 148–164. Zitat, S. 162.
317 *W. Jens,* Herr Meister. Dialog über einen Roman.
318 *G. Just,* Walter Jens, S. 52.
319 *W. Jens,* Herr Meister ... S. 13.
320 ebd., S. 14.
321 ebd., S. 17.
322 Vgl. dazu vor allem die von *G. Just* hrsg. *Einführung* in das Werk von Walter Jens mit Beiträgen von *W. Weber, R. Lalou, H.-J. Baden, M. Reich-Ranicki, H. Mayer* und einem bio-bibliographischen Abriß. Ferner: *J. Kolbe,* Walter Jens, in: Deutsche Literatur seit 1945 in Einzeldarstellungen, hrsg. v. D. Weber, S. 181–201; *W. Welzig,* Der deutsche Roman im 20. Jahrhundert, bes. S. 93f.; *M. Durzak,* Der deutsche Roman der Gegenwart, bes. S. 294–316; *H. Kraft,* Das literarische Werk von Walter Jens. (Lit.!)
Erwähnung finden die Jesus-Stellen von "Herr Meister" bei *H. Schroer,* Moderne deutsche Literatur in Predigt und Religionsunterricht, S. 155–157. Die Frage nach der Darstellungstechnik allerdings bleibt hier leider ausgespart, deshalb bekommt Schroer mit seiner Kritik die eigentlichen Intentionen des "Romans" gar nicht in den Blick! Die Kritik wird zum theologischen Vorurteil: "Man kann als Theologe mehrfach etwas den Kopf schütteln, wie einzelne Bibelnotizen in den versprengten Angaben zu Motiven geworden sind, und sicher ist auch Jesu Einordnung in eine Art alexandrinischen Synkretismus der Melancholie sowohl bemerkenswert wie notwendig, kritisiert zu werden." (S. 157)
323 *W. Jens,* Herr Meister ... S. 56.
324 ebd., S. 40.
325 ebd., S. 47.
326 ebd., S. 58.
327 ebd.
328 ebd., S. 37.
329 ebd., S. 88.
330 *W. Jens,* Der Fall Judas.
331 *W. Jens,* Am Anfang der Stall – am Ende der Galgen: Jesus von Nazaret; *ders.,* (Hrsg.), Der barmherzige Samariter; *ders.,* Republikanische Reden.
332 *E. Bloch,* Das Prinzip Hoffnung Bd. III (Frankfurt/M. 1959), S. 1482.
333 *W. Jens,* Das Evangelium als moralischer Traktat. Ein Gespräch, S. 95–98.
334 ebd.
335 ebd.
336 *W. Jens,* Einleitung, in: Der barmherzige Samariter ... S. 9.
337 ebd., S. 16.
338 *W. Jens,* Die Götter sind sterblich, S. 121.
339 *W. Jens,* Fernsehen – Themen und Tabus. Bes.: Galater 6,7 (S. 29–31); Warten auf Naphta (S. 53f.); Zwei Katholiken (S. 88f.); Billys zehn Gebote (S. 100–103); Theologie will gelernt sein (S. 137f.).
340 *W. Jens,* Alter Mann im trauten Heim.
341 *W. Jens,* Einleitung ... S. 17.
342 "Defregger ist der Fall der Funktionärskirche, die aufgehört hat, *ecclesia sub cruce* zu sein", so Jens in: Fernsehen ... S. 89. Zu "Spellman" siehe *Jens,* Einleitung ... S. 17.
343 Zu Johannes XXIII. siehe *Jens,* Fernsehen ... S. 86.
344 *W. Jens,* Einleitung ... S. 17.
345 *W. Jens,* Das Evangelium als moralischer Traktat ... S. 96.
346 ebd.
347 Besonders wichtig zur Auseinandersetzung mit Religion und Christentum sind folgende Werke von *E. Bloch,* Geist der Utopie; Thomas Münzer als Theologe der Revolution; Das Prinzip Hoffnung; Atheismus im Christentum.
Walter Jens berichtet von einer Begegnung mit E. Bloch 1959 in Leipzig in: "Die Götter sind sterblich".

348 *W. Jens,* Das Evangelium als moralischer Traktat . . . S. 98.
349 Bemerkenswert, daß die Übersetzung dieses Verses in der Mattäus-Übersetzung noch eher konventionell war. Die starke theologisch-politische Akzentsetzung kommt erst im "Traktat".
350 *W. Jens,* Traktat vom Frieden, von der Gewalt und der Revolution . . . S. 163f.
351 ebd., S. 149.
352 ebd., S. 157.
353 ebd., S. 160f.
354 *W. Jens,* Die Evangelisten als Schriftsteller, S. 30.
355 ebd.
356 ebd., S. 33f.
357 ebd., S. 36.
358 ebd., S. 39.
359 ebd., S. 40.
360 *W. Jens,* Das Mittelalter ist zurückgekehrt.
361 *W. Jens,* Der Fall Judas . . . S. 95.
362 ebd., S. 5.
363 *W. Jens,* Die Götter sind sterblich . . . S. 141.
364 ebd., S. 141f.
365 Diese Aufreihung der Argumente entspricht der Argumentation des Glaubensanwalts im "Fall Judas" (vgl. dort S. 76).
366 *W. Jens,* Der Fall Judas . . . S. 8.
367 ebd., S. 9.
368 ebd., S. 90.
369 ebd., S. 14.
370 ebd., S. 91.
371 ebd., S. 90f.
372 ebd., S. 16.
373 ebd., S. 15.
374 ebd., S. 48.
375 ebd., S. 62f.
376 ebd., S. 60.
377 ebd., S. 59f.
378 *W. Jens,* Die christliche Predigt. Manipulation oder Verkündigung? S. 26.
379 *W. Jens,* Der Fall Judas . . . S. 95.
380 ebd., S. 87.
381 ebd., S. 87f.
382 ebd., S. 83.
383 ebd., S. 93.
384 *W. Jens,* Literatur: Möglichkeiten und Grenzen . . . S. 59–75.
385 ebd., S. 66.
386 ebd., S. 65.
387 ebd., S. 66f.

III. FIGUREN

1 *H. Böll,* Taceat Ecclesia . . . S. 18.
2 *G. Fussenegger,* Anruf, in: Widerstand . . . S. 81.
3 *M. Buber,* Zwei Glaubensweisen.
4 *S. Ben-Chorin,* Bruder Jesus. Der Nazarener in jüdischer Sicht, S. 101.
5 *P. Lapide,* Ist das nicht Josefs Sohn? Jesus im heutigen Judentum, S. 18.
6 *H. Hesse,* Jesus und die Armen, in: Die Gedichte Bd. II, S. 587. In diesem Kontext – mit deutlich sozialkritischer Spitze – wären auch die 1922/23 entstandenen Weihnachtsgedichte von *B. Brecht* zu nennen (vgl. GW, Bd. 8, S. 122–125). Vgl. dazu: *D. Sölle,*

Bertolt Brechts Weihnachtsgedichte ... Zum *Jesusbild* B. Brechts vgl. neuerdings: *H. Pabst,* Brecht und die Religion, S. 159–167.

7 *K. Marti,* Jesus – der Bruder, S. 273; auch abgedruckt in seinem Band: Grenzverkehr, S. 74–91.

8 ebd.

9 Die beste Übersicht zur *Jesus-People-Bewegung* gibt: *H.J. Geppert,* Wir Gotteskinder. Die Jesus-People-Bewegung u. *W. v. Lojewski* (Hrsg.), Jesus People oder die Religion der Kinder. Weitere Literatur: *R. Ortega* (Ed.), The Jesus People Speak out; *G. Adler,* Die Jesusbewegung. Aufbruch der enttäuschten Jugend; *W. Kroll* (Hrsg.), Jesus-Generation auch in Europa?; *Jesus People Report.* Kritische Analysen in: *Time* vom 25. Okt. 1971 und ebenfalls als Titelgeschichte "Jesus im Schaugeschäft", in: DER SPIEGEL vom 14. Febr. 1972; *H. Küng,* Der Christus der Schwärmer, in: Christ sein ... S. 125–130.

10 *M.L. Kaschnitz,* Ich vergesse so viel, S. 81.

11 *M.L. Kaschnitz,* Das alte Thema, S. 101–104.

12 *Th.W. Adorno,* Negative Dialektik ... S. 354.

13 Vgl. die Gedichte für Theodor W. Adorno zum 60. Geburtstag in dem Gedichtband "Ein Wort weiter", S. 19–23. Zum Tode Adornos schrieb M.L. Kaschnitz das Gedicht:
"Es braucht ihn keiner
Ins Grab zu stoßen
In diesem Sommer
Er war schon lange traurig
Fiel", in: Kein Zauberspruch ... S. 56.

14 Ein ähnliches Motiv, das das Kreuz Jesu von den Schächern her spiegelt, findet sich bei *W. Hildesheimer,* Tynset, S. 117.

15 *E. Eggimann,* Jesus-Texte, S. 21.

16 Zur Pop- und Underground-Szene in theologischer und literarischer Sicht vgl. den Überblick von *P.K. Kurz,* Jesus als Pop-Jesus im Underground, in: Über moderne Literatur Bd. III, S. 198–201 u.: Beat-Pop-Underground, ebd., S. 233–279.

17 *R.-U. Kaiser,* Underground? Pop? Nein! Gegenkultur! Eine Buchcollage, S. 224.

18 *J. Reding,* Krippenrede für die 70er Jahre, S. 64f.

19 Vgl. *J. Schober,* My Sweet Lord. Die Jesuswelle in der Popmusik, in: *W. v. Lojewski* (Hrsg.), Jesus People ... S. 120–125.

20 *E. Eggimann,* Apokrypher Mythos aus dem beginnenden Wassermannzeitalter, in: Jesus-Texte ... S. 71–80. Zitat, S. 80.

21 In "Hair" heißt es über Jesus: "Mein Haar, wie Jesus es trug. Halleluja; ich habe es gern ... Maria liebte ihren Sohn, warum liebt mich meine Mutter nicht?"

22 *W. Donner,* Die Tempel-Kassen klingeln. Medien auf der Jesuswelle, in: *W. v. Lojewski* (Hrsg.), Jesus People ... S. 90–93. Zitat, S. 92.

23 *H. Heine,* Deutschland. Ein Wintermärchen, S. 421–490. Zitat, S. 424.

24 *H. Küng,* Christ sein ... S. 130.

25 *H. Heine,* Zur Geschichte der Religion und Philosophie in Deutschland, S. 98f.

26 *A. Holz,* Buch der Zeit, S. 14.

27 *H. Barbusse,* Jésus (1927); dt.: Jesus (Leipzig–Wien 1928). Einen Überblick geben die Kap. "The Christian Socialist Jesus" und "Comrade Jesus" bei *Th. Ziolkowski,* Fictional Transfigurations of Jesus ... S. 55–97 u. 182–224 (mit ausführlichen Interpretationen zu: The True History of Joshua Davidson; A Singular Life; B. Pérez Galdós; A. Fogazzaro, H. Kampf; J. Steinbeck; I. Silone; G. Greene).

28 Vgl. *K. Kautsky,* Ursprung des Christentums; *R. Eisler,* Jesous basileus ou basileusas Bd. I–II. In jüngster Zeit erschienen die Problematik knapp zusammenfassend: *O. Cullmann,* Jesus und die Revolutionären seiner Zeit u. *M. Hengel,* War Jesus Revolutionär?

29 *C. Eykman,* Die Christus-Gestalt in der expressionistischen Dichtung ... S. 410.

30 *C.Einstein,* Die schlimme Botschaft, S. 353–419. Zitat, S. 408.

31 *E. Kästner,* Dem Revolutionär Jesus zum Geburtstag, S. 207f.

32 *H. Kesten,* Erich Kästner. Einleitung zu: Gesammelte Schriften Bd. I ... S. 5–31. Zitat, S. 8.

33 *E. Kästner,* Büchner-Preis-Rede, S. 43–56. Zitat, S. 45.
34 *O. Köhler,* Wenn ... ein Ostergedicht.
35 Für viele sozialengagierte Christen wurde damals der kolumbianische Priester *Camilo Torres* zum Vorbild, der aus christlichen Motiven den gleichen Weg in Kolumbien ging wie Che Guevara in Bolivien. Vgl. dazu den Reportageroman v. *W. Hornmann,* Der Guerillapriester.
36 Vgl. etwa die mit mariologischen Metaphern durchsetzte "Hymne auf Rosa Luxemburg" v. *J.R. Becher,* in: Menschheitsdämmerung. Ein Dokument des Expressionismus, S. 285–287.
37 *P. Schneider,* Lenz. Eine Erzählung, S. 77.
38 *P. Weiss,* Telegramm an die kubanische Zeitung Granma, abgedruckt auf der Rückseite zur Che-Biographie: Ernesto Che Guevara, Hasta la victoria siempre!
39 *P. Weiss,* Che Guevara! S. 82.
40 *V. Canaris,* Interview mit Peter Weiss, in: Der andere Hölderlin. Materialien zum 'Hölderlin'-Stück von Peter Weiss, hrsg. v. Th. Beckermann u. V. Canaris, S. 142–148. Zitat, S. 148.
41 Der Bezug Empedokles – Christus bei Hölderlin selbst stellen heraus: *E. Staiger,* Der Opfertod von Hölderlins Empedokles, S. 1–20; vgl. auch am gleichen Ort den Diskussionsbericht von *W. Binder,* S. 185ff.; ebenso: *M. Kommerell,* Hölderlins Empedokles-Dichtungen, in seinem Band: Geist und Buchstabe der Dichtung, S. 348–355.
42 *P. Weiss,* Hölderlin, S. 115.
43 ebd., S. 117.
44 ebd., S. 123.
45 ebd., S. 122
46 ebd., S. 137. Den Bezug Empedokles-Che Guevara-Christus arbeitet von hierher auch heraus: *P. Michelsen,* Peter Weiss, in: Deutsche Dichter der Gegenwart. Ihr Leben und Werk, hrsg. v. B. v. Wiese, S. 292–325; bes. S. 319–321. Zu Weiss' Drama "Trotzki im Exil" schreibt *O.F. Best,* Peter Weiss. Vom existentialistischen Drama zum marxistischen Welttheater, S. 185: "Peter Weiss' Trotzki ist ein 'theologisierter' Trotzki, eine Legendenfigur – der Erlöser."
47 *P. Weiss,* Hölderlin ... S. 125.
48 ebd., S. 132.
49 ebd., S. 131.
50 ebd.
51 ebd., S. 126.
52 ebd., S. 131.
53 *R. Baumgart,* Ein linkes Heldenlied – ein roter Schimmel, in: Der andere Hölderlin ... S. 161–170. Zitat, S. 165.
54 ebd., S. 166.
55 *M. Karnick,* Peter Weiss und der Hölderlin-Turm, in: Der andere Hölderlin ... S. 247–280. Zitat, S. 265.
56 *P. Weiss,* Hölderlin ... S. 113.
57 ebd., S. 135.
58 ebd.
59 Vgl. dazu *H. Küng,* Christ sein ... Kap. C I,2: Revolution?
60 *K.L. Berghahn,* "Wenn ich so singend fiele ... ". Dichter und Revolutionär, gestern und heute, Hölderlin und Weiss, in: Der andere Hölderlin ... S. 171–190. Zitat, S. 183–184.
61 *A. Andersch,* JESUSKINGDUTSCHKE, in seinem Band: Mein Verschwinden in Providence, S. 64–77.
62 ebd., S. 68.
63 ebd., S. 69.
64 ebd., S. 70.
65 ebd., S. 77.
66 ebd.
67 *R. Kunze,* Die wunderbaren Jahre, S. 64.

68 Vgl. dazu die Rezensionen von: *H. Böll,* Reiner Kunzes Prosa; *H. Mayer,* Aus dem Alltag der Lüge.
69 *R. Kunze,* Die wunderbaren Jahre ... S. 38.
70 ebd., S. 76.
71 Vgl. dazu: Mk 3,21; Mt 9,24; Lk 23,11.
72 Einen Überblick über die christliche Narrentradition gibt: *H.U. v. Balthasar,* Herrlichkeit, S. 492–551 ("Narrentum und Herrlichkeit"). Ebenso: H. Petzold, Zur Frömmigkeit der heiligen Narren. Neuerdings vor allem auch über den biblischen Befund referierend: *A. Smitmans,* Der Narr Jesus.
73 *A. Schweitzer,* Die psychiatrische Beurteilung Jesu: Darstellung und Kritik.
74 Vgl. das Kap. "The Christomaniacs" bei *Th. Ziolkowski,* S. 98–141 (mit ausführlichen Interpretationen zu G. Hauptmann; R. Michel; N. Kazantzakis).
75 *G. Heym,* Der Dieb, S. 72–97.
76 *E. Eggimann,* Apokrypher Mythos ... S. 78.
77 *H. Kipphardt,* Leben des schizophrenen Dichters Alexander M.
78 *H. Kipphardt,* Leben ... S. 10.
79 ebd., S. 7.
80 ebd., S. 24.
81 ebd., S. 28.
82 ebd., S. 52.
83 ebd., S. 54.
84 ebd., S. 59.
85 ebd., S. 48.
86 ebd., S. 76.
87 ebd., S. 78.
88 *M. Frisch,* Tagebuch 1946–1949, S. 351–359.
89 *D. Forte,* Martin Luther ... S. 50. 52. 58.
90 *E Zeller,* Karnevalsgag, S. 74; vgl. im gleichen Band auch das Gedicht "Ich lobe den Tag vor dem Abend", S. 81; ebenso *E. Eggimann,* Jesus-Texte ... S. 35f.
91 *F. Dürrenmatt,* Es steht geschrieben, S. 9–115; *ders.,* Der Wiedertäufer, S. 77–169. Zur *Gesamtdeutung Dürrenmatts* vgl. *H. Bänziger,* Frisch und Dürrenmatt; *E. Brock-Sulzer,* Friedrich Dürrenmatt; *J. Knopf,* Friedrich Dürrenmatt; *G.P. Knapp* (Hrsg.), Friedrich Dürrenmatt. Zur *Komödie und Komödientheorie* vgl. bes. *U. Profitlich,* Friedrich Dürrenmatt. Komödienbegriff und Komödienstruktur. Zur neueren *theologischen Deutung* von Dürrenmatts Werk vgl. bes. *D. Krywalski,* Säkularisiertes Mysterienspiel? S. 344–356; *H.J. Baden,* Theologie der Komödie. Dürrenmatt und das Christentum, in seinem Band: Theologie und Poesie, S. 5–32; *P.K. Kurz,* Der Narr und der Zweifel. Zu einem Aspekt im Werk von Friedrich Dürrenmatt, in seinem Band: Über moderne Literatur III, S. 49–73; *ders.,* Wölfe und Lämmer. Friedrich Dürrenmatts Dramaturgie der Politik, im selben Band S. 73–88; *M. Züfle,* Friedrich Dürrenmatt, in seinem Bändchen: Mensch gesucht ... S. 27–32.
92 *F. Dürrenmatt,* Die Wiedertäufer ... S. 119f.
93 Der Narrenbegriff wird auch auf andere Figuren in Dürrenmatts Stücken angewandt. Hier geht es aber präzise um den Narren um Christi willen.
94 *F. Dürrenmatt,* Die Wiedertäufer ... S. 118.
95 ebd., S. 126.
96 ebd., S. 168.
97 ebd., S. 169.
98 ebd., S. 171–183.
99 ebd., S. 165.
100 ebd., S. 167.
101 Dürrenmatt nimmt dazu Stellung im "Anhang"; vgl. auch Dürrenmatts "Gespräch mit H.L. Arnold", S. 67f.
102 *F. Dürrenmatt,* Theaterprobleme, in seinem Sammelband: Theater-Schriften und Reden, S. 92–131. Zitat, S. 118.

103 ebd., S. 119.
104 ebd., S. 120.
105 ebd., S. 120f.
106 ebd., S. 122.
107 ebd.
108 *F. Dürrenmatt,* Anhang ... S. 179.
109 ebd., S. 181.
110 ebd., S. 182.
111 Vgl. *E. Brock-Sulzer,* Friedrich Dürrenmatt ... S. 28–30.
112 Vgl. *H.J. Baden,* Theologie der Komödie ... S. 11. Ein interessantes Beispiel einer modernen christlichen Komödie als Jesus-"Komödie" liegt seit neustem im Tschechischen vor mit: *J. Kopeckýs,* Komödie von Leben und Lehre, von Passion und glorreicher Auferstehung unseres Herrn und Heilandes Jesus Christus; vgl. dazu und zu anderen Jesus-Adaptionen bei jungen nichtdeutschen Autoren und Gruppen wie J. Jewtuschenko, Teatr 77 (Krakau), Once al Sur (Argentinien), Vasilis Ziogas den Literaturbericht v. *P. Kurath,* Die Passion im Oppositionstheater, S. 50–53.
113 *H.J. Baden,* Theologie der Komödie ... S. 9.
114 ebd., S. 10f.
115 Dürrenmatt erklärt in seinen "21 Punkten zu den Physikern": "Im Paradoxen erscheint die Wirklichkeit" und "Wer den Paradoxen gegenübersteht, setzt sich der Wirklichkeit aus", in: Theater-Schriften und Reden ... S. 193f. Zur Deutung Jesu als Held und Harlekin sowie christlicher Existenz als närrischer Existenz vgl.: *H. Sierig,* Heros, Hiob, Harlekin, in seinem Band: Narren und Totentänzer, S. 313–319.
116 *P.K. Kurz,* Der Narr und der Zweifel ... S. 51.
117 Vgl. *F. Dürrenmatt,* Die Wiedertäufer ... S. 96: Gespräch Knipperdollincks mit dem Bischof, S. 100f.: Die Täufer lassen einen Mathematiker hinrichten, weil er behauptete, die Lehrsätze des Pythagoras seien ebenso wahr wie die Bibel. H. Bänziger spricht hier zu Recht von einer Kritik an den "Irrwegen einer Buchreligion" (Dürrenmatt und Frisch ... S. 134f.).
118 *C. Zuckmayer,* Als wär's ein Stück von mir, S. 289.
119 *J. Knopf,* Friedrich Dürrenmatt ... S. 20.
120 ebd., S. 18.
121 Vgl. dazu die Brecht-Dürrenmattsche-Kontroverse: *B. Brecht,* Kann die heutige Welt durch Theater wiedergegeben werden, S. 929–931. Brecht geht hier in einem schriftlichen Diskussionsbeitrag zum 5. Darmstädter Gespräch 1955 "Über das Theater" auf die Dürrenmattsche Frage ein, ob Theater die heutige Welt überhaupt noch wiedergeben könne und beantwortet diese Frage für sich so: "Die heutige Welt ist den heutigen Menschen nur beschreibbar, wenn sie als eine veränderbare Welt beschrieben wird". (S. 929).
122 *J. Knopf,* Friedrich Dürrenmatt ... S. 21.
123 *K.-H. Bloching,* Texte über Gott, S. 97.
124 *H. Cox,* The Feast of Fools. A Theological Essay on Festivity and Fantasy; dt: Das Fest der Narren, S. 181.
125 *H. Cox,* The Seduction of the Spirit. The Use and Misuse of People's Religion; dt: Verführung des Geistes, S. 329.
126 *J. van Hoddis,* Jesuslied, in: Stimmen vor Tag ... S. 59.
127 Vgl. dazu die Interpretation v. *H.U. v. Balthasar,* Herrlichkeit Bd. III, 1, S. 548–551. Zur Gesamtdeutung des Aspekts Christentum und Komödie mit bes. Berücksichtigung der Clowns-Figur vgl. den sehr informativen Sammelband: *M.C. Hyers* (Ed.), Holy Laughter, bes. die Beiträge v. *W.M. Zucker,* The Clown as the Lord of Disorder (S. 75–88) u. *S.H. Miller,* The Clown in Contemporary Art (S. 89–102).
128 *H. Böll,* Ansichten eines Clowns. Zur Deutung Jesu von der Clowns-Figur her vgl. auch das Gedicht v. *K. Marti,* credo und pierrot-le-suisse, in seinem Band: Gedichte, Alphabeete & Cymbalklang, S. 28f. Eine Konfrontation Jesu mit pikardischen Helden auch in den Arbeiten v. *G. Grass,* Die Blechtrommel u. Katz und Maus. Vgl. dazu die ausführlichen Interpretationen v. Th. Ziolkowski, Fictional Transfigurations ... S. 238–250.

129 *H. Böll,* Ansichten ... S. 246.
130 Vgl. *G. Blöcker,* Der letzte Mensch, in: Der Schriftsteller Heinrich Böll. Ein biographisch-bibliographischer Abriß, neu hrsg. u. ergänzt v. *W. Lengning,* S. 72–75; *M. Schädlich,* Satire und Barmherzigkeit in Heinrich Bölls Roman "Ansichten eines Clowns", in: Zeichen der Zeit 18 (1964), S. 363–371; *M. Reich-Ranicki,* Heinrich Bölls "Ansichten eines Clowns", in seinem Band: Literatur der kleinen Schritte. Deutsche Schriftsteller heute, S. 14–21; *M. Durzak,* Der deutsche Roman der Gegenwart, S. 73–85.
131 *R.H. Thomas u. W. van der Will,* The German Novel and the Affluent Society (1968); dt: Der deutsche Roman und die Wohlstandsgesellschaft, S. 57–79.
132 P.K. Kurz, Heinrich Böll: Nicht versöhnt, in seinem Band: Über moderne Literatur III, S. 11–48.
133 *G. Blöcker,* Der letzte Mensch ... S. 75.
134 Rö 15,21.
135 *H. Böll,* Ansichten ... S. 72.
136 ebd., S. 196.
137 *P.K. Kurz,* Heinrich Böll ... S. 31.
138 *L. Kolakowski,* Der Narr und der Priester. Das theologische Erbe in der heutigen Philosophie, in seinem Band: Der Mensch ohne Alternative, S. 256–286. Zitat, S. 282f. 283.
139 *R.H. Thomas u. W. van der Will,* Der deutsche Roman ... S. 70.
140 ebd., S. 71.
141 *J.B. Metz,* Zukunft aus dem Gedächtnis des Leidens, S. 401.
142 *H. Cox,* Verführung des Geistes ... S. 318. 319.
143 *H.M. Enzensberger,* Poesie und Politik (1962), in seinem Band: Einzelheiten Bd. II, S. 136.

IV. KNOTENPUNKTE

1 *F. Dürrenmatt,* Weihnacht, in: Die Stadt, S. 11.
2 *W. Borchert,* Drei dunkle Könige, in: Das Gesamtwerk, S. 185–187; *H. Böll,* So ward Abend und Morgen, in seinem Band: Als der Krieg ausbrach, S. 95–103.
3 Weihnachten als Bedrohung eingefahrener Gewohnheiten bei einem SA-Mann während des Dritten Reiches schildert: *J. Bobrowski,* Unordnung bei Klapat, in: Der Mahner, S. 39–45. Weihnachten als Freiheitserfahrung schildert *R. Kunze* in seinem Buch: Die wunderbaren Jahre, S. 51.
4 *M.L. Kaschnitz,* Dezembernacht, in: Dein Schweigen – meine Stimme, S. 58.
5 *W. Schnurre,* Anbetung, in: Kassiber ... S. 111–113.
6 *P. Huchel,* Dezember 1942, in seinem Band: Chausseen, Chausseen, S. 64.
7 *W. Jens,* Deutsche Literatur ... S. 92.
8 ebd., S. 90.
9 Vgl. dazu *H. Küng,* Christ sein Kap. C VI, 3: Geboren aus der Frau.
10 *I. Aichinger,* Die größere Hoffnung.
11 ebd., S. 108.
12 *H.-M. Gerresheim,* Ilse Aichinger, in: Deutsche Dichter der Gegenwart ... S. 481–496. Zitat, S. 487.
13 *I. Aichinger,* Die größere Hoffnung ... S. 126.
14 *Kreuzesablehnung* auch bei *R.M. Rilke,* Der Brief des jungen Arbeiters, Bd. III, S. 565–581. Kreuzeskritik ist ein Topos außerchristlicher Christentumskritik seit dem Altertum vom Platoniker Celsus angefangen und dem Juden Tryphon bis hin zu J.W. Goethe. Einen Überblick über die heidnischen und jüdischen Urteile über Christus gibt: *W. Bauer,* Das Leben Jesu im Zeitalter der neutestamentlichen Apokryphen.
15 *E. Langgässer,* Saisonbeginn, in ihrem Band: Erzählungen, S. 320–323. Zitat, S. 323.
16 Die Parabel "Bericht über Hattington" steht ursprünglich im Roman "Herr Meister" von Walter Jens (S. 20–23). Später arbeitete Jens diese Parabel zu einem Libretto um und

veröffentlichte dies unter dem Titel "Der Ausbruch", wobei der kirchenkritische, schuldhafte Aspekt in der Rolle des Priesters (Szene 13) noch stärker hervortritt.

17 *E. Hemingway*, Heute ist Freitag, in: Sämtliche Erzählungen (Hamburg 1966), S. 291–295. Zitat, S. 293–u.ö.

18 Vgl. *J. Imbach*, Religiöse Interpretation von Literatur.

19 Ebenfalls aus jüdischer Sicht eine Polemik gegen das Kreuz bei *F. Andermann*, Das große Gesicht; vgl. dazu die Besprechung v. *P.K. Kurz*, Jesus war ein Widerstandskämpfer oder: Wider den Christus der Christen. Zu Frank Andermanns "Das große Gesicht", in: Über moderne Literatur III, S. 182–189. Zur Deutung eines "Judenkindes" als "Jesuskind" vgl. die Erzählung v. *F. Hoffmann*, Das Jesuskind von Ostrovice, in: *S. Berg*, In den Sand geschrieben, S. 122f.

20 *P. Celan*, Todesfuge, Bd. I, S. 39–42.

21 *N. Sachs*, In den Wohnungen des Todes, in ihrem Band: Fahrt ins Staublose, S. 5–68.

22 *H. Domin*, Offener Brief an Nelly Sachs. Zur Frage der Exildichtung, in ihrem Band: Von der Natur nicht vorgesehen, S. 136–142. Zitat, S. 136.

23 ebd.

24 *H. Domin*, Ecce Homo, in ihrem Band: Ich will Dich, S. 19.

25 *H. Meller*, Hilde Domin, in: Deutsche Dichter der Gegenwart ... S. 354–368. Zitat, S. 363.

26 *W. Jens*, Vollkommenheit im Einfachen.

27 Vgl. dazu eine Parallelstelle bei H. Domin, die das Hiersein als Brudersein bestimmt, als Ganz-für-den-Anderen-Dasein in dem Gedicht "Abel steh auf" im gleichen Band, S. 28, das versucht, die Geschichte von Kain und Abel rückgängig zu machen: "Ich bin dein Hüter / Bruder".

28 *H. Domin*, Offener Brief ... S. 137f.

29 *E. Meister*, Doppelgesicht, in: Deutsche Lyrik. Gedichte seit 1945 ... S. 202f. Im gleichen Band wichtig auch das Gedicht "Toter Christus" von Ernst Meister, S. 206f.

30 *H. Domin*, Wozu Lyrik heute, S. 22.

31 *H. Domin*, R.A. Bauer interviewt Hilde Domin 1972 in Heidelberg, in: Von der Natur nicht vorgesehen ... S. 130.

32 ebd., S. 129.

33 *H. Domin*, Wozu Lyrik heute ... S. 22.

34 ebd., S. 23.

35 ebd. Auch in anderen Gedichten von Hilde Domin tauchen christliche Motive auf. So in einem anderen Passionsgedicht "Beklemmung" aus dem Band: Hier. Oder in einem Weihnachtsgedicht "Banges Neujahr" aus dem Band: Nur eine Rose als Stütze, S. 65.

36 *P. Kersten*, Die Metaphorik in der Lyrik von Nelly Sachs.

37 *N. Sachs*, Landschaft aus Schreien, in: Fahrt ins Staublose, S. 221–223.

38 Vgl. zur Sprache von Nelly Sachs: *H.M. Enzensberger*, Nachwort zu Nelly Sachs, S. 83–92.

39 *G. Bezzel-Dischner*, Poetik des modernen Gedichts, S. 46; vgl. auch *dies.*, Die Lyrik von Nelly Sachs und ihr Bezug zur Bibel, zur Kabbala und zum Chassidismus, S. 25–40.

40 Vgl. dazu: *P. Kersten*, der in seiner Arbeit dem Fisch-Symbol einen großen Abschnitt widmet: "Die semantische Polyvalenz eines Motivs (Das Fisch-Motiv und sein Assoziationsfeld)", S. 325–358.

41 *O. Lagercrantz*, Versuch über die Lyrik der Nelly Sachs, S. 26.

42 *N. Sachs*, Daniel, Daniel, in: Fahrt ins Staublose ... S. 96f. Zitat, S. 97.

43 Gegen *W. Weber*, "... Um Gott her ist schrecklicher Glanz". Bemerkungen zur Dichtung der Nelly Sachs, S. 52–57.

44 *N. Sachs*, Wer weiss ..., in: Fahrt ins Staublose ... S. 169f. Zitat, S. 169.

45 *N. Sachs*, Immer noch Mitternacht, in: Fahrt ins Staublose ... S. 204.

46 *P. Kersten*, Die Metaphorik ... S. 344.

47 Das Wort stammt von *G.L. Jost*, in: Der deutsche Buchhandel. Aufgenommen von *P.K. Kurz*, "Fahrt ins Staublose". Die Lyrik der Nelly Sachs, in seinem Band: Über moderne Literatur, S. 226–249.

48 *N. Sachs,* Legenden und Erzählungen.
49 *N. Sachs,* Gebet für den Toten Bräutigam, in: Fahrt ins Staublose ... S. 23–32.
50 *O. Lagercrantz,* Versuch ... S. 64f.
51 ebd., S. 66.
52 ebd.
53 *H. Mayer,* Erinnerung an Paul Celan, in seinem Band: Der Repräsentant und der Märtyrer, S. 169–188. Zitat, S. 184.
54 Vgl. dazu *W. Höck,* Von welchem Gott ist die Rede?, in: Über Paul Celan, hrsg. v. *Dietlind Meinecke,* S. 265–276; neuerdings: *J. Schulze,* Celan und die Mystiker.
55 *P. Celan,* Ansprache anläßlich der Entgegennahme des Literaturpreises der Freien Hansestadt Bremen, S. 125–129. Zitat, S. 128.
56 Vgl. bes. den wichtigen Bd. "Über Paul Celan". Neuerdings den Bd. "Paul Celan" von Text und Kritik. Ebenso: *P.H. Neumann,* Wort-Konkordanz zur Lyrik Paul Celans.
57 *S. Prawer,* Paul Celan, in: Über Paul Celan ... S. 138–160. Zitat, S. 158.
58 *P. Celan,* Zürich, Zum Storchen, S. 214f.
59 Diese Äußerungen Celans sind berichtet bei: *H. Huppert,* Sinnen und Trachten, S. 25–35. Zitat, S. 32.
60 *W. Jens,* Nüchternheit und Präzision im Hymnos, in: Über Paul Celan ... S. 47–51. Zitat, S. 47.
61 *H. Huppert,* Sinnen und Trachten ... S. 32.
62 *W. Höck,* Von welchem Gott ist die Rede? ... S. 273.
63 Vgl. bes. die Gedichte "Psalm" aus dem Bd. "Niemandsrose", abgedruckt in Gedichte Bd. I, S. 225. Dazu die ausführliche Interpretation v. *G. Buhr,* Celans Poetik, S. 156–180. Oder das Gedicht "Mandorla" aus dem gleichen Gedichtband. Dazu die Interpretation v. *J. Schulze,* Celan und die Mystiker ... S. 4–21.
64 Wir können uns hier aus Raumgründen nur auf die Interpretation von "Tenebrae" einlassen. Zur Interpretation von "Matière de Bretagne" vor allem auch unter christlichem Aspekt "Karfreitagsgeschehen", "Kalvarienberg", "christliche Visionen" vgl. *W. Jens,* Nüchternheit und Präzision ... S. 49–51; *ders.,* Deutsche Literatur der Gegenwart ... S. 97–101.
Zur Interpretation von "Tenebrae" grundlegend: *R. Lorbe,* Paul Celan "Tenebrae", in: Über Paul Celan ... S. 239–257. R. Lorbe vermag zwar die sprachliche und tektonische Struktur des Gedichtes überzeugend zu analysieren, legt aber bei der theologischen Analyse das Schwergewicht zu sehr auf Opfertod, Abendmahl, Erlösungstat Christi. Im letzten Teil geht es aber nicht um Erlösungstat und Opfertod Christi, sondern um eine verfremdende Problematisierung theologischer Vorstellungen.
65 *P. Celan,* Tenebrae, S. 163.
66 Vgl. zum Ganzen *R. Lorbe,* Paul Celan ... S. 242.
67 Epipher: die Wiederholung des "Herr, Herr" am *Ende* fast jeder Zeile. Epanalepse: Wiederholung eines Wortes am Vers*anfang* mit emphatischer Betonung (Nahe sind wir, Herr, nahe ... ; Bete, Herr, bete ...)
68 *E. Zeller,* Golgatha, S. 173. In dem Gedicht "Atom und Aloe" stellt auch *W. Weyrauch* Identifikation von Christus und uns Menschen her. Er spricht in einer Selbstinterpretation dazu von dem "Marterpfahl", woran Christus hing, und hängt, und an dem wir alle hängen werden, in: *H. Bender,* Mein Gedicht ist mein Messer ... S. 25–36. Zitat, S. 29. Identifikation mit dem leidenden Christus auch im Gedicht "Abschied von Rom" aus dem Band "Kein Zauberspruch" (S. 140f) von *M.L. Kaschnitz:*
"Als James Ensor
Seinen Gekreuzigten malte
Und die Tafel zu seinen Häupten
Schrieb er auf die Tafel
Nicht INRI
Ensor".
69 *P. Celan,* Spät und tief, S. 35f.
70 *R. Kunze,* Auch eine Hoffnung, in seinem Band: Zimmerlautstärke, S. 57.

71 *I. Bachmann,* Lieder von einer Insel, in ihrem Band: Die gestundete Zeit. Anrufung des Großen Bären ... S. 112–115.
72 Vgl. dazu die Interpretation v. *R. Gruenter,* in: Doppelinterpretation. Das zeitgenössische deutsche Gedicht zwischen Autor und Leser, hrsg. u. eingel. v. Hilde Domin, S. 122–126.
73 *M.L. Kaschnitz,* Auferstehung, in: Dein Schweigen – meine Stimme ... S. 13.
74 *M.L. Kaschnitz,* Auferstehung, in: Doppelinterpretation ... S. 95.
75 ebd.
76 Ähnlich arbeitet auch das Gedicht v. *J. Bobrowski,* Ostern, in seinem Band: Samartische Zeit und Schattenland Ströme, S. 98f. mit der alten Ostermetaphorik Dunkel – Licht, Stille – Gesang, hier auch in Anlehnung an die kirchliche Osterliturgie.
77 *M.L. Kaschnitz,* Der Deserteur, in ihrem Band: Lange Schatten, S. 142–148; vgl. dazu *H. Bienek,* Werkstattgespräch mit Marie Luise Kaschnitz, S. 38–54. Zitat, S. 51. Dort auch zum biographischen Hintergrund der Erzählung.
78 *M.L. Kaschnitz,* Der Deserteur ... S. 147.
79 *M.L. Kaschnitz,* Am Feiertag, in: Kein Zauberspruch ... S. 96f. Zitat, S. 97. Ähnlich vom gesellschaftlichen Kontext ausgehend *G. Herburger,* Ostern, in seinem Band: Operette. Gedichte ... S. 89–101.
80 Vgl. *W. Willms,* Anti Tod Festival. Versuch einer Auferstehung, in: Der geerdete Himmel ... Nr. 10.
81 *K. Marti,* Leichenreden, S. 23.
82 ebd., S. 63.
83 *R.O. Wiemer,* Entwurf für ein Osterlied, in: Stimmen vor Tag ... S. 61f.
84 *N. Sachs,* Nacht der Nächte, in: Fahrt ins Staublose ... S. 384.
85 *K. Marti,* Wen meinte der Mann?, in: Gedichte am Rand ... S. 15.
86 *E. Eggimann,* Jesus-Texte ... S. 23.
87 Ein geschichtlicher Überblick dazu bei *H. Cox,* Fest der Narren ... S. 68–77. Zu einer neuen Theologie des Tanzes vgl. *S. Keen,* To a Dancing God. Ebenso: *J. Moltmann,* Die ersten Freigelassenen der Schöpfung; *G.M. Martin,* Fest und Alltag.
88 *J. Moltmann,* Die ersten Freigelassenen ... S. 41.
89 *E. Hennecke – W. Schneemelcher,* Neutestamentliche Apokryphen, Bd. II, S. 154.
90 Der vollständige Text lautet:

"I danced in the morning when the world was began;
I danced in the moon and the stars and the sun.
I danced in the heavens and I danced on the earth;
At Bethlehem I had my birth.

I danced for the scribe and the pharisee,
But they wouldn't dance, and they wouldn't follow me.
I danced for the fishermen, for James and John;
They followed me, and the Dance went on.

I danced on the Sabbath and I cured the lame;
But the holy people said it was a shame –
So they whipped and they stripped me and hung me high,
And left me there on the Cross to die.

I danced on a Friday when the sky turned black;
It's hard to dance with the Devil on your back!
They buried my body and they thought I'd gone –
But I am the Dance, and the Dance goes on.

They cut me down and I leap up high,
For I am the Life that will never never die.
I'll live in you if you'll live in me:
I am the Lord of the Dance, said he."

SCHLUSS: CHRISTLICHE LITERATUR?

1 *H. Böll,* Rose und Dynamit, in seinem Band: Aufsätze – Reden – Kritiken, Bd. I, S. 37f. Zitat, S. 37f.

2 Zur Diskussion um den Begriff *"christliche Literatur"* sind in neuerer Zeit erschienen: *W. Grenzmann,* Dichtung und Glaube; *W. Ross,* Christliche Literaturkritik?, S. 434–445; *H. Böll,* Rose und Dynamit, S. 37f.; *ders.,* Kunst und Religion, S. 46–52; *ders.,* Heinrich Böll – im Gespräch; Was ist das Christliche in der christlichen Literatur. Studien und Berichte der Katholischen Akademie in Bayern mit Beiträgen von W. Grenzmann, H. Kunisch, C. Hohoff, H.E. Holthusen, A. Winklhofer; *H. Linnerz* (Hrsg.), Gibt es heute christliche Dichtung?; *G. Kranz,* Christliche Literatur der Gegenwart; *ders.,* Gibt es christliche Dichtung?, S. 299–307; *ders.,* "Christliche Dichtung" als literaturwissenschaftlicher Begriff, S. 233–235; *H.E. Holthusen,* Christentum, Dichtung und christliche Dichtung, in seinem Band: Kritisches Verstehen, S. 240–256; *K. Marti – K. Lüthi – K. v. Fischer,* Moderne Literatur, Malerei und Musik; *W. Ross,* Das Unbehagen in der christlichen Literatur, S. 105–118; *C. Hohoff,* Was ist christliche Literatur?; *P.K. Kurz,* Literatur und Theologie heute, in: P.K. Kurz, Über moderne Literatur Bd. I, S. 101–128; *ders.,* Zäune und Lager. Die Schriftsteller und die Christen. Einwände, Vorbehalte, Mißtrauen, in: Über moderne Literatur Bd. II, S. 299–335; *ders.,* Warum ist die christliche Literatur zu Ende?, in: Über moderne Literatur Bd. III, S. 129–150; *ders.,* Das Religiöse nach dem Ende der "christlichen Literatur", S. 107–109; *ders.,* Anmerkungen zu "christliche Dichtung" oder Realisation?, S. 58–60; *ders.,* Realisation – nicht "christliche Dichtung", S. 190–193; *W. Ross,* Ist die christliche Literatur zu Ende?; *G. Debus,* Das sogenannte Christliche in der heutigen Literatur; *W. Ross,* Christliche Elemente in der zeitgenössischen Literatur, S. 331–342; *D. Sölle,* Zum Dialog zwischen Theologie und Literaturwissenschaft, S. 296–318; *J. Kopperschmidt,* Gott ist tot, S. 67–108, bes. S. 74–79; *E.J. Krzywon,* Was konstituiert christliche Literatur?, S. 672–680; *ders.,* Literaturwissenschaft und Theologie, S. 108–116; *ders.,* Literaturwissenschaft und Theologie, (1975) S. 199–204; *G. Kranz,* Christliche Dichtung heute; *D. Mieth,* Dichtung, Glaube und Moral.

3 *W. Grenzmann,* Die Dichtung der Gegenwart, S. 398.

4 *W. Grenzmann,* Dichtung und Glaube . . . S. 22.

5 *W. Bergengruen,* Bekenntnis zur Höhle.

6 Vgl. *G. Kranz,* Christliche Dichtung heute, bes. S. 35–63.

7 *G. Kranz,* Christliche Literatur der Gegenwart . . . S. 7.

8 ebd., S. 7f.

9 ebd., S. 8.

10 Vgl. die Literatur unter Anm. 2.

11 *D. Mieth,* Dichtung, Glaube und Moral . . . S. 16.

12 ebd., S. 18.

13 *D. Sölle,* Zum Dialog . . . S. 307.

14 *P.K. Kurz,* Warum ist die christliche Literatur zu Ende . . . S. 134. In einem späteren Beitrag "Anmerkungen zu 'christliche Dichtung' oder Realisation" modifiziert *P.K. Kurz* seine frühere Einstellung zum Begriff "christliche Literatur" ein wenig: "Wer *mit* dem Begriff 'christliche Dichtung' arbeiten kann und mag, *soll es tun* – mit einiger Vorsicht, wenn möglich. (. . .) Wer ohne die Begriffsstütze 'christliche Dichtung' nach *Spuren* des Christlichen und Religiösen in den Textdokumenten zeitgenössischer Literatur fragt, wer, wie Dorothee Sölle, einen *methodisch neuen Ansatz* vorbringt, den soll man gewähren lassen, auch dann, wenn man nicht mit allen theologischen Implikationen des ansetzenden Autors übereinstimmt."

15 *J. Kopperschmidt,* Gott ist tot . . . S. 78f.

16 *W. Ross,* Ist die christliche Literatur zu Ende? . . . S. 129.

17 ebd., S. 135.

18 Vgl. *D. Sölle,* Zum Dialog . . . S. 306ff.

19 Vgl. die Beiträge von Krzywon: Schluss I, Anm. 2.

20 Vgl. *G. Kranz,* "Christliche Dichtung" ... S. 234.
21 *E.J. Krzywon,* Was konstituiert christliche Literatur ... S. 676.
22 ebd., S. 678.
23 ebd., S. 677.
24 ebd.
25 ebd.
26 ebd.
27 ebd.
28 ebd., S. 678.
29 ebd., S. 676.
30 ebd.
31 *G. Debus,* Das sogenannte Christliche ... S. 178.
32 *K. Marti,* Moderne Literatur ... S. 115 f.
33 *D. Sölle,* Realisation ... S. 97. Der Text von Mickel "Lamento" ist abgedruckt in: *K. Mickel,* Nova vita mea, S. 36.
34 Vgl. dagegen die programmatische These von *P.K. Kurz,* Realisation – nicht "christliche Dichtung".
35 Der theologischen Kritik von *D. Mieth* am Realisationsbegriff D. Sölles ist hier weitgehend zuzustimmen ("Dichtung, Glaube und Moral" ... S. 86–90).
36 Vgl. dazu *H. Küng,* Christ sein ... bes. Kap. C V,2: Der Maßgebende.

II. HERAUSFORDERUNG FÜR DIE LITERATUR

1 Vgl. dazu den Beitrag v. *J. Nolte,* Die Gestalt und Rolle Jesu in der neuzeitlichen Religionskritik. Unvermutete Christologie in außertheologischen Texten, in seinem Band: Theologia experimentalis. Übergänge zu einer Metatheologie, S. 109–119. Nolte kommt aufgrund seiner Untersuchung von Texten von Schopenhauer, Büchner, Heine und Nietzsche zu dem Ergebnis, daß "geradezu von einem unvermuteten Topos der 'Schonung Jesu' in der neuzeitlichen Religionskritik gesprochen werden" kann. (S. 117).
2 *H. Küng,* Christ sein ... S. 130 f.
3 *W. Jens,* Deutsche Literatur ... S. 30 f.
4 Vgl. dazu auch: *R. Baumgart,* Schwacher Brecht, in seinem Band: Literatur für Zeitgenossen ... S. 141–150.
5 *H.M. Enzensberger,* Poesie und Politik ... S. 126.
6 ebd., S. 131.

III. HERAUSFORDERUNG FÜR DIE THEOLOGIE

1 *H. Fries,* Zeitgenössische Grundtypen nichtkirchlicher Jesusdeutungen, S. 73.
2 *W. Jens,* Literatur: Möglichkeiten und Grenzen ... in: Republ. Reden, S. 65.
3 *H.M. Enzensberger,* Poesie und Politik ... S. 136.
4 Vgl. *H. Weinrich,* Narrative Theologie, S. 329–334; *J.B. Metz,* Kleine Apologie des Erzählens, ebd., S. 334–341; vgl. neben dem schon genannten Buch von *D. Mieth* dessen Aufsatz: Narrative Ethik, S. 297–326.
5 *G. Lohfink,* Erzählung als Theologie, S. 521–532; vgl. auch *W. Jens,* Die Evangelisten als Schriftsteller, S. 30–40.
6 Vgl. *H. Küng,* Christ sein ... S. 535–539.
7 *G. Lohfink,* Erzählung als Theologie ... S. 531 f.
8 *K. Marti,* Wie entsteht eine Predigt? Wie entsteht ein Gedicht? Ein Vergleich mit dem Versuch einer Nutzanwendung, in seinem Band: Grenzverkehr ... S. 54–73.
9 *W. Jens,* Die christliche Predigt ... S. 11–29.
10 *H. Fries,* Zeitgenössische Grundtypen ... S. 74.

LITERATURVERZEICHNIS

I. PRIMÄRLITERATUR

1. Ausführlicher interpretierte Texte

I. Aichinger, Die größere Hoffnung (Amsterdam 1948).

A. Andersch, Die Kirschen der Freiheit. Ein Bericht (1952; Taschenbuch-Ausgabe Zürich 1968).

ders., JESUSKINGDUTSCHKE, in seinem Band: Mein Verschwinden in Providence. Neun neue Erzählungen (1971; Taschenbuch-Ausgabe Frankfurt/M. 1973), S. 64–77.

S. Andres, Der Reporter Gottes. Eine Hörfolge in 10 Kapiteln (Frankfurt/M. 1952).

I. Bachmann, Botschaft, in ihrem Band: Die gestundete Zeit (1953); Anrufung des Großen Bären (1956; Taschenbuch-Ausgabe München 1974), S. 31.

dies., Lieder von einer Insel, in ihrem Band: Die gestundete Zeit / Anrufung des Großen Bären (1953; 1956; Taschenbuch-Ausgabe München 1974), S. 112–115.

G. Bernanos, Journal d'un Curé de Campagne (1936); dt: Tagebuch eines Landpfarrers (Taschenbuch-Ausgabe Frankfurt/M.– Hamburg 1956).

H. Böll, Mönch und Räuber / Die Spurlosen, in seinem Band: Zum Tee bei Dr. Borsig. Hörspiele (Taschenbuch-Ausgabe München 1964), S. 7–31 / 117–148.

ders., Und sagte kein einziges Wort (1953; Taschenbuch-Ausgabe Berlin 1957).

ders., Ansichten eines Clowns (1963; Taschenbuch-Ausgabe München 1967).

ders., Entfernung von der Truppe (1963/1964) in seinem Band: Als der Krieg ausbrach. Erzählungen Bd. I (München 1965), S. 199–261.

ders., Dunkel ist deine Stätte unter dem Rasen. Eine Meditation zum Totensonntag, in: H. Böll, D. Sölle, L.U. Böhmer, Politische Meditationen zu Glück und Vergeblichkeit (Darmstadt-Neuwied 1973), S. 7–74.

W. Borchert, Jesus macht nicht mehr mit, in: Das Gesamtwerk (Hamburg 1949), S. 178–181.

P. Celan, Spät und tief, in: Gedichte Bd. I (Frankfurt/M 1975), S. 35f.

ders., Tenebrae, in: Gedichte Bd. I (Frankfurt/M. 1975), S. 163.

ders., Zürich, Zum Storchen, in: Gedichte Bd. I (Frankfurt/M. 1975), S. 214f.

J. Dobraczyński, Listy Nikodema (1952); dt: Gib mir deine Sorgen. Die Briefe des Nikodemus (Freiburg–Basel–Wien 1954, [13]1962).

H. Domin, Ecce Homo, in ihrem Band: Ich will Dich. Gedichte (München 1970), S. 19.

F. Dürrenmatt, Pilatus, in seinem Band: Die Stadt. Frühe Prosa (Zürich 1952), S. 169–193.

ders., Weihnacht, in seinem Band: Die Stadt. Frühe Prosa (Zürich 1952), S. 11.

ders., Es steht geschrieben, in: Komödien II und Frühe Stücke (Zürich 1959), S. 9–115.

ders., Die Wiedertäufer, in: Komödien III (Zürich 1966), S. 77–169.

E. Eggimann, Jesus-Texte (Zürich 1972), S. 21.

ders., Apokrypher Mythos aus dem beginnenden Wassermannzeitalter, in: Jesus-Texte (Zürich 1972), S. 71–80.

G. Eich, Festianus, Märtyrer (1958), in seinem Band: Fünfzehn Hörspiele (Frankfurt/M. 1973), S. 524–563.

ders., Man bittet zu läuten (1964), in seinem Band: Fünfzehn Hörspiele (Frankfurt/M. 1973), S. 564–599.

L. Frank, Die Jünger Jesu (Amsterdam 1949).

M. Frisch, Nun singen sie wieder. Versuch eines Requiems (1945), in: Gesammelte Werke in zeitlicher Folge, hrsg. v. H. Mayer

u. W. Schmitz Bd. II, 1 (Frankfurt/M. 1976), S. 79–137.

ders., Andorra. Stück in zwölf Bildern (1957/1961), in: GW IV, 2, S. 461–571.

G. Greene, The Power and the Glory (1940); dt: Die Kraft und die Herrlichkeit (Taschenbuch-Ausgabe Hamburg 1953).

P. Handke, Lebensbeschreibung (1965), in seinem Sammelband: Prosa. Gedichte. Theaterstücke. Hörspiele. Aufsätze (Frankfurt/M. 1969), S. 99f.

ders., Wunschloses Unglück. Erzählung (1972; Taschenbuch-Ausgabe Frankfurt/M. 1974).

H. Haushofer, Moabiter Sonette (Berlin 1946), S. 24

E. Hemingway, Heute ist Freitag, in: Sämtliche Erzählungen (Hamburg 1966), S. 291–295.

G. Herburger, Jesus in Osaka (Neuwied-Berlin 1970).

ders., Birne in der Kirche, in seinem Band: Birne kann alles. 26 Abenteuergeschichten für Kinder (1971; Taschenbuch-Ausgabe Hamburg 1974), S. 94–99.

ders., Kongs Kinder, in seinem Band: Die Eroberung der Zitadelle. Erzählungen (Darmstadt-Neuwied 1972), S. 9–44.

H. Hesse, Jesus und die Armen, in seinem Band: Die Gedichte (1953; Taschenbuch-Ausgabe Frankfurt/M. 1977) Bd. II, S. 587.

G. Heym, Der Dieb (1911), in: Georg Heym. Dichtungen und Schriften. Gesamtausgabe Bd. II, hrsg. v. K.L. Schneider (Hamburg–München 1972), S. 72–97.

W. Hildesheimer, Monolog (1964), in seinem Band: Hörspiele (Taschenbuch-Ausgabe Frankfurt/M. 1976), s. 121–155.

R. Hochhuth, Der Stellvertreter. Ein christliches Trauerspiel (1963; Taschenbuch-Ausgabe Hamburg 1967).

F. Hochwälder, Das Heilige Experiment. Schauspiel in fünf Akten, in: Homo Viator. Modernes christliches Theater (Köln–Olten 1963), S. 379–428.

P. Huchel, Bericht des Pfarrers vom Untergang seiner Gemeinde, in seinem Band: Chausseen, Chausseen. Gedichte (Frankfurt/M. 1963), S. 60f.

ders., Dezember 1942, in seinem Band: Chausseen, Chausseen. Gedichte (Frankfurt/M. 1963), S. 64.

W. Jens, Herr Meister. Dialog über einen Roman (1963; Taschenbuch-Ausgabe Frankfurt/M.–Berlin–Wien 1974).

ders., Bericht über Hattington, in: Der Ausbruch (Tübingen–Bebenhausen 1975), S. 43–47.

ders., Am Anfang der Stall – am Ende der Galgen: Jesus von Nazaret (Stuttgart 1972).

ders., Der Fall Judas (Stuttgart 1975).

ders., Traktat vom Frieden, von der Gewalt und der Revolution, in: Politik ohne Gewalt? Beispiele von Gandhi bis Câmara, hrsg. v. H.J. Schultz (Taschenbuch-Ausgabe Frankfurt/M. 1976), S. 148–164.

A. Juhre, Anzeigen, in: Stimmen vor Tag. Gedichte aus diesem Jahrhundert, hrsg. v. K. Marti (München–Hamburg 1965), S. 93f.

E. Kästner, Dem Revolutionär Jesus zum Geburtstag, in: Gesammelte Schriften Bd. I (Gedichte) (Köln 1959), S. 207f.

M.L. Kaschnitz, Der Zöllner Matthäus, in ihrem Band: Die fremde Stimme. Hörspiele (1962; Taschenbuch-Ausgabe München 1969), S. 7–33.

dies., Der Deserteur, in ihrem Band: Lange Schatten. Erzählungen (1960; Taschenbuch-Ausgabe München 1964), S. 142–148.

dies., Auferstehung, in ihrem Band: Dein Schweigen – meine Stimme. Gedichte 1958–1961 (Hamburg–Düsseldorf 1962), S. 13.

dies., Dezembernacht, in ihrem Band: Dein Schweigen – meine Stimme. Gedichte 1958–1961 (Hamburg–Düsseldorf 1962), S. 58.

dies., Am Feiertag, in ihrem Band: Kein Zauberspruch. Gedichte (Frankfurt/M. 1972), S. 96.

dies., Das alte Thema, in ihrem Band: Kein Zauberspruch. Gedichte (Frankfurt/M. 1972), S. 101–104.

dies., Ich vergesse so viel, in ihrem Band: Kein Zauberspruch. Gedichte (Frankfurt/M. 1972), S. 81.

H. Kipphardt, Leben des schizophrenen Dichters Alexander M. Ein Film (Berlin 1976).

W. Koeppen, Der Tod in Rom (1954; Taschenbuch-Ausgabe München 1971).

ders., Jugend (Frankfurt/M. 1976).

R. Kunze, Auch eine Hoffnung, in seinem Band: Zimmerlautstärke (1972; Taschenbuch-Ausgabe Frankfurt/M. 1977), S. 57.

ders., Die wunderbaren Jahre (Frankfurt/M. 1976).

E. Langgässer, Das unauslöschliche Siegel (1946; Hamburg 1959).

dies., Saisonbeginn, in ihrem Band: Erzählungen (Hamburg 1964), S. 320–323.

G. v. Le Fort, Die Frau des Pilatus. Novelle (Wiesbaden 1956).

K. Marti, Der ungebetene Hochzeitsgast, in: Deutsche Lyrik. Gedichte seit 1945, hrsg. v. H. Bingel (München 1963), S. 196.

ders., Wen meinte der Mann? in: Gedichte am Rand (Teufen 1963), S. 15.

ders., Leichenreden (Neuwied–Berlin 1969).

N. Sachs, Landschaft aus Schreien, in: Fahrt ins Staublose. Die Gedichte der Nelly Sachs (Frankfurt/M. 1961), S. 221–223.

D. Sayers, The Man Born to Be King (1949); dt: Zum König geboren (1949; Taschenbuch-Ausgabe Freiburg–Basel–Wien 1964).

R. Schneider, An einen Priester, dessen Kirche völlig zerstört wurde, in seinem Band: Die letzten Tage (Baden-Baden 1946), S. 8.

W. Schnurre, Anbetung, in seinem Band: Kassiber. Neue Gedichte (Taschenbuch-Ausgabe Frankfurt/M. 1964), S. 111–113.

A. Seghers, Das siebte Kreuz (1942; Taschenbuch-Ausgabe Darmstadt–Neuwied 1973).

D. Sölle, Meditationen und Gebrauchstexte (Berlin 1969).

dies., Die Vögel unter dem Himmel, in: H. Böll, D. Sölle, L.U. Böhmer, Politische Meditationen zu Glück und Vergeblichkeit (Darmstadt–Neuwied 1973), S. 75–128.

P. Weiss, Die Verfolgung und Ermordung Jean Paul Marats dargestellt durch die Schauspieltruppe des Hospizes zu Charenton unter der Leitung des Herrn de Sade. Drama in 2 Akten (Frankfurt/M. 1964).

ders., Hölderlin (Frankfurt/M. 1971).

R.O. Wiemer, Entwurf für ein Osterlied, in: Stimmen vor Tag. Gedichte aus diesem Jahrhundert, hrsg. v. K. Marti (München–Hamburg 1965), S. 61f.

W. Willms, Der geerdete Himmel. Wiederbelebungsversuche (Kevelaer 1974).

E. Zeller, Golgatha, in: Evangelische Kommentare 8 (1975), S. 173.

2. *Weitere zitierte Texte und Textsammlungen*

Almanach für Theologie und Literatur Bd. I–IX (Wuppertal 1967–1975).

F. Andermann, Das große Gesicht (München 1970).

S. Ash, The Nazarene (1939); dt: Der Nazarener (Amsterdam 1950).

H. Barbusse, Jésus (1927); dt.: Jesus (Leipzig–Wien 1928).

J.R. Becher, Hymne auf Rosa Luxemburg, in: Menschheitsdämmerung. Ein Dokument des Expressionismus, hrsg. v. K. Pinthus (1920; Taschenbuch-Ausgabe Hamburg 1959), S, 285–287.

S. Berg (Hrsg.), Kurze Texte für den Religionsunterricht Bd. I–II (Stuttgart–München 1971, ²1972).

dies. (Hrsg.), In den Sand geschrieben. 80 Kurzgeschichten für Religionsunterricht und Jugendarbeit (Stuttgart–München 1974).

W. Bergengruen, Dies Irae (München 1945).

ders., Heile Welt (München 1950).

ders., Bekenntnis zur Höhle. Nachwort zur Novelle "Die Feuerprobe" (Stuttgart 1954).

H. Bingel (Hrsg.), Deutsche Lyrik. Gedichte seit 1945 (München 1963).

K.H. Bloching, Texte moderner Schriftsteller zur Meditation (Mainz 1973).

ders., Texte über Gott. Anregungen zum Nachdenken (Mainz 1976).

D. Block (Hrsg.), Das unzerreißbare Netz. Beispiele christlicher Lyrik heute (Hamburg 1968).

ders. (Hrsg.), Gott im Gedicht. Beispiele christlicher Lyrik heute (Hamburg 1972).

J. Bobrowski, Ostern, in seinem Band: Samartische Zeit und Schattenland Ströme (Stuttgart 1961/62), S. 98f.

ders., Fortgeführte Überlegungen, in: Der Mahner. Erzählungen und andere Prosa aus dem Nachlaß (Berlin 1968), S. 63–66.

ders., Unordnung bei Klapat, in: Der Mahner . . . , S. 39–45.

H. Böll, Bekenntnis zur Trümmerliteratur (1952), in seinem Band: Hierzulande. Aufsätze (München 1963), S. 128–134.

ders., So ward Abend und Morgen (1954), in seinem Band: Als der Krieg ausbrach. Erzählungen (München 1965), S. 95–103.

ders., Aufsätze – Kritiken – Reden Bd. I–II (München 1969).

ders., Antwort auf die Frage: Wer ist Jesus von Nazaret für mich?, in: Wer ist Jesus von Nazaret – für mich? 100 zeitgenössische Zeugnisse, hrsg. v. H. Spaemann (München 1973), S. 39f.

ders., Blick zurück mit Bitterkeit (zu R. Augsteins Buch "Jesus Menschensohn"), in: Der Spiegel (1973), Nr. 15.

ders., Schwierigkeiten mit der Brüderlichkeit. Politische Schriften (München 1976).

ders., Shalom. Ein Essay, in: Deutsches Allgemeines Sonntagsblatt vom 5. März 1978 u. vom 12. März 1978.

E. Borchers, Das Weihnachtsbuch (Frankfurt/M. 1973).

W. Borchert, Das ist unser Manifest, in: Das Gesamtwerk (Hamburg 1949), S. 308–315.

ders., Drei dunkle Könige, in: Das Gesamtwerk . . . , S. 185–187.

B. Brecht, Fünf Schwierigkeiten beim Schreiben der Wahrheit (1935), in: Gesammelte Werke Bd. XVIII. Schriften zur Literatur und Kunst I (Frankfurt/M. 1967), S. 222–239.

ders., Kann die heutige Welt durch Theater wiedergegeben werden, in: Gesammelte Werke Bd. XVI (Frankfurt/M. 1967), S. 929–931.

ders., Die Essays von Georg Lukács, in: Marxismus und Literatur. Eine Dokumentation in 3 Bdn., hrsg. v. F.J. Raddatz Bd. II (Hamburg 1969), S. 87f.

ders., Über den formalistischen Charakter der Realismustheorie, in: Marxismus und Literatur Bd. II . . . , S. 89–94.

M. Brod, Der Meister (Gütersloh 1952).

G. Büchner, Brief an die Familie vom 28. Juli 1835, in: Werke und Briefe, hrsg. v. F. Bergemann (München 1965).

M. Bulgakow, Master i Margarita (1966/1967); dt: der Meister und Margarita (Taschenbuch-Ausgabe Frankfurt/M. 1972).

P. Celan, Ansprache anläßlich der Entgegennahme des Literaturpreises der Freien Hansestadt Bremen (1958), in: Paul Celan. Ausgewählte Gedichte. Zwei Reden. Nachwort v. Beda Allemann (Frankfurt/M. 1970), S. 125–129.

ders., Psalm, in: Gedichte Bd. I (Frankfurt/M. 1975), S. 225.

ders., Matière de Bretagne, in: Gedichte Bd. I (Frankfurt/M. 1975), S. 171f.

E. Cardenal, Salmos (1967); dt: Lateinamerikanische Psalmen, in: Das Buch von der Liebe. Lateinamerikanische Psalmen (Hamburg 1972).

H. Domin, Nur eine Rose als Stütze (Frankfurt/M. 1959).

dies., Hier. Gedichte (Frankfurt/M. 1964).

dies., Wozu Lyrik heute. Dichtung und Leser in der gesteuerten Gesellschaft (München 1968).

dies., Von der Natur nicht vorgesehen. Autobiographisches (München 1974).

F.M. Dostojewski, Der Idiot. Roman (1868/1869; Taschenbuch-Ausgabe Bd. I–II Frankfurt/M. 1971).

L.C. Douglas, The Big Fisherman (1948);

dt: Der große Fischer (Stuttgart–Konstanz 1949).

F. Dürrenmatt, Theaterprobleme, in seinem Band: Theater – Schriften und Reden, hrsg. v. E. Brock-Sulzer (Zürich 1966), S. 92–131.

ders., 21 Punkte zu den Physikern, in: Theater – Schriften und Reden ..., S. 193f.

ders., Gespräch mit H.L. Arnold (Zürich 1976).

ders., Zusammenhänge. Essay über Israel. Eine Konzeption (Zürich 1976).

G. Eich, Träume (1950), in: Fünfzehn Hörspiele (Frankfurt/M. 1973), S. 53–88.

ders., Rede zur Verleihung des Georg-Büchner-Preises 1959, in: Über Günter Eich, hrsg. v. S. Müller-Hanpft (Frankfurt/M. 1970), S. 25–37.

ders., Rede vor den Kriegsblinden, in: Über Günter Eich ..., S. 21–24.

ders., Latrine, in: Gesammelte Werke Bd. I (Frankfurt/M. 1973), S. 36.

ders., Inventur, in: GW I ..., S. 35.

ders., Mittags um zwei, in: GW I ..., S. 94.

ders., Man bittet zu läuten (1964), in:Fünfzehn Hörspiele (Frankfurt/M. 1973).

C. Einstein, Die schlimme Botschaft (1921), in: Gesammelte Werke, hrsg. v. E. Nef (Wiesbaden 1962), S. 353–419.

H.M. Enzensberger, Gedichte 1955–1970 (Taschenbuch-Ausgabe Frankfurt/M. 1971).

ders., Poesie und Politik (1962), in seinem Band: Einzelheiten Bd. II (Taschenbuch-Ausgabe Frankfurt/M. 1970), S. 113–137.

W. Fietkau (Hrsg.), Thema Weihnachten. Gedichte der Gegenwart (Wuppertal 1964, [4]1973).

D. Forte, Martin Luther & Thomas Münzer oder die Einführung der Buchhaltung (Berlin 1971).

A. France, Le Procurateur de Judée (1892); dt: Der Statthalter von Judäa, in: A. France, Der Statthalter von Judäa. Erzählungen (Taschenbuch-Ausgabe München o.J.), S. 5–18.

L. Frank, Die Räuberbande (1914; Taschenbuch-Ausgabe München 1976).

M. Frisch, Über Zeitereignis und Dichtung (1945), in: Gesammelte Werke in zeitlicher Folge Bd. II, 1, hrsg. v. H. Mayer u. W. Schmitz (Frankfurt/M. 1976), S. 285–289.

ders., Verdammen oder verzeihen? Ein Brief an Bi, den Verfasser des Leitartikels der NZZ vom 23.5.1945, in: GW II, 1 ..., S. 292–296.

ders., Die chinesische Mauer. Eine Farce (1946/1955), in: GW II, 1 ..., S. 139–227.

ders., Stimmen eines anderen Deutschland? Zu den Zeugnissen von Wiechert u. Bergengruen (1946), in: GW II, 1 ..., S. 297–311.

ders., Tagebuch 1946–1949, in: GW II, 2.

ders., Kultur als Alibi (1949), in: GW II, 1 ..., S. 337–343.

ders., Der Autor und das Theater. Rede auf der Frankfurter Dramaturgentagung (1964), in: GW V, 2 ..., S. 339–354.

G. Fussenegger, Widerstand gegen Wetterhähne. Lyrische Kürzel und andere Texte (Stuttgart 1974).

Godspell. A Musical Based Upon The Gospel According to St. Matthew (Text liegt als hektographiertes Manuskript vor).

J.W. Goethe, Brief des Pastors zu ... an den neuen Pastor zu ... Aus dem Französischen 1773, in: J.W. Goethe, Die Leiden des jungen Werther. Frühe Prosa (Taschenbuch-Gesamtausgabe München 1962) Bd. XIII, S. 12–22.

ders., Der ewige Jude (1774), in: J.W. Goethe, Frühe dramatische Dichtungen (Taschenbuch-Gesamtausgabe München 1962) Bd. VII, S. 140–147.

ders., An Johann Caspar Lavater 29.7.1782, in: Briefe aus den Jahren 1764–1786. Gedenkausgabe der Werke, Briefe und Gespräche Bd. XVIII (Zürich 1951), S. 680f.

H. Gollwitzer, K. Kuhn, R. Schneider (Hrsg.), Du hast mich heimgesucht bei Nacht. Abschiedsbriefe und Aufzeichnungen des Widerstands 1933 bis 1945 (München–Hamburg 1954, [2]1966).

A. Grabner-Haider (Hrsg.), Jesus N. Biblische Verfremdungen – Experimente junger Schriftsteller (Zürich–Einsiedeln–Köln 1972).

G. Grass, Die Blechtrommel. Roman (1959; Taschenbuch-Ausgabe Frankfurt/M. 1962).

ders., Katz und Maus. Eine Novelle (1961; Taschenbuch-Ausgabe Hamburg 1963).

R. Graves, King Jesus (1954); dt: König Jesus (Darmstadt–Genf 1954).

G. Greene, Vom Paradox des Christentums. Mit einem Geleitwort von G. v. Le Fort (Zürich 1952).

P. Härtling, Hölderlin. Ein Roman (Darmstadt–Neuwied 1976).

R. Hagelstange, Venezianisches Credo (Wiesbaden 1946).

ders., Die Form als Entscheidung, in: Mein Gedicht ist mein Messer. Lyriker zu ihren Gedichten, hrsg. v. H. Bender (1955; Taschenbuch-Ausgabe München 1969), S. 37–43.

H. u. U. Halbfas (Hrsg.), Das Menschenhaus. Ein Lesebuch für den Religionsunterricht (Düsseldorf 1972).

H. Halbfas, Lehrerhandbuch Religion (Stuttgart–Düsseldorf 1975).

F. Hebbel, Mein Wort über das Drama (1843), in: Sämtliche Werke in zwölf Bdn., hrsg. v. A. Stern (Berling–Leipzig o.J.) Bd. IX, S. 7ff.

H. Heine, Reisebilder (1828–31) (Reise von München nach Genua), in: Werke Bd. II (Reisebilder. Erzählende Prosa. Aufsätze), hrsg. v. W. Preisendanz (Frankfurt/M. 1968).

ders., Verschiedenartige Geschichtsauffassung (um 1830), in: Werke Bd. IV (Schriften über Deutschland), hrsg. v. H. Schanze (Frankfurt/M. 1968), S. 33f.

ders., Zur Geschichte der Religion und Philosophie in Deutschland (1834), in: Werke Bd. IV (Schriften über Deutschland), hrsg. v. H. Schanze (Frankfurt/M. 1968), S. 44–165.

ders., Deutschland. Ein Wintermärchen (1844), in: Werke Bd. I (Gedichte), hrsg. v. C. Siegrist (Frankfurt/M. 1968), S. 421–490.

G. Herburger, Die Wohnung, in seinem Band: Eine gleichmäßige Landschaft. Erzählungen (1964; Neuwied–Berlin 1972), S. 199–223.

ders., Training Jesu, in seinem Band: Training. Gedichte (Neuwied–Berlin 1969), S. 50–55.

ders., Operette. Gedichte (Darmstadt–Neuwied 1973).

ders., Hauptlehrer Hofer, in: Hauptlehrer Hofer / Ein Fall von Pfingsten. Zwei Erzählungen (Darmstadt–Neuwied 1975), S. 7–57.

W. Hildesheimer, Tynset (1965; Taschenbuch-Ausgabe Frankfurt/M. 1967).

J. v. Hoddis, Jesuslied, in: Stimmen vor Tag. Gedichte aus diesem Jahrhundert, hrsg. v. K. Marti (München–Hamburg 1965), S. 59.

W. Höck, Weltliche Erzählungen von Gott in der modernen Weltliteratur (Hamburg–München 1972).

F. Hoffmann, Das Jesus-Kind von Ostrovice, in: In den Sand geschrieben, hrsg. v. S. Berg (Stuttgart–München 1974), S. 122f.

J. Hoffmann-Herreros (Hrsg.), Spur der Zukunft. Moderne Lyrik als Daseinsdeutung (Mainz 1973).

ders., Weihnachtsgeschichten (Mainz 1975).

ders., Er ist Mensch geworden. Weihnachtsgeschichten II (Mainz 1976).

A. Holz, Buch der Zeit (1885), in: Arno Holz Werke Bd. V, hrsg. v. W. Emrich u. A. Holz (Neuwied–Berlin 1962).

W. Hornmann, Der Guerillapriester (Freiburg/Br. 1969).

W. Jens, Die Götter sind sterblich (Pfullingen 1959).

ders., Das Evangelium als moralischer Traktat. Ein Gespräch, in: Evangelische Kommentare 5 (1972), S. 95–98.

ders. (Hrsg.), Der barmherzige Samariter (Stuttgart 1973).

ders., Fernsehen – Themen und Tabus. Momos 1963–1973 (München 1973).

ders., Der tödliche Schlag, in: Die Verschwörung / Der tödliche Schlag (München 1974), S. 57–141.

ders., Die Verschwörung, in: Die Verschwörung / Der tödliche Schlag (München 1974), S. 7–55.

ders., Die christliche Predigt. Manipulation oder Verkündigung?, in seinem Band: Republikanische Reden (München 1976), S. 11–29.

ders., Alter Mann in trautem Heim, in: Die Zeit vom 16.1.1976.

ders., Das Mittelalter ist zurückgekehrt, in: Deutsches Allgemeines Sonntagsblatt vom 27.11.1977.

Jesus Christ Superstar. Textbuch in: The Original Motion Picture Sound Track Album MAPS 6847-D/1–2.

A. Juhre (Hrsg.), Die Nacht vergeht. Weihnachtsgeschichten aus unserer Zeit (Gütersloh 1963).

ders., Die Reise nach Bethlehem. Weihnachtsgeschichten aus unserer Zeit (Gütersloh 1969).

E. Kästner, Büchner-Preise-Rede (1957), in: Büchner-Preis-Reden 1951–1971 (Stuttgart 1972), S. 43–56.

R.-U. Kaiser, Underground? Pop? Nein! Gegenkultur! Eine Buchcollage (Köln 1970).

M.L. Kaschnitz, Engelsbrücke. Römische Betrachtungen (1955; Taschenbuch-Ausgabe München 1975).

dies., Tage, Tage, Jahre. Aufzeichnungen (1968; Taschenbuch-Ausgabe Frankfurt/M. 1971).

dies., Auferstehung, in: Doppelinterpretation. Das zeitgenössische deutsche Gedicht zwischen Autor und Leser, hrsg. u. eingel. v. H. Domin (Frankfurt/M. 1969), S. 95.

dies., Ewige Stadt, in: Gedichte. Ausgewählt v. P. Huchel (Frankfurt/M. 1975), S. 37–40.

dies., Gespräche im All (Hamburg–Düsseldorf 1971).

dies., Ein Wort weiter. Gedichte (Hamburg 1965)

O. Köhler, Wenn ... ein Ostergedicht, in: Wir Kinder von Marx und Coca Cola. Gedichte der Nachgeborenen. Texte von Autoren der Jahrgänge 1945–1955 (Wuppertal 1971).

W. Koeppen, Sein Geschöpf. Schriftsteller antworten auf die Frage: Wie stehen Sie zu Gott?, in: Die Welt vom 24.12.1951.

ders., Das Treibhaus (1953; Taschenbuch-Ausgabe Frankfurt/M. 1972).

ders., Büchner-Preis-Rede (1962), in: Büchner-Preis-Reden 1951–1971 (Stuttgart 1972), S. 114–122.

J. Kopecký, Komödie von Leben und Lehre, von Passion und glorreicher Auferstehung unseres Herrn und Heilandes Jesus Christus. Dt. Nachdichtung von K.L. Schubert (Universaledition Wien 1967).

E. Langgässer, Das Christliche der christlichen Dichtung. Vorträge und Briefe (Olten–Freiburg/Br. 1961).

G. v. Le Fort, Gedichte (Frankfurt/M. 1949).

J. Lepsius, Das Leben Jesu Bd. I–II (Potsdam 1917/18).

G. E. Lessing, Hamburgische Dramaturgie. 19. Stück (vom 3. Julius 1767), in: Lessings Werke Bd. II, hrsg. v. K. Wölfel (Frankfurt/M. 1967), S. 196–200.

E. Ludwig, Der Menschensohn (Berlin 1928).

K. Marti, Gedichte am Rande (Teufen 1963).

ders. (Hrsg.), Stimmen vor Tag. Gedichte aus diesem Jahrhundert (München–Hamburg 1965).

ders., Gedichte. Alfabeete & Cymbalklang (Berlin 1966).

E. Meister, Doppelgesicht / Toter Christus, in: Deutsche Lyrik. Gedichte seit 1945 ... S. 202f./206f.

G. Menzel, Kehr wieder Morgenröte (Tübingen 1952).

K. Mickel, Nova vita mea. Gedichte (Berlin–Weimar 1967).

W. v. Molo, Legende vom Herrn (München 1927).

F.W. Niehl (Hrsg.), Moderne Literatur und Texte der Bibel. Quellentexte (Göttingen–Trier 1974).

F. Nietzsche, Der Antichrist. Fluch auf das Christentum, in: Werke Bd. II, hrsg. v. K. Schlechta (München 1966), S. 1161–1235.

ders., Also sprach Zarathustra, in: Werke Bd. II hrsg. v. K. Schlechta (München 1966), S. 348–351 (Von den Priestern).

G. Papini, Storia di Cristo (1921); dt: Lebensgeschichte Christi (München 1924).

ders., Zeugnis des Leidens. Auswahl aus dem Gesamtwerk des Dichters. Mit einem einleitenden Essay von J. Dobraczyński (Leipzig 1965).

O. Polemann - L. Rössner (Hrsg.), Suchen nach Gott. Ein Lese- und Diskussionsbuch (Frankfurt/M.–Berlin–München ³1970).

J. Reding, Krippenrede für die 70er Jahre, in: Thema Weihnachten. Gedichte der Gegenwart, hrsg. v. W. Fietkau (Wuppertal ⁴1973).

E. Renan, La vie de Jésus (1863); dt: Das Leben Jesu (Berlin 1863).

H.W. Richter, Warum schweigt die junge Generation?, in: Der Ruf. Eine deutsche Nachkriegszeitschrift, hrsg. v. H. Schwab-Felisch (München 1962), S. 29–33.

R.M. Rilke, Der Brief des jungen Arbeiters (1922), in: Werke in 3 Bdn. (Wiesbaden 1966) Bd. III, S. 565–581.

L. Rinser, Grenzübergänge. Tagebuch-Notizen (1972; Taschenbuch-Ausgabe Frankfurt/M. 1977).

R. Rucker, Moderne Literatur. Ein Text und Arbeitsbuch für den Religions- und Deutschunterricht (München–Wuppertal 1971).

N. Sachs, Legenden und Erzählungen (Berlin 1921).

dies., Daniel, Daniel, in: Fahrt ins Staublose. Die Gedichte der Nelly Sachs (Frankfurt/M. 1961), S. 96f.

dies., Gebet für den Toten Bräutigam, in: Fahrt ins Staublose . . . , S. 23–32.

dies., Immer noch Mitternacht, in: Fahrt ins Staublose . . . , S. 204.

dies., Nacht der Nächte, in: Fahrt ins Staublose . . . , S. 384.

dies., Wer weiß . . . , in: Fahrt ins Staublose . . , S. 169f.

D. Sayers, The greatest drama ever staged (1947); dt: Das größte Drama aller Zeiten. Aus dem Englischen übersetzt und mit einem Geleitwort versehen von Karl Barth (Zürich 1959).

E. Schaper, Leben Jesu (Frankfurt/M. 1936. Neuauflage als Taschenbuch Frankfurt/M. 1953).

F. Schiller, Briefe an Goethe vom 19. Juli 1799; vom 20. August 1799; vom 26. Dezember 1800, in: Der Briefwechsel zwischen Schiller und Goethe, hrsg. v. D. Stapf (Berlin–Darmstadt 1970), S. 617; 636; 712.

R. Schneider, Apokalypse. Sonette (Baden-Baden 1946).

ders., Die letzten Tage (Baden-Baden 1946).

P. Schneider, Lenz. Eine Erzählung (Berlin 1973).

W. Schnurre, Tröstung/Dezember, in: Kassiber. Neue Gedichte (Frankfurt/M. 1964), S. 62 f.

A. Seghers - G. Lukács, Briefwechsel, in: Marxismus und Literatur. Eine Dokumentation in 3 Bdn., hrsg. v. F.J. Raddatz Bd. II (Hamburg 1969), S. 110–138.

A. Seghers, Die Hochzeit von Haiti, in ihrem Band: Die Hochzeit von Haiti. Karibische Geschichten (Taschenbuch-Ausgabe Darmstadt– Neuwied 1976), S. 5–60.

D. Sölle, Die revolutionäre Geduld (Berlin 1974).

A. Thome, Moderne Problemliteratur im Religionsunterricht. Themen. Texte. Modelle. Methoden (München 1974).

M. Walser, Das Sauspiel. Szenen aus dem 16. Jahrhundert (Frankfurt/M. 1975).

P. Weiss, Die Ermittlung. Oratorium in 11 Gesängen (1963; Taschenbuch-Ausgabe Hamburg 1969).

ders., Telegramm an die Kubanische Zeitung Granma, abgedruckt auf der Rückseite zur Che-Biographie: Ernesto Che Guevara, Hasta la victoria siempre (Berlin 1968).

ders., Che Guevara!, in seinem Band: Rapporte 2 (Frankfurt/M. 1972), S. 82–90.

W. Weyrauch, Der Deutsche, in: Deutsche Lyrik. Gedichte seit 1945, hrsg. v. H. Bingel (München 1963), S. 32.

W. Willms, Aus der Luft gegriffen. Bausteine zu Gottesdiensten mit Kindern und Familie (Kevelaer 1976).

J. Wittig, Leben Jesu in Palästina, Schlesien und anderswo Bd. I–II (Gotha 1927).

K. Wolff, Ohne wenn und aber. Lesetexte. Sehtexte. Hörtexte (Neukirchen-Vluyn 1975).

E. Zeller, Sage und schreibe. Gedichte (Stuttgart 1971).

dies., Fliehkraft. Gedichte (Stuttgart 1975).

dies., Golgatha, in: Evangelische Kommentare 8 (1975).

C. Zuckmayer, Als wär's ein Stück von mir. Horen der Freundschaft (1966; Taschenbuch-Ausgabe Frankfurt/M. 1969).

II. SEKUNDÄRLITERATUR

1. *Literarisch-theologische Arbeiten*

H. Altmann, Was ist christliche Dichtung?, in: Der Deutschunterricht 16 (1964), S. 5–21 (Nov.).

H.J. Baden, Der verschwiegene Gott. Literatur und Glaube (München 1963).

ders., Literatur und Bekehrung (Stuttgart 1968).

ders., Poesie und Theologie (Hamburg 1971).

H.E. Bahr, Theologische Untersuchungen der Kunst. Poiesis (Taschenbuch-Ausgabe München–Hamburg 1965).

H.U. v. Balthasar, Herrlichkeit. Eine theologische Ästhetik Bd. III, 1 (Einsiedeln 1965).

R. Barth, J. Ackermann, T.S. Warshaw (Ed.), Biblical images in literature (Nashville–New York 1975).

H. Beckmann, Godot oder Hiob. Glaubensfragen in der modernen Literatur (Hamburg 1965).

M. Bense, Ptolemäer und Mauretanier oder die theologische Emigration der deutschen Literatur (Köln–Berlin 1950).

H. Biesel, Dichtung und Prophetie (Düsseldorf 1972).

W. Binder, Das Bild des Menschen in der modernen Literatur, in: Das moderne Menschenbild und das Evangelium, hrsg. v. O. Cullmann u. O. Karrer (Zürich–Einsiedeln–Köln 1969), S. 14–46.

J. Blank (Hrsg.), Der Mensch am Ende der Moral. Dargestellt an Beispielen neuerer Literatur (Düsseldorf 1971).

H. Blanke, Das Menschenbild der modernen Literatur als Frage an die Kirche (Zürich–Stuttgart 1966).

H. Böll, Rose und Dynamit (1958), in seinem Band: Aufsätze – Kritiken – Reden Bd. I (München 1969), S. 37f.

ders., Kunst und Religion (1959), in seinem Band: Hierzulande. Aufsätze zur Zeit (München 1963), S. 46–52.

ders., Heinrich Böll – im Gespräch, in: Internationale Dialog Zeitschrift 2 (1969), S. 291–295.

G.N. u. L.A. Boyd, Religion in contemporary fiction: Criticism from 1945 to the present (San Antonio/Texas 1973).

U. Brumm, Die religiöse Typologie im amerikanischen Denken (Leiden 1963).

H. Burgert, Glaube und Dichtung. Von Grenze und Größe christlicher Poesie, in: Die Zeichen der Zeit 15 (1961), S. 368–373.

J. Burkhardt, Die Krisis der Dichtung als theologisches Problem (Zürich 1962).

Was ist das Christliche in der christlichen Literatur? Studien und Berichte der Katholischen Akademie in Bayern (Heft 12), hrsg. v. K. Forster (München 1960) mit Beiträgen von *W. Grenzmann, H. Kunisch, C. Hohoff, H.E. Holthusen, A. Winklhofer.*

Christliche Themen in der Literatur der Welt Bd. I–II (1952–58; Taschenbuch-Ausgabe Hamburg 1964–65).

G. Debus, Das sogenannte Christliche in der heutigen Literatur, in: Almanach 2 für Theologie und Literatur (Wuppertal 1968), S. 169–182.

D.L. Deffner, The Christ-Figure in Contemporary Literature, in: Concordia 34 (1963), S. 278–283.

K.H. Deschner (Hrsg.), Was halten Sie vom Christentum (München 1961).

R. Detweiler, Christ and the Christ Figure in American Fiction, in: The Christian Scholar 47 (1964), S. 111–124; auch in: New Theology No. 2, hrsg. v. M.E. Marty u. D.G. Peerman (New York–London 1965), S. 297–316.

ders., Christ in American Religious Fiction, in: Journal of Bible and Religion 32 (1964), S. 8–14.

Ch. Dowing, Typology and the Literary Christ Figure: A Critique, in: Journal ot the American Academy of Religion 36 (1968), S. 13–27.

R. Eppelsheimer, Mimesis und Imitatio Christi bei Loerke, Däubler, Morgenstern, Hölderlin (Bern–München 1968).

Ch. Eykman, Die Christusgestalt in der expressionistischen Dichtung, in: Wirkendes Wort 23 (1973), S. 400–410.

I. Feuerlicht, Christ Figures in Literature, in: Personalist 48 (1967), S. 461–472.

H. Flügel, Gesichtspunkte der Literatur, in: Wer ist das eigentlich – Gott?, hrsg. v. H.J. Schultz (München 1969), S. 45–55.

P.T. Forsyth, Christ on Parnassus. Lectures on Art, Ethics and Theology (London 1959).

E. Frenzel, Art. Jesus, in ihrem Band: Stoffe der Weltliteratur. Ein Lexikon dichtungsgeschichtlicher Längsschnitte (Stuttgart [3]1970), S. 354–358.

H. Friedmann - O. Mann (Hrsg.), Christliche Dichter im 20. Jahrhundert. Beiträge zur europäischen Literatur (Bern–München [2]1968).

H. Fries, Zeitgenössische Grundtypen nichtkirchlicher Jesusdeutungen, in: Grundfragen die Christologie heute (Freiburg–Basel–Wien 1975), S. 36–76.

Die Gestalt Jesu Christi im modernen Roman, in: Herder Korrespondenz 7 (1952/53), S. 463–468.

H. Gisecke, Christliches Erbe und lyrische Gestaltung. Eine kritische Bestandesaufnahme der christlichen Lyrik der Gegenwart (Leipzig 1961).

M. Glaser, Die Aufgabe der Theologie innerhalb der Literaturwissenschaft, in: Der Deutschunterricht 15 (1963), S. 40–64.

Ch.I. Glicksberg, Modern Literature and the Death of God (The Hague 1966).

W. Grenzmann, Dichtung und Glaube (Bonn 1950, [4]1960).

ders., Die Dichtung der Gegenwart (Frankfurt/M. [2]1955).

ders., Christus-Thematik in der heutigen Literatur, in: Stimmen der Zeit 164 (1959), S. 97–113.

H. Grosse, Das Christusbild in der romantischen Dichtung (Marburg Phil. Diss. 1949).

G.B. Gunn, Literature and Its Relation to Religion, in: Journal of Religion 50 (1970), S. 268–291.

F. Hahn, Bibel und moderne Literatur. Große Lebensfragen in Textvergleichen (Stuttgart [3]1967).

ders., Existenzverständnis in der modernen Literatur, in: Was bleibt vom Worte Gottes, hrsg. v. F. Schlösser (Limburg 1969), S. 39 ff.

H. Hakel (Hrsg.), Die Bibel im deutschen Gedicht des 20. Jahrhunderts (Basel–Stuttgart 1958).

G. Hartlaub, Apokalyptisches in der modernen Literatur, in: Abschied vom Christentum? (Hamburg 1964), S. 100–112.

E. Hederer, Der christliche Dichter (Einsiedeln 1956).

C. Hohoff, Literatur ohne Tabu. Der Streit um den katholischen Roman, in: Wort und Wahrheit 8 (1953), S. 265–270.

ders., Was ist christliche Literatur? (Freiburg–Basel–Wien 1966).

H.E. Holthusen, Christentum, Dichtung und christliche Dichtung, in seinem Band: Kritisches Verstehen. Neue Aufsätze zur Literatur (Stuttgart 1961), S. 240–256.

K.-A. Horst, Zur Pervertierung religiöser Symbole und Motive in der neueren Literatur, in: Weltgespräche Bd. I. Weltliches Sprechen von Gott (Freiburg/Br. 1967), S. 41–49.

F. Humbel, Die Jesusgestalt in der Dichtung der Gegenwart (Aeschi bei Spiez 1958).

J. Imbach, Kurt Martis prophetischer Protest, in: Vaterland vom 28. Juni 1975; leicht verändert abgedruckt auch in: Christ in der Gegenwart vom 27.4.1975.

ders., Kirchenkritik in der Gegenwartsliteratur, in: Schweizer Rundschau 75 (1976), S. 5–16 (Heft 4).

ders., Religiöse Interpretation von Literatur, in: Vaterland vom 1. Mai 1976.

W. Jens, Die Evangelisten als Schriftsteller, in seinem Band: Republikanische Reden (München 1976), S. 30–40.

ders., Die christliche Predigt. Manipulation oder Verkündigung?, in seinem Band: Republikanische Reden . . . , S. 11–29.

L.W. Kahn, Literatur und Glaubenskrise (Stuttgart 1964).

Die Kirche in der Sicht von P. Handke, in: Die integrierte Gemeinde. Christliche Existenz in einer säkularen Welt. Beiträge zur Reform der Kirche (München 1976), S. 443–464.

A.H. Kober, Geschichte der religiösen Dichtung in Deutschland. Ein Beitrag zur Entwicklungsgeschichte der deutschen Seele (Essen 1919).

W. Kohlschmidt, Möglichkeiten und Grenzen einer theologischen Orientierung der Literaturwissenschaft, in: Sammlung 6 (1951), S. 336–348.

ders., Die entzweite Welt. Studien zum Menschenbild in der neueren Dichtung (Gladbeck 1953).

ders., Das Gottesbild und sein Ersatz in der modernen Dichtung, in: Der Gottesgedanke im Abendland, hrsg. v. A. Schaefer (Stuttgart 1964), S. 109–129.

J. Kopperschmidt, Gott ist tot. Versuch über die literarische Umsetzung dieses Satzes, in: Der fragliche Gott, hrsg. v. J. Kopperschmidt (Düsseldorf 1973), S. 67–108.

G. Kranz, Christliche Literatur der Gegenwart (Aschaffenburg 1961).

ders., Gibt es christliche Dichtung?, in: Wort und Wahrheit 18 (1963), S. 299–307.

ders., Europas christliche Literatur Bd. I (von 500–1500) u. Bd. II (von 1500 bis heute) (München–Paderborn–Wien 1968).

ders., "Christliche Dichtung" als literaturwissenschaftlicher Begriff, in: Orientierung 38 (1974), S. 233–235.

ders., Christliche Dichtung heute. Bibliographie der Neuerscheinungen von 1960 bis 1975, der Taschenbücher, Schulausgaben und Interpretationen (Paderborn 1975).

E.J. Krzywon, Moderne Literatur und Theologie. Zwischen Identität, Diastase und Konfrontation, in: Stimmen der Zeit 189 (1973), S. 563–567.

ders., Was konstituiert christliche Literatur?, in: Stimmen der Zeit 189 (1973), S. 672–680.

ders., Literaturwissenschaft und Theologie. Elemente einer hypothetischen Literaturtheologie, in: Stimmen der Zeit 190 (1974), S. 108–116.

ders., Theologie als literarische Realisation, in: Stimmen der Zeit 190(1974), S. 60–63.

ders., Literaturwissenschaft und Theologie. Über die literaturtheologische Kompetenz, in: Stimmen der Zeit 191 (1975), S. 199–204.

P.K. Kurz, Über moderne Literatur Bd. I–IV (Frankfurt/M. 1967–1973).

ders., Der Christ und die Literatur. Blickrichtungen christlicher Literaturbetrachtung und Kritik, in: Stimmen der Zeit 184 (1968), S. 259–269.

ders., Literatur und Christentum. Ein Literaturbericht, in: Stimmen der Zeit 185 (1969), S. 262–274.

ders., Der zeitgenössische Jesus-Roman, in: Jesus von Nazaret, hrsg. v. F.J. Schierse (Mainz 1972), S. 110–133; auch abgedruckt in seinem Band: Über moderne Literatur III (Frankfurt/M. 1971), S. 174–201.

ders., Literatur als Sprache und Ideologiekritik: Kurt Marti, in: Orientierung 36 (1972), S. 121–124.

ders., Das Religiöse nach dem Ende der "christlichen Literatur", in: Orientierung 36 (1972), S. 107–109.

ders., Anmerkungen zu "christliche Dichtung" oder Realisation?, in: Orientierung 38 (1974), S. 58–60.

ders., Realisation – nicht "christliche Dichtung". Zum Verhältnis von Theologie und Dichtung nach der Aufklärung, in: Orientierung 38 (1974), S. 190–194.

ders., Die Neuentdeckung des Poetischen. Zwischen Entfremdung und Utopie (Frankfurt/M 1975).

ders., Geheiligt werde dein zugefrorener Name. Neue religiöse Lyrik der Frauen, in: Orientierung 40 (1976), S. 15–19.

ders., Die Wahrheit liegt hart an der Grenze. Neue christliche Lyrik der Männer, in: Orientierung 40 (1976), S. 110–113 u. 131–133.

ders., Ist Gott lieb, in: Orientierung 40 (1976), S. 250–252.

H. Linnerz (Hrsg.), Gibt es heute christliche Dichtung? (Recklinghausen 1960).

G. Lohfink, Erzählung als Theologie. Zur sprachlichen Grundstruktur der Evangelien, in: Stimmen der Zeit 190 (1974), S. 521–532.

H. Lück, Vom galaktischen Geist und seinen Propheten. Theologische Elemente in der Science Fiction, in: Die deformierte Zukunft. Untersuchungen zur Science Fiction, hrsg. v. R. Jehmlich u. H. Lück (München 1974), S. 105–132.

W. Lück, Strukturen der Lyrik in der Sprache der Verkündigung, in: Theologia Practica 2 (1967), S. 14–30.

K. Lüthi, Die neue Welt der Schriftsteller. Theologische Argumente für die Literatur der Gegenwart (Stuttgart–Berlin 1968).

ders., Theologie im Dialog mit der Welt von heute (Freiburg–Basel–Wien 1971).

W.F. Lynch, Christ and Apollo. The Dimensions of the Literary Imagination (New York 1960).

K. Marti, K. Lüthi, K.v. Fischer, Moderne Literatur, Malerei und Musik. Drei Entwürfe zu einer Begegnung zwischen Glaube und Kunst (Zürich-Stuttgart 1963).

K. Marti, Jesus – der Bruder. Ein Beitrag zum Christusbild in der neueren Literatur, in: Evangelische Kommentare 3 (1970), S. 272–276.

ders., Grenzverkehr. Ein Christ im Umgang mit Kultur, Literatur und Kunst (Neukirchen-Vluyn 1976).

J.B. Metz, Kleine Apologie des Erzählens, in: Concilium 9 (1973), S. 334–341.

D. Mieth, Dichtung, Glaube und Moral. Studien zur Begründung einer narrativen Ethik (Mainz 1976).

ders., Narrative Ethik, in: Freiburger Zeitschrift für Philosophie und Theologie 22 (1975), S. 297–326.

Moderne Literatur und christlicher Glaube. Studien und Berichte der Katholischen Akademie in Bayern (Heft 41), hrsg. v. F. Henrich (München 1967, ^{2}1969) mit Beiträgen von *P.K. Kurz, H.E. Holthusen, A.E. de la Maestre, W. Ross.*

Moderne Lyrik als Ausdruck religiöser Erfahrung (Göttingen 1964) mit Beiträgen von *D. Sailer, B. Gajek, R. Dross.*

Ch. Moeller, Littérature du 20ième siècle et christianisme Bd. I–IV (Paris/Tournai 1954–1960).

ders., Der Mensch vor dem Heil. Eine Untersuchung moderner Literatur (Salzburg 1967).

E.M. Moseley, Christ as a doomed youth. Remarque's All quiet on the Western Front, in: Pseudonyms of Christ in modern novel. Motifs and methods (Pittsburgh 1962), S. 89–105.

W. Nigg, Wallfahrt zur Dichtung (Zürich–Stuttgart 1966).

D. Ouwendijk, Die religiöse Problematik im modernen Roman (Düsseldorf 1951).

H. Pabst, Brecht und die Religion (Graz–Wien–Köln 1977).

H. Petzold, Zur Frömmigkeit der heiligen Narren, in: Die Einheit der Kirche. Dimensionen ihrer Heiligkeit, Katholizität und Apostolizität (Festschrift P. Meinhold), hrsg. v. L. Hein (Wiesbaden 1977).

G. Pfannmüller, Jesus im Urteil der Jahrhunderte. Die bedeutendsten Auffassungen Jesu in Theologie, Philosophie, Literatur und Kunst bis zur Gegenwart (Berlin ²1939).

E. Pfennigsdorf, Christus im deutschen Geistesleben. Eine Einführung in die Geisteswelt der Gegenwart (Schwerin 1915).

K. Pfleger, Religiöse Wirklichkeit im zeitgenössischen Roman, in: Wort und Wahrheit 4 (1949), S. 473–478.

C.H. Ratschow, Art. Jesusbild der Gegenwart, in: RGG Bd. III (Tübingen ³1959), S. 655–663.

J.S. Reist, Jr., "What Dost Thou in this World?" A study of christological possibilities in modern literature, in: Foundations 11 (1968), S. 68–87.

W. Ross, Christliche Literaturkritik?, in: Hochland 48 (1955/56), S. 434–445.

ders., Das Unbehagen in der christlichen Literatur, in: Hochland 56 (1963/64), S. 105–118.

ders., Ist die christliche Literatur zu Ende?, in: Moderne Literatur und christlicher Glaube. Studien und Berichte der Katholischen Akademie in Bayern (Heft 41), hrsg. v. F. Henrich (München 1967, ²1969), S. 127–146.

ders., Christliche Elemente in der zeitgenössischen Literatur, in: Hochland 61 (1969), S. 331–342.

W. Rothe, Der Mensch vor Gott. Expressionismus und Theologie, in: Expressionismus als Literatur, hrsg. v. W. Rothe (Bern 1969), S 37–66.

B. Sang, Christliche Rebellen? Zur Herausforderung moderner Literatur und Dichtung, in: Quatember 29 (1964/65), S. 120–126.

W. Schäfer, Geistliche Dichtung heute, in: Musik und Kirche 34 (1964), S. 159–170.

H. Schirmbeck, Der moderne Jesusroman, in: Christliche Dichter im 20. Jahrhundert. Beiträge zur europäischen Literatur, hrsg. v. O. Mann (Bern–München 1955, ²1968), S. 445–453.

D.-O. Schmalstieg, Moderne Komödie. Phänomenologische Studie zu einer Theologie des homo ludens (Wien Theol. Diss. 1969).

A. Schoene, Säkularisation als sprachbildende Kraft. Studien zur Dichtung deutscher Pfarrersöhne (Göttingen 1958).

F. Schriewer, Religiöse Literatur oder literarische Religiosität? Zum "theologischen Roman" der Gegenwart, in: Zeitwende 23 (1951), S. 201–214.

H. Schroer, Theologische Momente moderner deutscher Literatur. Ein Beitrag zur Hermeneutik applikativer Theologie, in: Kerygma und Dogma 12 (1966), S. 83–106.

ders., Moderne deutsche Literatur in Predigt und Religionsunterricht. Überlegungen zur Wahrnehmung heilsamer Provokationen (Heidelberg 1972).

N.A. Scott, Jr., Prolegomenon to a Christian Poetic, in: The Journal of Religion 35 (1955), S. 191–206.

ders. (Hrsg.), The Climate of Faith in modern Literature (New York 1964).

ders., The Broken Center. Studies in the Theological Horizon of Modern Literature (New Haven–London 1966).

ders. (Hrsg.), Adversity and Grace. Studies in Recent American Literature, in: Essays in Divinity, hrsg. v. J.C. Brauer Bd IV (Chicago–London 1968).

ders., Negative Capability. Studies in the new literature and the religious situation (New Haven–London 1969).

H. Sierig, Narren und Totentänzer. Eine theologische Interpretation moderner Dramatik (Hamburg 1968).

D. Sölle, Bertolt Brechts Weihnachtsgedichte interpretiert im Zusammenhang seiner lyrischen Theorie, in: Euphorion 61 (1967), S. 84–103.

dies.; Thesen über die Kriterien des theologischen Interesses an Literatur, in: Internationale Dialog Zeitschrift 2 (1969), S. 331.

dies., Zum Dialog zwischen Theologie und Literaturwissenschaft, in: Internationale Dialog Zeitschrift 2 (1969), S. 296–318.

dies., Realisation. Studien zum Verhältnis von Theologie und Dichtung nach der Aufklärung (Darmstadt–Neuwied 1973).

H. Spiero, Die Heilandsgestalt in der neueren deutschen Dichtung (Berlin 1926).

Theater als Ärgernis? Münchner Akademie-Schriften. Katholische Akademie in Bayern (Bd. 48), hrsg. v. F. Henrich (München 1969) mit Beiträgen von *F. Kienecker, M. Züfle, P. Zadek.*

Theologie und Literatur, in: Concilium 12 (1976) Heft 5: Themenheft mit Beiträgen von *H. Rousseau, J.-C. Renard, J.P. Manigne, J.C. Scannone, B. Quelquejeu, K. Netzer, J.B. Metz, J.L. Aranguren, Ph. Sellier, M.A. Lathouwers.*

Zur Problematik Theologischer Literaturkritik, in: Internationale Dialog Zeitschrift 2 (1969) Heft 4: Themenheft mit Beiträgen von *H. Böll, D. Sölle, J. Killinger, R.-U. Traitler, P. Levi, D.-O. Schmalstieg* u.a.

A. Thome, Moderne Literatur in der Glaubensverkündigung, in: Trierer Theologische Zeitschrift 78 (1969), S. 161–176.

N.M. Tischler, The Christ Archetyps in Modern Criticism, in: Newsletters of the Conference on Christianity and Literature 17 (1968), S. 19–25.

H. Urner, Jesusromane?, in: Monatszeitschrift für Pastoraltheologie 40 (1951), S. 30–41.

H. Weinrich, Narrative Theologie, in: Concilium 9 (1973), S. 329–334.

E. Widemann-Keldenich, Die Christusgestalt in der neueren deutschen Epik (München Phil. Diss. 1948).

A.N. Wilder, Modern poetry and the christian tradition: a study in relation of christianity to culture (New York 1952).

ders., Theology and modern Literature (Cambridge 1958).

ders., Theopoetic. Theology and the Religious Imagination (Philadelphia 1976).

K. Zähringer, Christus im Roman der Gegenwart, in: Benediktinische Monatsschrift 41 (1955), S. 398–408 u. 478–489.

Th. Ziolkowski, Fictional Transfigurations of Jesus (Princeton 1972).

M. Züfle, Mensch gesucht, z.B. Jesus. Meditationen zur nachchristlichen Literatur (Stuttgart 1972).

2. *Literaturwissenschaftliche und theologische Arbeiten*

G. Adler, Die Jesusbewegung. Aufbruch der enttäuschten Jugend (Düsseldorf 1972).

Th. W. Adorno, Prismen (Frankfurt/M. 1963).

ders., Jargon der Eigentlichkeit (Frankfurt/M. 1964).

ders., Negative Dialektik (1966; Taschenbuch-Ausgabe Frankfurt/M. 1975).

Almanach der Gruppe 47, hrsg. v. H.W. Richter u. W. Mannzen (Hamburg 1962).

H. Arendt, Der christliche Papst. Bemerkungen zum "Geistlichen Tagebuch" Johannes XXIII., in: Merkur 20 (1966), S. 362–372.

E. Auerbach, Figura, in: Archivum Romanicum 22 (1938), S. 436–489.

ders., Mimesis. Dargestellte Wirklichkeit in der abendländischen Literatur (Bern 1946, [4]1967).

H. Bänziger, Frisch und Dürrenmatt (Bern–München 1960, [5]1967).

H.-E. Bahr, Gottesdienst und Öffentlichkeit. Zur Theorie und Didaktik neuer Kommunikationen, hrsg. v. P. Cormehl u. H.-E. Bahr (Hamburg 1970).

H.U. v. Balthasar, Bernanos (Köln–Olten 1954).

J. Bark, Dürrenmatts "Pilatus" und das Etikett des christlichen Dichters, in: Friedrich Dürrenmatt. Studien zu seinem Werk, hrsg. v. G.P. Knapp (Heidelberg 1976), S. 53–68.

W. Bauer, Das Leben Jesu im Zeitalter der neutestamentlichen Apokryphen (Tübingen 1909).

R. Baumgart, Literatur für Zeitgenossen. Essays (Frankfurt/M. 1966).

ders., Nützliche Kopfschmerzen (zu G. Herburgers "Jesus in Osaka"), in: Der Spiegel vom 12.10.1970.

ders., Die verdrängte Phantasie. 20 Essays über Kunst und Gesellschaft (Darmstadt–Neuwied 1973).

Th. Beckermann (Hrsg.), Über Max Frisch (Frankfurt/M. 1971).

Th. Beckermann u. V. Canaris (Hrsg.), Der andere Hölderlin. Materialien zum 'Hölderlin'-Stück von Peter Weiss (Frankfurt/M. 1972).

A. Béguin, Georges Bernanos in Selbstzeugnissen und Bilddokumenten (Hamburg 1958).

S. Ben Chorin, Bruder Jesus. Der Nazarener in jüdischer Sicht (1967; Taschenbuch-Ausgabe München 1972).

H. Bender (Hrsg.), Mein Gedicht ist mein Messer. Lyriker zu ihren Gedichten (1955; Taschenbuch-Ausgabe München 1969).

O.F. Best, Peter Weiss. Vom existentialistischen Drama zum marxistischen Welttheater. Eine kritische Bilanz (Bern 1971).

E. Bethge, Dietrich Bonhoeffer (München 1967, [3]1970).

G. Bezzel-Dischner, Die Lyrik von Nelly Sachs und ihr Bezug zur Bibel, zur Kabbala und zum Chassidismus, in: Text und Kritik. Zeitschrift für Literatur (Heft 23) Juli 1969, S. 25–40.

dies., Poetik des modernen Gedichts. Zur Lyrik von Nelly Sachs (Bad Homburg–Berlin–Zürich 1970).

H. Bienek, Werkstattgespräche mit Schriftstellern (1962; Taschenbuch-Ausgabe München 1965).

E. Bloch, Das Prinzip Hoffnung, I–III (Frankfurt/M. 1959).

H. Böll, Themenheft 33 Text und Kritik (1974) mit Beiträgen von *H. Böll, H. Hengst, J. Vogt, H. Beth, H.L. Arnold, Th.B. Schumann.*

H. Böll, Ch. Linder, Drei Tage im März. Ein Gespräch (Köln 1975).

H. Böll, Reiner Kunzes Prosa: Die Faust, die weinen kann, in: Die Zeit vom 17. September 1976.

D. Bonhoeffer, Widerstand und Ergebung. Briefe und Aufzeichnungen aus der Haft, hrsg. v. E. Bethge, (München 1951; Neuausgabe München 1970).

H. Brackert, Bauernkrieg und Literatur (Frankfurt/M. 1975).

H. Broch, Randbemerkungen zu Elisabeth Langgässers Roman "Das unauslöschliche Siegel", in: Literarische Revue 4 (1949), S. 56–59; wieder abgedruckt in: H. Broch, Schriften zur Literatur 1 (Kritik) Kommentierte Werkausgabe Bd. 9/1, hrsg. v. P.M. Lützeler (Frankfurt/M. 1975), S. 405–411.

E. Brock-Sulzer, Friedrich Dürrenmatt. Stationen seines Werkes (Zürich 1964).

M. Buber, Zwei Glaubensweisen (Zürich 1950).

Büchner-Preis-Reden 1951–1971 (Stuttgart 1972).

G. Buhr, Celans Poetik (Göttingen 1976).

R. Bultmann, Die Gesschichte der synoptischen Tradition (Göttingen 1921, [5]1961).

ders., Neues Testament und Mythologie (1941), in: Kerygma und Mythos Bd. I (Hamburg 1951), S. 15–48.

ders., Jesus Christus und die Mythologie (1958), in: Glauben und Verstehen Bd. IV (Tübingen 1965), S. 141–189.

F. Cavelli-Adorno, Über die religiöse Sprache. Kritische Erfahrungen (Frankfurt/M. 1965).

Paul Celan. Themenheft 53/54 Text und Kritik (1977) mit Beiträgen von *Th. Buck, G. Zürcher, A. Kelletat, G.-M. Schulz, H.-P. Bayerdörfer, B. Böschenstein, J.E. Jackson, St. Reichert.*

Y. Congar, "Die Kirche" von Hans Küng, in: Diskussion um Hans Küng "Die Kirche", hrsg. u. eingel. v. H. Häring u. J. Nolte (Freiburg–Basel–Wien 1971), S. 155–175.

H. Cox, The Feast of Fools. A Theological Essay on Festivity and Fantasy (1969); dt: Das Fest der Narren. Das Gelächter ist der Hoffnung letzte Waffe (Stuttgart–Berlin 1970).

ders., The Seduction of the Spirit. The Use and Misuse of People's Religion (1973); dt: Verführung des Geistes (Stuttgart 1974).

O. Cullmann, Jesus und die Revolutionären seiner Zeit (Tübingen 1970).

B. Dedner, Das Hörspiel der fünfziger Jahre und die Entwicklung des Sprechspiels seit 1965, in: Die deutsche Literatur der Gegenwart. Aspekte und Tendenzen, hrsg. v. M. Durzak (Stuttgart 1973), S. 128–147.

P. *Demetz,* Die süße Anarchie. Skizzen zur deutschen Literatur seit 1945 (1970; Taschenbuch-Ausgabe Frankfurt/M.–Berlin–Wien 1973).

K.H. *Deschner* (Hrsg.), Was halten Sie vom Christentum? (München 1961).

M. *Dibelius,* Die Formgeschichte des Evangeliums (Tübingen 1919, [5]1966).

H. *Domin* (Hrsg.), Doppelinterpretation. Das zeitgenössische deutsche Gedicht zwischen Autor und Leser (Taschenbuch-Ausgabe Frankfurt/M. 1969).

M. *Durzak* (Hrsg.), Die deutsche Literatur der Gegenwart. Aspekte und Tendenzen (Stuttgart 1973).

ders., Der deutsche Roman der Gegenwart (Stuttgart–Berlin–Köln–Mainz 1973).

ders., Gespräch über den Roman. Formbestimmungen und Analysen (Frankfurt/M. 1976).

R. *Eisler,* Jesous basileus ou basileusas Bd. I–II (Heidelberg 1929–30).

H.M. *Enzensberger,* Nachwort zu Nelly Sachs. Ausgewählte Gedichte (Frankfurt/M. 1963), S. 83–92.

D. *Erlach,* Wolfgang Koeppen als zeitkritischer Erzähler (Uppsala 1973).

E.K. *Fischer,* Das Hörspiel. Form und Funktion (Stuttgart 1964).

E. *Franzen,* Aufklärungen. Essays (Frankfurt/M. 1964).

E. *Frenzel,* Stoffe der Weltliteratur. Ein Lexikon dichtungsgeschichtlicher Längsschnitte. (Stuttgart [3]1970).

H. *Friedrich,* Die Struktur der modernen Lyrik. Von Baudelaire bis zur Gegenwart (Hamburg 1956).

D. *Georgi,* Art. Leben-Jesu-Theologie, in: RGG Bd. V (Tübingen [3]1960), S. 249f.

H.J. *Geppert,* Wir Gotteskinder. Die Jesus-people-Bewegung (Würzburg–Gütersloh 1972).

H.V. *Geppert,* Der "andere" historische Roman. Theorie und Struktur einer diskontinuierlichen Gattung (Tübingen 1966).

Gespräch mit Günter Grass, in: Text und Kritik 1/1a (Okt. 1971), S. 1–26.

F. *Gogarten,* Verhängnis und Hoffnung der Neuzeit. Die Säkularisierung als theologisches Problem (Stuttgart 1953).

G. *Grass,* Themenheft 1/1a von Text und Kritik (Okt. 1971)

U. *Greiner* (Hrsg.), über Wolfgang Koeppen (Frankfurt/M. 1976).

H. *Haag* u.a., Teufelsglaube (Tübingen 1974).

E. *Haas,* Ideologie und Mythos. Studien zur Erzählstruktur und Sprache im Werk der Anna Seghers (Stuttgart 1975).

G. *Haffmans,* Über Alfred Andersch (Zürich 1974).

H. *Halbfas,* Fundamentalkatechetik. Sprache und Erfahrung im Religionsunterricht (1968; Taschenbuch-Ausgabe Düsseldorf 1973).

G.W. *Heinemann,* Präsidiale Reden (Frankfurt/M. 1975).

H. *Heißenbüttel,* Hörspielpraxis und Hörspielhypothese, in seinem Band: Zur Tradition der Moderne. Aufsätze und Anmerkungen 1964–1971 (Neuwied–Berlin 1972), S. 224–230.

M. *Hengel,* War Jesus Revolutionär? (Stuttgart 1970).

E. *Hennecke - W. Schneemelcher,* Neutestamentliche Apokryphen Bd. I–II (Tübingen 1959, [4]1968).

W. *Höck,* Formen heutiger Lyrik. Verse am Rande des Verstummens (München 1969).

Ch. *Hörburger,* Das Hörspiel der Weimarer Republik. Versuch einer kritischen Analyse (Stuttgart 1975).

A. *Holl,* Jesus in schlechter Gesellschaft (1971; Taschenbuch-Ausgabe München 1974).

H.E. *Holthusen,* Konversion und Freiheit (1951), in: Der unbehauste Mensch. Motive und Probleme der modernen Literatur (1951; Taschenbuch-Ausgabe München 1964).

H.J. *Holtzmann,* Die synoptischen Evangelien. Ihr Ursprung und ihr geschichtlicher Charakter (Leipzig 1863).

H. Huppert, Sinnen und Trachten. Anmerkungen zur Poetologie (Halle 1973).

M.C. Hyers (Ed.), Holy Laughter. Essays von Religion in the Comic Perspektive (New York 1969).

W. Ignée, Ein Golgatha auf der Teck, in: Stuttgarter Zeitung vom 24. Juli 1971.

W. Jens, Statt einer Literaturgeschichte (Pfullingen 1957, [5]1962).

ders., Die Götter sind sterblich (Pfullingen 1959).

ders., Vollkommenheit im Einfachen, in: Die Zeit vom 27. November 1959.

ders., Deutsche Literatur der Gegenwart (1961; Taschenbuch-Ausgabe München 1964).

ders., Wo die Dunkelheit endet (1963), in: Über Peter Huchel, hrsg. v. H. Mayer (Frankfurt/M. 1973), S. 22–37.

ders., Von deutscher Rede (1969; Taschenbuch-Ausgabe München 1972).

ders., Nachwort zu Günter Eichs "Die Mädchen aus Viterbo", in: Über Günter Eich, hrsg. v. S. Müller-Hanpft (Frankfurt/M. 1970), S. 123–128.

ders., Republikanische Reden (München 1976).

ders., Alter Mann im trauten Heim, in: DIE ZEIT vom 16.1.1976.

Jesus People Report (Wuppertal 1972).

G.L. Jost, in: Der deutsche Buchhandel (Mitteilungen für die Presse 1965) Nr. 174.

G. Just (Hrsg.), Walter Jens. Eine Einführung (München 1965).

K.G. Just, Von der Gründerzeit bis zur Gegenwart. Geschichte der deutschen Literatur seit 1871 (Bern–München 1973).

E. Käsemann, Jesu letzter Wille nach Johannes 17 (Tübingen 1966).

ders., "Jesus Christus befreit und eint". Meditation zum Thema der Fünften Vollversammlung, in: Ökumenische Rundschau 24 (1975), S. 129–142.

E. v. Kahler, Das Fortleben des Mythos, in seinem Band: Die Verantwortung des Geistes (Frankfurt/M. 1952), S. 201–213.

ders., Untergang und Übergang. Essays (München 1970).

J.M. Kamps, Aspekte des Hörspiels, in: Tendenzen der deutschen Literatur seit 1945, hrsg. v. Th. Koebner (Stuttgart 1971), S. 480–501.

H. Karasek, Ein anderes 1984. Günter Herburger begibt sich auf das Feld der Zukunft, in: Die Zeit vom 25. September 1970.

W. Kasper, Jesus der Christus (München–Mainz 1974).

K. Kautsky, Ursprung des Christentums (Stuttgart 1908).

S. Keen, To a Dancing God (New York–Evanston–London 1970).

P. Kersten, Die Metaphorik in der Lyrik von Nelly Sachs. Mit einer Wortkonkordanz und einer Nelly Sachs-Bibliographie (Hamburg 1970).

H. Kesten, Erich Kästner. Einleitung zu: Erich Kästner, Gesammelte Schriften Bd. I (Köln 1959), S. 5–31.

Kindlers Literatur Lexikon im dtv Bd. I–XXV (München 1974).

G.P. Knapp (Hrsg.), Friedrich Dürrenmatt. Studien zu seinem Werk (Heidelberg 1976).

J. Knopf, Friedrich Dürrenmatt (München 1976).

M. Koch, Wolfgang Koeppen. Literatur zwischen Nonkonformismus und Resignation (Stuttgart–Berlin–Köln–Mainz 1973).

Th. Koebner (Hrsg.), Tendenzen der deutschen Literatur seit 1945 (Stuttgart 1971).

L. Kolakowski, Der Narr und der Priester. Das theologische Erbe in der heutigen Philosophie (1959), in seinem Band: Der Mensch ohne Alternative. Von der Möglichkeit und Unmöglichkeit, Marxist zu sein (München 1976), S. 256–286.

M. Kommerell, Hölderlins Empedokles – Dichtungen, in seinem Band: Geist und Buchstabe der Dichtung (Frankfurt/M. [4]1956), S. 348–355; auch abgedruckt in: Hölderlin. Beiträge zu seinem Verständnis in unserem Jahrhundert, hrsg. v. A. Kelletat (Tübingen 1961), S. 205–226.

A. Krättli, "Jesus in Osaka", in: Neue Zürcher Zeitung vom 30. Januar 1971.

H. Kraft, Das literarische Werk von Walter Jens (Tübingen 1975).

W. Kroll (Hrsg.), Jesus-Generation auch in Europa? Die Jesus-Revolution von Finnland bis Marokko. Berichte und Stimmen (Wuppertal 1972).

K. Krolow, Aspekte zeitgenössischer deutscher Lyrik (Taschenbuch–Ausgabe München 1963).

D. Krywalski, Säkularisiertes Mysterienspiel? Zum Theater Friedrich Dürrenmatts, in: Stimmen der Zeit 179 (1967), S. 344–356.

G. Kuckhoff, Die künstlerische Gestaltung der illegalen Arbeit in Deutschland, in: Aufbau 2 (1946), S. 1162–1164.

H. Küng, Rechtfertigung. Die Lehre Karl Barths und eine katholische Besinnung (Einsiedeln 1957).

ders., Christ sein (München 1974).

W.G. Kümmel, Das Neue Testament. Geschichte der Erforschung seiner Probleme (Freiburg/Br.–München ²1970).

P. Kurath, Die Passion im Oppositionstheater, in: Orientierung 38 (1974), S. 50–53.

O. Lagercrantz, Versuch über die Lyrik der Nelly Sachs (1966; Taschenbuch-Ausgabe Frankfurt/M. 1967).

P. Lapide, Ist das nicht Josefs Sohn? Jesus im heutigen Judentum (Stuttgart–München 1976).

H. Lehnert, Die Gruppe 47. Ihre Anfänge und Gründungsmitglieder, in: Die deutsche Literatur der Gegenwart. Aspekte und Tendenzen, hrsg. v. M. Durzak (Stuttgart 1973), S. 31–62.

W. Lengning (Hrsg.), Der Schriftsteller Heinrich Böll. Ein biographisch-bibliographischer Abriß (1959; Taschenbuch-Ausgabe München 1968).

W. v. Lojewski (Hrsg.), Jesus People oder die Religion der Kinder (München 1972).

J. Lortz, Die Reformation in Deutschland Bd. I–II (Freiburg/Br. 1948).

G. Lukács, Skizze einer Geschichte der neueren deutschen Literatur (1952; Taschenbuch-Ausgabe Darmstadt–Neuwied 1975).

G.M. Martin, Fest und Alltag. Bausteine zu einer Theorie des Festes (Stuttgart–Berlin–Köln–Mainz 1973).

R. Matthaei (Hrsg.), Die subversive Madonna. Ein Schlüssel zum Werk Heinrich Bölls (Köln 1975).

H. Mayer, Zur deutschen Literatur der Zeit. Zusammenhänge. Schriftsteller. Bücher (Hamburg 1967).

ders., Deutsche Literatur seit Thomas Mann (Taschenbuch-Ausgabe Hamburg 1967).

ders., Das Geschehen und das Schweigen. Aspekte der Literatur (Frankfurt/M. 1969).

ders., Der Repräsentant und der Märtyrer. Konstellationen der Literatur (Frankfurt/M. 1971).

ders. (Hrsg.), Über Peter Huchel (Frankfurt/M 1973).

ders., Fritz Hölderlin und Friedrich Hölderlin. Peter Härtlings Roman, in: Frankfurter Allgemeine Zeitung vom 11. September 1976.

ders., Aus dem Alltag der Lüge. "Die wunderbaren Jahre" von Reiner Kunze, in: Frankfurter Allgemeine Zeitung vom 16. Oktober 1976.

E. Meier (Hrsg.), Sprachnot und Wirklichkeitszerfall. Dargestellt an Beispielen neuerer Literatur (Düsseldorf 1972).

D. Meinecke (Hrsg.), Über Paul Celan (Frankfurt/M. 1970) bes. unter theologischem Interesse wichtig die Beiträge von: *W. Jens, M.L. Kaschnitz, K. Oppens, A. Kelletat, S. Prawer, P.P. Schwarz, J. Günther, R. Lorbe, W. Höck.*

J.B. Metz, Zukunft aus dem Gedächtnis des Leidens. Eine gegenwärtige Gestalt der Verantwortung des Glaubens, in: Concilium 8 (1972), S. 399–407.

R. Michaelis, Mein Name sei Hölderlin. Peter Härtling auf den Spuren eines einsamen Dichters, in: Die Zeit vom 13. August 1976.

K. Migner, Theorie des modernen Romans. Eine Einführung (Stuttgart 1970).

R. Minder, Dichter in der Gesellschaft. Erfahrungen mit deutscher und französischer Literatur (1966; Taschenbuch-Ausgabe Frankfurt/M. 1972).

J. Moltmann, Die ersten Freigelassenen der Schöpfung. Versuch über die Freude an der Freiheit und das Wohlgefallen am Spiel (München 1971).

S. Müller-Hanpft (Hrsg.), Über Günter Eich (Frankfurt/M. 1970).

P.H. Neumann, Wort-Konkordanz zur Lyrik Paul Celans (München 1969).

J. Nolte, Theologia experimentalis. Übergänge zu einer Metatheologie (Düsseldorf 1975).

R. Ortega (Ed.), The Jesus People Speak out (New York 1972).

U. Profitlich, Friedrich Dürrenmatt. Komödienbegriff und Komödienstruktur. Eine Einführung (Stuttgart–Berlin–Köln–Mainz 1973).

P. Raabe (Hrsg.), Ich schneide die Zeit aus. Expressionismus und Politik in Franz Pfemferts "Aktion" 1911–1918 (München 1968).

F.J. Raddatz (Hrsg.), Marxismus und Literatur. Eine Dokumentation in 3 Bdn. (Hamburg 1969).

ders., Traditionen und Tendenzen. Materialien zur Literatur der DDR (1972; Taschenbuch-Ausgabe in 2 Bdn Frankfurt/M. 1976).

M. Reich-Ranicki, Deutsche Literatur in West und Ost. Prosa seit 1945 (München 1963).

ders., Wer schreibt, provoziert. Kommentare und Pamphlete (Taschenbuch-Ausgabe München 1966).

ders., Literatur der kleinen Schritte. Deutsche Schriftsteller heute (München 1967).

ders. (Hrsg.), In Sachen Böll. Ansichten und Einsichten (1968; Taschenbuch-Ausgabe München 1971).

ders., Lauter Verrisse (1970; Taschenbuch-Ausgabe Frankfurt/M.–Berlin–Wien 1973).

ders., Zur Literatur der DDR (München 1974).

ders., Wahrheit, weil Dichtung. Wolfgang Koeppens vollendetes Fragment "Jugend", in: Frankfurter Allgemeine Zeitung vom 20. November 1976.

ders., Von dem Grass un synen Fruen. Zu dem Roman "Der Butt", in: Frankfurter Allgemeine Zeitung vom 13. August 1977.

W. Riemerschmid, Lyrische Spektrallinien. Sieben Gedichtbücher aus Deutschland, in: Wort und Wahrheit 5 (1950), S. 294–297.

Nelly Sachs. Themenheft 23 Text und Kritik (1969) mit Beiträgen von: *O. Lagercrantz, W.H. Fritz, W. Grothe, G. Dischner, P. Kersten.*

M. Schädlich, Satire und Barmherzigkeit in Heinrich Bölls Roman "Ansichten eines Clowns", in: Zeichen der Zeit 18 (1964), S. 363–371.

H.F. Schafroth, Günter Eich (München 1976).

M. Scharang, Über Peter Handke (Frankfurt/M. 1972).

E. Schillebeeckx, Jesus. Die Geschichte von einem Lebenden (Freiburg–Basel–Wien 1975).

K.L. Schmidt, Der Rahmen der Geschichte Jesu (Berlin 1919; Neudruck Darmstadt 1964).

F.A. Schmitt, Stoff- und Motivgeschichte der deutschen Literatur. Eine Bibliographie (Berlin [2]1965).

W. Schmitz (Hrsg.), Über Max Frisch II (Frankfurt/M. 1976).

J. Schröder, Spiel mit dem Lebenslauf. Das Drama Max Frisch, in: Über Max Frisch II, hrsg. v. W. Schmitz (Frankfurt/M. 1976), S. 29–74.

J. Schulze, Celan und die Mystiker. Motivtypologische und quellenkundliche Kommentare (Bonn 1976).

W.J. Schwarz, Der Erzähler Heinrich Böll (Bern–München 1967, [3]1973).

A. Schweitzer, Geschichte der Leben-Jesu-Forschung Bd. I–II (1906/13; Taschenbuch-Ausgabe München–Hamburg 1966).

ders., Die psychiatrische Beurteilung Jesu. Darstellung und Kritik (1913; Tübingen 1933).

H. Schwitzke, Das Hörspiel. Dramaturgie und Geschichte (Köln–Berlin 1963).

A. Smitmans, Der Narr Jesus. Glauben wider den Strich (Stuttgart 1974).

D. Sölle, Die Wahrheit ist konkret (Olten–Freiburg/Br. 1967).

H. Spaemann (Hrsg.), Wer ist Jesus von Nazaret – für mich? 100 zeitgenössische Zeugnisse (München 1973).

E. Staiger, Der Opfertod von Hölderlins Empedokles, in: Hölderlin-Jahrbuch 13 (1963/64), S. 1–20.

P. Szondi, Celan-Studien (Frankfurt/M. 1972).

R.H. Thomas u. W. van der Will, The German Novel and the Affluent Society (1968); dt: Der deutsche Roman und die Wohlstandsgesellschaft (Stuttgart–Berlin–Köln–Mainz 1969).

F. Trommler, Der zögernde Nachwuchs. Entwicklungsprobleme der Nachkriegsliteratur in Ost und West, in: Tendenzen der deutschen Literatur seit 1945, hrsg. v. Th. Koebner (Stuttgart 1971), S. 1–116.

H. Vormweg, Deutsche Literatur 1945–1960: Keine Stunde Null, in: Die deutsche Literatur der Gegenwart. Aspekte und Tendenzen, hrsg. v. M. Durzak (Stuttgart 1973), S. 13–30.

H. Wagener (Hrsg.), Zeitkritische Romane des 20. Jahrhunderts. Die Gesellschaft in der Kritik der deutschen Literatur (Stuttgart 1975).

D. Weber (Hrsg.), Deutsche Literatur seit 1945 in Einzeldarstellungen (Stuttgart ²1970).

W. Weber, ... "um Gott hier ist schrecklicher Glanz". Bemerkungen zur Dichtung der Nelly Sachs, in; Nelly Sachs zu Ehren. Gedichte. Prosa. Beiträge (Frankfurt/M. 1961).

H. Weinert, Dichtung aus dem Glauben. Einführung in die geistige Welt des Renouveau Catholique in der modernen französischen Literatur (Hamburg ²1948).

H. Weinrich, Literatur für Leser. Essays und Aufsätze zur Literaturwissenschaft (Stuttgart–Berlin–Köln–Mainz 1971).

K. Weissenberger, Leonard Frank zwischen sozialem Aktivismus und persönlicher Identitätssuche, in: Zeitkritische Romane des 20. Jahrhunderts. Die Gesellschaft in der Kritik der deutschen Literatur, hrsg. v. H. Wagener (Stuttgart 1975), S. 54–75.

B. v. Wiese (Hrsg.), Deutsche Dichter der Gegenwart. Ihr Leben und Werk (Berlin 1973).

J. Weiß, Die Predigt Jesu vom Reiche Gottes (Göttingen 1892, ²1900).

W. Welzig, Der deutsche Roman im 20. Jahrhundert (Stuttgart ²1970).

G. v. Wilpert, Sachwörterbuch der Literatur (Stuttgart 1955, ⁴1964).

ders., Lexikon der Weltliteratur Bd. I–II (Stuttgart ²1975).

W. Wrede, Das Messiasgeheimnis in den Evangelien (Göttingen 1901, ²1913).

H. Zahrnt, Die Sache mit Gott (1966; Taschenbuch-Ausgabe München 1972).

ders., Gott kann nicht sterben. Wider die falschen Alternativen in Theologie und Gesellschaft (1970; Taschenbuch-Ausgabe München 1973).

Ergänzungen

H.J. Baden, Wort im Widerstand – die protestantische Dichtung im dritten Reich, in seinem Band: Poesie und Theologie (Hamburg 1971) S. 177–203.

E. Langgässer, Grenzen und Möglichkeiten christlicher Dichtung, in ihrem Band: Das Christliche ... S. 37.

H.J. Schultz (Hrsg.) Sie werden lachen – die Bibel. Erfahrungen mit diesem Buch (Stuttgart 1975).

P. Tillich, Auf der Grenze (Stuttgart 1962).

H. Zirker, Die Frage nach Jesus in literarischer Verfremdung, in: Religionsunterricht an Höheren Schulen, 14 (1971) S. 159–166.

NAMENREGISTER

Wo ein Autor ausführlicher behandelt wird, erscheinen die entsprechenden Seitenzahlen **fett** gedruckt. Sonstige Belege aus Text, Anmerkungen und Literaturverzeichnis in Normaldruck.

Ein Wort des Dankes

Was man gerade auch in der Wissenschaft durch lange Jahre des Studiums und der praktischen Arbeit anderen Menschen verdankt, läßt sich nur unzureichend ausdrücken. Ich will es trotzdem versuchen. Mein Dank gilt zuerst den Fachbereichen Neuphilologie (Germanistik) und Katholische Theologie der Universität Tübingen für Jahre fruchtbaren Studiums. Der katholisch-theologischen Fakultät insbesondere danke ich für die Annahme dieser Arbeit als Dissertation. Mein besonderer Dank gilt Herrn Professor Walter Jens für die Mitbetreuung dieser Arbeit, für ermutigende und hilfreiche Gespräche und Hinweise, vor allem für seine außerordentlich großzügige Bereitschaft zu einem Vorwort für dieses Buch. Ganz besonders danke ich aber Herrn Professor Hans Küng, der die Arbeit mit Zustimmung und Kritik begleitet und gefördert hat. Als sein langjähriger Mitarbeiter verdanke ich ihm fachlich und menschlich mehr, als ich hier ausdrücken kann. Daß auf seine Initiative hin dieses Buch die neue Reihe "Ökumenische Theologie" eröffnen darf, freut mich ganz außerordentlich. Auch meinem Kollegen im Institut für ökumenische Forschung, Herrn Dr. Hermann Häring, möchte ich an dieser Stelle ausdrücklich Dank abstatten für Jahre freundschaftlicher Zusammenarbeit mit vielen Gesprächen und Diskussionen über "Gott und die Welt". Seiner Gattin, Frau Inge Häring, danke ich für ihre akkurate maschinenschriftliche Reinschrift des Manuskripts, meinem Vater, Herrn Alfred Kuschel, für seine Hilfe beim Korrigieren der Druckfahnen und Überprüfen des Namenregisters.

Tübingen, 6. März 1978 *Karl-Josef Kuschel*